빅 히스토리

Big History
Between Nothing And Everything

Big History

빅 히스토리

우주와 지구, 인간을 하나로 잇는 새로운 역사

데이비드 크리스천, 신시아 브라운, 크레이그 벤저민 지음
이한음 옮김

|

The 1st Edition

|

웅진 지식하우스

일러두기

1. 이 책에서는 우주와 역사에 새롭고 더 복잡한 실체가 나타나 확연히 다른 창발성을 낳는 전환 국면을 '문턱(threshold)'으로 명기했다.

2. 원서에서 이탤릭체로 강조한 단어를 이 책에서는 고딕체로 표기했다.

3. 주요 용어와 개념은 굵은 글씨로 강조했으며, 책 말미의 「용어 설명」에서 정의를 찾아볼 수 있다.

4. 책 제목은 겹낫표(『 』), 편명, 논문, 보고서는 홑낫표(「 」), 신문, 잡지 등의 간행물은 겹화살괄호(《 》), TV 프로그램, 그림, 음악, 사진 등은 홑화살괄호(〈 〉)로 표기했다.

빅 히스토리는 인류와 지구, 우주의
과거뿐 아니라 미래에 관한 원대한 이야기이자,
"모든 역사가 어디로 향하고 있는가?"라는 질문에 답할 기본 틀을 제공한다.

인류세에 접어든 이래 유례없는 도전 과제에 직면하고
새로운 '문턱'을 앞두고 있을지 모른다는 전망에 대처해야 하는
오늘날의 사피엔스에게 빅 히스토리의 모든 것을 담은 이 책을 바친다.

우리는 낙관주의자다.
새로운 세대들이 눈앞의 거대한 도전과 변화를 헤쳐 나가는 데
빅 히스토리라는 모든 분야를 폭넓게 아우르는 관점이
훌륭한 무기가 되어줄 것이라고 믿는다.

유발 하라리의『사피엔스』와 빌 브라이슨의『거의 모든 것의 역사』를 읽었다면 이제 이 책을 펼쳐라!

무슨 일이 언제 어떤 순서로 일어났는가를 아는 것은 역사를 이해하기 위한 필수 요건이다. 자연과학과 역사학의 통섭이 만들어낸 크로노미터 혁명이 빅 히스토리의 시대를 열었다. 이 책은 우주와 지구의 기원, 판구조론과 지질시대의 구분, 생명, 그중에서도 인간의 등장, 농경혁명, 도시와 권력의 출현에서 산업혁명과 인류세의 도래까지, 빅 히스토리의 모든 것을 집대성한 바이블이다. 현대인이라면 누구나 읽어야 할 필수 교양서이자, 2018년부터 문·이과 통합교육을 받고 있는 이 땅의 모든 고등학생에게 필요한 새로운 교과서다.

누가 세상을 지배할 것인가? 돈, 권력, 기술을 가진 자? 아니다. 바로 역사를 꿰뚫는 자다. 그 힘이 바로『빅 히스토리』이 책에 담겨 있다!

최재천(이화여자대학교 에코과학부 석좌교수)

빅 히스토리는 우주의 탄생에서부터 미래까지 138억 년+α의 시공간을 아우르면서 인간뿐 아니라 생명과 지구, 우주의 기원을 살피는 세상에서 가장 큰 규모의 역사다.

이 책『빅 히스토리』를 쓴 데이비드 크리스천과 신시아 브라운, 크레이그 벤저민은 나의 오랜 친구이자 빅 히스토리를 발전시킨 1세대 연구자들이다. 이들은 아무것도 없던 우주에서 새롭고 복잡한 특성을 지닌 무언가가 출현해 오늘날 세상을 구성하는 모든 것이 등장하기까지의 과정을 8개의 중요한 문턱을 중심으로 일목요연하게 알려준다. 그리고 이러한 새로운 것이 출현할 수 있었던 골디락스 조건을 설명한다. 각 문턱에서 발생한 복잡성과 창발성을 통해 우리는 세상 모든 것이 서로 긴밀하게 연관되어 있다는 사실을 금세 이해할 수 있다.

자연과학과 인문학을 융합해 세상 모든 것의 기원을 다루는 빅 히스토리를 가장 체계적이고 쉽게 가르쳐주는 책이다. 빅 히스토리에 입문하는 사람이라면 반드시 읽기를 권한다.

김서형(러시아 빅히스토리유라시아센터 연구교수)

너무 큰 그림은 멀리서 볼 때 비로소 눈에 제대로 들어오는 법이다. 인간의 역사뿐 아니라 생명, 지구, 우주의 탄생과 발전 과정까지 무려 138억 년의 장대한 역사를 포괄하는 빅 히스토리가 유용한 이유도 여기에 있다.

빅 히스토리의 창시자와 선구자들이 합심해 쓴 이 책은, 단순히 '한 권으로 정리한 거대사' 또는 '여러 학문 지식의 모음집'을 넘어서, 세계를 움직이는 힘은 무엇인지, 우리가 현재 어디에 위치해 있는지에 대해 새로운 깨달음을 건네준다. 무엇보다 과거와 현재의 역사를 살피는 데 그치지 않고 가깝고 먼 미래의 추세까지도 전망하며 흥미롭고 도전적인 질문을 우리에게 던진다. 여성과 제3세계 역사에 대한 존중도 반갑다. 당당하게 권할 수 있는 벽돌책이다!

장강명(소설가)

빅 히스토리란
무엇인가?

"자연의 인간이란 무엇일까? 무한에 비하면 무(無), 무에 비하면 모든 것, 무와 모든 것 사이의 중간자다. 양 극단에 대한 이해로부터 무한히 멀리 떨어져 있기에, 만물의 끝과 시작은 기약 없이 헤아릴 수 없는 비밀로 숨겨져 있다. 인간은 자신이 생성되어 나온 무도, 자신이 삼켜질 무한도 볼 수 없다."[1]

—블레즈 파스칼(Blaise Pascal)

과거 전체를 보다

이 책은 역사학에서 지질학, 생물학에서 우주론에 이르는 많은 분야의 학자들이 최근 새로이 구성한 과거의 모습을 소개할 것이다. 현대는 모든 역사를 연구하기에 좋은 혁신적 시대다. 어느 시대보다도 과거를 자세히 살피고 조망할 수 있기 때문이다.

과거를 이해하는 양상은 20세기 중반부터 바뀌기 시작했는데, 그 이유 중 하나는 크로노미터 혁명(chronometric revolution)에 있다.

크로노미터 혁명 이전의 역사

크로노미터 혁명은 과거 사건들의 연대를 측정하는 신기술이 이끌었다. 연대 측정 방법은 과거를 이해하는 데 무척 중요하다. 연대를 모르면 '역사'가 존재하기 힘들기 때문이다. 과거에 무슨 일들이 일어났는지는 알지만 언제 어떤 순서로 일어났는지 모른다면, 과거란 의미나 깊이, 구체적인 모습 없이 뒤죽박죽 쌓여 있는 사실들과 다를 바 없다. 연대 측정은 과거를 시간의 순서에 따라 '지도에 담고', 시간이 흐르며 어떻게 변모했는지를 볼 수 있도록 해준다.

세계를 지도처럼 구성하고 조망하면 그 안에 담긴 의미의 실마리를 얻을 수 있다. 수십 년 전만 해도 과거를 지도에 담는 능력은 매우 한정되어 있었다. 당시는 인류의 기억이나 문자 기록 같은 한 조각에만 절대연대를 부여할 수 있었다.

20세기 중반 이전까지는 문자 기록이 과거 사건들의 연대를 측정하는 방법 중 가장 중요하고 신뢰할 수 있었다. 그 결과 역사는 '문자 기록이란 증거로 살펴본 과거'란 의미를 지니게 되었다.

문자 기록은 믿을 만한 연대를 많이 알려줬지만 작은 조각만 보여주기 때문에 인간이 과거를 이해하는 수준을 제한하기도 했다. '역사'는 그저 '인류 역사'만 의미했다. 실질적으로는 부유하거나 권력을 지닌 이들의 역사였다. 그들이 문자 기록을 남길 수 있었기 때문이다. 읽고 쓸 줄 아는 이들이 많아지기 시작한 수백 년 전까지 역사는 주로 왕과 귀족, 그들의 전쟁, 그들의 문학, 그들의 신을 언급했다. 사람들 대다수는 자신의 존재, 생각, 삶의 기록을 남기지 않았고 과거의 대부분은 어둠 속에 남았다. 기록을 남기지 않은 사회에 관해 이야기하기는 힘들다. 그리스 역사가 헤로도토스(Herodotus)나 중국 역사가 사마천(司馬遷)처럼 글을 쓸 수 있는 누군가가 그 사회에 관해 무언가 기록하지 않는 한 그렇다. 설령 썼다고 해도, 문자를 사용하는 사회는 그렇지 않은 이웃 사회를 왜곡하여 바라보거나 기록하곤 했다. 더 큰 문제는 문자가 발명되기 이전 시대에 관해 말할 수 있는 내용은 더 적다는 것이다. 인류는 지구에 나타난 후 지금까지 살아온 기간의 최소 95%를 차지하는 이 시대에 관해 모르는 것이 많기 때문이다. 또한 역사에는 인류가 출현하기 이전의 내용들은 모두 빠져 있다. 18세기부터 지질학자들이 지질학적 사건들이 일어난 순서를 대강 인식하기 시작했지만 말이다. 종합하면, 역사학자들이 문자 기록에 의존함에 따라 역사는 주로 글을 쓸 수 있었던 소수 인류 집단을 다루었다. 역사는 사실상 정부, 전쟁, 종교, 귀족의 역사를 뜻했다.

크로노미터 혁명 이후의 역사

20세기 중반에 과거 사건의 연대를 측정하는 새로운 방법들이 출현하면서 과거를 이해하는 양상이 달라지기 시작했다. 문자 기록에 언급되지 않은 사건들, 더 나아가 지구 생명과 우주의 기원으로 이어지는 사건들의 절대연대도 알게 된 덕분이다.

새 기술 중 가장 중요한 것은 방사성 연대 측정법(radiometric dating)이다. 방사성물질이 매우 일정한 속도로 붕괴하여 딸(daughter) 물질을 형성하는 원리를 이용한 측정법이다. 우라늄 같은 방사성물질이 섞인 물질 덩어리에서 납 같은 딸 물질이 얼마나 많이 생성되는지 측정하면, 그 덩어리가 언제 생겨났는지를 추정할 수 있다.

방사성물질을 이렇게 활용할 수도 있다는 이론은 20세기 초에 나왔지만, 그 방법이 믿을 만해지거나 저렴해져서 널리 쓰이게 된 것은 1950년대부터였다. 처음으로 널리 쓰인 방법은 탄소-14 연대 측정법이다. 특정 형태의 탄소인 동위원소가 붕괴하는 현상을 이용하는 방법이다. **동위원소(istopes)**는 원자의 핵에 든 양성자 수는 같지만 중성자 수가 달라서 원자량도 조금 다르다. 이 측정법은 1950년대 초 윌러드 F. 리비(Willard F. Libby)가 개발했다. 리비는 원래 핵무기 제조 분야에서 우라늄 등 특정 원소의 동위원소들을 분리하고 측량하는 일을 했다.

탄소-14 연대 측정법은 탄소를 함유한 물질(대부분의 생체물질을 포함한다)의 연대를 약 5만 년 전까지 측정할 수 있었기에 고고학에 혁신이 일어났다. 문자 증거에 토대한 가장 오래된 연대보다 적어도 10배 먼 과거까지 알게 되었기 때문이다. 곧이어 여러 방사성 연대 측정법이 개발되면서 과학자들은 더욱더 먼 과거 사건의 연대까지 알게 되었다. 탄소보다 훨씬 느리게 붕괴하는 우라늄 같은 방사성물질을 이용하면 수백만 년, 심지어 수십억 년 전 형성된 물질의 연대도 측정할 수 있다. 1953년 클레어 패터슨(Clair Paterson)은 운석에서 우라늄이 붕괴하여 생긴 납의 양을 측정하여 지구의 나이를 알아냈다.

비방사성 연대 측정 기법들도 개발되었다. 가장 중요한 것 중 하나는 유전적 연대 측정법이다. 1953년 유전암호가 작동하는 원리를 발견한 과학자들은 다양한 종들의 DNA 차이를 비교했다. 모든 살아 있는 세포에 들어 있는 분자인 DNA는 세포를 만들고 유지하는 데 쓰이는 유전정보를 담고 있으며, 그 정보를 자손 세포에게 물려준다. 자세한 내용은 3장에서 이야기하겠다. 1967년 빈센트 서리치(Vincent Sarich)와 앨런 윌슨(Alan Wilson)은 많은 DNA가 오랜 세월에 걸쳐 매우 일정한 속도로 변한다고 주장했다. 그 변화를 일종의 시계로 삼을 수도 있었다. 두 친척 종의 DNA를 비교하면 공통 조상이 언제 살았는지를 대략 알 수 있다. 유전적 연대 측정법은 인간을 포함한 수많은 종의 진화를 이해하는 데 크게 기여했다. 예컨대 과학자들은 이 방법으로 침팬지와 인간의 공통 조상이 약 700만 년 전에 살았다는 것을 밝혔다. 이 발견은 인류 진화 연구에 혁신을 일으켰다. 한편 천문학자와 우주론자는 별과 우주 전체의 나이를 추정하는 새로운 기법들을 개발했다. 2009년 천문학자들은 유럽우주국(European Space Agency)이 우주배경복사를 조사하기 위해 발사한 플랑크 위성이 보낸 자료로 우주의 기원 연대를 더 자세히 추정했다! 우주는 13,820,000,000년 전에 시작되었다. 이 책에서는 138억 년 전이라고 줄여서 쓰자.

과거 사건의 연대를 측정하는 능력이 발전하면서 과거를 이해하는 양상도 변화했다. 1919년 '보편적인' 역사를 쓰려 한 H. G. 웰스(H. G. Wells)는 올림픽 경기가 최초로 열린 BCE 776년 이전에 일어난 사건들의 연대를 알 수 없었다. 그러나 지금은 우주의 기원에 이르는 사건들의 연대를 합리적으로 추정할 수 있다. 인류 역사상 처음으로 확고한 과학적 증거로 과거의 역사를 재구성한 덕분이다.

자연과학과 역사학의 과거 연구

크로노미터 혁명과 더불어 일련의 과학적 혁신이 일어나 과거에 대한 과학자들의 관심을 더욱 높였다. 20세기에 우주론, 지질학, 생물학 모두가 역사의 한 분야가 되었다.

18세기 말 이전까지 서양인들은 자연 세계가 창조된 이래 변하지 않았다고 믿었다. 천문학자들은 별과 은하가 변함없이 하늘에 붙박여 있다고 여겼다. 지질학자들은 풍경의 일부가 조금 달라지더라도 지구 전체는 거의 변하지 않았다고 여겼다. 현대 생물 분류 체계를 창시한 칼 린네(Carl von Linné)를 비롯한 대다수 생물학자들은 지금 살아 있는 종들이 지구가 막 창조되었을 때 번성한 종과 똑같다고 생각했다.

한편 17세기 말부터 전통적 견해를 의심하는 사람들이 지질학과 생물학 분야에서 나타났다. 주된 이유는 과학자들이 화석에 관심을 품기 시작했기 때문이다. 삼엽충처럼 더 이상 존재하지 않는 생물들의 화석은 시간이 흐르면서 여러 종이 변화했다는 의미였다. 또 알프스산맥처럼 높은 곳에서 발견되는 해양 생물들의 화석은 시간이 흐르면서 풍경이 놀라울 만큼 변했다는 의미였다. 지구와 자연 세계 모두 '역사'를 지녔다는 것이 명확해졌다. 그러나 사건들의 정확한 연대를 몰랐기에 역사를 정확히 재구성하기란 불가능했다. '역사'는 '인류 역사'를 의미할 뿐이었고, '과학'은 시간이 흘러도 의미 있는 변화가 거의 일어나지 않는 세계의 이런저런 측면을 연구하는 분야라는 생각이 여전히 우세했다.

19세기와 20세기 초에 지질학자, 천문학자, 생물학자는 과거가 현재와 전혀 달랐으며, 과거 세계가 어떻게 지금처럼 바뀌었는지를 설명하는 것이 연구 과제임을 깨닫기 시작했다. 천문학, 지질학, 생물학은 역사 분야가 되었다. 크로노미터 혁명 덕분에 생물과 지구, 심지어 우주의 과거에 관한 연대표를 정확히 작성할 수 있게 되었다. 1953년 DNA 구조가 발견되면서 (3장 참고) 생물학은 자연 세계의 변화를 훨씬 정확히 추적하고 설명하기 시작했다. 1960년대에는 지질학에 **판구조론**(plate tectonics)이라는 새로운 패러다임이 출현했다(2장 참고). 이 이론은 지구 표면이 시간의 흐름 속에서 근본적으로 변해왔음을 보여주었고, 왜 어떻게 변했는지를 설명하는 데도 기여했다. 1960년대에 우주배경복사가 발견됨에 따라 대다수 천문학자들은 우주가 까마득한 옛날에 엄청난 '폭발'로 생성되었고 시간이 흐르면서 진화했다는 주장을 받아들였다(1장 참고).

사람들은 갑자기 과거를 새로운 방식으로 생각해야 했다. 지난 수천 년 동안의 인류 역사만 살펴보는 대신 생물권, 지구, 우주 전체의 역사를 포함하는 100억 년이 넘는 과거를 연구할 수 있었기 때문이다. 이제 과거의 모든 역사를 재구성할 수 있었다!

시간의 역사를 재구성하는 빅 히스토리

빅 히스토리(big history)의 핵심 과제는 과거를 재구성하는 것이다. 우주가 시작된 순간까지 거슬러 올라가 시간의 역사 전체를 재구성하는 일이다. 이 책에서도 현대 과학자들의 결론에 토대하여 시간이 시작된 시점부터 현재에 이르는 과거를 설명하고자 한다.

빅 히스토리는 우리 호모사피엔스가 우주에서 어느 위치에 있는지를 이해하는 데 탁월한 수단이다. 그럼으로써 인류 역사의 의미를 잘 이해하도록 돕는다. 모든 인류 사회는 과거 전체를 이해하고자 노력했다. 그 결과 만물이 어떻게 생겨났는지를 설명하는 **기원 이야기**(origin stories)를 주요 종교의 경전에 담았다. 모든 사회에는 각각의 기원 이야기가 있다. 그 이야기는 만물, 즉 사람, 동물, 풍경, 지구, 별, 우주 전체의 기원까지 설명한다. 이야기의 토대는 각 사회에서 이용할 수 있는 최고의 지식이었다. 따라서 기원 이야기는 모든 것의 역사를 이해하고 싶어 하는 이들에게 지도가 되어준다. 과거를 담은 지도는 우주와 지구 생명에 대한 이야기가 어떻게 하나로 끼워 맞추어지는지를 이해하는 데 도움이 된다.

대다수 인류 사회는 고유의 기원 이야기를 구성원에게 교육하는 것을 중시했다. 특히 어린 구성원들을 처음 가르칠 때 으레 들려주곤 했다. 대다수 사람들은 만물의 기원에 관한 사회의 설명을 받아들였다. 먼 옛날 오스트레일리아, 프랑스, 아메리카에 있었던 사회들은 기원 이야기를 암시하는 조각상을 만들거나 동굴 벽에 기이한 형상을 그렸다.

안타깝게도 지금의 공교육에서는 더 이상 기원 이야기를 가르치지 않는다. 이 점이 바로 빅 히스토리가 중요한 이유 중 하나다. 예전 인류 사회에서 기원 이야기가 맡았던 교육적 역할을 할 수 있기 때문이다. 다른 기원 이야기들처럼 빅 히스토리도 우리가 이용할 수 있는 최고의 지식에 토대한다. 그 지식은 17세기 과학혁명에 뿌리를 둔 현대 **과학**의 결과물이다. 현대 세계의 주요 지식 형태인 현대 과학은 범위가 폭넓고, 꼼꼼하게 검증된 증거를 엄밀하게 사용한다.

따라서 빅 히스토리를 현대적, 과학적인 기원 이야기라고 볼 수 있다. 우리가 어디에 있는지 알 수 있는 일종의 우주 지도를 제공하는 빅 히스토리는 과학적이기 때문에 전통적 기원 이야기와 다르다. 즉, 예전의 기원 이야기들보다 훨씬 많은 정보에 기반하며, 다양한 분야에서 엄밀하게 검증되었기 때문에 더 신뢰할 수 있고 정확하다. 물론 현대 기원 이야기가 예전의 이야기들을 압도할 것이라는 의미는 아니다. 어쨌든 현대 기술과 과학을 통해 변화하고 하나로 연결된 세상에서는 현대의 기원 이야기가 돋보인다.

또한 빅 히스토리는 보편적이기 때문에 전통적 기원 이야기들과 다르다. 대다수의 기원 이야기는 특정 사회에서 생겨났기에 인류 집단의 차이를 강조하는 경향이 있다. 빅 히스토리는 보편적이고, 모든 분야의 과학 지식에 토대하며, 더블린이나 덴버뿐 아니라 인도 델리나 남아프리카공화국 더반에서도 타당하다고 받아들여질 기원 이야기를 내놓으려 애쓴다. 핵전쟁이나 지구온난화의 위협 같은 도전 과제들, 한 사회가 해결할 수 없고 전세계 인류의 협력이 필요한 문제들에 직면한 현재에는 진정으로 보편적인 기원 이야기가 중요하다.

신기하게도 현대의 학교에서는 보편 역사를 거의 가르치지 않고 토막난 역사 이야기의 파편적인 대목들을 가르친다. 학생들은 인류 역사가 아니라 자신이 속한 사회에 따라 미국이나 러시아, 중국의 역사를 배운다. 그러므로 인류 역사가 자연 세계의 역사와 어떻게 연결되는지를 알기 힘들다. 약간의 화학과 지질학, 천문학 지식을 통해 짐작할 수 있을지도 모르지만, 이들이 어떻게 연결되는지 알도록 돕는 내용은 거의 배우지 못한다.

이제 과학에 토대한 새롭고 보편적인 역사를 이야기할 때가 되었다. 모든 인류 사회를 포함하고 그들의 역사를 지구와 우주의 더 큰 역사와 결합한 이야기다. 이 책은 빅 히스토리라는 분야를 학문적으로 체계화한 최초의 결과물이다. 이 책에서 우리는 현대 과학이 우주와 별, 태양계와 지구, 지구의 생명, 호모사피엔스의 과거에 관해 무슨 말을 들려주는지 살펴볼 것이다.

이 책의 목표

이 책은 빅 히스토리라는 새로운 학제를 체계화하고 집대성한 최초의 교과서나 다름없다.

빅 히스토리는 인류의 과거뿐 아니라 지구와 우주의 과거도 살펴본다. 이 책을 읽는 독자들은 138억 년 전 빅뱅으로 시작된 우주의 역사를 거슬러 올라가는 여행을 할 것이다. 빅 히스토리는 우주론, 지구과학과 생명과학, 역사 속 인류의 발견들을 통합하여 우주와 그 안의 우리 위치를 보편적 역사 이야기로 엮는다.

모든 사회는 사람들이 시공간에서 자신이 어디 있는지 이해하도록 돕는 보편적인 이야기를 구성해왔다. 그러나 전 세계의 학자들이 과학적 증거를 토대로 하나의 보편적인 이야기를 끼워 맞추기 시작한 것은 최근의 일이다. 그 이야기의 조각 중 일부는 이미 19세기부터 제시되어 친숙하다. 이를테면 지구의 나이가 아주 오래되었을 것이라거나 현재의 생명체가 옛 생명체로부터 진화했을 것이라는 개념 등이다. 100년 전부터 많은 학자가 이야기의 자세한 내용들을 결합하고 있다. 운 좋게도 우리는 세상이 어떻게 지금 같은 모습이 되었는지를 과학적으로 이해할 수 있는 첫 번째 세대다.

독자는 이 책을 읽어갈수록 모든 조각이 어떻게 이어지는지 알아차릴 것이다. 원자가 구성하는 우리 몸의 세포, 빅뱅이나 폭발하는 별의 내부에서 원자가 생겨난 과정, 궤도를 도는 얼음과 먼지 덩어리들이 뭉쳐서 형성한 지구, 생명이 출현하여 퍼지고 다양해지면서 지구 전체를 뒤덮는 과정을 배울 것이다. 또 어떻게 인류가 20만 년 전 지구에 처음 출현했는지도, 우리가 이 아름다운 행성을 공유하는 다른 생물들과 왜 너무나 비슷하면서도 너무나 다른지도 알게 될 것이다. 마지막으로 우리는 미래에 관해 질문할 것이다. 이 이야기는 어디로 이어질까? 인류와 지구의 미래는 어떠할까? 우주는 궁극적으로 어떤 운명을 맞이할까? 우리는 독자가 비판적 사고 능력을 함양하고, 역사적 이야기를 하나로 엮는 수많은 연결 고리를 알아보고 판단하도록 돕는 내용들을 이 책에 담았다.

이야기의 기본 구조-복잡성 증가

전체 우주의 역사를 살펴본다니 버겁게 느껴질지도 모르겠다. 실제로는 여러 면에서 미국이나 러시아 같은 큰 나라의 역사를 이야기하는 것과 비슷하다. 여기서 이야기의 전체 모습을 명확히 인식할 필요가 있다. 이야기 전체를 꿰는 하나의 실이 있다고 생각하면 도움이 될 것이다. 바로 우주가 시작된 이후 138억 년 동안 점점 더 복잡한 것들이 출현해왔다는 사실이다. 복잡한 것을 구성하는 다양한 요소는 새로운 특성을 생성하도록 배열되어 있다. 이 새로운 특성을 **창발성(emergent property)**이라고 한다.

이 책에서 새로이 출현한 것 모두를 기술하거나, 우주가 복잡해진 단계들 모두를 다루지는 않으려 한다. 대신 주요 단계에 초점을 맞추고 가장 흥미로운 내용을 살펴보며, 어떻게 원대한 이야기와 어우러지는지 알아보겠다.

초기 우주는 매우 단순했지만 엄청난 에너지의 흐름으로 가득했다. 우주론자는 이때를 복사 시대(radiation era)라고 부른다. 우주 전체는 태양의 중심과 비슷했고, 열기가 너무나 강해서 복잡한 화학 구조가 생성될 수 없었다. 원자도, 별도, 행성도, 생물도 없었다. 그러나 우주는 팽창하면서 식었고, 약 40만 년이 지나자 뜨거운 '플라스마(plasma)'가 응결되어 수소와 헬륨 원자, 그리고 몇몇 단순한 원자가 생성될 만큼 온도가 낮아졌다. 원자는 최초로 출현한 복잡한 물질 구조물이었다. 이후로도 수백만 년 동안 우주는 무척 단순했다. 엄청난 에너지를 품은 수소와 헬륨 원자들의 거대한 구름이나 다름없었다. 이른바 암흑 물질도 많았지만, 복잡한 실체를 형성한 적이 없는 듯하므로 이 책에서는 거의 언급하지 않을 것이다.

이후 원자를 기본 성분으로 삼아 더 복잡한 것들이 출현하기 시작했다. 그 현상은 조건이 '딱 맞는' 곳에서만 나타났다. 그 조건을 **골디락스 조건(Goldilocks condition)**이라고 한다. 우주가 탄생한 지 약 2억 년이 지나자 별들이 은하를 형성했다. 은하 안에서는 죽어가는 별이 새로운 원자, 탄소와 산소, 금과 은 같은 새로운 화학원소를 생성하여 주변 우주로 흩어놓기 시작했다. 원소들은 너무 뜨겁지도, 너무 차갑지도, 너무 비어 있지도, 너무 조밀하지도 않아 조건이 알맞은 곳에서 복잡하게 결합하며 새로운 물질을 만들기 시작했다. 별은 주변 우주 공간으로 에너지를 쏟아냈다. 오늘날에도 그렇듯이 우주의 대부분은 단순했지만 은하 안은 더 복잡해졌다. 별들 사이의 공간으로 더 많은 화학원소가 흩어지면서 물과 얼음, 먼지와 암석 등 새로운 물질들이 새로 형성된 별 주위에 모이기 시작했고, 최초의 행성계를 형성했다. 적어도 한 행성(그리고 아직 증거를 찾지 못했지만 아마도 많은 행성)에서는 화학원소들이 결합하여 더 복잡한 구조를 만든 끝에 단순하고 살아 있는 세포를 형성했다. 번식하고 증식하며 환경에 천천히 적응하는 이 세포는 다양한 단세포생물들을 빚어냈다. 서서히 더 복잡한 세포들이 진화하기 시작했고, 약 6억 년 전에는 몇몇 세포가 결합하여 다세포생물을 이루었다. 그리고 우리 종은 수십만 년 전부터 진화했다. 뒤에서 살펴보겠지만, 인류 역사가 시작되면서 세상은 더욱더 복잡해졌다.

더 나아가기 전에 복잡성이라는 핵심 개념을 살펴볼 필요가 있다. **복잡성(complexity)**은 단순성의 반대말이지만 이 비교는 별 도움이 되지 않는다. 문제는 무엇이 복잡한 것을 복잡하게 만드는지 정의할 가장 좋은 방법을 꼽기 어렵다는 것이다. 간략히 정의하면 다음과 같다.

첫째, 복잡한 존재의 구성 요소는 다양하다. 원자처럼 단순한 단위는 구성 요소가 적다. 수소 원자는 양성자 1개와 전자 1개로 이루어진다. DNA 분자처럼 더 복잡한 것들은 다양한 원자 수십억 개를 지닐 수도 있다. 따라서 첫 번째로 말할 수 있는 것은 복잡한 것은 구성 요소가 다양하다는 것이다.

둘째, 이 구성 요소들은 매우 특이하게 배열되어 있다. 항공기의 모든 부품을 아무렇게나 재배치한다고 상상해보자. 부품들을 알맞게 배치하지 않으면 항공기가 날 수 없다. 각 부품은 한몸처럼 기능해야 한다. 마찬가지로 DNA의 분자를 이루는 원자들이 특정한 양상으로 결합해야 DNA 분자의 유전자들이 협력할 수 있다. 수소 원자도 양성자가 중앙에 있고 전자가 주위를 정확하게 돌고 있다. 두 입자는 전자기력을 통해 하나로 묶여 있다. 양성자는 양전하를 띠고 전자는 음전하를 띠기 때문이다. 원자는 조합되지 않은 구성 성분들보다 복잡하다.

셋째, 복잡한 것들은 새로운 특성인 창발성을 지닌다. 복잡한 것을 알맞게, 즉 부분들이 함께 작동할 수 있도록 배치하면 새로운 기능을 발휘할 수 있다. 이에 따라 새로운 특징이 '출현한다'. 새뮤얼 존슨(Samuel Johnson)은 이렇게 말했다. "세인트폴교회를 갈아서 원자로 만든다고 하자. 그중 아무 원자나 떠올려보라. 어디에도 쓸모가 없을 것이다. 하지만 그 원자들을 모두 모으면 세인트폴교회가 된다."[2] 항공기 부품들을 쌓아놓은 더미는 쓸모가 없지만, 그것들을 제대로 배치하면 날 수 있다. 아메바의 DNA 분자를 제대로 배치하면 살아 있는 생물을 조립하는 데 필요한 모든 정보를 제공한다. 무척 인상적인 일이다. 현대 과학의 온갖 성취에도 불구하고 인간은 실험실에서 그렇게 할 수 없기 때문이다. 수소 원자도 새로운 특성을 지닌다. 예를 들어 수소 원자는 음전하와 양전하가 상쇄되므로 전기적으로 중성이고, 고온에서 고속으로 다른 수소 원자와 충돌하면 융합하여 헬륨 원자를 형성할 수 있다. 이 새로운 특징들이 창발성의 사례다. 복잡한 실체를 이루는 각 구성 요소에는 존재하지 않는 특징이기 때문에 마법처럼 보이곤 한다. 새로운 특성은 구성 요소들이 정확한 패턴으로 배치되어야 출현한다. 패턴이 비물질적, 추상적으로 느껴지는 반면 구성 요소는 물질적인 고체 같다는 사실은 창발의 마법적 특성을 보여준다.

넷째, 복잡한 실체는 골디락스 조건이 존재하는 곳에서만 출현하는 듯하다. 우주의 대부분은 지금도 단순한 상태로 존재한다. 그러나 군데군데 조건이 들어맞는 곳에서 더 복잡한 실체가 출현한다. 예컨대 지구 표면은 복잡한 화학반응이 일어나기에 이상적인 곳이다. 화학원소가 다양하고, 고체와 기체와 액체도 있으며, 기온도 알맞다.

다섯째, 복잡한 실체는 구조를 유지하도록 돕는 에너지의 흐름과 관련 있는 듯하다. 작은 언덕에서 구슬들을 굴려 아래쪽의 구멍에 집어넣는다고 가정해보자. 구멍으로 들어간 구슬들은 움직이지 않는다. 그 상태에는 최소 에너지만 필요하기 때문이다. 이 정적인 상태는 그리 흥미롭지 않은 복잡성 유형이다. 반면 역동성은 흥미를 자극하는 복잡성 유형이다. 솜씨 좋은 곡예사가 여러 개의 봉을 돌리는 복잡한 패턴에 가깝다. 그 패턴을 유지하려면 에너지의 흐름이 일정해야 한다. 이때 구조가 복잡할수록 하나로 엮는 데 더 많은 에너지가 필요한 듯하다. 천문학자 에릭 체이슨(Eric Chaisson)은 합계를 내면 대체로 행성이 별보다 더 복잡한 듯하다는 연구 결과를 발표했다. 행성의 물질 1g을 1초에 통과하여 흐르는 에너지의 흐름이 질량이 같은 별을 통과하는 에너지의 흐름보다 많기 때문이라는 것이다. 생물은 행성보다 복잡한 듯하고, 현대 인류 사회는 우리가 아는 세계 중 가장 복잡할 수도 있다! 인류, 특히 역사가에게 매우 중요한 결론이다. 이 결론은 이 책에서 말할 이야기의 윤곽을 보여준다.

요약하면, 복잡한 것에는 5가지 특징이 있다.

① **구성 요소가 다양하다:** 복잡한 것은 다양하고 수많은 구성 요소로 이루어진다.
② **정확한 구조 안에 배치되어 있다:** 구성 요소들이 정해진 방식으로 정확하게 결합되어 있다.
③ **새롭거나 창발적이다:** 구조가 형성되는 방식에 따라 독특한 특성이 출현한다.
④ **딱 맞는 조건에서만 출현한다:** 알맞고 완벽한 골디락스 조건에서만 나타난다.
⑤ **에너지 흐름을 통해 결합되어 있다:** 특정 복잡성의 유형은 에너지 흐름에 달려 있다. 에너지 흐름을 없애면 그 복잡성은 차이점을 빚어내는 창발성을 잃는다. 별이나 사람, 자동차도 마찬가지다. 별은 중심에서 일어나는 융합반응이 멈추면 빛을 잃고, 사람은 식품을 통해 에너지를 얻지 못하면 죽으며, 차는 연료가 떨어지면 움직이지 못한다.

기본 틀-빅 히스토리의 8대 문턱

우주 역사에 출현한 복잡성은 수없이 많지만 이 책에서는 인간에게 가장 흥미로운 것들에 초점을 맞추겠다. 전혀 새로운 것이 출현하는 주요 돌파구가 된 사건은 138억 년간의 역사에서 8번 일어났다. 이를 문턱(threshold)이라고 한다. 한마디로 새로운 특성을 지닌 새롭고 더 복잡한 실체가 출현하여 우주를 더 다양하게 만든 시점이다.

다음 표에 **복잡성 증가에 관한 8대 문턱**을 요약했다. 이 책의 기본 틀인 문턱은 말 그대로 문을 열고 넘어가는 곳이다. 집의 바깥에서 안으로 들어갈 때 넘는 곳이기도 하다. 즉, 문턱은 새로운 무언가와 마주치는 지점이다 (〈복잡성 증가에 관한 8대 문턱〉 참고).

복잡성 증가에 관한 8대 문턱

문턱	구성 요소	구조	골디락스 조건	창발성
1. 빅뱅: 우주의 기원	에너지, 물질, 공간, 시간. (우리 우주의 모든 겟)	빠르게 팽창하는 시공간 연속체의 에너지와 물질.	불확실: 멀티버스 안에 양자 요동이 있을 가능성.	우리 주위의 모든 것을 창조할 잠재력.
2. 별	수소(H) 및 헬륨(He) 원자와 핵의 형태로 존재하는 원자 물질.	수소와 헬륨뿐 아니라 철까지 생성할 원소들을 저장하는 바깥층, 내핵(융합).	초기 우주의 밀도와 온도 변화, 융합에 필요한 고온을 생성하는 중력.	새로운 국지적 에너지 흐름, 은하, 융합으로 새로운 화학원소를 생성할 가능성.
3. 더 무거운 화학 원소들	수소와 헬륨의 핵(양성자).	강한 핵력으로 결합된 양성자의 수가 증가하며 점점 더 큰 원자핵 생성.	죽어가는 별이나 초신성에서 생성된 극도의 고온, 강한 핵력.	주로 전자기를 통해 무한에 가깝게 많고 새로운 물질을 생성하는 화학적 조합이 일어날 가능성.
4. 행성	별의 궤도를 도는 새로운 화학원소들과 화합물.	중력·화학 작용을 통해 결합하여 큰 덩어리를 이루고 별의 궤도를 도는 다양한 물질.	별이 형성되는 영역에서 양이 많아지는 무거운 원소들.	물리적·화학적 복잡성이 크면서 더욱 큰 화학적 복잡성을 생성할 잠재력을 지닌 새 천체들.
5. 생명	복잡한 화학물질과 에너지.	번식할 수 있는 세포 안에 물리적, 화학적으로 모여 있는 복잡한 분자들.	풍부하고 복잡한 화학물질, 적절한 에너지 흐름, 물 같은 액체 매질, 적합한 행성.	에너지를 추출하는 능력인 대사, 거의 완벽하게 자신을 복제하는 능력인 번식, 자연선택으로 서서히 변화하고 새로운 형태가 출현하는 적응.
6. 호모 사피엔스	다른 면은 다른 생물들과 같지만 조작·지각·신경 능력이 고도로 발달함.	사람의 DNA가 통제하는 고도의 생물학적 구조.	고도의 조작·지각·신경 능력을 빚어낸 기나긴 진화 기간.	공동체와 종 수준에서 정보를 축적하여 장기적인 역사적 변화를 일으킬 수 있도록 정확하고 빠르게 정보를 공유하는 능력인 집단 학습.
7. 농경	집단 학습 강화, 환경과 다른 생물의 자원을 추출하고 조작하는 능력을 높이는 혁신.	환경을 새로운 방식으로 조작하는 데 필요한 정보를 공유하는 인류 공동체.	오랜 세월 동안 이어진 집단 학습, 더 따뜻해진 기후, 인구 압력.	에너지와 식량을 추출하는 능력을 향상하여 더 크고 조밀한 공동체를 형성함으로써 증가한 사회적 복잡성, 가속화한 집단 학습.
8. 현대 세계/ 인류세	세계화, 급격히 빨라진 집단 학습, 혁신, 화석연료 사용.	생물권을 조작하는 능력을 빠르게 개발하고 세계적으로 연결된 인류 공동체들.	세계적 규모로 빨라진 집단 학습.	자원 이용량을 크게 증가시키고 새로운 생활 방식과 사회적 관계를 형성하여 지구 역사상 최초로 생물권을 변화시킬 능력을 갖춘 종.

기본 개념을 설명했으니, 이제 우주의 역사를 이야기할 차례다. 우리 주위의 모든 것이 어떻게 생겨났는지를 여러 면으로 흥미진진하게 이야기하려 한다. 21세기를 위한 기원 이야기이자, 인간이 만물의 체계 어디쯤에 있는지 이해하도록 돕는 이야기다.

연대 표기

이 책의 앞부분에서는 연대를 BP[현재 이전(before the present)] 단위로 표기할 것이다. 고생물학자와 고고학자가 사용하는 방식이다. 엄밀히 말하면 방사성 연대 측정법이 쓰이기 시작한 '1950년 이전'을 뜻하지만, 수천 년이나 수백만 년 전을 이야기할 때는 큰 차이가 없다. 지난 1만여 년(약 10,000BP) 동안을 이야기하는 5장부터는 일반적인 연대 표기법을 사용할 것이다. 표기 기준은 기원전을 뜻하는 BCE[공통 시대 이전(before the Common Era)]와 기원후를 뜻하는 CE[공통 시대(Common Era)]다. 공통 시대는 약 2,000년 전에 시작되었으므로, 서양에서 사용해온 연대 표기법인 BC[그리스도 이전(before Christ)]와 AD[그리스도의 시대(in the year of the Lord)]와 같은 날짜를 뜻한다. 이 표기법의 장점은 특정 문화를 적게 연상시킨다는 것이다.

연대 표기법들의 차이를 알 수 있도록 예를 들면 5,000BP는 BCE 3050년 정도고, 500BP는 CE 1450년 정도다.

| 감사의 말 |

이 책을 쓸 수 있게 도와준 많은 분에게 감사드리고 싶다. 여러 해 동안 우리와 함께 빅 히스토리를 논의한 많은 친구와 동료에게 감사드린다. 여러 분야의 협력자, 친구, 동료뿐 아니라 세계 사학자들의 큰 공동체와 빠르게 커지고 있는 빅 히스토리 연구자들의 공동체 구성원들께도 감사드린다.

위대한 세계사 개척자 중 한 사람인 윌리엄 맥닐(William McNeill)은 세계사 연구의 여러 목표가 자연스럽게 확장된 결과가 빅 히스토리라고 보고(우리도 그렇다) 적극 지지했다. 《세계사학회지(Journal of World History)》창간인이자 편집자였던 고(故) 제리 벤틀리(Jerry Bentley)에게도 감사드린다. 위대한 세계사 개척자인 그는 흔쾌히 우리와 논의하고 지원해줬으며, 빅 히스토리 개념을 지지했다. 또한 《세계사학회지》에 빅 히스토리에 관한 글을 써달라고 처음으로 의뢰한 인물이기도 하다. 앞으로도 그가 그리울 것이다.

맥그로힐 출판사의 편집자들을 만난 것도 큰 행운이었다. 첫 편집자 존데이비드 헤이그(Jon-David Hague)는 빅 히스토리라는 개념을 믿고 초고를 써달라고 했고, 그 뒤를 이은 매튜 버스브리지(Matthew Busbridge)는 아서 폼포니오(Arthur Pomponio), 낸시 크로치어(Nancy Crochiere), 진 스타(Jean Starr, 콘텐츠 기획자), 샤론 오도널(Sharon O'Donnell, 교열 담당자), 쳇 고트프리드(Chet Gottfried, 교정자)와 함께 효율적이고 든든하게 뒷받침해주었다. 책을 내는 길고도 복잡한 과정 내내 지지하고 조언해준 모든 편집자께 감사한다.

2010년 캘리포니아도미니칸대학교와 그랜드밸리주립대학교 교사와 학생들에게 이 책의 시범판이 배부되었다. 무척 가치 있는 피드백을 해준 모든 분에게 진심으로 감사한다. 덕분에 여러 면을 다듬은 최종판을 내놓을 수 있었다.

이 책의 초본을 검토해준 세일럼주립대학교의 호프 벤(Hope Benne), 포틀랜드주립대학교의 토드 덩컨(Todd Duncan), 세인트루이스미주리대학교의 케빈 펀런드(Kevin Fernlund), 세인트루이스워싱턴대학교의 어설라 굿이너프(Ursula Goodenough), 서던메서디스트대학교의 존 미어스(John Mears), 아칸소공과대학교의 알렉산더 미코빅(Alexander Mirkovic), 산타크루스캘리포니아대학교의 조엘 프리맥(Joel Primack)에게도 감사드린다(최종적으로 오류가 있다면 저자들의 책임이다).

데이비드 크리스천은 여러 해 동안 빅 히스토리 분야를 후원하고 특히 2010년 국제빅히스토리학회 창립총회와 2012년 학술대회를 지원해준 매쿼리대학교에 감사드리고자 한다. 2002~2008년에 빅 히스토리를 가르쳤던 샌디에이고주립대학교에서 이 새로운 지적 모험을 지지해준 동료, 친구, 학생에게도 고맙다는 말을 전한다. 빅 히스토리를 열정적이고 관대하게 지원한 빌 게이츠(Bill Gates)에게도 감사 인사를 드린다. 그는 빅히스토리프로젝트(www.bighistoryproject.com/Home)를 통해 우리가 고등학생과 대중에게 무료 온라인 강의를 할 수 있도록 지원하고 있다. 매쿼리대학교와 샌디에이고주립대학교 학생들은 빅 히스토리의 발전에 자신들의 짐작보다 훨씬 중요한 역할을 해왔다. 이들은 늘 중요한 질문을 하고 빅 히스토리가 지엽적 문제에 빠지지 않도록 도왔다. 또 잇달아 집필에 매달리는 나를 참고 지켜봐준 차디(Chardi), 조슈아(Joshua), 에밀리(Emily)에게도 고맙다는 말을 전한다. 마지막으로, 나이지리아에서 나를 가르친 첫 교사이자 격려자인 어머니 캐럴(Carol)에게도 감사드린다. 어린 시절 이런저런 것들을 배울 때의 흥분과 즐거움이 지금도 떠오른다. 또한 늘 즐겁게 함께 일하고 있는 신시아 브라운과 크레이그 벤저민에게도 감사한다. 이처럼 명석하면서 서로를 뒷받침해주며 마음 맞는 동료들과 언제까지나 함께할 수 있기를!

신시아 브라운은 캘리포니아도미니칸대학교의 학생, 학교 당국, 창의적인 교수진에 감사한다. 특히 빅 히스토리 강의를 함께 시작한 짐 커닝엄(Jim Cunningham)과 필 노박(Phil Novak), 빅 히스토리를 전폭 지지해준 메리 마시(Mary Marcy) 총장, 무척 효율적인 협력 관계를 이끈 대학교 부설 빅히스토리프로그램의 책임자 모즈건 비먼드(Mojgan Behmand)에게 감사한다. 2008년 1월 진화서사시 학술대회를 주최한 루스(Russ)와 셰릴 지넷(Cheryl

Genet)에게도 감사한다. 그 자리에서 우리 세 저자는 이 책의 첫 3장을 논의하고 많은 빅 히스토리 연구자를 만날 수 있었다. 또 국제빅히스토리학회의 동료들에게도 감사 인사를 전한다. 많은 지원을 해준 어설라 굿이너프, 캐서린 베리(Katherine Berry), 래리 고닉(Larry Gonick)에게도 감사한다. 마지막으로, 한결같이 응원해준 잭 로빈스(Jack Robbins)와 그 대가족에게 고맙다고 말하고 싶다.

크레이그 벤저민은 지난 10년 동안 흔쾌히 빅 히스토리를 지원해준 미시건그랜드밸리주립대학교의 학생, 교수, 당국에 감사를 전한다. 특히 격려와 지원을 아끼지 않은 총장과 교무부장에게 감사드린다. 국제빅히스토리학회의 본부 세계빅히스토리연구소를 브룩스대학에 두는 데 동의해준 브룩스학제간연구대학 학장에게도 감사드린다. 두 아들 조(Zoe)와 애셔(Asher)에게도 고맙다고 말하고 싶다(우연히도 모두 1990년대에 매쿼리대학교에서 빅 히스토리를 공부했다). 그리고 한결같은 인내심으로 지지해주고 국제빅히스토리학회 자문위원회 의장으로서 이 분야에 공헌한 아내 패멀라(Pamela)에게도 감사 인사를 전한다. 무척 활기찬 동료이자 아끼는 친구들인 공저자 신시아와 데이비드에게도 고맙다는 말을 전한다.

| 차례 |

11장	현대성으로 나아가는 돌파구
	(여덟 번째 문턱 건너기)

12장	인류세: 세계화, 성장, 지속 가능성

13장	미래의 역사 (또 다른 문턱에 관하여)

1장

처음 세 문턱

우주,
별,
새로운 화학원소

138억~46억 년 전

빅뱅우주론과 우주의 기원

첫 번째로 이야기할 문턱은 우주 생성이다. 알려진 바에 따르면 그 순간이 모든 것의 역사가 시작된 기원이기 때문이다(〈문턱 1 요약〉).

따라서 첫 번째 질문은 이렇다. 역사는 어떻게 시작되었을까? 이것이 야말로 인간이 할 수 있는 질문 중 가장 심오하고 중요하다. 각자가 어느 사회에 살고 있든, 답에 동의하든 동의하지 않든 관계없이 중요한 것은 가장 나은 답을 아는 것이다.

문턱 1 요약

문턱	구성 요소	구조	골디락스 조건	창발성
빅뱅: 우주의 기원	에너지, 물질, 공간, 시간. (우리 우주의 모든 겟)	빠르게 팽창하는 시공간 연속체의 에너지와 물질.	불확실: 멀티버스 안에 양자 요동이 있을 가능성.	우리 주위의 모든 것을 창조할 잠재력.

전통적 기원 이야기들

인류는 역사 대부분에 걸쳐 만물의 기원을 설명하는 이야기들을 만들고 전했다. 그 이야기들은 상상력을 포함한 추측이나 직관, 신성한 존재나 내면의 목소리가 속삭이는 '계시'와 비슷했다(〈그림 1.1〉). 모든 인류 사회는 우주가 어떻게 존재하게 되었느냐고 질문했고 많은 사람이 다양한 답을 내놓았다.

〈표 1.1〉은 다양한 전통적 기원 이야기들의 첫 대목을 요약한 내용이다. 만물의 기원을 각각 다르게 설명하지만 중요한 공통점이 있다.

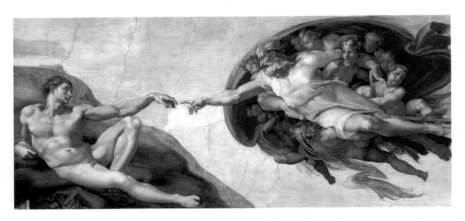

그림 1.1 바티칸 시스티나 경당의 천장화 〈아담의 창조〉. 서양의 강렬한 기원 이야기를 전하는 유명한 작품으로, 신이 아담, 즉 인류에게 생명을 주는 장면을 묘사했다. (출처: wikicommons)

첫째, 외부인이 보기에는 내용이 소박하고 단순하며 그리 와닿지도 않는다. 그러나 해당 사회의 구성원에게는 마법 같은 힘을 발휘할 수 있다. 그 이야기는 기독교 사회에서 믿는 예수 탄생 이야기나 불교 사회에서 믿는 부처의 열반이나 깨달음 이야기와 비슷하다.

둘째, 이야기들 모두가 시적이다. 형언할 수 없는 무언가를 전하려는 사람은 단순하고 직접적인 산문 이상의 비유, 이야기, 우화 등에 의지한다. 따라서 대부분 기원 이야기를 곧이곧대로 받아들이는 것은 잘못이며, 이야기를 들려주는 사람도 글자 그대로 진실이라고 여기지는 않았을 것이다. 기원 이야기는 말로는 제대로 전할 수 없는 무언가를 기술하려 한 결과물이다. 불교의 비유를 들면 '달을 가리키는 손가락'이다. 이런 표현은 우주 같은 수수께끼와 비슷해서 호기심을 불러일으킨다. 우리는 많은 것을 이해할 수 있지만 모든 것을 이해할 수는 없기 때문이다. 우주처럼 수수께끼 같은 것을 설명하려는 사람들은 그래서 으레 복잡하고 시적이며 비유적인 언어를 사용한다.

셋째, 모든 이야기의 한가운데에는 시작의 역설이 있다. 이 이야기들은 인간에게 세계에 대한 지식이 없었던 때를 설명하려 함으로써 시작되었다.

기원 이야기들은 무에서 어떻게 무언가가 출현했는지를 설명한다. 많은 이야기는 창조주가 세상을 만들었다고 하지만, 끈덕지게 달라붙는 문

표 1.1 만물의 기원 이야기

애리조나 북동부 호피족	"최초의 세상은 톡펠라(무한한 공간)였다. 처음에는 창조주 타이오와만 있었고 그 밖에는 끝없는 공간뿐이었다. 시작이나 끝, 시간도, 형상도, 생명도 없었다. 그 한없는 공허 속 창조주 타이오와의 마음에 시작과 끝, 시간, 형상, 생명이 있었다."
반고 이야기의 여러 판본 중 중국 남부에 전하는 이야기	"처음에는 아무것도 없었다. 시간이 흐르자 무에서 무언가가 생겨났다. 시간이 더 흐르자 무언가는 둘로 나뉘었다. 둘은 암수가 되었다. 둘은 둘을 더 낳았고, 이 둘은 반고를 낳았다. 최초의 위대한 인간, 창조주였다."
반고 이야기의 다른 판본	"처음에 우주는 거대한 알이었다. 알 안에 혼돈이 있었고, 혼돈 속에는 아직 발달하지 않은 신성한 배아인 반고가 떠 있었다. 이윽고 반고가 알을 깨고 나왔다. 반고는 사람보다 4배 컸고, 손에 까뀌를 들고 있었으며…… 그것으로 세계를 빚었다."
BCE 약 1200년 지어진 인도 성전 『리그베다』	"존재도 비존재도 없었고, 대기도 땅도 없었고, 그 너머에도 아무것도 없었다. 무엇을 에워싸려 했는가? 어디에서, 누구의 보호를 받으면서? 헤아릴 수 없이 깊은 물이 있었던가? 죽음도 불멸도 없었다. 밤이나 낮의 표식도 없었다. 단일자는 바람도 없이 자신의 에너지로 호흡했다. 그 밖에는 아무것도 없었다."
소말리아 이슬람교도의 기원 이야기	"시간이 시작되기 전에 신이 있었다. 신은 태어난 적도 없고 죽지도 않을 것이다. 원하는 것이 있다면 말하기만 하면 된다. '있어라!' 그러면 존재한다."
구약성서의 「창세기」 1장 1절	"태초에 하나님이 천지를 창조하셨다. 땅은 혼돈하고 공허하며, 어둠이 깊음 위에 있고, 하나님의 영은 물 위에 움직이고 계셨다."

제가 하나 있다. 창조주는 어떻게 창조되었을까? 일반적으로 말하면 어떻게 무에서 무언가가 나왔을까?

현대 과학이 설명하는 기원인 **빅뱅우주론(big bang cosmology)**에도 이 모든 특징이 있다. 처음 접하면 황당할 수도 있는 이 이론에는 시적이면서 비유적인 특성도 있다. 형언할 수 없는 것을 기술하려면 현대 과학도 시적인 언어를 써야 할 때가 있기 때문이다. 한 예로 '빅뱅(big bang)'은 은유다. 현대 우주론자 중 우주가 정말로 '쾅(bang)' 출현했다고 믿는 사람은 없다!

우주의 진화를 연구하는 현대 **우주론(cosmology)**도 시작의 역설을 풀지 못했다. 우주론자는 빅뱅 이전에 무엇이 있었는지 추정하기 위해 애쓰지만, 현재로서는 왜 우주가 무에서 출현했는지 알 수 없다. 빅뱅 이전에 무가 있었는지조차 알지 못한다. 최근까지 과학자들이 진지하게 받아들인 추정에 따르면, 예전에 있던 우주가 쪼그라들어서 무가 되었다가 다시 폭발하여 새로운 우주를 형성했다(13장 참고). 요즘 더욱 진지하게 받아들이는 다른 추정에 따르면, 방대한 다차원 '멀티버스(multiverse)'가 있고, 독특한 특징을 지닌 우주들이 그 안에서 계속 출현하고 있다. 따라서 우리 우주는 무수히 많은 우주 중 하나일 수도 있다.

현대의 기원 이야기와 전통적 기원 이야기에는 중요한 차이가 있다. 현대의 기원 이야기는 만물의 기원을 곧이곧대로 설명한다. 약 138억 년 전에 실제로 우주가 시작되었다고 진지하게 설명한다. 단순히 무지를 보완하기 위해 시적으로 언급하는 것이 아니라 역사가 시작된 순간을 정확히 설명하려 한다. 과학자들이 수백 년간 수없이 측정하여 얻은 방대한 증거와 엄밀하고 꼼꼼하게 검증한 과학 이론에 토대하기 때문이다. 한편으로 과학자들은 새로운 증거가 계속 나올 수 있으므로 앞으로 세세한 부분들이 바뀔 것이라는 점도 안다. 현대의 기원 이야기는 고정되거나 절대적이지 않으며, 완벽하다고 주장하지도 않는다.

빅뱅우주론의 기원

우주론이 여러 세기 동안 진화한 과정을 이해하면 빅뱅우주론을 더 쉽게 이해할 수 있다. 현재 전 세계 과학자들이 받아들인 우주 개념들은 근대 유럽의 과학 전통으로부터 발전했다. 이 개념들의 근원은 고대 메소포타미아와 이집트, 인도에서 고대 그리스와 로마, 이슬람 세계에서 기원한 수학적·과학적·종교적 개념까지 거슬러 올라간다. 즉, 현대 우주론은 아프로유라시아(Afro-Eurasia) 여러 지역의 개념, 기술, 전통에 기대고 있다.

■ 초기 우주론

중세 유럽인들은 2가지 주요 전통의 개념으로 우주의 기원을 설명했다. 첫 번째는 기독교 신학이다. 유대교와 마찬가지로 일신교인 기독교는 초월적인 하나의 신이 존재한다고 믿으며 그 신이 우주를 창조했다고 설명한다. 기독교가 로마제국 전역으로 퍼진 CE 3세기 무렵, 많은 기독교 신학자는 세계가 언제 창조되었는지 알아내려고 했다. 가장 권위적인 문헌인 성경에 쓰인 증거에 토대하여 나름 '과학적'이었다. 구약성서에 나오는 세대들의 나이를 더해 창세 시점을 추정한 신학자들은 신이 BCE 약 4000년에 지구와 우주를 창조했음을 시사하는 추정값을 얻었다. 로마제국의 전성기에 우주의 나이가 4,000년이 조금 넘었다는 뜻이었다. (상세한 내용은 2장의 '지표면 형성'에서 언급하겠다.)

중세 기독교 우주론의 토대가 된 두 번째 전통은 로마계 이집트 천문학자 클라우디오스 프톨레마이오스(Claudius Ptolemaeos)의 연구다. 지리학자이자 수학자이자 천문학자인 그는 자신의 위대한 천문학 저서를 그리스어로 썼다. 이후 그의 책을 아랍어로 번역한 무슬림 학자들은 '위대한 작품'이라는 뜻의 『알마지스티(al-Majisti)』라고 불렀고 중세 기독교 번역가들은 『알마게스트(Almagest)』라고 불렀다. 이 책은 기독교 세계에서 천문학과 우주에 관한 개념들의 토대가 되었다(〈그림 1.2〉). 프톨레마이오스는 지구와 행성들이 태양 주위를 돈다는 고대 그리스인들의 우주 모형을 거부했다. 그는 지구가 우주의 중심에 있고 다른 모든 천체가 그 주위를 돈다고 주장했다. 기독교 신학자들은 지구가 죄악과 불완전함의 세계라고 생각했다. 그러나 프톨레마이오스의 모형에서 지구 주위를 도는 천체들의 세계는 완벽함 그 자체였다. 이 천계는 별, 태양, 행성, 다른 천체들이 박혀 있는 완전무결하고 투명한 수정 천구들로 이루어져 있었다. 지구에서 보이는 천체들이 서로 다르게 움직이는 이유는 천구마다 회전속도가 다르기 때문이었다.

기독교 세계의 학자 대부분은 1,500년 넘도록 프톨레마이오스의 모형을 받아들였다. 가톨릭교회가 이 모형을 지지한 것도 원인 중 하나였다. 게다가 이 모형은 천체들의 움직임을 잘 설명했다. 지구가 움직이고 있다고 느끼지 못하는 인간의 감각과도 들어맞았다. 지구가 움직인다면 그 움직임이 느껴져야 하지 않을까?

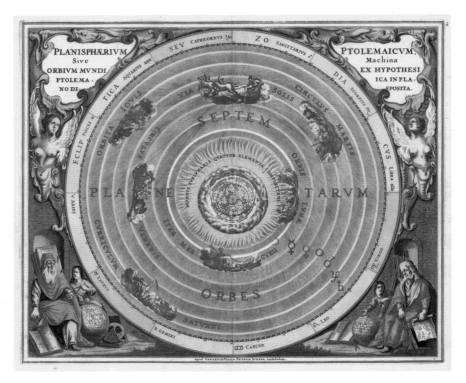

그림 1.2 고대 이집트 천문학자 프톨레마이오스의 우주. 중세 유럽 학자 대부분은, 천체들이 박혀 있으며 회전하는 투명 천구들에 둘러싸인 지구가 우주의 중심이라는 그의 이론을 받아들였다. (출처: wikicommons)

■ 과학적 도전

16세기 들어 프톨레마이오스의 우주 모형은 공격을 받기 시작했다. 우선 종교개혁이 가톨릭교회의 권위를 떨어뜨렸다. 더 중요한 점은 프톨레마이오스 우주론을 과학적으로 비판하는 인물들이 나타났다는 것이다. 폴란드 출신 천문학자 니콜라우스 코페르니쿠스(Nicolaus Copernicus)는 지구가 아니라 태양이 우주의 중심이라는 고대의 개념을 되살렸다. 그는 자신의 개념으로 프톨레마이오스 체계의 문제점들을 해결했다. 예컨대 프톨레마이오스 우주론은 행성들의 '역행운동(retrograde motion)'을 부자연스럽게 설명했다. 역행운동은 해마다 행성이 잠시 궤도를 되돌아가는 듯이 보이는 현상이다. 코페르니쿠스는 지구가 다른 모든 행성과 함께 태양 주위를 돈다고 가정하여 현상들을 제대로 설명했다. 독일 천문학자 요하네스 케플러(Johannes Kepler)도 행성들의 궤도가 프톨레마이오스 우주론이 주장하는 완벽한 원이 아니라 찌그러진 원인 타원이라는 것을 보여주었다.

이탈리아 학자 갈릴레오 갈릴레이(Galileo Galilei)는 달 아래의 영역과 천체 영역이 매우 다르다는 기존 개념을 종식시켰다. 망원경으로 천체를 관측한 최초의 천문학자인 그는 태양 표면이 완전무결하기는커녕 점으로 뒤덮여 있고 목성에도 달이 있다는 사실을 증명했다. 이 사실도 프톨레마이오스의 모형과 모순되었다. 또 갈릴레오는 지구의 움직임을 인간이 느끼지 못하는 이유도 설명했다. 그는 지구의 모든 것이 같은 방향으로 움직이면 인간은 아무것도 움직이지 않는 듯 느낀다고 지적했다. 우리가 날아가는 비행기 안에서 공을 위로 던진다고 가정해보자. 이때 공은 시속 800km로 뒤쪽으로 날아가지 않고 손 위로 떨어진다. 우리와 함께 비행기를 타고 나아가고 있기 때문이다. 지구가 시속 약 11만 2000km로 우주 공간을 나아가고 있는데도 우리가 느끼지 못하는 이유는 그 때문이다.

17세기 말 영국 물리학자이자 수학자 아이작 뉴턴(Isaac Newton)은 가상의 천구들로 복잡하게 얽힌 프톨레마이오스의 체계를 쓸모없는 이론으로 만들었다. 그는 몇 개의 단순한 방정식만으로 행성의 운동과 사과의 낙하를, 즉 하늘과 지구에 있는 물체의 운동을 설명했다. 또한 중력이라는 보편적인 힘이 존재한다고 주장했다. 이 힘 때문에 모든 물리적 대상이 서로를 끌어당기고, 힘의 세기는 물체의 질량이 커질수록 커지지만 물체 사이의 거리가 멀어질수록 줄어든다. 뉴턴의 운동 법칙은 당시의 모든 과학적 돌파구 중 가장 탁월했고 큰 영향을 미쳤다. 단순하게 전반적인 운동을 설명한 그 법칙은 많은 이들이 보기에 우주를 이해하는 열쇠였다.

1700년 무렵에는 프톨레마이오스의 우주 모형을 진지하게 받아들이는 과학자가 거의 없었다. 대부분은 지구가 태양을 돈다고 생각했고, 우주를 뉴턴이 정립한 것처럼 단순한 과학 법칙으로 설명할 수 있다고 믿었다.

■ 우주 지도 만들기

이제 천문학자들은 새로운 도전 과제에 직면했다. 우주를 더 잘 이해한다는 것은 우주의 지도를 작성할 수 있다는 의미였다. 지구 지도를 작성한 지리학자처럼 우주 지도를 만들 수 있을까? 그러려면 별들의 정확한 위치와 움직임을 파악해야 하니 쉽지 않은 일이었다. 천문학자들이 근처 별까지의 거리를 측정하고 우주 공간에서 움직이는 모습을 추적하는 방법을 개발한 것은 19세기가 되어서였다. 우주와 그 기원에 관한 현대적 개념들은 우주를 지도에 담으려는 이러한 시도로부터 출현했다. 별의 위치와 운동이라는 두 질문은 뒤에서 차례로 살펴볼 것이다.

별까지의 거리는 어떻게 알 수 있을까? 밤에 별을 쳐다보며 방법을 생각해보자. 가치가 크지만 복잡하면서 미묘한 문제다. 고대 그리스인들은 **시차(parallax)**를 이용하는 방법을 알고 있었다. 시차는 관찰자의 움직임 때문에 고정된 두 물체 사이의 겉보기 관계가 변하는 현상이다(〈그림 1.3〉).

시차에 대한 감을 잡을 수 있도록 손가락 하나를 코 앞쪽에 들어보자. 이제 손가락을 고정하고 머리를 좌우로 흔들어보자. 손가락이 배경 앞에서 움직이는 듯 보일 것이다. 이때 얼마나 멀리 움직이는지는 손가락이 눈에서 얼마나 멀리 있느냐에 따라 달라질 것이다. 손가락을 코에서 더 멀리 놓고 똑같이 머리를 흔들어보라. 그리스인들은 이 단순한 원리로 가장 가까운 별까지의 거리를 측정할 수 있다고 생각했다. 일부 고대 그리스 천문학자가 태양이 우주의 중심이라고 생각했음을 감안하면 지구가 해마다 태양을 한 바퀴 돌 때, 가장 가까이 있는 별은 틀림없이 더 멀리 있는 별들을 배경으로 움직일 것이다. 머리를 흔들면 손가락이 배경 앞에서 움직이는 듯 보이는 것과 마찬가지다. 가까이 있는 별이 더 멀리 있는 별들을 배경으로 얼마나 많이 움직이는 듯한지 측정하고, 단순한 삼각법과 지구궤도 크기와 태양과의 거리를 추정한 값을 이용하면 그 별이 얼마나 멀리 있는지 알 수 있을 것이다.

고대 그리스인들의 생각은 옳았다. 하지만 가장 가까운 별들도 무척 멀리 있기 때문에 인간은 맨눈으로는 어떤 움직임도 탐지할 수 없다. 19세기 중반이 되어서야 가까운 별의 미세한 위치 변화를 알아내고 측정할 수 있을 정도로 망원경과 측정 기구가 정밀해졌다. 이 장치들로 몇몇 가까운 별의 거리를 측정한 천문학자들은 우주가 생각보다 훨씬 크다는 사실을 깨달았다. 가장 가까운 별인 프록시마켄타우리(Proxima Centauri)조차도 4광년 이상 떨어져 있다. 약 40조km다. 시속 880km로 날아가는 여객기를 타고 거기까지 가려면 약 500만 년이 걸린다! 우주에 있는 수천억 개의 별 중 가장 가까운 별이 그렇다는 것을 명심하자. 천문학적 관점에서 프록시마켄타우리는 옆집이나 마찬가지다.

　더 멀리 있는 별을 측정하려면 다른 방법이 필요했다. 미국 천문학자 헨리에타 레빗(Henrietta Leavitt)이 그중 하나를 개발했다. 19세기 말 그는 밝기가 규칙적으로 달라지는 특이한 별 **세페이드(케페이드) 변광성(Cepheid variable)**을 연구했다. 이 이름은 변광성이 케페우스자리에서 처음 발견되었기 때문에 붙었다. 레빗은 밝기가 변하는 속도가 별의 크기에 따라 다르므로 별이 얼마나 큰지 계산할 수 있다고 생각했다. 별의 크기와 밝기의 상관

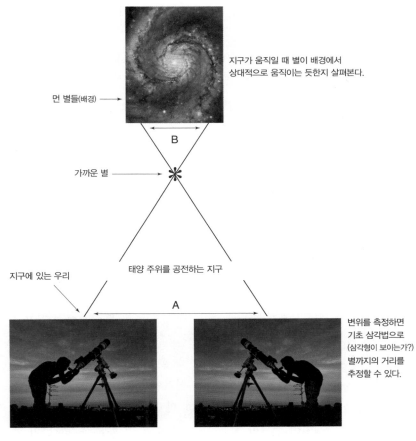

지구가 움직일 때 별이 배경에서
상대적으로 움직이는 듯한지 살펴본다.

먼 별들(배경) →

B

가까운 별 →

지구에 있는 우리

태양 주위를 공전하는 지구

A

변위를 측정하면
기초 삼각법으로
(삼각형이 보이는가?)
별까지의 거리를
추정할 수 있다.

그림 1.3 삼각형과 삼각법으로 계산할 수 있는 시차의 원리. 시차는 우리가 움직일 때 중간 거리에 있는 물체(가까이에 있는 별 등)가 더 멀리 있는 물체들(더 멀리 있는 별이나 은하 등)에 상대적으로 움직이는 듯하는 정도에 따라 나타난다. 원리상으로는 가까운 별이 움직이는 범위를 측정하고 삼각법(그림의 삼각형)으로 그 별까지의 거리를 계산할 수 있다. 하지만 실제로는 가장 가까운 별도 미세하게 움직이므로 19세기까지도 가까운 별까지의 거리를 알아낼 수 없었다. (출처: ©gettyimagesBank)

관계가 밀접하므로 지구에서 볼 때의 밝기를 계산하면 진정한 '고유의' 밝기와 거리를 추정할 수 있었다. 먼 별의 빛은 지구에 오는 거리만큼 수학적으로 정확한 비율로 공간 속으로 확산하며 약해지기 때문이다. 레빗은 이 우회적인 방식으로 세페이드 변광성의 실제 거리를 추정했다.

1924년 에드윈 허블(Edwin Hubble)은 일부 세페이드 변광성이 우리 은하인 은하수 바깥에 있다는 연구 결과를 발표했다. 우주에는 수많은 은하가 있을 뿐 아니라 당시 천문학자들의 짐작보다 훨씬 컸다.

천문학자들은 별과 은하가 우주 공간에서 움직이고 있는지 알고 싶어 했다. 19세기에 그 연구에 필요한 방법들이 개발되어 획기적인 발견들이 이어졌다.

19세기 초 독일의 유리 제조공 요제프 폰 프라운호퍼(Joseph von Fraunhofer)가 **분광기(spectroscope)**라는 장치를 발명했다. 분광기는 별에서 오는 빛을 진동수별로 분리할 수 있었다. 단순한 유리 프리즘을 사용해도 마찬가지다. 빛을 진동수별로 나누므로 우리 눈에는 각 파장이 다른 색깔로 보인다. 프리즘이 진동수가 낮은 빨강에서 높은 파랑에 이르는 무지개를 만드는 듯 보이는 이유는 그 때문이다. 그런데 프라운호퍼는 분광기에 별빛을 통과시키면 나오는 '빛의 무지개'인 스펙트럼에서 이상한 점을 발견했다. 에너지가 줄어들었음을 시사하는 검은 선들이 보였다. **흡수선(absorption line)**이라고 불리는 이 선은 특정 원소 때문에 생겨난다(〈그림 1.4〉). 원소별로 진동수가 다른 빛 에너지를 흡수하는 경향이 있기 때문이다. 따라서 흡수선의 진동수를 알면 별빛을 뿜어낸 별에 어떤 원소가 있는지 알 수 있다. 이 원리는 천문학자들이 별이 어떻게 형성되고 그 안에 무엇이 있는지 알아내는 과정에서 중요한 역할을 했다.

19세기 말 애리조나 플래그스태프의 로웰 천문대에서 일하던 베스토 슬리퍼(Vesto Slipher)는 흡수선의 또 다른 신기한 특징을 찾아냈다. 때때로 먼 천체의 스펙트럼에서 흡수선이 예상한 위치에서 다른 위치로 옮겨 간 것처럼 보였다. 예컨대 수소의 흡수선에 진동수가 더 높은 스펙트럼의 파란색 쪽으로 이동하는 청색이동이나 진동수가 더 낮은 빨간색 쪽으로 이동하는 적색이동이 일어나기도 했다. 슬리퍼는 이 현상은 별이 우리를 향해 다가오거나(청색이동) 우리에게서 멀어져서(적색이동) 생긴다고 주장했

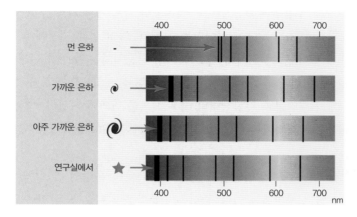

그림 1.4 도플러효과와 흡수선. 별에서 오는 빛의 스펙트럼에 나타나는 검은 선인 흡수선은 해당 진동수의 빛을 흡수하는 특정 원소가 있음을 나타낸다. 그런데 때로는 흡수선이 본래의 진동수인 예상 위치에서 조금 이동한다. 바로 도플러효과 때문이다. 별빛의 파장은 별이 우리에게서 멀어지는지 다가오는지에 따라 늘어나거나 압축된다. 허블은 멀리 있는 천체들이 우리에게서 멀어지는 듯이 보이며, 더 멀리 있는 천체일수록 더욱 빠르게 멀어진다는 것을 발견했다.

다. 즉, **도플러효과(Doppler effect)**로 생긴다는 것이었다. 구급차가 우리 쪽으로 달려올 때는 사이렌 소리가 커지고, 멀어지면 작아지는 것과 같았다. 이 효과는 소리를 내는 물체가 다가오면 음파들이 촘촘하게 뭉쳐서 귀에 들리고, 멀어지면 음파들이 늘어난 형태로 들리기 때문에 나타난다. 슬리퍼가 옳다면, 먼 은하처럼 멀리 있는 천체가 다가오는지 멀어지는지를 판단할 수 있었다. 심지어 그 천체가 얼마나 빨리 움직이는지도 계산할 수 있었다. 물론 슬리퍼가 옳았고 그의 주장은 놀라운 기술적 돌파구가 되었다.

별의 거리와 운동을 측정하는 이 기법들이 현대 빅뱅우주론의 토대를 마련했다.

빅뱅우주론

미국 천문학자 에드윈 허블은 1920년대에 이 모든 발견을 종합했다. 당시 세계 최대의 망원경 중 하나가 있던 캘리포니아 패서디나의 윌슨산 천문대에서 일하던 그는, 앞에서 언급한 기법들을 활용하여 우주의 모습을 지도로 작성하려 했다. 그런데 전혀 예상치 못한 결과가 나왔다. 가장 이상한 점은 우주가 불안정해 보인다는 것이었다. 우주에서 가장 멀리 있는 천체들은 **적색이동(red shift)**이 일어나는 듯했다. 다시 말해 지구에서 멀어지고 있는 듯했다. 뉴턴의 시대 이후 대다수 천문학자는 우주가 안정하다고 가정했기에 이런 결과를 예상하지 못했다. 허블이 천체들의 이동 속도 추정값을 거리 추정값과 결합했더니 더욱 신기한 결과가 나왔다. 더 멀리 있는 천체일수록 적색이동이 더 컸다. 즉, 우리에게서 더 빨리 멀어지고 있는 듯했다(〈그림 1.5〉).

이 발견은 무슨 의미일까? 큰 규모에서 보면 우주의 각 영역이 서로 멀어지고 있다는 의미 같았다. 중력은 은하들을 하나로 묶을 만큼 강하다. 은하수와 안드로메다은하를 포함하는 은하단도 그렇게 묶여 있기 때문에 안드로메다은하는 우리 은하로부터 멀어지지 않는다. 그러나 훨씬 멀리 떨어진 천체를 관측한 허블이 보기에는 큰 규모에서는 은하단들이 서로 멀어지고 있었다. 마치 우주 전체가 팽창하고 각 영역이 폭발한 수류탄의 파편들처럼 흩어져서 멀어져가는 것 같았다.

누구도 예상하지 못한 일이었다. 허블은 알베르트 아인슈타인(Albert Einstein)이 상대성이론을 내놓은 지 몇 년 후 관측 결과를 발표했다. 아인슈타인은 허블의 발표에 너무나 충격을 받은 나머지 오류가 있는 것이 틀림없다고 한동안 주장했다. 심지어 우주가 불안정할 가능성을 피하기 위해 중력과 균형을 이루는 새로운 힘이 존재한다고 가정하여 상대성이론을 수정하기까지 했다. 나중에 허블의 연구 결과를 받아들인 그는 새로운 발견을 회피하려 한 것이 자신의 최대 실수 중 하나라고 말했다. 뒤에서 살펴보겠지만, 최근 발표된 연구들에 따르면 흥미롭게도 아인슈타인의 수정이 어느 정도 옳았다고 할 수도 있다. 그가 제시한 새로운 힘이 **암흑 에너지(dark energy)**인 듯하기 때문이다. 암흑 에너지는 공간 자체를 넓히는 듯한 에너지로서 우주 전체에 퍼져 있다.

프톨레마이오스의 우주가 작고 안정적이며 뉴턴의 우주가 방대하고 안정적인 반면 허블의 우주는 무척 불안정하다. 허블의 우주는 처음에는 작았다가 점점 팽창하여 매우 커진다. 우주는 팽창하면서 시간과 공간이라는 차원을 만들기 때문에 팽창하여 무언가가 되고 있는 것은 아니다. 그래서 우주의 모양을 상상하기가 어렵다. 우주에 중심이나 가장자리가 있다고

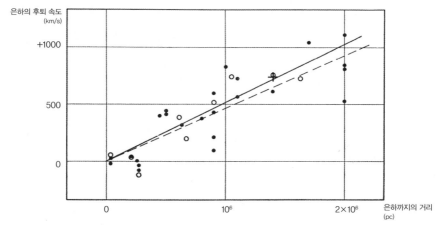

은하 외 성운들의 속도-거리 관계

그림 1.5 허블이 그린 먼 은하들의 거리와 속도 그래프. 먼 은하를 연구한 그는 멀리 있는 천체일수록 더 빨리 멀어지는 듯한 현상을 발견했다. 우주가 팽창하고 있음을 보여준 근본적 발견이었다. (출처: ⓒNASA)

생각해서는 안 된다. 지표면에 가장자리나 중심이 없는 것과 마찬가지다.

허블이 묘사한 우주가 사실적일까? 아니면 관측 결과가 일종의 착시에서 비롯되었을까? 처음에는 누구도 확신할 수 없었다. 허블이 사실을 기술했다면 우주의 역사를 이해하는 데 중요한 영향을 미칠 터였다. 1927년 벨기에 천문학자이자 가톨릭 사제 조르주 르메트르(Georges Lemaitre)는 우주가 팽창한다면, 우주에 역사가 있다는 뜻이라고 지적했다. 그렇다면 우주론은 우주를 정적으로 기술한 이론이 아니라 인류 역사학처럼 역사에 관한 분야가 된다. 또한 르메트르는 그 역사에 관해 몇 가지 중요한 점을 덧붙였다. 우주가 팽창하고 있다면, 과거에는 틀림없이 지금보다 작았을 것이다. 그리고 상상할 수 없이 먼 과거의 어느 시점에는 우주의 모든 것이 원자만 한 작은 공간에 빽빽하게 들어가 있었을 것이다. 르메트르는 이를 원시 원자(primeval atom)라고 불렀다.

다른 천문학자들이 경악할 결론이었다. 르메트르는 우주 전체가 헤아릴 수 없이 작은 에너지 다발에서 시작되었다고 주장했다. 우주가 정말로 팽창하고 있다면 그의 결론이 옳아야 했다.

허블의 연구가 현대 빅뱅우주론의 토대를 마련했지만 대다수 천문학자들이 그 개념을 받아들이기까지는 수십 년이 필요했다. 언뜻 보면 어처구니없었던 탓도 있을 것이다. 1950년 영국 천문학자 프레드 호일(Fred Hoyle)은 라디오 인터뷰에서 이 개념을 **빅뱅(big bang)**이라고 표현했다. 즉, 빅뱅은 반대자가 악의적으로 조롱하기 위해 붙인 별명이었다.

처음에는 허블의 발견이 지닌 의미를 이해한 과학자가 거의 없었다. 그렇다면 초기 우주는 어떤 모습이었을까? 1940년대에 핵무기를 만들던 과학자들은 근본 입자의 성질, 그리고 극단적인 압력과 온도에서 근본 입자가 움직이는 양상을 새로운 관점에서 바라보기 시작했다. 허블과 르메트르의 모형이 옳다면 우주 역사 초기의 조건도 틀림없이 극단적이었을 것이었다.

강입자충돌기로 발견한 물질

현재 우주론자들은 우주의 기원을 알아내기 위해 거대하고 값비싼 장치로 입자들을 극도로 빠르게 충돌시켜 부순 다음 어떤 물질로 이루어져 있는지를 연구한다. 스위스 제네바의 공항 지하에 있는 거대한 원형 터널인 강입자충돌기(Large Hadron Collider, LHC)는 입자들을 격렬하게 충돌시켜 부수는 장치다(〈그림 1.6〉). 과학자들은 우주가 출현한 지 1초가 되었을 때와 비슷한 조건을 이 장치로 재현한다. 부품들을 알아보겠다고 페라리 자동차 2대를 충돌시키는 것과 비슷하다! 게다가 이 연구는 큰 흥분을 불러일으킨다! 실제로 2012년 7월 4일 과학자들은 강입자충돌기로 '힉스 보손(Higgs boson)'이라는 입자가 존재한다는 증거를 발견했다고 발표했다. 힉스 보손은 모든 물질에 질량이 있는 이유를 설명하는 입자다. 그런 입자가 틀림없이 존재할 것이라는 이론은 1964년 영국 물리학자 피터 힉스(Peter Higgs)가 처음 내놓았고, 이후 몇몇 물리학자도 같은 개념을 제시했다. 힉스의 개념에 들어맞는 입자를 발견한 연구는 현대 과학 역사에서 위대한 전환점 중 하나다.

1940년대에 프레드 호일과 러시아계 미국 물리학자 조지 가모(George Gamow)를 비롯한 많은 과학자가, 허블의 연구 결과가 옳다면 초기 우주가 어떻게 움직였고 어떤 모습이었을지를 연구하기 시작했다. 그들은 합리적

그림 1.6 유럽입자물리연구소(CERN)의 강입자충돌기. 지금까지 제작된 과학 실험 설비 중 가장 크고 비싼 강입자충돌기는 제네바국제공항 밑의 거대한 지하 터널에 설치되어 있다. 과학자들은 터널 안에서 아원자 입자들을 빛의 속도에 가깝게 가속하여 충돌시킨 다음 어떤 입자로 이루어졌는지 연구한다. 자동차들을 충돌시킨 후 안에 어떤 부품이 있는지 알아보는 것과 비슷하지만, 지금으로서는 우주의 기본 성분들을 파악하는 유일한 방법이다. 하얀 원이 강입자충돌기가 있는 곳이다. 앞쪽에 제네바국제공항이 있다. 빨간 선은 프랑스와 스위스의 국경이다. (출처: ©CERN, 1987)

으로 납득할 만한 이야기를 구성할 수 있다는 사실을 깨달았다. 이후 수십 년 동안 과학자들은 우주가 출현한 순간부터 지금에 이르는 단계들을 상세히 설명할 수 있는 이론들을 제시해왔다.

빅뱅우주론과 만물의 기원

우주 이전에 무엇이 존재했는지를 아는 사람은 아직 없다. 증거가 없으므로 우주가 출현한 순간에 대해 과학적으로 말할 수도 없다. 사실 시간 자체가 빅뱅 때 공간, 물질, 에너지와 함께 생겨났을 가능성도 있기 때문에 '이전'이라는 개념이 무의미할 수도 있다. 훗날 천문학자들이 이 궁극적 질문에 대한 답을 찾아낼지도 모르지만, 현재 빅뱅우주론자들은 우주가 출현한 그 순간을 설명하려 하지 않는다. 어쨌든 빅뱅우주론은 우주가 출현하고 1초가 지나기 전에 어떤 일들이 일어났는지에 관해 많은 증거를 토대로 자세히 이야기할 수 있다. 어려운 용어 없이 짧게 이야기해보자.

약 138억 년 전 무언가가 출현했다. 그것은 공간, 시간, 질량을 지니고 공간을 차지하는 실체인 **물질**, 물질을 움직이고 변형시키는 힘인 **에너지**를 만들기 시작했다. 처음에 우주는 원자보다 크지 않았을 것이다. 또한 상상할 수 없이 뜨거웠다. 이 공간은 오늘날의 우주에 있는 모든 에너지를 담고 있었다. 너무나 뜨거워서 물질과 에너지가 상호 교환될 수 있었다. 에너지는 끊임없이 뭉쳐서 물질 입자가 되었고, 이 입자는 다시 에너지로 돌아갔다. 아인슈타인의 상대성이론이 증명했듯이, 물질과 에너지는 동일한 기본 실체의 서로 다른 형태다. 간략히 말하면 물질은 휴식 상태의 에너지다. 수소폭탄이 폭발할 때나 별의 중심에서 볼 수 있는 극단적인 온도에서는 물질이 에너지로 돌아갈 수 있다. 따라서 태초에 우주는 에너지와 물질이 뒤섞인 일종의 수프였다. 그러나 우주가 팽창하면서 온도가 내려감에 따라 수프가 다양한 힘과 물질로 분화하기 시작했다. 과학자들은 이 변화를 상변화(상전이, phase change)라고 한다. 온도가 낮아지는 수증기가 약 100℃에서 갑자기 상변화하여 액체 상태의 물이 되는 현상과 비슷하다.

잠시 동안 초기 우주는 극도로 빠르게 팽창했다. 우주가 출현한 지 10억 분의 10억 분의 10억 분의 1초도 지나지 않은 시점을 이야기하고 있다는 점을 기억하자. 천문학자들이 '급팽창[인플레이션(inflation)]'이라고 부르는 이 시기가 끝났을 때 우주는 현재의 은하 하나만큼 커졌을 것이다.

다시 1초에서 한참 모자란 짧은 시간이 지나는 동안 상변화로 에너지의 4가지 기본 형태가 출현했다. 중력, 전자기력, '강한' 핵력, '약한' 핵력이다(중력과 전자기력은 뒤에서 이야기할 것이다). 이 책에서는 인류에게 친숙한 중력과 전자기력을 주로 언급하고 다른 힘들은 짧게 설명할 것이다. 두 핵력은 원자 하나보다 작은 거리에서 작용하며, 양성자와 전자 같은 아원자 입자와 원자가 움직이는 데 영향을 미친다. 따라서 주로 핵물리학자들이 관심을 둔다. 4가지 힘과 더불어 물질의 기본 성분들도 출현했다. 아직 밝혀지지 않은 암흑 물질과 우리를 이루는 물질인 **원자 물질**(atomic matter)이다.

우주가 탄생한 지 20분이 지나기 전에 물질과 에너지는 더 안정한 형태를 띠기 시작했다. 수소 원자의 양전하를 띤 핵인 양성자는 이미 출현해 있었고, 그중 약 25%는 서로 융합하고, 양성자와 질량이 비슷하지만 전하가 없는 중성자와 결합하여 헬륨 원자의 핵을 이루었다. 소수의 양성자들이 융합하여 리튬 핵을 형성했지만, 우주가 빨리 식는 바람에 그 이상 융합하지는 못했다. 이제 물질은 양성자와 (음전하를 띤) 전자가 결합하여 원자를 이루지 않은 뜨거운 기체 같은 **플라스마**(plasma)로 존재했다. 오늘날에도 별의 중심은 플라스마 상태로 존재한다. 양성자와 전자는 전하를 지니므로, 우주의 원자 물질 대부분은 전기를 튀기는 강한 전자기 에너지에 끊임없이 노출되었을 것이다. 전자기 에너지의 작은 꾸러미라고 할 수 있는 광자는 이 하전 입자들과 뒤엉켜 있었을 것이다.

플라스마는 인류가 지구에 산 기간의 2배인 약 38만 년 동안 존재했다. 빅뱅으로부터 약 38만 년이 흘렀을 때 중요하고 새로운 상변화가 일어났다. 우주가 태양의 표면에 가까운 온도까지 식으면서 빛의 광자들이 에너지를 잃기 시작했고, 마구 날뛰던 아원자 입자들의 움직임도 줄어들기 시작했다. 이윽고 우주가 더 식고 차분해지자, 양전하를 띤 양성자와 음전하를 띤 전자 사이의 전하가 둘을 하나로 결합시킬 만큼 힘을 발휘했다. 중요한 온도 문턱을 넘자 갑자기 우주 전역에서 양성자와 전자가 결합하여 원자를 형성했다. 양성자와 전자의 반대되는 전하들이 서로를 상쇄했기에 원자는 전기적으로 중성이었다. 마치 우주 전체가 갑작스럽게 전하를 잃은 듯했다. 전자기 복사를 얽어매고 있던 전하들의 그물이 사라지자 이제 빛의 광자가 자유롭게 우주를 돌아다닐 수 있었다.

1940년대 말 조지 가모는 광자가 풀려나는 순간 엄청난 에너지가 분출하듯 우주가 환하게 빛났을 것이라고 주장했다. 그는 그 불빛을 지금도 검출할 수 있을 것이라고 생각했다. 당시 대다수의 천문학자는 빅뱅에 회의적이라, 옛날에 번쩍인 에너지의 잔재를 진지하게 살펴보려 하지 않았다.

빅뱅우주론의 증거

우주가 빅뱅으로 생겨났다는 개념은 1960년대 초까지도 그저 흥미로운 가설에 불과했다. 가설은 증거가 충분하지 않아서 널리 받아들여지지 않은 과학 개념이다. 이론은 증거가 충분하여 널리 받아들여지는 과학 개념이다. 대다수의 천문학자는 빅뱅이 실제로 일어났을 것이라고 생각하지 않았고, 정상우주론(steady state theory)이란 대안 가설을 지지했다. 1920년대에 제시된 이후 수정과 개선을 거친 정상우주론은 당시 널리 받아들여져서 이론이라고 불렸다. 죽는 날까지 빅뱅우주론에 비판적이었던 프레드 호일은 이 가설을 특히 지지했다. 정상우주론자들은 우주가 실제로 팽창하고 있다고 해도 팽창률과 균형을 이루는 속도로 새로운 물질과 에너지가 끊임없이 만들어지고 있다고 주장했다. 따라서 큰 규모로 보면 우주가 언제나 지금과 거의 동일한 모습이었다. 두 가설을 어떻게 검증할 수 있을까? 둘 다 허블이 발견한 적색이동을 설명할 수 있다고 주장하는데? 어느 쪽이 옳을까?

답은 1964년에 예기치 않게 나왔다. 뉴저지의 벨 전화 연구소에서 일하던 두 천문학자 아노 펜지어스(Arno Penzias)와 로버트 윌슨(Robert Wilson)은 극도로 민감한 위성통신용 수신기를 개발하려 애쓰고 있었다. 두 사람은 제작 중이던 뿔 같은 안테나의 감도를 더 높이기 위해 모든 배경 신호를 제거하려 했다. 그때 한 미세한 에너지가 일정하게 웅웅거리는 잡음을 꾸준히 일으켰는데, 아무리 해도 잡음을 지울 수 없었다. 놀랍게도 그 에너지는 안테나를 어느 방향으로 향하든 존재하는 듯했기에, 우주의 특정한 천체에서 나오는 것은 아닌 듯했다. 두 사람은 장치에 문제가 생겼다고 의심하여 안테나에 묻은 비둘기 똥을 치우기도 했다. 배설물의 미세한 열이 원인일 수도 있다고 생각해서였다. 얼마 후 두 사람은 인근 프린스턴대학교의 물리학 교수 로버트 딕(Robert Dicke)을 만났다. 딕은 빅뱅이 엄청난 에너지 불빛을 뿜어냈을 것이라는 예측을 알고 있었고, 그 배경 에너지를 검출하는 전파망원경을 만들려고 했다. 그는 이야기를 듣자마자 펜지어스와 윌슨이 가모를 비롯한 이들이 예측한 과거의 에너지 불빛을 검출했다고 결론 내렸다.

펜지어스와 윌슨이 찾아낸 신호는 무척 약해서 에너지 수준이 절대영도보다 몇 도 높은 약 −270℃에 해당했다. 절대영도는 우주에서 가능한 온도 중 가장 낮다. 가모프와 딕 같은 우주론자들이 예측한 에너지 수준에 무척 가까웠다. 놀라운 점은 배경복사의 균일성이었다. 이 에너지는 우주의 모든 곳에서 왔다. 신호가 미약하다고 해도 전체적으로 보면 에너지의 양은 엄청났고, 어디든 세기가 거의 같은 듯했다.

정상우주론은 이 **우주배경복사(cosmic background radiation, CBR)**의 원천을 설명할 수 없었다. 반면 앞서 말했듯이 빅뱅이론은 그 존재를 예측했다. 과학적 가설을 검증하는 방법 중 하나는 나중에 참으로 밝혀지는 별난 예측을 제시하는 것이다. 그것이 바로 우주배경복사가 발견된 후 대다수의 우주론자와 천문학자가 빅뱅 가설이 우주의 기원을 올바로 설명한다고 인정한 이유다. 또 현재 빅뱅을 확립된 이론이라고 말할 수 있는 이유이자, 정상우주론을 가설이라고 표현하는 이유이기도 하다. 우주배경복사는 빅뱅으로부터 약 38만 년이 흐른 후 방출되었을 때의 우주에 관해 많은 것을 알려줄 수 있기 때문에 자세히 연구되었다.

■ 빅뱅우주론의 또 다른 증거

빅뱅우주론을 뒷받침하는 강력한 증거는 우주배경복사와 적색이동이지만 다른 증거도 많다. 이해하기 쉽고 중요한 증거 3가지를 살펴보겠다.

첫째, 우주에는 약 130억 년 전보다 오래된 듯한 천체가 없다. 이 장의 뒷부분에서 살펴보겠지만, 현재 천문학자들은 별이 유아기에서 노년기를 거쳐 소멸하기까지 진화하는 단계를 상당히 잘 이해하고 있다. 사람의 자세, 피부 상태, 움직임으로 나이를 추정할 수 있는 것처럼, 천문학자들은 온도, 화학 조성, 질량 같은 특징들을 관측하여 별의 나이를 추정할 수 있다. 계산이 쉽지는 않지만 말이다. 약 130억 년 전보다 오래된 별이 있음을 시사하는 계산 결과는 없다. 우주의 나이가 수천억 년이거나, 정상우주 가설의 가정처럼 사실상 무한하게 오래되었다면 더 오래된 별이 없다는 사실이 무척 이상할 것이다. 그러나 빅뱅이론이 옳다면 이 연령 분포야말로 예상과 들어맞는다.

둘째, 정상우주 가설과 달리 빅뱅이론은 우주가 역사를 지닌다고 인식하기 때문에 인류 사회처럼 시간이 흐르면서 변해왔다고 본다. 1만 년 전의 인류 사회가 지금과 크게 달랐다고 예상하는 것처럼(4장에서 그 차이를 조금은 알 수 있을 것이다), 우주론자들은 100억 년 전의 우주가 지금과 무척 달랐을 것이라고 예상한다. 우주는 이들이 예상한 대로였다. 가장 성능 좋은 현대 망원경들은 지구에서 수십 광년 떨어진 천체도 관측할 수 있다. **광년(light-year)**은 빛이 1년 동안 갈 수 있는 거리인 9조 6000억km다.

천문학자들이 망원경으로 보는 것은 수십억 년 전에 존재한 천체다. 그 천체가 수십억 년 전에 뿜은 빛이 지금 지구에 도달하기 때문이다. 가장 성능 좋은 망원경 중 일부는 시간 여행자와 같아서 빅뱅으로부터 얼마 지나지 않은 우주를 보여줄 수 있다. 초기 우주는 실제로 지금의 우주와 달리 더 혼잡했고, 오늘날의 우주에는 매우 드문 퀘이사(quasar) 같은 천체도 있었다. '준성전파원(quasi-stellar radio source)'의 약자인 퀘이사는 모든 은하의 중심에 있는 듯한 거대 블랙홀로 별이 빨려들 때 형성된다. 연구 결과들은 우주도 인류 사회처럼 시간에 따라 변하는 역사를 지닌다는 빅뱅우주론의 결론을 뒷받침하고, 시간이 흘러도 거의 변하지 않는다는 정상우주 가설의 결론을 논박한다.

셋째, 초기 빅뱅이론가들은 우주가 처음 몇 초 동안 빠르게 식었기 때문에 모든 화학원소의 핵 중 가장 단순한 것만 생겼을 것이라고 주장했다. 가장 단순한 원소는 중앙에 양성자가 1개 있고 그 주위를 도는 전자가 1개인 수소, 그리고 양성자와 전자가 2개인 헬륨이다. 수소부터 양성자와 전자가 92개인 우라늄에 이르는 각 화학원소는 핵에 있는 양성자의 수가 다르다. 따라서 수소나 헬륨보다 큰 원소가 생기려면 원자핵들이 융합하여 양성자가 더 많고 커다란 핵을 형성해야 한다. 모두 양전하를 띠고 있는 양성자들 사이의 반발력을 이기려면 초고온이 필요한데, 최초의 원자들이 형성된 시기에는 그처럼 온도가 높은 곳이 없었다. 이 말은 우주의 대부분이 수소와 헬륨으로 이루어져 있었을 것이라는 의미다. 둘 다 지표면에는 드문 원소이기 때문에 뜻밖의 예측이었다. 그런데 천문학자들이 별과 별들 사이의 우주 공간에 어떤 원소가 있는지 분광기로 조사한 결과, 우주에 있는 원자 물질의 약 75%가 수소고 나머지는 대부분 헬륨임이 드러났다. 다시 한번 빅뱅우주론의 별난 예측이 옳았다고 증명되었다.

■ **빅뱅우주론의 문제점**

현재 대다수의 천문학자와 우주론자는 빅뱅이론이 우주의 기원을 합리적이고 정확히 설명한다고 여긴다. 그러나 이 이론도 완벽하지 않다. 눈에 띄게 이상한 점 중 하나이자 가까운 미래에 이론을 바꿀 가능성이 가장 높은 것은 암흑 물질과 암흑 에너지의 존재다. 앞서 살펴보았듯이 과학자들이 검출할 수는 있지만 아직 이해하지 못하고 있는 물질과 에너지다.

은하에 있는 별들의 움직임을 연구한 천문학자들은 보이는 것보다 훨씬 많은 물질이 우주에 있어야 한다는 것을 깨달았다. 중력 법칙을 활용하면 별이 커다란 은하의 궤도를 얼마나 빨리 돌아야 하는지 추정할 수 있다. 별들의 실제 운동을 보니, 실제로 검출할 수 있는 것보다 질량이 20배쯤 많아야 했다. 이 질량 중 일부는 **암흑 물질**(dark matter)이다. 게다가 1990년대 말에 우주의 팽창 속도가 빨라지고 있다고 밝혀졌는데, 대다수 우주론자는 이 가속을 **암흑 에너지**(dark energy)가 일으킨다고 믿는다. 암흑 에너지는 일종의 반중력으로 작용하여 천체들을 끌어당기기보다는 밀어낸다.

우주 질량의 약 70%를 차지하는 암흑 에너지는 존재하는 공간의 양과 관련 있으므로 우주가 팽창할수록 중요도가 커진다. 우주의 팽창 속도는 빅뱅으로부터 약 90억 년이 지나 지구가 생길 무렵 암흑 에너지의 힘이 커지면서 빨라지기 시작한 듯하다. 암흑 물질은 우주 질량의 25%를 차지한다. 나머지인 4~5%는 대부분 수소와 헬륨인 원자 물질로 이루어져 있다. 탄소에서 우라늄에 이르는 무거운 화학원소들은 1~2%를 차지한다. 그러나 원자 물질도 대부분 눈에 보이지 않기 때문에 현재 검출할 수 있는 것은 우주에 있는 물질의 1%도 안 된다. 우주에 있는 물질과 에너지의 대부분을 이해하지 못하고 있다는 사실에 많은 천문학자가 상심하고 있다. 암흑 물질과 암흑 에너지의 진정한 본질이 설명될 때까지는 빅뱅이론 위에 물음표가 계속 떠다닐 것이다.

천문학자와 우주론자는 강입자충돌기 같은 장치로 실험하면 약간의 답을 얻을 수 있을 것이라고 낙관한다. 과학자들은 강입자충돌기로 힉스 보손으로 보이는 것을 발견했다. 많은 사람이 더욱 높은 에너지 수준에서 장치를 가동하면 암흑 에너지와 암흑 물질을 설명할 수 있는 다른 에너지와 물질을 발견할 것이라고 기대한다. 물리학자나 우주론자가 흥분할 만한 시대가 아닐 수 없다!

몇 가지 난제가 있는 빅뱅우주론에 진지하게 맞설 만한 이론은 현재 없다. 빅뱅우주론이 우주에 관한 엄청난 정보를 그럭저럭 모두 설명해주기 때문이다. 우주가 어떻게 시작되었느냐는 근본적인 질문에 빅뱅우주론은 가장 강력하고 설득력 있게 답하고 있다.

문턱 2   은하와 별의 기원

빅뱅으로부터 수십만 년이 지난 우주는 단순했다. 원자 물질 대부분은, 드넓게 펼쳐진 암흑 물질의 중력에 묶여 형성된 수소와 헬륨 원자들의 구름 형태로 존재했다. 은하도, 별도, 행성도 없었고, 당연히 생물도 없었다. 흐릿하게 빛을 내는 우주배경복사를 빼면 모든 곳이 컴컴했다. 과학자들이 윌킨슨 마이크로파 비등방성 탐지기(Wilkinson Microwave Anisotropy Probe, WMAP) 위성으로 우주배경복사를 조사한 결과에 따르면 우주 전체의 온도 차이가 0.0003℃뿐이었다. 당시 우주는 어디나 똑같고, 변이도 없으며, 다양성도 없고, 흥미로운 것도 없는 곳이었던 듯하다.

    그로부터 수억 년 뒤 우주의 군데군데에서 거대한 얼룩 같은 빛들이 분출했다. 최초의 은하들이었다. 은하는 수십억 개의 빛나는 점 같은 최초의 별들로 이루어져 있었다. 은하와 별의 진화는 행성, 세균, 인간을 포함한 더 복잡한 물질들의 진화로 나아가는 첫 단계였다. 따라서 복잡한 물질들이 출현한 과정을 이해하려면 별과 은하의 진화를 살펴봐야 한다. 최초로 출현한 별이 두 번째 주요 문턱이다. 별이 출현함으로써 우주가 더 밝고 복잡하고 다양해질 수 있었기 때문이다. 별들이 계속 생겨났기 때문에 어떤 의미에서 이 문턱은 지금도 이어지고 있다(〈문턱 2 요약〉).

문턱 2 요약

문턱	구성 요소	구조	골디락스 조건	창발성
별	수소(H) 및 헬륨(He) 원자와 핵의 형태로 존재하는 원자 물질.	수소와 헬륨뿐 아니라 철까지 생성할 원소들을 저장하는 바깥층, 내핵(융합).	초기 우주의 밀도와 온도 변화, 융합에 필요한 고온을 생성하는 중력.	새로운 국지적 에너지 흐름, 은하, 융합을 통해 새로운 화학원소를 생성할 가능성.

최초의 은하와 별

최초의 별이 어떻게 출현했는지 설명하려면 중력 이야기로 돌아가야 한다. 17세기에 아이작 뉴턴이 파악한 중력은 빅뱅으로 생긴 4가지 기본 힘 중 하나다. 뉴턴은 떨어지는 사과를 땅으로 잡아당기는 힘이 태양 주위를 도는 행성의 운동도 설명할 수 있다는 것을 알아차렸다. 중력은 모든 물질 사이에 작용하는 인력이다.

20세기 초 아인슈타인은 중력이 에너지에도 영향을 미친다고 주장했다. 물질과 에너지는 같은 기본 '요소'의 다른 형태다. 극도로 높은 온도에서는 물질이 에너지로 바뀔 수 있고, 그 반대도 일어날 수 있다. 따라서 중력은 물질뿐 아니라 에너지에도 영향을 미친다. 이 점은 제1차 세계대전이 끝난 직후인 1919년 영국 천문학자 아서 에딩턴(Arthur Eddington)이 증명했다. 평화주의자이자 양심적 병역 거부자로도 잘 알려진 그는 태양의 중력이 빛줄기를 구부릴 수 있는지 알아보면 아인슈타인의 개념을 검증할 수 있다고 판단했다. 그는 태양이 별의 앞쪽에서 움직일 때 별의 위치를 관측하면 된다는 것을 깨달았다. 태양의 중력이 별빛을 구부린다면, 해가 별을 가린 직후에도 얼마간 별을 볼 수 있어야 한다. 태양의 중력 때문에 별빛이 약간 휘어질 것이기 때문이다. 유감스럽게도 태양은 무척 밝아서 평소에는 그 옆에 있는 별을 볼 수 없다. 그러나 개기일식 때는 볼 수 있다. 에딩턴이 1919년까지 기다려야 했던 이유는 그 때문이다. 아프리카의 프린시페섬에서 일식을 관측한 그는 아인슈타인의 예측과 동일한 결과를 얻었다. 별들은 태양의 가장자리에 가까워질 때 잠시 머뭇거리는 듯하다가 금세 완전히 사라졌다. 이 머뭇거리는 효과는 빛이 중력에 휘어졌기 때문에 태양에 가려진 직후에도 잠시 눈에 보이는 것이다. 아인슈타인의 이론은 훗날 참이라고 검증되는 별난 예측을 내놓은 좋은 과학의 또 다른 사례였다.

■ 중력, 우주배경복사, 온도

단순한 우주를 흥미로운 우주로 바꾸는 중력은 이 책의 이야기에서 중심역할을 한다. 중력은 질량이 큰 곳에서 더 세지고, 물체 사이의 거리가 멀어질수록 줄어든다. 그러므로 중력의 효과는 물체들의 질량과 거리에 따라서 지역마다 달라진다. 우주가 완벽하게 균질하다면, 예컨대 우주의 모든 원자가 다른 원자들과 똑같은 거리에 있었다면 모든 것이 다른 모든 것에 똑같은 인력을 가하여 일종의 정체 상태가 되었을 것이다. 그러나 초기 우주의 밀도가 지역별로 조금이라도 달랐다면 질량이 더 큰 지역에서는 중력이 더 강했을 것이고, 그럼으로써 물질이 좀 더 모여서 뭉치는 공간과 상대적으로 비어 있는 주변 공간이 생기기 시작했을 수도 있다. 이것이 새로운 복잡성으로 나아가는 첫 단계였다. 물질이 모여서 형성한 짙은 구름이 은하와 별의 형성으로 이어졌기 때문이다. 따라서 천문학자로서는 초기 우주가 균질했는지 알아내는 것이 대단히 중요했다.

다행히도 우주배경복사가 천문학자들에게 필요한 주요 정보를 알려주었다. 초기 우주의 영역마다 밀도와 온도가 달랐는지 여부를 알려줄 일종의 스냅사진을 제공하기 때문이다. 1960년대에 이 문제를 처음 연구한 천문학자들은 우주배경복사가 유의미한 차이 없이 무척 균질하다는 사실을 알고 깜짝 놀랐다. 하지만 더 정밀하게 조사하니 온도가 미미하게 달랐다. 1992년 미국 천문학자 조지 스무트(George Smoot)는 우주배경복사를 조사하기 위해 제작된 인공위성으로 이 차이를 연구했다. 그가 발견한 결과는 별들이 모인 은하가 형성된 과정을 제대로 설명했다. 우주론자 조지프 실크(Joseph Silk)는 초기 우주의 모습을 담은 스무트의 다이어그램을 보고 경탄했다. "우리는 우주의 탄생을 보고 있다!"

우연히 물질이 더 많이 있던 곳에서는 중력이 더 세게 작용하여 그곳의 물질들이 더 가까이 모여들었다. 암흑 물질과 원자 물질의 거대한 구름은 저절로 붕괴하면서 가열되기 시작했다. 이 과정은 일종의 일반 원리다. 에너지를 더욱 작은 공간으로 몰아넣을수록 온도는 높아진다. 여기서더 작다는 말은 상대적이다. 우리는 지금 은하 크기의 공간을 이야기하는 중이다! 그때까지 계속 식기만 했던 젊은 우주에서 밀도가 높아지는 영역의 온도가 높아지기 시작하는 현상이 처음으로 나타났다. 이제 초기 우주에 흩어져 있던 암흑 물질의 드넓은 구름이 서서히 저절로 붕괴하는 광경을 상상해보자. 그 안에는 원자 물질로 된 더 작은 구름이 들어 있었고, 그 구름도 짓눌리면서 가열되었다. 구름에 있는 원자들은 열 때문에 더 활발하게 움직였고, 더 빠르게 움직이면서 더 자주 격렬하게 부딪쳤다. 이윽고 열이 무척 높아지자 전자가 다시금 양성자로부터 떨어져 나옴으로써 초기 우주의 플라스마 같은 상태가 되었다. 고립되고 전하를 띤 양성자와 전자로 가득한 곳이 생겨났다.

그러다가 온도가 약 1000만℃에 이른 그곳이 중요한 문턱을 넘었다. 양성자들이 격렬하게 부딪쳐서 융합되기 시작했다. 양성자는 양전하를 띠고 있으므로 평소에는 서로를 밀어낸다. 그러나 충돌이 무척 격렬하면 반발력을 이길 수도 있고, 두 양성자가 충분히 가까워지면 아주 짧은 아원자 수준의 거리에서만 작용하는 강한 핵력이 둘을 하나로 묶을 수 있다. 그 결과 새로운 헬륨 핵이 출현한다. 헬륨 핵에는 양성자 2개와 중성자 2개가 단단히 묶여 있다. 양성자들이 서로 부딪쳐 헬륨 핵을 형성하는 과정을 **융합(fusion)**이라고 한다. 양성자들이 융합하면 그 물질 중 일부는 많은 에너지로 전환된다. 그러므로 헬륨 핵을 이루는 4개 입자의 질량은 독립적인 양성자 4개의 질량보다 약간 작다. 수소폭탄의 중심에서도 같은 일이 일어난다. 아인슈타인의 유명한 방정식 $E=mc^2$에 따르면 그 과정에서 방출되는 에너지의 양(E)은 에너지로 전환되는 물질의 양(m)에 광속(c)의 제곱을 곱한 값이다! 빛은 1초에 30만km를 가므로 엄청난 값이 나온다. 이 원리는 수소폭탄의 위력이 그토록 강한 이유도 설명해준다. 1952년 태평양의 에네웨타크 환초에서 미국이 실험한 최초의 수소폭탄은 1945년 8월 9일 일본 나가사키에 떨어뜨린 원자폭탄보다 약 500배 강력했다. 핵융합으로 새 헬륨 원자가 생기면 붕괴하는 원자구름의 중앙에서 엄청난 열이 발생한다. 각 구름의 중심에 있는 이 화로는 구름이 더 이상 붕괴하지 못하게 막아서 안정시킨다. 붕괴하는 거대한 물질 구름 전체에서 이 과정들이 되풀이되며 수십억 개의 별들로 이루어진 최초의 은하가 출현했고, 우주는 빛나기 시작했다.

■ **"그리고 빛이 있었다!"**
별은 많은 수소와 약간의 헬륨을 저장한 창고와 같다. 가운데에서는 높은 온도 때문에 중심으로 떨어지는 수소 원자핵(즉 양성자)이 융합하여 헬륨 핵이 된다. 각 별의 중심에 있는 화로는 열과 빛을 생성하고, 열과 빛은 천천히 별 내부를 뚫고 표면까지 올라왔다가 텅 빈 우주 공간으로 탈출한다.

별은 융합반응이 지속될 만큼 수소가 충분하면 열과 빛을 계속 생성할 수 있다. 약 45억 년 전 형성된 태양의 수명은 80억~90억 년이다(〈그림 1.7〉). 우리 태양은 수명의 약 절반을 살았다.

새로운 별들이 만들어지면서 작은 불빛 수십억 개가 켜진 은하가 출현하여 컴컴한 우주가 빛나는 광경을 상상해보자. 어린 별들은 열점을 형성했고, 극도로 춥고 텅 빈 공간으로 에너지를 쏟아냈다. 별에서 주변 공간으로 흐른 에너지는 인간을 포함한 새롭고 더 복잡한 실체가 만들어지는 데 쓰였다. 복잡성의 새로운 수준을 보여주는 은하는 수십억 개의 별이 중력으로 연결되어 형성된 천체이며 비교적 안정하다. 대부분은 우주와 비슷한 시간 동안 존재해왔다. 한편 나름의 구조를 지닌 각 별에는 융합이 일어나는 뜨거운 중심핵이 있고, 중심핵에 압력을 가해 열을 유지하고 수소를 공급하는 바깥층이 있다. 별은 비교적 안정하고 수명이 수백만 년에서 수십억 년까지 다양하다. 모든 복잡한 것과 마찬가지로 별도 중심핵에서 융합을 통해 생성한 에너지의 흐름으로 스스로를 유지하고 안정시키는 등의 창발적 특성이 있다.

은하와 별은 새로운 복잡성의 토대도 닦았다. 은하에는 복잡성이 출

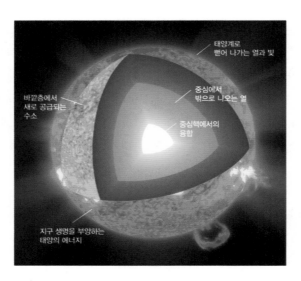

그림 1.7 태양의 구조. 융합이 일어나는 중심핵, 그리고 수소가 저장된 바깥층으로 이루어진 태양은 구조가 단순하다. 그러나 이전까지 우주에 존재한 것보다는 복잡하다. 별에서 생성되어 흐른 에너지는 행성과 생물처럼 복잡한 존재가 만들어지도록 도왔다. (출처: ©Kelvinsong/wikicommons)

현하기에 완벽한 곳이 있다. '초신성' 폭발이 잦은 중심에 너무 가깝지 않고, 에너지가 훨씬 적은 가장자리보다는 안쪽인 중간 지점이다. 크게 복잡한 것이 별의 내부에서 생성될 가능성은 낮다. 에너지가 너무 높아서 무엇이든 복잡한 것이 생기자마자 파괴되기 때문이다. 더 큰 복잡성은 별의 중심도, 에너지가 충분하지 않은 텅 빈 우주 공간도 아닌 별 주위의 영역에서 나타난다. 빅 히스토리 이야기 대부분도 별에 가까운 그곳에서 펼쳐진다.

빅뱅으로부터 약 2억 년이 지나자 수십억 개의 물질 구름들이 붕괴하여 수십억 개의 새로운 별을 형성하고, 그 별들이 수십억 개씩 모여 새로운 은하를 형성했다. 은하들은 중력을 통해 더 큰 은하단을 이루었다. 은하들이 거대한 그물처럼 연결된 은하단은 우주에서 구조가 가장 크다. 은하단보다 규모가 크면 중력의 힘이 약해지고 팽창력이 더 크기 때문에 구조를 찾기가 어려워진다. 이처럼 큰 규모에서는 우주의 각 영역이 서로 멀어진다. 1920년대에 허블이 관측한 것이 바로 이 팽창이었다.

문턱 3 　새로이 생성된 화학원소

별은 가까운 주위에 엄청난 에너지 흐름뿐 아니라 새로운 물질인 화학원소도 만든다. 화학원소는 복잡성의 다음 수준으로 나아가는 열쇠다. 이것이 죽어가는 별에서 형성되는 새로운 화학원소가 세 번째 문턱인 이유다. 새 화학원소들이 원자들을 새롭고 더 복잡하게 조합하여 새로운 물질들을 만들었다. 문턱 3을 지난 후에야 우주는 화학적으로 더 복잡한 곳이 되었다(〈문턱 3 요약〉).

문턱 3 요약

문턱	구성 요소	구조	골디락스 조건	창발성
더 무거운 화학원소들	수소와 헬륨의 핵(양성자).	강한 핵력으로 결합된 양성자의 수가 증가하며 더 큰 원자핵 생성.	죽어가는 별이나 초신성이 생성하는 극도의 고온, 강한 핵력.	주로 전자기를 통해 무한에 가깝게 많고 새로운 물질을 생성하는 화학적 조합이 일어날 가능성.

앞에서는 초기 우주의 원자 물질이 수소와 헬륨으로 이루어져 있었다고 말했다. 겨우 2가지 원소로부터 우리의 세계처럼 복잡한 곳이 만들어졌다니 믿기 어렵다. 그 이유 중 하나는 헬륨이 불활성이어서 다른 원소와 반응하지 않기 때문이다. 행성, 세균, 인간이 출현하려면 훨씬 다양한 화학원소들이 필요하다. 현재 안정된 원소는 2가지가 아니라 92가지고, 불안정한 원소도 몇 개 더 있다. 불안정한 원소는 많은 양성자 사이의 반발력 때문에 커다란 핵이 붕괴하므로 생겼다가 금세 쪼개진다.

새로운 원소를 만드는 것은 중세 연금술사들의 꿈이었다. 많은 사람이 새 원소를 만들거나 납을 금으로 바꿈으로써 불로불사의 영약을 만들고 싶어 했다. 오늘날 우주 전역에서 죽어가는 별의 뜨거운 화로 안에서 새 원소가 만들어진다는 사실은 잘 알려져 있다. 이런 원소들을 만듦으로써 별은 우주에 영약이 아니라 생명이 출현할 가능성 자체를 물려주었다.

화학원소와 원자

원자는 92가지 형태의 원소로 존재한다. 그 밖에 플루토늄처럼 너무 불안정해서 우리가 평소에 접하지 못하는 원소도 몇 가지 있다. 앞서 살펴보았듯이 원자의 중심에는 양전하를 띤 양성자를 지닌 핵이 있다. 대부분의 원자핵에는 양성자와 비슷하지만 전하가 없는 중성자라는 입자도 들어 있다. 또한 음전하를 띤 전자가 먼 거리에서 핵 주위를 빠르게 돌고 있다. 내털리 앤지어(Natalie Angier)는 이렇게 표현한다. "원자의 핵이 지구 중심에 있는 농구공이라면, 전자는 지구 대기의 가장 바깥층에서 윙윙거리며 도는 버찌 씨다."[1] 전자는 질량이 양성자의 1,800분의 1에 불과하지만, 음전하는 양성자의 양전하와 크기가 같아서 대개 양쪽의 전하가 상쇄되므로 원자 대부분은 전기적으로 중성이다. 우리 주변의 다양한 물질들은 92가지의 원자가 결합하여 생긴 분자나 화합물이라는 더 복잡한 구조로 되어 있다. 그 구조는 원자의 가장자리에 있는 전자들이 이웃 원자들에도 연결되어 생긴다. 화학의 핵심 과제는 원소들이 어떻게 결합하여 더 복잡한 물질을 만드는지를 상세히 설명하는 일이다.

19세기 화학자들의 위대한 성취 중 하나는 화학의 기본 구성단위인 화학원소들과 그 원소들이 결합한 온갖 화합물을 명확히 구분한 것이다. 현재의 화학원소와 그 특성에 대한 목록은 러시아 화학자 드미트리 멘델레예프(Dmitrii Mendeleev)의 선구적 연구에 토대했다. 1869년 그가 불완전하게나마 집대성한 최초의 화학원소 목록이 **주기율표(periodic table)**다. 그가 양성자의 수가 증가함에 따라 비슷한 화학적 특성들이 규칙적으로 나타나는 현상을 발견했기 때문에 이러한 이름이 붙었다(〈그림 1.8〉). 예컨대 헬륨, 네온, 아르곤, 크립톤, 제논, 라돈 같은 극도의 비반응성 기체들은 주기율표의 오른쪽에 함께 묶고 비활성 기체(noble gas)라고 부른다. 함께 묶는 이유는 화학적 특성이 비슷하고, 양성자 수가 꽤 규칙적으로 증가하기 때문이다. 양성자 수를 살펴보면 헬륨은 2개, 네온은 10개, 아르곤은 18개, 크립톤은 36개, 제논은 54개, 라돈은 86개다.

새 화학원소가 생성되는 과정을 알려면 지금도 우주의 원소 대부분

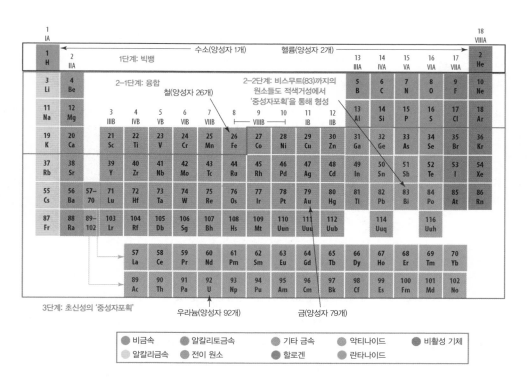

그림 1.8 주기율표. 원소들은 3단계에 걸쳐 생겨났다. 수소와 헬륨은 빅뱅 직후 나타났다. 철 등의 원소들은 죽어가는 커다란 별에서 융합을 통해 생겼고, 납 등의 원소들은 죽어가는 커다란 별에서 중성자 포획을 통해 생겼다. 다른 원소들은 초신성 안에서 형성되었다.

을 차지하는 수소 원자와 몇 가지 기초 화학 원리를 살펴볼 필요가 있다. 주기율표의 첫 번째 원소인 수소는 핵에 양성자 1개만 있어서 원자번호가 1이다. 수소 원자 중 극히 일부인 약 0.02%는 핵에 중성자가 1개 있어서 중수소라고 한다. 중수소는 보통 수소 원자보다 약 2배 무겁다. 중성자는 양성자와 질량이 거의 같기 때문이다. 이처럼 표준에서 벗어난 원자를 동위원소(isotope)라고 한다. 대부분의 원소는 표준 형태지만, 중성자가 더 많거나 적은 동위원소로도 존재할 수 있다. 예컨대 서문에서 언급한 탄소-14는 탄소의 동위원소로 양성자 6개와 중성자 8개를 지니고 있다. 탄소의 가장 흔한 형태는 양성자 6개와 중성자 6개를 지닌 탄소-12다.

지구에 드문 원소인 헬륨은 양성자와 전자가 2개다. 19세기 중반 천문학자들은 분광기를 사용하여 태양에 헬륨이 엄청나게 많다는 사실을 알아냈다. 헬륨은 양성자와 중성자가 2개지만, 중성자가 1개뿐인 동위원소도 있다. 이 동위원소는 질량이 정상적인 헬륨 원자의 약 4분의 3이다.

각 원소의 특성은 핵에 든 양성자의 수에 따라 정의하고 원자번호도 양성자의 수에 따라 결정한다. 각 원소에는 핵에 든 중성자의 수에 따라 형태가 조금 다른 원자인 동위원소도 많이 존재할 수 있다. 같은 원소라도 동위원소는 중성자 수가 다르므로 원자량(atomic weight)이 다르다. 중요한 원소는 원소번호 6인 탄소, 원자번호 8인 산소, 원자번호 26인 철, 안정한 원소 중 가장 크고 원자번호 92인 우라늄 등이다. 원자번호 3인 리튬보다 무거운 원소들은 모두 죽어가는 별의 내부에서 만들어졌다.

별의 삶과 죽음

앞서 살펴보았듯이 초기 우주의 원자 물질은 대부분 수소와 헬륨으로 이루어져 있었다. 새 원소를 만들려면 양성자들이 융합하여 원자번호가 더 큰 핵을 형성할 수 있도록 양성자들을 격렬하게 충돌시켜야 한다. 그럴 수 있을 만큼 뜨거운 곳이 우주의 어디에 있을까? 바로 죽어가는 별 안에 있다. 따라서 죽어가는 별에서 원소들이 어떻게 생성되는지 알려면 먼저 별의 한살이를 이해할 필요가 있다.

별은 수명이 가장 짧은 경우에도 수백만 년 동안 계속 타오른다. 지구의 인간은 별 하나가 태어나 성숙하고 죽는 한살이를 지켜볼 수 없다. 그래서 천문학자들은 별 수백만 개의 서로 다른 한살이 단계를 연구하고, 별들이 어떻게 살고 죽는지를 보여주는 집단적 초상화를 19세기부터 축적한 자료로 만들었다.

별을 연구하는 학자들이 오랫동안 중요시한 도구는 분광기다. 별빛의 스펙트럼에 나타나는 흡수선을 보면 별에 어떤 원소가 있는지 알 수 있고, 선의 명암도로 그 원소가 얼마나 많은지도 추정할 수 있다. 해당 원소의 원자가 많을수록 특정 진동수의 빛을 많이 흡수하여 흡수선이 더 검어진다.

별의 표면 온도는 색깔로 추정할 수 있다. 일반적으로 붉은 별은 파란 별보다 표면 온도가 낮다. 별의 실제 밝기인 고유 밝기, 즉 별이 뿜어내는 총에너지는 별이 지닌 물질의 양에 달려 있다. 질량이 클수록 대개 중심핵이 더 조밀하고 뜨거워서 에너지를 많이 생성하기 때문이다. 큰 별은 표면 온도가 더 높고 질량도 더 크지만 흥미로운 예외도 있다.

천문학자들은 분광기와 성능 좋은 망원경으로 별의 질량, 온도, 화학적 조성의 이모저모를 많이 알아내고 이 정보를 통해 별의 삶과 죽음을 설명하는 일반적 틀을 만들었다. 과학에서도 종종 그렇듯이 어떤 사람은 복잡한 정보를 단순하게 이해하는 방법을 찾아내며 새로운 깨달음을 얻곤 한다. 뉴턴이 좋은 사례다. 그는 별들의 운동에 관해 당시 이용할 수 있었던 엄청난 자료를 단순화하고, 중력의 작용을 설명하는 몇 개의 간단한 문장으로 요약했다. 화학원소들을 정리하여 최초의 주기율표를 만든 멘델레예프도 비슷했다. 1910년 덴마크 천문학자 아이나르 헤르츠스프룽(Ejnar Hertzsprung)과 미국 천문학자 헨리 러셀(Henry Russell)은 빠르게 늘어가는 천체 관측 정보들을 요약하여 별의 한살이를 설명하는 방법을 찾았다(〈그림 1.9〉). 그들은 다양하고 수많은 별의 정보를 모두 모으고 단순한 그래프로 정리했다. 한 축에는 질량을 알 수 있는 실제 밝기에 따라 별들을 표시하고 다른 축에는 표면 온도에 따라 나열했다. 이 그래프를 **헤르츠스프룽-러셀 다이어그램(Hertzsprung–Russell(H-R) diagram)**이라고 한다.

헤르츠스프룽-러셀 다이어그램에서 주목할 점은 대다수의 별이 오른쪽 아래에서 왼쪽 위로 뻗어 있는 띠 안에 포함된다는 것이다. 오른쪽 아래에는 붉은 별들이 있다. 표면 온도가 더 낮고, 에너지를 덜 뿜어내며, 더 작

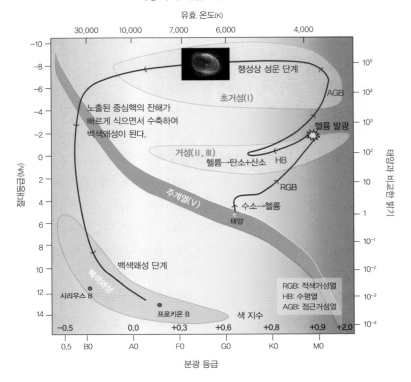

태양의 주계열 이후 진화 경로

유효 온도(K)

그림 1.9 단순화한 헤르츠스프룽–러셀 다이어그램. 표면 온도와 절대밝기 같은 기본 특성으로 별들을 표시한 그래프다. 천문학자들이 많은 별을 그래프에 표시하자 크기가 다른 별들의 한살이가 드러났다. 오른쪽 아래에서 왼쪽 위로 뻗어 있는 주계열에는 수소를 헬륨으로 바꾸는 단계에 있는 별들 대부분이 있다. 더 크고 무거운 별일수록 왼쪽에 있다. 태양은 주계열의 중간에 있다. 한편 적색거성은 오른쪽 위, 백색왜성은 왼쪽 아래에 있다. (출처: ⓒCSIRO)

다. 왼쪽 위에는 파란 별들이 있다. 표면 온도가 무척 높고, 전체적으로 에너지를 더 많이 뿜어내며, 질량이 훨씬 크다. 오리온자리의 한쪽 구석에 있는 리겔(Rigel)은 파란 별이다. 다이어그램의 왼쪽 위에서 오른쪽 아래까지 대각선으로 뻗은 이 별들의 띠를 주계열(main sequence)이라고 한다. 주계열의 별은 중심핵에서 양성자를 헬륨 핵으로 융합하는 성숙한 별이다. 계열 내 위치는 질량에 따라 정해진다. 질량이 더 크면 중심핵의 밀도가 더 높고 온도도 더 높다는 뜻이기 때문이다. 따라서 주계열을 따라 왼쪽 위로 갈수록 별은 더 무겁고 더 뜨겁고 더 밝다. 표면 온도가 높은 별은 뜨거워 보인다. 실제로 별이 뜨겁기 때문이다. 질량이 커서 중심핵에 많은 압력이 가해진 결과다. 주계열 내에서 표면 온도와 실제 밝기는 별의 질량에 의존하기 때문에 상관관계가 있다. 평균보다 약간 큰 태양은 주계열의 중간에 있다.

　모든 별이 주계열에 속한 것은 아니다. 오른쪽 위 구석에는 엄청난 에너지를 뿜어내는 별들이 있다. 아주 크다는 의미지만 표면 온도는 비교적 낮으므로 붉은 별처럼 보인다. 이 별을 **적색거성(red giant)**이라고 한다. 잘 알려진 적색거성은 오리온자리 구석에 자리한 커다랗고 붉은 별인 베텔게우스(Betelgeuse)다. 맑은 밤에 맨눈으로도 쉽게 볼 수 있다. 한편 그래프의 아래쪽에는 무척 작아 보이는데도 표면이 뜨거운 백색왜성(white dwarf)이 있다. 밤하늘에서 가장 밝은 별인 시리우스의 동반성 시리우스 B(Sirius B)는 백색왜성이다. 적색거성과 백색왜성은 양성자, 즉 수소 핵이 고갈되기 시작하는 생애의 마지막 단계에 있기 때문에 기이하게 행동한다.

■ 죽어가는 별의 내부

별이 너무 많은 수소를 헬륨으로 전환하여 연료가 고갈되기 시작하면 어떤 일이 일어날까? 사람은 식량이 고갈되면 죽을 것이다. 별도 연료가 떨어질 수 있고, 그때 놀라운 결과가 나타날 수 있다.

　앞에서 거대한 원자 구름이 서로를 끌어당기는 중력으로 저절로 붕괴하여 별이 생긴다고 이야기했다. 그러나 별의 중심핵에서 융합이 시작되면 열 때문에 붕괴가 멈춘다. 별을 저절로 붕괴시키는 경향이 있는 중력과 붕괴를 막는 중심의 열이 균형을 이루기 때문이다. 이때부터 별은 주계열을 따라 기나긴 생애를 살아간다. 삶은 대개 수십억 년 동안 이어진다. 중심의 열이 조금 낮아지면 별이 조금 작아질 수도 있고 열이 더 올라가면 조금 팽창할 수도 있다. 이런 변이는 세페이드 변광성 같은 별의 밝기와 크기가 왜 조금씩 달라지는지를 설명해준다. 불타는 별은 저장된 수소 핵을 천천히 소비하면서 중심핵에 더 많은 헬륨을 만든다. 이윽고 중심핵이 헬륨으로 가득 차고 수소가 고갈되면서 융합이 중단되고 중심핵은 붕괴할 것이다. 별이 작다면 바깥층은 주변 공간으로 떨어져 나갈 것이다. 중심핵은 계속 수축해서 지구만 해질 수도 있는데, 그러면 중심은 다시 가열될 것이다. 이것이 백색왜성이다. 백색왜성은 원래의 별보다 훨씬 작지만, 중심핵에서 강한 열이 생기기 때문에 무척 밝게 빛난다. 이제 별은 헤르츠스프룽-러셀 다이어그램의 주계열에서 벗어나 더 아래쪽에 있다. 열은 진짜 별이었을 때 생성된 에너지로부터 나온다. 그러나 이 열은 서서히 흩어지면서 식고, 차갑고 활기 없는 별의 잔재가 된다. 타버린 이 별이 검은왜성(black dwarf) 이다. 눈에 보이지 않는 이 별은 수십억 년이라는 기나긴 세월 동안 그 자리에서 아무 활동도 하지 않을 것이다. 시간이 흐를수록 그렇게 죽은 별들이 점점 많아질 것이고, 시간의 종말에 이를 때까지 별들의 묘지는 계속 넓어질 것이다.

별이 크면 죽음의 고통이 오래 이어지면서 복잡하고 흥미로운 양상을 보인다. 커다란 별은 더 이상 태울 수소가 없어서 중심핵이 붕괴하면 온도가 무척 높아지며 바깥층에서 수소 융합이 일어날 수 있다. 이 별은 팽창하면서 적색거성이 될 것이다. 한편 중심에서는 핵이 짜부라지면서 온도가 높아진다. 별이 충분히 크다면 중심핵의 온도는 헬륨 원자가 융합하기 시작할 만큼 높아질 수도 있다. 이 과정들이 진행되면 별은 주계열에서 벗어나지만 백색왜성과 반대 방향으로 나아간다. 팽창함에 따라 표면 온도가 떨어질 수 있지만, 중심핵의 온도가 올라가기 때문에 뿜어내는 빛의 총량은 증가할 것이다. 앞으로 40억~50억 년 뒤에 태양도 적색거성이 될 것이다. 그때는 내행성인 수성, 금성, 지구를 집어삼키고 결국 없애버릴 만큼 팽창할 것이다.

무척 커다란 별은 중심이 붕괴할 때 온도가 매우 높아져서 헬륨이 융합하여 탄소를 형성하기 시작한다. 우주에서 가장 풍부한 원소 중 하나인 탄소는 생명의 진화에 대단히 중요하다. 그러나 헬륨은 수소보다 빨리 타고 타는 온도도 더 높기 때문에, 별의 헬륨은 수소가 고갈될 때보다 훨씬 빨리 고갈될 것이다. 헬륨이 고갈되면 중심핵은 다시 붕괴할 것이다.

그다음은 어떻게 될까? 태양이 이 단계에 접어들면 바깥층을 털어내면서 탄소를 주변 공간으로 흩뿌린 후 다시 붕괴하여 백색왜성이 될 것이다. 헤르츠스프룽-러셀 다이어그램의 오른쪽 위에서 벗어나 백색왜성들이 모여 있는 그래프의 바닥으로 향할 것이다. 그리고 이윽고 모든 백색왜성처럼 식어서 검은왜성이 된 뒤 아무것도 하지 않고 하염없이 있을 것이다.

한편 우리 태양보다 큰 별은 묘기 몇 가지를 펼칠 수 있다. 이런 별도 헬륨이 떨어지면 중심핵이 다시 붕괴하지만, 질량이 워낙 크기 때문에 붕괴하면서 온도가 훨씬 높아진다. 그러면 다시 핵융합이 일어나서 탄소를 만들어낸다. 더 뒤에는 탄소가 융합하면서 일련의 격렬한 연소를 통해 산소와 규소 같은 원소들을 만드는 과정을 되풀이한다. 새 연료를 모두 쓸 때마다 중심핵은 다시 붕괴하고, 그러면 온도가 더욱 높이 올라가면서 죽어가는 별은 새로운 연료를 태우기 시작한다. 별의 층별로 다른 연료가 쓰이면서 이 과정이 더 격렬해지고 중심핵이 약 40억℃에 달하면, 별은 엄청난 양의 철을 생산하기 시작한다. 체사레 에밀리아니(Cesare Emiliani)는 거대한 별의 격렬한 말년을 이렇게 묘사한다. "태양보다 25배 무거운 별은 중심핵에서 수소를 수백만 년 사이에 써버리고, 그 뒤로 50만 년 동안 헬륨을 태울 것이다. 중심핵이 계속 수축하며 온도가 더욱 올라가면 600년 동안 탄소를, 6개월 동안 산소를, 1일 동안 규소를 태울 것이다."[2](〈그림 1.10〉 참고)

융합을 통해 새 원소들을 형성하는 이 과정은 철에 이르러 끝난다. 그러나 떠도는 중성자를 핵이 포획하는 중성자포획(neutron capture)이라는 두 번째 과정이 나타나, 죽어가는 거대한 별에서 더욱 무거운 원소들을 많이 생성할 수 있다. 이후 중성자는 붕괴하여 양성자가 되고, 핵에 양성자가 많

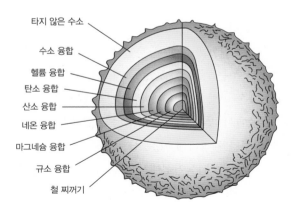

타지 않은 수소
수소 융합
헬륨 융합
탄소 융합
산소 융합
네온 융합
마그네슘 융합
규소 융합
철 찌꺼기

그림 1.10 죽어가는 커다란 별에서 새 원소가 생성되는 과정. 커다란 별은 말년에 헬륨을 비롯한 다른 원소들을 태우기 시작한다. 그러면서 서서히 여러 층으로 나뉘면 중심핵에서 철을 만들기 시작한다. 이후에는 붕괴하는데, 크기가 충분하면 폭발하여 초신성이 될 것이다.

아지면 '원자번호'가 증가한 더욱 무거운 원소로 바뀐다. 이 과정에서 원자번호 83인 비스무트 핵처럼 무거운 핵까지 생성될 수 있다.

무거운 별의 중심이 일단 철로 채워지면 융합이 멈추고 별이 마지막으로 붕괴하면서 거대한 폭발을 일으킬 것이다. 이 별이 초신성(supernova)이다. 초신성은 잠시 동안 전체 은하만큼 밝게 빛나면서 질량의 대부분을 바깥 공간으로 뿜어낼 것이다. 한편 중심부는 붕괴하여 무척 치밀하고 밀도 높은 덩어리가 되며, 이것이 중성자별(neutron star)이나 더 나아가 블랙홀(black hole)이 된다. 물질들이 원자핵만큼 빽빽하게 모여 있는 중성자별은 밀도가 너무나 높아서 작은 산만 한 덩어리가 지구만큼 무거울 수 있으며, 전체가 1초에 몇 번씩 빠르게 회전하기도 한다. 이렇게 도는 중성자별을 펄서(pulsar)라고 부른다. 이 천체는 규칙적으로 빛을 뿜어낸다. 원래의 별이 충분히 크면 붕괴하여 **블랙홀(black hole)**을 형성할 것이다. 블랙홀은 밀도가 너무 높아서 빛조차 중력 때문에 빠져나오지 못하는 공간이다. 무척 기이한 천체인 블랙홀은 이 책의 끝부분에서 더 살펴볼 것이다.

초신성이 폭발하면 한 가지 일이 더 일어난다. 폭발하는 몇 초 사이에 원자번호 26인 철에서 원자번호 92인 우라늄에 이르는 모든 원소가 중성자포획을 통해 생성되었다가 우주로 방출된다. 우라늄보다 무거운 원소들도 조금 생성되지만 불안정하므로 1초도 안 되어 붕괴한다. 그 폭발의 결과는 1054년 중국 천문학자들이 관측한 초신성 폭발의 잔해인 게성운(Crab Nebula)에서 볼 수 있다.

인간을 이루는 물질들의 기본 성분인 주기율표의 원소들은 크게 3단계로 만들어졌다. 우주는 대부분 수소(약 75%)와 헬륨(약 23%)으로 이루어져 있고, 이 원소들은 빅뱅 때 생겨났다. 이것이 1단계다. 2단계는 별 안에서 일어난다. 별 안에서 많은 수소가 융합하여 헬륨으로 바뀌며, 더 큰 별에서는 헬륨 중 일부가 융합하여 탄소, 산소, 규소를 비롯하여 철에 이르는 몇몇 원소들로 전환된다. 적색거성에서는 중성자포획을 통해 비스무트에 이르는 더욱 무거운 원소들도 합성될 수 있다. 이런 별이 죽을 때는 생성된 새 원소들이 주변 공간으로 흩어진다. 3단계는 초신성에서 일어난다. 아주 큰 별은 생애의 마지막 몇 초 동안 엄청나게 폭발하며 초신성이 된다. 초신성의 강한 열 때문에 몇 초 사이에 수많은 중성자가 생성되고 중성자포획으로 주기율표의 다른 모든 원소들이 형성된다. 이후 새 원소들은 우주로 흩뿌려진다.

수소와 헬륨은 지금도 모든 원자의 약 98%를 차지하고 있다. 나머지 2% 중에서는 죽어가는 별의 내부에서 융합되어 생성된 산소, 탄소, 질소, 철, 규소 등의 원소들이 가장 흔하다. 모두가 지구와 생명의 화학에 중요하다. 양이 무척 적은 나머지 원소들은 죽어가는 별이나 초신성에서 중성자 포획을 통해 만들어졌다.

화학과 우주의 물질

최초의 커다란 별은 아마도 빅뱅으로부터 2억~3억 년 뒤에 죽거나 초신성으로 폭발했을 것이다. 그 후 별들 사이의 구름에 떠다니는 새로운 원소가 서서히 많아졌다. 처음에는 원자번호가 높은 원소들이 전혀 없었지만, 지금은 우주에 있는 모든 원자 물질의 약 2%를 차지하고 있다. 이 원소들이 생김으로써 우주의 다양성이 증가했다. 원소마다 양성자와 전자의 수가 다르므로 다른 원소들과 조금씩 다르게 행동하기 때문이다.

우주의 많은 지역에서는 별 차이 없이 새 원소들이 만들어졌지만, 일부 지역에서는 원자번호가 높은 원소들이 더 많이 만들어져 훨씬 중요한 역할을 했다. 어린 태양은 초기의 지구궤도에 있던 수소와 헬륨 대부분을 멀리 날려버렸다. 그래서 지구 지각 대부분은 산소와 규소처럼 무거운 원소들과 철, 탄소, 알루미늄, 질소 등 양이 적은 원소들이 다양하게 어우러져 있다. 지구의 화학적 조성이 우주의 평균 조성과 다른 이유는 그 때문이다.

원자들은 다양하게 결합하여 새로운 창발적 특성을 지닌 새로운 물질들을 만들 수 있다. 예컨대 수소 원자 2개를 산소 원자 1개와 결합하면 두 무색 기체와 전혀 다르고 생명에 필수적인 물이 나온다(〈그림 1.11〉)!

원자들은 다양하게 결합하여 **분자(molecule)**를 형성한다. 분자는 원자 몇 개뿐 아니라 수백만 개 혹은 수십억 개로 이루어지기도 한다. 원자의 모든 화학 결합은 각 원자의 궤도를 도는 가장 바깥쪽 전자의 움직임에 달려 있다. 물 분자를 만드는 공유결합(covalent bond)에서는 둘 이상의 원자가 바깥 껍질에 있는 전자들을 공유할 수 있다. 전자들은 몇 가지 핵의 양전하

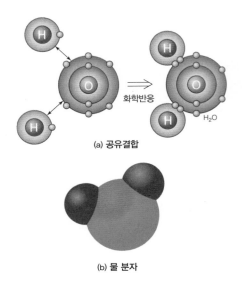

(a) 공유결합

(b) 물 분자

그림 1.11 공유결합과 물 분자. (a) 전자들을 공유하는 공유결합. (b) 수소 원자 2개와 산소 원자 1개가 공유결합으로 연결되어 있는 물 분자.

에 끌리고, 이 전자기적 결합이 원자들을 하나로 묶는다. 소금[염화나트륨(NaCl)]을 만드는 이온 결합(ionic bond)에서는 전자가 한 원자에서 다른 원자로 옮겨 간다. 그래서 한 원자는 음전하를 띠고 다른 원자는 양전하를 띠며, 전하 사이의 인력이 원자들을 하나로 묶는다. 대다수의 금속 원자를 묶고 있는 금속 결합(metallic bond)에서는 거의 모든 원자가 바깥 껍질에 있는 전자들을 잃는다. 떨어져 나간 전자들은 우르르 몰려다니며 원자 사이를 흘러간다. 각 원자는 전자를 잃어서 약간의 양전하를 띠므로 주위를 해류처럼 흐르는 전자들에게 끌린다.

화학은 원자들이 결합하여 암석에서 다이아몬드, DNA, 더 나아가 인간에 이르는 다양하고 새로운 물질을 형성하는 과정을 연구한다. 별 안에서 새 원소가 형성되는 과정을 이 책의 근본적 문턱 중 하나로 정한 이유도 그 때문이다. 원자들은 서로 결합함으로써 새롭고 다양한 물질을 만들 수 있었다. 먼 별을 둘러싸고 있는 물질 구름을 연구하면 물처럼 단순한 물질과 생명의 기본 성분들을 포함한 다양한 분자들이 존재하는지를 알아낼 수 있다. 우주의 환경은 무척 험해서 춥고 에너지도 극히 적기 때문에 과학자들이 우주 공간에서 찾아낸 분자 중 원자를 100개 이상 지닌 것은 거의 없다.

반면 지구 표면은 많은 원소가 다양하게 결합하여 새로운 물질을 만들 수 있어서 흥미로운 화학이 펼쳐지기에 무척 좋은 환경이었다. 이것이 화학의 골디락스 환경이었다. 이 책의 각 문턱에 요약한 골디락스 조건은 해당 문턱이 출현하고 도약하도록 해주었다. 다음 장에서는 지구와 생명이 출현하도록 해준 골디락스 조건을 살펴보자.

| 요약 |

이 장에서는 우주의 출현과 진화의 역사에 나타난 3가지 주요 문턱을 이야기했다. 빅뱅우주론이 설명하는 우주의 시작도 살펴봤다. 또 단순한 초기 우주에서 최초의 은하와 별이 어떻게 출현했는지, 죽어가는 커다란 별이 나중에 행성과 생명 같은 새로운 물체와 물질들의 원료가 될 화학원소들을 어떻게 만들었는지도 알아보았다.

약 45억 년 전 현재 우리가 있는 곳에서 초신성이 폭발하며 새로운 화학원소들을 주변 공간으로 흩뿌렸다. 북의 가죽이 진동하는 것처럼 폭발의 충격파가 초신성 근처에 있던 물질 구름을 통해 물결치듯 나아가면서 서서히 중력 붕괴가 일어났다. 대부분은 수소와 헬륨으로 이루어졌지만 다른 화학원소들도 조금씩 들어 있는 물질 구름이 서서히 붕괴하면서 별이 만들어지는 단계의 초기에 들어섰다. 이 붕괴로부터 태양과 태양계가 형성되었다. 이제 이야기는 새로운 복잡성의 문턱으로 이어진다. 다음 장에서 이야기하겠다.

2장

네 번째 문턱

태양,
태양계,
지구의 출현

46억~38억 년 전

태양과 행성 지구를 포함한 태양계가 탄생하면서 한 작은 영역의 우주 역사가 복잡성의 새 문턱을 건넜다(〈문턱 4 요약〉). 태양과 그 주위를 도는 행성들과 다른 천체들로 이루어진 태양계는, 생명이 출현할 수 있도록 지구를 형성하고 다듬었다. 은하수의 중심에서 가장자리에 이르는 거리의 약 3분의 2 지점에 있는 태양은 은하수에 있는 약 4000억 개의 별 중 하나에 불과하다. 다양한 분야의 과학자들이 태양ㆍ태양계ㆍ지구의 출현, 그리고 지구가 독특한 구조와 모습을 갖추도록 만든 우주 탄생 이후의 힘들을 일관되고 설득력 있게 설명하는 체계를 구축해왔다. 이 장에서는 그 설명들을 요약하고 증거들을 제시한 뒤, 최초의 생물을 탄생시켜 복잡성의 다섯 번째 문턱을 건너기 직전의 지구를 살펴보겠다.

태양과 태양계의 출현

문턱 4 요약

문턱	구성 요소	구조	골디락스 조건	창발성
행성	별의 궤도를 도는 새로운 화학원소들과 화합물.	중력·화학 작용으로 결합하여 큰 덩어리를 이루고 별의 궤도를 도는 다양한 물질.	별이 형성되는 영역에서 양이 많아지는 무거운 원소들.	물리적·화학적 복잡성이 크면서 큰 화학적 복잡성을 생성할 잠재력을 지닌 새로운 천체들.

인류 역사가 시작되었을 때부터 인간은 주위 환경에 호기심이 많았다. 호기심에 자극받은 수많은 모험가가 행성 지구의 산, 정글, 사막, 대양을 탐사하러 나섰다. 초기 인류도 밤하늘, 특히 우리가 있는 우주 작은 구석의 별과 행성에 큰 관심을 보였다. 고대 문명들은 태양계라는 우주 속 우리 동네를 정교하고 체계적으로 설명했고, 이 동네에서 벌어지는 일들을 때로 정확히 설명하는 모형을 만들었다.

17세기 초 유럽에서 물체를 확대하여 볼 수 있는 망원경이 발명되자, 그동안 무척 한정된 빛과 색깔 파장에만 반응하는 맨눈으로 천체를 관측하던 천문학자는 가까운 천체들을 자세히 연구할 수 있었다. 이들은 예전에는 상상할 수 없을 정도로 멀리 있는 천체들을 많이 발견했다. 예컨대 갈릴레오를 비롯한 17세기 관측가들은 목성과 토성의 달을 발견했다. 18세기와 19세기에 더 성능 좋은 망원경이 개발되어 천문학자들은 1781년에 천왕성을, 1846년에는 해왕성을 관측할 수 있었다.

19세기 말 사진술이라는 신기술을 도입한 천문학자들은 필름을 때로 몇 시간씩 노출시키며 천체에서 오는 빛을 모았다. 덕분에 망원경으로도 볼 수 없을 정도로 희미한 별, 그리고 인근의 별빛을 반사하며 흐릿하게 빛나는 가스와 먼지로 된 구름인 성운에 관한 영구적 기록을 얻을 수 있었다. 1장에서 살펴보았듯이, 천문학자는 분광기를 쓰는 법도 배웠다. 분광기는 별처럼 먼 광원에서 오는 빛을 구성 색깔별로, 즉 '진동수'별로 분리할 수 있었다.

문화와 시대를 가리지 않고 모든 인류가 태양계에 큰 관심을 보였다. 말 그대로 우리의 우주 동네이기 때문이다. 팽창하는 우주 전체로 보면 아무것도 아니더라도, 우리 우주 동네는 여기에 사는 우리에게는 큰 관심의 대상이다. 인류가 자신의 지역, 대륙, 행성의 물리적 환경에 흥미를 갖는 것과 같다. 과학자들은 '태양과 행성이 언제 어떻게 형성되었는가' 같은 질문들에 답하려고 노력하면서 더 정교하고 다양한 기술들을 개발해왔다. 이 기술들이 이 장의 이야기를 뒷받침하는 증거를 제공했다.

태양계의 기원에 관한 증거

과학자들이 지금의 행성계 형성 이론에 관한 증거들을 찾을 때 크게 도움이 된 관측 도구는 3가지다. 지상 망원경과 궤도 망원경, 무인 우주탐사선이다. 또 연구자들은 방사성 연대 측정법으로 태양계와 지구에 일어난 많은 사건의 연대를 정확히 알아낼 수 있었다.

■ 지상 망원경
17세기 초부터 최근까지 과학자들은 태양계의 기원을 연구하고 체계적으로 설명하기 위해 지상에 설치한 망원경을 활용했다. 지상 망원경은 믿을 만하고 성능이 더 나아지고 있지만, 인공조명 때문에 나타나는 빛 오염 같은 문제들이 관측을 방해하고 있다.

■ 궤도 망원경
20세기 후반에 새로운 기술이 개발되면서 천문학자들은 우주의 먼 구석까지 볼 수 있게 되었다. 20세기에 발전한 많은 기술과 마찬가지로 원래

제2차 세계대전 당시 군사적 목적으로 개발된 로켓 기술 덕분에 인류는 처음으로 우주를 직접 접했다. 1960년대에 인류는 로켓을 이용하여 망원경을 우주로 날려 보냈다. 이 '이동 천문대'는 지구궤도를 도는 인공위성에 실려 있었다. 지표면 위의 대기오염 물질과 인공조명에서 벗어나 있는 궤도 망원경은 파장이 가장 긴 전파에서 가장 짧은 감마선에 이르는 전자기 복사선의 스펙트럼 전체를 관측한다. 과학자들은 복사선 파장을 폭넓게 검출하기 위해 고도로 정교한 감지 물질, 특히 내열성 불활성 화합물 형태의 실리콘을 사용했다. 커다란 궤도 망원경과 실리콘 카메라를 결합한 인류는 역사상 처음으로 우주의 많은 영역을 직접 관찰했다.

우주의 가장 어두운 구석을 관측한 주요 초기 위성 중 하나는 1970년 미국이 쏘아 올린 우후루 엑스선(Uhuru X-ray) 위성이다. 엑스선 진동수를 관측하여 하늘의 지도를 작성한 과학자들은 과거에 폭발한 거대한 별 수백 개의 잔해를 발견했다. 블랙홀의 직접적인 증거도 처음 발견했다. 현재 천문학자들은 미국항공우주국(NASA)의 찬드라 엑스선 관측선(Chandra X-ray Observatory)과 유럽우주국의 XMM-뉴턴(XMM-Newton) 등으로 촬영한 고해상도 엑스선 영상을 통해 정보를 얻는다.

궤도 망원경 중 가장 인상적인 것은 NASA의 허블 우주 망원경(Hubble Space Telescope, HST)이다. 스쿨버스 크기의 이 망원경은 1990년 4월 25일 우주왕복선에 실려 우주로 올라간 후 97분마다 지구를 1바퀴 돈다. 처음 며칠 동안 망원경이 지구로 보낸 영상은 초점이 거의 맞지 않았다. 원인을 조사한 NASA의 과학자들은 거대한 거울에서 큰 문제를 발견했다. 한쪽 가장자리가 사람 머리카락 굵기의 5분의 1만큼 더 편평했다! 1993년 12월 우주왕복선 엔데버호가 거울 문제를 교정할 수 있는 카메라를 허블 우주 망원경에 달았다. 망원경은 1997년 2월에 다시 보수되었고, 적외선 분광기도 설치되었다. 지구 대기의 영향을 받지 않는 궤도에 있기 때문에 무척 선명한 영상을 찍는 이 망원경 덕분에 우리의 우주 지식이 혁신적으로 늘었다. 허블 우주 망원경은 약 0.1arcsec(0.1아크초, 1°를 아주 작게 나눈 각도로 해상도 측정의 표준 단위) 해상도로 영상을 찍는데, 과학자들은 앞으로 수십 년 안에 거대한 궤도 간섭계로 해상도를 10억 분의 1arcsec까지 높일 수 있다고 본다!

■ 무인 우주탐사선

지난 40여 년 동안 많은 무인 우주탐사선이 우주로 날아갔고, 대부분은 돌아오지 않았다. 과학자들은 우주탐사선들이 보낸 자료로 태양계를 상세히 연구했다. 우주탐사선을 통해 얻은 정보는 기존 이론을 무너뜨리고 새 이론을 세우는 데도 도움이 되었다. 예컨대 다수의 무인 우주탐사선은 화성 표면이 자연적으로 형성되었음을 증명하여, 화성 표면이 인공 운하로 가득하다는 오랜 이론을 논박했다. 우주탐사선의 화성 탐사는 1964년 NASA가 매리너 4호(Mariner 4)를 보내면서 시작되었다. 1971년에는 화성 궤도에 자리 잡은 매리너 9호가 1년 사이에 화성 표면 대부분을 촬영했다. 사진을 조사한 과학자들은 태양계에서 가장 큰 화산인 올림푸스산을 발견했고, 메마른 강바닥처럼 보이는 흔적들도 찾아냈다. NASA는 화성에 생명이 존재했다는 증거가 있는지 알아보기 위해 1976년에 착륙선 2척을 화성 표면 2곳에 내려보냈지만 유기물의 흔적은 찾지 못했다.

그로부터 약 20년 후 마스 패스파인더(Mars Pathfinder)가 화성에 착륙했고, 뒤를 이어 마스 글로벌 서베이어(Mars Global Surveyor)가 화성 궤도를 돌며 10년 동안 상세한 영상을 지구로 보냈다. 최근에는 화성 탐사 로봇 스피릿(Spirit)과 오퍼튜니티(Opportunity)가 화성에 착륙했다. 이 튼튼한 전천후 차량들은 2003년부터 화성 표면의 영상을 지구로 전송하고 지질을 조사했다. 화성 표면에 물이 남아 있다는 흔적을 찾지 못했지만 물에 잠겼던 넓은 지역과 작은 수계의 흔적을 비롯하여 표면이 침식되었다는 증거를 발견했다. 과거 화성에 어떤 형태로든 액체가 있었음을 시사한다. 그 흔적을 남긴 물질은 액체 물일 가능성이 가장 높지만, 춥고 메마른 상태에서 액화 이산화탄소가 분출하며 기체, 먼지, 암석을 뿜은 흔적을 남겼다는 등의 다른 설명도 가능하다.

2008년 5월 25일에는 탐사선 피닉스호(Phoenix)가 화성 북극에 착륙하여 미생물과 물의 증거를 찾기 시작했다. 피닉스호가 보낸 자료는 화성 역사 초기부터 최근까지 액체 물이 표면과 상호작용했고 지질학적으로는 최근인 수백만 년 전까지 화산활동이 계속되었음을 시사했다. 2012년 8월 6일에는 NASA의 탐사선 큐리오시티(Curiosity)가 거대한 게일 크레이터에 착륙했다. 큐리오시티의 크기는 스피릿과 오퍼튜니티의 2배고 무게는 5배다. 과학자들의 목표 중 하나는 과거와 현재의 화성에 생명이 존재할 수 있는지 판단하는 것이다. 큐리오시티는 화성의 기후와 지질을 조사하고, 예전에 강이 흐른 증거를 찾는 한편 앞으로 실행될 수도 있는 화성 유인 탐사에 도움이 될 자료도 모으고 있다.

크기가 지구와 비슷한 금성도 우주탐사의 표적이 되었다. 1962년에 NASA의 매리너 2호가 금성 옆을 날면서 표면 온도가 약 300℃라고 기록했다. 1965~75년에 소련은 15대의 베네라호(Venera)를 금성으로 보냈는데, 대부분은 빗나가거나 표면에 충돌했다. 그러나 5대는 극도의 열기 속에서도 석면 낙하산으로 매끄럽게 착륙했고, 표면 온도가 무려 460℃라고 기록했다! NASA의 마젤란호(Magellan)는 1990~92년에 2차례 금성 궤도를 일주하며 표면 전체의 지형 지도를 작성했다. 각각 243일이 걸린 일주 결과 금성 표면에 크레이터와 화산이 무척 많다는 사실이 드러났다.

가장 중요한 무인 탐사 중 2건은 NASA의 보이저 1호(Voyager 1)와 2호가 했다. 두 탐사선은 태양계의 거대 가스 행성인 목성, 토성, 천왕성, 해왕성이 드물게 일직선을 이루는 현상을 이용하기 위해 1977년에 발사되었다. 이러한 일치는 175년마다 일어나는 드문 현상이다. 덕분에 두 탐사선은 각 행성 중력장의 도움을 받아 속도를 높일 수 있었다. 사실상 한 행성에서 다음 행성으로 최대 시속 5만 6000km로 내던져진다는 의미였다! 그럼에도 불구하고 보이저 2호가 천왕성에 다다르기까지는 9년, 해왕성에 다다르기까지는 12년이 걸렸다. 2010년에 두 보이저호는 태양계 가장자리에 다다랐고, 2020년 이후까지 지구로 정보를 보내고 있다.

무인 우주탐사선은 지상의 관측 장비보다 많은 정보를 제공한다. 일례로 2007년 12월 토성 궤도를 도는 무인 탐사선 카시니호(Cassini)가 보낸 자료에 따르면 토성 고리들의 나이는 태양계와 비슷한 45억 년 정도였다. 이 자료는 토성 고리가 1억 년 전 지구의 달에 유성이 강하게 충돌하면서 흩어진 잔해로부터 형성되었을 것이라는 기존 이론을 무너뜨렸다. 그 이론은 앞서 보이저호 탐사선이 수집한 자료에 어느 정도 토대하고 있었다.

태양계의 나이는 몇 살일까

서문에서 1950년대 이후 천문학자들이 방사성 연대 측정법으로 태양계를 연구했다고 언급했다. **방사성 연대 측정법(radiometric dating)**은 방사성 붕괴 속도를 측정하여 암석 등의 연대를 알아내는 기술이다. 과거 사건의 절대연대를 알 수 있는 이 기술이 크로노미터 혁명의 핵심이다. 예컨대 지구의 나이가 약 45억 년임을 보여주었고, 지구가 생긴 후 현재까지 발생한 주요 사건들의 연대도 정확히 알아냈다. 그 결과 태양계의 천체 대부분이 지구와 비슷한 시기에 형성되었다고 밝혀졌다.

방사성 연대 측정법의 원리는 동위원소의 원자핵이 저절로 파괴되며 붕괴하는 과정이 밝혀지면서 출현했다. 그 과정을 **방사성붕괴(radioactivity decay)**라고 한다. 1장에서 말했듯이, 원자의 핵은 양성자와 중성자로 이루어져 있다. 동위원소는 핵에 있는 양성자나 핵 주위를 도는 전자의 수는 같지만 중성자 수가 다른 원소다. 불안정한 방사성동위원소를 모원소, 붕괴로 생긴 동위원소를 딸원소라고 부른다. 일례로 방사성을 띤 모원소 우라늄-238은 여러 단계를 거쳐 붕괴하며, 마지막에는 안정한 딸원소 납-206이 된다. 이 붕괴 과정은 규칙적이므로 통계적으로 측정할 수 있다. 1950년대 과학자들은 방사성동위원소를 지닌 암석과 광물의 연대를 방사성을 활용하여 신뢰할 수 있게 측정하는 방법을 개발했다. 많은 동위원소의 붕괴 속도를 정확히 측정할 수 있고, 일반적인 조건에서는 붕괴 속도가 같기 때문에 방사성 연대 측정법은 널리 쓰이기 시작했다.

한 단위 물질의 방사성붕괴 속도는 **반감기(half-life)**로 나타낸다. 반감기는 처음에 있던 물질의 양이 절반으로 줄어드는 데 걸리는 시간이며 이때 모원소와 딸원소의 양이 같아진다. 모원소 원자의 4분의 1이 남아 있다면 4분의 3은 붕괴하여 딸원소가 되었을 것이고, 모원소-딸원소의 비가 1:3이라면 반감기가 2번 지났다는 뜻이다. 모원소-딸원소의 비가 1:15에 다다르면 반감기가 4번 지났다고 볼 수 있다. 따라서 한 시료 속 동위원소의 반감기가 100만 년이라면, 측정한 비가 1:15일 때 반감기가 4번 지난 것이므로, 시료의 나이는 400만 년이다. 자연에 존재하는 수많은 방사성동위원소 중 지구 역사에 일어난 사건의 연대를 측정할 때 유용한 것은 5가지다. 우라늄-238은 붕괴하여 납-206인 딸원소가 되는데, 반감기가 45억 년이다. 우라늄-235는 붕괴하여 납-207이 되며, 반감기는 7억 1300만 년이다. 토륨-232는 납-208로 붕괴하며, 반감기는 141억 년이다. 루비듐-87은 스트론튬-87로 붕괴하며, 반감기는 무려 470억 년이다. 칼륨-40(포타슘-40)은 아르곤-40으로 붕괴하며, 반감기는 13억 년이다.

칼륨-40이 아르곤-40으로 붕괴할 때 반감기는 13억 년으로 무척 길지만, 5가지 방사성동위원소 중 가장 다양하게 사용할 수 있다. 심지어 10만 년도 안 된 물질의 연대를 측정하는 데도 유용하다. 그러나 광물이 처음 생긴 이후 닫힌계 안에 있지 않았다면 정확한 연대를 측정할 수 없기 때문에 나름의 문제가 있다. 예를 들어 암석이 생애 동안 고온에 노출되면, 아르곤 기체가 빠져나간 탓에 연대를 제대로 측정할 수 없을 것이다. 과학자들은 풍화되지 않은 새로운 시료만 사용하여 이 오류를 막으려고 애쓴다.

최근 사건의 연대를 측정하는 데는 탄소의 방사성동위원소 탄소-14가 가장 유용하다. 탄소-14의 반감기는 5,730년으로 짧아서 최근의 지질과 인류 역사의 연대를 알아낼 때 유용하다. 상층 대기에 존재하는 탄소-14는 산소와 결합해 이산화탄소(CO_2)를 만들고, 생물의 몸은 이것을 흡수한다. 동식물이 죽으면 탄소-14는 통계적으로 측정할 수 있는 속도로 서서히 붕괴하여 질소-14가 된다. 나무, 뼈, 섬유 등 유기물의 연대를 측정할 때 유용한 탄소-14는 고고학자, 인류학자, 역사학자, 지질학자에게 믿을 만한 연대를 제공해왔다. 이 쓰임새를 발견한 화학자 윌러드 F. 리비(Willard F. Libby)는 1960년에 노벨상을 받았다.

과학자들은 이처럼 신뢰할 수 있는 원리와 기법으로 많은 연대를 측정했고, 방사성 연대 측정법은 다양한 분야의 과학자들에게 없어서는 안 될 도구가 되었다. 이 기법으로 달 암석, 소행성, 지구 암석 같은 광물의 연대를 측정한 천문학자, 우주론자, 지질학자들이 태양계와 행성의 정확한 연표를 작성했다.

태양: 우리 세계를 움직이는 에너지

태양은 인류에게 대단히 중요하지만, 사실 무척 평범한 별이다. 천문학자들이 관측한 별 중 가장 무거운 것은 태양보다 약 100배 무겁다. 이런 별들은 수백만 년 사이에 연료를 모두 쓰고 초신성이 되면서 격렬한 죽음을 맞이하는 경향이 있다(13장 참고). 반면 태양의 수명은 약 100억 년에 달할 것이다. 이처럼 비교적 '정상 상태'인 별의 주위에는 생명을 지탱할 수 있는 행성이 존재할 수도 있다. 태양계가 형성된 과정이 일반적인 현상이라면, 수십억 개의 별과 행성계가 비슷한 과정으로 만들어질 수도 있다.

태양도 다른 별처럼 거대한 분자 구름이 붕괴하여 생겼다. 태양계를 형성한 구름은 약 50억 년 전에 나타났다. 아마도 은하수의 오리온자리에 최근 나타난 구름과 비슷했을 것이다(〈그림 2.1〉). 지구에서 약 1,600광년 떨어져 있는 오리온자리의 구름은 지름이 수백 광년이기 때문에 현대 천문학자들이 쉽게 관측할 수 있다. 오리온 구름(Orion Cloud)은 수소 약 70%, 헬륨 27%, 산소 1%, 탄소 0.3%, 질소 0.1%로 이루어져 있다. 태양계

그림 2.1 허블 우주 망원경이 관측한 오리온 구름. 태양계도 이렇게 시작되지 않았을까?
(출처: ©NASA/Corbis)

의 원소들과 비율이 비슷한 혼합물에 약 92가지의 자연 화학원소가 들어 있다. 1993년 이래 이 구름에서 수백 개의 별이 형성되었다. 대부분은 강착 원반(accretion disk)에 먼지들로 이루어진 고리가 딸려 있는데 여기서 행성이 형성될 수도 있다. 오리온 구름은 태양계가 출현한 과정과 비슷한 현상을 살펴볼 수 있는 좋은 사례다.

태양 주위를 도는 지구의 물질은 태양을 형성한 물질과 같다. 다만 태양의 원소들은 지구의 원소들과 혼합 비율이 다르다. 태양이 뿜어내는 빛은 약 8분간 1억 5000만km를 여행한 끝에 우리에게 다다른다. 지금도 지구를 데우고 액체 물과 생물이 존재할 수 있게 해주는 태양이 없다면 지구의 기온은 −240℃로 떨어질 것이고, 생명도 존재하지 않을 것이다. 따라서 지구가 태양 가까이에 있다는 사실은 대단히 중요하다. 태양이 지구보다 100만 배 크다는 점도 매우 중요하다. 우주론자 브라이언 스윔(Brian Swimme)은 이렇게 표현한다.

지구의 모든 생명은 그저 이 거대한 불덩어리 덕분에 생겨났다. 나를 정말로 매혹시키는 것은 태양이 빛을 만드는 방식이다. 태양은 중심핵에서 수소를 헬륨으로 바꾼다. 그 과정에서 질량의 일부를 에너지로 전환하고 있다. 1초마다 태양 질량의 400만t이 빛으로 바뀌고 있다.[1]

태양계의 형성: 초기 단계

수백 년 전부터 많은 과학자가 태양계의 기원을 설명하려 했다. 18세기 독일 철학자 이마누엘 칸트(Immanuel Kant)와 프랑스 수학자 피에르 시몽 라플라스(Pierre Simon Laplace)는 태양을 중심으로 태양계 성운(solar nebula)(오리온 구름에서 나타난 것처럼 납작해져서 회전하는 가스와 먼지로 된 원반)이 뭉쳤을 것이고, 이로부터 행성들이 탄생했다고 각각 주장했다. 수백 년 동안 존속한 이 이론은 행성 형성에 관한 문제를 해결하지는 못했지만 가장 널리 받아들여졌다.

이 이론에 따르면 태양계 성운은 중력의 압력으로 붕괴한 분자 구름 속의 조밀한 핵에서 형성되었다. 초신성의 충격파도 이 과정을 촉발할 수 있다. 이 구름은 붕괴하면서 가열되고 공전하고 자전했으며, 발달하는 원시 태양 주위에 형성된 원반으로 주변의 물질들이 빨려들었다. 회전하는 원반은 원자들이 충돌하여 생성한 엄청난 에너지를 뿜어냈고, 안쪽 원반은 온도가 1,700℃를 넘었을 수도 있다! 그 결과 원반 중심 가까이의 먼지 알갱이들은 증발했겠지만, 성운 바깥쪽의 성간 분자, 알갱이, 얼음은 살아남았다. 이윽고 성운은 식기 시작했고, 분자와 고체 알갱이가 다시 형성됐다. 그럼에도 회전하는 원반은 여전히 가스가 약 98.5%, 1.5%만 먼지였다. 최근 태양계가 만들어진 지 300만 년 내에 형성됐다고 알려진 몇몇 운석의 조성을 분석한 결과에 따르면 태양이 만들어진 지 100만~200만 년 후에 근처 초신성에서 생성된 철이 태양계로 유입됐을 가능성이 있다.

고체 입자와 기체의 분포도 태양계 성운의 후속 이야기에 중요하다. 안쪽 성운에는 규산염과 철 화합물이 포함된 반면, 바깥 영역에는 이산화탄소, 물, 원래의 분자 구름에서 유래한 성간 알갱이가 많았다. 이 분포는 현재 행성들의 조성과 위치에 반영되어 있다. 지구형인 내행성들이 주로 규산염과 금속 같은 암석 물질로 이루어진 반면, 목성과 그 너머에 있는 외행성들은 주로 수소, 헬륨, 물로 이루어져 있다.

안쪽에 있는 물질들은 이윽고 회전속도가 느려지기 시작했고, 중심에 있는 무거운 원시 태양을 향해 나선을 그리면서 끌려갔다. 센티미터에서 미터 크기의 고체들이 중력에 이끌려 더 빠르게 중심으로 이동했고, 연간 100만km의 속도로 원시 태양 쪽으로 끌려갔을 수도 있다. 이윽고 일부 물질은 태양에 떨어졌겠지만 대부분은 살아남아 지구형 행성을 형성했다. 왜 모든 물질이 태양 속으로 떨어지지 않았느냐는 질문은 태양계 성운 이론이 아직 풀지 못한 과제 중 하나다. 회전하는 원반의 원심력이 물질을 중심에서 멀어지게 만들었을 수도 있다.

그 과정이 시작된 지 10만 년쯤 되자 태양의 질량이 안정되고, 붕괴가 끝나며 원반 내의 교란도 가라앉았을 것이다. 이 시점이 태양계의 원년이다. 과학자들은 소행성대의 원시적 암석 물질 콘드라이트(chondrite)를 방사성 연대 측정하여 정확한 연대를 파악했다. 2007년 12월 한 탄소질 콘드라이트를 분석한 캘리포니아대학교 데이비스캠퍼스의 연구진은 태양계의 나이가 정확히 45억 6800만 년이라고 제시했다.

지난 10여 년 동안 은하수의 각지에서 비교적 질량이 작고 젊은 별이 많이 발견되었다. 주위에는 강착 원반의 잔재인 먼지 고리가 있다. 이 별들 중 상당수에서 태양풍보다 훨씬 강력한 바람이 분다. 별은 복사선뿐 아니라 입자도 꾸준히 방출한다. 압력이 팽창하여 생기는 듯한 이 입자 방출의 흐름을 항성풍(stellar wind)이라고 한다. 과학자들이 강력한 바람을 처음 발견한 곳이 황소자리(Taurius)의 T 항성이어서 T 타우리 바람(T Tauri wind)이라고도 한다. 강착 원반이 별에 빨려드는 현상이 멈출 때 나타나는 듯한 이 바람은 너무나 강력하기 때문에 수백만 년 사이에 거대한 성간 구름을 흩어버린다. 태양의 성장도 바람이 원반의 안쪽 가장자리에 부딪치면서 중단되었다. 원반에서 가장 무거운 물체만 바람에 밀리지 않을 정도로 질량이 컸기 때문에 T 타우리 바람의 영향을 받지 않았다.

T 타우리 바람은 수소와 헬륨이 지구 지각에 매우 적고 거대 가스 행성의 궤도에는 많은 현상에도 영향을 미쳤다. 이 강한 태양풍은 수소와 헬륨처럼 가벼운 원소를 목성과 토성의 궤도 쪽으로 밀어냈다. 이는 지구 지각에 무거운 원소들이 많고 가스 행성이 무척 큰 현상을 설명해준다.

T 타우리 바람 때문에 성장이 끝날 무렵의 태양은 원래의 태양계 성운에 있던 물질을 대부분 흡수한 상태였다. 남은 것은 0.1% 정도로 적었는데, 살아남은 미량의 잔재에 관해 이야기하겠다. 이 잔류물이 행성 지구를 비롯한 태양계의 천체들을 만드는 데 쓰였기 때문이다.

행성의 형성: 강착

태양계 성운에 남은 부스러기들은 어떻게 행성을 형성했을까? 어떻게든 태양에 빨려들지 않고 남은 약간 큰 덩어리들(최대 지름 10km)을 미행성체(planetesimal)라고 한다. 이들은 중력 때문에 타원궤도를 돌며 서로를 끌어당기고 격렬하게 충돌했을 것이다. 충돌이 무척 격렬해서 부서진 미행성체가 많았겠지만, 하나로 뭉치기 시작한 것들도 있었다. 충돌하는 성간 물체들이 달라붙어 커지는 이 과정을 **강착**(accretion)이라고 한다.

미행성체 형성으로 이어지는 강착 과정은 완전히 밝혀지지 않았다. 주된 문제는 지름이 몇 cm인 알갱이들이 부딪칠 때 부서지거나 튕겨지는 경향이 있다는 것이다. 이 현상은 충돌하는 입자들끼리 달라붙게 하는 다른 메커니즘이 관여하는 것이 틀림없다는 의미다. 최근 학자들은 태양계 성운의 난류가 중력이 더 큰 고밀도 영역을 만들었거나, 기체들이 더 느리게 움직여 생긴 항력으로 물질들이 몰리고 융합되어 안정적인 미행성체가 생겼을 가능성을 연구하고 있다.

가장 큰 덩어리들은 더 강한 중력장을 형성한 후 궤도에 있는 부스러기들을 더 많이 모았을 것이고, 눈덩이가 커지듯 계속 커졌을 것이다(강착). 컴퓨터 모형에 따르면 수백만 개의 작은 덩어리가 계속 충돌하며 성장하면 약 1만 년 후 수백 개의 미행성체가 형성되는데 그중에는 달만 한 것도 있었다. 미행성체들은 토성 고리처럼 얇고 거대한 고리를 이루어 태양 주위를 돌고, 고리 주변은 짙은 성운 가스 구름이 에워싸고 있었을 것이다.

그 후 1000만~1억 년에 걸쳐 미행성체들이 충돌하고 강착하며 수가 훨씬 적은 원시행성을 형성했을 것이다. 현재 태양계의 지구형 행성과 크기가 비슷했던 원시행성은 각각 나름의 궤도면을 돌았다. 그렇게 격렬한 과정이 약 1억 년 동안 이어진 후 태양계의 특징인 중력과 궤도가 자리 잡았다. 한편 과학자들이 달에서 얻은 증거에 따르면 41억~38억 년 전 달과 내행성들은 궤도에서 벗어난 길 잃은 소행성이나 혜성들의 융단폭격을 받았다.

이 모형은 지구형 내행성들이 형성된 과정을 설명하지만, 바깥 태양계에 있는 거대 가스 행성들은 잘 설명하지 못한다. 온도가 무척 낮은 바깥 영역의 미행성체들은 주로 수소와 헬륨으로 이루어져 있었고, 물로 된 얼음도 많았다. 어찌 되었든 거대 외행성이 된 미행성체들은 성운으로부터 가벼운 기체와 고체를 포함한 추가 물질을 대량으로 흡수했다.

표준 이론은 거대 행성의 중심핵이 지구형 행성처럼 충돌하고 성장하며 형성되었고, 주변 성운의 가스와 얼음이 모여들면서 점점 커졌을 것이라고 설명한다. 이렇게 거대 행성의 질량이 증가하면서 강착이 계속되었다. 즉, 각 행성의 궤도에 있는 가스들을 모두 휩쓸어 모을 때까지 성장이 멈추지 않았을 것이다. 반면 중력 불안정 모형(gravitational instability model)이라는 대안 이론은 거대 행성들이 수천 년 사이에 원반으로부터 직접 형성되었을 수도 있다고 본다. 단순히 중력의 압력 때문에 몇몇 영역이 붕괴하여 형성되었다는 것이다.

달의 형성

1610년 갈릴레오는 목성 궤도를 도는 위성 4개를 망원경으로 발견했다. 현대 망원경으로 관찰하면 작은 위성 수십 개를 거느린 목성이 태양계와 비슷한 일종의 축소판 행성계를 이루고 있음을 알 수 있다. 내행성들의 위성이 몇 개 정도인 반면 거대 행성은 모두 고리계를 지닌다. 가장 크고 잘 알려진 것은 갈릴레오도 관찰한 토성의 고리. 고리는 먼지 알갱이부터 바위, 작은 위성에 이르는 다양한 고체 덩어리로 이루어져 있다(〈그림 2.2〉).

지구의 달이 형성된 과정은 오랫동안 수수께끼였지만 1970년대부터 과학자들이 다양한 설명을 내놓기 시작했다. 현재의 표준 이론은 지구가 약 45억 년 전에 화성 크기의 천체와 충돌하여 달이 생겼다고 본다. 충격

그림 2.2 보이저 2호와 토성의 고리. 보이저 2호가 토성 고리를 지나가도록 계획한 천문학자들은 초기 태양계 성운에 관한 주요 단서를 얻었다. 원래 이들은 토성 고리가 가스로만 이루어졌을 것이라고 가정했다. 토성에 가까이 다가간 보이저 2호는 주요 고리들이 먼지부터 작은 달만 한 물체들로 이루어져 있으며, 물체들이 빽빽하게 차 있어서 강착 시기의 초기 태양계처럼 계속 충돌한다는 사실을 관측했다. 천문학자들은 막판에 보이저 2호의 경로를 돌려서 우주적 파괴 시합에서 소중한 탐사선이 파괴되는 것을 막을 수 있었다! (출처: ©Donald Davis/JPL)

이 너무도 커서 엄청나게 많은 증기와 녹은 암석이 튀어 나갔고, 그중 일부가 지구궤도에 갇힌 후 뭉쳐 달이 되었다는 것이다. 처음에는 달의 궤도가 지구와 무척 가까웠겠지만 계속 멀어져서 지금의 거리가 되었다. 궤도 속도가 천천히 빨라지고 있기 때문에 달은 지금도 지구로부터 연간 5cm 정도 멀어지고 있다.

달에는 대기가 없기 때문에 표면의 침식이 지구 표면보다 훨씬 적다. 그래서 달의 지각이 굳은 후 다른 천체가 충돌하여 생긴 크레이터가 고스란히 남아 있다. 우주비행사들이 지구로 가져온 달 암석을 방사성 연대 측정한 결과에 따르면 달의 나이는 약 44억 5000만 년이다. 크레이터로 덮인 달 표면은 태양계가 형성되는 마지막 단계에 격렬한 충돌이 일어났다는 증거다. 남아 있던 부스러기와 미행성체가 행성과 그 위성들의 표면에 쏟아졌고, 대부분의 물질이 행성계에 흡수되었다.

최근 NASA와 중국, 유럽, 러시아를 비롯한 여러 나라 정부가 달에 유인 탐사선을 보내겠다는 계획을 발표했다. 이 계획은 달에 영구 정착지를 세우기 위한 준비 단계가 될 수도 있다. 착륙 지점으로 유력한 곳은 얼음이 존재할 수도 있고 햇빛이 계속 비칠 가능성이 가장 높은 달의 남극이다. 달은 지구에 계속 영향을 미쳤고, 앞으로도 그럴 것이다. 지구가 형성 초기에 커다란 천체와 충돌하여 달이 만들어지는 과정에서 지구 지축이 기울어졌다. 궤도를 도는 달은 지구 지축이 더 기울어지지 않게 막아주었다. 지구가 기울어진 덕분에 인류는 비교적 안정적인 계절 변화 속에서 살고 있다. 그렇지 않았다면 온대와 열대의 기온 차이가 더 심하고, 계절 변화는 훨씬 심했을 것이다. 반대로 너무 기울어지면 기후가 혼란에 빠질 것이다. 달의 영향 덕분에 지축은 생명이 출현하기에 알맞은 정도로 기울어져 있다.

또한 달이 조석을 일으킴에 따라 밀물 때 잠겼다가 썰물 때 드러나는 조간대가 생겼고, 아칸토스테가(Acanthostega)와 이크티오스테가(Ichthyostega)처럼 네 다리를 지닌 고대 척추동물이 처음으로 바다에서 뭍으로 올라오기 시작했다. 약 3억 8000만 년 전의 일이었다. 이 이야기는 3장에서 살펴볼 것이다. 조석이 초기 지구의 빠른 자전을 늦추었기 때문에 12시간이었던 하루가 24시간으로 길어졌다. 달은 이처럼 긴밀하게 얽힌 지구에 심오하고 긍정적인 영향을 미쳤다.

현재의 행성계

행성계는 4개의 지구형 행성인 수성, 금성, 지구, 화성과 4개의 거대 외행성인 목성, 토성, 천왕성, 해왕성, 그리고 달과 수많은 소행성 등으로 이루어져 있다.

명왕성은 오랫동안 태양에서 가장 먼 행성으로 여겨졌지만 2006년 8월 국제천문연맹(IAU)이 '왜소행성'으로 지위를 낮추면서 행성 자격을 잃었다. 국제천문연맹의 새 규정에 따르면 행성은 3가지 기준을 충족해야 한다. '행성'은 ① 태양 주위의 궤도를 돌고, ② 강체(rigid body) 힘을 이길 만한 자체 중력을 발휘하기에 충분한 질량을 지님으로써 원형에 가까운 정역학적 평형을 이루며, ③ 궤도에서 이웃을 모두 없앤 천체다. 세 번째 기준 때문에 강등된 명왕성은 카이퍼 벨트(Kuiper Belt)에서 많은 천체와 함께 궤도를 돈다. 해왕성 너머에 있는 카이퍼 벨트는 행성을 형성하지 않은 강착 원반의 잔재인 혜성들이 고리처럼 둘러싸고 있는 영역이다. 1990년대 말에 카이퍼 벨트에서 작고 얼어붙은 미행성체 수백만 개가 발견되었다.

거대 외행성 주위의 위성계는 태양계를 생성한 강착 원반과 비슷한 과정을 통해 소규모 강착 원반이 형성되어 나타났다. 지구형 내행성의 내핵은 대부분 철이고 그 주위를 규산염(silicate)이 감싸고 있다. 예를 들어 지구 지각의 약 90%는 규소와 산소로 이루어져 암석을 형성하는 규산염이다. 금성은 질량이 지구와 비슷하지만 대기가 훨씬 짙고, 지구의 달과 같은 격렬한 충돌을 겪지 않았다. 화성의 질량은 훨씬 작아서 지구의 10%를 조금 넘고, 수성은 질량이 화성의 절반에 못 미친다(〈그림 2.3〉).

다른 태양계와 행성 찾기

1990년대 이전 천문학자들은 태양계가 새로운 별 주위에서 흔하게 형성되었을 것이라고 짐작했지만 그 과정을 관측할 방법이 없었다. 지난 20여 년에 걸쳐 이 직감이 옳았음이 입증되었다. 최근에는 나름의 태양계를 이룬 많은 별이 여러 물질로 된 고리에 둘러싸여 있는 모습을 직접 관측할 수 있다. 우리 태양계 너머에 있는 외계행성(exoplanet)은 1995년 스위

그림 2.3 태양계 행성들의 상대 크기. 행성들은 원래 태양 주위를 돌던 태양계 성운의 여러 고리에서 형성되었다. 지구는 태양에서 세 번째 행성이다. 지구를 토성이나 목성과 비교해보라! (출처: ©WP/wikicommons)

스 천문학자들이 처음 발견했다. 외계행성 탐색에 기여하는 아마추어 천문학자들도 2002년 한 해에만 새 외계행성 약 31개를 찾아냈다. 물론 가장 크게 기여한 것은 NASA처럼 규모가 큰 우주 관련 기관들이다.

NASA의 허블 우주 망원경은 지구에서 멀리 떨어진 별을 도는 행성이 무척 많다는 증거를 찾아냈고, 2009년 NASA가 발사한 행성 사냥꾼 케플러 탐사선은 훨씬 많은 행성을 찾아냈다. 케플러의 임무는 백조자리 근처에 있는 15만 개 이상의 별을 지켜보며 행성 횡단(planetary transit)의 증거를 찾는 것이다. 지금까지 발견된 1,000개 이상의 외계행성 대부분은 목성만 한 거대 행성이다. 여러 광년 떨어져 있기에 표면을 상세히 볼 수는 없고 존재, 질량, 궤도의 폭을 알려주는 간접적 증거만 검출할 수 있다. 하지만 이 증거들을 이론 모형 및 태양계에서 얻은 지식과 결합하면 머나먼 행성들의 복잡한 모습이 드러난다. 최신 연구 결과에 따르면 이들 중 상당수가 지구물리학적 활성을 띠고, 생명을 지탱할 만한 대기와 기후를 지녔을 수도 있다.

외계행성을 탐색하는 천문학자들은 캘리포니아(특히 산호세 인근의 릭 천문대), 하와이, 틸레, 오스트레일리아의 지상 망원경들을 함께 사용하여 약 2,000개의 별을 지켜보고 있다. 지상 천문대의 탐색은 많은 외계행성을 발견하는 데 기여하고 있지만 본격적인 연구는 걸음마 단계다. 일부 학자들은 케플러처럼 디지털 카메라가 달린 로봇 무인 탐사선을 보내 별의 궤도를 도는 행성의 표면을 촬영하자는 장기 계획을 제시했다. 그러나 10~12광년 거리까지 우주선을 보내는 기술을 개발하려면 수 세기가 걸릴 것이다. 그때까지 우리 태양계와 비슷한 다른 태양계와 행성을 찾는 고역스러운 탐색은 지상의 직업 천문학자와 아마추어 천문학자, 그리고 무인 탐사선이 수행할 것이다.

초기 지구

1960년대에 아폴로 우주비행사들이 지구를 찍은 흑백사진을 처음으로 전송했다. 1970년 1월에는 우주에서 지구를 찍은 컬러사진이 《타임》에 처음 실렸다. 사진을 본 사람들은 놀라는 한편으로 2가지 사실을 깨달았다. 첫째, 하얀 구름계가 휘감은 지구는 갈색과 녹색의 땅덩어리가 드넓은 남색 대양과 아름답고 장엄하게 어우러지는 천체였다. 둘째, 지구는 놀랍도록 고립되고 허약해 보였다. 드넓고 '텅 빈' 우주 공간과 선명하게 대조되며 생명이 우글거리는 자족적이고 작은 실체였다. 뒤에서 더 살펴보겠지만, 많은 과학자는 지구가 유기적이고 무기적인 구성 요소가 조화롭게 협력하고 생물권을 지탱하며 연결된 체계라고 본다. 이 절과 다음 절에서는, 1960년대 우주비행사들을 사로잡았고 사람들이 사진을 보는 순간 눈을 떼지 못한 지구의 모습이 만들어진 과정을 과학적으로 설명할 것이다.

지구 구조 형성: 분화

지구 역사의 여러 단계를 살펴보기 전에 '태양에서 세 번째 암석'인 초기 지구가 형성된 과정을 이야기할 필요가 있다. 초기 지구는 성운 잔해들의 격렬하고 지속적인 충돌, 내부의 방사성물질 붕괴, 짓누르는 중력이 증가시키는 내부 압력 때문에 무척 뜨거웠다. 철과 니켈이 녹기 시작하면서

화학적 층화(chemical differentiation)가 일어났다. 중력 때문에 무거운 금속의 액체 방울들이 지구 중심으로 가라앉으면서 밀도 높은 철 핵을 (지질학적 시간으로 볼 때) 빠르게 형성했다. 한편 가벼우며 녹은 암석 덩어리들은 액체 상태의 지구 표면으로 올라왔고, 굳으며 원시 지각을 형성하기 시작했다. 이 지각은 달걀 껍데기처럼 얇게 지구 표면을 덮었다. 지각의 암석 물질에는 규소와 알루미늄이 많았고, 칼슘, 나트륨, 칼륨, 마그네슘, 철은 그보다 적었다. 금, 납, 우라늄처럼 더 무거운 원소도 조금 들어 있었다. 층화가 일어난 후 원시 지각이 침식되어 사라지거나 크게 변했기 때문에 원래의 조성에 관한 직접적 증거는 거의 없다. 지질학자들은 최초의 대륙 지각이 형성된 정확한 연대를 방사성 연대 측정법으로 알아내기 위해 지금도 애쓰고 있다. 지금까지 발견된 가장 오래된 암석의 나이를 방사성 연대 측정한 결과 약 40억 년으로 드러났으므로 원시 지각은 적어도 40억 년 전에 형성되었을 것이다.

지구의 구조

지질학자들은 지구의 구조를 2가지 기준으로 설명한다. 지구의 각 층은 화학적 조성과 물리적 특성에 따라 정의할 수 있다. 지구는 지각, 맨틀, 중심핵으로 이루어져 있다. 지각(crust)은 해양 지각과 대륙 지각으로 나뉜다. 해양 지각은 두께가 약 8km로 얇고, 대부분 검은 화성암이다. 화성암은 녹은 물질들이 굳어서 생긴 것이다. 대륙 지각의 두께는 평균 40km이고, 산맥 지역은 64km를 넘기도 한다. 대륙 지각에는 다양한 암석들이 있지만 위쪽은 화강암, 아래쪽은 현무암으로 이루어진 경우가 많다.

지구 부피의 80% 이상을 차지하는 맨틀(mantle)은 고체 암석이 지하 2,900km까지 뻗어 있는 영역이다. 지각과 맨틀이 만나는 부분은 화학적 조성이 크게 다르다. 상부 맨틀은 마그네슘 함량이 높고 입자가 굵은 화성암인 감람암이 대부분이고, 깊어질수록 압축되어 결정 구조가 더 조밀해진다. 중심핵(core)은 철-니켈 합금이 대부분이고, 철과 결합한 다른 원소들이 조금 섞여 있는 듯하다. 압력이 엄청나기에 이 원소들은 물보다 밀도가 약 14배 높다.

지구 구조의 물리적 특성은 중심으로 갈수록 증가하는 밀도와 온도의 영향을 받는다. 직접적인 자료는 없지만, 지하 96km의 온도는 1,200~1,400℃에 달하고, 중심핵의 온도는 6,700℃ 이상인 듯하다. 유달리 높은 중심핵의 온도는 지구가 강착을 통해 형성될 때 획득한 열에너지 중 상당량을 간직하고 있다는 뜻이다. 지구는 물리적 특성에 따라 5개 주요 층으로 나뉜다. 지각과 상부 일부인 암석권, 더 깊고 뜨거운 맨틀 영역인 연약권, 연약권 밑에서 외핵 가장자리까지의 중간권, 외핵, 내핵이다.

지구의 바깥 층인 암석권(lithosphere)과 연약권(asthenosphere)은 지각과 상부 맨틀을 이룬다. 온도가 낮아서 무척 강한 이 층들은 한 단위로 기능한다. 암석권은 두께가 평균 96km이고 더 오래된 대륙 밑은 훨씬 두껍다. 그 아래의 연약권은 상부 맨틀부터 깊이 약 640km에 이르는 영역이다. 연약권의 맨 위쪽은 온도가 높아서 용융되기도 하므로 그 위의 암석권은 연약권과 다르게 움직일 수 있다. 이 현상은 뒤에서 설명할 지각판의 운동에 매우 중요하다.

중간권(mesosphere)은 깊이 660~2,900km에 걸쳐 있는 하부 맨틀층이다. 약하고 유동적인 연약권보다 압력이 강해서 무척 뜨거운데도 암석이 더 단단하다. 더 깊이 들어가면 외핵(outer core)과 내핵(inner core)이 나온다. 양쪽은

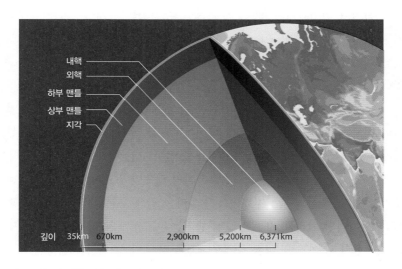

그림 2.4 지구의 내핵, 외핵, 하부 맨틀, 상부 맨틀, 지각.

역학적 특성이 다르다. 외핵은 액체 층으로서 두께가 약 2,260km다. 이곳에서 대류 운동하는 금속 이온들의 흐름이 지구자기장을 생성한다. 공 모양이고 반지름이 1,206km인 내핵은 온도가 매우 높지만 엄청난 압력 때문에 고체처럼 움직인다(〈그림 2.4〉).

지구의 구조를 어떻게 알까?

과학자들이 지구 내부를 어떻게 알 수 있는지 궁금해하는 독자가 많을 것이다. 눈으로 보겠다며 땅을 그만큼 깊이 팔 수는 없다. 사실 세계에서 가장 깊은 남아프리카의 광산도 깊이가 4km에 불과하다. 지금까지 사람들이 가장 깊이 판 구멍은 러시아 콜라반도에 있는데, 1992년에 약 12km까지 다다랐다. 최근에는 캘리포니아의 과학자들이 활성 샌앤드레이어스 단층에 세계 최초의 지하 관측소를 만들기 위해 계획한 깊이인 3.2km의 절반까지 파 들어갔다.

직접 관측하고 검증한 자료가 없으므로, 지구 구조에 관한 현재의 지식은 간접 증거를 토대로 추론한 결과다. 과학자들은 지진의 파장이 지구를 통과하며 전달되는 현상을 측정했다. 이 지진파(seismic wave)는 지구 내부로 퍼지다가 화학적 조성이나 물리적 특성이 다른 영역을 지날 때 속도가 변하거나 휘어진다. 1880년 지구 속으로 전파되는 에너지파를 측정하기 위해 개발된 지진계(seismograph)(지금은 전 세계에 그물망을 이루고 있다)로 지진파를 측정하여 컴퓨터로 분석하면 지구 층상 구조의 영상을 만들 수 있다.

또 지질학자들은 맨틀에서 기원한 암석을 지표면에서 채집하고 분석하여 지구 내부 구조를 알아낸다. 다이아몬드를 함유한 암석을 분석한 결과에 따르면 다이아몬드는 깊이 190km를 넘는 고압 환경에서만 생성된다. 키프로스, 뉴펀들랜드, 오만 등 세계 각지의 해수면 위로 맨틀이 밀려 올라오기도 한다. 중심핵에서 지표면까지 올라온 암석 표본은 채집된 적이 없지만, 자기력의 원리를 비롯한 간접 증거들은 중심핵의 성분이 주로 철임을 시사한다. 운석도 또 다른 증거를 제공한다. 지구형 행성을 형성한 물질들로 이루어진 운석은 태양 주위에 형성된 태양계 성운의 잔재인 철, 니켈,

규산염 등을 함유하고 있다. 운석의 철 함량이 지구 지각이나 맨틀보다 훨씬 많으므로, 지구에서 층화가 일어날 때 철의 대부분이 중심핵으로 가라앉았다고 볼 수 있다.

지구의 첫 10억 년

45억 년간의 지질학적 역사는 크고 작은 기간으로 나뉜다. 누대(eon)는 가장 큰 단위고, 그 아래에 대(era)가 있다. 대는 기(period)라는 더 짧은 단위로 나뉘고, 기는 세(epoch)로 나뉜다. 상세한 지질시대는 다세포생물이 출현한 약 5억 4000만 년 전의 캄브리아기와 함께 시작된다. 그전의 40억 년은 명왕누대(하데스대), 시생대, 원생대 세 누대로 나뉜다.

명왕누대(Hadean eon)는 45억 년 전부터 38억 년 전까지다. 명칭은 고대 그리스 신화에서 지하 세계를 다스리는 신의 이름에서 따왔다. 이승에서 죽은 영혼들이 사는 곳이기도 하다. 지구 역사의 가장 초기 단계가 바로 하데스 지구(Hadean Earth)다. '지옥 같은' 곳이었기 때문이다. 명왕누대에 지구의 주요 구성 요소들이 형성되어 제자리를 잡았지만 현재의 모습과는 크게 달랐다. 지구과학자들은 지구 역사의 첫 10억 년을 직접 관찰할 수 없기에 '잃어버린 기간'이라고 표현한다. 과학적으로 재구성한 당시의 모습 대부분은 가정과 추정에 토대했다.

그렇지만 여러 연구 결과를 종합하면 형성된 지 5억 년이 지난 약 40억 년 전 지구 모습을 사실적으로 그려낼 수 있다. 대기에 이산화탄소가 무척 많았기 때문에 하늘은 붉은색이었을 것이다. 태양은 흐릿했고, 달은 훨씬 가까이 있었으며, 하루는 15시간에 불과했고, 지표면은 붉은 하늘을 뚫고 들어오는 유성과 소행성의 폭격을 받고 있었다.

하데스 지구의 대기는 지금과 달리 구름이 가득하고 훨씬 짙어서 땅을 보호하고 빨리 식지 않게 막아주었다. 자유 산소는 전혀 없었고, 현재의 생명체에 유독한 기체들이 많았다. 대기는 이산화탄소(80%), 메탄(10%), 일산화탄소(5%), 질소(5%) 등으로 이루어졌을 것이다. 많은 이산화탄소가 태양의 열기를 지표면에 가두어 지구를 계속 데웠기 때문에 온실효과가 심했을 것이다. 초기 명왕누대에는 바다가 없었다. 지표면과 대기의 온도가 무척 높아서 지표수가 증발하여 대기의 짙은 구름에 갇혀 있었고, 땅은 녹아 있었으며, 화산이 자주 폭발했다. 누가 봐도 이런 환경에서 생명이 출현할 가능성은 아주 희박했다!

그러나 꾸준한 화산활동은 지구가 지질학적으로 활성을 띠고 있으므로 변화할 수 있다는 의미였다. 첫 10억 년 사이에 하데스 지구는 물리적·화학적 안정을 찾았다. 지구가 식고 지표면 온도가 물의 끓는점 아래로 내려가자 구름의 수증기들이 비가 되어 억수같이 쏟아지기 시작했다. 수백만 년 동안 내린 이 비가 지표면에 물을 채우면서 최초의 바다가 되었다. 빗물은 이산화탄소가 무척 많아서 산성이었다. 이 물은 원시 지각을 형성했던 규산염을 많이 녹였을 것이다. 이것도 지질학자들이 명왕누대에 관한 직접적 증거를 찾기 어려운 이유 중 하나다.

천체물리학자와 지질학자들은 대양의 물이 어디서 왔는지를 여전히 추측하고 있다. 주류 이론은 원시 대기의 모든 기체와 수증기가 화산을 통해 지구 내부에서 나왔다고 보지만, 보편적으로 받아들여지지 않고 있다. 다른 이론은 첫 5억 년 동안 자주 지구를 강타한 혜성이 많은 물을 가져왔다고 본다. 달의 크레이터는 대폭격이 얼마나 심했는지를 보여주는 증거다. 지구도 마찬가지로 난타당했을 것이다. 지름이 5~500km인 혜성들이 충돌할 때 생긴 열로 달과 지구 표면의 규산염이 녹았고, 명왕누대의 화석 증거도 파괴되었을 것이다.

태양계 역사의 첫 2억 년 사이에 큰 원시행성들끼리의 충돌이 줄어들었지만, 혜성이 충돌하는 빈도가 크게 낮아지는 데는 약 5억 년이 걸렸을 수도 있다. 태양계에 널려 있던 부스러기의 대부분이 행성을 비롯한 안정된 천체들에 휩쓸려서 갇히는 데 그만큼 시간이 걸린 셈이다. 앞서 말했듯이, 1960년대에 아폴로 우주비행사들이 달에서 가져온 암석들을 연구한 결과에 따르면 약 41억~38억 년 전 달이 소행성과 혜성의 후기 대폭격을 겪었다. 달의 암석들은 충격으로 녹아서 형성되었다. 지구를 비롯한 지구형 행성들도 마찬가지였을 것이다. 혜성들에 물과 가스가 많았다면, 지구는 달과 달리 질량이 충분히 크기 때문에 그 물을 원시 대기에 가두었을 것이다.

한편 명왕누대 말에도 많은 상황이 불안정했다. 대기에는 유독한 이산화탄소를 비롯한 기체들이 많았고, 산소는 전혀 없었다. 태양에서 오는 자외선으로부터 지표면을 보호할 오존층도 없었다. 산소 원자 3개로 이루어진 분자인 오존은 산소의 부산물이기 때문이다(3장과 「용어 설명」 참고). 후기 명왕누대에 지구는 더 식었고, 대부분이 물로 덮였으며, 혜성의 폭격은 많이 줄어들었고, 생명이 출현할 준비가 되어 있었다. 3장에서 이야기하겠지만, 이후 출현한 생명은 시생대와 원생대에 번성했다.

대기 획득

현재 지구는 **대기**(atmosphere)라는 기체 덮개가 감싸고 있다. 대기의 절반은 해발 5.6km 아래에 있고, 90%는 해발 16km 아래에 있다. 이 얇은 기체 담요는 생명이 호흡할 공기를 제공하고 태양의 열기와 위험한 복사선으로부터 보호한다. 지구 대기의 역사는 4단계로 구분한다.

1단계: 대기 없음　형성 초기의 지구는 무척 작아서 중력장이 세지 않았다. 자유로워서 화학적으로 결합되지 않은 기체는 지구 주위에 갇히지 못하고 우주로 흩어졌을 것이다.

2단계: 초기 대기-탈기 또는 혜성?　지구 최초의 대기를 형성한 기체는 화산에서 나왔을 수도 있고 혜성을 통해 전해졌을 수도 있다. 탈기(outgassing)라고 하는 전자의 이론을 지지하는 연구자들은 현재 화산이 분출하는 이산화탄소와 질소 등을 분석하여 초기 대기의 화학적 조성을 정확히 제시하고 있다. 혜성을 통해 기체와 수증기가 유입되었다고 보는 이들은 혜성이 현재 바다에 있는 양보다 10배 많은 물과 대기에 있는 것보다 1,000배 많은 기체를 지구로 가져왔을 수도 있다고 주장한다. 한편으로는 달을 형성한 충돌이 엄청난 열을 생성했고, 그때까지 지구에 모였던 기체와 수증기를 완전히 날려버렸을 수도 있다.

3단계: 산소 혁명　30억여 년이 흐르는 동안 바다에 떠다니는 단세포생물이 진화하면서 광합성(photosynthesis) 능력을 획득했다. 광합성은 햇빛, 물,

이산화탄소를 산소와 에너지가 풍부한 탄수화물로 전환하는 과정이다. 단세포생물들은 광합성으로 이산화탄소를 흡수하여 산소로 바꿈으로써 대기의 화학적 조성을 변화시켰다. 처음에 산소는 철과 결합하여 붉게 녹슨 암석 띠를 형성했다. 노출되어 있던 철이 대부분 녹슨 뒤에야 비로소 대기에 자유 산소가 쌓이기 시작했다.

4단계: 현재의 대기 지금의 대기를 만든 것은 광합성이다. 대기는 질소 78%, 산소 21%, 아르곤과 이산화탄소를 비롯한 다른 기체들 1%를 포함하고 있다. 생물은 지구의 표면을 빚어낼 경이로운 힘을 지니고 있다. 생명이 없는 행성의 대기는 표면의 화학적 조성을 바꿀 수 있는 광합성 같은 과정이 없고 물리적·화학적 과정으로만 형성되므로 양상이 전혀 다르다. 화성 대기는 밀도가 지구의 1%에 불과하며, 주로 이산화탄소와 미량의 수증기로 이루어져 있다. 목성의 대기는 색깔이 옅고 기체가 상승하면서 식는 구름 영역과, 색깔이 짙고 기체가 가라앉는 구름 영역이 번갈아 띠 모양으로 배열되어 있다. 그 결과 1974년 파이어니어 11호가 목성의 4만 2000km 상공에서 관측한 대적점(Great Red Spot)처럼 풍속이 무척 강하고 거대한 폭풍을 형성한다. 지구 대기는 산업혁명 이후, 특히 20세기 후반 이후 더욱더 막강한 화학적 공격에 시달려왔다. 그 결과 재앙 수준의 지구온난화가 나타날 가능성이 있다. 이 문제는 이 책의 마지막에 살펴볼 것이다. 인류가 지금 대기에 미치는 영향은 생명이 우리 행성을 어떻게 변모시켰는지를 다시금 상기시킨다.

생물이 물리적 지구가 형성되는 과정에 기여한 사실은 지질학적 과정과 유기적 과정이 밀접하다는 의미다. 양쪽의 관계가 긴밀하지만, 이 장에서는 지질학적 과정에 초점을 맞추겠다. 지구 역사에 중요한 퇴적암 지층이 형성되는 데 큰 역할을 한 유기적 과정에 관해서는 생물의 퇴적 같은 몇 가지를 언급하겠다.

지표면 형성

18세기까지 사람들은 지구의 나이가 수천 년에 불과하며, 그동안 비슷한 모습을 유지했다고 믿었다. 기독교를 비롯한 대다수 종교의 관점이 그랬기 때문이다. 1650년대에 아일랜드 아마의 대주교 제임스 어셔(James Ussher)는 『세계 연대기(The Annals of the World)』에서 지구가 BCE 4004년 10월 23일 일요일 오전 9시에 창조되었다고 선언했다. 어셔는 당대의 손꼽히는 학자이자 교회 지도자였다. 1701년 한 공인된 성경 판본에 수록된 이 연대는 단순한 추정이 아니라 이슬람, 지중해, 성경의 역사들을 상호 참조하며 꼼꼼하고 복잡하게 계산한 결과였다.

어셔가 무척 꼼꼼하게 계산했겠지만 BCE 4004년이라는 연대의 문제가 곧 드러났다. 예컨대 산이 만들어지는 과정처럼 무척 느린 현상은 지구가 매우 오래되어야 함을 의미했다. 19세기 초 알프스산맥을 오른 등산가들은 높은 산의 정상 근처에서 해양 생물들의 화석을 발견했다. 화석들은 예전에 이 산맥이 바다 밑에 있었다는 의미였다. 최근에는 히말라야산맥의 5,500m 높이에서 해양 생물들의 화석이 발견되어, 지구에서 가장 높은 이곳도 한때 바다에 잠겨 있었음을 증명했다. 19세기 중반 찰스 라이엘(Charles Lyell) 등의 지질학자들은 기존의 추정보다 지구가 훨씬 오래되었고, 세월이 흐르면서 크게 변해왔다고 주장했다.

초기 연구자들은 대륙들이 퍼즐처럼 서로 맞춰지는 것에도 흥미를 느꼈다. 일찍이 1596년 네덜란드 지도 제작자 아브라함 오르텔리우스(Abraham Ortelius)는 자신의 지리책에 아메리카 대륙들이 지진과 홍수 때문에 유럽과 아프리카에서 '찢겨 나간' 것이 틀림없다고 적었다. 1620년 영국 철학자 프랜시스 베이컨(Francis Bacon)은 원인을 설명하지는 않았지만, 대서양 양안의 해안선이 거의 들어맞는 것은 우연의 일치가 아닐 수도 있다고 주장했다. 1750년 프랑스 자연사학자 조르주 드 뷔퐁(George de Buffon)은 남아메리카와 아프리카가 예전에는 붙어 있었다고 주장했다. 1858년 프랑스 지리학자 안토니오 스니데펠레그리니(Antonio Snider-Pellegrini)가 최초로 작성한 세계의 '이전과 이후'의 지도에는 유럽과 아프리카가 아메리카와 붙어 있다.

이 주장들을 뒷받침하는 다른 증거들도 있었다. 19세기 초 독일 지리학자 알렉산더 폰 훔볼트(Alexander von Humboldt)는 브라질의 암석이 콩고의 암석과 매우 비슷하며, 거대한 조석파가 대서양을 파내기 전까지 양쪽 대륙이 붙어 있었다고 주장했다. 당시 먼 대륙을 여행한 자연사학자들은 남아메리카와 아프리카 양쪽에서 동일한 해양 생물과 파충류의 화석 종들을 발견하기 시작했다. 유럽과 북아메리카에서 발견된 동식물 화석들의 유사점도 많이 드러나면서 양쪽이 연결되어 있었다는 생각이 더욱 깊어졌다. 그러나 자연사학자들은 이 증거를 어떻게 설명해야 할지 몰랐다. 과거에 대륙들을 연결하는 드넓은 육교가 있었다가 대서양에 가라앉았다는 추정까지 나왔다.

최초의 온전한 대륙이동이론은 1885년 오스트리아 지질학자 에두아르트 쥐스(Eduard Seuss)가 제시했다. 『지구의 표면(The Face of the Earth)』에서 그는 먼 과거에 지표면의 대륙이 모여서 2개의 거대한 초대륙을 이루었다고 주장하고 1억 8000만 년 전이라는 연대까지 제시했다. 쥐스는 남쪽에 있던 초대륙은 쪼개져서 오스트레일리아, 남극대륙, 아프리카, 남아메리카가 된 곤드와나 대륙(Gondwanaland)이고, 북쪽의 초대륙은 유럽, 아시아, 북아메리카를 낳은 로라시아(Laurasia)라고 했다. 20세기 들어서 첫 10년 사이에 미국의 두 지질학자 프랭크 테일러(Frank Taylor)와 하워드 베이커(Howard Baker)가 대륙이 이동했다는 주장을 독자적으로 펴기 시작했다. 그러나 이들은 별난 이론을 뒷받침하는 증거를 내놓지 못했고, 지질학계는 그 주장을 무시했다. 오늘날 대륙이동설의 '아버지'로 알려진 독일 기상학자 알프레트 베게너(Alfred Wegener)의 가설도 같은 운명을 맞이할 뻔했다. 하지만 현재 그의 개념은 지구과학의 주요 패러다임 판구조론(plate tectonics)의 핵심이다.

알프레트 베게너와 대륙이동

기상학에도 기여한 알프레트 베게너는 **대륙이동(continental drift)** 이론으로 가장 잘 알려져 있다. 대륙이동은 대륙의 이동, 형성, 재형성에 관한 개념이다. 1911년 베게너는 대서양 양편에서 발견된 동일한 동식물 화석

지도 2.1 지구의 대륙붕. 알프레트 베게너는 대륙이동설의 증거로 남아메리카와 아프리카의 해안선이 들어맞는다는 사실을 제시했다. 비록 엉성하게 들어맞는다는 점을 알았지만 말이다. 후대 지질학자들은 대륙의 진정한 가장자리인 대륙붕을 이용하면 대륙과 대륙이 훨씬 잘 들어맞는다는 사실을 알아차렸다.

들에 관한 논문을 접했다. 그는 남아메리카 동부와 아프리카 남부에서 페름기에 형성된 검은 셰일에서만 발견되는 수생 파충류 화석 메소사우루스 (Mesosaurus)에 흥미를 느꼈다. 그는 이 파충류가 대양을 건널 수 있었다면 화석이 더 넓은 지역에서 발견될 것이라고 주장했다. 실제로는 그렇지 않으므로, 두 지역은 틀림없이 과거에 붙어 있었다고 볼 수 있었다. 당시 인기 있던 육교이론을 거부한 베게너는 남아메리카와 아프리카의 해안선이 퍼즐처럼 들어맞는다는 데 초점을 맞추었다. 그 자신도 좀 엉성하게 맞춰진다는 점을 깨닫긴 했다(〈지도 2.1〉).

1960년대에야 비로소 에드워드 불러드(Edward Bullard)의 연구진이 대륙의 진정한 가장자리, 즉 바다에 잠겨 있는 대륙붕의 끝자락을 끼워 맞추면 대륙들이 놀랍도록 잘 들어맞는다는 사실을 보여주었다. 베게너가 구할 수 없었던 정확한 관측 자료를 사용한 불러드는 대륙들이 과거에 붙어 있었음을 '증명하는' 다른 증거들도 모았다. 그는 브라질의 오래된 화성암이 연대가 비슷한 남아프리카의 암석과 비슷하다는 점도 언급했다. 또 북아메리카 애팔래치아산맥의 연대와 구조가 그린란드의 산맥, 스코틀랜드 고지대, 스칸디나비아 고지대와 비슷하다고도 주장했다. 땅덩어리들이 하나로 끼워 맞춰져 있다고 상상하면 이 산맥들이 대부분 하나로 연결되었다.

기상학자였던 베게너는 옛 기후의 증거인 고기후(paleoclimatic)도 활용했다. 그는 화석 자료를 훑으면서 지질학적 과거에 기후가 전혀 달랐다는 증거를 찾아냈다. 예컨대 북극권에 있는 스피츠베르겐의 암석에는 열대식물의 화석이 있었다. 또한 열대 오스트레일리아와 아프리카에서 빙퇴석이 발견된다는 것은 이 대륙들이 다른(그리고 더 추운!) 위도에 있었다가 이동했다는 의미였다. 베게너는 당시 북반구에 열대 습지가 존재했음을 지적하여, 지구 기후가 식었을 것이라는 주장을 반박했다. 지구가 냉각되었다는 개념보다는 남반구 대륙들이 하나로 붙어 있었고 남극점 가까이에 있었을 것이라는 개념이 세계 곳곳에 얼음이 퍼져 있는 이유를 훨씬 설득력 있게 설명한다.

1915년 베게너는 다양하고 압도적인 증거에 토대한 『대륙과 대양의 기원(The Origin of Continents and Oceans)』이라는 책에서 급진적인 대륙이동 가설을 제시했다. 그는 이 증거들을 설명할 수 있는 방법은 수억 년 전 모든 땅덩어리가 하나의 초대륙을 이루고 있었다고 보는 것뿐이라고 주장했다. 그는 초대륙에 판게아(Pangaea)라는 이름을 붙였다. '모든 땅'이라는 뜻의 그리스어로, 고대 그리스 신화에 등장하는 대지의 여신 가이아에서 따왔다. 약 2억 년 전의 중생대에 판게아는 작은 대륙으로 쪼개지기 시작했고, 쪼개진 대륙들은 서서히 현재의 위치로 이동했다. 베게너의 주장은 처음에는 거의 주목받지 못했지만 1924년에 그의 책이 영어, 프랑스어, 스페인어, 러시아어로 번역되었다. 그때부터 1930년에 그가 세상을 떠날 때까지 거의 모든 연구자가 대륙이동설에 적대적으로 반응했다. 미국 지질학자 R. T. 체임벌린(R. T. Chamberlain)은 "우리 지구를 제멋대로 바꾼다"라는 이유로 공격했고, 미국철학협회 전직 회장 W. B. 스콧(W. B. Scott)은 "썩어빠진 헛소리"라고 했다!

이 비판들은 대부분 지표면에서 대륙 전체를 움직이는 힘을 베게너가 제시하지 못했기 때문에 나타났다. 베게너는 그 메커니즘을 파악하려 했지만 혼란에 빠지곤 했다. 조석력이 대륙을 내부에서 쪼갰을 수도 있다는 주장은 물리학자 해럴드 제프리스(Harold Jeffries)가 조석력이 그 정도라면 지구 자전도 멈출 것이라고 논박하여 무너졌다! 그러나 베게너는 자신의 이론을 포기하지 않았고, 1929년에 새로운 증거를 추가하여 네 번째 개정판을 내놓았다.

베게너는 마지막 그린란드 탐사에서 경도를 측정하여 그린란드가 서쪽으로 이동하고 있음을 입증하려 했지만, 1927년, 1936년, 1938년, 1948년에 그곳을 측정한 덴마크 연구자들은 이동에 관한 증거를 찾지 못했다. 따라서 대륙이동설에 반대하는 논리에 더 힘이 실리고 말았다. 현재 쓰이는 지구 위치 확인 시스템(Global Positioning System, GPS)은 대륙이 이동한다는 증거를 확실히 보여주지만, 베게너는 그런 기술이 없는 시대에 살았다. 그는 대원들을 구조하러 가다가 1930년 11월 그린란드 빙하 위에서 심장마비로 사망했다. 그러나 시대를 앞서간 이론은 그의 죽음에도 불구하고 살아남았다.

모든 지질학자가 베게너의 이론을 거부한 것은 아니다. 스코틀랜드 지질학자 아서 홈스(Arthur Holmes)는 1928년 저서 『우리의 방황하는 대륙들(Our Wandering Continents)』에서 아래쪽 맨틀에 있는 뜨겁고 반쯤 녹은 암석들의 흐름 때문에 대륙이 이동할 수도 있다고 언급했다. 대륙이동에 관한 현재의 이론과 비슷하다. 1930년대 말에는 미국 지질학자 데이비드 그리그스(David Griggs)가 고체 암석이 충분히 높은 온도에서 압력을 받으면 흐를 수 있다는 사실을 증명했다. 스위스 지질학자 에밀 아르강(Emile Argand)은 스위스 알프스산맥의 구부러진 지층들이 대륙들의 충돌 때문에 생겼을 수도 있다고 주장했다. 베게너 사후 30년 동안 남아프리카공화국 지질학자 알렉산더 더토이(Alexander Du Toit)는 대륙이동론을 열성적으로 지지하는 무리를 이끌기도 했다. 그러나 결국 베게너가 옳았다고 대다수의 과학자를 설득한 계기는 1950~60년대에 발견된 증거들이었다.

현대의 판구조론

1950년대 중반이 되자 두 갈래의 새로운 증거들이 결실을 맺기 시작했다. 고지자기와 해저 탐사였다. **고지자기(paleomagnetism)**는 자성이 있는 광물로 지구자기장의 역사를 연구하는 분야다. 앞서 살펴보았듯이, 지구자기장은 철로 된 중심핵의 흐름 때문에 생긴다. 16세기 영국 과학자 윌리엄 길버트(William Gilbert)가 나침반의 작용을 설명하며 지구가 거대한 자석 같다고 주장했지만 그 이유는 설명하지 않았다. 오늘날 우리는 보이지 않는 자력선들이 지구의 한쪽 극에서 다른 쪽 극으로 뻗어 있고, 자유롭게 움직이는 작은 자석인 나침반 바늘이 자력선과 나란히 뻗으며 자기극을 가리킨다는 것을 안다. 마찬가지로 광물이 녹은 암석은 자력선과 일치하는 방향으로 서서히 자화하며, 암석이 굳으면 자기의 방향이 당시의 자기극을 가리킨 채로 고정된다. 따라서 이 암석들은 각 시기의 자기극의 방향에 관한 기록이 된다. 자기 기록은 암석이 자화할 때 어느 위도에 있었는지도 알려주므로, 자기극과 얼마나 떨어져 있었는지도 알 수 있다.

1950년대 유럽에서 암석 자기를 연구한 S. K. 런콘(S. K. Runcorn)은 지구 역사에서 고지자극이 여러 군데에 있었음을 증명했다. 지난 5억 년 동안 자기 북극(자북극)은 하와이에서 시베리아를 거쳐 북극점 근처의 현재 위치로 천천히 '방황하면서' 돌아다닌 듯했다. 자기극이 이동했거나, 땅덩어리 자체가 어떻게든 이동했다는 의미였다. 후자는 지질학자들이 베게너의 가설을 다시금 돌아보게 만들었다. 1950년대 말에는 고지자기학자들이 북아메리카와 유럽이 과거에 하나로 붙어 있었다는 것도 입증했다. 자기극이 방황한 경로를 활용하여 북아메리카가 이동한 경로를 살펴보니, 유럽이 이동한 경로와 놀라울 정도로 비슷했지만 둘은 위도상으로 약 30° 떨어져 있었다. 이 결과는 두 대륙이 붙어 있었고, 하나의 거대한 대륙의 일부로서 자기극에 상대적으로 움직였다고 봐야 설명할 수 있다.

두 번째 계통의 증거는 제2차 세계대전 이후 수십 년 동안 해양학자들이 연구한 결과 나타났다. 이들은 미 해군연구청(Office of Naval Research)이 적국 잠수함을 탐지하기 위해 개발을 지원한 음파탐지기와 심해 잠수정 같은 최신 해양 기술을 통해 수집한 자료로 해저 '지도'를 작성했다. 지도는 세계의 해저화산들을 구불구불 연결하는 기나긴 해저산맥인 해령을 보여주었다. 긴 대서양 중앙해령(Mid-Atlantic Range)이 먼저 발견되었고, 이어서 다른 해령들이 발견되면서 약 5만 8000km에 이르는 산맥의 모습이 드러났다.

해양학자들은 놀랍도록 깊은 해구도 발견했는데 어떤 해구는 깊이가 9.6km에 이르렀다. 처음에 발견된 것은 아메리카 동부 해안에서 대서양 중앙해령을 따라 뻗으며 나란히 형성된 대규모 열곡이다. 이후 태평양과 인도양을 포함한 주요 대양 대부분에서 많은 해구가 발견되었다. 이 골짜기들은 지구의 지각이 무척 깊은 곳에서 찢기고 있으며, 해저 깊은 곳에서도 지상처럼 뜨거운 열 흐름과 화산활동이 일어난다는 의미였다. 이 발견들은 학자들이 전혀 예상하지 못한 결과였기 때문에, 지구의 모습이 형성된 과정을 설명하는 기존 이론에 끼워 맞추기 어려웠다. 1960년 프린스턴대학교의 지질학자 해리 헤스(Harry Hess)는 이 흥미로운 현상들을 설명하는 통일 이론을 내놓았다. **해저확장설(seafloor spreading)**이라고 불리는 이 가설에 따르면 지각판 사이의 틈새에서 맨틀로부터 녹은 물질이 솟아올라 펼쳐지면서 새 해저가 만들어진다.

헤스는 기나긴 해령 꼭대기에서 맨틀 물질이 솟아올라 옆으로 펼쳐지면서 기존 해저가 양옆으로 밀려난다고 주장했다. 해령에 작용하는 힘들이 해저 지각을 파열시킴으로써 마그마가 솟아올라 새 지각을 형성하며, 기존 해저는 해령 양쪽으로 밀려난다는 설명이었다. 한편 다른 지역에서는 해저 지각이 지구 내부로 가라앉는다. 이런 식으로 해저 지각은 맨틀에서 나온 물질로 계속 새로워진다. 1억 8000만 년 전보다 오래된 해저 지각을 찾을 수 없는 현상도 해저확장설로 설명할 수 있다. 반면 대륙 지각은 해저 지각보다 대체로 가벼워서 지표면에 떠 있으므로 훨씬 오래 남기 때문에 수십억 년 된 것도 찾아볼 수 있다.

헤스는 베게너의 가설에 빠져 있던 중요한 요소를 언급했다. 대륙이 움직이는 원리를 설득력 있게 설명하는 부분이었다. 대륙이 지각 바로 밑에 있는 반쯤 녹은 암석의 움직임에 따라 수동적으로 운반되는 승객이라는 헤스의 개념은, 드넓은 대류가 해저를 쓸다시피 하며 위로 돌아다닌다고 본 베게너의 가설보다 훨씬 설득력 있었다. 헤스의 해저확장설은 논리가 탄탄하고 검증 가능하지만 논쟁의 대상으로 남아 있었다. 그러다가 몇 년 후 고지자기를 연구하는 케임브리지대학교 학생 프레더릭 바인(Frederick Vine)과 그의 지도교수 D. H. 매튜스(D. H. Matthews)가 결정적인 증거를 내놓았다.

1960년대 초 지구물리학자들은 지구자기장의 극성이 몇 차례 역전되었다고 확신하기 시작했다. 세계 각지에서 연대가 다른 퇴적암과 용암의 자기를 측정한 연구자들은 세계 어느 곳의 암석이든 나이가 같으면 같은 방향의 극성을 가리킨다는 사실을 깨달았다. 게다가 이 극성은 종종 뒤집혔다. 연구자들이 수백만 년에 걸친 지자기 자료를 모아 살펴보니 100만 년 단위로 짧게 자기 역전이 일어나곤 했다. 역전이 지속되는 기간인 자극기(chron)는 20만 년을 넘지 않았다. 해저 지각은 생성될 때의 자기 극성을 간직하고 있으므로, 역전이 반복됨에 따라 해저에 자기 밀도가 높은 구간과 낮은 구간이 번갈아 띠 모양으로 놓여 증거가 남았다.

1963년 바인과 매튜스는 이 증거를 헤스의 해저확장설과 결합했다. 이들은 해저가 확장될 때 자기가 역전된 기록이 암석에 남으므로, 해령 양쪽으로 자기 극성이 정상인 시기와 역전된 시기의 암석들이 띠 모양으로 번갈아 나타날 것이라고 주장했다. 이 주장이 사실이라면, 해령 양쪽의 극성 띠들은 서로 거울상이어야 한다. 1960년대 중반 학자들이 아이슬란드 남쪽의 대서양 중앙해령에서 조사한 결과, 정말로 해령 양쪽에 번갈아 나타나는 극성 띠들이 뚜렷한 거울 대칭을 이루었다. 판구조론이라는 퍼즐의 마지막 조각은 1965년 캐나다 물리학자 겸 지질학자 J. 투조 윌슨(J. Tuzo Wilson)이 내놓았다. 윌슨은 지구 표면이 몇 개의 단단한 판으로 나뉘어 있으며, 판 사이 경계의 여러 유형 중 3가지를 파악했다고 주장했다. 이 가설은 해양학, 지구물리학, 지질학, 고생물학 분야에서 각각 발표된 수많은 관찰 자료들을 통일하여 설명했다. 1968년경부터 판구조론(plate tectonics)이라고 불린 이 가설은 산맥 형성에서 지각판 이동에 이르는 지질학적 과정들을 이해하는 열쇠이자 지구과학의 핵심 패러다임이다.

움직이는 지각판

판구조론에 따르면 암석권은 바깥 지각을 이루는 뻣뻣한 층이다. 달걀 껍데기처럼 깨지기 쉬운 암석권은 지각판이라는 조각으로 쪼개져 있다. 지각판은 연약권이라는 맨틀의 약한 부위 위에 '떠 있다'. 앞서 살펴보았듯이, 상부 연약권의 암석이 온도와 압력 때문에 녹는점에 가까우므로 암석

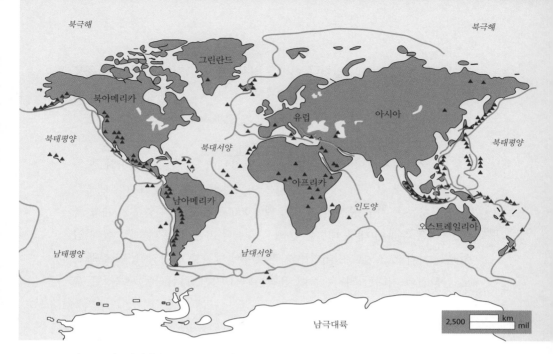

지도 2.2 지구의 지각판.

권이 아래층과 분리되어 떠 있을 수 있다.

쪼개진 암석권의 지각판들은 계속 움직이며 모양과 크기가 달라진다 (〈지도 2.2〉). 암석권의 주요 지각판 7개는 남극대륙판, 오스트레일리아-인도양판, 유라시아판, 아프리카판, 태평양판, 남아메리카판, 북아메리카판이다. 가장 큰 태평양판은 태평양 분지의 대부분에 걸쳐 있다. 중간 크기는 후안데레푸카판, 스코샤판, 코코스판, 아라비아판, 필리핀판, 나스카판, 카리브판 등이다. 이 암석권 판들은 연간 평균 5cm의 속도로 서로 다른 방향으로 움직인다.

지각판의 속도는 우주 시대의 기술 2가지로 정확히 측정할 수 있다. 초장기선 간섭계(Very Long Baseline Interferometry, VLBI)는 먼 퀘이사에서 오는 신호를 전파망원경을 활용하여 기록한다. 고정된 기준점을 제공하는 12개의 퀘이사를 멀리 떨어져 있는 두 전파망원경으로 5~10회 관측하면 두 천문대 사이의 거리를 2cm까지 정확히 측정할 수 있다. 시간별로 반복하여 측정하면 두 천문대가 놓인 지각판들의 상대적 속도와 이동 방향을 알 수 있다.

GPS는 여러 인공위성으로 지구 곳곳의 위치를 정확히 측정한다. 지각판의 활성 단층을 따라 일어나는 작은 지각운동을 측정하는 데 특히 유용한 GPS 수신기는 지각판이 움직인다는 증거 자료를 정확히 보여준다. 예컨대 측정 자료에 따르면 하와이제도는 연간 8.3cm 속도로 일본을 향해 북서쪽으로 이동한다.

거대한 판 운동의 엔진은 불균등하게 분포한 지구 내부 열이다. 모든 지각판 활동을 설명할 수 있는 모형은 아직까지 나오지 않았지만 대부분의 연구자들은 지구 중심의 열이 두께 2,900km인 맨틀의 일부를 계속 녹이고, 녹은 부분이 내부 대류를 통해 상승한다고 본다. 반면 해양 아래 암석권의 차갑고 조밀한 덩어리는 가라앉아서 맨틀로 돌아간다. 이 운동으로 암석권의 거대한 지각판들이 움직이면서 지진, 화산활동, 조산운동을 일으킨다.

지구 내부 열은 몇 가지 힘들이 결합한 결과다. 초기 지구의 표면을 강타했던 운석, 방사능, 지구가 형성될 때 강착과 중력으로 생긴 압력 등이다. 따라서 지각판 운동을 일으키는 지구 내부의 열은 별이 형성되는 방식, 태양계의 진화 방식, 중력 효과의 산물이다. 또한 우주의 탄생과 진화 과정에서 생긴 에너지의 산물이기도 하다!

지각판의 가장자리(판 경계)

암석권의 지각판들이 각각 크고 작은 덩어리로 움직이므로, 판 구조의 활동과 변형은 대부분 경계에서 일어난다. 활동의 유형과 지질학적 현상에 따라 경계를 발산 경계, 수렴 경계, 변환 단층 경계 3가지로 분류한다(〈그림 2.5〉).

발산 경계(Divergent boundary)는 두 지각판이 멀어지는 곳에 생기며, 이때 틈새로 맨틀의 물질이 솟아올라 새 해저를 형성한다. 발산 경계는 확장 중심(spreading center)이라고도 한다. 이 경계에서 해저 확장이 일어나기 때문이다. 지각판이 서로 멀어지면 그 틈새를 녹은 마그마가 채우고, 마그마는 식어서 새 해저가 된다. 지금의 남·북아메리카와 유라시아가 된 땅덩어리의 좁은 틈새가 이 과정을 통해 벌어져 드넓은 대서양이 생겨났다. 지구 대양 분지는 대부분 약 2억 년 사이에 발산 경계를 따라 해저가 확장되

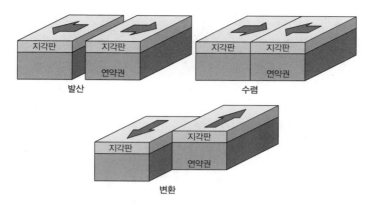

그림 2.5 지각판 가장자리. 발산, 수렴, 변환 3가지로 나뉜다.

며 형성되었다. 그중 태평양 분지가 가장 오래되었다. 발산 경계는 한 대륙 내에서도 생길 수 있다. 대륙은 대륙 열곡(continental rift)이라는 긴 침하 지역을 따라 갈라지기 시작한다. 동아프리카 열곡(East African Rift)이 좋은 사례다. 이 열곡은 완전한 확장 중심으로 발달할 가능성이 있으므로 훗날 아프리카 대륙을 둘로 쪼갤 수도 있다. 홍해는 약 2000만 년 전 아라비아반도와 아프리카 사이의 발산 경계를 따라 열리기 시작한 열곡이다(〈그림 2.6〉).

수렴 경계(Convergent boundary)는 두 지각판이 서로를 미는 곳에 생긴다. 수렴 경계에서는 해양 암석권이 위쪽에 놓이는 지각판 아래로 가라앉아서 맨틀로 들어가 재순환되거나, 밀려 올라가 새 산맥을 형성한다. 무척 느린 이 충돌들의 결과는 관련 지각판의 특성에 따라 달라질 것이다. 밀도가 더 높은 해양 지각이 더 가벼운 대륙 지각의 밑으로 미끄러져 들어가는 경계를 섭입대(subduction zone)라고 한다. 남아메리카 안데스산맥은 나스카판이 페루-칠레 해구를 따라 남아메리카 대륙 밑으로 섭입되면서 형성되었다. 워싱턴, 오리건, 캘리포니아의 화산들도 해양 암석권 섭입의 산물이다.

두 해양판이 수렴되는 곳에서는 대개 한쪽이 다른 쪽 밑으로 가라앉는다. 세계에서 가장 깊은 태평양 마리아나해구는 더 빠르게 움직이는 태평양판과 더 느리게 움직이는 필리핀판이 충돌하여 생겼다. 섭입이 지속되면 대개 화산섬들로 이루어진 열도가 출현할 것이다. 알류샨열도, 마리아나제도, 통가제도 모두 화산섬들로 이루어진 호상열도다. 이들은 심해 해구로

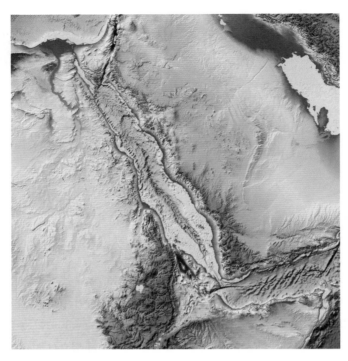

그림 2.6 홍해. 인류 역사에서 중요한 물길 역할을 한 홍해는 사실 아라비아와 아프리카 사이의 발산 경계에 놓인 열곡이다.

부터 96~290km 떨어진 곳에 솟아 있다.

두 대륙판이 수렴하면 놀라운 결과가 빚어진다. 각 대륙판의 암석권은 연약권 위에 떠 있으므로 섭입을 통해 깊이 가라앉는 경우가 적다. 따라서 두 지각판의 가장자리가 맞물리며 위로 구부러지거나 밀어 올림으로써 거대한 산맥을 형성한다. 지구에서 가장 높은 산맥인 히말라야산맥은 약 5000만 년 전 인도아대륙이 아시아와 충돌하며 생겼다. 알프스산맥, 애팔래치아산맥, 우랄산맥도 대륙판의 수렴 경계에서 생겼기 때문에 해양 생물 화석들이 발견된다.

변환 단층 경계(Transform plate boundary)는 암석권 지각을 생성하거나 파괴하지 않으면서 두 지각판이 맞닿아 긁어대면서 지나가는 곳이다. 변환 단층은 대부분 해양 지각의 두 판 사이에 단층을 형성한다. 이곳을 단열대(fracture zone)라고 한다. 두 판의 가장자리에서 해저가 반대 방향으로 움직이면 가장자리가 맞닿아 갈린다. 변환 단층 경계 중 일부는 대륙 지각 깊숙한 곳까지 들어온다. 가장 유명하고, 엄청난 피해를 일으킬 가능성이 있는 캘리포니아의 샌앤드레이어스 단층은 태평양판이 북서 방향으로 나아가며 북아메리카판의 가장자리를 긁어대는 곳에 있다(〈그림 2.7〉). 이 활동은 약 1000만 년간 이어지고 있는데, 앞으로도 계속된다면 바하칼리포르니아반도를 포함한 단층선의 캘리포니아 서쪽 지역은 섬이 될 것이다. 뉴질랜드의 알파인 단층도 활동 중인 변환 단층 경계다.

그림 2.7 샌앤드레이어스 단층. 지진이 잦은 캘리포니아의 샌앤드레이어스 단층은 태평양판이 북아메리카판을 북서쪽으로 긁어대는 열곡대 위에 있다.
(출처: wikicommons)

판구조론: 지구과학의 핵심 패러다임

판구조론은 현대 과학의 주요 패러다임 중 하나다. 빅뱅이론이 우주의 기원을 설명하고 자연선택을 통한 진화가 생명이 변화하고 진화하는 방식을 설명하는 것처럼, 판구조론은 지구가 어떻게 변해왔는지를 이해하도록 돕는다. 세 위대한 과학 이론은 시간이 흐르며 나타나는 변화를 설명하는 역사적 패러다임이기도 하므로 빅 히스토리를 논할 때 반드시 포함해야 한다. 판구조론 패러다임은 인류가 큰 관심을 두는 많은 현상을 설명하고, 이전까지 무관하다고 여겨진 많은 지질학적 과정을 하나로 엮었다. 또 산맥이나 화산, 지진이 왜 생겨나고, 대륙이 어떻게 움직이고, 대양이 어떻게 생겼고, 다양한 광물이 어떻게 형성되었고, 세계가 왜 이런 모습인지도 설명한다. 다른 주요 과학 패러다임처럼 계속 진화하는 모형인 판구조론은 현대 지구과학의 핵심 패러다임이다.

| 요약 |

이 장에서는 태양계의 기원을 설명하는 태양계 성운 이론을 살펴보았다. 이 이론에 따르면 원시 태양 주위의 기체와 부스러기들로 이루어진 납작한 원반에서 태양계의 행성과 다른 천체들이 만들어졌다. 이론의 증거는 지상 망원경과 궤도 망원경, 무인 우주탐사선, 방사성 연대 측정법에서 나왔다. 그 밖에 지구 내부에 층상 구조를 만든 층화뿐 아니라 지구를 형성하고 빚어내는 데 기여한 과정도 살펴보았다. 지구의 내부 구조를 알려주는 증거는 주로 지진계에서 나왔다. 또한 지구 역사의 첫 10억 년인 명왕누대와 초기 시생대의 모습도 살펴보았다. 특히 지구가 물과 대기를 어떻게 얻었는지에 초점을 맞추었다. 마지막으로는 현대 지구과학의 핵심 패러다임인 판구조론을 살펴보았다. 판구조론은 지표면에서 일어나는 많은 지질 현상을 설명하는 통일 모형이다. 다음 장에서는 약 38억 년 전 혐악하고 혼란 가득했던 명왕누대의 대양에서 일어난 경이로운 현상을 이야기하겠다. 바로 행성 지구에서 생명이 출현한 사건이다!

생명의 출현

38억~800만 년 전

지구가 형성된 지 10억 년 또는 20억 년 사이에 바다에서 어떤 화학물질들이 생명을 얻었다. 이 생명 출현이 복잡성의 다섯 번째 문턱이다. 초기 행성이라는 혼합통 속 원자와 분자의 단순성이 살아 있는 세포의 엄청난 복잡성으로 나아간 문턱이었다. 스스로 번식하고 적응하고 대사하는 세포는 에너지가 흐르는 상호 의존적 분자들의 역동적 체계를 담고 있다.

먼저 생명이 정확히 어떻게 시작되었는지 아직 밝혀지지 않았다는 사실을 이야기해야겠다. 지금까지 과학자들은 실험실에서 생명을 창조하지 못했다. 조만간 가능해질 수도 있지만 말이다. 성공한다면, 원시적 조건이 아니라 현대 화학과 유전공학의 업적이라고 할 수 있다.

어쨌든 과학자들은 실험실에서 생명의 구성단위를 만드는 방법을 터득해왔으므로, 불활성 물질이 살아 있는 생물로 변하는 놀라운 이야기의 기본 틀을 끼워 맞출 수 있다. 앞에서는 천문학, 우주론, 물리학, 화학, 지질학 분야 학자들이 오랫동안 힘들여 쌓은 지식으로 우주와 태양계의 기원을 설명했다. 이 장에서도 물리학, 화학, 지질학이 필요하다. 여기에 생명을 연구하는 생물학을 덧붙일 것이다.

이 장은 2가지 기본 질문을 제기하며 시작한다. 생명이란 무엇일까? 생명은 시간이 흐르면서 어떻게 변할까? 시간의 흐름에 따라 자연선택(진화)을 통해 생명이 어떻게 변화했는지를 이야기해야 비로소 생명이 어떻게 출현했는지를 묘사할 수 있다. 무생물인 화학물질도 일종의 자연선택에 의지해 진화했기 때문이다. 또한 생명이 다양해지며 세균에서 대형 유인원까지 진화한 과정을 짧게 설명할 것이다. 나머지 800만 년간의 진화는 다음 장에서 이야기할 것이다.

생명의 변화와 자연선택

놀랍도록 다양하고 독창적이며 상호 의존적인 수많은 종을 보면 생명이 기적처럼 여겨진다. 지구 역사를 전체적으로 보면, 새로이 출현하는 생명체들은 더 다양하고 복잡해지는 듯하다. 더 복잡한 부분들이 모여 더욱 정교한 구조를 이루고, 이에 따라 더 많은 에너지 흐름이 필요하기 때문이다. 생명은 놀고, 춤추고, 돌연변이를 일으키고, 융합하고, 변신하고, 경쟁하고, 협력하고, 더욱 새로운 형태를 빚어낸다. 한편 기존 종은 시간이 흐르면서 사라진다.

생명이란 무엇일까?

생명을 정의하려면 생명을 무생명과 구분해야 한다. 사실 생명과 무생명은 하나의 연속체를 이루기 때문에 쉬운 일이 아니다. 오랫동안 많은 사상가가 생명을 정의했다. 몇몇 전통적인 답을 보면 ① 생물은 무생물과 다른 물질로 이루어져 있고 별개로 창조되었으며, ② 무생물에 없는 생명력이나 영혼을 지닌다.

현대 과학에 따르면 생물과 무생물을 이루는 물질 요소들은 동일하다. 물질 요소는 원자들이 화학적으로 결합하여 만든 분자다. 살아 있는 물질의 한 가지 특징은 화학적으로 평형 상태가 아니라는 것이다. 즉, 양방향으로 반응하는 안정적이고 균형 잡힌 조건이 아니다. 그 대신 살아 있는 세포의 막이 일부 화학물질만 들여보내고 다른 물질은 막아서 에너지가 흐른다.

생명의 다른 속성들은 더 모호하다. 예컨대 대부분의 생명은 번식 능력이 있다. 그러나 번식할 수 없는 생물도 있다. 당나귀와 말이라는 두 종의 잡종인 노새가 좋은 예다. 두 종은 교배하여 노새를 낳을 수 있지만, 노새는 불임이다. 반면 무생물로 여겨지는 별은 번식을 한다. 폭발하여 입자들을 흩뿌리고, 그 입자들이 새 별을 만들기 때문이다.

미묘한 측면과 예외 대신, 일반적인 관점에서 **생명**의 3가지 속성을 언급해보자. ① 생명은 먹거나 호흡하거나 광합성하여 환경에서 에너지를 얻는다(대사). ② 자신의 사본을 만든다(생식). ③ 변화하는 환경에 적응하기 위해 여러 세대에 걸쳐 특징을 바꿀 수 있다(적응).

생명은 물질의 복잡성이 연장된 사례다. 개별 원자 수천 개 또는 수백만 개가 결합하여 분자를 만들고, 분자들은 원자 수십억 개로 이루어진 세포를 형성했다. 이 세포가 최초의 생물이었다. 이 단세포생물은 기나긴 세월 동안 분자의 복잡성을 서서히 증가시킨 무생물로부터 저절로 생겨났다. 대사, 생식, 적응이 서로를 강화하는 되먹임 고리를 이루며 작동하기 시작했다. 생물은 환경에서 에너지를 추출하고, 더 많이 번식하고, 적응하는 방법을 더 많이 발견했다.

생명과 무생명 사이의 연속체 중 대표적인 사례는 둘의 경계에 있는 바이러스다. 전형적인 세포보다 훨씬 작은 독감 바이러스 등은 대다수 생명체의 기본 구성 물질인 단백질과 DNA 또는 RNA로만 이루어져 있다. 에너지, 생식, 수선에 쓰이는 다른 분자들은 없다. 홀로 있을 때는 생명의 특징들을 보이지도 않는다. 그러나 자신을 유지하고 증식하는 법을 알려주는 화학적 명령문을 지닌 분자인 DNA나 RNA 등 유전물질을 주입하여 살아 있는 세포 안으로 들어가면 생명의 모든 특징을 습득한다. 바이러스의 DNA나 RNA는 자신이 감염한 생물 세포의 통제권을 장악한 후 그 세포 기구로 자신의 단백질을 만들고 증식한다. 어떤 바이러스는 빠르게 증식하여 생물을 죽이는 반면, 어떤 바이러스는 얌전히 있다. 따라서 바이러스가 살아 있는지 살아 있지 않은지는 환경에 좌우된다.

생명에 대한 인류의 관점은 지난 수십 년 사이에 상전벽해를 이뤘다. 이전의 수 세기 동안 유럽인들은 '존재의 대사슬(great chain of being)'을 이야기하며, 가장 불완전한 존재부터 가장 완벽한 존재에 이르는 생명체들이 계층구조를 이룬다고 상상했다. 암석에서 지구의 지고한 존재인 인간에 이르는 존재의 대사슬 안에서 각 생명체는 이웃 생명체들과 구별됐고, 계층구조는 천사와 신이 사는 하늘까지 수직으로 이어지며 완성되었다.

최근 생물학자들은 생명을 더 큰 맥락에 포함된 생물들의 집단으로 본다. 생물은 다른 생물 및 환경과 분리되어 존재할 수 없다. 더 복잡한 생명체는 구성 부분들의 조합과 재조합으로 생겨나며, 형태가 새로워지고 창발성을 지닌다. 따라서 전체적으로 보면, 생명은 개별 존재들의 사슬이 아니라 지구 생명권에서 모든 생물과 상호작용하는 집단에 가깝다.

생물학자들은 다양한 생명체의 공통적 특징을 토대로 나누고 이름 붙인 **분류 체계(taxonomy)**도 꾸준히 수정했다. 예전에 **생명의 나무(tree of life)**를 뜻한 계통수는 크게 5대계로 이루어져 있었다. 세포핵이 없는 세포들인 **원핵생물계(monera)**, 핵을 지닌 단세포들인 **원생생물계(protist)**, 그리고 핵을 지닌 세포들이 모인 다세포생물인 식물계, 균계, 동물계다.

1970년대 말부터 학자들은 미생물이 생명의 더 깊은 역사를 담고 있음을 보여주는 쪽으로 생명의 나무를 재구성했다. 현재 생명의 나무에서는 대개 맨눈으로 볼 수 없는 생명체인 미생물이 큰 가지들을 차지하고 있다. 모든 가지는 **모든 생명의 공통 조상(last universal common ancestor, LUCA)**으로 이어진다. 현재 지구에 살고 있는 모든 생물의 최근 조상이었던 생물 또는 생물 집단이다. 3개의 큰 가지는 세균역, 고세균역, 진핵생물역이다. 세균역과 고세균역은 핵이 없는 단세포생물 집단이지만 유전자와 효소가 다르다. 최초의 진핵생물은 단세포 미생물이었지만 세균과 고세균보다 화학적으로 더 복잡하고 핵을 지녔다. 단세포 진핵생물로부터 출현한 식물, 균류, 동물은 현재 생물 집단 전체에서 차지하는 비중이 매우 적다. 지금도 빵효모 같은 단세포생물이 주류를 이루기 때문이다(〈그림 3.1〉).

세균역과 고세균역은 사라지지 않았고, 현재 지구 생물량의 약 50%를 차지한다. 생물량은 살아 있는 생물과 최근에 죽은 생물체의 무게를 합한 양이다. 과거에도 그랬고 지금도 생명은 대부분 미생물로 존재한다. 인체의 미생물 세포는 동물 세포보다 약 10배 더 많다. 사람의 창자에 사는 약 1,000종의 미생물 유전자를 더하면 약 300만 개에 달한다. 반면 사람의 유전자는 약 1만 8000개에 불과하다. 사람의 세포에는 세포 에너지의 대부분을 생산하는 세균 동반자가 미토콘드리아라는 형태로 영구히 결합되어 있다. 우리와 주위의 생물들은 주로 단세포 미생물로 이루어져 있다.

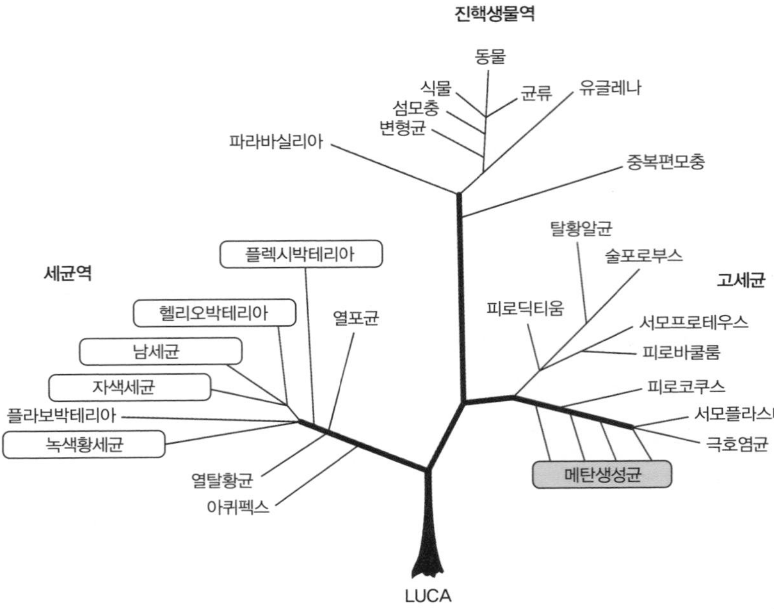

그림 3.1 생명의 나무. 유전자 분석에 토대한 생명의 나무 개정판 중 하나다. LUCA에서 뻗어 나온 가지들을 배치하는 문제에 대한 의견은 다양하다. 수십억 년 전의 증거를 찾기가 쉽지 않기 때문이다. 진핵생물역이 LUCA에서 곧바로 뻗어 나왔는지, 아니면 고세균역에서 나왔는지를 놓고서도 연구자들의 견해가 갈린다. 세균들은 유전물질을 교환하므로, 나무 대신 그물로 나타내야 한다고 보는 연구자도 있다.

다윈 이론

우리는 살면서 온갖 생물을 접한다. 거미, 초파리, 사람의 눈이 얼마나 다른지 생각해보라. 눈은 어떻게 이처럼 놀랍도록 다양해졌을까? 이 다양성을 이해할 수 있는 토대는 영국 자연사학자 찰스 다윈(Charles Darwin)의 이론이 마련했다.

■ 다윈 이전의 생물학

생물들의 목록을 처음 작성한 유럽인 칼 린네(Carl von Linné)는 겉모습을 토대로 생물을 분류했다. 토마스 아퀴나스(Thomas Aquinas)가 기독교 사상에 접목한 아리스토텔레스의 사상을 이어받은 린네는 창조자인 신이 모든 생물을 환경에 적합하게 만들었기에 창조된 이후 전혀 변하지 않았다고 믿었다.

아리스토텔레스와 린네의 개념은 어디가 잘못되었을까? 왜 과학적 탐구 앞에 무너졌을까? 개별 표본이 아니라 종이 시간의 흐름에 따라 변하기 때문이다. 2가지 반박할 수 없는 증거가 그 사실을 증명한다. 화석과 동물 교배 결과다.

수 세기 동안 인류는 많은 화석을 발견해왔다. 화석은 죽은 동물이 광물화된 잔해다. 예전 사람들은 동물이 변하지 않는다고 믿었기에 화석을 이해할 수 없었다. 그래서 유럽인들은 오크와 그리핀 전설을 지어냈고, 초기 중국인들은 공룡의 뼈가 무엇인지 모르고 용이라는 동물을 상상한 듯하다.

19세기 유럽 생물학자들은 **화석(fossil)**이 과거에 살았던 생물의 흔적임을 깨달았다. 그들이 수집한 화석들은 지금은 없는 수많은 생물이 과거에 살았다는 증거였다. 공룡 뼈(공룡이라는 이름은 1842년에 등장했다), **삼엽충**(약 2억 5000만 년 전 멸종한 대규모 무척추동물 집단으로, 발견된 모든 화석 중 약 50%를 차지한다), 오래전에 사라진 식물의 잎 화석, 나뭇진이 굳은 화석인 호박에 보존된 각다귀 등이었다. 당시 학자들은 화석들이 얼마나 오래되었는지 몰랐지만, 생명체가 시간이 흐르며 변한다는 사실은 입증할 수 있었다.

한편 인류는 기르는 동식물을 개량하느라 바빴다. 5장에서 살펴보겠지만 농업 종사자들은 오랫동안 작물을 개량해왔다. 목축업자들은 어느 동물을 번식시킬지를 선택함으로써 오랜 세월 동안 가축의 몸집과 행동을 바꿨다. 19세기 동물 육종가들은 무척 다양한 개 품종들을 만들었다. 약 1만 5000년 전에 아시아 회색늑대로부터 기원한 개는 지금도 한 종이어서 서로 번식할 수 있을 만큼 유전적으로 가깝다. 그러나 사람은 개들의 번식을 통제할 수 있다. 육종가는 원하는 특징을 지닌 개를 얻기 위해 한배에 나온 새끼들 중 특정 새끼를 골라서 번식시킨다. 오소리를 사냥하기 위해 몸이 길고 홀쭉한 닥스훈트 품종을 만들었고, 그 밖에도 다양한 목적에 맞는 다양한 품종을 만들었다. 어느 생물을 번식시킬지를 사람이 고르는 이 방식을 인위선택(artificial selection)이라고 한다.

19세기 유럽 과학자들은 생물 집단이 변하고 환경에 적응한다는 사실을 받아들여야 했다. 생물이 무슨 수로 그러느냐가 과학적 생물학의 근본

질문이 되었다. 특정 지역에 사는 종의 개체들이 이룬 집단은 어떻게 변화할까? 고정된 형질이 어떻게 미래의 적응으로 이어질까? 유럽 과학자들은 이 수수께끼를 풀 수 없었다. 어느 정도는 신이 지구와 그 거주자들을 최근에 창조했다고 믿었기 때문이다.

■ 다윈과 진화론

질문에 답한 사람은 영국 자연사학자 찰스 다윈이다. 그의 부친은 부유한 의사였고 모친은 산업혁명 초기에 도자기 사업으로 크게 성공한 조사이아 웨지우드의 딸이었다.

다윈은 22세 때 남아메리카 해안을 조사하는 임무를 맡은 비글호에 탑승했다. 항해 기간은 원래 3년이었지만 5년 가까이 이어졌다. 다윈은 돌아온 후 여행 보고서를 내고, 사촌 에마 웨지우드와 혼인하고, 런던에서 남쪽으로 26km 떨어진 켄트 지방의 다운에 집을 구해서 시골 신사로 지냈다(그의 자택은 지금도 가볼 수 있다). 그곳에서 연구하고 책을 쓰며 여생을 보냈다.

다윈은 항해하면서 관찰한 내용을 토대로 진화론을 발전시켰다. 특히 남아메리카 대륙으로부터 약 840km 떨어진 적도의 갈라파고스제도에서 본 것들이 크게 기여했다.

약 14개의 화산섬이 이어진 이곳에서 다윈은 낯설고 기이한 종들을 많이 보았다. 그는 표본을 채집하고 생물들을 묘사하며 일지를 가득 채웠다. 특히 머리와 부리의 모양이 똑같아 보이지만 실제로는 조금씩 다른 핀치가 각 섬에 적어도 12종 있다는 사실에 주목했다. 갈라파고스를 떠날 때만 해도 그는 자신이 신종이 아니라 변종들을 봤다고 생각했다.

런던으로 돌아온 다윈은 존경받는 조류학자들에게 조언을 구한 후에야 핀치들이 실제로는 다른 종들임을 깨달았다. 또 인구 연구의 개척자인 영국인 토머스 맬서스(Thomas Malthus)의 책을 읽으면서 중요한 깨달음을 얻었다. 맬서스는 뒤에서 다시 만날 것이다. 맬서스는 모든 종의 집단이 먹이가 늘어나는 속도보다 빨리 증가하는 경향이 있다고 주장했다. 모든 세대의 많은 새끼가 번식하기 전에 죽는다는 이 주장은 다윈이 자연선택을 정립하는 데 필요한 단서가 되었다. 그는 ① 개체들 사이에 작은 무작위 변이가 나타나는 현상은 남들보다 좀 더 나은 형질을 지닌 개체들이 있다는 의미이며, ② 변이함으로써 특정 섬의 조건에 잘 적응한 운 좋은 개체들은 번성하여 새끼를 더 많이 낳고, ③ 그 결과 섬마다 집단이 서서히 변하며, ④ 이윽고 각 섬의 새들은 다른 섬의 새들과 교배할 수 없을 만큼 크게 달라진다고 결론지었다. 교배할 수 없다는 것은 새로운 종이 되었다는 의미다.

다윈은 갈라파고스로 갈 때 찰스 라이엘(Charles Lyell)의 『지질학 원리(The Principles of Geology)』 초판을 지니고 있었다. 3권으로 된 이 책은 라이엘이 살아 있을 때 12판까지 나왔고, 1980년대까지 지질학자들에게 영향을 미쳤다. 라이엘은 지질학적 과정과 이에 따른 생물학적 과정이 오랜 기간에 걸쳐 일어난다는 개념을 내놓았다. 또한 지구가 갑작스럽게 격변을 일으키는 사건 때문에 변모한다는 격변론(catastrophism)에 반대했다. 대신 무척 긴 세월 동안 지구가 서서히 변한다는 균일론(uniformitarianism)을 주장했다. 다윈이 갈라파고스에서 발견한 것들은 라이엘의 균일론을 뒷받침했다.

1836년에 항해에서 돌아온 다윈은 6년이 지난 1842년에 자신의 이론을 개괄한 글을 썼다. 그러나 공개하기를 계속 미루다가 1859년에 『종의 기원』이라는 책으로 펴냈다. 새로운 개념이 경악과 반대를 불러오리라는 것을 잘 알았기 때문에 동료 과학자들 사이에서 자신에 대한 평판이 좋아질 때까지 기다렸다. 그는 말레이시아와 인도네시아를 돌아다니던 젊은 자연사학자 앨프리드 러셀 월리스(Alfred Russel Wallace)의 논문 원고를 보고 자극받아서 책을 냈다. 월리스는 종의 기원에 관해 다윈과 같은 결론을 독자적으로 내놓았다. 그 개념을 누구의 이름으로 내놓느냐는 난제는 두 사람의 논문을 1858년 7월 1일 린네협회 회의에서 발표하기로 결정되면서 해결되었다.

『종의 기원』에서 다윈은 자신의 개념을 '자연선택'이라고 부르며 인위선택과 대비시켰다. 인위선택이라는 개념이 동물 교배와 밀접하므로 사람들에게 친숙하다고 생각한(지금은 '선택적 교배'라고 한다) 그는 **자연선택**(natural selection)을 '바람직한 변이를 보존하고 해로운 변이를 거부하는 것'으로 정의하고, 시간이 흐르면서 자연이 선택을 한다고 주장했다. '자연적 제거'라고 부를 수도 있었지만 그는 선택이라는 긍정적인 이름을 붙였다. 이론의 핵심 내용은 이러했다.

① 종은 서로 번식할 수 있을 만큼 비슷한 개체들의 집합(집단)이다. 종은 적응하지만 개체는 그렇지 않다.

② 종 내에서 우연한 변이가 일어난다. 개체들은 서로 조금씩 다르지만, 아주 많이 다르지는 않다.

③ 종 내의 변이는 개체의 자손에게 대물림될 가능성이 높다. (다윈은 어떻게 그런 일이 일어나는지는 몰랐다.)

④ 일부 변이체는 특정 환경에 더 잘 적응한다. 즉, 더 적합하다. 그래서 자원을 더 많이 얻고 자손을 더 많이 낳는다.

⑤ 더 적응한 개체일수록 자손을 더 많이 낳으므로, 후대 집단은 그들을 더 닮고 적응형질을 물려받을 것이다.

⑥ 성적 매력을 드러내는 형질을 지닌 개체는 자손을 더 많이 낳을 가능성이 높다 (성선택).

⑦ 환경이 계속 변하므로 이 진화 과정도 끝없이 변화한다.

다윈의 자연선택은 갈라파고스 핀치들의 변이를 설명했다. 각 섬에서 그 섬의 먹이 자원을 먹는 데 가장 적합한 부리를 지닌 개체들은 먹이를 더 많이 먹었고, 자신과 비슷한 부리를 지닌 자손을 더 많이 낳았을 것이다. 수백 또는 수천 년이 흐르는 동안 각 섬에는 다른 섬의 새와 교배할 수 없을 만큼 달라진 새 종이 진화했다.

인위선택에서는 육종가가 원하는 형질을 얻기 위해 특정 개체를 골라서 번식시킬 수 있으므로 변화가 빨리 일어난다. 자연선택에서는 가장 적합한 개체가 나오고 신종이 출현하기까지 걸리는 기간이 생물마다 다르다. 바이러스처럼 빠르게 번식하는 종은 몇 달이나 몇 년에 불과하지만, 영장류처럼 느리게 번식하는 종은 수만 년이 필요하다.

먹이 자원, 습도, 풍경 등의 환경은 장기적으로 빙하기와 온난한 시기 등이 번갈아 나타나면서 변하므로 적응도의 정의도 따라서 달라진다. 다윈은 환경 변화에 반응하는 자연선택이 생물다양성의 원천이라고 주장했다. 약 40억 년에 걸쳐 지구에 살아온 생물들이 엄청나게 다양한 이유를 이 이론으로 설명할 수 있었다.

다윈의 예상대로 가장 명석한 생물학자와 지질학자들은 그의 이론을 빠르게 받아들였지만, 일부는 이론의 의미 때문에 격렬하게 반대했다. 다윈은 모든 생물이 공통의 원시적 형태로부터 진화했기에 유연관계라고 했다. 그 말은 인간이 유인원의 가까운 친척이라는 의미였다. 현재 인류는 생물학적으로 최근에 인간과 유인원들의 공통 조상이 살았음을 안다. 전통적 기독교 신자들에게는 마뜩찮게도, 다윈 이론은 수백만 년간 자연선택이 되풀이되면 맹목적인 과정만으로도 매우 복잡한 생물이 나타날 수 있음을 분명히 드러냈다. 지구의 엄청난 다양성을 설명하는 과정에 굳이 창조주인 신이 필요하지는 않다는 것이었다. 이처럼 함축된 의미를 상쇄하기 위해 다윈은, 무척이나 복잡한 세계를 발전시키기 위해 신이 택한 최선의 방식이라고 자연선택을 인식하면 전통 신앙과 조화시킬 수 있다는 말로 책의 결론을 맺었다. 당시 자신이 무엇을 믿는지는 명확히 밝히지 않았다.

다윈의 자연선택 이론은 3가지 증거에 토대를 두었다. ① 종이 변해왔음을 보여주는 화석, ② 갈라파고스제도에서 모은 자료처럼, 종들이 창조주의 의도적인 가공의 산물이 아니라 그 지역의 조상에게서 유래했음을 보여주는 지리적 분포, ③ 종 사이에 나타나는 의외의 유사성인 상동기관이다. 증거들 하나하나는 창조주인 신이 각 종을 따로 설계했다고 믿는 이들과 다윈의 논쟁에서 논거가 되었다.

화석 앞서 말했듯이 19세기 초 유럽 생물학자들은 화석이 생명의 이전 형태들을 보여준다는 사실을 알아차렸다. 다윈은 영국 운하기술자 윌리엄 스미스(William Smith)가 이름 붙인 동물 천이(faunal succession)의 원리를 알고 있었다. 스미스는 각기 다른 시대의 암석이 저마다 다른 화석들을 보존하고 있고, 이 화석들이 일정한 순서로 바뀌어간다는 점을 깨달았다. 스미스는 그 이유를 설명하지 못했지만, 다윈은 이 증거로 자연선택을 뒷받침했다. 그의 이론은 화석들이 시대별로 달라지는 이유를 잘 설명한다. 생물은 진화하고 변하고 멸종할 때 지층에 층층이 화석을 남김으로써 시간 경과를 보여준다. 화석들은 생물이 변하지 않는 형태로 창조된 것이 아니라 시간이 흐르면서 변한다는 것을 증명한다.

다윈의 시대에는 화석 기록이 감질날 만큼 불완전했다. 지금은 말의 조상에서 현생 말까지, 육지에 살던 고래의 조상에서 물에 사는 후손까지 진화 계통 전체를 거의 그대로 보여주는 화석들이 있다. 당시 다윈은 어떤 생물이든 화석이 되는 사례가 드물기 때문에 전이 단계에 있는 종을 발견하지 못할 것이라고 설명했다. 생물은 죽으면 금세 분해되므로, 화석이 되려면 가능한 한 빨리 퇴적물로 덮이거나 얼어붙거나 바짝 마르거나 산소가 없는 환경으로 가라앉아야 한다. 신체 부위가 단단하고 폭넓게 분포한 생물들만 화석으로 남을 기회가 있었을 것이다.

『종의 기원』이 나온 지 2년 후 독일 남부에서 중요한 화석이 발견되었다. 시조새라는 동물의 뼈대 화석이었다. 현생 조류와 고대 파충류의 중간 특징을 지닌 이 화석은 일종의 잃어버린 고리(missing link)처럼 보였다. 지금은 낡았다고 여겨지는 이 용어는 중간 형태(intermediate form)라는 용어로 대체되었지만. 크기가 까마귀만 한 시조새는 조류와 비슷한 깃털, 날개, 커다란 눈을 지녔고, 파충류의 이빨, 굽은 손톱이 달린 손, 긴 꼬리를 지녔다 (〈그림 3.2〉). 이 화석은 파충류와 조류의 공통 조상이 존재했다는 것을 보여줌으로써 다윈의 이론을 확증했다. 이후 비슷한 화석들이 더 발견되었다. 깃털 달린 공룡 화석들도 발견되었는데, 중국에서 많이 나왔다.

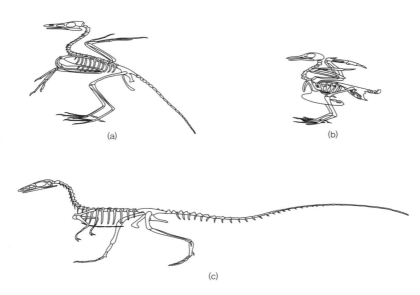

그림 3.2 조류와 공룡의 유사성. (a) 시조새, (b) 현생 비둘기, (c) 육식 공룡 콤프소그나투스의 뼈대. 공룡에서 비둘기로 어떻게 변했는지를 알아볼 수 있을까?

지리적 분포 동식물의 지리적 분포를 생각하던 다윈은 기후와 환경만으로는 동식물의 유사점과 차이점을 설명할 수 없다는 점을 깨달았다. 예를 들어 위도 25~35°에 있는 오스트레일리아, 남아메리카, 남아프리카는 기후 조건이 비슷하지만 전혀 다른 동식물들이 산다. 이런 관찰을 토대로 다윈은 각 종이 한 지역에서 생겨나서 적응할 수 있는 곳까지 멀리 퍼진다고 결론지었다.

상동기관 상동기관은 동식물에서 나타나는 형태적 유사성이다. 진화생물학에서 상동은 조상이 같아서 나타난 유사성을 가리킨다. 예컨대 고양이, 고래, 박쥐, 인간의 손가락은 이 종들이 크게 다르지만 모두 친척임을 시사한다(〈그림 3.3〉). 고래와 돌고래는 약 5000만 년 전 유달리 따뜻했던 시기에 몸을 식히기 위해 바다로 돌아갔다가 공기호흡을 하면서 계속 머문 하마처럼 생긴 동물의 후손이다. 고래와 박쥐의 손가락뼈는 쓸모가 없어졌지만 지느러미와 날개 안에 남아 있다. 이 흔적기관은 설계자인 신이 각 종을 처음부터 새로 만든다고 상상하면 납득이 되지 않지만, 각 종이 다른

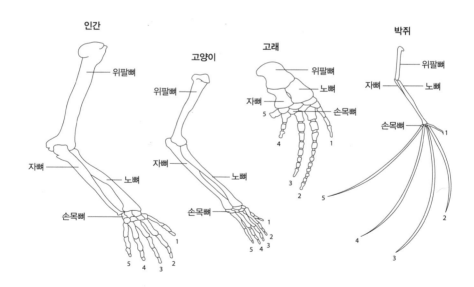

그림 3.3 포유류의 손가락. 이 상동기관들은 환경과 기능에 따른 자연선택으로 변형되었다. 인간은 고양이뿐 아니라 박쥐와 고래와도 유연관계가 가깝다. 자연선택은 이 뼈들의 차이점과 유사점을 어떻게 설명할까?

종에서 진화했다고 보면 이해할 수 있다.

배아 단계의 종들도 비슷한 점이 많다. 초기 단계의 인간 배아는 어류, 양서류, 파충류의 형질을 먼저 보인 후 포유류의 형질을 드러낸다. 다윈은 적응적 변형이 대체로 성장 후기에 일어나므로, 초기 발생 양상은 자연적인 유연관계를 드러낸다고 설명했다. 다윈 이후 생물학자들은 이 조상 구조가 발생의 후속 단계에 형성체 역할을 한다는 점을 알아냈다.

다윈은 또 다른 유형의 형태적 유사성을 발견하고 **수렴 진화**(convergent evolution)라고 불렀다. 다른 계통에서 진화한 종들의 생물학적 형질이 동일해지는 현상이다. 유전적으로 친척이 아니고 지역이나 시대도 다른 동물들이 비슷한 환경에 반응하여 비슷한 특징을 갖는 쪽으로 진화하여 닮게 된 것이다. 예컨대 개미가 많은 지역에서 진화한 네 동물은 가까운 친척이 아닌데도 모습이 비슷하다. 남아프리카의 큰개미핥기, 아프리카의 땅돼지, 아시아와 아프리카의 천산갑, 오스트레일리아의 바늘두더지가 그렇다. 다윈의 이론은 다른 지역에 사는 다른 계통의 동물들이 비슷한 환경에서 비슷한 해결책에 도달함으로써 비슷한 모습으로 수렴된다고 예상했다.

다윈의 문제를 해결하는 방법

다윈은 자기 이론을 옹호하는 과정에서 종교적 반대뿐 아니라 지식 부족이란 걸림돌과 마주쳤다. 그가 처한 문제들은 ① 자연선택이 너무 느리므로 자신이 한평생에 관찰할 수 없을 것이라고 믿었다는 것, ② 형질이 어떻게 유전되는지 이해하지 못했다는 것, ③ 종들이 유연관계임을 증명할 수 없다는 것, ④ 지구가 얼마나 오래되었는지 모른다는 것이었다. 『종의 기원』 초판에서 그는 지구의 나이를 약 3억 년으로 추정했는데, 당시 학자들은 그보다 훨씬 적다고 계산했다.

현대 과학은 자연선택을 뒷받침하는 강력한 증거들을 제시하여 다윈의 문제들을 해결해왔다. 생물학자들은 진화의 모습을 실제로 볼 수 있었다. 이들은 대다수의 집파리가 수십 년 사이에 DDT에 내성을 띠는 현상을 목격했다. 1940년대에는 황색포도알균(*Staphylococcus aureus*) 같은 세균들을 페니실린으로 없앨 수 있었지만 지금은 불가능하다. 갈라파고스제도에서 핀치를 연구한 생물학자 조너선 와이너(Jonathan Weiner)는 더 습하거나 건조한 날씨가 이어지는 기간 사이에 부리의 평균 크기가 1~2mm씩 변한다는 사실을 알아냈다. 예상보다 훨씬 빠른 속도였다. 그렇다고 해서 신종이 되는 것은 아니지만, 빠르게 변화하여 집단의 유전적 조성이 조금 다른 새로운 변종이 된다.

다윈의 두 번째 문제는 유전이 어떻게 이루어지는지를 모른다는 것이었다. 당시에는 부모로부터 자식에게 형질이 전달되는 방식을 아무도 이해하지 못했다. 다윈은 범생설(pangenesis)이라는 이론을 받아들였다. 고대 그리스 의사 히포크라테스(Hippocrates) 이래로 퍼져 있던 개념들의 집합이었다. 다윈은 동물 몸의 각 부위에서 '제뮬(gemmule)'이라는 미세한 알갱이가 싹터서 나오며, 각 제뮬은 적절한 기관으로 자랄 능력이 있다고 믿었다. 또한 제뮬이 혈액을 타고 몸속을 돌아다니다가 생식기관에 모인다고 생각했다. 부모의 제뮬들이 수정란에서 뒤섞이고, 제뮬들이 발달하는 힘을 통해 배아가 자란다는 것이었다. 이 이론은 부모의 형질이 별개 단위로 전달되지 않고 융합된다는 의미였다. 문제는 한 개체에게서 성공한 돌연변이가 다음 세대에서 희석되므로 자연선택 전체가 훼손된다는 것이었다. 오스트리아의 아우구스티누스파 수도사 그레고어 멘델(Gregor Mendel)은 『종의 기원』이 나온 지 2년 후 발표한 완두 연구에서 자손의 많은 형질이 부모의 형질이 뒤섞인 형태가 아니라 부모 중 한쪽의 형태를 드러낸다는 점을 밝혀냈다. 멘델의 연구는 거의 주목받지 못했고, 수십 년이 지난 뒤에야 새로운 유전 이론의 토대로 인정받았다.

유전이 어떻게 일어나느냐는 질문은 1953년 미국인 제임스 왓슨(James Watson)과 영국인 프랜시스 크릭(Francis Crick)이 DNA 거대분자의 구조를 밝혀내면서 마침내 풀렸다. 데옥시리보핵산(deoxyribonucleic acid)의 약자 **DNA**는 모든 세포에서 가장 큰 분자로, 세포를 어떻게 만들고 유지하는지를 지시하는 화학적 명령문을 담고 있으며, 그 정보를 딸세포에 물려준다. DNA의 구조는 이중나선 형태다. 상보적으로 연결된 두 가닥이 비틀려 있는 형태지만 복제될 때는 두 가닥이 풀리면서 각자 새 이중나선을 만든다. 모든 살아 있는 세포에 들어 있는 DNA는 모든 생물이 단세포 공통 조상인 LUCA의 화학에서 기원했다는 증거다. (뒤에서 DNA를 상세히 다룬 절 참고)

DNA에 관한 사실들은 다윈의 자연선택을 뒷받침한다. 자연선택이 작용하려면, 개체가 자기 종의 기본 구조를 거의 완벽하게 자손에게 물려주어야 한다. 하지만 완전히 완벽해서는 안 된다. 환경이 변함에 따라 자연이 선택하는 변이를 위해서는 자손들이 조금씩 달라야 한다. DNA 분자가 갈라질 때 그 현상이 나타난다. DNA 두 가닥이 갈라지면 효소가 각 가닥에 달라붙어 복제하는데, 이때 가끔씩 복제 오류가 일어난다. 이것이 돌연변이다.

DNA와 유전학 지식은 종들이 서로 친척임을 증명할 수 없었던 다윈의 세 번째 문제도 해결해준다. 현재 생물학자들은 각 종의 유전자 돌연변이가 일정한 평균 속도로 일어나는 현상을 토대로 분자시계를 만든다. 두 종 사이에 얼마나 많은 돌연변이가 발생했는지를 파악하면 두 종이 얼마나 오래전에 갈라졌는지 추정할 수 있다. 이 방법을 통해 바나나와 인간의 공통 조상이 10억여 년 전에 살았으며, 개미와 인간의 공통 조상은 약 6억 년 전, 침팬지와 인간의 공통 조상은 약 800만~500만 년 전에 살았다는 사실이 밝혀졌다.

다윈의 네 번째 문제도 현대 과학이 해결했다. 방사성 연대 측정 결과에 따르면 지구는 약 45억 년 전에 형성되었다. 다윈이 생각한 지구 나이보다 15배 많고, 자연선택이 다윈과 우리 주위의 경이로운 생물들을 빚어내는 데 충분한 시간이다.

요약하면, 다윈의 시대에 자연선택의 증거는 화석, 지리적 분포, 상동 기관 등이었다. 이후 나온 증거들은 한결같이 그의 이론을 뒷받침했다. 생물학자들은 환경에 맞게 종이 변하는 과정을 지켜보았고, DNA의 구조와 기능을 발견하고 설명했으며, 유전자를 연구하여 모든 종이 유연관계임을 보여주었고, 방사성 연대 측정법으로 지구가 다윈의 생각보다 훨씬 오래되었음을 증명했다.

현재 과학자들은 다윈의 이론을 뒷받침하는 새로운 증거들을 제시하는 한편 그의 이론 중 몇몇 측면을 다르게 해석하고 있다. 다윈은 진화가 늘 완만하고 서서히 일어난다고 가정했지만, 스티븐 제이 굴드(Stephen Jay Gould)와 나일스 엘드리지(Niles Eldredge)는 진화적 변화의 속도가 크게 달라질 수 있다고 주장했다. 린 마굴리스(Lynn Margulis), 어설라 굿이너프

(Ursula Goodenough) 등의 현대 사상가는 다윈과 그의 이론을 보급한 학자들이 생존경쟁을 지나치게 강조했다고 주장했다. 즉, 가장 효과적인 경쟁 전략은 집단 내 협력과 다른 집단과의 상호 의존에 달려 있을 때가 많다는 점을 당시 사람들이 충분히 강조하지 않았다고 본다. 이들은 모든 생명체가 생존하는 데 필요한 본질적 측면은 협력이라고 여긴다. (마굴리스의 개념은 뒤에서 더 살펴볼 것이다.) 사회생물학자 E. O. 윌슨(E. O. Wilson)은 이타적이고 협력하는 인류 집단이 그렇지 않은 집단을 이긴다고 주장했다. 이처럼 수정되긴 했지만 다윈의 핵심 개념은 훼손되지 않았고 오늘날에도 생물학 사상의 핵심이다.

　　살아 있는 생물들의 종이 변화하는 환경에 맞추어 자연선택을 통해 변한다는 다윈의 개념은 현대 생물학의 핵심 교리다. 천문학의 빅뱅이론, 지구과학의 판구조론과 마찬가지로 이 이론은 생물학의 기본 토대다. 1882년 다윈이 세상을 떠날 무렵 영국 과학자들과 의회는 그가 과학에 크게 기여했음을 인정했다. 다윈은 웨스터민스터 대성당의 아이작 뉴턴 무덤 옆에 묻혔다. 과학에서 이론은 널리 지지받을 만큼 증거가 충분한 개념을 뜻한다. 현재는 과학자 대부분이 진화론을 받아들였고 이 이론을 자주 언급한다.

문턱 5 　지구 생명의 출현

생명은 우리 행성의 경이다. 우리가 아직 모르는 다른 행성들의 생명도 마찬가지로 경이일 것이다. 그렇게 복잡성의 새로운 수준을 대변하는 생명이 복잡성 증가의 다섯 번째 문턱이다. 생명은 물질의 복잡성이 연장된 형태다. 불활성 화학물질이 더 복잡하게 조직하여 등장한 생명은 환경에서 에너지를 추출하고 번식하고 적응함으로써 인간을 포함한 복잡성을 생성하는 살아 있는 생물로 도약했다(〈문턱 5 요약〉).

문턱	구성 요소	구조	골디락스 조건	창발성
생명	복잡한 화학물질과 에너지.	번식할 수 있는 세포 안에 물리적, 화학적으로 모여 있는 복잡한 분자들.	풍부하고 복잡한 화학물질, 적절한 에너지 흐름, 물 같은 액체 매질, 적합한 행성.	에너지를 추출하는 능력인 대사, 거의 완벽하게 자신을 복제하는 능력인 번식, 자연선택으로 서서히 변화하고 새로운 형태가 출현하는 적응.

다윈의 자연선택은 생물이 시간이 흐르면서 어떻게 적응하는지를 설명한다. 그런데 생명은 어떻게 무생물에서 출현했을까? 대사하고 번식하고 적응할 수 있는 생물이 어떻게 불활성 화학물질에서 출현했을까? 다윈은 이 질문에 답하려는 시도조차 하지 않았지만, 1871년 한 친구에게 쓴 편지에 이후 과학적 사고의 지침이 될 개념을 개괄했다. 단순한 생명체가 생겨나기에는 오늘날보다 초기 지구의 조건이 더 알맞을 수도 있다는 말이었다.

> 생물이 출현하는 데 필요한 모든 조건이 현재 갖추어져 있고, 지금까지 쭉 그랬을 수도 있다는 말을 흔히 합니다. 하지만 상상해봅시다. 현재 암모니아와 인산염, 빛, 열, 전기 등 온갖 것이 갖추어진 어느 따뜻하고 작은 연못에서 더 복잡하게 변화할 준비가 된 단백질 화합물이 화학적으로 형성되어 있다면(오! 정말 엄청난 수준일 겁니다!) 즉시 먹히거나 흡수될 겁니다. 생물이 출현하기 전이었다면 그런 일이 없었겠죠.[1]

현재의 과학 개념으로 생명의 기원을 이야기하기 전에 기존 개념들을 요약하여 논의의 맥락을 정해보기로 하자.

생명의 기원에 관한 전통적 개념

오랜 세월 많은 문화와 사회는 여러 신 또는 하나의 신이 자연에 초자연적으로 개입하여 생물들과 인간을 창조했다고 추정했다. 유대-기독교 전통의 견해는 미켈란젤로의 걸작인 이탈리아 로마의 바티칸 시스티나 경당 천장화에 잘 표현되어 있다. 이 그림에서는 천국에 있는 신과 사람이 손가락을 맞댄다. 객관적으로 검증할 증거가 없고 방법도 없으므로, 이 개념은 신앙이나 비유로 볼 수 있는데, 과학자들은 객관적 증거로 뒷받침할 수 있는 자연주의적 설명을 추구한다.

19세기 중반까지도 자연주의자들은 자연발생이라는 낡은 개념을 고수했다. 기존 생명의 썩은 잔해로부터 갑자기 자연적으로 새 생명이 출현한다는 주장이다. 당시 사람들은 쓰레기 더미에서 갑자기 출현하는 지렁이와 구더기를 보곤 했다. 사람들은 눈으로 볼 수 있는 것을 증거로 받아들였지만, 현미경으로만 볼 수 있는 미생물 세계가 있다는 것을 몰랐다.

다윈과 동시대인인 프랑스 화학자이자 세균학자 루이 파스퇴르(Louis Pasteur)는 멸균 조건에서 실험하여 자연발생 개념이 틀렸음을 증명했다. 그는 공기 속에 미생물이 떠다니며, 멸균한 액체와 접촉하면 액체가 썩는다는 것을 보여줌으로써, 생명이 자연발생한다는 환상을 무너뜨렸다. 그는 공기를 충분히 가열하여 미생물을 죽이는 방법을 고안했다. 그렇게 멸균한 뒤 격리한 공기에서는 생명이 나타나지 않았다. 생명이 무생물로부터 자연히 생기지는 않는다는 점을 입증한 그는 생명은 오직 생명으로부터 나온다고 설명했다.

생명의 기원에 대한 또 다른 이론은 생명이 다른 곳에서 왔다는 범종설(panspermia)이다. 지금도 믿는 사람들이 있는 이 개념은 고대 그리스 과학자 아낙사고라스(Anaxagoras)로 거슬러 올라간다. 유명한 범종설 지지자 중 하나는 우주론자 프레드 호일이다. 이 이론은 초기 지구를 폭격한 운석과 혜성에 생명이 실려 있었다고 본다. 외계인이 생명을 들여왔다는 흥미로운 이야기도 쉽게 포함시킬 수 있다. 대대수의 우주과학자들은 생명이 외계 공간의 조건이나 지구 대기로 진입하는 격렬한 과정에서 살아남을 수 없을 것이라고 본다. 하지만 운석 깊숙한 곳에 들어 있었다면 살아남았을 수도 있다. 범종설의 근본적 문제는 생명의 기원을 설명하는 것이 아니라 생명의 위치를 그저 다른 곳으로 옮겼다는 것이다.

일부 현대 과학자들은 범종설의 순화된 판본을 받아들인다. 혜성(더러운 얼음덩어리)이나 운석(지구에 충돌하는 바위, 별똥별)에 실린 생명의 구성단위나 성분이 지구 대기에서 불타 없어지지 않았을 것이라는 생각이다. 2장에서 살펴보았듯이, 혜성은 지구에 상당히 많은 물을 제공했다고 여겨진다. 이 물에 생명의 구성 성분인 화학물질이 있었다고 가정할 수도 있다. 1969년 오스트레일리아 머치슨 인근에 떨어진 운석 등에 세포를 만드는 데 필요한 몇몇 화학물질이 들어 있었다고 알려져 있다. 2000년이 되기 며칠 전 캐나다 유콘준주에 떨어진 운석에는 공기 방울 같은 유기물 덩어리가 있었다. 이 발견들은 생명에 필요한 분자들이 우주에 있음을 증명하는 한편 외계행성 생명 탐사에 대한 호기심을 자극하고, 우주에 생명이 얼마나 존재하느냐는 기본적 질문도 제기한다.

생명의 기원에 관한 현대의 개념

파스퇴르가 입증했듯이 생명이 생명으로부터 출현한다면, 처음에 어떻게 무생물에서 생명이 출현했을까? 대다수 과학자는 기나긴 시간에 걸쳐 분자 복잡성이 증가하여 무생물이 생명으로 진화했다고 가정한다. 현재 살고 있는 가장 원시적인 생명체는 이 문장의 마침표에 약 1,000마리가 들어갈 정도로 작은 단세포 미생물이다. 이들을 통해, 지구 최초로 나타난 가장 단순한 생명체의 모습을 추측할 수 있다.

생명이 출현한 시기는 아직 분명하지 않다. 일부 생물학자는 남아프리카공화국 크루거 공원과 오스트레일리아 북서부에서 발견된 약 35억 년 된 암석의 생물 화석이 가장 오래된 것이라고 본다. 반면 유니버시티칼리지런던의 닉 레인(Nick Lane) 등은 그런 미화석(microfossil)은 자연물을 착각한 결과이며, 최초의 생물 화석은 약 24억 년 전의 것이라고 본다. 레인이 옳다면, 기존 견해보다 훨씬 나중에 생명이 출현했을 수도 있다(지구 생성 후 10억 년이 아니라 20억 년). 한편 35억 년 된 암석에 든 것이 생물 화석이긴 하지만 광합성 생물은 아니라는 주장도 있다. 이 논쟁은 지금도 계속되고 있다.

그렇다면 현존하는 가장 단순한 세포와 비슷한 최초의 살아 있는 세포는 어떻게 출현했을까? 많은 생물학자가 **화학적 진화 이론**(theory of chemical evolution)을 지지한다. 분자들이 자연선택을 거치면서 단백질 구성단위인 아미노산과 핵산 구성단위인 뉴클레오타이드의 긴 사슬로 서서히 진화했다는 이론이다. 생물 세계의 자연선택과 마찬가지로 환경에 적합한 화학적 사슬은 살아남고 그렇지 않은 사슬은 사라지는 과정이 되풀이되면서 최초의 생물이 나타났다. 자세한 내용은 여전히 모호하지만, 연구실 실험을 통해 단서 몇 가지가 나왔다.

1920년대와 1930년대 초에 한 생화학자와 한 물리학자가 비슷한 화학적 진화 가설을 각자 내놓았다. 모스크바의 알렉산드르 오파린(Alexander Oparin)과 런던의 J. B. S. 홀데인(J. B. S. Haldane)이었다. 이들에 따르면 초기 대기에 메탄과 암모니아 등 수소 화합물이 풍부하고 산소 분자가 거의 없었기에 더 복잡한 유기 분자가 합성될 수 있었다. 홀데인은 반응성이 강한 산소가 존재했다면 초기 지구에서 진화한 모든 단순한 생명체를 파괴했을 것이므로, 생명이 산소가 없는 환경에서 진화한 것이 틀림없다고 강조했다(불은 산소반응의 한 예다). 2장에서 살펴보았듯이 약 25억 년 전 광합성 세균이 출현하기 전까지 산소는 대기의 주요 성분이 아니었다.

현재의 대기와 지표면은 초기 지구와 크게 다르므로, 초기 생명 출현에 관한 문제는 당시의 대기 조건을 모사한 실험실에서 연구해야 한다. 1952년 시카고대학교에서 중요한 실험이 진행되었다. 노벨상 수상자 해럴드 C. 유리(Harold C. Urey)의 연구실에서 대학원생 스탠리 밀러(Stanley Miller)가 진행한 실험이었다. 밀러는 산소가 없는 초기 대기에 번개를 치면 생명의 원료 물질을 합성할 수 있을 거라고 추측했다. 그는 멸균수를 담은 플라스크 위에 붙인 관에 초기 대기와 비슷한 기체들을 채우고는 전기 불꽃을 튀기기 시작했다. 진행 속도를 높이기 위해 당시 나타난 번개의 횟수보다 훨씬 많은 방전을 일으켰다. 일주일이 지나기도 전에 관 안쪽을 지저분한 적갈색 막이 뒤덮었다. 막은 다양한 유기 분자로 이루어져 있었다. 생물에는 탄소-수소 결합을 지닌 유기 분자가 있다. 적갈색 막의 분자들에는 단백질을 만드는 성분인 아미노산이 적어도 6가지 있었다(〈그림 3.4〉).

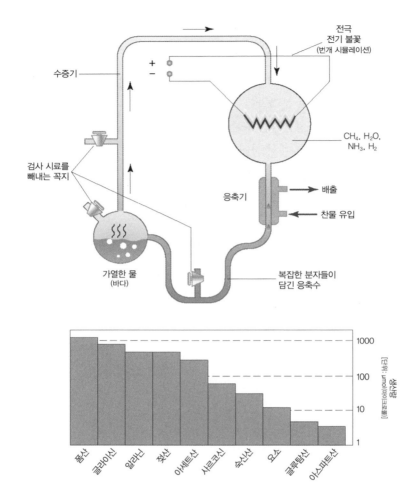

그림 3.4 1952년 스탠리 밀러의 실험. 노벨상을 받은 화학자 해럴드 C. 유리의 대학원생이었던 밀러는 지구의 초기 조건을 실험실에서 모사하려 했다. 다윈은 갈라파고스제도로 향했을 때 22세였다. 과학 발전에는 젊은이들이 중요한 역할을 하는 듯하다.

이 실험은 산소가 없는 대기에서 단순한 아미노산과 뉴클레오타이드가 쉽게 합성된다는 것을 입증했다. 다음 단계는 단순한 화합물을 결합하여 더 복잡한 단백질과 핵산을 만드는 것이었다. 후속 실험 결과, 조건이 알맞으면 단순한 아미노산들이 수천 또는 수백만 개의 원자들로 긴 사슬을 형성할 수 있었다. 많은 생물학자가 적어도 5억 년에 걸친 화학적 진화로 원시 세포가 출현했고, 그중 하나로부터 온전하고 살아 있는 세포가 나와서 생명이 출현했다고 가정한다. 하지만 이 단계는 실험으로 증명되지 않았으므로 아직까지 수수께끼로 남아 있다.

세포의 화학

기초 물리학과 화학에 토대하여 가장 단순한 세포의 구성 요소를 알면, 생명이 출현하는 화학적 진화를 이해하는 데 도움이 된다. 물질의 가장 작은 단위인 원자는 더 작은 입자로부터 생겨나지만, 화학반응을 통해 더 작은 입자로 분해되지는 않는다. 1장에서 설명했듯이 지구에 자연적으로 존재하는 원소인 원자는 92가지다.

생명의 화학은 탄소 원자의 독특한 구조에 토대를 둔다. 가장 흔한 탄소 동위원소는 양성자 6개, 전자 6개, 중성자 6개로 이루어졌다. 탄소 원자들이 긴 사슬처럼 연결되어 있고 그 옆으로 탄소 원자 하나에 다른 원자가 붙을 자리가 2군데 더 있다. 그래서 탄소 사슬은 이리저리 접혀서 다양하고 복잡하며 안정된 구조를 만들 수 있다. 탄소 원자는 5개의 원소와 결합하여 생명의 구성 성분인 단백질을 만든다. 수소(양성자 1개, 전자 1개), 질소(양성자 7개, 전자 7개), 산소(양성자 8개, 전자 8개), 인(양성자 15개, 전자 15개),

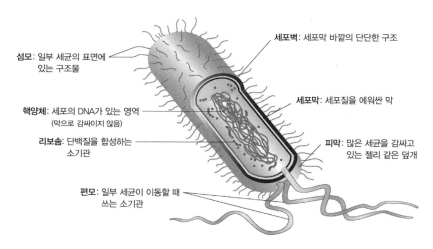

그림 3.5 원핵세포의 구조. 그림에 없지만 전령 RNA(mRNA)가 DNA에서 리보솜으로 가며, 전령 RNA에 담긴 명령문에 따라 리보솜이 단백질을 합성한다.

황(양성자 16개, 전자 16개)이다.

가장 단순한 세포는 세포핵이 없는 **원핵세포(prokaryote)**다(〈그림 3.5〉). 원핵세포는 핵이 없지만 매우 복잡하다. 막이 세포의 모든 내용물을 감싸고 분자들의 안팎 이동을 조절한다. 유전물질을 제외한 세포의 내용물인 세포질은 대부분 단백질이다. 단백질은 긴 아미노산 사슬이 접혀 있어 입체적(삼차원)이다. 단백질은 세포질에 있는 리보솜이라는 특수한 구조에서 만들어진다. 핵을 만드는 핵막이 없으므로, 원핵세포의 유전물질인 DNA 분자는 세포질에 그저 떠 있다.

최초의 세포는 어디서 어떻게 출현했을까?

지구 최초의 세포가 출현하기에 알맞은 곳은 어디였을까? 가장 가능성 높은 곳은 물이다. 다윈이 '따뜻하고 작은 연못'에서 나타났을 것이라고 추측했듯이 액체 형태의 물은 생명에 매우 중요하다. 기체에서는 원자들이 빠르게 움직이면서 한순간 부딪치고 지나갈 뿐이고, 고체에서는 원자들이 거의 움직이지 못하기 때문이다. 반면 액체에서는 원자들이 알맞은 정도로 느리게 움직여서 연결되거나 결합하여 더 복잡한 분자를 만들 수 있다. 물은 어는점(0℃) 바로 위부터 끓는점(100℃) 바로 아래의 넓은 온도 범위에서 액체로 존재한다. 수소와 산소라는 두 풍부한 원자로부터 형성되는 물은 탄소와 다른 원자들의 결합에 영향을 미치지 않는다.

많은 현대 생물학자는 바다의 얕은 가장자리가 생명이 출현하기에 가장 알맞다고 생각했다. 최근 심해를 탐사한 일부 과학자는 '검은 연기 기둥(black smoker)'이라는 열수 분출구에서 생명이 기원했을 가능성이 있다고 주장했다. 열수 분출구는 움직이는 지각판의 가장자리에서 생기는 심해 화산 근처에 있다. 열, 에너지, 산소를 제외한 화학물질이 가득한 물이 솟아오르는 이곳에는 산소나 햇빛에 의존하지 않는 호열성 세균이 산다. 그중에는 1977년에 발견되었으며 가장 오래된 생명체에 속하는 생물 집단인 고세균도 있다. 일부 생물학자는 분출구의 물 온도가 너무 높아서 최초의 세포가 살 수 없었거나, 생명의 성분들이 너무 묽었을 것이라고 본다. 이처럼 생명이 기원했을 가능성이 높은 곳을 두고 의견이 분분하다.

최초의 세포를 연구하는 과학자들은 세포와 같은 원소들로 이루어진 복잡한 분자들이 세포와 비슷한 공 모양의 보호막 속에서 다른 원자와 분자를 흡수하여 에너지를 얻고, 쪼개져서 복제되는 양상을 상상한다. 그런데 유용한 적응형질을 획득한 원시 세포가 어떻게 형질들을 보존하면서 번식하고 생명으로 진화했을까? 아직 해결되지 않은 이 의문은 생명의 출현에 관한 지식에서 공백으로 남아 있다.

한편으로는 생명의 기원을 이해하는 데 유용한 획기적 발전들이 이어졌다. 첫 번째 돌파구는 1944년 유전물질의 요소가 단백질이 아니라 핵산으로 밝혀진 일이다. 앞서 말했듯이 1953년에는 왓슨과 크릭이 DNA 분자의 구조를 밝혀냈다.

세포를 만들고 유지하는 데 중요한 DNA는 관련 정보를 딸세포에 전달한다. 모든 생물의 모든 세포에 들어 있는 DNA는 뉴클레오타이드로 이루어진 긴 사슬이다. 뉴클레오타이드는 단백질을 이루는 아미노산, 세포막을 이루는 인지질과 다르다.

DNA 분자는 세포에서 가장 크고 복잡한 분자다. 사람의 세포 하나에 촘촘하게 들어 있는 DNA를 모두 펴면 길이가 약 2m에 달한다. 촘촘하게 감긴 DNA는 염색체를 이루고, 염색체에는 군데군데 유전자가 들어 있다. 유전자는 한 단백질을 만드는 아미노산 서열의 정보를 담고 있다. 전령 RNA라는 분자가 유전자의 정보를 리보솜으로 전달하고, 리보솜은 유전자의 명령문에 따라 세포질에 떠다니는 아미노산들을 모아 이어 붙여서 단백질을 만든다.

DNA는 길게 이어지고 비틀린 사다리처럼 생겼다(〈그림 3.6〉). 사다리의 기둥은 인산과 당 분자가 번갈아 이어진 사슬이고, 단은 염기라는 분자가 쌍쌍이 결합된 것이다. 염기들의 결합은 상보성을 띠므로 사이토신(C)은 구아닌(G), 아데닌(A)은 티민(T)과만 짝을 짓는다.

DNA가 복제를 시작하면 상보적인 두 가닥이 한가운데를 따라 갈라진다. 각 염기는 다른 한 종류의 염기와만 결합하므로, 한쪽 가닥의 염기 서열을 알면 다른 쪽 가닥의 염기 서열도 알 수 있다. 각 가닥은 주변에 떠다니는 염기 분자를 모아서 이어 붙인다. 그러면 똑같은 이중나선 2개가 생기는데, 때로는 복제 오류인 돌연변이가 일어난다. 방사선이나 화학물

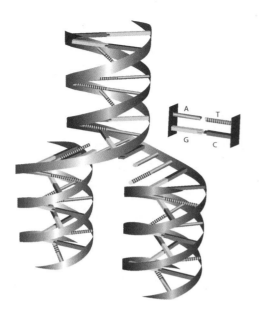

질, 유전자의 이동, 기타 변화로도 돌연변이가 생길 수 있다.

DNA의 친척인 **RNA**, 즉 리보핵산(ribonucleic acid)은 대개 한 가닥으로 존재하고, 뼈대를 이루는 당이 DNA와 조금 다르다. 앞서 말했듯이 세포는 DNA의 유전자 정보를 전령 RNA로 복제한다. DNA가 세포핵 안에 있다면, 전령 RNA는 세포질로 빠져나와 리보솜에 명령문을 전달한다. 리보솜은 명령문에 따라 새 단백질을 합성한다. 초기 세포에서는 RNA 자체가 단백질을 만드는 명령문을 지니고 그 정보를 딸세포에 물려주었을 수도 있다. 그렇다면 RNA가 DNA보다

그림 3.6 DNA 이중나선. DNA는 두 가닥이 비틀린 나선처럼 생겼다. 복제될 때는 두 가닥이 갈라진다.

먼저 나타났고, 나중에 DNA가 RNA의 일을 떠맡았을 수도 있다.

RNA가 DNA보다 먼저 생겼다는 개념은 현대 생물학의 주류 가설이다. RNA 세계 이론(RNA World theory)이라고 불리는 이 이론은 고대 RNA가 DNA 대신 유전정보를 저장했고, 고대 RNA가 현대 DNA처럼 복제했으며, 고대 RNA가 현재의 단백질 효소처럼 촉매 역할도 했다고 가정한다. 이 가설이 옳다면, 최초의 생명체는 보호막 안에 든 자기 복제하는 RNA 가닥이었다고 볼 수 있을 것이다. 대사는 더 나중에 출현했을 것이다.

생명이 출현하려면 2가지 분자 집합이 진화해야 했다. 번식 암호를 담을 핵산, 그리고 대사와 유지에 필요한 단백질의 전구물질 역할을 할 아미노산이다. 그렇다면 양쪽은 존속하기 위해 어떻게 상호작용했을까? 어느 쪽이 먼저 발달했을까?

재미로 생각해보는 차원에서 몇 가지 가설을 제시하겠다. 단백질(대사)과 DNA는 동시에 출현하여 협력하면서 발달했을 수도 있다. 아니면 RNA가 먼저 발달하고 단백질이 나중에 출현했을 수도 있고, 순서가 반대였을

수도 있다. 또는 RNA와 단백질이 서로 다른 원시 세포에서 출현했다가 나중에 융합하면서 동맹을 맺었을 수도 있다. 아무튼 경이로운 복잡성을 지닌 유전암호의 기원은 수수께끼로 남아 있다. 최초의 생명에 관여한 화학을 알아내면 생명의 기원을 더 깊이 이해할 수 있다.

생명의 출현은 아직 수수께끼로 남아 있지만, 유전 증거를 살펴보면 모든 생명이, 대사하고 자신이 개척한 화학적 이점을 정확히 복제할 화학 기구를 갖춘 최초의 세포 집단인 LUCA로부터 진화했음을 알 수 있다. 인류는 지구의 모든 생물과 이어져 있다. 최초의 세포가 출현한 이래 생명을 유지하고 번식하는 데 쓰인 그 유전암호를 공통적으로 지니기 때문이다. 이 점이 지구 생명에 관해 알려진 가장 놀라운 사실일 수도 있다.

생명이 출현하고 존속하려면 조건이 알맞아야 한다. 초기에 용융 상태였던 지구는 점점 식으면서 내부의 열을 분산시킬 방법들을 개발했다. 약 43억~20억 년 전 바다가 생긴 이후 지구는 행성 전체가 완전히 얼어붙을 만큼 추워지거나 모든 물이 증발할 정도로 뜨거워진 적이 없다. 가장 가까운 이웃인 금성과 화성에도 생명이 출현했을 수도 있지만, 환경이 너무 심하게 바뀌었기에 존속할 수 없었다. 태양이 생겨난 후 열 출력이 약 30%까지 서서히 증가함에 따라 금성은 아주 뜨거워졌고, 대기의 이산화탄소가 기온을 더욱 높였다. 화성은 너무 작아서 대기와 지표면의 액체 물을 간직할 수 없었다. 생명이 출현했더라도 대기와 물이 사라지면서 모두 죽었을 것이다.

지구 생명의 역사

이제 배경 지식을 갖추었으니 새로운 질문을 해보자. 생명은 어떻게 약 38억 년간 온갖 다양한 생물을 진화시켰을까? 우리가 닭이나 사마귀라면 닭이나 사마귀로 이어진 경로에 초점을 맞추어 질문했을 것이다. 그러나 우리는 사람이기에 사람으로 이어진 다양성의 미로를 헤쳐 나가는 경로를 따라가자.

복잡한 생명체에 초점을 맞춘다고 해서 복잡성이 클수록 더 중요하거

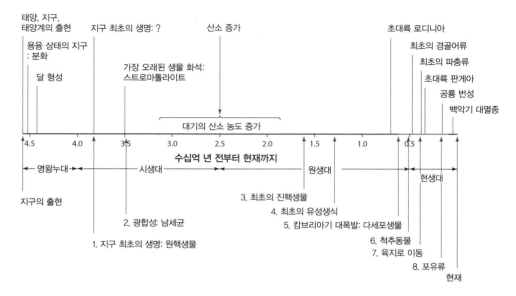

태양, 지구, 태양계의 출현

용융 상태의 지구 : 분화

달 형성

지구 최초의 생명: ?

가장 오래된 생물 화석: 스트로마톨라이트

산소 증가

대기의 산소 농도 증가

초대륙 로디니아

최초의 경골어류

최초의 파충류

초대륙 판게아

공룡 번성

백악기 대멸종

4.5   4.0   3.5   3.0   2.5   2.0   1.5   1.0   0.5

수십억 년 전부터 현재까지

명왕누대   시생대   원생대   현생대

지구의 출현

3. 최초의 진핵생물

2. 광합성: 남세균

4. 최초의 유성생식

5. 캄브리아기 대폭발: 다세포생물

6. 척추동물

7. 육지로 이동

8. 포유류

현재

1. 지구 최초의 생명: 원핵생물

그림 3.7 지구 생명의 연대표. 대기 산소 농도가 증가하는 데 얼마나 오래 걸렸는지 주목하자. 이 기나긴 시간에 대한 생각이 인류를 이해하는 데 어떤 도움이 될까?

나 낫다는 의미는 아니다. 모든 생명체는 상호 의존적이다. 더 복잡한 존재는 덜 복잡한 존재에게 의존한다. 세균은 지구에 있는 원소들의 모든 중요한 순환에 관여한다. 20세기 중반 이후 인구가 급증한 우리는 다른 생물들을 책임지거나 지배할 권한이 있다고 생각하는 경향이 있다. 그러나 우리는 덜 복잡한 생명체들에게 여전히 의존하고 있다. 이 책에서 사람에게 초점을 맞추는 이유는 현재 사람의 위치가 지배적일 뿐 아니라 우리가 사람이기 때문이다. 우리가 자기 종의 이야기에 가장 관심이 많을 다른 사람을 위해 글을 쓰고 있어서다.

생명의 진화와 관련하여 2가지 가닥인 생물학과 지질학을 동시에 설명하기는 쉽지 않다. 생물이 변화하는 매순간 지구도 변하고 있으며 서로 영향을 미친다. 여기서는 생물학적 변화에 초점을 맞추고 생물과 지구가 서로 미치는 영향에 대한 사례를 언급할 것이다.

간략하게 서술하기 위해 지구 생명의 역사를 〈그림 3.7〉과 같이 8단계로 나누었다. 처음 4단계는 30억 년에 걸쳐 단세포생물이 발달한 과정이다.

① 원핵생물 출현

② 햇빛에서 에너지를 얻는 광합성

③ 호흡과 진핵생물의 출현

④ 유성생식

이 4단계가 여기서 이야기할 시간의 7분의 6을 차지한다. 생명은 단세포생물뿐이었다. 인류가 지구 바깥에서 생명을 발견한다면 단세포생물일 가능성이 높다.

나머지 4단계는 마지막 7분의 1에 해당하는 약 6억 년이다.

⑤ 다세포생물 출현

⑥ 등뼈를 지닌 동물인 척추동물

⑦ 육지로 올라온 생명

⑧ 약 800만 년 전까지의 공룡과 포유류

처음 4단계(38억~6억 년 전)

생명의 첫 4단계에는 단세포 미생물만 등장한다. 이들은 생명의 기본 과정들을 개발했다. 발효, 광합성, 호흡과 진핵생물의 출현, 유성생식이다. 4단계는 약 30억 년간 이어졌다.

■ 1단계: 최초의 생명(약 38억 년 전)

최초의 생물은 원핵생물과 비슷했을 것이다. 즉, 앞서 설명한 세포핵이 없는 단세포 미생물이었을 것이다. 가장 작은 세균과 고세균은 지름이 수소 원자보다 약 1,000배 큰 정도여서 연필로 찍은 점에 약 1,000마리가 들어갈 수 있다. 이 작은 공간에 수조 개의 분자가 들어차 있다. 세균과 고세균은 나노기술의 대가다.

가장 단순한 미생물은 절반으로 나뉘어 증식한다(이분법). 따라서 이들은 본래 죽지 않는다. 기아, 열, 염분, 건조, 항생제 때문에 죽을 수는 있지만 이런 조건이 없으면 계속 나뉘면서 끝없이 불어난다.

심해 열수 분출구의 고세균과 온갖 곳에 사는 세균 같은 초기 생물들은 주변의 단순한 분자들을 먹어서 에너지와 영양소를 얻었다. 초기 세균은 산소 없이 할 수 있는 물질대사인 발효를 이용했다. 산소는 10억 년쯤 지나 대기의 주요 성분이 된 후에야 대사의 중요한 일부가 되었다. 세균은 먹이를 소화하고 그보다 에너지가 적게 든 산과 알코올을 분비했다. 이 세균 중 일부는 지금도 발효를 일으킨다. 유제품을 대사하여 치즈를 만드는 세균이 좋은 예다. 고세균은 무척 뜨겁거나 염분이 높은 물처럼 극한 환경에 세균보다 잘 적응했다. 세균이 대개 아미노산이나 당 같은 유기 화합물(탄소를 함유한 분자)을 먹어야 하는 반면, 고세균은 심해 분출구에서 나오는 황처럼 극도로 단순한 무기 화합물을 대사하는 능력을 진화시켰다.

■ **2단계: 광합성(약 34억~25억 년 전)**

생명의 초기에 주변에 있는 아미노산과 단백질이 고갈되어가자 미생물은 에너지를 얻을 다른 방법을 찾아야 했다. 이윽고 일부 미생물이 햇빛을 이용해 먹이를 만드는 **광합성**(photosynthesis) 능력을 진화시켰다. 광합성은 다른 미생물이 발효의 부산물로 뿜어내는 이산화탄소를 활용하는 과정이다. 광합성 생물들은 말 그대로 공기를 먹을 수 있었지만 질소와 황 같은 원소는 다른 곳에서 얻어야 했다.

광합성을 맡은 엽록소 분자에는 원자들이 작은 태양전지판처럼 배열되어 있다. 분자의 표면에 닿은 햇빛은 분자 안에 갇힌다. 갇힌 태양에너지는 물 분자의 산소 원자로부터 수소 원자를 떼어낸다. 태양에너지를 얻어서 활발해진 수소 원자는 공기에 있는 이산화탄소의 탄소 원자와 결합하여 탄수화물(당)을 만들고, 부산물인 산소를 대기로 내보낸다. 당은 태양에서 온 화학 에너지를 저장한다.

남세균이라는 원핵생물로부터 출현한 엽록소의 분자는 녹색이다. 예전에는 남조류라고 했지만, 조류는 세포핵을 지닌 더 복잡한 세포로 이루어진 진핵생물이다.

광합성은 역사상 출현한 대사 경로 중 가장 중요하다. 덕분에 광합성 세균은 태양의 에너지를 직접 이용하여 살 수 있었고, 후손인 모든 식물도 마찬가지다. 식물은 태양의 에너지를 수확하여 저장하며, 식물을 먹는 동물은 그 저장된 에너지로 살아간다. 또한 광합성 출현은 이 세균이 노폐물인 산소를 대기로 뿜어내기 시작했다는 뜻이다. 약 30억 년 전부터 20억 년 전까지 산소가 쌓이면서 대기의 산소 비율이 약 1%에서 지금의 20~21%로 늘었다(2장 참고).

사람은 과거뿐 아니라 지금도 광합성 세균에게 큰 신세를 진다. 광합성 생물은 매일 이산화탄소 약 363t을 물 약 181t과 섞어서 유기물과 산소를 약 272t씩 생산한다. 현재 광합성 중 절반은 생장에 필요한 빛이 충분히 들어가는 바다 표면 근처에 사는 단세포 해양 플랑크톤이 한다.

광합성 세균은 왜 기나긴 세월 동안 거의 변하지 않았을까? 아무도 모른다. 생명의 기능에 핵심적 역할을 해서 그럴 수도 있고, 너무 잘 적응해서 굳이 변할 필요가 없어서일 수도 있다. 광합성 세균이 선택압을 많이 받지 않았다는 말이기도 하다.

초기 남세균은 얕은 바다에 널리 퍼져 있었고, 군데군데 모여 깔개를 만들곤 했다. 수많은 남세균과 먼지 등이 모여서 생긴 깔개는 층층이 쌓이면서 높이 솟아올라 높이가 50cm에서 1m에 달하기도 했다. 이들을 스트

그림 3.8 스트로마톨라이트. 가장 오래된 원핵세포들의 공동체인 세균 깔개가 만드는 구조물이다. 사진은 웨스턴 오스트레일리아 샤크만에서 스트로마톨라이트가 형성되는 모습이다. 경이로울 만큼 오래 살고 있는 이 세균들은 35억 년 동안 죽지 않고 번식해왔다. (출처: ⓒPaul Harrison/wikicommons)

로마톨라이트(stromatolite)라고 한다. 깔개의 표면에서는 미세한 모래나 진흙 알갱이가 걸러서 모였고, 깔개 깊숙한 곳에서는 세균이 죽은 세포를 먹어 치우면서 탄산염 결정이 형성되었다. 결정들은 뭉쳐 굳으면서 나중에 석회 암이 되었다.

깔개를 이루는 세포 하나하나는 각자 알아서 살아갔다. 더 복잡한 세포나 세포 간 상호작용이 있었다는 증거는 없다. 그동안 많이 발견된 스트로마톨라이트 화석은 지금도 바하마 양안과 웨스턴오스트레일리아 샤크 만 등의 몇몇 해역에서 형성되고 있다. 이 깔개를 뜯어먹는 동물이 없는 곳들이다(〈그림 3.8〉).

남세균은 광합성을 개발하여 위기를 넘겼지만, 시간이 흐르자 다른 위기에 처했다. 자신들이 배출한 산소가 대기와 바다의 조성을 바꾸는 바람에 닥친 위기였다. 처음에는 산소가 철과 결합했기에 전 세계에 붉은 암석이 형성되었다. 바다에도 더 많은 산소가 녹아들었다. 그러면서 산소가 꾸준히 늘어났고, 약 25억 년 전에 대기와 물의 산소화가 지구에 중요한 영향을 미친 듯하다. 최초의 세균들은 산소를 화학적으로 이용할 능력이 없었기 때문에 상당수가 죽어 사라졌고, 산소를 이용하는 방법을 진화시킨 세균들이 그 자리를 대신했다. 이 전환이 전면적인 대량 학살은 아니었기에, 산소를 이용하지 않는 혐기성 세균들은 지금도 생태계에서 나름의 역할을 맡고 있다. 그러나 현재 세계를 지배하는 것은 산소를 이용하는 호기성 세포다.

■ 3단계: 호흡과 진핵생물(약 25억~15억 년 전)

약 25억~15억 년 전의 어느 시기에 생명이 세 번째로 도약했다. 일부 세균이 산소를 이용하는 방법을 개발한 덕분이었다. 광합성을 뒤집은 이 과정을 **호흡**(respiration)이라고 한다. 호흡은 세포가 산소를 사용하여 탄수화물을 소화하는 과정이다. 호흡에서 세포가 쓸 에너지가 나오고 부산물로 이산화탄소와 물이 생긴다.

광합성은 이산화탄소를 빨아들이고 산소를 내보낸다. 호흡은 산소를 빨아들이고 이산화탄소를 내보낸다. 짠! 세균은 생물권이 균형을 유지하는 재순환 체계를 고안했다. 이익과 손실의 수지 균형을 맞춘 모범사례다.

세균이 호흡을 개발한 결과, 스트로마톨라이트의 깔개 사이에서 새로운 세포가 출현했다. 가장 오래된 증거는 약 18억 년 전의 것이다. 훨씬 오래전에 출현했을 수도 있지만, 생명의 역사에서 그 이전 시기는 세 생물 영역 사이에서 유전자가 전달되었다는 점과 증거를 찾기가 극도로 어렵다는 점 때문에 논란의 대상이다. 새 세포는 복잡성이 크게 증가한 상태였고, 이후에는 더 이상 혁신이 나타나지 않았다.

진핵생물(eukaryote)이라는 새 세포가 원핵생물과 다른 점은 약 30가지지만 여기서는 3, 4가지를 언급하겠다(〈그림 3.9〉). 진핵생물은 원핵생물보다 약 10~1,000배 크다. DNA는 잘 발달한 세포핵을 이루는 보호막에 싸여 있다. 세포는 세포질이 세포뼈대(cytoskeleton)를 발달시킬 수 있을 정도로 충분히 크다. 세포뼈대는 그물처럼 연결되어 세포를 지탱하는 단백질 섬유들의 망이다. 세포를 움직이고, 세포 안에서 내용물을 이리저리 운반하는 데 쓰인다. 또한 새 세포에는 몸의 장기처럼 별도의 기능을 지닌 구조물인 세포소기관들이 있었다. 가장 중요한 2가지 세포소기관은 호기성 호흡으로 세포 대사를 하는 미토콘드리아와, 광합성하는 엽록체다.

진핵생물들의 유전체를 분석한 최근 연구에 따르면 고세균과 세균의 공생으로 진핵생물이 생겨났을 수도 있다. 이후 진핵세포는 산소호흡을 하는 세균을 받아들였고, 그 세균은 미토콘드리아가 되었다. 또 일부 진핵세포는 남세균을 받아들였고, 그 남세균은 식물의 엽록체가 되었다.

큰 세포가 미토콘드리아와 엽록체를 삼켰지만, 소화시키지는 않은 듯하다. 연구자들은 1967년 생물학자 린 마굴리스가 이론을 내놓은 뒤에야 진핵생물의 이러한 측면을 깨닫기 시작했다. 이는 생물이

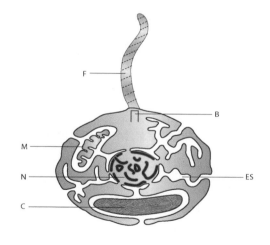

그림 3.9 진핵세포의 구조. 원핵세포에서 출발하여 어떻게 복잡성이 증가했는지를 뚜렷이 보여준다. 회색 영역은 세포질이다. 외막과 내막(ES)이 보인다. 내막은 세포핵(N)과 세포질을 구분한다. 엽록체(C)와 미토콘드리아(M)도 내막으로 감싸여 세포질과 구분된다. 빗금 친 부분은 기저체(B)를 통해 세포질과 붙어 있는 진핵 편모(F)다.

경쟁뿐 아니라 협력을 통해서도 진화한다는 의미다. 생물학자들은 대체로 마굴리스의 이론을 받아들였다. 미토콘드리아가 자체 DNA를 지니고 있기 때문이기도 하다.

진핵생물 중 일부는 규조처럼 미세한 조류인 단세포생물이다. 반면 우리 몸을 구성하는 수많은 진핵세포 같은 다세포생물도 있다. 과학 저술가 빌 브라이슨(Bill Bryson)은 진핵세포를 이렇게 표현했다.

> 세포를 방문할 수 있다면 썩 좋다는 생각이 들지 않을 것이다. 원자를 완두콩만 하게 부풀리면, 세포는 지름이 약 800m인 공이 된다. 세포뼈대라는 복잡한 뼈대가 이 세포를 안에서 떠받치고 있다. 세포 안에서는 조 단위의 물체들이 총알처럼 윙윙 날아다닐 것이다. 농구공만 한 것도 있고, 자동차만 한 것도 있다. 어디에 서 있든 간에 매초에 모든 방향에서 수천 번씩 얻어맞고 터질 것이다. 세포 안에서 줄곧 살고 있는 점유자들에게도 세포는 위험천만한 곳이다. 세게 부딪치거나 부주의하게 잘라버리는 화학물질 등이 평균 8.4초에 1번씩 각 DNA 가닥을 공격하거나 손상시키는데, 합하면 하루에 1,000번이다. 세포가 죽지 않으려면 상처를 재빨리 꿰매야 한다.
>
> 단백질은 1초에 10억 번까지도 회전하고 약동하며 씽씽 지나친다. 단백질의 일종인 효소도 1초에 1,000번까지 일하면서 어디서든 바쁘게 돌아다닌다. 바쁘게 돌아다니는 일개미처럼, 효소도 이 분자에서 한 조각을 떼어내어 다른 분자에 갖다 붙이면서 분자들을 만들고 또 만든다.[2]

■ 4단계: 유성생식(약 10억 년 전)

지금까지 이야기한 생명체인 원핵생물과 진핵생물은 둘로 나뉘어 번식한다. 나뉘어 생긴 두 세포는 원래 세포의 클론이다. 즉, 나중에 DNA에 일어나는 돌연변이를 제외하면 원래 세포와 유전적으로 똑같다.

약 10억 년 전 조류, 아메바, 변형균류 같은 초기 진핵생물이 네 번째 주요 단계를 넘었다. 이들은 새로운 번식 방법인 유성생식(sexual reproduction)을 개발했다. 번식을 맡은 세포는 DNA를 미리 2배로 늘리지 않은 채 둘로 나뉜다. 딸세포는 다른 반쪽을 만나 수정할 준비를 하고 다른 '부모' 생물로부터 나온 딸세포와 융합한다. 무성생식에서는 모든 세포가 계속 살아가지만, 유성생식에서는 번식을 맡은 세포를 제외한 모든 세포가 죽는다. 과학자들은 진핵생물들이 먹이가 부족할 때 서로를 통째로 삼키곤 한 것이 유성생식의 초기 형태였다고 생각한다. 삼킨 뒤에 때로 양쪽 세포의 세포핵들이 융합되면서 DNA가 절반씩 섞였다. 즉, 유성생식은 동족 섭식에서 유래했을 수도 있다. 유성생식의 대가는 새 몸을 만드는 일을 맡은 세포들을 제외한 다른 모든 세포의 죽음이다.

유성생식이 정확히 어떤 이점이 있기에 널리 퍼졌는지는 아무도 모른다. 어쨌든 유성생식은 자연선택이 작용할 변이의 주요 원천을 늘렸다. 유성생식에서 부모의 유전자가 절반씩 섞여서 재조합되면 자식의 유전자 조합은 돌연변이만으로 생길 수 있는 것보다 훨씬 다양하고 새로워진다. 우리는 부모 한쪽의 클론이 아니라 양쪽의 혼합체다. 자식의 다양성이 더 커지자 진화가 빨라지기 시작했다.

물론 생명이 진화할 때 지구 환경도 계속 변하고 있었다. 앞서 말했듯 세균이 광합성을 개발한 이후 대기에 산소가 쌓이기 시작했다. 그렇게 약 20억 년이 지난 6억 년 전 산소 농도는 지금과 같은 21%에 다다랐다.

대기에 산소가 많이 축적되기 전에는 태양의 자외선이 고스란히 지구로 들어왔다. 자외선은 산소 분자를 쪼개 2개의 산소 원자로 만드는데, 높은 대기에서는 자유 산소 원자 3개가 결합하여 **오존**(ozone)이 된다. 오존은 서서히 쌓이면서 해발 약 48km 상공에서 지구를 감싸는 얇은 덮개를 형성했다. 덮개는 해로운 자외선으로부터 지표면과 생명을 보호해주었다. 대기에 산소가 많아지면서 오존이 더 많아지고 생명이 살기에 더 좋아졌다. 오존은 약 25억 년 전부터 쌓이기 시작했지만, 자외선을 제대로 가리게 된 건 약 5억 년 전부터였다.

한편 지구 환경에도 주요 사건들이 일어났다. 정확히 알 수는 없지만 약 25억 년 전 탄소 순환이 특이하게 교란된 듯하다. 탄소 순환은 생물권과 그 안의 모든 생물이 탄소를 재활용하는 생화학적 순환이다. 20억 년 뒤인 약 6억 년 전에는 유달리 심각한 빙하기가 찾아와 지구 대양의 많은 해역과 대륙붕의 대부분이 얼음으로 뒤덮였다. 이 변화로 많은 동식물이 멸종하는 한편 생명체들이 더 빠르게 변화하기 시작했다. 환경이 생물을 변화시키는 데 발맞추어 생명은 생물권을 변화시키고 있었다.

다음 4단계(약 6억~800만 년 전)

지난 6억 년 사이에 온갖 다양한 다세포생물이 진화했다.

■ 5단계: 다세포생물(약 7억~6억 년 전)

일부 진핵세포들은 원래 별개 세포로서 군집이나 사회를 이루어 살았다. 변형균류(점균류)는 따로따로 한 개체로 발달하지 않은 아메바 수백만 마리가 군집을 이룬 사례다.

일부 집단에서는 세포들이 각자 다른 일을 맡는 쪽으로 천천히 분화하고, 세포들을 하나로 묶는 특수한 분자도 개발했다. 약 8억 4000만 년 전이나 그 이전에 바다에서 세포들이 의사소통 방법을 찾아내고 세포별로 다른 역할을 맡도록 세포 분화를 조절하는 유전자 프로그램도 개발했다. 최초의 다세포생물은 단순한 보통해면과 비슷하지만 덜 복잡했다. 현재 알려진 다세포생물 중 가장 단순한 것은 털납작벌레(trichoplax)다. 1965년 필라델피아의 해양 수족관 벽을 기어다니다가 발견된 이 동물은 머리도 꼬리도 없다. 커다란 아메바처럼 생겼지만 유성생식을 하고 속이 빈 공 모양의 세포 덩어리인 배아에서 삶을 시작한다.

6억~5억 5000만 년 전 다세포생물의 몸은 대부분 부드럽고 흐느적거리는 젤라틴 같았다. 맨눈에 보일 만큼 커진 최초의 생물인 이들은 바다에서 조류를 먹거나 서로를 잡아먹었고, 바닥에 붙어 살거나 물에 떠다녔다. 몸이 부드러웠기 때문에 이 시기의 화석은 거의 없다. 최초로 발견된 것이 오스트레일리아 남동부 애들레이드 북쪽에 있는 에디아카라 지역의 사암에 찍힌 관벌레의 인상화석이어서 이 시기를 에디아카라기(Ediacaran)라고 한다. 지금은 전 세계에서 당시의 화석이 조금씩 발견되고 있다.

지질시대가 흐르는 가운데 경이로울 만큼 구조가 다양한 동물들이 갑작스럽게 출현했다. 약 5억 4200만 년 전부터 시작되어 1500만~2000만 년쯤 지속된 이 현상이 **캄브리아기 대폭발**(Cambrian explosion)이다. 캄브리아는 영국 남서부 웨일스 지역의 옛 이름으로, 당시의 화석 몇 개가 이곳에서 처음 발견되었다. 지금은 전 세계에서 발견되고 있는데 캐나다 브리티시컬럼비아의 높은 산비탈에 드러난 버지스셰일, 중국 윈난성 청장, 그린란드 북부의 시리우스곶, 애리조나 그랜드캐니언이 대표적이다. 진화 속도가 갑작스럽게 빨라진 이유는 정확하지 않다. 몇몇 학자가 이미 존재하던 동물들이 이 시기에 단단한 뼈대를 얻어 화석이 많이 생겼다거나, 심각한 빙하기가 지속되다가 갑작스럽게 따뜻해지면서 다양한 동물들이 생겨났다는 이론을 제시했다.

지금까지 세계에서 발견된 화석 중 약 절반은 5억 년 전에 바다에 널리 퍼져 있던 삼엽충이다. 초기 무척추동물 집단인 삼엽충은 이전 형태의 흔적이 전혀 없이 화석 기록에 갑자기 출현했고, 약 2억 4200만 년 전에 종의 75~95%가 대량 멸종하면서 사라졌다(뒤에서 상세히 다루겠다). 삼엽충의 후손은 현생 바닷가재와 투구게다.

버지스셰일에서 발견된 화석 중에는 피카이아(Pikaia)도 있다. 사람을 비롯하여 등뼈를 지닌 모든 동물이 속한 척삭동물 중 가장 오래된 화석이다. 지렁이처럼 생긴 피카이아는 헤엄을 쳤고, 등을 따라 연골로 된 튼튼한 막대가 뻗어 있었다. 사람뿐 아니라 모든 어류, 양서류, 파충류, 조류, 포유류의 조상이었을 수도 있다.

■ 6단계: 최초의 척추동물(척삭동물)(약 5억~4억 년 전)

최초의 척추동물은 피카이아처럼 경골이 아니라 연골로 된 척추를 지닌 동물로부터 진화했다. 척추동물, 즉 경골로 된 척추를 지닌 동물이 서서히 등뼈, 턱, 앞쪽과 뒤쪽, 신경계를 보호하는 뇌머리뼈를 갖추었다. 초기의 턱 없는 물고기(무악어류)는 길이가 약 30cm였고, 물과 그 안의 것들을 빨아들여서 먹었다. 약 4억 년 전에는 현재의 모든 해양동물보다 턱이 강하고 상어처럼 생긴 동물이 살았다. 최근 독일에서는 길이 2.4m인 바다전갈의 발톱으로 추정되는 화석이 발견되었다. 이들은 턱과 이빨을 갖춘 커다란 어류에게 먹혀서 전멸했다.

척추동물들은 눈 구조가 비슷하다. 포유류의 복잡한 눈 구조가 어떻게 자연선택으로 진화했는지를 둘러싸고 논쟁이 벌어지곤 하므로, 어떤 순서로 진화했을지 짧게 살펴보자. 다윈도 알았듯이, 현생 동물이 빛을 감지하는 기관은 단순한 안점(많은 색소를 지닌 세포 하나)에서 근육, 수정체, 시신경을 갖춘 복잡한 눈에 이르기까지 다양하다. 어떤 동물의 눈이 덜 발달한 중간 단계로 보이더라도, 그 눈은 그 동물이 원하는 기능을 충분히 수행하고 있다. 연체동물만 살펴봐도 전복의 단순한 안배(optic cup)에서 복잡한 수정체를 지닌 문어와 고둥의 눈에 이르기까지 발달 단계가 다양하다. 모든 눈에는 빛을 포착하는 데 핵심적인 로돕신(rhodopsin)이라는 색소가 있다. 분자생물학자들은 눈을 지닌 모든 동물이 약 5억 년 전에 이 색소의 유전자를 지녔던 갯지렁이처럼 생긴 동물의 후손이라고 본다. 그러나 수정체를 비롯한 구성 요소들은 다양한 계통에서 각자 진화한 듯하며, 놀라운 수렴 진화 사례들도 있다.

지금까지 이야기한 생물들은 모두 바다에 살았다. 당시 생명은 육지에서는 살아갈 수 없었다. 생명의 화학은 모두 물에서 개발되었다. 물을 떠나는 것은 사람이 우주로 나가는 것과 비슷했기 때문에 정교한 생명 유지 장치들이 필요했다. 휴대할 수 있는 물, 몸이 마르지 않게 막아줄 질긴 피부, 알과 새끼를 보호하는 방법, 몸무게를 지탱할 뼈대 등이었다. 이런 장치를 개발했지만 현생 육상 생물 모두는 여전히 물이 있는 환경에서 발생을 시작한다. 사람도 태반의 양수에서 발생하기 시작한다.

■ 7단계: 육지로 올라온 생명(약 4억 7500만~3억 6000만 년 전)

약 4억 년 전 몇몇 생물이 바다에서 육지로 나아가는 위험천만한 여행을 감행했다. 아마 식물과 균류가 먼저 올라갔을 것이다. 동물 중에서는 곤충이 가장 먼저 모험을 했을 가능성이 높다.

균류는 생명의 이야기에서 제외되곤 하지만, 식물이나 동물과 개별적으로 중요하다. 태양이 아니라 흙에 의지해 살아가는 균류는 때로는 완전한 어둠 속에서 생활한다. 독버섯은 뚜렷한 경계 없이 땅속에 그물처럼 뻗은 살아 있는 균사에서 땅 위로 솟아오른다. 미시건 크리스털폴스 인근에 자라는 한 버섯은 균사가 땅속으로 뻗어 나간 넓이가 약 15만m²에 달하고 약 1,500년 동안 자라고 있다. 균류는 약 6만 종이 알려져 있으며, 총 150만 종이 존재한다고 추정된다. 균류는 포자(홀씨)를 공기 중으로 날려 보내 번식한다. 빵에 내려앉아 빵 곰팡이를 피우는 것도 있다. 균류는 사체를 비료로 만듦으로써 죽은 생물을 재순환시키고 블루치즈, 버섯, 페니실린도 생산한다. 석탄은 균류가 식물을 분해하는 능력을 개발하기 전에 죽은 종자고사리와 나무고사리가 압착되며 생긴 물질이다. 그러니 생명의 이야기에 균류도 끼워 넣어야 한다.

약 5억 년 두 진핵생물 집단이 밀물과 썰물이 오가는 조간대에 머물고 있었다. 한 집단은 햇빛에서, 다른 집단은 흙에서 먹이를 구했다. 양쪽은 서로를 알아보고 의지하며 협력하여 최초의 육상식물과 균류가 되었다. 현생 식물의 조상은 균류가 없었다면 육지에 정착할 수 없었을 것이다. 지금도 식물 종의 95% 이상이 뿌리의 균류와 공생 관계를 맺고 있다. 균류는 흙에서 빨아들인 원소를 식물에 제공한다.

최초의 식물은 뿌리 없이 위로 뻗은 줄기만 있었고, 씨 대신 포자로 번식했다. 약 4억 1000만 년 전 유달리 더웠던 시기에 이 줄기 식물은 쇠뜨기류로 진화해 있었다. 마디로 연결되고 속이 빈 줄기는 키가 14m까지 자랐다. 3억 4500만 년 전에는 거대한 파인애플처럼 생긴 열대의 종자고사리가 나타났다. 이들은 약 2억 4500만 년 전의 대량 멸종 사건 때문에 사라졌지만, 적어도 한 종류는 얼어붙은 날씨에도 견딜 수 있는 침엽수로 진화했다. 식물이 육지로 올라온 결과 처음으로 대륙의 표면이 녹색으로 변했다. 그 전까지는 회색이나 붉은색 암석뿐이었다.

바다에서 올라온 최초의 동물은 양서류와 날지 못하는 곤충이었을 것이다. 자연선택을 통해 일부 어류의 지느러미가 통통한 물갈퀴 발로 바뀌었다. 필요하면 잠시 물 밖에서 생존할 수 있는 폐어류는 전이 단계의 종이었다. 폐어류의 조상은 지금도 오스트레일리아에 살고 있다.

양서류는 육지와 물 양쪽에 살 수 있는 동물이다. 가장 오래된 양서류 화석은 1948년에 발견된 이크티오스테가(Ichthyostega)다. 약 3억 7000만 년 전에 살았던 이 동물은 육지로 올라왔겠지만 알을 낳을 때면 물로 돌아가야 했을 것이다. 당시에는 높이 18m에 달하는 나무들이 자라고 있었다.

파충류는 약 3억 5000만~3억 1000만 년 전에 출현했다. 양서류보다 육지에 잘 적응한 파충류의 마른 피부는 수분을 잃지 않게 해주었고, 알은 육지에서 보호할 수 있도록 가죽질 껍데기로 감싸여 있었다. 파충류는 물 밖에서 번식하기 위해 삽입 교미 방법을 개발해야 했다. 수컷은 물에 정자를 뿌리는 대신 부속지를 삽입하여 암컷의 몸속에서 난자를 수정시켰다. 인간의 관점에서 대도약을 이룬 최초의 파충류는 거북이나 악어처럼 생겼을 것이다. 다른 거북이나 악어에게는 매력적으로 보일지 몰라도, 사람 눈에는 그렇지 않을 수도 있다.

생물이 땅으로 올라온 이유 중 하나는 움직이는 대륙이 점점 옥죄어서였을 수도 있다. 2장에서 말했듯이, 맨틀은 지질학적 시간에 걸쳐 이동하며, 그 위의 대륙도 따라서 이동한다. 식물, 균류, 동물이 땅 위로 올라오던 시기에는 모든 땅덩어리가 가까워져서 **판게아(Pangaea)**라는 거대한 초대륙을 형성하고 있었다(〈지도 3.1〉). 연대 측정 결과에 따르면 약 2억 5000만 년 전에 대륙들이 붙어서 하나의 땅덩어리인 판게아가 되었다. 그때까지 수백만 년에 걸쳐 대륙들 사이의 얕은 바다와 해안선이 계속 줄어들었고, 먹이 경쟁이 극심해졌다.

다윈은 생명이 서서히 점진적으로 진화한다고 생각했다. 그러나 생명은 때때로 점진적 진화를 중단시키는 대량 멸종인 전멸을 겪는다. 대량 멸종 후에는 생물이 급격히 진화하여 새로운 종들을 쏟아내며 빈 생태적 지

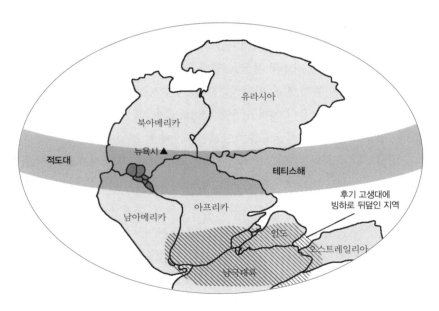

지도 3.1 판게아. 약 3억 년 전 형성되기 시작한 이 초대륙은 2억 년 전에 쪼개지기 시작했다. 판게아라는 이름은 그리스어에서 유래했다. '전체'라는 뜻의 **판(pan)**과 '지구'라는 뜻의 **가이아(gaia)**를 합한 것이다. 이 이름은 1927년 알프레트 베게너의 대륙이동설(2장 참고)을 논의하는 심포지엄에서 나왔다. 1915년 베게너는 모든 대륙이 **우르콘티넨트(Urkontinent)**라는 하나의 초대륙으로 합쳐진 시기가 있었다는 가설을 내놓았다. 현재의 뉴욕시 옆에는 어느 땅덩어리가 있었을까?

위를 채운다.

약 5억 4200만 년 전 캄브리아기가 시작된 이후 5번의 대량 멸종이 일어났고, 그보다 규모가 작은 멸종도 많았다(〈그림 3.10〉). 약 4억 4000만 년 전과 3억 6500만 년 전의 대량 멸종으로 당시 살던 종의 70~80%가 전멸했다. 3억 6500만 년 전의 대량 멸종은 생물이 육지로 올라오도록 만든 요인 중 하나일 수도 있다. 멸종 기간이 수백만 년인지, 수천 년이나 몇 년 또는 하루인지는 정확하지 않다. 규모가 가장 큰 멸종은 페름기 말인 약 2억 4500만 년 전 일어났다. 당시 해양 종의 약 95%, 육상 종의 75%가 멸종하여 생명 자체가 사라질 뻔했다. 지금이나 당시나 생물이 정확히 몇 종인지는 아무도 모르므로 이 값들은 추정임을 염두에 두자. 이때 삼엽충이 사라지고 곤충 종도 3분의 1이 사라졌지만 바퀴벌레는 살아남았다.

우리 조상들도 살아남았다. 이들은 작은 원시 포유류로 진화할 작은 파충류였다. 은행나무와 투구게도 살아남았는데 이후 수억 년 동안 거의 변하지 않았다.

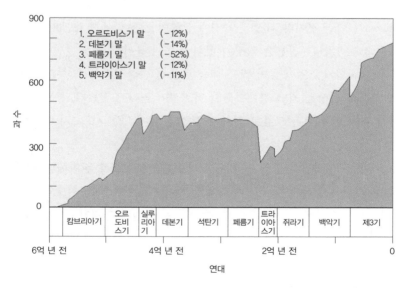

그림 3.10 척추동물과 무척추동물의 과 수 변화를 나타낸 그래프. 약 5억 4200만 년 전 캄브리아기 대폭발 이후 나타난 5회의 대량 멸종 때 과가 얼마나 줄어들었는지를 보여준다. 과는 속과 종을 포함하므로, 종 수준에서 보면 훨씬 많이 사라졌다. 대량 멸종 후에는 신종이 빠르게 늘었고, 대개 주류 집단도 바뀌었다.

대량 멸종의 원인은 확실하지 않지만, 멸종은 생명의 일부다. 멸종의 원인을 제시하는 이론은 적어도 24가지 이상이다. 지구온난화, 지구 냉각, 대규모 화산 분출, 운석과 혜성 충돌, 대륙의 위치 변화, 대규모 태양 폭발, 세균 감염병, 지자기 역전, 해수면 변화, 바다 용존 산소 고갈, 해저의 메탄 유출, 지축의 기울기 변화나 요동, 공전궤도 변화(밀란코비치 주기, 4장과 「용어 설명」 참고) 등이다. 진화 서사시의 한 부분인 멸종은 새로운 생물들이 왈칵 출현할 수 있도록 주기적으로 기존 생물들을 모두 없애는 과정이다.

■ 8단계: 공룡과 포유류(약 2억 4500만 년 전)

2억 4500만 년 전 작은 파충류가 공룡으로 진화하며 멸종으로 생긴 빈자리를 채웠다. 공룡은 지금까지 지구에 살았던 육상동물 중 가장 크다. (바다에 사는 대왕고래는 공룡보다 크다.) 판게아가 2억 년 전에 쪼개지기 시작할 무렵에는 공룡이 모든 지역에 살고 있었다. 이들은 1억 5000만 년 동안 세계를 지배하다가 다음 대량 멸종 때 모두 사라졌다.

공룡을 뜻하는 영어 단어 디노사우르(dinosaur)는 그리스어에서 유래했다. '무시무시한'이라는 뜻의 데이노스(deinos)와 '도마뱀'이라는 뜻의 사우로스(sauros)를 합한 것이다. 대부분 육지에 살았던 공룡 중에는 무게가 22t에 달하는 것도 있었다. 공룡은 짝짓기 방식과 초기 육아 기술을 발전시켰다. 일부 고생물학자들은 공룡이 많은 피를 충분히 순환시킬 수 있는 커다란 2심방 2심실 심장을 지닌 항온동물일 가능성이 높다고 믿는다. 공룡이 멸종하기 전에 한 계통은 조류로 진화해 있었다. 앞서 말한 시조새가 이 계통이었다.

공룡으로 진화한 계통의 친척인 한 파충류는 포유류로 진화했다. 땀샘이 변한 젖샘에서 나오는 젖을 새끼에게 먹이는 집단이었다. 최초의 포유류는 약 2억 년 전에 출현한 듯하다. 이들은 털로 덮이고 피가 따뜻했지만 파충류처럼 알을 낳는 전이 단계의 종이었다. 현생 오리너구리는 이 원시적인 포유류(단공류)의 일종이다.

알을 낳는 대신 새끼를 낳는 포유류 집단은 나중에 진화했다. 새끼는 매우 미성숙한 상태에서 태어나기 때문에 어미 배에 있는 주머니 안으로 들어가 젖을 먹고 충분히 자란 뒤에야 나올 수 있었다. 이 유대류의 후손이 현생 캥거루와 코알라다.

세 번째 포유류 집단인 태반류도 출현했다. 태반류는 새끼가 어미의 자궁에서 충분히 자란 후 태어나므로 주머니가 필요하지 않았다. 가장 오래된 태반류 화석은 에오마이아스칸소리아(Eomaiascansoria)로 베이징 인근에서 발견되었다. 약 1억 2500만 년 전에 산 이들과 가장 가까운 현생 친척은 나무땃쥐인 듯하다. 사람도 태반류다.

공룡의 시대 내내 이 초기 포유류는 숲 바닥을 조심스럽게 돌아다니는 작은 동물에 불과했다. 이들은 공룡이 잠자는 밤에 먹이를 찾아다녔고, 후각과 뇌가 발달했다. 항온동물이기 때문에 바깥 환경의 기온이 달라져도 체온을 유지하는 뇌 영역도 발달했다. 또 모든 포유류의 특징인 감정 반응을 조절하는 초보적인 능력도 갖추었다.

그러다가 6500만 년 전의 어느 날 지름 9.6km의 소행성이 하늘에서 떨어졌다. 그것이 바윗덩어리인 운석이었는지, 얼음덩어리인 혜성이었는지는 정확하지 않다. 소행성은 지금의 유카탄반도 북부 해안 마을 칙술룹 인근에 정면으로 충돌했다. 수소폭탄 1억 개의 폭발에 맞먹는 엄청난 충격이었다. 하늘에서 에베레스트산을 떨어뜨려서 벨기에만 한 구멍을 내는 것과 비슷했다. 충돌의 잔해와 화재로 생긴 매연이 높은 상공까지 치솟아 지구 전체를 뒤덮었다. 적어도 몇 년 동안 햇빛을 가렸기 때문에 많은 식물이 광합성을 못 해서 죽었을 것이다. 이 충격으로 전 세계에서 화산이 분출하면서 대기로 더욱 많은 연기와 잔해를 뿜어냈을 것이다. 지구는 급격히 냉각되었다. 최근 증거들은 이 이론이 옳다고 뒷받침하지만, 몇몇 연구자는 공룡이 화산 분출 때문에 전멸했다고 지금도 주장하고 있다.

소행성 충돌은 지구 역사에서 우연이 어떤 역할을 하는지를 잘 보여준다. 소행성과 지구의 충돌을 피할 수 있는 시간은 지구가 자기 지름만큼 궤도를 나아가는 데 걸리는 7분뿐인 듯하다. 앞에서 다른 우연한 사례들도 살펴보았다. 지구가 지각판 구조와 대기를 간직하는 데 딱 맞는 크기라는 사실이 그렇다. 또 지구가 형성되던 초기에 화성 크기의 운석이 충돌하여 지축이 기울어지는 바람에 계절이 생겼다. 우리 우주는 특정 물리 법칙 덕분에 존재할 수 있었다.

6500만 년 전의 충돌로 육지에 사는 종의 90%가 전멸하고, 식물 종도

50%가 사라졌다고 추정된다. 공룡은 모두 사라졌다. 조류는 유일하게 남아 있는 공룡의 후손이다. 몸무게가 23kg을 넘는 동물은 모두 죽었고, 작은 포유류와 바퀴벌레만이 얼어붙은 공룡 사체를 파먹으며 살아남았다. 빌 브라이슨은 『거의 모든 것의 역사』에 이렇게 썼다. "우리가 더 진화했다면 아마도 전멸했을 것이다."[3]

그 소행성은 포유류에게 창창한 앞길을 열어주었다. 무시무시한 포식자를 없애고 포유류가 차지할 생태적 공간을 제공했다. 화석 기록을 보면 약 5000만 년 전까지 포유류의 대부분이 여전히 뇌가 작고, 턱이 크고, 발과 이빨이 어설프고 비효율적이었다. 그러나 이후 약 1000만 년 사이에 놀랍도록 다양한 포유동물들이 출현했다. 말, 고래, 낙타, 코끼리의 조상도 출현했고, 개와 고양이의 공통 조상인 나무 타는 족제비처럼 생긴 미아키스(Miacis)도 등장했다.

약 6000만 년 전 땅에 살던 몇몇 작은 포유동물이 꽃나무에 열리는 열매를 찾아다니기 시작했다. 세대를 거치면서 일부 종은 나무 위 생활에 적응하고 새로운 환경에서 번성했다. 서서히 자연이 가장 유용한 유전자를 선택함에 따라 그들의 앞발은 손이 되고 발가락은 손가락이 되었다. 또한 마주 보는 엄지가 발달하면서 한 손으로 나뭇가지를 쥔 채 다른 손으로 열매를 딸 수 있게 되었다. 얼굴 앞쪽으로 두 눈이 옮겨 가면서 양쪽 눈의 시야가 겹쳐졌고, 나뭇가지 사이로 몸을 흔들어 넘어가는 데 필요한 입체시를 갖추었다. 이 작은 포유류는 원숭이 비슷한 모습을 갖추면서 새로운 진화 경로를 열었다.

이윽고 이 원숭이 종 일부가 먹이를 찾아 다시 땅으로 내려오는 모험을 감행했다. 이제는 양안시와 뛰어난 손재주를 갖춘 상태였다. 이들은 땅에서 먹이를 찾아 먹었고, 밤이 되면 나무 위로 올라가 보금자리를 만들고 잠을 잤다. 몸집은 커다란 고양이만 해졌고, 뇌가 더 커지고 미숙하게나마 두 다리로 걷는 너클 보행(knuckle-walking)을 하는 대형 유인원이 되었다.

포유류의 진화를 요약해보자. 2억 4500만 년 전의 대량 멸종 직후 출현한 이들은 6500만 년 전 공룡이 전멸할 때까지 작은 땃쥐처럼 생긴 모습으로 살았다. 공룡이 멸종한 직후 일부는 열매를 찾아 나무 위로 기어 올라갔다. 그중 일부는 훗날 먹이가 부족해지자 다시 땅으로 내려와 먹이를 찾아다녔고, 나무 위에 보금자리를 마련했다. 이렇게 수천만 년이 흐르는 동안 손가락, 엄지손가락, 입체시, 더 큰 뇌를 갖추었다. 우리 인간은 그 특징들을 물려받았다.

나무 위와 땅 양쪽에서 먹이를 찾고, 나무 위에 보금자리를 트는 대형 유인원이었던 우리 조상들의 이야기는 여기서 마무리하겠다. 다음 장에서는 대형 유인원 중 한 집단이 복잡성의 여섯 번째 문턱을 넘어 현생 인류인 호모사피엔스로 진화하는 과정을 살펴보자.

| 요약 |

생명은 대사, 번식, 적응할 수 있는 존재다. 생명은 자연선택을 통해 변화하여 적응한다. 자연선택은 변하는 환경이 생존과 번식에 이로운 유전자 돌연변이를 지닌 생물을 선택하는 과정이다. 생물은 화학적 진화로 대사, 번식, 적응할 수 있는 단세포가 생기면서 출현했다. 막으로 둘러싸인 이 세포는 단백질과 핵산의 화학 체계를 이용하여 증식하면서 진화했다. 단세포생물은 약 20억 년에 걸쳐 생명의 기본 체계인 발효, 광합성, 산소호흡, 진핵세포, 유성생식 등을 갖추었다. 약 5억 년 전부터 생명은 단순한 다세포생물로부터 식물, 균류, 척추동물을 비롯한 동물에 이르는 다양한 형태로 진화하면서 급격히 불어났다. 불어난 생물들은 육지로 올라왔고, 시간이 흐르면서 동물은 공룡과 포유류로 진화했다. 포유류는 이윽고 대형 유인원을 낳았다. 이렇게 불어난 생물들은 5차례 대량 멸종을 겪었다. 다섯 번째 멸종 사건은 공룡을 전멸시킴으로써 포유류가 번성할 길을 열었다. 그중에는 우리의 조상인 나무 위에 사는 영장류도 있었다. 대량 멸종으로 더 복잡한 생명체들이 전멸했지만, 이후 더욱더 복잡한 생명체들이 출현하면서 생명이 다시 번성하곤 했다.

사람아과,
사람,
구석기시대

800만~1만 년 전

이 장에서는 문턱 하나를 더 넘을 것이다. 우리 종인 호모사피엔스의 출현이다.

이 기념비적 문턱을 넘는 과정은 3단계로 살펴볼 것이다. 첫 부분에서는 약 800만 년 전부터 사람아과라는 대형 유인원 집단이 진화한 과정과, 우리를 닮은 종들이 출현한 양상을 살펴볼 것이다. 이들이 바로 우리의 조상이다. 지난 30년 동안 인류는 조상들에 관해 많은 것을 알아냈다. 이들은 서서 걷고, 뇌가 커지고, 석기를 만들기 시작하는 등 우리와 더욱 비슷해졌지만, 그럼에도 진정한 혁신은 일어나지 않았다. 즉, 다음과 같이 말하고 싶어지는 종은 없었다. "이 종의 출현은 지구 역사의 새로운 문턱이 되었다."

그러다가 약 25만~20만 년 전에 새로운 종 호모사피엔스(*Homo sapiens*)가 출현했다. 이 종의 출현은 생물권 역사의 혁명이었다. 호모사피엔스는 현생 인류인 우리를 가리키는 학명이다. 이 장의 두 번째 부분에서는 그 기념비적 변화를 기술한다. 우리의 출현이 혁명이었다고 주장하려면 이유를 명확히 밝혀야 한다. 어떻게 보면 인류는 다른 사람아과 종들이나 대형 유인원들과 비슷한 사람아과 종이었다. 다른 한편으로 인류와 그들의 다른 점을 목록으로 작성하면 꽤 길어질 것이다. 하지만 침팬지와 고릴라도 다른 점이 많다. 그렇다면 호모사피엔스가 혁명적인 이유는 무엇일까? 역사를 자세히 살펴봐야 이 종의 특징들을 알 수 있다. 출현한 이래 환경과 관계 맺는 새로운 방식들을 계속 창안한 이 종은 자기 자신, 환경, 생물권 전체에 영향을 미치는 혁신적 변화들까지 일으켰다. 호모사피엔스가 환경에 미치는 심오한 영향이 바로 그들이 혁명적인 이유다.

이 종은 무엇 때문에 몸집이 큰 다른 종들과 그토록 판이한 역사를 만들었을까? 그 차이의 주된 요인은 언어다. 이 종은 어느 종보다도 정확하고 넓은 '대역(bandwidth)'에서 의사소통할 수 있었다. 개인들이 습득한 정보를 교환하고, 세대가 지나면서 각 인류 집단이 정보를 축적하기 시작했다는 의미다. 인류 역사는 느리게 시작되었지만 점점 빨라진 새로운 정보의 축적이 빚어냈다. 이 정보 공유 과정을 뜻하는 집단 학습(Collective Learning) 덕분에 인류는 다른 종과 달리 유전적 변화뿐 아니라 문화적 변화를 통해서도 환경에 적응했다. 또한 문화가 유전체보다 훨씬 빨리 변할 수 있으므로, 지난 20만 년의 인류 역사에서 변화 속도가 빨라진 이유를 설명하는 데도 도움이 된다. 집단 학습을 인류 역사의 열쇠라고 보면 이렇게 질문할 수도 있다. 인류는 언제 집단 학습할 수 있는 종이 되었을까? 언제 그랬다고 확신할 수 있을까? 이 까다로운 질문에 대한 고생물학자들의 답은 조금씩 다르다.

인류는 언어라는 새롭고 강력한 도구 덕분에 집단 학습 능력을 갖추고 역사를 시작할 수 있었다. 이 장의 세 번째 부분은 인류 역사에서 가장 오래되고 길게 이어진 시대를 다룬다. 인류가 이 시대를 살아간 방식과 당시의 변화 중 몇 가지를 살펴보겠다. 구석기시대라는 이 시기는 인류가 출현한 후부터 농경이 등장한 약 1만 1000~1만 년 전까지 이어졌다. 또 다른 문턱을 건넌 사례인 농경은 5장에서 이야기할 것이다.

사람아과의 진화
(800만 ~20만 년 전)

앞 장의 끝부분에서는 적도 아프리카의 나무 위에 보금자리를 짓는 대형 유인원을 이야기했다. 약 800만 년 전에는 아시아의 오랑우탄을 제외한 세계의 초기 대형 유인원들이 멸종한 상태였다.

현생 인류는 대형 유인원의 한 가지에서 진화했는데 고릴라 계통인지 침팬지 계통인지가 불분명했다. 유전자 연구를 통해 침팬지와 유연관계가 더 가깝다는 사실이 확인되었다. 인류 유전자는 가장 가까운 친척인 침팬지의 것과 98.5%가 같다. 현생 침팬지와 현생 인류는 800만~500만 년 전에 공통 조상으로부터 갈라져 진화했다. 이 연대는 과학자들이 유전적 변화 속도의 추정값에 토대하여 유전자가 달라지는 데 걸린 시간을 계산한 결과다.

이 책에서는 침팬지와의 공통 조상에서 갈라진 뒤 이 가지에 속했던 모든 종을 **사람아과**(hominine)로 표현한다. 사람도 포함하는 이 용어는 혼란을 일으킬 수도 있다. 최근까지 호미니드(hominid)라는 용어가 쓰였기 때문이다. 그러나 유전자 연구를 통해 사람이 고릴라보다는 침팬지 및 보노보와 더 가깝다는 것이 드러났다. 예전 과학자들은 고릴라가 우리와 더 가깝다고 믿었다. 따라서 분류 체계를 수정할 필요가 있지만, 수정 방향을 놓고 과학자들의 의견이 엇갈린다. 현재 호미니드의 의미는 어떤 분류 체계를 쓰느냐에 따라 달라진다. 모든 생물 분류 체계의 일반 범주는 계, 강, 과(「용어 설명」 참고)처럼 동일하지만, 생물학자들은 각 하위 집단에 무엇이 속하는지를 두고 견해 차이를 보인다. 이 책에서는 〈표 4.1〉의 체계를 따른다. 모든 대형 유인원이 사람상과(hominoid)에 속하고 모든 고릴라, 침팬지,

표 4.1 사람아과 분류

다음의 우리 종 분류 체계는 인간의 특징들이
어떻게 서서히 축적되었는지를 체계적으로 보여준다. 인간은 다음 집단에 속한다.

- 진핵생물상계(진핵세포로 이루어진 생물)
- 동물계(식물이나 균류가 아닌 생물)
- 척삭동물문(등뼈를 지닌 동물)
- 포유강(새끼에게 젖을 물리는 척삭동물)
- 영장목(나무에 사는 커다란 포유동물)
- 사람상과(사람과 침팬지, 보노보, 고릴라, 긴팔원숭이, 오랑우탄 등의 모든 유인원)
- 사람과(고릴라, 침팬지, 보노보, 사람)
- 사람아과(직립보행 유인원. 침팬지 계통과 갈라진 후 사람 계통에서 출현한 모든 종)
- 사람속(뇌가 800cm³를 넘는 직립보행 유인원)
- 사피엔스종(해부학적 현생 인류—사람과에서 유일하게 남아 있는 종)

보노보, 사람은 사람과(hominid)로 묶인다. 그리고 인류 계통에 속한 모든 종은 사람아과(homininae, hominine)를 이룬다. 학자들은 정확한 분류를 둘러싸고 지금도 논쟁하고 있다.

인류 진화에 관한 증거

지난 60년 동안 인류 진화에 대한 이해 수준이 엄청나게 높아졌다. 다른 증거들도 많이 나왔지만, 무엇보다도 연대 측정법이 크게 개선된 덕분이다. 여기서는 네 분야에서 나온 증거들을 짧게 살펴보겠다. 고(古)고고학(paleoarchaeology)(뼈 화석과 석기 연구), 영장류학(현생 영장류 연구), 유전학(유전자 연구), 기후학(기후변화 연구)이다.

■ 뼈 화석과 석기

19세기 중반 유럽 과학자들이 사람아과의 뼈와 석기를 연구하기 시작했다. 1850년에 이들은 시칠리아와 프랑스 북부에서 발견된 석기의 그림을 발표했다. 1857년 독일 네안더 계곡에서 네안데르탈인 화석이 처음 발견되었다. 1868년에는 프랑스 레제지 인근 절벽의 동굴에서 고대 인류이면서 해부학적으로는 현생 인류인 뼈가 처음 발견되었고, 크로마뇽인이라는 이름이 붙었다.

20세기 초 대다수의 유럽 과학자들은 호모사피엔스가 약 6만 년 전에 유럽에서 진화했다고 믿었다. 제2차 세계대전 이후에는 고고고학자들이 아프리카에서 뼈를 찾기 시작했다. 그중 저명한 이들인 루이스 리키(Louis Leakey)와 그의 아내 메리 리키(Mary Leakey), 아들 리처드 리키(Richard Leakey)는 동아프리카 지구대에 속한 탄자니아의 올두바이 계곡을 조사했다(〈지도 4.1〉과 2장). 1967년 리처드 리키는 에티오피아에서 여러 화석을 찾았고 루이스는 그곳에서 발견된 것이 아프리카 최초의 호모사피엔스 뼈라고 주장했다. 1990년대 초에 이르자 많은 고고학자가 호모사피엔스가 아프리카에서 진화했다고 확신했다. 1863년 다윈도 저서 『인간의 유래』에서 그렇게 추정했다. 우리의 가까운 친척인 고릴라와 침팬지가 아프리카에 살

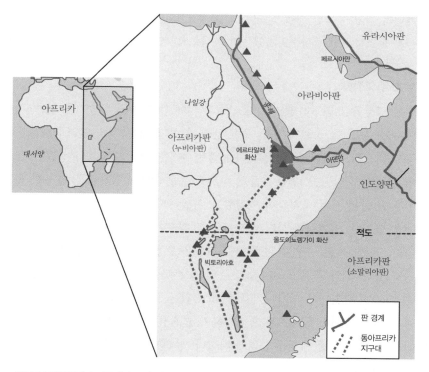

지도 4.1 동아프리카 지구대의 조사 지역들. 아프리카 대륙판의 열곡으로 형성된 이 지구대는 언젠가는 대륙의 동부를 인도양으로 떼어낼 것이다. 아파르 삼각주(가운데의 짙은 영역)에서 만나는 세 지각판은 서로 멀어지고 있다. 아라비아판과 아프리카판의 두 부분(누비아판과 소말리아판)이다. 이 열곡대에서 생긴 활화산이 분출한 화산재가 사체를 덮어서 뼈를 보존했다.

고 있기 때문이다.

아프리카에 호모사피엔스 이전의 종들이 살았다는 증거도 발견되었다. 1960~63년 리키 가족은 석기를 만들어 생활한 듯한 고대 인류의 화석들을 발견하고, '손재주 있는 사람'이라는 뜻인 **호모하빌리스**(*H. habilis*)란 이름을 붙였다. 호모하빌리스는 약 250만~175만 년 전에 살았던 듯하다.

1974년 도널드 조핸슨(Donald Johanson)은 에티오피아 아파르 삼각주에서 더욱 오래된 약 320만 년 전의 뼈를 발견했다. 이 뼈는 루시(Lucy)라는 이름으로 불리면서 유명해졌다. 2년 뒤 메리 리키는 탄자니아 라에톨리에서 화산재에 찍힌 고대 인류의 발자국을 찾아냈다. 약 350만 년 된 것이었다. 1994~2004년에는 초기 인류 8종이 새로 발견되었고 이 10년은 인류 고생물학 분야에서 가장 생산적인 시기가 되었다.

뼈 화석은 우리 조상들에 관해 무척 많은 것을 알려준다. 몸의 형태뿐 아니라 걷고 이동한 방법, 뇌의 크기, 살아간 환경도 알 수 있고, 치아를 꼼꼼하게 조사하면 채식주의자였는지 육식주의자였는지도 알 수 있다.

■ 현생 영장류

현생 영장류를 연구하면 우리 조상들의 삶에 대한 간접적 증거를 얻을 수 있다. 하지만 그 증거가 우리 종에 관해 얼마나 많은 것을 알려주는지를 두고 여전히 논란이 있다. 1960년대 중반까지는 야생 영장류의 생활이 거의 알려지지 않았고, 전문가들은 대부분 동물원에서 영장류를 연구했다. 이후 20년에 걸쳐 학자들이 영장류를 활발하게 연구했지만 많은 어려움에 부딪쳤다. 열대림이 사라지고 있었고, 원숭이와 유인원도 수가 줄어들었다. 연구자들은 연구를 위해 연구 대상을 보호하는 활동에 매진해야 하기도 했다. 제인 구달(Jane Goodall)은 리키 부부 밑에서 일을 시작했다. 그는 1960년 탄자니아 탕가니카호를 끼고 있는 곰베강 사냥감 보전구역(현재의 국립공원)에서 침팬지들과 생활하며 침팬지 연구 분야를 개척했다. 그의 연구 결과에 전 세계는 충격에 빠졌다. 침팬지가 도구를 쓴다는 사실을 보여주었기 때문이다. 침팬지가 흰개미집에 막대기를 집어넣어서 달라붙은 흰개미들을 훑어 먹고, 돌로 열매를 깨고, 배설한 뒤 잎으로 항문을 닦는다는 것이었다. 구달은 의학자들이 침팬지도 인간처럼 서로 수혈할 수 있다는 등의 생리적 유사점은 인정하면서도 정서적·사회적 유사점은 무시해왔다는 사실에 놀랐다. 그는 인간의 행동이 동물계의 행동과 잘 들어맞는다는 것을 보여줌으로써 사람들의 관점을 변화시켰다. 1965년 니시다 도시사다(Nishida Toshisada)도 탄자니아 마할레산맥에서 침팬지를 연구하기 시작하며 중요한 연구 결과들을 발표했다.

■ 유전자 비교

1960년대 이후 과학자들이 종들의 유전자를 비교하는 방법을 개발하면서 새로운 증거들이 나타났다. 3장에서 살펴봤듯, 두 종이 서로 나뉘면 각 계통을 따라 중립 돌연변이들이 쌓인다. 중립 돌연변이는 대개 단백질을 만드는 명령문이 없는 DNA 비암호 영역에서 일어나며, 자연선택으로 제거되지 않는다. 중립적이거나 침묵하는 비암호 영역이 어떤 기능을 하는지는 밝혀지지 않았다. 각 종에서 중립 돌연변이가 쌓이는 속도가 꽤 일정하므로, 이것이 얼마나 있는지를 알면 그 종이 얼마나 오래되었는지 계산할 수 있다. 두 현생 종의 DNA 서열을 비교하면 두 계통이 언제 공통 조상에서 갈라졌는지도 추정할 수 있다. 또한 한 유전자에 쌓인 중립 돌연변이의 수를 측정하여 그 유전자가 언제 주류가 되었는지를 추정할 수도 있다.

1967년 처음으로 유전적 연대 측정법을 사용한 결과 사람과 아프리카 유인원의 공통 조상이 약 700만 년 전에 살았다는 추정이 나오자 대다수 고인류학자들은 강하게 부정했다. 2000만~1500만 년 전일 가능성이 더 높다고 믿었기 때문이다. 그러나 후속 연구들도 일관되게 800만~500만 년 전에 분기가 일어났음을 보여주었기에, 지금은 고인류학자 대부분이 받아들였다.

■ 기후변화

20세기 초 과학자들은 지구 기후가 수천 년간 서서히 변화한다고 믿었다. 1950년대에 탄소-14 연대 측정법을 활용한 몇몇 과학자가 과거에 기후가 조금 변하는 데 수천 년이 걸렸다는 증거를 찾아냈다. 그런데 1980~90년대에는 기후가 100년, 심지어 10년 사이에도 변할 수 있다는 증거가 나왔다. 이 증거는 주로 깊이가 3.2km에 이르는 드넓은 빙원을 뚫어서 캐낸 얼음 코어에서 나왔다. 과학자들은 대개 얼음을 지름 10cm의 원통형으로 파낸 얼음 기둥을 길이 약 30.5cm로 자르고 고배율 현미경으로 연간 쌓인 얼음층을 분석한다. 각 층에는 얼음이 형성될 때 갇힌 미세한 공기 방울들이 섞여 있으므로 여러 시대의 대기 조성과 평균 지표면 기온을 알 수 있다.

기후변화의 증거는 얼음 코어뿐 아니라 해저 퇴적물에서도 나타난다. 해저 퇴적물이 길게는 100만 년에 이르는 기후변화 이야기를 들려주는 반면, 얼음 코어는 기후변화 양상을 1년 단위로 상세하게 보여준다. 기후학자들은 80만 년에 걸친 기후변화를 10년 단위로 재구성하고, 그린란드 얼음 코어를 사용하여 지난 3,000년간의 변화를 월 단위로 밝혀냈다. 단단하면서 무척 많이 쌓이는 꽃가루도 기후변화를 이해하는 데 유용하다. 식물 종마다 꽃가루가 다르므로 식물상 전체를 재구성할 수 있다.

지난 70만 년 동안 지구에는 약 10만 년 동안 이어지는 빙하기와 그 사이에 약 1만 년 동안 이어지는 '간빙기(interglacial)'가 번갈아 찾아왔다. 얼음 코어는 마지막 빙하기의 마지막 1,000년 동안 몇 년 또는 수십 년 사이에 기온이 급변하면서 온랭 주기가 반복되었음을 보여준다(〈그림 4.1〉).

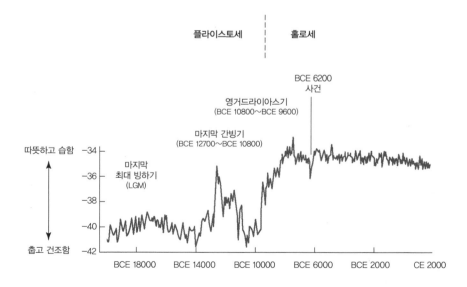

그림 4.1 BCE 20000년 전부터 현재까지의 지구 기온. 그린란드에서 채굴한 얼음 코어의 화학적 조성에 토대한 그래프다. 두 산소 동위원소인 ^{16}O와 ^{18}O의 상대적 비율을 측정한 결과다. 지난 1만 년간의 기온이 이전의 1만 년보다 훨씬 따뜻하고 안정적이었음을 주목하자.

이 양상이 지금까지 지속되고 있다면 1만 년 동안 이어지고 있는 현재의 따뜻한 시기는 곧 끝나고 새로운 빙하기가 찾아올 것이다. 이 양상은 기후가 무척 불안정한 시기에 인류가 진화했다는 의미다. 당시에는 적응력이 탁월한 종이 진화할 수 있었을 것이다.

지난 30년 사이에 기후변화와 지구 공전궤도 변화의 관계가 많이 밝혀졌다. 지구 공전궤도가 변하면 해마다 각 시기에 지구에 들어오는 태양 복사의 양이 달라진다. 규칙적으로 나타나는 이 주기의 이름은 발견자인 세르비아 천문학자 밀루틴 **밀란코비치(Milutin Milankovitch)**의 이름에서 따온 밀란코비치 주기(Milankovitch cycle)다. 지구궤도는 3가지 변화를 겪는다. 첫 번째는 지축이 가리키는 방향이 흔들리는 것이다. 약 2만 1000년 주기로 변한다. 두 번째는 지축이 기울어진 각도가 22.1~24.5°에서 변하는 것이다. 이 변화는 4만 1000년 주기를 나타낸다. 세 번째는 주변 행성들의 인력 때문에 지구궤도가 완벽한 원형을 유지하지 못하는 것이다. 이 변화는 약 10만 년과 40만 년을 주기로 일어난다. 약 3500만 년 전부터 지구 시계를 설정해온 밀란코비치 주기들의 영향은 지층에 남아 있다.

인류 발달기

인류가 침팬지와의 공통 조상으로부터 진화했다는 말을 도무지 믿을 수 없다고? 그런 사람도 많다. 무려 700만 년, 사람의 세대로 따지면 약 28만 세대에 걸친 일을 생각하려니 그럴 것이다.

〈표 4.2〉는 현생 침팬지와 현생 인류의 주요 차이 중 일부를 요약한 것이다. 이 책에서는 수백만 년간의 변화 중 환경 변화에 초점을 맞추고 세 시기로 나누어 논의할 것이다. 우림 시기, 나무 사바나 시기, 덤불 사바나 시기다.

■ 우림

현생 침팬지는 적도 우림에 산다. 덥고 습하며, 빠르게 자라는 식물로 가득한 이곳은 예전에는 숲을 뜻하는 힌디어 정글(jungle)로 불렸다. 침팬지는 주로 열매, 견과, 씨와 잎, 개미, 모충, 꿀, 알을 먹고, 기회가 생기면 원

표 4.2 현생 침팬지와 현생 인류의 차이(700만 년간의 변화)

침팬지	인간
너클 보행	직립보행
더 작은 뇌(약 3분의 1)	더 큰 뇌
커다란 이, 턱, 입	작은 이, 턱, 입
짙은 털, 옅은 피부	털이 거의 없고 다양하게 짙은 피부
사회적	더 사회적
위쪽에 있는 후두	아래쪽에 있는 후두
도움을 받지 않는 단독 출산	도움을 받는 사회적 출산
암컷보다 25~30% 큰 수컷	암컷보다 15~20% 큰 수컷
암수의 위계제	짝 결속
단독 식사	사회적 식사
불을 이용하지 않은 생활(날 음식 섭취)	불을 이용한 생활(요리한 음식 섭취)
단순한 도구	복잡한 도구
발성과 몸짓 사용	구문이 있는 온전한 언어 사용
염색체 48개	염색체 46개

숭이, 멧돼지 새끼, 부시벅 새끼도 잡아먹는다.

우리 인류는 현생 침팬지로부터 유래했을까? 흔한 오해와 달리 그렇지 않다. 인류가 그들로부터 진화할 시간이 없었기 때문이다. 현생 인류와 현생 침팬지는 약 700만 년 전에 살았던 공통 조상으로부터 진화했다. 공통 조상은 사람보다는 침팬지와 비슷했을 것이다. 그동안 침팬지가 조금만 변한 듯한 반면, 사람과 우리의 조상들은 크게 변했다.

침팬지 계통과 인류 계통이 공통 조상에게서 갈라져 700만 년을 진화하는 동안 침팬지 계통은 두 현생 종으로 진화했다. 침팬지(*Pan troglodytes*)와 보노보(*P. panicus*)다. 인류 계통에서는 적어도 18종이 출현했고, 그중 몇 종은 약 5만 년 전까지 존속했을 수도 있다. 하지만 현재는 단 한 종인 호모 사피엔스만 남아 있다(〈그림 4.2〉).

뒤에서 기술하겠지만 침팬지 두 종은 놀라울 만큼 다르다. 영장류학자들은 둘 중 어느 종이 공통 조상을 더 닮았을지를 두고 열띤 논쟁을 벌이지만, 공통 조상이 인류보다는 이들에 가까웠을 것이라는 데는 의견이 일치한다. 인류 계통에서 가장 오래된 화석이 현생 침팬지의 화석과 거의 구별되지 않고, 침팬지도 보노보도 지난 150만 년 동안 거의 변하지 않았다는 것이 그 점을 뒷받침한다. 또 한 가지 이유는 침팬지 두 종은 우림에 머물러 있는 반면, 인류 계통은 춥고 건조한 기후로 생긴 탁 트인 사바나라는 새 환경에 적응했다는 점이다. 우리 친척인 침팬지를 연구하는 것은 침팬지와 인류의 마지막 공통 조상의 모습을 상상하는 방법 중 하나다. 그렇지만 그들도 어떤 식으로든 변해왔다는 점을 염두에 두어야 한다.

침팬지는 혈연관계의 수컷들을 중심으로 15~80마리가 무리 지어 살며, 수컷 1마리가 여러 암컷과 짝을 맺는다. 수컷들은 영토를 정하고, 경계를 순찰하고, 공격적으로 방어한다. 암컷은 대개 사춘기에 들어선 직후 무리를 떠나 다른 무리로 들어간다. 근친교배를 막기 위해서다. 이를 부거제(patrilocality)라고 하며, 반대로 수컷이 다른 집단으로 떠나는 것은 모거제

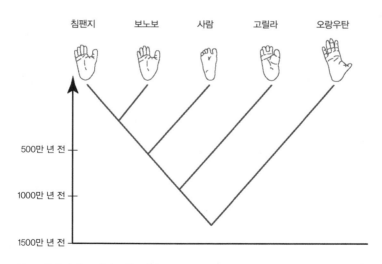

그림 4.2 우리 가계도. 사람과 침팬지의 공통 조상은 어디에 있을까?

(matrilocality)라고 한다. 부거제 덕분에 수컷들은 친족 결속을 이용할 수 있는 반면 암컷은 그런 지원을 받지 못한다.

암수 모두 나름의 위계를 지키며, 암컷은 수컷보다 지위가 낮다. 침팬지는 성생활이 문란하고, 짝짓기와 육아에서 영구적인 애착 관계를 맺지 않는다. 육아는 대개 암컷이 홀로 맡는다. 암컷에게는 여러 수컷과 짝짓기하는 편이 유리하다. 부계를 모호하게 만들기 때문이다. 수컷은 자기 새끼가 아닌 어린 수컷을 죽이곤 하므로, 암컷으로서는 새끼가 어느 수컷의 자식인지를 모호하게 만드는 편이 바람직하다.

1960년 이전까지 사람들은 인간이 도구를 사용하는 유일한 종이라고 여겼다. 하지만 그해에 제인 구달은 침팬지가 나뭇잎을 떼어낸 잔가지를 흰개미집에 찔러 넣었다가 꺼내어 달라붙은 흰개미들을 훑어 먹는 모습을 관찰했다. 그 뒤로 연구자들은 침팬지가 다양한 용도로 활용하거나 만드는 도구를 6가지 이상 발견했다. 집단마다 나름의 도구 사용 방식이 있고, 새끼들은 어른들이 도구를 쓰는 모습을 보며 배운다. 아프리카 전역의 침팬지 사회마다 도구 사용 양상이 다르다. 지금은 일부 조류와 돌고래 등 많은 종이 도구를 사용한다고 알려져 있다.

침팬지를 연구한 지 10년이 지났을 때 구달은 이들의 행동이 사람과 매우 비슷하긴 해도 전반적으로는 더 낫다고 생각했다. 그러나 1971년 곰베 지역 연구자들은 홀로 있는 한 암컷을 이웃 무리가 야만적으로 공격하는 광경을 목격했다. 또 새끼가 없으면서 지위가 높은 암컷과 그 딸이 무리에 있는 새끼 여러 마리를 죽이는 모습도 관찰했다. 1970년대 중반에 한 무리의 침팬지가 원래 집단에서 갈라져 나와서 일부 영토를 자기들 것으로 차지했다. 이후 4년 동안 원래의 집단은 갈라져 나간 집단을 공격하여 어린 암컷 3마리만 남기고 모두 죽이고, 영토를 다시 합쳤다. 구달은 침팬지가 특정 맥락에서는 공격적으로 행동하는 성향이 강하다는 결론을 받아들여야 했다. 먹이, 교미, 영토에 대한 경쟁이나 질투, 두려움, 복수의 감정에 휩싸일 때 그러했다.

그러나 침팬지는 공유, 도움, 연민, 이타심도 종종 보여준다. 어미와 자녀, 자매는 평생 동안 끈끈한 유대를 맺기도 한다. 형제끼리는 자라면서 가까운 친구가 되고, 사회적 갈등이 벌어지면 동맹도 맺는다. 어미가 죽으면 손위 형제자매가 동생들을 입양한다. 보호해줄 손위 형제자매가 없는 고아를 입양해서 돌보는 사례도 있다. 침팬지는 헤엄칠 수 없기 때문에, 물이 가득한 해자로 둘러싸인 동물원에서 지내는 침팬지들이 물에 빠져 죽곤 한다. 대개 한 침팬지가 물에 빠지면 다른 침팬지들이 달려와서 구하려고 애쓴다.

침팬지는 개체마다 목소리가 달라서 서로를 알아보고 다양한 소리, 자세, 얼굴 표정으로 의사소통한다. 9~15개월 된 사람 아기의 행동과 비슷하게 먹이를 달라고 손을 뻗거나 안아달라며 양손을 드는 몸짓을 한다. 또 껴안고, 손을 잡고, 입을 맞추고, 등을 두드리는 등의 환영 몸짓도 한다. 구달은 가르릉거리고 짖고 깩깩거리고 쿵쿵거리는 등 침팬지가 내는 목소리 34가지를 파악했다.

침팬지 목의 상부에 있는 후두는 근육과 연골로 되어 있고, 먹이를 보내는 식도가 공기가 지나는 기도와 엇갈리는 것을 막는다. 두 관이 엇갈리지 않으므로, 침팬지는 사레들리는 일이 없다. 사람의 후두는 더 아래쪽에 있어서 소리가 울리는 공명실 역할을 한다. 우리는 숨이 막힐 위험을 조금 감수하는 대가로 언어를 얻었다. 침팬지는 공명실이 없을 뿐 아니라, 우리와 달리 혀가 유연하지도 않다. 그러나 포획 상태에서 조련사의 도움을 받으면 초보적인 수어를 배울 수 있다. 7세쯤 되면 단어를 약 150개까지 쓸 수 있고, 와쇼라는 침팬지는 약 200~300개까지 쓸 수 있었다. 침팬지는 단어 2~3개로 문장을 만들 수 있지만, 더 긴 문장은 대개 문법이 맞지 않는다. 반면 6세인 사람 아이는 약 1만 개의 단어를 쓰며 더 긴 문장을 말한다. 야생 침팬지는 모두가 안전한지 확인하려는 듯이 밤에 나무 위 보금자리에서 소리를 내곤 한다. 하지만 훈련을 받아도 음정이나 박자를 맞출 수 없다.

또 다른 침팬지 종인 보노보는 수백만 년 전에 콩고강(1971~97년에는 자이르강이라고 불렸다)이 생기면서 침팬지 집단과 갈라졌다. 자기 집단 내에서만 번식한 이들은 독특한 형질을 지니면서 다른 종으로 진화했다. 현재 이들은 콩고민주공화국(예전의 자이르)의 잉글랜드 정도 면적에 퍼져 있다.

보노보는 침팬지보다 가볍고, 어깨가 좁고 상체가 빈약하며, 머리도 더 작다. 침팬지는 가슴, 어깨, 머리가 더 크지만 보노보는 다리가 더 길고,

일어설 때 자세가 더 곧추서 있다. 또 사바나가 없는 울창하고 습한 습지림에 살기 때문에 침팬지보다 나무 위 생활에 잘 적응하여 나무를 더 잘 탄다. 이 습한 숲에는 1년 내내 열매가 열리는 거대한 나무들이 많다. 먹이가 풍부하기에 보노보는 침팬지보다 더 많은 식구를 먹일 수 있고, 암컷들은 청년기에 원래 집단을 떠나더라도 계속 강한 결속을 맺는다. 일부 연구자는 바로 이 점이 보노보 수컷이 폭력적이고 공격적인 행동을 적게 하는 이유라는 이론을 내세운다. 연구자들에 따르면 보노보는 강압적인 짝짓기, 유아 살해, 경계 순찰, 이웃 공격 등을 하지 않는다.

보노보도 때로는 사냥을 한다. 암컷들은 집단의 모든 구성원이 이성애와 동성애 양쪽으로 다양한 성행위를 자주 하도록 부추겨 공격성 분출을 억제하며 함께 무리를 지배한다. 콩고민주공화국의 내전 때문에 야생 보노보를 연구하기는 어렵지만 연구자들은 이들에 관해 많은 것을 알고 싶어 한다.

보노보와 침팬지 모두 권력과 성행위가 중요한 관심사다. 사회적 지위와 상대의 감정 반응을 잘 파악하며, 누구와 동맹을 맺는 것이 좋을지 끊임없이 계산한다. 이 행동들이 여러 면에서 사람의 행동과 판박이인 것을 감안하면 우리의 공통 조상도 비슷했을 것이다.

■ 나무 사바나

1500만~500만 년 전에 동아프리카의 기후가 크게 달라졌다. 〈지도 4.1〉에서 알 수 있듯이 지각판들이 서로 멀어짐에 따라 모잠비크에서 에티오피아까지 길게 단층선이 생겨났고 지금도 넓어지고 있다. 아프리카 동부 지역은 결국 떨어져 나가 멀어질 것이다. 한편 이 지각판 활동으로 만들어진 고지대들이 강수 양상을 바꾸면서 동아프리카 곳곳에 다양한 서식지가 생겨났다. 단층선을 따라 생긴 높은 산맥과 깊은 골짜기는 우림에 사는 사촌인 침팬지와 인류를 사실상 격리했다.

1000만~500만 년 전에는 지구의 기온이 낮았고, 특히 650만~500만 년 전에는 추위가 심했다. 많은 물이 빙하로 얼어붙곤 했기에 지중해는 말라붙었다가 잠기기를 되풀이했다. 기후가 춥고 건조해짐에 따라 적도의 숲도 줄어들었고, 가장자리에는 단절된 작은 삼림지대가 생겨났다. 수백만 년간의 기후변화로 사람아과는 첫 번째 특징인 직립보행 능력을 강화했다.

1994년 에티오피아 아파르 삼각주에서 연구자들이 획기적인 발견을 했다. 440만 년 전의 것으로 추정되는 가장 오래된 인류의 뼈였다. 마지막 공통 조상은 아니지만, 아직 발견되지 않은 그 조상과 가장 가까운 종의 것이었다. 1974년에 발견된 루시보다 약 100만 년 앞서 나타난 이 뼈의 주인은 루시가 발견된 곳에서 74km 떨어진 곳에 살았다. 새로 발견된 종에는 '땅바닥'과 '뿌리'를 뜻하는 아파르족 언어에서 따온 아르디피테쿠스 라미두스(*Ardipithecus ramidus*)라는 이름이 붙었다. 흔히 '아르디'라는 별명으로 불린다.

아르디는 몸무게 50kg, 키 122cm의 여성이었다. 삼림지대에 살았고 팔다리로 나뭇가지에 매달려 다닐 수도 있었으며 땅에 서서 걸을 수도 있었다. 아르디가 발견된 곳 인근에서 36명분의 뼈가 더 발견되었는데 남녀 모두 송곳니가 작았다. 아르디를 연구한 과학자들은 마지막 공통 조상이 이전의 가정처럼 침팬지 같지 않았고, 직립보행은 나무가 전혀 없어서가 아니라 다른 이유로 했을 것이라고 추정했다. 또한 작은 송곳니는 이전의 가정보다 일찍부터 짝의 결속이 강해지고 여성을 차지하려는 남성들의 갈등이 약했음을 시사한다고 결론지었다.

유명한 루시는 오스트랄로피테쿠스 아파렌시스(*Australopithecus afarensis*) 종에 속한다. 이 종의 화석들은 대부분 350만~180만 년 전의 것이다. 단 1점을 제외하면 **오스트랄로피테신(australopithecine)** 화석은 아프리카 남부와 동부에서 발견되었다. 화산활동이 활발한 이 지역들에서는 뼈가 화산재로 덮여서 화석이 되기 쉽고, 위아래에 쌓인 화산재로 연대를 쉽게 알 수 있다. 오스트랄로피테신은 아프리카 전역에 퍼져 있었던 듯하다. 직립보행했고 뇌는 약 400~500cm³인 침팬지보다 조금 컸으며 남녀의 몸집이 다른 현상인 성적이형성(sexual dimorphism)이 커서 남성이 여성보다 50%쯤 컸다.

직립보행이 인류 진화에서 첫 번째로 발달한 형질이 된 이유에 관해서는 여러 이론이 있다. 예전 학자들은 직립보행을 사바나의 적응형질이라고 봤다. 나무가 듬성듬성 있고 걸어야 하는 곳에서 살기 위해 발달한 특징이라는 것이다. 그러나 1994년 이래 삼림에서도 직립보행한 초기 사람아과 화석이 많이 발견되면서, 직립보행을 오로지 사바나의 적응형질로 보는 가설이 흔들렸다. 현재 학자들은 나무가 모여 있는 한 곳에서 다른 곳으로 걸어서 이동할 때 곧추선 자세가 더 효율적이거나, 수컷이 암컷에게 먹이를 들고 갈 수 있거나, 음경을 과시하여 짝을 꾀기 좋으므로 침팬지에게서 이 형질이 발달했다고 본다. 원래 충족하고자 한 기능이 무엇이었든, 직립보행은 아프리카 동부와 남부의 다양한 서식지에서 진화한 몇몇 사람아과 종이 번식하는 데 유리했다.

직접적인 증거는 없지만, 직립보행이 발달할 무렵 몸의 털도 서서히 사라졌을 것이다. 사바나에서 몸을 식히기 위한 적응형질인 듯하다. 사람아과는 직사광선을 곧바로 받는 머리 꼭대기에만 털이 남고 다른 부위의 긴 털은 서서히 사라졌다. 또 다른 냉각 체계들도 갖추어간 덕분에 뜨거운 낮에도 먹이를 찾아다닐 수 있었다. 또 다른 설명도 가능하다. 여성이 털이 더 적은 남성을 짝으로 선택했다는 것이다. 그런 남성에게 기생충이 더 적을 것이라고 확신할 수 있기 때문이다. 물론 현생 인류에게 털이 전혀 없는 것은 아니어서 흔적기관으로 남아 있다. 단열을 돕거나 위협하려는 몸짓으로 털을 바짝 세우곤 하는데 이때 닭살이 돋는다. 초기 사람아과에게는 탁 트인 곳에서 생활한다는 것이 쉽지 않은 도전 과제였다. 육상 포식자를 보면 기어올라 달아날 수 있는 나무가 듬성듬성 있었다고 해도 그랬다. 초기 사람아과 종들은 첫 번째 적응형질로 직립보행을 했지만 뇌는 아직 빠르게 커지지 않았다.

■ 덤불 사바나

약 250만 년 전 기온이 급감하는 시기가 다시 찾아왔다. 이때 **사람속**(genus Homo)의 초기 형태가 출현했다. 이런 명칭들은 인류학자들이 붙인다. 사람속이라는 이름은 도구 제작이 인간을 정의한다고 여기던 예전 시기에 루이스 리키가 붙였다. 뇌가 커지고, 팔이 짧아지고, 창자와 이가 짧아진 사람속의 특징은 이들이 고기를 많이 먹고 식물을 덜 먹었음을 시사한다. 이들 **호모루돌펜시스**(H. rudolfensis), **호모하빌리스**(H. habilis), **호모에르가스테르**(H. ergaster)는 여러 면에서 아직 유인원 같았지만, 최초로 석기를 사용했다. 석기는 돌을 두드려 가장자리를 떼어내 만든 단순한 찍개였다. 날카로운 모서리는 칼날로도 쓸 수 있었을 것이다. 올두바이 계곡에서 발견되어 올두바이형 석기라고 하는 이 도구들은 적어도 100만 년 동안 모양이 변하지 않았다. 사람속 종들의 특징은 도구 사용, 나무로부터의 독립, 급속한 뇌 팽창이다. 사과 크기였던 뇌는 100만 년 사이에 자몽만 해졌다.

약 200만 년 전에 오스트랄로피테신과 다양한 사람속 종은 이전 종들보다 큰 무리를 이루어 탁 트인 경관 속에서 살았고, 죽은 동물의 사체도 어느 정도 먹었다. 사람속의 몇몇 종은 음성과 몸짓이 여전히 유인원과 비슷했겠지만, 단어를 하나씩 내뱉는 수준이 아니라 의미가 완전한 말로 의사소통했을 것이다.

약 180만~170만 년 전 여러 사람속 종 가운데 유인원이 아니라 확연히 사람에 가까운 신종 **호모에렉투스**(*Homo erectus*)가 출현했다. 지금까지 호모에렉투스의 뼈대는 아메리카를 제외한 전 세계에서 약 75명분이 발굴되었다. 이 종이 아프리카에서 나왔는지 아시아에서 나왔는지는 아직 논쟁거리다. 일부 전문가는 초기 호모에렉투스 화석을 호모에르가스테르로 분류한다.

호모에렉투스는 키가 현생 인류와 비슷했고, 뇌 크기는 우리의 70% 정도였다. 완전히 직립보행했고, 팔이 짧아져서 이제는 나뭇가지에 매달려 다니는 데 적합하지 않았다. 속귀에는 뛰고 달리고 춤출 때 균형을 잡아주는 반고리관이 있었다. 남녀 모두 침팬지에 비해 골반이 상당히 좁고 납작한데, 똑바로 서고 달리는 데 필요했겠지만 골반 내의 공간인 출산길의 지름이 함께 좁아졌다.

침팬지와 보노보는 출산이 무척 쉬우므로 암컷은 무리로부터 떨어진 곳에서 홀로 새끼를 낳는다. 호모에렉투스는 출산길이 더 좁아진 반면 아기의 뇌는 더 커졌기 때문에 출산이 무척 힘들어졌다. 아기는 머리가 너무 커지기 전에 덜 발달한 상태로 태어나야 했다. 현생 인류의 아기는 태어날 때 뇌의 크기가 성인의 23%인 반면 침팬지 새끼는 45%에 달한다. 호모에렉투스의 골반은 여성이 뇌의 크기가 성인의 45%에 달하는 아기를 출산할 수 없었음을 시사한다. 그래서 태어난 직후부터 아기의 뇌가 빠르게 성장했다.

신생아가 더 무력해졌으므로 더 오래 신경 써서 돌봐야 했다. 여성은 수유를 해야 하기에 남성의 도움이 필요했고, 남성은 다른 남성과 포식자로부터 여성과 아기를 지켜야 했다. 침팬지는 암수가 지속적인 애착 관계를 맺지 않지만, 이유야 어떻든 사람아과는 자녀의 부모가 일시적으로라도 짝 결속을 맺는 쪽으로 진화했다. 여성은 보호와 육아 지원을 받는 대가로 성적 자유를 포기했을 것이고, 남성은 자식의 생존 확률을 높이는 대가로 성적 자유를 포기했을 것이다. 어떻게 결속했든 간에 호모에렉투스는 지속적으로 협력하고 상호 의존했다.

짝 결속에 대한 간접적 증거는 여성의 뼈대보다 약 25% 큰 남성의 뼈대다. 오스트랄로피테쿠스는 약 50% 컸다. 성적이형성 감소는 여성을 두고 남성들이 경쟁하는 양상이 줄어들었음을 시사한다. 현생 인류는 평균적으로 남성이 여성보다 15~20% 정도 크다.

호모에렉투스는 불도 다스리며 요리하거나 음식을 보존하는 용도로 썼을 것이다. 그래서 식단에서 고기와 덩이뿌리가 차지하는 비율이 더 높아졌을 것이다. 음식을 요리하면서 먹고 씹는 데 드는 시간이 줄어들었고, 창자도 더 짧아졌다. 2009년 리처드 랭엄(Richard Wrangham)이『요리 본능』에서 주장한 것처럼 요리는 뇌 팽창의 선결 조건이었을 수도 있다.

불의 이용은 사람아과가 나아간 가장 중요한 단계 중 하나다. 우리를 다른 동물들과 구별해주는 이 형질은 많은 후속 발달의 토대가 되었다. 불을 중심으로 이루어지는 사회 활동은 언어 발달뿐 아니라 도구 제작을 새로운 수준으로 끌어올리는 데 기여했을 것이다. 아슐리안형 석기라고 불리는 새로운 도구를 대표하는 것은 더 크고 정확하게 모서리를 떼어내어 만든 양면 주먹도끼다. 이 석기 양식은 약 25만 년 전까지 적어도 100만 년 동안 이어졌다. 또 불을 이용함으로써 인류 집단의 에너지 흐름이 증가했다.

호모에렉투스는 아프리카 대륙 밖으로 나가는 모험을 한 최초의 사람아과 종이라는 점에서도 독특했다. 최근에는 더 이전에 출현한 호모에르가스테르도 같은 모험을 했을 가능성이 있다는 증거가 나왔다. 일부 호모에렉투스 집단은 적어도 180만 년 전 유럽 끝자락인 캅카스 지역의 조지아까지 진출했다. 그곳에서 이들은 빙하기에 **네안데르탈인**(Neandertal, *Homo neanderthalensis*)으로 진화했다. 호모사피엔스의 가까운 친척인 네안데르탈인은 약 3만~2만 년 전까지 살았다. 당시에는 의사소통을 얼마나 할 수 있었을까? 아무도 모른다. 주류 견해는 호모에렉투스가 단순한 명사와 동사로 원시 언어를 사용했을 것이라고 본다. 세월이 흐르면서 발성 속도, 어휘, 복잡성이 늘어났을 것이다.

　호모에렉투스 시대에 일어났을 가능성이 높은 또 다른 변화는 피부색이 짙어진 것이다. 침팬지는 털이 검지만 피부는 옅은 색이다. 초기 사람아과는 털이 적어져서 자외선에 취약한 옅은 피부가 노출되었다. 자외선은 피부암을 일으키고 엽산이라는 필수 영양소를 파괴하여 불임을 야기한다. 유전학자들은 피부색을 짙게 하는 유전자 돌연변이가 120만 년 전에 아프리카 전역으로 퍼졌을 것이라고 추정한다. 아프리카 바깥으로 나간 초기 인류는 다시 피부색이 옅어졌다. 몸에 필요한 비타민 D를 합성하려면 자외선이 필요한데, 짙은 피부는 자외선을 많이 차단하기 때문이다. 현재 세계 인류 전체를 보면 여성이 남성보다 피부색이 3~4% 더 옅다. 이유는 확실하지 않다. 성선택 때문일까, 비타민 D가 더 많이 필요해서일까, 다른 이유 때문일까?

　최근에는 호모에렉투스에서 진화한 종들이 더 있음을 시사하는 화석들이 발견되었다. 2003년 자바 동쪽의 한 섬에서 발견된 뼈에는 **호모플로레시엔시스**(*H. floresiensis*)라는 이름이 붙었다. 치아 일부가 발견된 뼈대 9구는 키가 1m 남짓이어서 '호빗(hobbit)'이라고 불린다. 이들은 호모에렉투스였을 수도 있고 아닐 수도 있다. 또 2010년 러시아, 몽골, 중국, 카자흐스탄의 국경이 만나는 알타이산맥의 데니소바 동굴에서 손가락뼈와 발가락뼈가 발견되었다. 4만 1000년 전에 살았던 데니소바인은 네안데르탈인이나 현생 인류와 다르다.

　여기서는 사람아과의 진화를 살펴보고 침팬지와 인류의 공통 조상이 지녔던 특징으로부터 현생 인류의 특징이 진화한 과정을 언급했다. 700만 년이 흐르는 동안 척추는 곧게 펴지고, 골반은 더 좁아지며, 뇌는 더 커지고, 팔은 더 짧아지며, 짝 결속을 이루고, 의사소통과 협력의 수준이 높아지며, 불을 이용하고 주먹도끼를 만들기에 이르렀다. 이 모든 일은 급격한 기후변화라는 맥락에서 나타났다.

　호모에렉투스의 후손은 아프리카와 유라시아 전역으로 퍼졌고, 몇 가지 경로로 진화했다. 아시아에서는 거의 변하지 않고 동일한 종으로 남았다. 유럽에서는 빙하기에 적응하면서 네안데르탈인이 되었고, 아프리카에서는 현생 인류(호모사피엔스)로 진화했다. 학자들은 네안데르탈인이 호모사피엔스와 별개의 종인지, 어느 정도까지 호모사피엔스의 조상이라고 할 수 있는지를 놓고 계속 논쟁하고 있다. 네안데르탈인은 호모사피엔스가 아프리카에서 진화하던 시기에 유럽과 중동에 살았으므로, 다음 절에서 살펴보겠다.

문턱 6 호모사피엔스의 출현

우리 종이 언제 출현했는지 어떻게 알 수 있을까? 잠시 큰 줄기에서 벗어나 우리가 다른 대형 유인원(〈표 4.2〉에 일부가 실려 있다)뿐 아니라 다른 큰 동물들과도 무척 다른 이유를 살펴보자. 이 질문에 답하면, 우리 종이 출현한 시기와 인류 역사가 실제로 시작된 시기를 이야기할 때 중요한 특징들을 파악할 수 있을 것이다. 이것은 인류 역사에 관해 할 수 있는 가장 중요하면서도 미묘한 질문이다. 이 질문에 답하려면 섬세하게 접근해야 한다.

우리는 어째서 다를까?

우리의 신체 구조나 유전자는 침팬지와 비슷하고, 호모에렉투스나 호모네안데르탈렌시스 같은 조상들과는 더욱 비슷하다. 그들과 우리를 뚜렷이 나누는 것은 임의적인 듯하다. 그러나 앞에서 살펴봤듯이, 많은 특징이 우리를 가까운 친척들 및 다른 대형 동물들과 구별해준다.

작은 변화가 연쇄적 변화로 이어지면서 새로운 창발적 특성을 낳으면 문턱을 건넜다고 볼 수 있다. 우리 종의 출현이 정말로 빅 히스토리의 주요 문턱이라면, 그 역사를 새롭게 만든 작지만 심오한 변화를 파악해야 한다. 우리 종이 시간이 흐르며 어떻게 변해왔는지를 살펴보며 역사학자처럼 접근하면 이 문제에 따라붙는 복잡한 철학적 문제들을 건너뛸 수 있다. 이 역사적 질문은 인류와 사람아과 친척들을 포함한 커다란 동물 종 사이의 심오한 차이를 드러낸다.

현생 인류 사회와 현생 침팬지 사회나 다른 대형 종의 사회를 비교하면 엄청난 차이를 알 수 있다. 가장 중요한 차이는 우리가 환경과 독특한 관계를 맺는다는 것이다. 대부분의 종은 존속하는 기간 대부분 동안 행동이 거의 변하지 않는다. 종의 집단별로 조금씩 다르게 환경에 적응하여 세부적으로 행동이 달라질 수는 있다. 그러나 근본적으로 변화하지는 않는다. 예컨대 침팬지 집단마다 사는 방식이 조금씩 다르긴 하지만, 수백 년 또는 수천 년에 걸쳐 행동이 근본적으로 변화했다는 증거는 전혀 없다. 침팬지 집단에게는 우리 종과 같은 '역사'가 없는 듯하다.

반면 우리 종은 처음 출현한 이래로 행동이 변했다. 그것도 급격히 변했다. 지난 25만 년 사이에 현생 인류가 출현했을 때의 인구는 현생 침팬지의 개체 수와 비슷했다. 그들은 분명히 채집 생활을 하고 사바나 환경에서 진화했다. 당시에는 이 무리가 새로운 종의 토대인지 명확하지 않았을 것이다. 가상의 제인 구달이 25만 년 전에 관찰했다면, 그들과 가까운 친척들의 차이가 미미해 보였을 것이다. 그러나 지금 돌아보면 그 차이를 명확히 알 수 있다. 사람은 삼림지대에서 해안, 열대 정글에서 북극권 툰드라에 이르는 새롭고 수많은 환경을 이용하는 법을 터득했다. 1만 3000년 전까지 남극대륙을 제외한 모든 대륙에 자리 잡은 인류는 이주할 때마다 환경에 대처하기 위해 새로운 행동과 방식을 창안해야 했다. 다른 대형 동물 중 그처럼 다양한 환경에 효과적으로 적응하거나 넓은 지역으로 퍼진 종은 없다. 다양한 환경으로 퍼져 나간 우리 조상들은 아마도 수백만 명까지 불어났을 것이다.

1만 년 전부터 변화의 속도가 빨라졌다. 인류는 옥수수, 밀, 양, 소 등 먹거나 활용할 수 있는 동식물 종을 많이 생산하고, 잡초와 쥐처럼 이용할 수 없는 동식물을 제거하여 환경을 바꾸기 시작했다. 이 변화를 가리키는 농경(agriculture)은 5장에서 다룰 것이다. 농경을 시작하면서 인류 공동체의 크기와 복잡성이 증가하고 사용하는 에너지와 자원도 많아졌다. 현재 인구가 70억 명을 넘어선 인류는 생물권을 재편하고 대기를 바꾸고 있다. 25만 년도 안 되는 기간에 우점하는 대형 동물이 되었고, 지구 역사상 최초로 생물권을 통제했다. 그래서 과학자 파울 크뤼천(Paul Crutzen)은 현재 인간이 지구에 미치는 영향이 워낙 크므로 새로운 지질시대에 들어섰다고 봐야 한다고 주장했다. 바로 **인류세(Anthropocene)**, 즉 인류가 생물권을 지배하는 시대다(12장 참고).

이 유례없는 변화는 어떻게 가능했을까? 이 질문에 답하면, 호모사피엔스가 출현하여 생긴 문턱을 정의할 수 있을 것이다. 우리 조상들의 독특한 점은 기술이 한정된 다른 종들과 달리 환경에 적응하는 새로운 방법을 계속 찾아냈다는 것이다. 그 결과 에너지와 자원을 점점 더 통제하기 시작했다. 대다수의 종이 정해진 방식과 한정된 기술로 환경에 적응하는 반면, 인류는 무척 다양한 생태적 기법들을 지니고 그 목록을 계속 늘리고 있다. 호모에렉투스나 호모에르가스테르 같은 사람아과 조상들도 지능과 불을 이용하는 등 여러 능력이 있었지만 기술의 범위가 한정되어 있었다. 예컨대 아슐리안형 돌도끼는 100만 년 동안 거의 변하지 않았다. 반면 현생 인류는 놀라우면서 강력한 새로운 방식으로 계속 환경에 적응하는 경이로운 능력을 지녔다. 환경 그리고 서로와 관계 맺는 새로운 방식을 계속 찾아내는 능력은 인류 역사의 토대이자 종으로서 능력의 원천이다.

■ 협동 작업

현생 인류의 경이로운 생태적·사회적 창의성은 어디서 나올까? 짧게 답하자면 협동 작업이다. 인류는 놀라울 만큼 협력을 잘한다. 남녀가 육아를 분담하는 문제뿐만이 아니다(그 점에서 이미 침팬지와 인류는 중요하게 다르지만). 집단이나 세대 사이의 의식적·무의식적 협력을 어떤 대형 동물보다 잘해낸다.

앞에서도 비슷한 내용을 살펴봤다. 사실 모든 복잡성은 협력의 산물이다. 따로 존재하던 것들이 연결되어 새로운 창발적 특성을 생성하면 복잡성이 새로운 수준으로 올라선다. 화학은 원자들이 새로이 결합할 때 생겨난다. 생명은 복잡한 화학물질들이 협력하기 시작할 때 출현하며, DNA의 통제하에 자연선택을 통해 환경에 맞게 변할 수 있다. 진핵세포는 원핵세포들이 융합하여 크고 복잡한 세포를 형성함으로써 진화했다. 다세포생물은 각 세포가 같은 DNA를 지닌 진핵세포들이 결합하여 생물학적 거인을 형성함으로써 진화했다. 흰개미와 개미 같은 사회성 곤충은 개체들이 구성요소를 이루는 초유기체도 만들 수 있음을 보여준다. 인류 종도 비슷하게 행동했다. 인류 역사는 우리 조상들이 새로운 방식으로 협력하면서 시작되었다.

어떤 의미에서 우리 종이 유달리 협동을 잘한다는 것일까? 어쨌거나 인류는 갈등도 잘 일으키므로 두 능력이 상쇄되는 듯 보인다. 그러나 지구 전체에 정부·무역·생산·정보교환 체계를 갖춘 현생 인류 사회와 가장 크고 복잡한 침팬지 사회를 단순히 비교해도 요점을 이해할 수 있다. 인류는 환상적으로 복잡한 집단을 이루어 협력한다. 집단에서는 당연히 충돌도 많아지고, 당사자가 고통이나 야만적 폭력을 겪을 때도 많다. 또한 개인은 협동 작업의 작은 부분만 제어할 수 있다. 그처럼 개인의 의지를 넘어서고 고통스럽더라도 협력은 인류의 이익을 위해 환경을 조작하는 집단 능력이라는 결과를 낳는다. 전쟁조차도 정교한 협동이 필요하다!

■ 기호 언어

어째서 인류는 생물학적 친척들보다 훨씬 효과적으로 협력할 수 있을까? 다른 종들보다 효율적으로 정보와 개념을 공유할 수 있는 새롭고 강력한 언어가 우리 종을 변모시켰다고 볼 이유는 많다. 언어 덕분에 인류는 정보를 공유하고 협력할 수 있다. 생각해볼 가치가 큰 특징이다. 의사소통할 수 있는 종은 많다. 부엉이도 하고 침팬지도 한다. 그러나 이들의 의사소통 수준은 한계가 크다. 특히 세대를 거치며 공유하는 정보를 쌓고 증가시킬 만큼 효율적으로 의사소통할 수 있는 종은 인류뿐이다. 영장류학자 셜리 스트럼(Shirley Strum)이 연구한 펌프하우스 갱단(Pumphouse Gang)이라는 개코원숭이 무리는 다른 동물의 한계를 잘 보여준다. 이 집단은 특이할 정도로 사냥을 잘했다. 따라서 구성원들이 사냥에 관한 정보를 잘 공유한다고 짐작할 수도 있다. 그러나 스트럼은 무리의 지도자가 유달리 사냥을 잘하는 개체라는 점을 알아차렸다. 지도자가 죽자 무리의 뛰어난 사냥 능력도 함께 사라졌다. 그전까지 무리가 지녔던 정보는 그냥 흘러 나갔다.[1]

이 문화적 누출이 다른 종들의 특징이라고 보는 것이 합리적이다. 정보를 더 효과적으로 간직할 수 있는 종이 존재했다면 분명 환경을 제어하는 새로운 방법을 비롯하여 더 많은 정보를 축적했을 것이다. 그 집단은 점점 커져서 고고학적 기록을 남길 만큼 환경에 큰 영향을 미쳤을 것이다. 한마디로 우리 종과 비슷했을 것이다.

현생 인류는 구성원들의 정보를 집단 기억 속에 저장할 수 있기에 무척 정확하고 빠르고 복잡하게 의사소통할 수 있다. 또한 과거와 미래, 보이지 않는 것들에 관해서도 의사소통할 수 있다. 커다란 바위 너머에 있는 개울을 찾곤 하는 호랑이를 묘사하고 특정 시간에는 거기 가지 말라고 경고할 수 있다. 분홍색 코끼리나 화살 꼬리에 염소 뿔을 지닌 악마처럼 존재하지 않는 것들도 논의할 수 있다. 테런스 디컨(Terrence Deacon)이 **기호 언어**(symbolic language)라고 부르는 것이 있기 때문이다. 우리는 무언가를 가리키기 위해 소리나 몸짓을 쓰는 한편으로 소리를 생각과 대상의 전체 범주를 가리키는 개념 묶음으로 쓴다. 더 나아가 구문과 문법에 따라 단어들을 세심하게 배열하여 다양한 사람과 사물, 생각의 여러 관계를 전달한다. 예컨대 우리는 "나는 너를 찼어"와 "나는 너에게 차였어"의 차이를 구분한다. 그 결과 많은 정보를 공유하고, 각 공동체의 정보량은 세대가 지날수록 쌓인다. 꾸준히 증가하는 공유 지식이야말로 인류 역사의 토대다. 이전 세대보다 나중 세대의 지식이 더 많고, 그 결과 시간이 흐르면서 행동이 변화하기 때문이다. 이 느린 행동 변화가 바로 '역사'다.

집단 학습하며 협력하는 능력, 즉 개인이 배운 것을 상세하고 정확하게 공유하는 능력은 기호 언어에서 나온다. 효과적인 의사소통 방식이 없는 종과 인류의 차이는 홀로 놓인 컴퓨터와 네트워크에 연결된 컴퓨터의 차이와 비슷하다. 전자는 자신의 기억 장치에 저장한 정보에만 의지하는 반면, 후자는 다른 수백만 대의 정보도 이용할 수 있다. 스티븐 핑커(Steven Pinker)가 말했듯이, 정보를 효과적으로 공유하는 종은 "과거와 현재의 구성원이 힘들게 발견한 사실을 집단 내에 공유하고, 결국 홀로 살아가는 종보다 훨씬 영리해질 수 있다".

> 수렵채집인들은 도구를 만들고, 불을 제어하고, 먹잇감을 속이고, 식물의 독소를 제거하는 지식을 쌓으며, 그 지식이 어떻게 생겨났는지 아는 사람이 없어도 집단 창의성을 토대로 살 수 있다. 또 사냥감을 몰거나 다른 이들이 먹이를 구하러 나갈 때 교대로 아이들을 돌보는 것처럼 서로 행동을 조율하여 머리와 팔다리가 여럿인 거대한 짐승처럼 행동할 수 있고, 완고한 개인주의자는 할 수 없는 성취를 이룰 수 있다. 또한 그물처럼 연결된 눈, 귀, 머리는 온갖 단점과 기벽을 지닌 한 사람의 눈, 귀, 머리보다 튼튼하다.[2]

20만 년간의 이 축적 과정이 인류 역사의 모든 것이다. 집단 학습이 문턱 6을 이해하는 열쇠인 이유는 그 때문이다(〈문턱 6 요약〉참고).

문턱 6 요약

문턱	구성 요소	구조	골디락스 조건	창발성
호모사피엔스	다른 면은 여느 생물들과 같지만 조작·지각·신경 능력이 고도로 발달.	사람의 DNA가 통제하는 고도의 생물학적 구조.	고도의 조작·지각·신경 능력을 빚어낸 기나긴 진화 기간.	공동체와 종 수준에서 정보를 축적하여 장기적인 변화를 일으킬 수 있도록 정확하고 빠르게 정보를 공유하는 능력인 집단 학습.

호모사피엔스는 언제 어디서 출현했을까?

인류 종은 언제 출현했을까? 증거에 따르면 중기 구석기시대에 출현한 듯하다. 중기 구석기시대가 시작한 25만 년 전에서 후기 구석기시대가 시작한 5만 년 전 사이의 어느 시점이다.

■ 인류 역사는 언제 시작되었을까?

기호 언어와 집단 학습이 출현한 시기가 이 질문에 대한 답변 중 하나일 것이다. 구어는 아무런 흔적을 남기지 않기 때문에 시기를 알아내기가 어렵다. 그렇다면 인류가 기호 언어로 대화했다는 간접적 흔적은 있지 않을까? 사람이 말하려면 여러 기능을 갖추어야 한다. 두뇌가 무척 좋아야 하고 소리 내고 듣는 일도 빠르고 효율적으로 관리해야 한다. 대화가 어떤 식으로 전개될지 짐작하는 능력도 필요하다. 안타깝지만 이 기능들도 직접적인 증거를 거의 남기지 않는다. 이 능력 중 상당수는 친척인 사람아과의 다른 종들도 한정된 형태로나마 지녔을지 모른다. 실제로 실험을 통해 대형 유인원들의 의사소통 능력이 밝혀지기도 했다. 무척 제한적으로나마 말하는 법을 배운 대형 유인원도 있다. 이 모든 능력이 모여서 유달리 강력한 의사소통 방식을 형성한 계기가 틀림없이 있었을 것이다. 지난 20만 년 사이에 갑작스럽게 변한 상황은 진화의 관점에서 무척 빠른 수만 년 사이에 이 능력들이 결합했다는 의미다.

언어로 나아가는 문이 어떻게 열렸는지 알려줄 흥미로운 단서가 몇 가지 있다. 문법에 맞는 언어를 구사할 수 없는 영국의 한 가족은 FOXP2라는 유전자에 돌연변이가 있었다. 인류와 대형 유인원은 이 유전자가 다르다. 사람 특유의 FOXP2 유전자는 지난 20만 년 사이에 출현했다. 매우 시사적인 이 증거는 기호 언어가 진화적 시간으로 볼 때 갑작스럽게 출현했음을 암시한다. 그러나 이 한 가지 유전자로 기호 언어에 관한 인간 특유의 능력을 설명할 수는 없다. 네안데르탈인도 FOXP2 유전자를 지녔다는 증거를 생각하면 더욱 그렇다. 자세히 밝혀야 할 부분이 여전히 많다.

언어가 어떻게 출현했는지 알려줄 직접적 증거가 없다면, 간접적인 방법이 있지 않을까? 유망한 방법은 화석 증거와 유전적 증거 2가지다. 고고학적 기록은 드문드문 남아 있을 뿐이고 아프리카에서는 더욱 그렇다. 당시의 아프리카에 관한 고고학적 연구는 유럽보다 훨씬 적다. 사실 그래서 다양하게 해석할 여지가 많다.

■ 인류는 어디서 진화했을까?

지난 100만 년 동안 출현한 사람아과 종을 보면 모두 호모에렉투스의 후손인 듯하다. 그런데 호모사피엔스는 언제 이 종들과 갈라졌을까? 호모사피엔스의 진화를 전반적으로 해석하는 관점은 탈아프리카 가설(Out of Africa hypothesis)과 다지역 가설(multiregional hypothesis) 2가지다. 1960년대부터 많은 학자가 아프로·유라시아의 여러 지역에서 다양한 호모에렉투스나 호모에르가스테르 유형으로부터 수십만 년에 걸쳐 우리 종이 진화했다고 주장했다. 이것이 다지역 가설이다. 주로 유라시아에서 발견된 화석에 토대한 이 가설의 전제는 전체 지역에서 사람아과 집단들이 유전적으로 한 종을 유지할 만큼 충분히 접촉하고 있었다는 것이다.

그러나 1980년대 이후 고고학과 유전학이 제시하는 새로운 증거들은 대안 이론인 탈아프리카 가설을 뒷받침한다. 이 이론은 현생 인류가 25만~20만 년 전에 아프리카에서 진화했다고 본다. 1990년대 들어 네안데르탈인 유골에서 DNA를 추출하여 분석한 결과에 따르면 네안데르탈인은 우리 종의 변이 형태가 아니라 별개의 종이며, 두 종은 호모에렉투스의 후기 형태로부터 약 50만 년 전에 갈라진 것이 분명했다. 최근 연구자들은 종간 교배도 약간 나타났다고 주장한다(〈그림 4.3〉). 유전학 연구자들은 2가지 중요한 결론도 내놓았다. 첫째, 모든 현생 인류는 유전적으로 매우 비슷하므로, 공통 조상은 약 20만 년 이내에 살았을 가능성이 높다. 둘째, 유전적 변이가 가장 큰 지역은 아프리카다. 이 사실은 우리 종이 아프리카에서 출현했다는 의미다. 유전적 변이가 작은 지역은 그만큼 변이가 쌓일 시간이 적었다는 의미이기 때문이다.

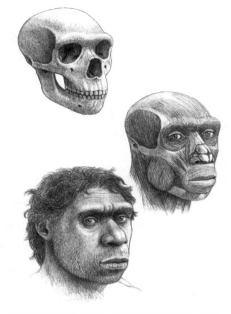

그림 4.3 머리뼈를 토대로 재현한 네안데르탈인. 몇 가지 신체적 특징이 현생 인류와 다르다. 눈썹뼈가 더 튀어나와 있고, 코가 더 넓고 납작하며, 얼굴 중간 부위가 튀어나와 있고, 턱은 거의 보이지 않는다. 네안데르탈인은 약 20만 년 동안 유럽 전역과 아시아 중·서부에 살았다. 유전자 연구에 따르면 유럽인과 아시아인 혈통에 속한 이들의 DNA 중 1~4%가 네안데르탈인에게서 왔다. 8만~5만 년 전 현생 인류가 아프리카에서 유럽으로 진출했을 때 종간 교배가 일어났을 가능성이 높다. 네안데르탈인은 3만 5000~3만 년 전에 멸종했다.
(출처: Mauricio Anton/Science Source)

최근 발견된 화석들도 유전적 증거처럼 탈아프리카 가설을 뒷받침한다. 20세기 중반 에티오피아 오모에서 발견된 머리뼈는 현생 인류의 머리뼈와 사실상 동일하고, 연대는 예전 학자들의 견해보다 훨씬 오래된 약 20만 년 전이었다. 아프리카에서는 우리 종이 명백한, 약 12만 5000년 된 뼈 화석들도 많이 발견됐다. 이들은 우리 종 특유의 뼈대 특징들을 모두 갖추고 있었다. 현생 인류 머리뼈의 주요 특징 몇 가지를 소개하겠다.

① 대부분 1,350cc 이상인 머리뼈 안쪽 뇌 용량

② 비교적 수직으로 서 있는 이마뼈(이마)

③ 옆쪽이 높고 더 곧게 서 있는 머리 덮개뼈

④ 수평으로 불룩 튀어나온 부위(뒤통수 융기)가 없고 머리뼈 바닥의 각도(두저각)가 비교적 편평하며 둥근 뒤통수

⑤ 여성보다 남성에서 흔히 나타나며, 하나로 이어지지 않은 눈썹뼈

⑥ 뇌머리뼈의 넓어진 앞쪽이 아래로 튀어나오지 않고 비교적 납작하게 뻗은 얼굴

⑦ 두드러진 턱[3]

새로운 증거들이 쏟아진 현재 대다수의 학자가 우리 종이 지난 25만 년 사이에 아프리카에서 진화했다고 생각한다. 그러나 정확히 언제 어떻게 진화했는지를 두고 논쟁하고 있다. 문제는 뼈대와 유전자 증거가 가리키는 방향과 유물이 가리키는 방향이 다른 듯하다는 것이다. 따라서 인간의 **행동**이 인간의 몸보다 늦게 출현한 듯 보인다.

약 5만 년 전 후기 구석기시대 초의 화석이나 유물이 발견된 유라시아와 아프리카의 고고학 발굴지들에는 기술 혁신의 증거가 뚜렷하게 남아 있다. 당시 이 지역 사람들은 다양한 도구를 개발하고 바늘과 작살처럼 섬세한 도구들도 만들었다. 표준화하여 제작한 듯 보이는 것들도 있고 상아와 뼈처럼 새로운 재료로 만든 도구들도 있다. 무언가를 새긴 조개껍데기와 뼈, 동굴벽화 같은 예술품도 있다. 당시 사람들이 넓은 지역에서 물물교환했음을 보여주는 유용한 돌 등의 물건도 많다. 이용하는 동식물 종이 점점 많아졌다는 증거도 있다. 인류는 오스트레일리아와 시베리아 등 살기 어렵거나 접근하기 어려운 곳까지 들어가기 시작했고 인구가 늘어나기 시작했다.

집단 학습하는 종이 만들 수 있는 증거들을 보면 갑작스럽게 기술이 다양해진 듯하다. 또 넓은 지역의 집단들이 물건을 교환하기 시작했다. 아마 유전자와 정보도 교환했을 것이다. 혁신이 빨라지며 더 다양한 환경을 관리하는 법을 익힘에 따라 인구가 증가했다. 마찬가지로 중요한 점은 예술품 제작이다. 인류가 상징적으로 **생각**했음을 시사하는 예술 활동은 기호 언어로 대화한다는 의미이기 때문이다. 약 5만 년 전의 이 다양한 변화를 '후기 구석기 혁명'이라고 한다. 리처드 클라인(Richard Klein)을 비롯한 많은 고고학자는 우리와 똑같아 보이는 존재가 10만여 년 전에 진화했더라도, 우리처럼 **행동**하는 존재가 있었다는 증거가 처음 나타난 것은 후기 구석기였다고 주장한다.

이야기는 여기서 끝나지 않는다. 2000년 샐리 맥브리어티(Sally McBrearty)와 앨리슨 브룩스(Alison Brooks)는 《인류진화지(Journal of Human Evolution)》

지면 전체를 차지한 긴 논문에서 인간 특유의 행동이 20만 년 이전 아프리카에서 나타나 서서히 진행된 과정의 결과일 것이라고 주장했다.[4] 이들이 제시한 증거에 따르면 우리 종은 30만~20만 년 전에 출현했고, 특징을 보여주는 증거가 고고학 기록에 나타나기까지 오랜 시간이 걸렸을 뿐이다. 논문 제목을 "혁명은 없었다(The Revolution That Wasn't)"로 지은 것도 그 때문이다. 맥브리어티와 브룩스는 아프리카에 관한 고고학 연구가 너무나 미흡해서 인간 특유의 행동에 대한 증거를 놓치거나 무시한 사례가 많았다는 점이 문제라고 주장했다. 고고학적 증거들을 상세히 검토한 이들은 후기 구석기 혁명 때의 변화 대부분이 훨씬 이전의 아프리카 고고학 기록

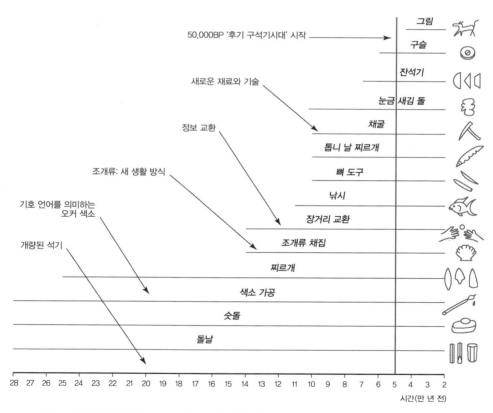

그림 4.4 중기 구석기시대 아프리카에서 나타난 행동 혁신 사례. 두 아프리카 고고학 전문가가 인류의 행동 유형 몇 가지가 출현했을 가능성이 있는 연대 중 가장 오래된 수치를 제시했다. 행동 유형들은 인류가 아프리카 바깥으로 이주하기 훨씬 전에 출현한 듯하다. 기호 언어를 이용하는 집단 학습으로 정보를 공유하고 교환하는 과정이 20만여 년 전에 시작되었을 수도 있다.

에도 나타난다고 결론지었다. 이들이 찾은 증거를 〈그림 4.4〉에 요약했다.

〈그림 4.4〉에서 볼 수 있듯, 인류가 산화철이 함유된 누렇거나 불그스름한 흙 오커(ocher)를 28만 년 전부터 색소로 사용한 단서가 있다. 인류가이 색소를 바디페인팅에 종종 썼고 바디페인팅은 예술의 한 형태이므로, 약 30만 년 전부터 아프리카에 상징적 사고와 기호 언어가 존재했다는 간접적 증거라는 이야기다. 또한 다양한 석기와 식량, 지역 간 교환 등의 증거도 더 일찍부터 나타났다. 남아프리카공화국 블룸보스 동굴 같은 주요고고학 발굴지들은 인류 종이 후기 구석기시대가 시작된 5만 년 전이 아니라 훨씬 이른 중기 구석기시대에 발전했다는 주장을 뒷받침한다.

지금까지 이야기한 내용을 요약해보자. 첫째, 우리 종을 독특한 존재로 만드는 것은 환경과 관계 맺는 새로운 행동과 방식을 계속 개발하는 능력이다. 인류만 장기적 변화의 역사를 지닌 이유는 이 생태학적·기술적·예술적 창의성 때문이다. 둘째, 이 창의성은 집단 기억 속의 생각을 공유하고 계속 쌓을 수 있는 언어의 효율성 덕분이다. 이것이 집단 학습이다. 셋째, 대다수 고생물학자는 우리 종이 지난 25만 년 사이에 아프리카의 어딘가에서 진화했다고 본다. 약 10만 년 전부터 우리 조상들은 현생 인류처럼보이고 행동하며 집단 학습하고 적응하면서 더 강력해졌다. 그리고 약 5만년 전부터는 분명 현생 인류가 되었다.

구석기시대
(20만~1만 년 전)

이제 마침내 인류 역사로 들어선다. 대부분의 역사 수업이나 교과서는 이시대를 중요하게 다루지 않는다. 안타까운 일이다. 구석기시대는 인류 역사의 대부분을 차지한 주요 토대이기 때문이다.

구석기시대의 정의와 중요성

구석기(Paleolithic)라는 영어 단어는 '오래된 석기시대'라는 뜻을 지닌 두

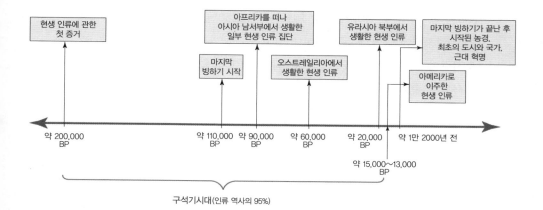

그림 4.5 지난 20만 년의 연대표.

고대 그리스어 단어에서 유래했다. 이 용어는 인류 역사를 연대순으로 3등분하고, 도구와 무기의 주요 재료인 돌, 청동, 철에 따라 이름 붙여 나누는 체계에서 비롯되었다. 구석기시대(Paleolithic era)라는 용어는 1865년 고고학자 존 러벅(John Lubbock)이 석기가 두드러진 역사 시대를 가리키며 처음 사용했다. 앞서 살펴보았듯이, 석기를 사용한 사람아과 조상들까지 포함하면 구석기시대는 약 250만 년 전부터 약 1만 2000년 전까지 이어진다. 그러나 이 책에서는 **구석기시대(Paleolithic era)**를 약 20만 년 전 호모사피엔스가 출현한 후 약 1만 2000년 전 농경을 시작하기 전까지 이어진, 인류 역사의 첫 시대라고 정의하겠다(〈그림 4.5〉).

구석기시대는 세계 역사 이야기에서 대단히 중요하다. 적어도 2가지 이유 때문이다. 첫째, 이 시대에 인류가 지금의 인류가 되었고, 신체적·사회적·기술적·언어적 잠재력을 실현하기 시작했다. 이 시기를 살펴보면 인간의 의미에 관한 근본적 물음에 답하는 데 도움이 된다. 둘째, 이 시대는, 농경시대와 현대를 포함한 세계 역사의 최근 5%에 해당하는 기간의 토대다. 95%에 해당하는 기간을 무시한다는 것은 이치에 맞지 않는다.

물론 오래 지속되었으니 중요하다는 주장은 논점을 흐릴 수 있다. 구석기시대는 가장 오래 지속되었지만 인구는 무척 적었다. 현대 인구통계학자들처럼 최초의 현생 인류가 출현한 후 지금까지 지구에 산 사람이 총

800억 명이라고 가정하면, 그중 20%는 지난 250년 사이에 살았고, 약 68%는 농경시대에 살았다. 구석기시대 인구는 지금까지 산 인구 중 약 12%를 차지한다. 즉, 인구로 따지면 농경시대와 현대가 훨씬 중요하다. 대부분의 역사책과 수업에서 구석기시대를 소홀히 다루는 이유 중 하나는 그 때문일 수 있다.

구석기시대의 2가지 사건

이제 구석기시대의 2가지 주요 '사건'을 살펴보자. 첫 번째는 기후변화, 특히 마지막 빙하기가 인류 역사에 미친 영향이다. 두 번째는 팽창화(extensification)다. 다양한 환경에 대처하기 위해 새로운 기술들을 개발한 인류는 전 세계로 퍼져 나갔다.

■ 기후변화―빙하기의 생존

20세기 초 지질학자들은 빙하기에 얼음이 어디까지 뒤덮었는지를 지도로 정확히 작성하고, 빙하기가 1번이 아니라 여러 번 도래했다는 것을 증명했다. 구석기 인류는 2차례의 빙하기를 겪었다. 약 20만 년 전에는 기후가 비교적 온화하고 환경 조건도 좋았다. 그러나 약 19만 5000년 전부터 환경 조건이 나빠지기 시작했고, 지구는 약 12만 3000년 전까지 이어진 빙하기에 들어갔다. 가장 최근의 빙하기인 두 번째 냉각기는 약 11만 년 전에 시작되었고, 마지막 간빙기는 약 1만 1500년 전에 시작되었다. 구석기시대 인류의 생활 방식은 대체로 빙하기에 진화했다.

마지막 간빙기인 약 12만 3000~11만 년 전의 지구 기온은 현재와 비슷했다. 전 세계의 퇴적층에는 11만 년 전부터 기후가 갑작스럽게 추워진 흔적이 있다. 최근 대서양 퇴적층을 분석한 결과에 따르면 400년도 안 되는 기간에 따뜻한 간빙기가 빙하기로 변했을 수도 있다. 북쪽의 숲은 빠르게 줄어들었고, 겨울은 더 추워지고 길어졌으며, 드넓은 빙원이 고위도 전역을 뒤덮기 시작했다. 빙하는 많은 증거를 남기므로, 빙하 작용의 범위를 지도로 상세히 작성할 수 있다. 가장 최근의 빙하기에는 육지 면적의 약 30%가 빙하의 영향을 받았다고 추정된다. 북아메리카 1000만km², 유럽

500만km², 시베리아 400만km²를 포함해서다. 남반구 대륙들은 남극대륙에서 남극해 너머 멀리 떨어져 있었기 때문에 북반구의 빙하 작용이 남반구보다 2배쯤 활발했다.

　　얼음의 영향을 직접적으로 받지 않은 지역도 기온이 낮아지면서 더 건조해졌다. 기온이 낮아지자 증발이 적어져 강수량도 줄었기 때문이다. 넓은 숲이 죽어 사라지고 건조한 초원으로 바뀌었다가 약 7만 년 전에는 사막이 되었다. 6만~5만 5000년 전에 기온이 다시 올랐지만 약 30,000BP에 다시금 매우 건조하고 추운 기후가 찾아왔고, 추위는 2만 1000~1만 7000년 전에 절정에 달했다(〈지도 4.2〉 참고). 이때 빙하가 가장 넓게 퍼졌다. 혹독한 환경에서 살아남기 위해 애쓰던 인류는 얼음에 덮이지 않은 대륙 지역에서도 숲이 줄어들고 사막과 반사막이 퍼지는 상황과 맞닥뜨렸을 것이다. 그러다가 약 1만 4000년 전에 지구가 급속히 따뜻해지고 습해졌다. 빙원이 물러나기 시작하고, 숲이 다시 자라기 시작했다. 약 2,000년간의 회복기가 지나자 지구는 영거드라이아스(Younger Dryas)라는 짧은 빙하 사건을 겪었다. 이 시기는 100년쯤 짧게 지속된 듯하다. 1만 1500년 전부터는 수십 년 또는 그보다 짧은 기간에 기온이 급격히 상승하며 **홀로세**

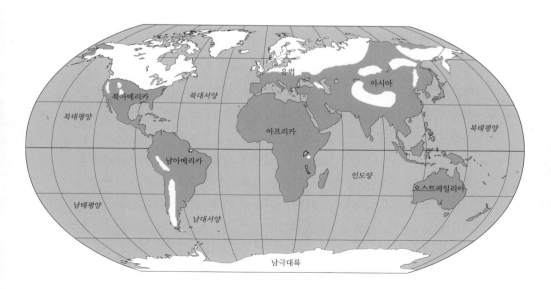

지도 4.2 약 2만 1000년 전 마지막 최대 빙하기에 얼음이 덮은 지역.

(Holocene epoch)가 시작되었다. 11,500BP부터 지구가 따뜻해지고 습해지면서 (2,000년쯤 걸리긴 했지만) 빙원이 서서히 녹았고 아프로·유라시아의 넓은 지역이 무성한 식생으로 뒤덮였다. 9,000~5,000년 전을 홀로세 최적기 (Holocene Optimum)라고 부른다. 이 기후 조건은 농경혁명기에 인류가 다양한 동식물 종을 길들이는 데 중요한 역할을 했다.

집단 학습으로 얻은 지식과 기술 덕분에 인류는 아프리카를 떠나 춥고 살기 힘든 지역으로 이주했다. 일례로 추운 기후에서 살아가려면 불을 이용하고 제어하는 방법이 매우 중요했다. 인류는 빙하기에 사냥 기술을 개선하고, 실로 땀을 떠서 따뜻한 옷을 지어 입으며, 튼튼한 집도 짓고(동물의 뼈와 가죽, 얼음을 이용하기도 했다), 매머드 같은 스텝 지역의 대형 초식동물을 사냥하는 정교한 기술도 개발했다. 인류의 적응 전략을 보여주는 발굴지들은 다음의 '구석기 생활 방식' 절에서 이야기하겠다. 여기서는 그곳들이 압도적인 기후변화에 직면한 인류의 경이로운 적응력을 보여준다고만 언급하겠다. 그 사례에서 미래를 위한 교훈을 얻을 수 있을까?

■ 팽창화―인류의 확산

고고학적·유전학적 증거를 보면 약 9만 년 전에 현생 인류의 소집단들이 아프리카 바깥으로 이주했다는 데는 논란의 여지가 없다. 살던 곳 바로 옆의 새 땅으로 옮겨 가는 식이었기 때문에 소집단들은 느리게 드문드문 이주했다. 아무튼 아프리카 밖으로 나간 호모사피엔스 소집단들은 새 지역에 정착했다가 인구가 불어나면 다시 소규모 집단으로 갈라져 더 멀리 이주하며 퍼졌다. 이 과정을 거쳐서 남극대륙을 제외한 지구 전체로 퍼졌지만 세계 인구는 적었다.

데이비드 크리스천은 현생 인류의 정착 과정을 **팽창화**(extensification)라고 부른다. 팽창화는 "공동체의 평균 크기나 밀도가 커지지 않고 인류 분포 범위가 증가"하도록 해주는 혁신의 형태다.[5] 이 용어는 구석기시대 이주 동안 사회의 크기나 사회적 복잡성이 거의 증가하지 않았음을 시사한다. 그렇지만 집단 학습으로 새로운 도구와 기술, 정교한 예술을 창조했다는 증거가 뚜렷하기 때문에 원시적이라고 볼 수는 없다. 또한 그들은 살기 힘든 빙하 지역으로도 이주했고, 새로운 기술을 응용하여 다양한 환경에 정착했다.

이 세계적 이주의 시간대를 살펴보면 인류는 100,000~90,000BP에 아프리카를 떠나 서아시아와 지중해 지역으로 인류가 이주한 듯하다. 60,000BP에는 동아시아와 오스트레일리아까지 진출했다. 약 35,000BP에는 우크라이나나 러시아의 추운 지역까지 들어가 있었고 약 20,000BP에는 시베리아에 정착했다. 훨씬 빨랐을 가능성이 크지만 13,000BP에는 아메리카로도 퍼졌다. 추정 연대와 마지막 빙하기의 연대표를 종합하면 인류가 이주한 이유도 알 수 있을 듯하다. 인류는 빙하기가 시작된 직후 아프리카 바깥으로 이주하기 시작했고 6만~5만 5000년 전 지구온난화가 시작되었을 때 일부가 동아시아와 오스트레일리아에 정착했다. 특이하게도 일부 집단은 약 2만 년 전 마지막 최대 빙하기에 몹시 추운 시베리아로 이주하기로 결심한 듯하다! 그 시기에는 아메리카로 이주하기가 쉬웠을 것이다. 해수면이 낮아지면서 시베리아와 알래스카 사이에 육교가 생겨났기 때문이다. 약 1만 4000년 전 지구온난화가 다시 시작되자 유전적으로 동아시아에서 기원한 인류 집단들은 해수면 상승 때문에 아메리카에 갇혔다.

구석기시대 인류는 지구의 많은 지역으로 퍼졌다. 10,000BP 당시 인류에 버금가게 분포한 동물은 사자뿐이었다. 한편 인구가 좀 늘긴 했지만 인류 공동체의 크기와 복잡성은 그리 증가하지 않았다.

구석기 생활 방식
: 사람들은 어떻게 살았을까?

인류 역사의 95%에 해당하는 이 시기를 문자로 기록한 증거가 없으므로, 다른 증거들로 생활 방식을 재구성해야 한다. 주로 뼈, 도구, 주거지 등 고고학 유물에 관한 연구, 그리고 구석기 사회와 비슷한 현대 사회를 비교한 연구다. 이런 증거는 잘못 해석할 수도 있기 때문에 조심해야 한다.

■ 수렵채집 생활
수렵채집(foraging, hunter-gathering)은 살기 위해 필요한 식량 등의 물질을 주위 환경에서 모으는 행위다. 언뜻 생각하면 다른 대형 동물들도 비슷하게 사는데, 구석기 인류의 수렵채집 생활 방식이 어째서 특별할까? 협동 작업의 수준이 달랐기 때문이다. 물론 동물 중에도 무리 지어 사냥하는 종류가 있지만 인류는 자원을 채집하거나 사냥할 때 여러 세대 동안 쌓인 정보로 무장했다. 덕분에 훨씬 효율적이고 창의적이어서 다른 종보다 정확하고 다양하며 정보에 토대한 수렵채집을 한다. 여기서 우리 종의 주요 특징을 다시 언급할 필요가 있다. 다른 종보다 정보가 훨씬 많기에 더 효과적으로 환경을 이용한다는 점이다. 이 차이 때문에 시간이 흐르면서 우리 종의 영향력이 거침없이 높아졌다.

수렵채집의 형태는 다양하다. 특정한 종만 찾아다니는 이들이 있는 반면, 가리지 않고 두루 모으는 이들도 있다. 멀리 돌아다니는 이들도 있는 반면, 1년 내내 야영지 근처를 맴도는 이들도 있다. 그럼에도 모든 수렵채집인에게는 공통적인 근본 특징이 있다. 현생 수렵채집인들을 조사한 인류학자에 따르면 모든 수렵채집 공동체에는 넓은 영토가 필요하다. 따라서 인구가 적은 상태를 유지해야 했다. 홀로세 초기 유럽에서는 수렵채집 생활에 1인당 $10km^2$의 땅이 필요했다. 반면 초기 농경 공동체에서는 같은 면적에 50~100명이 살 수 있었다.

넓은 땅에서 식량을 모아야 하므로, 수렵채집인들은 대개 계절에 따라 구할 수 있는 식량을 찾아 이곳저곳으로 옮겨 다녔다. 떠돌이 생활 방식이 성공하려면 인구를 적게 유지해야 했다. 무리 중에 유아나 노인이 많으면 이동성이 떨어져서 이주가 불가능해지기 때문이다. 따라서 구석기시대에 생존하려면 자연적 피임, 유아 살해, 노인 살해 등을 해야 했다. 한 연구자는 선사시대 집단의 유아 살해율이 최대 50%에 달했다고 주장하고, 다른 비교인류학자들은 태어난 여아의 50%를 부모가 살해했다고 주장한다. 이 행위들의 결과 떠돌이 수렵채집인 집단은 인구가 매우 느리게 증가했다.

현생 수렵채집인들의 식단은 야채, 뿌리, 견과, 작은 동물, 곤충 등 채집한 식량이 대부분이고, 죽은 동물이나 사냥한 동물의 고기가 이따금 추가된다. 남아프리카공화국 클래시스강 어귀에는 약 10만 년 전 인류가 영양류인 일런드를 덫으로 몰아 사냥한 증거가 있다. 프랑스 라퀸타 발굴지에 살았던 초기 사냥꾼들은 말과 순록 떼를 낭떠러지 위로 몰아 사냥한 듯하다. 인류가 대형 사냥감에 정면으로 맞서서 사냥하는 방식을 구석기시대 말에야 개발했음을 시사한다. 반면 죽은 동물을 찾아내는 일은 운에 달려 있었고, 덜 위험하고 더 쉬웠다. 초기 구석기 인류는 대개 대형 육식동물이 잡은 동물 사체를 훔쳐서 안전한 곳으로 가져와 도구로 해체하고 고기와 골수를 먹는 방식으로 육류를 섭취했을 것이다.

식물 채집은 사냥보다 고고학적 증거를 찾기가 훨씬 어렵다. 뼈와 도구는 오래 남지만 식물 잔해는 그렇지 않기 때문이다. 잠비아 칼람보폴스 발굴지는 중요한 예외다. 이곳에서는 18만 년 전 인류가 잎, 견과, 열매, 씨를 채집했고 나무 도구를 썼다는 증거가 나왔다. 한편 인류학자들이 현생 수렵채집 생활을 조사한 결과에 따르면 고기보다 채집으로 모은 식량이 생존에 훨씬 중요했다. 대체로 구석기시대에는 사냥이 성공하면 좋고 실패해도 상관없는 전략이었고, 인류는 열대와 온대 환경에서 식물과 작은 동물을 채집하여 대부분의 열량을 얻었다.

■ **다양한 수렵채집 기술**

구석기시대 인류의 수렵채집 기술들은 단순해 보인다. 그러나 이들은 살아남기 위해 환경을 상세히 파악할 뿐 아니라 각 지점에서 적절하고 효과적인 기술과 능력을 적용하는 역량을 지녀야 했다. 모든 구석기 인류가 수렵채집 생활을 추구했을지라도, 어느 환경으로 이주했느냐에 따라 각 집단의 기술이 크게 달라졌다. 앞서 말했듯이 추운 기후에서 살아가려면 특수한 기술들이 필요했다. 알래스카와 캐나다 북부의 이누이트족이 수천 년 동안 사용한 기술들이 그렇다. 이들은 털가죽 옷, 카누, 돌·뼈·엄니·뿔로 만든 낚시 장비와 사냥 장비를 사용하며 다른 집단은 살 수 없을 지역에서 잘 살아왔다.

우크라이나 키이우 인근 메지리히 발굴지도 구석기 인류가 추운 기후에 적응했음을 잘 보여준다. 1965년 한 농부가 지하실을 파다가 매머드의 아래턱뼈를 발견했다. 더 발굴하니 대부분 매머드 뼈로 된 반영구적 거주지가 드러났다. 당시 이곳 사람들은 지붕을 받치는 골조로 36개의 거대한 굽은 엄니를 썼고, 벽체는 다른 뼈들을 엮어서 만들었고, 외벽이었던 매머드 가죽을 고정하는 '천막 말뚝'도 뼈로 만들었다. 매머드 95마리의 뼈가 쓰였다고 추정되는 이 집은 약 20,000BP에 지어졌다. 집 안에서는 호박 장신구, 조개껍데기, 뼈로 만든 북채로 두드렸을 듯한 매머드 머리 '북', 옷을 꿰매는 바늘을 만드는 가느다란 매머드 뼈가 발견되었다. 구석기 수렵채집인의 창의성을 보여주는 단순한 기술과 재료를 2가지 더 들어보자. 11,500~11,000BP에 북아메리카 원주민들은 단단한 모서리를 떼어내 만든 날카로운 클로비스 찌르개(Clovis point)를 썼다(뉴멕시코 클로비스 인근에서 처음 발견되었다). 이들은 가운데에 홈을 판 이 얇은 돌 찌르개를 나무 창에 묶거나 박아서 썼다. 이 창은 손이나 (오스트레일리아 원주민의 부메랑 같은) 투창기로 던질 수 있었다. BCE 10000년경부터 클로비스 찌르개를 대체한 폴솜 찌르개(Folsom point)는 BCE 8000년경까지 북아메리카 전역에서 널리 쓰였다. 클로비스 찌르개와 폴솜 찌르개는 종종 매머드 뼈대 주변에서 함께 발견된다. 이렇게 치명적인 투창 무기 때문에 북아메리카에서 매머드를 비롯한 거대 동물상이 전멸했을 것이다.

남아프리카 칼라하리사막의 산족은 구석기시대 초기부터 전통적으로 수렵채집 생활을 유지한 듯하다. 1990년대 이후 자의나 타의로 경작을 택한 이들도 많지만 산족의 생활에 관한 유전학적·인류학적 연구들은 구석기시대를 엿보는 중요한 통로다. 산족은 단순한 전통 수렵채집 도구로 수천 년 동안 꾸준히 생존했다. 산족 여성이 주로 쓰는 채집 도구는 바구니, 가죽 멜빵, 식량과 장작을 운반하는 데 쓰는 일종의 보자기, 작은 가방, 땅 파는 막대다. 남성은 단순한 활과 독을 묻힌 화살, 창으로 칼라하리의 작은 동물들을 사냥한다. 이 기본 도구에 더해 환경에 관한 방대한 지식을 갖춘 산족은 구석기 인류의 다양한 생존 방안을 잘 보여준다.

■ 구석기인의 생활수준

선사학자들은 구석기 수렵채집인들의 신체적·정신적 건강에 관해 열띤 논쟁을 벌여왔다. 이 논쟁에서도 산족이 중요한 역할을 했다. 1960년대까지는 초기 인류가 '지저분하고 야만적이고 짧게' 살았다는 개념이 널리 퍼져 있었다. 그러나 1960년대에 비교적 외부와 접촉하거나 물들지 않은 듯한 산족을 현장 조사한 인류학자들은 견해를 수정했다. 수렵채집인들이 식량 채집 외에도 흥미로운 일을 추구할 여유 시간이 많고 한가한 생활을 즐기며, 영양가가 풍부하고 건강한 식사를 한다는 새로운 견해가 나타났다. 오스트레일리아 원주민을 비롯하여 외부와 접촉하지 않는 듯한 석기시대 사회들을 조사한 결과도 이 해석을 강화했다.

1972년경 인류학자 마셜 살린스(Marshall Sahlins)는 구석기 사회를 '최초의 풍요 사회(original affluent society)'라고 불렀다. 다양하고 충분한 식량 확보, 균형 잡힌 식단과 잦은 운동에 힘입은 건강과 체력, 훗날 정주 사회를 몰살하곤 했던 유행병으로부터의 자유, 더 나아가 충분한 '여가' 시간이 특징이라고 봤기 때문이다. 그러나 도발적으로 과장한 듯한 살린스의 결론은 1980년대부터 도전받기 시작했다. 칼라하리사막에서 연구한 신세대 인류학자들에 따르면 산족이 때로 굶어 죽을 지경까지 내몰리며, 대안이 없기에 어쩔 수 없이 그 생활 방식을 유지하고, 이른바 물들지 않은 사회 중 실제로 현대 세계와 접촉하지 않은 곳은 없었다. 구석기 생활수준이 어떠했는지는 아직도 논란거리지만, 이 논쟁은 현대 수렵채집인 사회를 토대로 구석기시대를 이해하려는 시도의 어려움을 잘 보여주는 한편 인류 역사를 지속적인 '진보'의 이야기로 보는 관점의 위험도 상기시킨다.

■ 소집단 생활—사적 해결책

수렵채집인은 대개 10~20명의 소집단으로 생활한다. 기본적인 사회 단위는 가족이고, 혈연관계가 농경이 출현하기 전까지 공동체를 묶어주었다. 현대 수렵채집 사회는 필요하면 특정한 일을 수행하기 위해 핵심 공동체를 더 작은 집단으로 나누기도 한다. 며칠 동안이지만 다른 떠돌이 공동체와 정기적으로 만나 더 큰 집단을 이루기도 한다. 오스트레일리아 원주민의 코로보리(corroboree)가 좋은 사례다. 이 행사는 9월에서 11월 사이에 커다란 보공나방(Bogong moth)이 가득해지는 오스트레일리아알프스의 산자락처럼 자원이 풍부한 곳에서 열린다. 원주민들은 나방을 양껏 먹으며 큰 회합을 열고 선물, 생각, 정보를 교환한다. 혼례도 올리고, 다른 집단으로 소속을 옮기기도 하며, 의식 행사를 거행하고, 경기도 연다. 선물은 큰 사회망 속에서 인간관계를 공고히 다지는 주요 수단이다. 원주민들은 호혜성, 즉 상호 교환 원칙을 토대로 다른 사람들과 좋은 관계를 유지하려고 한다.

다른 지역 구석기인들도 비슷한 회합을 열고 물건과 생각을 교환하여 돈독한 관계를 다졌다. 이처럼 규모가 큰 집단 간의 회합이 중요했지만, 대규모로 집단 학습할 기회는 제한되어 있었다. 대다수의 구석기인이 평생 만난 사람은 500명 이하로 추정된다!

소집단으로 살아가려면 모든 측면에서 '자작(do-it-yourself)' 방식으로 생활해야 했다. 구석기시대에는 정부도 경찰도 법원도 없었다. 모든 일은 '집안 내에서' 해결해야 했다. 정의와 처벌도 사적으로 집행했다. 인류학자 리처드 리(Richard Lee)는 칼라하리의 산족이 정의를 실현하는 모습을 관찰했는데, 구석기시대에 사형이 어떻게 집행됐는지 엿볼 수 있다.

> 트위는 3명을 살해했다. 공동체는 무척 드물게 만장일치로 결정한 후 한낮에 매복했다가 그를 습격하여 치명적인 부상을 입혔다. 그가 쓰러져 죽어갈 때 남자들이 모두 모여서 그에게 계속 독화살을 쏘았다. 지켜본 누군가의 말을 빌리면 "그는 호저처럼 보였다". 그가 죽자 남자들뿐 아니라 여자들도 모두 몰려와서 창으로 찔렀다. 그가 죽은 책임을 공동으로 진다는 상징적 행위였다.[6]

■ 구석기인의 성별 관계

오랫동안 많은 학자가 구석기시대의 남성은 사냥꾼, 여성은 채집자로 보고 성별 관계를 규정했다. 그러나 최근 연구자들이 이 모형을 반박하기 시작했다. 특히 영장류학자들은 침팬지 암컷이 무리에게 필요한 먹이의 35%까지 사냥하고, 영장류 암컷이 수컷의 도움 없이도 자신과 새끼의 먹이를 충분히 구한다는 점을 지적했다. 또 산족 등의 현대 석기 문화에서 남성이 식물을 채집하고, 필리핀 루손섬의 아그타 문화처럼 여성이 사냥하고 낚시하는 사례들도 찾아냈다. 현재 많은 학자가 남녀의 일은 상투적인 성별 분업이 아니라 능력, 지식, 필요, 여성의 생식 주기에 따라 융통성 있게 정해졌다고 설명한다.

■ 구석기인의 세계관

구석기 생활 방식에 관한 증거가 드물고 모호하기 때문에 당시 사람들의 이념과 신념 체계에 대한 이야기는 섣부른 발상으로 보인다. 현대 소규모 사회를 연구한 결과를 보면 수렵채집인은 스스로를 자연 세계의 일부라고 여겼을 듯하다. 많은 사람이 혼령이 다른 동물이나 자연물로 돌아올 것이라고 믿었다. 다양한 정령으로 가득한 세계를 믿었고, 특정 조건이 갖추어지면 그 세계로 들어갈 수 있다고 생각했다. 구석기인의 정령 세계관은 보편적 신이라는 개념을 염두에 둔 것이 아니라 구체적이고 국지적이었다. 구석기 '종교' 신앙은 3가지 사례로 드러난다. 비록 선사학자들이 그 의미에 관해 논쟁하고 있지만.

산족의 동굴 미술　남아프리카공화국 산족의 암벽화는 지금까지 약 1만 5000곳에서 발견됐고, 가장 오래된 것은 약 70,000BP에 그려졌다. 그림들은 은신처의 벽을 장식하거나 사냥 장면을 묘사한 게 아니라, 샤머니즘과 밀접한 제의적 의미를 담은 듯하다. 샤먼은 약물로 유도된 듯한 의식 상태에서 동물들의 초자연적 힘을 활성화하여 정령 세계로 들어갔다가 돌아와 영적 경험을 그림에 담는다. 가장 흔히 묘사된 동물은 영양의 일종인 일런드와 쿠두다. 모든 산족 미술이 초자연적이고 주술적인 것은 아니다. 일상이나 혹독한 환경에서 살아가는 데 필요한 기능을 묘사한 그림도 많다.

비너스상　약 25,000BP부터 피레네산맥에서 돈강에 이르는 유라시아 곳곳의 인류가 배가 부푼 임신부를 묘사한 작은 점토상을 만들기 시작했다. 인물 조각품 중 가장 오래된 이 점토상의 의미와 목적에 대한 해석은 다양하다. 생식력을 지닌 강한 여성의 상이 다산성과 밀접한 어머니 여신을 숭배한 고대 종교 행위의 증거라고 주장하는 역사학자도 있다. 반면 남성들이 만지고 쓰다듬기 위해 만든 포르노물이라고 믿는 이들도 있고, 장난감이나 여성의 자화상으로 보는 이들도 있다.

오스트레일리아 원주민 동굴 미술　오스트레일리아 원주민은 적어도 40,000BP 이전부터 동굴에 그림을 그린 듯하다. 이 미술 기법이 서서히 진화하지 않고 갑자기 폭발했다는 연구 결과가 최근 발표되었다. 잘 알려진 수천 곳의 암벽화들을 전문가들이 연대순으로 분류하고 있다. 원주민들은 자연경관이 역동적인 장소에 암벽화를 그렸고, 일부 그림은 수천 년에 걸쳐 그렸다. 웨스턴아넘랜드의 동굴에는 그 지역의 환경과 기후변화를 뚜렷이 표현했다. 건조했던 시대에는 늑대처럼 생긴 포식성 유대류로 현재는 멸종한 태즈메이니아늑대(thylacine)를 묘사했고, 이후 습해진 시대에는 강 어귀에 수위가 높아진 강, 바라문디, 바다악어, 색다른 무지개뱀(Rainbow Serpent)을 묘사했다. 나중에는 기러기와 거위의 깃털을 장식 모티브로 활용했다. 지난 3,000년 동안 원주민들은 다양한 조류와 파충류의 체내 구조를 반영하며 민물 동물들의 엑스선 사진 같은 그림을 그렸다.

웨스턴아넘 원주민들은 자신들만의 암벽화 서열을 매기고, 영적 기운이 가장 많이 담긴 것이 가장 오래되었다고 믿는다. 가장 오래된 그림은 무지개뱀이 원주민을 창조하기 이전인 꿈의 시대에 그 땅에 산 미미족이 그렸다고 생각한다. 미미족은 그 지역에서 생존하는 법을 원주민에게 가르친 후 영적 존재가 되었다. 물론 최근의 암벽화는 모두 원주민들이 그린 것이다. 킴벌리의 완다나 암벽화에는 강력한 창조주인 정령들이 묘사되어 있다. 바람, 폭풍, 홍수 같은 원초적 자연력을 다스리는 이 신들은 사람처럼 생겼지만 더 크고 윤곽이 붉은색이다. 눈은 크고 검고, 입은 없으며, 구름과 번개가 후광처럼 둘러싸고 있다.

구석기인이 지구에 미친 영향

구석기 수렵채집인들은 환경에 얼마나 영향을 미쳤을까? 전통적으로 자연과 조화를 이루며 살았다는 견해가 대다수였지만, 최근 증거를 보면 인구가 적긴 했어도 환경에 상당한 영향을 미쳤다고 할 수 있다.

추정에 따르면 마지막 빙하기 말의 전체 인구는 500만~1000만 명, 많아야 1500만 명이었다. 더 보수적으로 추정한 이탈리아 인구통계학자 마시모 리비바치(Massimo Livi-Bacci)는 첫 빙하기가 시작될 때 약 1만 명, 구석기시대 초에는 50만 명, 약 1만 년 전 마지막 빙하기 말에는 600만 명이었다고 주장한다. 이 값들에 토대하여 인구밀도를 추정하면 10,000BP에는 육지 25km²에 약 1명이 살았다.

전체적으로 인구가 적고 인구밀도도 낮았지만, 초기 인류는 방화 농법(fire-stick farming)을 활용하고 대형 동물들을 멸종시켜 생물권에 지대한 영향을 미쳤다.

■ 방화 농법

구석기시대에 불을 통제하고 이용한 행위는 인류 역사상 최초의 에너지 혁명이었다. 불의 이용을 '발명한' 쪽은 호모에렉투스였겠지만, 의미 있게 이용한 쪽은 구석기시대 인류였다. 당시 인류는 요리와 난방뿐 아니라 **방화 농법(fire-stick farming)**(엄밀히 말하면 농법은 아니다)으로 대규모 사냥을 하는 데도 불을 사용했다.

수만 년 동안 오스트레일리아 원주민들은 수많은 덤불숲에 불을 지른 후 뛰쳐나오는 사냥감들을 잡았다. 나중에 새로 자라는 식생은 채집하고 사냥하기에 좋았다. 1969년 오스트레일리아 고고학자 리스 존스(Rhys Jones)는 이 방식에 방화 농법이라는 이름을 붙였다. 방화 농법은 장기적으로 관목림을 초원으로 바꾸고 식생의 천이 과정을 억제했다. 원주민이 불을 놓는 행위가 환경에 거의 영향을 미치지 않았다는 주장도 있지만, 많은 지역의 원주민이 식량을 최대한 생산하기 위해 식생을 바꿈으로써(예컨대 불을 좋아하는 유칼립투스류는 더 불어났다) 자연 생태계를 변형시켰다는 점은 분명하다. 유라시아 뉴질랜드, 북아메리카 각지에서도 쓰인 방화 농법은 구석기인이 환경에 미친 또 다른 중요한 영향인 거대 동물상 멸종과도 관련 있다.

■ 거대 동물상 멸종

이주 물결을 타고 전 세계로 퍼진 초기 인류는 사람아과가 정착한 적이 없는 오스트레일리아와 아메리카 대륙에도 들어갔다. 1960년대에 폴 S. 마틴(Paul S. Martin) 등의 고생물학자들은 초기 인류의 이주가 큰 영향을 미쳤다는 증거를 모으기 시작했다. 요약하면 인류는 이 새로운 포식자를 겪어본 적이 없는 **거대 동물상(megafaunal)**을 **멸종**시켜 적응력과 기술력을 보여주었다. 인류가 들어온

그림 4.6 세계에서 가장 큰 유대류 프로콥토돈 (Procoptodon). 주둥이가 짧은 이 캥거루는 키가 3m 에 달하고 두 손가락에 긴 손톱이 있었다. 손톱으로 높은 나뭇가지의 잎을 따 먹었을 것이다. 프로콥토돈도 오스트레일리아에 인류가 들어온 시기에 멸종했다. (출처: ⓒAnne Musser)

뒤 아메리카에서는 체중 45kg이 넘는 동물의 약 75%가 사라졌다. 오스트레일리아에서는 86.4%가 멸종했다.

가장 큰 종들이 가장 큰 피해를 입었다. 움직임이 느리고 번식 속도도 느렸기 때문이다. 유라시아에서는 매머드, 털코뿔소, 자이언트엘크가 사라졌다. 북아메리카에서는 말, 코끼리, 왕아르마딜로, 나무늘보가 사라졌다. 오스트레일리아에서는 수십 종의 대형 유대류가 사라졌다(《그림 4.6》). 인류가 들어오기 전에 사라진 종도 있지만, 들어온 직후에 사라진 종도 많았다. 기후변화도 원인 중 하나겠지만, 대다수 과학자들은 정착한 인류가 사냥과 방화 농법으로 멸종에 손을 보탰다고 확신한다. 길들일 수 있었을지도 모르는 대형 동물들이 사라진 아메리카와 오스트레일리아의 환경은 인류의 농경 가능성과 채택 시기에 큰 영향을 미쳤다. 이 문제는 다음 장에서 언급하겠다.

| 요약 |

침팬지와의 공통 조상으로부터 700만~600만 년간 사람아과가 진화한 과정을 추적한 뒤 우주 역사의 여섯 번째 문턱을 넘었다. 사람 종인 호모사피엔스가 출현한 결과였다. 언어에 바탕한 사람의 혁신적 형질과 정확하게 의사소통하는 능력이 집단 학습을 빚어냈다. 인류 역사가 변화하는 속도가 크게 빨라졌고, 인류는 지구 역사도 변화시켰다. 뒷부분에서는 인류 역사에서 가장 긴 시대, 호모사피엔스 출현에서 다음 문턱인 1만 년 전의 농경 출현에 이르는 약 25만 년 동안 발달한 생활 방식 중 몇 가지를 기술했다.

5장

일곱 번째 문턱

농경의 기원과
초기 농경시대

BCE 10000~BCE 3500년

앞 장에서 사람아과 조상들, 현생 인류의 기원, 구석기시대를 이야기했으니 여기서는 인류 역사에서 가장 중요한 혁명에 초점을 맞추겠다. 인류에게 가장 유익한 동식물 종의 생산성을 높인 농경(agriculture)이다. 세계 각지의 인류 소집단들이 떠돌이 수렵채집 생활에서 정착 농경 생활로 옮겨가면서 역사가 빠르게 변화하기 시작했다. 세계적 규모에서 대단히 중요한 이 혁명이 복잡성의 일곱 번째 문턱이다(《문턱 7 요약》). 농경혁명의 규모를 파악하기 위해 이 장에서는 농경의 특징, 일부 인류 공동체가 선택한 이유, 농경이 생물권에 미친 영향, 권력이 출현하는 과정 같은 근본적 의문들을 살펴보겠다.

문턱 7	**농경**

문턱 7 요약

문턱	구성 요소	구조	골디락스 조건	창발성
농경	집단 학습 강화. 환경과 다른 생물에서 자원을 추출하고 조작하는 능력을 높이는 혁신.	환경을 새로운 방식으로 조작하는 데 필요한 정보를 공유하는 인류 공동체.	집단 학습 이전의 오랜 선행 기간, 더 따뜻한 기후, 인구압.	에너지와 식량을 추출하는 능력을 향상해 더 크고 조밀한 공동체를 형성함으로써 증가한 사회 복잡성, 가속화한 집단 학습.

　　1만 2000년 전 인류는 남극대륙을 제외한 모든 대륙에 살면서 수렵채집을 했다. 구체적인 생활 방식은 지역에 따라 다양했다. 앞 장에서 살펴보았듯이 각 인류 공동체는 아프리카 사바나에서 오스트레일리아 사막과 극지방의 빙하에 이르는 환경에 알맞은 수렵채집 기술을 창안했다. 우리 종은 집단 학습 능력으로 다양하게 적응했지만 대부분의 집단은 작았고 그들 사이의 교환도 한정되어 있었다. 따라서 구석기시대의 집단 학습은 이후 시대들에 비해 느릴 수밖에 없었다.

　　그러다가 1만 2000~1만 년 전 세계의 특정 지역들에서 새로운 기술들이 출현하기 시작했다. 이 기술들에 힘입은 인류는 더 많은 에너지와 자원을 얻었다. 식량과 에너지가 많아지자 인구가 빠르게 늘면서 농촌 마을 같은 크고 조밀한 공동체가 나타났다. 더 복잡한 공동체인 소도시를 형성한 곳도 있었다. 이 과정이 인류 사회의 복잡성을 새로운 수준으로 높였다. 인

표 5.1 생활 방식별 인구밀도(사람 수/km²)

수렵채집인	0.01~0.05명/km²
유목민	0.2~1.0명/km²
자급농	0.2~12명/km²
산업혁명 이전	40~60명/km²
현대 미국	30명/km²
인도	300명/km²
방글라데시	900명/km²

류의 농경 채택은 사회를 뒤바꾼 경제적·문화적 혁명의 첫 단계였다.

인구밀도 변화를 살펴보면 당시 상황을 이해할 수 있다. 〈표 5.1〉은 개별 식량 생산기술이 1km²당 몇 명쯤 먹여 살릴 수 있는지를 보여준다. 모든 공동체가 같은 시기에 농경을 채택한 것은 아니고, 훗날 침략자나 이주자들이 강요하기 전까지 농사를 짓지 않은 곳도 있다. 인류 역사상 처음으로 변화 속도가 지역마다 크게 달라졌다는 의미다. 농경을 채택하고 인구가 조밀해진 지역이 대체로 변화 속도가 더 빨랐다. 수렵채집 생활을 유지하고 인구가 적으며 사람들이 흩어져 있는 지역은 대체로 변화가 느렸다. 그렇다고 해서 수렵채집인들이 야생 자원을 관리하기 위해 애쓰며 꾸준히 개발한 전략을 과소평가할 수는 없다. 어쨌든 삶의 조건들이 다양해지면서 세계의 각 지역은 저마다 다른 역사 궤도로 나아가기 시작했다.

당시의 양상을 이해하는 방법 중 하나는 1만 년 전의 세계를 4개의 '세계 지대(world zone)'로 나누어 생각하는 것이다. 아프로·유라시아, 아메리카, 오스트랄라시아, 태평양이다. 농경은 아프로·유라시아 각지와 오스트랄라시아의 한 작은 지역 사람들이 시작했다. 아메리카와 태평양의 일부 지역 사람들은 상당히 늦게 시작했고, 오스트랄라시아의 대다수 지역 사람들은 농경을 거의 하지 않았다. 이 책의 주요 질문 중 하나는 농업혁명의 시기와 지리적 분포가 인류 역사에 어떤 영향을 미쳤느냐다(6장과 세계 지대에 대한 「용어 설명」 참고).

조밀한 농경 공동체가 출현한 곳에서는 집단 학습의 속도가 빨라졌다. 일부 지역과 집단이 근본적으로 변화하면서 속도가 더욱 빨라지는 역사적 '기어 변속'이 일어났다. 농경혁명으로 인류는 근대 세계의 경이로운 복잡성으로 곧장 나아가는 길에 들어섰다.

농경혁명

수렵채집인은 새로운 생태적 위치와 환경으로 퍼져 나가 새로운 에너지원을 찾는 데 뛰어나다. 이 과정이 팽창화다. 반면 농경민은 주어진 지역에서 더 많은 에너지를 추출할 방법을 찾는다. 이 과정이 **집약화**(intensification)다. 수렵채집인은 자연선택이 제공하는 다양한 동식물을 '수확'하면서 산다. 반면 동식물의 산출량을 인위적으로 증가시키는 법을 알아낸 농경민은 훨씬 적은 동식물을 채집해도 살 수 있었다. 수렵채집인과 농경민 모두 자연을 조작하는 능력이 있었지만, 농경민의 활동 규모는 유례가 없었다.

농경이란 무엇인가

농경은 주변의 식물, 동물, 경관을 조작하여 에너지와 자원을 늘리는 다양한 방법이다. 따라서 농경은 사람을 포함한 동물과 식물의 상호작용 방식에 따라 달라진다. 상호작용은 종들 사이의 의존인 **공생**(symbiosis)으로 발전할 수도 있다. 자연계에서 많은 생물이 먹이를 얻거나 보호받기 위해 서로 의지하고, 시간이 흐르면 이 관계가 각 종의 진화에 영향을 미친다. 일부 종은 더 의존하는 방향으로 진화하다가 홀로는 생존할 수 없는 수준에 이른다. 인간을 포함한 수많은 생물이 공생을 활용한다.

아프리카 잎꾼개미도 그렇다. 이 개미는 중요한 먹이인 곰팡이를 세심하게 가꾸고 수확한다. 개미의 도움을 받지 못하면 곰팡이는 죽고, 그 반대도 마찬가지다. 꿀단지개미는 다른 종인 진딧물을 길들이는 법을 터득했다. 꿀단지개미는 진딧물을 보호하고, 모으며, 번식을 돕고, 이들이 분비하는 단물을 수확한다. 오랜 세대를 거치면서 양쪽 종은 공생 관계로 진화했다.

농경민도 옥수수와 소처럼 유용한 종을 다루고 길들여 생산량을 늘리는 다양한 방법을 터득했다. **길들임**(domestication)으로 사람만 이득을 보는 것이 아니라 길든 종도 혜택을 본다. 농경민이 초식동물이나 포식자로부터 보호하고 번식을 도와주므로 계속 생존할 수 있기 때문이다. 그 결과 오늘날 전 세계에 엄청나게 많은 양과 소, 개, 벼와 밀이 자라고 있다. 시간이 흐르면서 사람과 길든 동식물 모두 공생 관계에 깊이 의지했고, 한쪽이 사라지면 다른 쪽의 생존도 위태로워질 정도가 되었다.

공생 관계가 장기적으로 미치는 영향은 관련 종마다 다르다. 사람은 동식물을 길들여 문화적으로 변화하고 새로운 기술과 생활 방식을 발견했다. 예컨대 인류 집단은 1만 년 전에는 작은 수렵채집인 무리였지만 약 5,000년 전에는 상호 의존적인 복잡한 도시와 국가로 성장했다. 길든 종들은 유전적으로 변화한 끝에 새로운 종으로 진화했다. 현대 옥수수의 조상 테오신테(teosinte)가 좋은 사례. 자연에서 자라는 테오신테는 작은 잡초로 영양가가 높지도 않지만 사람의 도움을 받지 않아도 야생에서 생존할 수는 있다. 반면 현재의 옥수수 품종들은 훨씬 크게 자라고 영양가도 높지만 야생에서 생존하는 능력을 잃었다. 즉, 사람이 적극 개입하지 않으면 번식할 수 없다. 인류의 역사와 생물의 역사는 근본적으로 다르다. 전자는 주로 문화적 변화가 이끄는 반면, 후자는 주로 유전적 변화가 이끈다.

느린 혁명

농경혁명은 전 세계 몇몇 지역에서 일어난 후 서서히 다른 지역으로 퍼졌다. 그 과정은 지금까지 이어지고 있다(〈지도 5.1〉). 20세기 말까지 대다수의 고고학자는 농경이 급속하게 출현하여 수렵채집이 갑작스럽게 단절되었다고 생각했다. 수백 년간 유지된 이 주류 견해와 달리, 길들이는 과정이 제대로 발전하기까지 수천 년이 걸렸을 것이라고 주장하는 연구자들이 지난 10여 년 사이에 많아졌다. 새로운 자료에 따르면 당시 사람들이 야생에서 식물을 채집하고 재배하며 마침내 길들이는 과정이 오래 걸렸고 순탄하지 않았다. 식물 유전체에 관한 연구가 그 사실을 밝혀내는 데 기여했다. 이 연구는 겉모습 변화가 길들임의 산물임을 말해주는 유전적 증거를

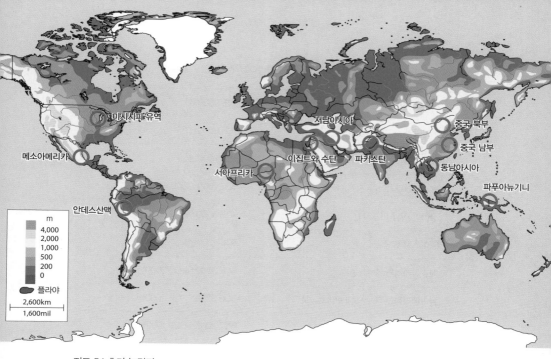

지도 5.1 초기 농경지.

찾는다. 예컨대 인류는 유전적 변화가 뚜렷해지기 전까지 수천 년 동안 야생 곡물을 이용하여 식물을 길들인 듯하다.

　인류가 얼마나 오랫동안 야생 곡물을 채집하고 이용했는지를 알려주는 증거는 오할로 II(Ohalo II)의 고고학 유적지에서 나왔다. 이스라엘 갈릴리해의 남서부 연안에 자리한 이곳에서 오두막, 화덕, 묘실을 갖춘 마을 유적이 발굴되었다. 연대 측정에 따르면 인간이 식물을 길들이기 1만 년 전인 BCE 23000년의 마을이다. 발굴단은 야생 올리브, 피스타치오, 도토리, 많은 야생 밀과 보리를 포함하여 주민들이 무엇을 먹었는지를 보여주는 식물을 9만 개체 이상 발견했다. 이 식물들을 길들이려 했다는 유전적 증거는 없었지만, 연구자들은 석기에 묻은 밀과 보리의 잔해를 발견했다. 곡물을 빻아 가루로 만들고, 화덕에서 반죽을 구운 흔적을 보면 인류가 곡물을 길들이기 전에 수천 년간 야생 곡물을 수확하고 이용했음을 알 수 있다.

　농경이 언제 어디서 처음 출현했는지는 확실하지 않다. 전문가들의 의견도 크게 다르다. 〈표 5.2〉는 세계 각지 사람들이 식물을 길들이려 시도한 시기에 관한 증거들의 연대다. 물론 수렵채집인은 최초의 농경민보다 훨씬

표 5.2 농경 출현 장소와 시기

서남아시아(비옥한 초승달 지대)	BCE 9000년
이집트와 수단(나일강 유역)	BCE 8000년
중국(양쯔강과 황허강 유역)	BCE 7000년
오스트랄라시아(뉴기니 고지대)	BCE 7000~BCE 4000년
사하라 이남 아프리카	BCE 3000~BCE 2000년
인더스강 유역	BCE 2200년
메소아메리카(멕시코 중부)	BCE 3000~BCE 2000년
남아메리카(안데스산맥과 아마조니아)	BCE 3000~BCE 2000년
북아메리카(미국 동부)	BCE 2000~BCE 1000년

이전에 동물을 길들이는 데 성공했다. 바로 개였다. 개의 유해 중 가장 오래된 것은 1만 년이 조금 넘었지만, DNA 증거에 따르면 인류는 적어도 1만 5000년 전부터 개를 길들였다.

농경으로의 전환

지난 수십 년 동안 많은 학자가 수렵채집인이 농경으로 전환한 과정을 설명했다. 초기 이론은 몇몇 창의적인 개인이 농경을 '발명'했고, 다른 이들이 따라했다고 보았다. 언뜻 보면 논리적인 것 같지만, 곧 한 가지 문제가 드러났다. 수천 년 사이에 세계 각지에서 농경이 출현한 것은 분명하다. 초기 농경 지역들 중에는 다른 지역과 접촉한 적이 없는 곳이 많다. 따라서 그곳 사람들이 모방을 통해 농경을 시작했을 리가 없다. 중국과 뉴기니에서는 농경이 독자적으로 출현했을 가능성이 높다. 아메리카는 아프로·유라시아와 지리적으로 격리되어 있었으므로 거의 확실하다. 그럼에도 여러 지역의 길들임 과정 자체는 무척 비슷했다.

또한 모든 수렵채집인이 농경을 더 매력적인 생활 방식이라고 여기지는 않았다. 초기 농경 공동체 가까이에서 수백 년 혹은 수천 년 동안 수렵채집을 계속한 이들도 있었다. 아프리카 남부 칼라하리사막과 오스트레일리아 북부 케이프요크 지역의 수렵채집 공동체는 농경을 알았고 심지어 농경 공동체 가까이에서 살았지만 채택하지 않았다. 오스트레일리아와 칼라하리 지역의 여러 환경이 농경에 덜 적합한 탓도 있었겠지만, 모든 사람이 농경민이 되고 싶어 하지는 않은 듯하다. 농경 생활이 수렵채집보다 육체적으로 훨씬 힘들고 덜 건강하며 스트레스가 심했기 때문일 것이다. (앞 장에서 초기 풍요 사회를 언급한 부분을 참고하자.) 유골을 분석한 결과에 따르면 초기 농경민들은 새로운 질병에 시달렸고 스트레스도 더 많이 받았다. 새 질병들 중 상당수는 길들이던 동물이 전파했다. 초기 농경 공동체 구성원들의 수명이 더 짧았고 유아 사망률도 더 높았다는 증거도 있다. 최초의 농경민들이 힘겹게 살았다는 의미다!

오스트레일리아 본토는 태즈메이니아보다 훨씬 크지만 대체로 다른 인류 집단과 격리되어 있었고, 농경이 발달한 적이 없다. 수렵채집보다 경작이 확연히 유리한 지역이 없었다고 보는 것이 합리적이다. 대체로 오스트레일리아는 토양이 척박하고 인구밀도가 더 낮았다. 18세기 말에 유럽인들이 들어올 무렵의 총인구는 수십만 명에 불과했을 것이다. 물론 해안 지역 일부는 인구밀도가 높았겠지만 전체 인구는 무척 적었다. 또 우연히도 메소포타미아와 달리 오스트레일리아에서는 길들이기 쉬운 식물 종이 진화하지 않았다. 오스트레일리아 토착 식물 중 현대에 유일하게 길들인 종은 마카다미아뿐이다. 얌과 토란은 오스트리아인은 채집했지만 파푸아뉴기니인은 재배했으므로, 길들일 만한 식물이 조금은 있었다고 볼 수 있다.

여러 증거를 보면 구석기시대에 아인슈타인이 나타났다고 가정하고 농경 출현을 설명하는 '탁월한 착상' 이론은 맞지 않는다. 현재 널리 받아들여지는 이론은 농경혁명이 단계적 과정이었다고 설명한다. 각 개인이 의도를 갖고 세운 계획은 한정된 역할만 했다. '진화적이었지만 혁명적이지는 않았다'는 이 설명은 농경을 촉진한 환경과 기후변화에 초점을 맞추고, 그 요인들이 일부 지역에서 인구밀도가 증가하여 일어난 환경압과 연관 있다고 본다.

기후의 역할

최근의 빙하기는 약 11만 년 전에 시작되었다. 빙원이 넓어지고 해수면이 낮아지면서 지구 기온이 2만 1000~1만 6000년 전에 가장 낮은 수준으로 떨어졌다(4장 참고). 이른바 최대 빙하기에는 기온이 너무 낮아서 숲이 사라지고 많은 지역이 툰드라지대가 되었다. 조건이 혹독한 데다 기후가 심하게 오락가락했기에 플라이스토세(180만~ 1만 3000년 전의 지질시대)에는 대부분 농경이 불가능했다. 동물의 이주 경로가 너무 자주 바뀌고 다양한 식물 종이 출현하거나 사라졌기 때문에 플라이스토세의 인류 집단에게는 수렵채집이 훨씬 나은 생존 전략이었다.

약 1만 3000년 전 기후가 급속히 따뜻해지고 빙하기가 끝나면서 지구는 새로운 지질시대인 **홀로세**(4장 참고)에 들어섰다. 영거드라이아스기(Younger Dryas)(약 12,800~11,500BP)에 잠시 지구 기온이 떨어지긴 했다. 최근 시리아 유프라테스강 유역의 아부후레이라 유적지에서는 영거드라이아스기에 야생 곡류가 모두 사라지는 바람에 식량이 부족해진 사람들이 호밀을 길들였음을 시사하는 증거가 발견되었다. 어떤 고고학자들은 영거드라이아스기를 지나 기후가 더 안정된 후에야 농경이 시작되었다는 증거가 많은 고고학 유적지에서 나온다고 주장한다.

홀로세에 기후가 따뜻해지고 안정되며 강수량도 증가하면서 경관 전체가 바뀌었다. 강수량이 증가한 이유는 지구 기온이 오르면서 바다에서 증발하는 수분이 많아졌기 때문이다. 현재 기후변화를 연구하는 과학자들은 지구온난화가 미래에 미칠 영향을 예측할 때 그 점도 고려한다. 홀로세 초기에 강수량이 증가하자 추운 스텝 지대였던 곳들이 숲으로 바뀌었고, 그곳에서 풀을 뜯던 매머드와 들소 같은 대형 종 대신 다른 종들이 들어섰다. 구석기시대에 인류가 사냥했던 이 대형 동물들은 북쪽으로 이주하거나, 사냥당해서 멸종했다. 인류 집단은 멧돼지, 사슴, 토끼처럼 작은 사냥감, 새로운 식물들의 덩이뿌리와 씨를 먹고살 수밖에 없었다. 후기 구석기시대의 수렵채집 집단은 다양한 동식물 종을 시험 삼아 먹으면서 '폭넓은' 식단을 구성했다. 이 실험은 제대로 된 농경의 출현으로 이어졌다.

문화적 · 생물학적 적응 모형

미국 고고학자 피터 리처슨(Peter Richerson)의 연구진은 홀로세에 인류가 농경을 택한 이유는 농경이 가능해졌기 때문만이 아니라 어쩔 수 없었기 때문이었다고 본다. 각지의 인류 집단은 길들임을 실험하다 보니 수렵채집인 무리보다 인구가 많아졌다. 리처슨은 그 뒤에 집단들이 심하게든 약하게든 경쟁하면서 어쩔 수 없이 농경을 택했고, 불가피하게 농경이 확산되었다고 주장한다.

리처슨 같은 연구자들은 환경 요인과 사회적 요인을 결합하여 설명하므로 한 요인만으로 농경의 기원을 설명하는 이론보다 설득력이 크다. 기후는 모든 설명의 토대로 중요하지만, 이 책도 문화적 적응과 생물학적 적응 모두를 고려하는 다중 원인 이론 모형을 따를 것이다. 여기서는 농경 채택 과정을 5단계로 나누어 기술한다.

1단계(선결 조건 1)　인류는 농경에 필요한 지식과 기술을 이미 많이 지니고 있었다.

2단계(선결 조건 2)　'선적응'되어 '길든 생물'이 될 가능성이 있는 동식물 종도 있었다.

3단계　세계의 몇몇 주요 지역에 떠돌이 생활을 덜하고 '일시적으로'라도 정착한 집단들이 있었다.

4단계　기후변화와 인구압이 작용하여 이 집단들은 어쩔 수 없이 **'정착 생활(sedentism)의 덫'**에 사로잡혔다. 한 해의 대부분을 한 곳에서 지내는 정착 생활을 택했으니, 늘어난 인구가 굶어 죽지 않으려면 더욱 집약화해야 했다. 그 결과 5단계로 나아갔다.

5단계　농경이라는 유일한 대안.

■ 1단계(선결 조건 1): 농경에 필요한 지식과 기술

농경에는 개별 동식물 종만이 아니라 경관 전체를 길들이는 과정이 필요하다. 인류는 먹고 지키고 번식하기 위해 지구의 드넓은 영역과 생태계 전체를 길들여왔다. 현재 세계 지표면의 약 50%는 목축과 경작에 적합해졌고, 이 과정에서 숲의 절반 이상이 사라졌다.[1] 새로운 현상은 아니다. 인류는 20만여 년 전 출현한 이래로 식량 공급을 늘리고 포식자와의 접촉을 줄이기 위해 종과 경관을 조작했기 때문이다. 수렵채집인은 동식물을 이해하고 자연환경을 조작할 수 있도록 문화적으로 '선적응'되어 있었다. 또 방화 농법과 거대 동물상을 멸종시킨 사냥 전략 같은 활동으로 환경을 완전히 바꾸는 능력도 보여주었다(4장 참고). 그러다가 농경이 출현하자 조작의 규모가 대폭 커졌다.

■ 2단계(선결 조건 2): '길든 생물'이 될 가능성이 있는 동식물 종

한편으로는 우연히 길들이기에 적합하게 진화한 동식물 종들도 있었다. 모든 동식물 종이 길들이기에 적합한 것은 아니다. 인류가 지금까지 유용하게 길들인 식물 종은 약 100종에 불과하다. 농경민들은 육상 포유류 148종 가운데 14종 정도만 길들일 수 있었다. 길들일 만한 동물은 빠른 성장 속도, 일정한 출산율, 무리 짓는 습성, 바람직한 성향 등 요구 조건을 충족해야 하기 때문이다.

길들인 식물 약 100종 가운데 밀은 유전적으로 길들이기 알맞게 선적응되었던 종의 대표적 사례다. 특히 서남아시아 사람들이 외알밀, 에머밀, 보리 세 곡류를 길들임으로써 사실상 수렵채집에서 농경으로의 전이가 시작되었다. 외알밀과 에머밀의 야생 종과 길들인 종의 유전적 관계를 분석한 식물유전학자들은 튀르키예 남동부 디야르바키르 서쪽 지역에서 처음 길들여졌을 가능성이 가장 높다고 주장한다. 이 주장이 옳다면, 길든 외알밀과 에머밀은 이곳에서 아프로·유라시아 전역으로, 이윽고 다른 세계로 퍼졌다. 현재 세계에서 연간 생산되는 밀은 7억 7000만t이 넘고, 세계 인구 70억 명이 소비하는 열량의 약 5분의 1을 차지한다.

길들이기에 좋은 종들은 많았다. 서남아시아의 비옥한 초승달 지대는 기후, 비옥도, 토양이 경작하기에 알맞았을 뿐 아니라, 재배하거나 동물에게 먹이기 좋은 다양한 야생 종이 자라고 있었다. 비옥한 초승달 지대는 북쪽으로는 지중해 동부까지 뻗어 있고, 동쪽으로는 튀르키예 동부와 이라크 북부의 산맥까지 이어지며, 남쪽으로는 티그리스강과 유프라테스강 유역의 동쪽까지 닿아 있는 고지대다. 이 지대의 풍부한 잠재력이야말로 농경이 여기서 시작된 이유 중 하나다. 이 점은 환경세계사학자 재러드 다이아몬드(Jared Diamond)가 『총, 균, 쇠』에서 제시했다.

반면 아메리카에는 쉽게 길들일 곡물 종이 없었다. 앞서 살펴보았듯 옥수수의 조상 테오신테는 에머밀이나 외알밀처럼 커다란 곡물 이삭을 맺지 않았다. 대신에 많은 3차 가지에 작은 견과 같은 낱알들이 깃털 달린 작은 혹 덩어리처럼 모여서 맺혔다. 초기 아메리카 농경민들은 많은 세대를 거치면서 테오신테를 선택교배한 후에야, 낱알이 많고 껍질이 부드러운 커다란 옥수수를 얻을 수 있었다. 그래서 아메리카 세계에는 영양가 있는 곡류 작물이 널리 퍼지기까지 시간이 걸렸다.

■ 3단계: '일시적으로'라도 정착한 집단

약 1만 5000년 전부터 세계 일부 지역에 정착하는 집단이 많아졌다. 원인은 기후변화와 인구압이었다. 마지막 빙하기가 끝날 무렵 기후가 따뜻해지고 습해지자 많은 사람이 자연환경이 좋은 지역에 정착했다. 성서의 '에덴동산'이 서남아시아에 있었던 것도 우연이 아니다. 이 지역에 정착한 이들은 처음에는 농사짓지 않고 땅에서 자라는 풍족한 열매를 따 먹으며 살아갔다. 정착 생활이 이어지자 결국 인구가 과잉 상태에 이르렀다. 떠돌이 생활을 할 때 인구를 억제하던 조건들이 사라졌기 때문이다.

이주도 인구 과잉 압력을 높이는 데 한몫했다. 풍족한 지역들 중 상당수는 이주자들을 모으는 천연 깔때기이기도 했다. 아프리카와 유라시아 사이의 서남아시아는 사람들이 이동하는 주요 통로였다. 마찬가지로 두 넓은 아메리카 대륙 사이를 오가는 이주자들은 메소아메리카를 지나야 했고, 이곳에 많은 사람이 정착했다. 점점 많아지고 있는 고고학 발굴지들은 약 1만 년 전 지역 간 이주가 국지적 인구압 증가로 이어졌음을 증명한다.

기후변화로 떠돌이 생활을 청산할 수 있어서 정착했지만 수렵채집 생활을 유지한 집단을 '풍족한 수렵채집인(affluent forager)'이라고 한다. 정착할 수 있을 만큼 자원이 충분해서 '정착'한 수렵채집인이다. 예컨대 오스트레일리아에서 몇몇 원주민 집단은 떠돌이 생활을 일부 포기하고, 어살을 설치해 물고기를 잡으면서 정착 마을을 꾸렸다. 오스트레일리아 남동부의 군디티마라족은 수천 년간 뱀장어를 '양식'한 듯하다. 그들은 떠돌이 집단이 아니라 영구적인 마을을 이루어 살았고, 촌장은 강한 영향력을 행사했다. 농경민이 아니었을지라도 농경 사회의 사회적·정치적 특징들을 받아들인 것이다. 고고학자들은 영구 움막 수백 채의 잔해, 116km² 면적에서 뱀장어를 기르는 데 쓰인 인공 수로와 연못, 오스트레일리아 남동부의 다른 지역들로 운송하기 좋게 뱀장어를 훈연하는 데 쓰인 장작을 발견했다.

이 원주민들은 풍족한 수렵채집 생활을 하고, 뉴기니를 비롯한 인근 섬들의 농경민들과 가까운 오스트레일리아 북부에 살았음에도 농경으로 나아가지 못했다. 유럽 탐험대가 왔을 때 이 대륙에 수렵채집 부족들만 있었다는 사실을 지리, 기후, 사회를 토대로 설명하는 온갖 이론이 제시되었지만, 모두 설득력이 낮다. 그나마 와닿는 설명은 원주민들, 특히 해안 지역 원주민들이 비교적 풍족하게 살고 자원이 풍부했기 때문에 얌과 토란을 재배하는 더 힘겹고 스트레스받는 생활에 끌릴 이유가 없었다는 것이다. 지금도 전통을 지키는 일부 원주민 부족들은 수렵채집을 즐기고, 가공식품보다 전통 식단인 '부시터커(bush tucker)'를 선호한다.

메소아메리카, 발트해 연안, 이집트와 수단, 지중해 동부 지역 사람들도 비교적 풍족한 수렵채집 생활을 했다. 5,000년 전 정착하여 메소아메리카의 멕시코만과 태평양 양쪽 연안에 살던 사람들은 풍족한 해양 자원을 이용했다. 발트해 연안에도 풍족한 수렵채집인들이 정착촌을 형성했다. BCE 1500~BCE 300년에 사람들이 살던 곳들에서는 낚시·사냥·채집 기술이 크게 발전했다. 나일강 유역 아스완 인근에서도 훨씬 앞서고 풍족한 수렵채집의 증거인 15,000BP의 낚시·사냥·곡물 수확 도구들이 여럿 발견되었다.[2]

약 1만 4000년 전에는 서아시아의 비옥한 초승달 지대 서부(지금의 이스라엘, 요르단, 레바논, 시리아)에 규모가 크고 풍족한 수렵채집 공동체가 생겨났다. 1928년 이스라엘 북부 와디엔나투프에서 처음으로 증거를 발견한 도로시 개러드(Dorothy Garrod)는 '나투프 문화'라고 이름 붙였다. 당시 사람들은 야생 곡물을 수확하고 가젤을 사냥하면서 마을을 이루었다. 나투프인들의 도구가 더 정교했는지는 분명하지 않다. 낫꼴 돌칼을 많이 썼다는 점은 식량 채집이 폭넓게 변화했다는 증거다. 곡물 가공 수준도 이전보다 훨씬 높아졌다. 나투프인들은 일반적인 돌절구와 간석기를 만들었고,

크고 넓적한 기반암의 움푹 들어간 곳을 활용하여 곡식을 빻기도 했다.

또한 나투프인이 다른 지역 사람들과 다른 점은 묘지를 만들었다는 것이다. 지도자뿐 아니라 사회계층도 존재하는 복잡한 공동체를 이루었다는 증거다. 지위를 시사하는 증거인 모자, 팔찌, 양말대님 등 다양한 장신구와 함께 묻힌 이들이 많다. 계층구조에 관한 직접적 증거는 적지만, '선택된' 소수만 나투프 정착촌 안이나 주위에 매장된 듯하다.[3]

이스라엘 아인말라하에서는 나투프인들이 수확하여 요리한 곡물을 주로 먹었다는 증거가 나왔다. 유골을 보면 대부분이 보리죽과 밀 납작빵을 많이 먹어서 충치를 앓았다. 여느 나투프 유적지처럼 아인말라하도 정착 생활과 풍족한 수렵채집 생활이 집약되면서 인구밀도가 증가했다. 1년 내내 머문 인구는 200~300명으로 추정된다. 지금의 기준으로 보면 적지만 당시까지 존재했던 인류 공동체 중에서는 가장 큰 편이었을 것이다.[4] 또한 나투프인들은 세계에서 가장 오래된 도시 예리코도 세웠다고 추정된다. 이곳은 1950년대 말에 캐슬린 케년(Kathleen Kenyon)이 발굴했다. 토기를 사용하기 이전 시대까지 주거지 바닥을 발굴하여 방사성 연대 측정을 하니 BCE 9600년경 사람이 살았다는 사실이 드러났다. 중요한 점은 나투프인이 그 이전인 BCE 12000년 전부터 살았다는 증거도 나왔다는 것이다. 이 장의 뒷부분에서 예리코에 관해 다시 이야기할 것이다.

각 인류 공동체의 활동 영역은 정착 생활, 국지적 인구 증가, 지속적인 이주에 따른 인구압 때문에 점점 좁아졌다. BCE 10000년경에는 세계 대부분의 지역에 수렵채집인들이 이주한 상태였다. 일부 지역은 사람들 모두가 정착할 수 없을 만큼 인구밀도가 높아졌다. 각 집단은 점점 더 좁은 땅에서, 이주할 여지가 없는 상황에서 살아가기에 이르렀다. 이른바 정착 생활의 덫에 빠지고 만 것이다.

■ 4단계: 정착 생활의 덫에 사로잡힌 공동체

풍족한 수렵채집 생활을 추구하며 한 지역에 머물기 시작한 집단은 더 이상 이동성에 구애받지 않았다. 늙고 병든 구성원을 버려야 할 필요가 없어졌고 아이들을 더 많이 키울 수 있었다. 인구가 늘면서 노동력도 늘어났다. 풍족한 수렵채집 집단들 중 정착하는 이들이 늘어남에 따라 (나투프 마을이 보여주듯이) 인구 과잉 문제가 나타났다.

모든 나투프 유적지에는 정착 생활의 정도와 인구밀도가 점점 높아졌음을 보여주는 흔적이 뚜렷하다. 인구가 너무 많아져서 풍족한 수렵채집 생활을 지탱할 수 없게 되었다는 의미일 수도 있다. 요르단 암만 외곽의 아인가잘 유적지는 BCE 7000년경에 자연적 증가와 인근 정착지 사람들의 이주 때문에 인구가 4배로 급격히 늘었다. 그 결과 정착지에 지나친 압박이 가해졌다. 사람들은 과잉 경작, 토양을 침식하는 숲 개간, 나무 재생을 억제하는 염소 과잉 방목뿐 아니라 수확량을 늘리기 위해 환경적으로 지속 불가능한 집약화를 더 필사적으로 시도했다. 아인가잘의 일부 집단은 정착촌을 떠나 습한 스텝 지역으로 가서 방목과 농경 생활을 추구했다. 인구 증가에 직면한 풍족한 수렵채집인들에게는 다른 생존 전략이 거의 없었다. 기후변화가 지속되고 공간이 부족해져서 떠돌이 수렵채집 생활로 돌아가는 것은 불가능했다. 여러 세대에 걸쳐 풍족한 수렵채집 생활을 해서 떠돌이 수렵채집인의 생존 기술도 잃었을 것이다. 대안은 공동체가 이용할 수 있는 작물과 동물의 수확량을 늘리는 쪽에 집중하는 것이었다. 원치 않는 나무나 식물을 제거하고(잡초 제거와 삼림 파괴), 원하는 식물 종을 심고 가꾸고 수확하고(길들이기), 바람직하고 유용한 동물 종을 길들이고 조작(목축)했다. 과잉 인구압과 기후변화에 직면한 풍족한 수렵채집인에게는 경작을 집약화하고 농경을 택하는 것만이 유일한 대안이었다.

■ 5단계: 농경이라는 유일한 대안

5단계로 설명한 일반적 과정을 검증하는 방법 중 하나는 이 모형에 들어맞는 듯한 서아시아의 경작을 중국과 아메리카 등의 경작과 비교하는 것이다. 영거드라이아스기가 끝난 후 날씨가 따뜻하고 습해지자 중국 중부 수렵채집인들은 야생 소와 양, 수강아지풀 등이 왕성하게 자라는 드넓은 풀밭을 접했다. 펀허강 유역의 쉐관과 스쯔탄 주민들은 여전히 사냥과 채집으로 살아갔지만 정착 생활하는 풍족한 수렵채집 생활을 추구했다. 전환 단계를 보여주는 유적지는 아직 발굴되지 않았지만, BCE 6000년 전에 초기 농경시대의 많은 정착 경작 마을이 츠산과 페이리강에서 출현했다는 증거가 있다. 이 공동체들은 약 8,000년 전에 기장을 길들여서 존속한 듯하다.

　BCE 8000년경에 기후가 따뜻해지자 양쯔강 중류인 중국 남부에서는 강 유역에 드넓은 호수들이 생겨났고, 야생 벼가 널리 퍼졌다. 이 지역 사람들이 수렵채집에서 경작으로 옮겨가는 과정을 보여주는 증거는 2곳에서 나왔다. 댜오퉁환의 한 동굴에서는 야생 벼, 전환 단계의 벼, 길들인 벼 종을 보여주는 식물석(phytolith)이 층층이 발견되었다. 식물석은 많은 식물에 들어 있는 미세한 광물 결정이다. 식물의 유기물은 썩어서 사라져도 무기물인 식물석은 남으므로 생물고고학자에게 중요한 증거다. 식물석들을 방사성 연대 측정법으로 조사한 결과에 따르면 BCE 11000년 직후 수렵채집인들이 야생에서 벼를 채집했을 가능성이 높다. 그러나 영거드라이아스기에 추위가 휩쓸자 유적지에서 식물석도 사라졌다. 벼 자체가 남쪽으로 밀려났기 때문일 수도 있다. 야생 벼는 기후가 다시 따뜻해지자 유역으로 돌아왔고, 적어도 BCE 6000년까지는 주민들이 벼를 길들였다. 댜오퉁환 유적은 기후변화 때문에 작물 종의 유용도가 높아지고, 풍족한 수렵채집인이 정착하여 인구가 증가하고 이윽고 벼를 길들였다는 명확한 증거다.[5]

　북아메리카, 중앙아메리카, 남아메리카에서도 같은 추세가 나타났다. 기후변화에 따라 식량 자원이 다양해지자 정착 생활이 많아지고 인구압이 증가했다. 그래서 인류는 어쩔 수 없이 노동 집약적인 농경을 받아들이고, 이윽고 전면적으로 채택할 수밖에 없었다. 멕시코에서는 BCE 9500~BCE 2500년에 특이하게도 수렵채집인들이 활발하게 이동했다. 고고학자들은 BCE 2500년이나 그 이전까지 많은 농경 마을에서 사람들이 살았다는 증거를 찾아냈다. 최초의 작물 종은 애호박이었고, 이후 콩과 고추가 길들여졌다. 멕시코 소아필코와 산안드레아스 유적지는 풍족한 수렵채집인들이 장기간 거주하면서 농경 생활로 옮겨간 곳이다. 이 전환과 최초의 길들임이 시작된 시기는 분명하지 않다.

　북아메리카의 경우 적어도 BCE 1500년경 뉴멕시코 몽골론 고지대 사람들이 옥수수를 길들였다. 미주리 필립스스프링 사람들은 일찍이 BCE 2500년경 야생 박을 채집하고 길들이는 전환을 시작한 듯하다. 남아메리카 페루 중앙 고지대의 트레스벤타나스 동굴에서는 풍족한 수렵채집인들이 감자, 박, 고구마를 먹었다는 가장 오래된 증거가 나왔다. BCE 5500년경부터 감자를 재배한 증거도 있지만, 당시 자연환경이 좋아서 이 종이 야생에서도 자랐기에 얼마나 길들였는지는 분명하지 않다. 대부분의 남아메리카 유적지를 살펴보면 당시 사람들의 생활이 풍족한 수렵채집에서 전면적인 농경으로 바뀌자 복잡한 정착 사회가 빠르게 발달하고 태평양 연안의 인구밀도가 증가했다.[6]

현대의 준(準)농경 공동체는 이 장에서 설명한 과정의 초기 단계를 어렴풋이 보여준다. 예컨대 아마존 유역의 야노마미족(야노마뫼족)은 오랫동안 단순한 화전 농법을 활용했다. 이들은 나무와 하층 식생을 태워 없애서 밭과 작물에 필요한 햇빛과 양분을 얻는다. 야노마미족은 아마존 우림의 브라질-베네수엘라 국경 지대에 고립되어 생활했지만, 20세기에 '발견된' 이후 현대 인류학자들이 가장 많이 연구한 집단 중 하나가 되었다. 이들은 주로 요리용 바나나(plantain)와 카사바를 경작하지만 낚시와 사냥도 하고 숲에서 채집도 한다. 50~400명이 마을을 이루고 1, 2년쯤 살다가 마을을 버리고 숲의 새 지역으로 옮겨 간다. 이렇게 인구밀도가 높아진 이들은 더욱 복잡한 사회를 형성했다. 일부일처형 혼인 관계도 많지만, 남성 1명과 여성 몇 명이 한 가족을 이루는 일부다처형 대가족도 흔하다. 남성들이 여성, 지위, 심지어 노예를 놓고 경쟁하므로 가정 폭력과 전쟁이 흔하다. 이들은 떠도는 수렵채집과 정착 농경의 중간인 혼합 생활을 추구한다. 현대 세계의 영향을 받았다는 점을 감안해야겠지만, 수렵채집에서 농경으로 넘어가는 과정에서 극적으로 변화한 생활 방식과 사회를 생생하게 보여주는 일종의 스냅사진이라고 할 수 있다.

초기 농경시대

농경을 시작한 인류는 각각의 경작지에서 새로운 역사 단계인 **초기 농경시대(Early Agrarian era)**로 진입했다. 세계사 책들은 대개 이 시대를 무시하고, 농경이 곧바로 도시, 국가, 문명으로 이어졌다고 암묵적으로 가정하곤 한다. 그 대규모 권력 구조는 수천 년 뒤에야 출현했다. 사실 초기 농경시대는 도시가 처음 출현한 시기부터 현재에 이르는 기간 전체와 맞먹을 만큼 길었다! 그렇다면 초기 농경민들은 어떻게 살았을까? 최초의 농경 공동체는 어떤 모습이었을까? 농경은 어떻게 계속 확대되었고, 인구밀도는 어떻게 복잡한 도시와 국가를 형성할 정도로 높아졌을까?

초기 **농경시대**라는 용어는 모두가 농업으로 식량을 얻는 사회를 언급할 때 쓰인다. 이런 사회는 도시, 국가, '문명'이 없이도 돌아갔다. 초기 농경 사회는 지금도 세계 몇몇 지역에 존재하지만(야노마미족과 파푸아뉴기니 고지대의 부족 등) 이들은 철저한 주변부 집단으로 살아간다. 그러나 초기 농경 사회는 지난 1만 년 중 5,000년 동안 가장 크고 복잡한 공동체로서 인류 생활 방식의 주류를 차지했다.

초기 농경시대가 시작된 시기는 지역에 따라 크게 다르다. 서남아시아 등에서는 약 1만 1000년 전(BCE 9000년경)에 시작되었고, 약 5,200년 전 도시와 국가가 출현할 때까지 지속되었다. 반면 세계의 다른 지역들에서는 농경, 도시와 국가가 훨씬 나중에 출현했고, 도시와 국가가 없었던 지역들도 있다. 이 장에서는 BCE 9000년경부터 BCE 3000년까지 6,000년에 걸친 인류 역사를 살펴본다. 농경에 관한 증거가 처음 나타난 시기부터 최초의 도시와 국가가 출현하기 전까지다.

농경의 채택은 인류 역사가 다른 궤도로 나아가기 시작했다는 의미다. 농경이 처음 출현한 아프로·유라시아는 이후 인구가 가장 많아졌고, 길들인 동식물도 가장 다양했다. 농경이 나중에 출현한 아메리카는 인구가 그 다음으로 많았고, 생태적 다양성도 그다음 정도였다. 길들일 만한 식물 중 아프로·유라시아의 야생 풀만큼 영양가 있는 것이 없었고, 가축이 될 만한 동물은 없다시피 했다. 가축이 될 동물이 없었던 이유는 초기 사냥꾼들이 멸종시켰기 때문일 것이다.

오스트랄라시아에서는 농경이 일찍 출현했지만 범위가 매우 한정되었고 인구도 적게 유지되었다. 환경이 생태적으로 다양하지 않았고, 가축으로 길들일 만한 동물이 없던 탓도 있었다. 진정한 농경은 파푸아뉴기니에서만 출현했다. 주요 작물은 토란이었다. 경작이 자리 잡지 못한 오스트레일리아의 원주민들은 200여 년 전에 유럽인이 들어오기 전까지 수렵채집 생활을 했다. 태평양 지역은 훨씬 나중에 카누를 타고 장거리를 항해한 이주민들을 통해 농경이 전파되었다. 그러나 생태적 환경 때문에 길들일 수 있는 종이 적고 많은 섬의 환경이 취약해서 인구밀도가 높아지는 데 한계가 있었다.

초기 농경시대의 기술과 생산성

초기 농경민이 생산한 식량의 양은 적은 편이었다. 에너지와 노동력, 비료, 양분 그리고 물 등이 부족한 것도 한몫을 했다. 에너지와 노동력은 대부분 사람에게서 나왔으므로, 잠재적인 농장 일꾼으로서 아이들의 가치가 점점 중요해졌다. 사람들은 동물 비료의 잠재적 혜택을 수천 년 동안 이해하지 못했다. 다음 장에서 말할 이른바 2차 산물 혁명(secondary products revolution)이 일어나기 전까지다. 관개도 대부분의 기간 동안 제한적이었다. 대규모 관개를 하려면 국가의 강압적인 힘이 필요하기 때문이다. 기후 변화가 이어지고 인구가 증가하면서 대규모 관개의 필요성도 점점 커졌다. 초기 농경민들의 주요 경작 기술(또는 방법)인 원예, 화전 농법, 치남파 농법 3가지에는 이 한계가 반영되었다. **원예(horticulture)**는 20세기의 많은 생계농과 주말 농장 참여자가 직접 먹거나 동네 시장에 내다팔기 위해 사용하는 원예 방식과 비슷했다. 나무 손잡이에 돌도끼를 박아 땅을 고르고, 발쟁기와 괭이로 재배하며, 나무 손잡이에 뼈낫이나 돌낫을 달아 수확하고, 석기로 곡식을 빻는 등의 전통 농사 기술과 방법이다. 인간의 노동력이 모든 에너지를 공급했기에 도구와 방법의 효용성이 대단히 중요했다. 이들의 도구는 초기 농경시대의 생활을 이해하고 연대를 추정하려고 애쓰는 고고학자들에게 중요하다.

중국의 한 유적지는 초기 농경시대 원예 공동체의 기술 혁신을 보여준다. 황허강 유역 츠산에서 발굴된 유적지는 BCE 6000~BCE 5700년의 초기 농경 정착지다. 주민들이 겨울을 나기 위해 식량을 저장한 듯한 구덩이 수백 곳이 발굴되었다. 기장을 경작하고 요리하는 데 쓰는 돌삽과 맷돌과 공이뿐 아니라 음식을 담는 둥근 그릇과 굽이 3개 달린 접시도 발굴되었다.

화전 농법(swidden agriculture)은 아마존 분지의 야노마미족이 지금도 사용한다. 드넓은 숲에서 생활한 초기 화전민들은 무성한 나무와 관목을 제거하여 밭, 작물, 풀을 뜯는 동물에 필요한 햇빛과 양분을 얻었다. 이들은 숲의 한 곳을 고르고 손도끼로 식생을 베어내거나 불을 질러 없앤 뒤 1~5년이라는 짧은 기간 동안 작물을 재배했다. 땅의 양분이 고갈되면 숲의 다른 곳으로 옮겨 가서 다시 불을 지르고 개간했다. 북아메리카와 유럽의 온대지역 농경민들은 대체로 화전 농법을 포기했지만, 열대우림의 일부 주민들은 지금도 계속하고 있다.

메소아메리카 농경민들이 고안한 **치남파 농법**(Chinampa agriculture)은 호수에 고정시킨 목재와 흙으로 만든 부유식 밭에서 작물을 재배하는 방식이다(〈그림 5.1〉). 치남파 농법은 아즈텍인의 도시화와 관련 있으므로 9장에서 상세히 이야기하겠다.

초기 농사 기술의 생산성은 후대보다 무척 낮았지만 구석기시대보다는 훨씬 높았다. 효율과 생산성이 나아짐에 따라 인류 집단은 더 빠르게 증가했다. 인구통계학자들은 구석기시대 말에 세계 인구가 기껏해야 1000만 명이었지만 초기 농경시대에는 약 5000만 명으로 증가했다고 본다. 6,000년 사이에 5배가 증가했다.

그림 5.1 치남파. 메소아메리카 농경민들이 고안한 치남파 농법은 호수 한가운데 설치한 목재와 흙으로 부유식 밭을 만들고 작물을 재배하는 방식이다. (출처: ©De Agostini/gettyimages/gettyimagesKOREA)

농경의 전파

농경은 몇몇 지역 사람들이 길들이기에 적합한 종을 기르면서 독자적으로 출현했다. '기원지'가 나타난 후 경작은 전 세계로 거침없이 퍼졌다. 아프로·유라시아 지역은 동서 방향으로 길기 때문에 기후가 비슷한 환경들로 쉽게 퍼질 수 있어서 전파 속도가 빨랐다. 다른 지역들은 위도 차이에 따라 다른 기후에 적응할 필요가 있었기에 전파 속도가 느렸다.

경작은 수렵채집인이 받아들이거나, 팽창하는 농경 집단이 수렵채집인을 대체하면서 확산되었다. 현재의 고고학 증거로는 각 지역에서 어느 쪽이 더 중요한 역할을 했는지를 밝히기 어렵다. 인구를 불리는 데는 경작이 수렵채집보다 유리했지만, 인구가 증가함에 따라 농경 공동체는 지속 가능성이라는 문제에 계속 시달렸다. 기를 수 있는 작물과 동물은 한정되어 있는데 먹일 입이 계속 늘어났기 때문에, 가족들은 새 땅으로 옮겨 가서 개간할 수밖에 없었다. 기존 공동체가 커졌을 뿐 아니라 새로운 농경 공동체도 계속 생겨났다. 앨버트 J. 어머먼(Albert J. Ammerman)과 루이지 루카 카발리스포르차(Luigi Luca Cavalli-Sforza)는 개체군생물학에서 빌려 온 개념을 토대로 **진보의 물결 모형**(wave of advance model)을 제시했다. 이들은 국지적 이주와 함께 농경 공동체 주변부의 인구가 많아지면서 농경민들이 농사에 적합한 모든 지역으로 꾸준히 퍼졌고, 필연적으로 농경 집단의 활동 범위가 넓어졌다고 주장했다.

고고학적 증거로는 이 팽창의 원인과 속도를 정확히 알기 힘들기 때문에 2가지 새로운 접근법이 출현했다. 언어 분포와 유전학적 연구다. 언어학적 증거에 따르면 BCE 3000년경 태평양 세계 지대에서 오스트로네시아어를 사용한 이들이 중국에서 타이완으로 벼 재배를 들여왔고, 약 1,000년 뒤에는 필리핀으로 들여왔다. 필리핀에서 새로운 작물 종들을 길들인 이들은 놀랍게도 2,000년에 걸쳐 카누를 타고 이주하며 태평양의 외딴 섬들로 작물들을 퍼뜨렸다. (이주 양상은 9장에서 언급할 것이다.) 농경민들이 새 지역으로 이주할 때 '쌀'을 가리키는 동계어도 함께 이동했다. 언어가 전파된 양상에 따르면 이주한 농경민들이 동남아시아 원주민인 수렵채집인 집단을 대체했다.

BCE 1000~BCE 1년경 사하라 이남 아프리카에서 반투어를 말하는 사람들이 이주한 양상도 소 목축과 수수와 기장이 대륙 전체로 퍼진 과정을 밝히는 데 도움이 된다. 반투족의 원래 고향은 현재 카메룬의 사바나였을 가능성이 있다. 이주자들은 사바나에서 숲을 지나는 통로를 따라 남쪽으로 퍼졌다. 아마 기후가 건조해진 시기에 갔을 것이다. 언어적 증거는 반투족의 이주가 아프리카 전역으로 농경이 퍼지는 데 기여했다는 주장을 뒷받침한다.

유전학자들은 농경 공동체가 이주할 때 일종의 유전적 지문을 남기고, 현생 집단에서 이 증거를 추적할 수 있다고 믿는다. 그러나 연구 결과들이 애매모호하기 때문에, 미토콘드리아 DNA(mtDNA), Y 염색체 DNA, 핵 DNA 연구자들은 초기 동남아시아 농경민들이 유럽인의 유전자 풀에 얼마나 기여했는지를 두고 의견이 엇갈린다. 일부 mtDNA 연구에 따르면 서아시아 농경민들이 유럽인 유전자 풀에 20%쯤 기여한 반면, Y 염색체 연구에 따르면 최대 65%까지 기여했다. 모계로 유전되는 mtDNA와 부계로 유전되는 Y 염색체 DNA의 비율 차이는 농경민 남성들이 유럽으로 이주하여 수렵채집인 여성들과 혼인했다는 증거라고 해석할 수도 있다. 최근 mtDNA, Y 염색체 DNA, 다른 염색체 표지들을 살펴본 연구에 따르면 초기 농경시대가 유럽인 유전자 풀에 기여한 정도가 일부 지역에서는 20%를 훨씬 넘고, 서아시아에서 팽창이 시작된 사실에서 예상할 수 있듯이 동쪽에서 서쪽으로 갈수록 줄어들었다. 그리스는 85%였지만 프랑스는 15%였다.

2010년 튀르키예와 북유럽의 초기 농경시대 정착촌들을 비교한 연구 결과도 진보의 물결 모형을 뒷받침한다. 가축과 초기 농경민의 유골을 유전적으로 분석한 결과에 따르면 BCE 8000년경 농경민들이 서남아시아에서 유럽으로 대량 이주하기 시작했다. 이들은 길든 소와 돼지를 몰고 갔다. 초기 호모사피엔스와 달리 농경민들은 유전자 돌연변이 덕분에 소의 젖을 많이 먹어도 소화할 수 있었기 때문에 인구가 많이 증가했다. 일부 지역에서는 원주민인 수렵채집 공동체와 이주하는 농경민 사이에 갈등이 일어난 듯하다. 예컨대 독일 탈하임시 근처에서 몽둥이로 맞아 죽은 유골 34구가 발견되었다. 반면 이들이 물물교환과 교역을 했다는 증거도 있다. 정착민들은 발칸반도를 건넌 후 북쪽으로 계속 나아가 지금의 오스트리아, 헝가리, 독일, 슬로바키아로 진출했고, 거침없는 이주 물결은 북유럽 수렵채집 집단의 몰락을 가져왔다.[7]

2010년 독일 데렌베르크의 무덤에서 발견된 8,000년 된 뼈의 mtDNA를 분석한 연구도 진보의 물결 모형을 뒷받침한다. 연구 결과에 따르면 농경민과 수렵채집인 사이에 갈등과 대체가 아니라 상호 교배가 일어났다. mtDNA가 현재 튀르키예와 이라크 지역 사람들의 것과 무척 비슷하다는 점도 기존 수렵채집인이 농경을 택한 것이 아니라 이주자들이 유럽에 들여왔을 가능성이 더 높다는 점을 말해준다. 그러나 앞 문단에서 말한 고고학 연구 결과와 달리, 데렌베르크에서 발견된 뼈의 mtDNA 증거는 수렵채집인들이 농경민들의 이주 때문에 '죽어 사라진' 것이 아니라 뒤섞여서 양쪽의 유전자를 가진 후손을 낳았음을 시사한다.[8]

농경을 퍼뜨린 주요 동인이 무엇이든 간에, 초기 농경시대에 농경 공동체가 계속 늘어나 약 5,000년 전에는 세계 곳곳의 사람들 대부분이 농사로 생계를 유지했다는 데는 논란의 여지가 없다. 약 1만 년 전에는 서남아시아와 아마도 파푸아뉴기니 지역 사람들만 농경 생활을 했다. 7,000년 전에는 현재의 파키스탄에 속한 인더스강 유역 위쪽 언덕 지대와 중국 황허강과 양쯔강 유역에서도 출현했다. 약 5,000년 전 초기 농경시대가 끝날 무렵에는 유럽, 발칸반도, 사하라 이남 아프리카에서 농경이 주된 생활 방식이 되었다. 중앙아메리카와 남아메리카의 일부 지역도 그랬을 것이다. 이 모든 지역에서 인구밀도가 높아져 집단 학습의 기회도 증가하면서 인류 역사에 새로운 사회적 동력을 제공했다.

초기 농경시대의 사회적 복잡성

영구 거주지에 사는 농경민들은 다양한 마을을 이루었다. 도시나 국가는 없었고, 사람들은 10여 가구에서 수천 가구에 이르는 공동체를 형성했다. 초기 농경시대 사람에게는 마을이 곧 세계였다! 그렇다고 해서 초기 농경시대가 균일성의 시대였다는 의미는 아니다. 마을이 어떠해야 한다는 단일한 틀이 없었기 때문이다. 마을마다 생활 방식이 달랐기 때문에 각 마을 사람들의 삶도 달랐다.

한 정착촌에서 영구히 살아가는 생활은 여러 중요한 결과를 낳았다. 조밀하고 큰 공동체에서 생활하면서 주민들의 일상생활이 크게 바뀌었다. 정착촌에서는 어쩔 수 없이 긴장과 갈등이 생기기 마련이므로 완화할 메커니즘이 필요했다. 이제 가족들이 이웃들과 어울리며 살아야 했기 때문이다. 이 현상을 공동체의 이익과 관련된 원심적(centrifugal) 경향과 개별 가족의 이익과 관련된 구심적(centripetal) 경향 사이의 긴장이라고 한다. 농경시대 후기에 출현한 정부와 법 제도의 기원은 이처럼 초기에 형성된 마을의 긴장까지 거슬러 올라간다. 집단이 커지고 사유재산이 출현하자 인류 역사상 처음으로 권위, 성별 차이, 지위 같은 문제들이 생기면서 사회적 복잡성이 커졌다. 인류학 이론에 따르면 집단이 클수록 일부 사람들이 권력과 권위를 더 노골적으로 행사한다. 구석기 친족 집단의 평등주의는 초기 농경시대에 부와 권력의 가파른 계층구조로 서서히 대체되었다. 전 세계 매장지들에서 발견되는 부장품의 수와 가치도 크게 달라졌다.

초기 농경 마을

모든 농경 공동체의 복잡성이 높아졌지만, 사람들이 하루하루 살면서 겪는 일들은 정착촌의 환경과 조건에 따라 달랐다. 마을 출현은 그 자체가 진화 과정이다. 그저 한 곳에 정착하는 것과 체계가 잡힌 마을을 조성하는 것은 다르기 때문이다. 유프라테스강 유역의 시리아 아부후레이라에 위치한 가장 오래된 주거지 유적의 진흙 속에서 이엉을 덮은 작고 둥근 집이 발견되었다. 풍족한 수렵채집인이 살았던 곳이 분명한 이 주거지는 BCE 9600년경에 버려졌다. 이후 BCE 8800년경에 초기 농경민들이 들어와 살면서 빠르게 커져 큰 마을이 되었고, 진흙 벽돌로 지은 직사각형 건물들이 들어섰다(원형 집과 달리 방을 늘리기가 쉬웠을 것이다). 사람들은 아래층은 저장실로 쓰고 위층에서 생활했다.

1970년대 파키스탄 서부 메르가르에서는 남아시아의 주요 초기 농경 마을 유적지가 발굴되었다. BCE 6500~BCE 2800년에 사람들이 거주한 메르가르는 지금까지 남아시아에서 발견된 농경시대 공동체 중 가장 오래되었다. 볼란강에서 멀지 않은 이곳은 인도-이란 고원의 고지대와 인더스강 평원을 잇는 주요 통로인 볼란고개와 가깝다. 가장 오래된 주거층에서는 방과 작은 공간으로 이루어진 직사각형 진흙 벽돌집들이 나왔다. 작은 공간은 곡물 창고였을 것이다. 당시 사람들은 보리와 밀을 주로 경작했고, 대추야자를 따고 야생 가젤과 제부소도 사냥했다. 토기 이전 시대(prepottery phase)의 무덤에서는 낫, 역청을 바른 바구니, 조개껍데기, 터키석 등 실용적이거나 별난 부장품들이 발견되었다. BCE 6000년 이후의 무덤에서는 토기가 나온다. 제부소를 길들였고, 최초로 목화를 길들인 듯한 증거도 있다. 메르가르는 남아시아인이 풍족한 수렵채집에서 도시화로 전이하는 긴 과정을 보여주는 희귀한 증거이기 때문에 매우 중요하다.

중국 남부의 바스탕 마을은 허난성 창장과 인근 호수 사이의 저지대 습지 평원에 자리했다. 고고학자들이 발굴한 BCE 7000년경의 가장 오래된 주거층에는 이탄층까지 판 기둥 구멍이 있다. 범람할 때 잠기지 않도록 집의 토대를 마련하는 데 쓰였을 수도 있다. 바스탕은 중국에서 발굴된 경작 마을 중 가장 오래된 축에 속한다. 주로 벼를 재배한 이 마을은 농경에 알맞은 지역에서 농사짓기에 좋도록 건물을 지은 사례를 잘 보여준다.

중국 북부 황허강 유역의 여러 유적지에서는 초기 농경시대 양사오 문화의 증거들이 발견되었다. 정교한 정착 농경 문화인 양사오 문화는 BCE 5200년경부터 BCE 3000년까지 2,000년 넘게 존속했다. 이곳에서 가장 중요한 유적지인 반포는 깊은 방어용 해자로 둘러싸인 인상적인 마을이다. 주거지는 방어 시설 안에 있었고, 묘지는 바깥에 있었다. 동아시아의 초기 농경시대에 마을 생활이 더 복잡해진 양상과 주변 환경의 역할을 중국의 몇몇 유적지를 통해 조금이나마 엿볼 수 있다.

아메리카를 연구하는 고고학자들도 초기 농경 마을 생활의 증거를 드넓은 지대에서 꾸준히 찾아냈다. 북아메리카 일리노이강 하류 범람원 가장자리의 절벽 아래에 있는 코스터 유적지는 수렵채집인들이 일시적으로 야영하는 곳이었다가 장기 체류에 알맞게 복잡한 곳으로 진화했다. 주민들은 농경민이 아니라 풍족한 수렵채집인이었을 것이다. 이들은 가로세로 4.8m와 4.25m의 토대 위에 직사각형으로 집을 짓고 난로도 만들었다. 식품을 저장하는 구덩이, 홍합을 찌고 고기를 굽는 데 쓰는 그릇도 만들었다.

죽은 이들은 묘지로 보이는 곳에 묻혔는데, BCE 6500년경 함께 묻힌 개 5마리의 뼈도 발견되었다.

남아메리카 페루 해안의 주요 유적지 라팔로마는 BCE 6800~BCE 3700년에 사람들이 거주한 듯하다. 인구가 많을 때는 바닥을 편평하게 판 구덩이 위에 세워진 돔 모양의 원형 집 50채가 있었다. 주민들은 식물 줄기로 벽의 뼈대를 만들고 이엉으로 지붕을 이었다. 유물들을 보면 주로 해산물을 먹었고, BCE 6000년부터 박, 호박, 콩을 길들였다. 죽은 이들의 시신은 소금으로 방부 처리하여 갈대로 감쌌고, 시신이 빨리 말라서 잘 보존되도록 무덤 위에 불을 피웠다. 색소, 낚싯바늘, 흑요석, 색다른 모양의 조개껍데기 같은 유물이 무덤들에 고루 분포한 것을 보면 다른 초기 농경 유적지들과 달리 권력과 부의 계층구조가 두드러지지 않고 비교적 평등한 사회였던 듯하다.

영국제도 북부의 사례를 살펴보며 초기 농경 마을에 관한 이야기를 마무리하겠다. 스코틀랜드 북부 오크니섬의 서부 해안에는 스캐러브레이 마을이 있었다. 이 마을은 흙과 모래로 뒤덮여 있었지만 1850년 엄청난 폭풍우에 휩쓸리면서 몇몇 석조 유적의 윤곽이 드러났다. 1928년 이곳을 발굴하기 시작한 고고학자 고든 차일드(Gordon Childe)는 집 7채를 찾아냈고 이후 3채를 더 발견했다. 방사성 연대 측정 결과에 따르면 BCE 3100년부터 BCE 2500년까지 사람들이 계속 거주했다. 지금까지 유럽에서 발굴된 초기 농경 시대 마을 중에서는 이곳이 가장 온전하게 남아 있다.

그림 5.2 스캐러브레이. BCE 3100~BCE 2500년에 사람들이 거주한 스코틀랜드 북부 오크니섬의 마을이다. 당시 주민들은 섬에서 가장 쉽게 구할 수 있는 건축재인 돌로 집과 실내 용품을 만들었다. (출처: ©Smeashy/wikicommons)

사냥도 하고 낚시도 하던 농경민들이 생활한 이 마을은 원래 해산물을 채집하던 곳이었다. 오크니섬에는 목재가 적었기 때문에 초기 거주자들은 돌 등의 재료로 집을 지어야 했다. 이 지역의 혹독한 날씨로부터 돌집을 보호해야 했던 그들은 조개무지라는 생활폐기물 더미에 집의 토대를 깔았다. 벽은 바닷물에 침식되어 생긴 커다란 널돌로 쌓았고, 벽과 지붕에 목재, 이탄, 흙, 풀을 뒤덮어 비바람과 추위를 막았다(〈그림 5.2〉). 거주자들은 실내 가구 등 여러 물품도 돌로 만들었다. 돌로 된 침대, 옷장, 저장 공간뿐 아니라 그릇, 바늘, 목걸이 구슬, 용도를 알 수 없는 돌공, 붉은 오커 안료를 담은 통도 발견되었다. 건물 중 한 곳은 작은 공간이 칸칸이 나뉘어 있고, 도구 제작의 부산물로 보이는 뼈, 돌, 뿔의 파편들이 발견된 점으로 미루어 일종의 작업장이었던 듯하다. 이 마을의 사회구조는 거의 알려지지 않았지만, BCE 2500년경 기후가 더 나빠지면서 모든 초기 농경 마을 중 가장 강인한 의지의 산물인 이곳에서 사람들이 살 수 없게 되었다는 점은 확실하다. 이후 모두가 떠나서 버려졌기 때문이다.

초기 농경시대의 성별 관계

초기 농경시대 공동체의 성별 관계에 관한 증거는 약간 남아 있지만 모호한 점이 많다. 농경과 정착 마을 생활이 여성의 지위에 미친 영향도 분명하지 않다. 농경 때문에 남녀의 상대적 지위가 뚜렷이 변화했지만, 이 모습을 정확히 설명하는 표준 모형은 없다. 주된 이유 중 하나는 고고학 기록에서 남성과 여성의 것을 구분하기 어려울 때가 많고, 남성과 여성 중 한쪽만 썼음이 분명한 유물이 적어서다. 그래서 인류학자들과 성별의 역사를 연구하는 이들은 현재의 초기 농경 사회와 비교하여 전환 단계를 재구성하곤 한다. 예컨대 20세기 원예 사회에서 사용하는 석기는 대체로 남성이 만들기 때문에 초기 농경시대에도 그랬을 것이라고 가정하는 식인데, 정확하다고 보기는 힘들다.

일부 연구자는 아프리카 남부의 수렵채집인인 산족을 연구하여 정착 생활이 여성의 지위를 낮추었다고 주장한다. 떠돌이 집단은 남성과 여성의 역할이 똑같이 중요하기에 더 평등한 경향이 있다. 그 주장에 따르면 정착 생활이 여성을 집에 머물게 하여 고립시키고 남성은 소를 몰고 '정치'를 하는 등 공적 역할을 하도록 해방시켜 모든 것을 바꾸었다. 결국 여성이 우물에서 물을 긷는 등 집안일을 전담하면서 지위가 낮아졌다는 것이다.

다르게 해석하는 견해도 있다. 여성들이 주도하여, 떠돌이 생활을 포기하고 적극적이고 의욕적으로 경작하며 정착하도록 공동체를 설득했을 수도 있다는 것이다. 떠돌이 수렵채집인의 삶이 여성에게 더 힘들었기 때문이다. 인류학자들이 관찰한 수단의 풍족한 수렵채집인들이 이 모형을 뒷받침한다.[9] 반면 시리아 아부후레이라에서 나온 유골을 분석한 결과에 따르면 수렵채집보다 농경이 여성에게 더 힘들었던 듯하다. 여성의 유골 중에는 발가락뼈와 힘을 쓰는 위팔이 기형이 된 사례가 많다. 온종일 곡식을 갈고 빻은 결과일 수도 있다. 반면 남성의 뼈대에는 기형이 없었다.

여기에다 초기 농경 마을 주민들의 생활수준이 수렵채집인보다 낮아졌다는 증거가 나오면서 해석이 더욱 복잡해졌다. 생활수준 저하는 농경민들의 식재료가 수렵채집인보다 단순하여 식단이 단조롭고 영양가도 적었기 때문이다. 일부 초기 농경민들의 키가 이웃한 수렵채집 공동체 사람들보다 작은 이유는 그 때문일 수도 있다. 주식인 작물의 작황이 나빠지면 언제든 기근이 닥칠 수 있으므로 위험성이 상존했다. 농경민들이 다양한 위험에서 벗어나기 위해 수렵채집인들보다 오래 열심히 일하고 스트레스도 더 많이 받았다는 것은 유골 연구를 통해 알 수 있다. 이러한 공동체 안에서 시간이 지나며 남녀의 역할(따라서 지위)이 더 명확해졌다고 볼 수 있다.

성장의 중심이 된 고대 마을

당시의 마을 모두가 소도시나 도시로 성장한 것은 아니다. 일부 마을의 규모가 커져서 소도시가 된 이유를 생각해보자. 초기 소도시 중 일부가 도시와 국가로 성장하는 과정은 6장에서 살펴볼 것이다.

특정 마을들이 유달리 성장하여 소도시가 된 것은 분명하지만 왜 성장의 중심지가 되었는지는 분명하지 않다. 주변 마을들에 영적인 의미를 지닌 주요 의식 중심지였던 곳도 있을 것이다. 수원 등 가치 있는 자원의 소재지인 곳도 분명 있었다. 일부는 중요한 교역로나 이주 경로의 요충지여서 물품의 교역을 통제하는 중심지가 되었다. 초기 농경시대의 다른 사례 2가지를 살펴보며 이 절을 마무리하겠다. 예리코와 차탈회위크다. 또 다른 사례인 아메리카의 차코케니언은 9장에서 살펴볼 것이다.

■ 예리코, 세계에서 가장 오래된 소도시?

예리코는 사해에서 북쪽으로 약 16km 떨어진 팔레스타인 요르단강 유역에 있다. 해수면보다 263m 낮은 이곳은 세계에서 가장 낮은 저지대의 영구 정착지다. 1868년부터 고고학자들이 이곳을 발굴했고, 20세기 초까지 간헐적으로 발굴을 진행했다. 앞에서 언급한 캐슬린 케넌은 1952~58년에 현대 고고학 기법으로 전면적인 재발굴과 조사를 했다. 케넌은 특히 히브리 성서에 '야자나무의 도시'라고 기록되어 있고 유대-기독교 전통에서 이스라엘인들이 이집트의 노예 상태에서 벗어나 돌아온 곳이라고 경배하는 고대 도시를 발견하고 싶었다. 그런데 발굴을 시작하자 성서의 연대보다 수천 년 이전에 사람들이 살았다는 증거가 나왔다. 이윽고 BCE 9600년경 초기 농경시대 정착지의 흔적이 약 2.4ha에 걸쳐 발견되었고, 그 이전의 주거층도 추가로 발견되었다. 이 발견은 BCE 12000년경 풍족한 수렵채집인인 나투프인이 예리코에 살았다는 의미였다. 따라서 이곳이 역사상 가장 오랫동안 사람들이 거주한 정착지라고 볼 수 있다.

예리코의 기원과 지속성을 설명해주는 핵심 자원은 물이다. 물은 혹독한 사막 환경에 정착하도록 해주는 절대적이고 필수적인 요소다. 와디켈트의 한 오아시스에 자리한 이 도시의 주민들은 1만 4000년 동안 마르지 않고 솟아오르는 술탄의 샘이라는 지하수에 의존한다. 성서에는 엘리사의 샘이라고 기록되어 있다. 예언자 엘리사가 예리코의 샘을 깨끗하게 만들었다는 「열왕기」(2장 19~22절)의 이야기에서 비롯된 이름이다. 샘에서 1분에 3,800L가 넘게 솟는 물은 복잡한 관개수로를 통해 약 1,011ha의 경작지로 이어진다. 이 지역은 기름진 충적토로 이루어진 토양, 햇빛, 물의 조합 덕분에 풍족한 수렵채집인과 농경민에게 매혹적인 곳이 되었다.

처음에는 나투프인이 정착했고, 이후 최초의 농경민들이 살면서 에머밀과 보리를 길들였다. 이들은 마을을 둘러싼 석벽을 짓고 암석을 깎아 해자를 만드는 등 협동하며 생활했다. BCE 8350~BCE 7350년경에 마을은 소도시로 진화했다. 최대 3,000명 정도의 농경민들이 진흙 벽돌로 지은 둥근 집에 산 듯하다. 집들을 도시계획에 따라 배치했다고 볼 만한 뚜렷한 증거는 없다. 이후의 거주자들은 양을 길들이는 법을 터득했고, 사람의 머리뼈를 보전하는 종교를 믿었다. 이들은 사람 머리뼈의 눈구멍에 조개껍데기를 놓기도 했다.

계속 형성된 주거층들은 사회적 복잡성이 증가하여 예리코가 커다란 마을에서 소도시로 성장했음을 시사한다. 청동기시대 이전의 주거층을 발굴 조사한 고고학자들은 사냥과 경작에 쓰이는 화살촉, 돌낫, 도끼, 숫돌 등을 발견했다. 석회암으로 만든 접시와 그릇, 방추와 방춧돌, 종교나 의식 행사에 쓰였을 실물 크기의 석고 인물상도 발견했다. 수천 년 동안 사람들이 거주한 예리코는 BCE 1700~BCE 1550년에 가장 인상적인 규모로 성장했다. 지역의 대부분이 도시화하고 도시들 간의 갈등이 커지면서 전차를 모는 엘리트 계급이 상당한 방어력을 갖추던 시기다.

■ 차탈회위크, 흑요석, 위대한 어머니 여신

튀르키예 콘야 평원에 있는 초기 농경시대 정착지 차탈회위크는 BCE 7300년경 형성되었다. 1960년대 초 영국 고고학자 제임스 멜라트(James Mellaart)가 발견하여 발굴한 이곳은 면적이 13ha에 달하며 지층은 발달 정도에 따라 12단계로 나뉜다. 현재 콘야 평원은 튀르키예에서 강수량이 가장 적은 곳에 속하지만 초기 농경시대에는 하천들이 그물처럼 흐르고 물, 충적토, 갈대 습지가 어우러져 경작에 안성맞춤이었다. 고고학자들은 차탈회위크가 앞서 존재한 여러 작은 마을이 합쳐져 인구밀도가 높은 공동체가 되었다고 믿는다. BCE 6200년경에는 인구가 8,000명에 달한 듯하다.

이곳에는 많은 집이 빽빽하게 모여 있었다. 주거지는 대부분 직사각형 상자 모양이었고, 외벽은 사방이 하나로 붙어 있어서 그 사이에 통로나 도로가 없었다. 지붕은 편평했다. 주민들은 지붕에 있는 뚜껑문을 통해 집 안에 드나들었고, 지붕에는 나무 사다리로 올라갔다. 진흙 벽돌로 지은 집의 수명은 약 70년이었고, 거주자들은 지붕이 무너지면 토대 위에 다시 지었다(〈그림 5.3〉). 주민들은 곡류와 채소를 길들이고 양을 키워서 식량을 얻었다. 또한 약 128km 떨어진 카파도키아의 산맥에서 발견되는 흑요석이라는

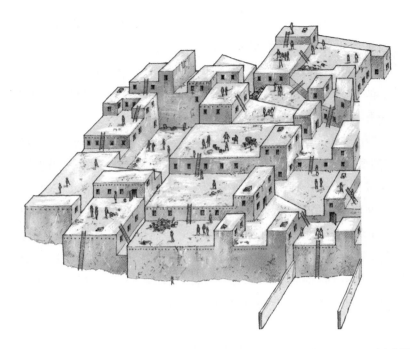

그림 5.3 차탈회위크. 한 화가가 현대 튀르키예의 차탈회위크를 보고 묘사한 인상. BCE 7300년경에 생겨난 이곳의 주민들은 높은 인구밀도 속에서 경작하며 살았고, 가치가 높고 중요한 흑요석을 교역으로 얻었다. (출처: ©Dorling Kindersley/gettyimages/gettyimagesKOREA)

화산유리를 들여왔다. 가장자리를 깨면 단단하고 날카로운 모서리가 생기므로 좋은 사냥 도구와 경작 도구를 제작할 수 있어서 유용한 자원이었다. 차탈회위크에서 발견된 도구의 재료는 대부분 흑요석이다.

　차탈회위크 주민들은 진흙을 바른 하얀 집 벽과 바닥에 빨간 물감으로 놀라운 예술성을 보여주는 그림을 그렸다. 사실적인 인물과 추상적이고 기하학적인 문양뿐 아니라 거대한 야생 수소를 중심으로 다양하게 활동하는 인물들을 묘사하기도 했다. 비교적 최근인 2008년에 고고학자들이 야생 소뿔들을 박은 기둥을 발견함으로써 당시 사람들이 야생 소를 중시한 사실이 재확인되었다. 뿔들은 그 밑에 묻힌 사람들을 지키는 듯한 모습으로 배치되어 있다. 또 머리 없는 사람들 주위를 독수리들이 둘러싼 그림도 발견되었다. 가장 흥미로운 것은 특정 양식에 맞추어 그려진 여성과 많은 여성 조각상이다. 멜라트는 차탈회위크가 위대한 어머니 여신을 모시는 종교 중심지였을 수도 있다고 생각했다. 당시 사람들이 무엇을 숭배했든 간에 놀라운 벽화, 매장 풍습, 여성의 도상은 풍성하고 상징적인 종교 신앙이 있었다는 증거이자, 이 마을이 커진 이유일 수도 있다. 당시의 마을이 소도시로 성장한 원동력이 안정적인 수원, 기름진 토양, 가치 있는 천연자원, 신성하거나 상징적인 의미의 조합임을 알 수 있다.

차탈회위크와 대다수의 초기 농경시대 사회들은 높아지는 인구밀도, 인상적인 건축, 정교해지는 신앙 체계를 지녔지만 비교적 평등한 사회구조 속에서 공존했다. 집들의 크기나 소유물이 사실상 똑같았던 차탈회위크와 예리코에는 계급 구조가 없었다. 남성과 여성의 무덤에 성별 차이를 드러내는 부장품이 있지만 물품의 가치는 다르지 않았다. 여성도 식량을 동등하게 얻은 듯하다. 남성과 여성에 대한 문화적 구분이 여성을 경제적으로 예속하는 결과로 이어지지는 않은 듯하다. 마지막으로 주목할 점은 모든 초기 농경시대 소도시 중 가장 인상적인 이곳에서 종교적·정치적 지도층이 출현했다는 증거가 없다는 것이다. 따라서 이 장에서 규명할 필요가 있는 질문은, 시간이 더 지난 초기 농경시대 말기에 지도자가 공동체의 합의하에 통치하는 **합의적 권력**(consensual power)이 어떻게 출현했느냐는 것이다. 6장에서 이 질문에 관해 계속 논의하려 한다. 합의적 권력이 지도자가 힘으로 위협하여 통치하는 **강압적 권력**(coercive power)으로 바뀜으로써 부자와 빈자, 엘리트와 농민, 왕과 황제가 출현하는 모습을 살펴볼 것이다.

합의적 권력의 출현

여기서는 초기 공동체에 출현한 권력의 초기 형태를 살펴보겠다. 5장과 6장에서는 중요하고 어려운 2가지 질문에 대한 답을 제시할 것이다. 비교적 평등했던 세상에서 어떻게 소수가 다른 이들을 지배하게 되었을까? 어떻게 권력을 확장하고, 많은 사람이 왕이나 황제처럼 강력한 통치자의 지배를 받아들이도록 만들었을까? 농경혁명과 마찬가지로 권력의 출현도 인류 역사에서 근본적 전환점이 되었다.

권력이란 무엇인가

사전을 살펴보면 **권력(power)**에 관한 정의가 무척 많다. 이 모든 정의에는 공통점이 있다. 일부 개인이나 집단이 사람들과 자원을 통제하고, 통제를 실행할 능력인 권한을 지닌다는 것이다. 이 정의들은 소수가 다수를, 즉 많은 사람과 물적 자원을 통제한다고 가정한다. 초기 농경시대 말기에 사람과 재화라는 자원이 축적되기 전까지는 권력이 그리 중요하지 않았다. 기나긴 구석기시대와 초기 농경시대의 대부분 동안에는 사람과 자원이 너무 적었기 때문이다. 누군가 권력을 추구했을 수도 있지만 기껏해야 소수를 통제했을 것이고 물질도 많이 소유하지 못했을 것이다. 게다가 작은 공동체와 수렵채집인 무리의 활동 대부분에는 지도자가 필요 없었다. 행정과 정의는 주로 가족 정치(family politics)를 통해 처리했다. 중요한 문제는 확대가족 내에서, 또는 마을이라면 공동체 내에서 해결했다.

고고학자와 역사학자는 특정 공동체를 통제하고 권한을 휘두르는 사람이나 권력 구조가 출현했는지 여부를 어떻게 알 수 있을까? 매장 구조가 다른지를 살펴보고 대다수의 무덤보다 특정 무덤이 훨씬 호화롭고 부장품도 많다는 증거를 찾는다. 또 각각의 집에 있는 개인 물품의 양과 질을 살펴보고 집들의 크기와 위치도 비교한다. 마지막으로, 피라미드처럼 거대한 무덤이나 지구라트 같은 사원, 라파누이(이스터섬)의 석상 같은 기념물이 있는지 찾아본다. 공동체의 특정 개인이나 집단이 다른 이들에게 권력을 행사할 능력이나 권한을 지녔다는 의미이기 때문이다.

권력은 어떻게 출현했나

큰 무덤, 건물, 기념물을 짓는 데 필요한 권력을 소수가 다수에게 행사할 수 있도록 인류가 허용한 이유를 설명하는 이론은 2가지다. 이론은 서로 다르지만 겹치기도 한다. 첫 번째 이론인 '상향식 권력'은 처음에는 권력이 아래로부터 나왔다는 동의 개념에 초점을 맞춘다. 이때 권력은 크고 복잡한 사회에 사는 이들이 조화로운 관리 기구를 원하거나 필요로 함으로써 통치자를 따르기로 동의하여 출현한다. 이 이론이 규명하려는 문제는 이것이다. 인류는 수천 년 동안 지도자가 거의 또는 전혀 없이 지냈는데, 어떻게 소수가 다른 이들을 지배하도록 동의했을까? 두 번째 이론은 강압에 초점을 맞춘다. 권력이 위에서부터 나왔다는 '하향식 권력' 개념이다. 개인이나 집단이 자신의 의지를 남들에게 강요하는 법을 터득했다는 이 이론이 규명하려는 문제는 이것이다. 통치자는 어떻게 공동체에 자신의 의지를 강요할 수 있었을까? 그리고 사람들은 왜 따랐을까?

아래로부터의 권력은 동의에 토대한 합의적 권력을 설명하기에 좋다. 합의적이라는 말은 적절해 보인다. 사람들이 기꺼이 개인적·가족적 자율성을 얼마간 포기하고 지도자가 자신들의 삶과 자원을 통제하도록 하는 과정을 설명하기 때문이다. 위로부터의 권력은 폭력에 토대한 권력을 이해하려 할 때 유용한 강압적 권력이다. 이 모형은 필요하다면 지도자가 폭력으로 사람들과 자원을 통제할 능력을 획득한다고 본다.

사회성 곤충의 세계를 살펴보면 권력을 이해하는 데 도움이 된다. 진정한 사회성 동물인 흰개미는 인류 공동체와 비슷하고 커다란 둔덕을 만든다. 열대 사바나의 커다란 흰개미 둔덕 하나에 100만 마리까지 살곤 한다. 둔덕은 집, 번식장, 곰팡이 텃밭 역할을 한다. 흰개미들은 흙, 진흙, 씹은 나무, 침, 배설물을 섞어 둔덕을 짓는데, 아프리카에는 높이가 9.1m에 달하는 것도 있다. 아래쪽에서 솟아오르는 뜨거운 공기 기둥을 이용하여 깨끗한 공기가 둔덕 전체를 순환하도록 한다. 사회구조가 복잡해서 집단 전체가 약충(반쯤 성숙한 개체)에서 일꾼과 병사를 거쳐 번식하는 암수 개체에 이르는 계급 구조를 이룬다. 맨 꼭대기에는 알을 낳는 여왕이 있다.

흰개미 사회에는 병사처럼 권력이 강한 개체들이 있고, 권력의 정점에는 여왕이 있다! 여왕의 권력은 상향식 같다. 모든 흰개미가 조직 체계로부터 혜택을 보며, 제대로 운영되지 않으면 모두가 죽을 것이기 때문이다. 또 여왕은 사회적 반응을 촉발하는 화학물질 페로몬을 만들고 퍼뜨리는 능력으로 집단을 뭉치게 한다. 페로몬을 통해 집단 구성원들이 먹이를 공유하도록 하며 사회를 통합한다. 그러나 여왕의 권력은 하향식이기도 하다. 여왕을 비롯한 '엘리트' 집단이 '백성들'보다 많은 자원을 얻고, 자신을 희생하는 병사들을 통해 다른 개미들의 행동을 폭력적으로 통제하곤 하기 때문이다. 모두가 이 체제로 혜택을 보지만, 남들보다 많은 혜택을 보는 이들이 있다. 따라서 이 사회구조는 하향식이나 상향식 어느 한쪽이라고 하기보다 양쪽 다라고 보는 것이 맞다!

곤충 세계와 인간 세계의 권력은 하향식과 상향식이 조합되어 있다. 권력은 본질적으로 양편이 무언가를 얻는 관계지만 대체로 한쪽이 다른 쪽보다 많은 것을 얻는다. 일반적으로 아래로부터의 권력이 먼저 나타난다. 이 현상은 위쪽에 있는 이들이 권력을 유지하기 위해 때로는 폭력을 사용할 필요가 있다는 의미다. 따라서 모든 권력 관계에는 하향식과 상향식이 뒤섞여 있다.

흰개미 사회와 초기 농경시대의 인류 사회에는 무척 비슷한 점이 있다. 인류 공동체가 크고 복잡해지면서 업무를 나눌 필요가 생겼고, 개인들은 서로에게 더 의존하는 법을 배워야 했으며, 전체 구조를 더 효과적으로 관리하고 통제할 필요가 커졌다. 사회성 곤충이 큰 집단으로 살도록 유전적으로 적응했듯이, 농경으로 넘어간 인류는 정착하고 상호 의존하며 살아가는 새로운 현실이 대두하자 문화적으로 적응했다.

따라서 인류 사회에서 어떻게 권력이 출현했는지를 설명하는 이론은 2가지로 나뉜다. 처음 출현한 단순한 권력은 동의에 토대를 두었다(상향식). 하지만 지도자는 이윽고 자신의 의지를 강요하는 데 필요한 자원을 획득했다(하향식). 이 이론을 뒷받침하기 위해 역사학자, 인류학자, 특히 고고학자는 언제 최초의 권력이 아래로부터 출현했고, 위로부터의 권력으로 바뀌었는지를 보여주는 증거를 찾고 있다. 여기서는 상향식(합의적) 권력의 출현에 초점을 맞추어 살펴보겠다. 초기 도시와 국가에서 하향식(강압적) 권력이 나타나는 과정은 다음 장에서 살펴보려 한다.

초기 농경시대의 합의적 권력

인구가 많아진 초기 농경시대 사람들은 서로의 활동을 조화시킬 필요성을 점점 크게 느꼈을 것이다. 몇 가족이 모인 작은 공동체는 서로 마주보며 문제를 파악하고 공동으로 할 일을 조정할 수 있다. 반면 수천 명이 사는 소도시뿐 아니라 수백 명으로 이루어진 마을도 어떤 형태로든 지도자가 없으면 그럴 수가 없다. 앞에서 경작이 기원의 중심에서 널리 퍼지고 많은 마을이 생겨나면서 몇몇 마을이 소도시로 성장하는 과정을 살펴본 바 있다. 이 소도시들은 작은 마을들을 통제하기 시작했다. 뒤에서 이야기하겠지만, 더 큰 공동체인 도시는 출현하자마자 주위 소도시와 마을을 지배하고 세금을 걷기 시작했다.

새로이 출현한 농경 공동체의 사람들은 어째서 굳이 지도자를 필요로 했을까? 이웃 공동체와 충돌할 때 방어하고, 작황에 의존하는 공동체에 중요한 종교로 신과 소통하며, 분쟁 해결 등에 관한 법적 문제를 처리하고, 복잡해지는 관개망을 관리하는 행정 등에 지도자가 필요했기 때문이다. 다시 말해 조화를 도모하는 기구가 없으면 더 이상 관리할 수 없는 공동체의 일을 떠맡을 인물이 필요해졌다. 그런데 구체적으로 누구를 지도자로 선택했을까? 지도자가 되려면 어떤 속성을 지녀야 했을까? 사제나 샤먼, 전사나 외교관, 공동 과제 관리자 등 재능이 특별한 이들이 선택되었을 것이다. 반면 재능과 무관하게 출생에 따라 선택받는 사례도 있었던 듯하다. 특히 군장을 선택할 때 그랬을 것이다.

많은 초기 농경시대 마을이 군장 사회(chiefdom)였다. 공동체를 위해 결정하도록 선택된 엘리트 귀족 집단이나 군장이 복잡한 사회를 이끌었다. 농경민들이 일을 점점 더 잘함에 따라 공동체는 잉여 농산물을 생산했다. 지도자는 식량 생산이라는 일에서 벗어났고 엘리트 집단이 출현했다. 대체로 군장은 공동체 상위 혈족의 장남이 맡았다. 사람들은 여전히 공동체를 가족이라는 관점에서 보았기에, 출생에 따라 평민과 귀족이 정해지고 각자에게 다른 미래가 열린다고 여겼다.

분명하지 않은 점은 당시 사람들이 잉여 농산물을 축적하기 시작한 이유다. 현재에도 단순한 마을을 이루어 사는 농경민들이 생존에 필요한 양 이상으로 경작하지 않는 경우가 많기 때문에 의문이 더욱 커진다. 겨울을 나려면 곡물을 저장할 필요가 있었을 것이다. 하지만 잉여 농산물들이 썩거나 해충의 피해를 입곤 했다는 고고학 증거들이 있기에 실제로 당시 사람들이 저장했을 가능성은 낮을 때가 많다.

한 이론에 따르면 군장이 잉여 농산물이나 물품을 나누어주고, 받는 이들에게 일종의 의무감을 불러일으킨 결과였다. 4장에서 살펴보았듯이, 선물은 구석기시대 사람들이 집단의 화합을 유지하는 핵심 수단이었고, 초기 농경시대 사람들도 활용했다. 이 방법으로 잠재적 지지자들을 후하게 대우하고 관대함을 과시하여 권력을 얻는 길이 열렸다. 폴리네시아 사회의 이른바 대인(Big Man)도 이 방법을 활용했다. 선물을 주는 등의 관대함은 모든 소규모 사회가 매우 가치 있게 여기는 속성이다. 대인은 선물을 주고 상대의 마음 깊이 새겨지는 호혜성 관념을 이용하여 권력을 얻는다. 현대 인류학자들은 대인이 어떤 식으로 돼지, 담요, 가치 있거나 유용한 물품 등을 모아놓았다가 공동체에 필요한 시기에 나누어주는지를 깊이 연구했다. 대인은 사람들의 마음속에 빚졌다는 느낌을 계속 쌓음으로써 사회적 권력을 획득한다. 선물을 받은 사람들은 그를 지지할 수밖에 없는 상황에 이른다. 이누이트의 한 속담은 권력을 얻는 길을 생생하게 말해준다. "선물은 노예를 만들고, 채찍은 개를 만든다."[10]

초기 농경시대 권력의 형태

앞에서는 권력의 기원을 짧게 살펴보았다. 3장에서 언급한 생물학적 원리인 수렴 진화도 권력에 적용할 수 있을 것이다. 성장하면서 비슷한 문제와 필요에 직면한 각각의 공동체가 군장 사회를 만듦으로써 비슷한 해결책에 다다랐기 때문이다. 그러나 다음 3가지 사례에서 알 수 있듯이 자세히 살펴보면 잉여 농산물, 지위와 혈통, 호혜성 법칙에 토대한 독창적인 정부 형태는 지역별로 달랐다.

고고학자들은 현대 불가리아 흑해 연안의 바르나에서 BCE 제5천년기 중반의 무덤들을 조사했다. 이 무덤들은 당시 권력자가 개별 가족 행사였던 장례를 공개적인 공동체 행사로 만들어 사회를 통합하는 수단으로 활용했을 가능성을 보여준다. 무덤 211기의 부장품들은 구성원들의 부와 지위에 따라 크게 달랐다. 170기에는 시신과 함께 최대 10가지 물품이 묻혔고, 18기에는 더 가치 높은 물품들이 훨씬 많았다. 한 40~50대 남성의 무덤에는 무려 1,000가지가 넘는 부장품이 있었는데 그중 980가지는 재료가 금이었다. 무덤 주인은 지위가 높아 큰 권력을 휘두른 인물이 분명하다.

중국의 경우 양사오 문화 이후에 형성된 룽산 문화가 BCE 3000년경에 중부 평원의 많은 지역을 지배했다. 창즈와 타오쓰에서 발굴된 주요 룽산 무덤들의 부장품이 크게 다른 것을 보면 사회적 복잡성이 높아졌음을 알 수 있다. 타오쓰 무덤들에는 가난한 이들이 많이 묻혔고 부장품이 적다. 약 80기에는 옥으로 만든 도끼와 반지가 있었고, 소수의 부유한 이들의 무덤에는 가치 높은 부장품이 200가지까지 있었다. 흥미롭게도 악어가죽을 붙인 나무 북도 2점 있었다. 고대 중국 문헌에 따르면 북은 왕가의 상징이다!

인류학자들은 폴리네시아의 군장 사회를 비롯한 초기 권력 형태도 폭넓게 조사했다. 폴리네시아 사회의 사회정치 구조는 다양하다. 마르키즈제도와 이스터섬에서 서로 적대시하며 갈라진 부족 정치, 느슨한 뉴질랜드의 부족 사회뿐 아니라 통가와 사모아, 하와이의 경직된 군장 사회 등을 볼 수 있다. 다양한 섬 집단의 크기, 인구 증가율, 고립 정도도 사회적 복잡성에 영향을 미치지만, 모든 폴리네시아인은 혈통에 따른 지위 개념을 공유하고 부계를 통해 신분을 대물림했다. 혈통을 인정받은 군장이 식량 생산, 공동체 건설, 종교 행사 주관을 맡았다. 사람들이 그가 초자연적 권력을 물려받았다고 믿었기 때문이다.

사회적 복잡성과 관련하여 인류학자들의 중요한 '실험실'인 폴리네시아는 초기 농경 공동체에서 권력과 지위가 출현할 때 작용한 요인들을 보여준다. 섬세하게 분석하려면 환경, 대물림되는 지위, 호혜성, 집단 내 경쟁과 합의, 종교의 역할을 포함한 원인들을 고려해야 한다.

여기서는 초기 농경시대에 출현한 권력의 사례와 진화에 관한 복잡하고 모호한 측면들을 이야기했다. 다음 시대를 살펴보기 전에 당시 권력 구조의 한계를 언급할 필요가 있다. 지도자는 대부분 남성이었고, 대체로 집단의 동의를 받아 다스렸으며, 많은 사람과 물적 자원을 통제할 수 있었다. 한편으로는 지도자가 쉽게 교체되기도 했다. 권력이 아직 동의에 토대를 두었기 때문이다. 초기 지도자들은 지속적인 폭력으로 의지를 관철하는 요령을 터득하지 못했다. 6장에서는 약 5,000년 전부터 약하고 제한된 권력이 지속적인 강압에 토대하여 훨씬 지속적인 권력으로 탈바꿈한 사례를 이야기할 것이다.

경작과 환경 파괴

이 책의 주제 중 하나는 인류와 생물권의 관계다. 4장에서 살펴보았듯, 인구가 적고 각 집단이 지속 가능한 생활을 추구했는데도 불구하고 구석기시대 인류는 방화 농법과 거대 동물상 멸종으로 이 관계에 엄청난 영향을 미쳤다.

떠돌이 수렵채집인에서 정착 농경인이 된 인류는 많아지고 조밀해지는 인구를 먹여야 했기에 취약한 환경에 종종 큰 부담을 주었다. 생존을 위해 마을과 소도시, 공동체를 부양하는 경작지와 목초지를 인공적으로 길들이고 인간 중심적 환경을 빚어냈다. 의도하지 않고 자각조차 못한 상태에서 초기 농경민들은 지속 불가능한 농법을 추구하곤 했다. 과잉 경작과 과잉 방목을 해서 척박한 토양이 사막화했고, 관개에 지나치게 의지해서 염류화가 나타났다. 숲과 정글을 계속 벌목하여 토양이 심각하게 침식되었다. 게다가 길들인 동식물 종의 유전자가 변이하여 다양한 질병과 해충에 취약한 잡종이 나타나곤 했다. 지속되는 기후변화와 때마다 찾아오는 자연재해도 상황을 악화시켰다. 크리스 스카(Chris Scarre)는 이렇게 말했다. "복잡한 사회들은 장기적인 환경 지속 가능성을 달성하는 문제 때문에 4,000년 넘도록 골머리를 싸맸다." 이 장에서 언급했듯이, 그 이전의 4,000년 동안도 마찬가지였다.[11]

학자들은 초기 농경시대의 환경 파괴를 심각하게 생각하지 않았지만 최근 미국 고기후학자 윌리엄 러디먼(William Ruddiman)은 초기 농경시대의 집약화가 큰 악영향을 미쳤다고 주장했다. 아프로·유라시아 사람들이, 이후 아메리카 사람들이 경작과 목축을 위해 드넓은 숲을 개간했다. 수천 년에 걸쳐 대기의 이산화탄소와 메탄 농도가 눈에 띄게 증가하고 지구 기온도 꾸준히 상승했다. 그 결과 지구가 더 추워지거나 심지어 빙하기로 돌아가지 않았을 수도 있다.[12] 러디먼의 주장에 관해서는 여러 논쟁이 벌어지고 있다. 어쨌든 마지막 빙하기 이래 안정적으로 유지된 따뜻한 기후는 대규모 집약 농경과 급격한 인구 증가에 기여했다. 인류가 환경에 미친 영향은 뒤에서도 언급하겠지만, 당시의 농경이 사회와 정치뿐 아니라 환경에도 영향도 미쳤음을 기억할 필요가 있다.

| 요약 |

이 장에서는 복잡성의 일곱 번째 문턱인 농경을 5단계로 설명했다. 초기 농경 마을을 묘사했고, 소도시로 성장한 예리코와 차탈회위크도 살펴보았다. 성별 역할과 환경 변화도 이야기했다. 그리고 일부 큰 마을의 군장 사회에서 어떻게 새로운 권력 관계가 출현했는지 분석하며 마무리했다.

6장
작은 문턱 넘기

도시,
국가,
농경 문명의 출현

BCE 3500년 이후

오늘날 사람들 대부분은 '국가'에 산다. 게다가 세계 인구의 절반 이상이 도시나 도시 지역에 산다. 2008년 파악된 이 도시화는 약 5,000년 전 현재의 이라크 티그리스강과 유프라테스강 유역의 메소포타미아에서 시작된 과정의 연장선 위에 있다. 최초의 도시와 국가가 출현하면서 인류 역사는 새로운 시대에 들어섰다. 바로 농경 문명 시대다. 이 장에서는 BCE 3500~BCE 2000년의 초기 단계를 살펴보고, BCE 2000년부터 CE 1000년까지는 7~9장에서 살펴보겠다.

도시, 국가, 농경 문명을 정의하기

최초의 도시와 국가는 BCE 3200년경 메소포타미아에서 출현했다. 중요한 사실은, 더 큰 시간 규모에서 보면 비슷한 시기에 적어도 전 세계 7곳에서 도시와 국가가 독자적으로 출현했다는 것이다. BCE 3100년경 나일강 유역의 이집트와 누비아에 국가가 있었다. BCE 2000년경 북인도와 중국에도 국가가 존재했다는 증거가 있고, BCE 1000년경 메소아메리카와 페루에도 국가가 있었다.

BCE 3000년에 한 사람이 소도시에서 더 큰 도시로 이주한다고 상상해보자. 그 사람은 소도시의 수천 명이나 마을의 수백 명이 아니라 도시의 수만 명과 함께 지내게 될 것이다. 도시는 크기만 큰 것이 아니라 복잡한 분업 사회였다. 사람들 대다수는 대장장이, 제빵사, 도공, 직조공, 사제, 석공, 음악가, 화가, 병사 등 전문 직종에서 일했을 것이다.

모두를 충분히 먹일 만큼 식량을 생산하는 일은 언제나 인류의 기본 활동이었지만, 도시에서는 협력이 훨씬 복잡했다. 도시 외곽 농경민들은 도공과 대장장이 같은 장인들의 생산물을 씀으로써, 도시민들을 먹일 만큼 충분한 잉여 농산물을 생산할 수 있었다. 간단히 말하면 현대에 이르기까지 도시민 1명을 먹여 살리는 데 농경민이 9명쯤 필요했다.

직업이 다른 수만 명이 조밀하게 모여 사는 곳이 **도시**(city)라면, 국가는 무엇일까? **국가**(state)는 한 도시와 주변에 있는 소도시들과 농장들, 또는 몇몇 도시와 주변 환경이 폭넓게 편제된 사회로, 인구가 수만 명에서 수십만 명, 심지어 수백만 명에 이른다. 국가는 체계적이고 제도적으로 사람들을 강압할 수 있고, 대중의 동의에 토대한 정치적·사회적·경제적 계층 구조인 권력 구조를 지닌다. 국가는 정부의 동의어가 아니다. 정부는 국가의 한 측면일 뿐이다. 도시와 국가는 비슷한 시기에 출현했다. 도시의 인구밀도가 증가하여 지도자가 필요해졌고, 지도자가 차지할 수 있는 자원이 많아졌기 때문이다.

도시와 국가가 교역할 때 일부는 흡수되었고, 국가의 규모가 커져 한 통치자가 많은 도시와 국가의 넓은 영토를 통치하는 제국에 이르기도 했다. 최초의 제국은 BCE 3100년경 메네스(나르메르)가 나일강 유역에 세웠을 것이다. BCE 2334~BCE 2279년경 아카드를 통치한 사르곤은 티그리스-유프라테스강 유역에 제국 체제를 확립했다. BCE 1500년경에는 중국 북부에서 상나라가 제국으로 올라선 듯하다.

국가와 제국은 문화적 특징이 비슷하고 넓은 지역에 들어선다. 여기에는 공납을 내는 농경민들이 포함되고, 국가는 이들에게 의존한다. 영향력 있는 미국 인류학자 에릭 울프(Eric Wolf)에 따르면 **공납(tribute)**은 자원이다. 대체로 강압적 위협으로 국가가 통제하는 물품, 노동력, 화폐인 공납에는 사람도 포함된다. 노예제는 가장 명백한 공납 형태다. 공납 사회는 폭력적 위협으로 많은 자원의 흐름을 통제하고, 신체적 폭력을 칭찬할 일로 여기는 경우가 많다.

이 복잡한 체제가 문명(civilization)이다. 이 단어는 '도시에 속해 있다'는 의미의 라틴어 키비스(civis)의 소유격 키빌리스(civilis)에서 왔다. 다양한 의미로 쓰이는 문명은 때로 진보의 단계, 즉 다른 사회보다 '발전한' 사회의 우월성을 가리킨다. 고고학자들은 진보에 함축된 오해를 피하기 위해 복잡한 사회라고 부르곤 한다. 이 책에서는 큰 국가와 제국을 **농경 문명(agrarian civilization)**이라고 표현할 것이다. 문명이 언제나 농경에 의존한다는 점을 상기시키기 위해 농경이라는 말을 덧붙였다. 농경 문명이 이전 사회들보다 우월하거나 '발전했다'는 의미는 아니다. 그렇지만 더 복잡했고, 훨씬 많은 사람과 물적 자원을 통제했다. 단순한 사회 체제로부터 복잡한 사회 체제가 출현하는 과정은 지금까지 살펴본 복잡성 증가의 사례들과 비슷하다. 특히 다세포생물의 진화 과정과 비슷하다. 독립적이었던 실체들이 모여 더 큰 실체가 된다는 점에서 그렇다.

증가한 자원과 집단 학습

이제 도시, 국가, 문명이 느리게 출현한 과정을 개괄해보자. 여기에는 생산성과 인구밀도 증가, 기후변화도 포함된다.

높아진 농업 생산성

농경을 시작한 사람들은 이후 많은 것을 배웠다. 처음 수천 년 동안에는 길들인 동물이 성체가 되자마자 잡아먹었다. 계속 먹여 키울 이유가 없지 않을까? (고고학자는 동물의 뼈를 보고 도살되었을 때의 나이를 알 수 있다.)

농경민들은 동물을 다양하게 이용할 수 있음을 서서히 깨달았다. 동물을 오래 살려두면 식량으로 쓸 젖, 직물로 만들 털, 비료로 쓸 배설물, 쟁기를 끌고 짐을 운반할 근력을 얻을 수 있었다. 영국 옥스퍼드대학교의 고고학자 앤드루 셰럿(Andrew Sherratt)은 길들인 동물의 쓰임새를 확대한 현상을 '2차 산물 혁명(secondary products revolution)'이라고 불렀다. 그는 BCE 4000년경부터 아프로·유라시아 농경민들이 가축의 2차 산물을 더 효율적으로 쓰기 시작했다고 주장했다. 도살하지 않고 얻을 수 있는 산물들이었다. 염소 같은 동물은 처음부터 젖을 얻기 위해 길들였을 가능성이 높기 때문에 이 가설은 논쟁의 대상이다.

염소젖은 일찍부터 이용됐을지 모르지만, 소젖은 사람에게 문제를 일으켰다. 지금도 세계 인구의 대다수가 우유의 젖당을 소화하지 못하고, 우유를 마시면 배앓이와 설사를 한다. 초기 농경민들은 소젖을 식량으로 활용하기 위해 소화가 잘되고 저장할 수 있도록 가공하는 법을 알아내야 했다. 그리하여 젖당이 훨씬 적은 요구르트와 치즈가 발명됐다. 소를 기르던 이들의 후손들은 유전적으로 젖당을 잘 소화하게끔 진화했다.

한편 사람들은 너무 뻣뻣하지 않고 너무 부드럽지도 않은 양털을 얻기 위해 양을 선택적으로 교배하며 길렀고, 그 과정에서 거세한 수컷이 나이들면 가장 좋은 양털이 자란다는 것을 알아냈다. 사람들은 양털을 이용하기 전에는 식물섬유로 만든 직물을 활용했다. 지중해와 근동에서는 아마, 중국에서는 삼, 메소아메리카에서는 선인장, 인도에서는 목화를 썼다. 양털로 만든 직물은 더 따뜻하고 염색하기도 쉬워서 가치 있는 상품이 되었다.

2차 산물은 여성이 하는 일의 성격이 바뀌는 데 영향을 미쳤다. 현대 농경 공동체를 보면, 요구르트와 치즈를 가공하고 직물을 짜고 뜨는 일을 대개 여성이 맡았다는 점은 분명하다. 왜 이 일들을 여성이 했을까? 1970년에 인류학자 주디스 K. 브라운(Judith K. Brown)이 설득력 있게 답했다. 브라운은 육아와 양립할 수 있느냐에 따라 여성이 공동체의 특정한 일을 맡았다고 주장했다. 여성들은 언제든 쉽게 중단했다가 쉽게 재개할 수 있고, 아이를 위험에 빠뜨릴 가능성이 낮고, 집에서 멀리까지 돌아다닐 필요가 없는 일을 맡았다.

BCE 5000년경 쟁기와 바퀴를 만든 아프로·유라시아 사람들은 힘센 동물의 근력을 이용할 수 있다는 사실을 깨달았다. 거세한 수소는 사람보다 4배나 많은 흙을 가는 쟁기를 끌 수 있었다. BCE 4000년경 사람들은 밭을 갈고 짐을 운반하기 위해 말과 당나귀를 길들였다. 말은 우크라이나에서, 당나귀는 이집트에서 길들였을 것이다.

아메리카에는 페루에서 길들인 야마(라마), 비쿠냐, 과나코를 제외하면 길들일 대형 동물이 없었다. 길들일 수도 있었을 말, 코끼리, 낙타 등은 이미 사냥당했거나 기후변화로 전멸했다(5장 참고). 아메리카의 역사가 다르게 전개된 것은 이 때문일 수도 있다. 살아남은 들소, 엘크, 말코손바닥사슴, 사슴, 퓨마 등은 길들일 수 없는 종들이었다.

아프로·유라시아 농경민들은 길들인 동물을 다양하게 활용했다. 같은 시기에 다른 사람들은 목축이라는 새로운 생활 방식을 개발했다. 거의 전적으로 동물의 산물에 의지하는 삶이었다. 목축 덕분에 사람들은 무척 건조해서 경작할 수 없는 지역에서도 살 수 있었다. 정기적으로 옮겨 다니기만 하면 그 지역에도 동물이 충분히 먹을 풀이 자랐기 때문이다. 유라시아 스텝 지대, 서남아시아 사막, 동아프리카 사바나가 그랬다. 길들인 동물의 산물에 의지하면서 사는 법을 터득한 사람들은 건조한 지역으로 진출할 수 있었다. 유목인은 가축의 산물로 살 수 있었지만, 언제나 정착 농경민들의 곡물 같은 물품을 원했다. 그들은 습격이나 거래를 통해 그 물품을 얻었다. 그리고 아프로·유라시아의 정착지들을 연결함으로써 역사의 주요 추진력이 되었다. 중국에 전래된 바퀴 달린 탈것, 말, 청동 야금술 등이 일례다.

관개와 토기, 야금술의 탄생

BCE 5000~BCE 3000년에 인류가 개발한 또 다른 신기술은 경작을 위해 물을 관리하는 관개다. 작물에 물을 줘야 하는 시기에 맞추어 작은 하천의 물줄기를 밭으로 돌리는 법을 익히면서 관개를 시작했을 것이다. 관개에는 수로를 파고, 청소하고, 때에 맞추어 열고 닫는 일이 필요했다. 이후 사람들은 운하, 댐, 수차처럼 규모가 큰 시설들도 개발했다. 이 시설들은 토양이 유달리 비옥한 건조 지대에 가장 큰 영향을 미쳤다. 관개 덕분에 이 지역들의 농업 생산량이 대폭 늘어났고, 급속한 인구 증가가 뒤따랐다.

그러나 관개는 장기적으로 지속 불가능한 부작용을 낳았다. 모든 농경이 그렇듯이, 관개에는 관리되지 않은 생태계를 관리하는 체계로 바꾸는 과정이 필요하다. 관개로 지하 수위가 높아지는 바람에 종종 물이 빠지지 않아서 토양이 계속 물에 잠기는 곳도 생겨났다. 물이 증발하면서 토양에 염분이 쌓이기도 했다. 산에서 흘러내리는 물에는 암석에서 나온 염분이 섞여 있다. 이 물을 관개용수로 쓰면 하천으로 흘러가지 않고 증발하면서 토양에 염분이 남는다. 수백 년이 흐르면 염류화가 심해지면서 작물 생산량이 줄어든다.

다른 기술 혁신도 도시가 출현하는 길을 닦았다. 토기 발명은 액체 보관과 운반, 요리에 관한 문제를 해결했다. 토기는 조몬 문화를 이룬 일본의 수렵채집인 집단이 처음 만들었을 수도 있다. 가장 오래된 토기 파편은 BCE 14000년경 만들어졌다. 메소포타미아인들은 BCE 6500년경부터 토기를 사용했고 BCE 5500년경부터는 금, 은, 구리 등의 부드러운 금속을 가공했다. 청동과 철 등 단단한 금속은 더 뜨겁고 효율적인 화로가 필요했기에 나중에야 쓸 수 있었다. 청동은 구리와 주석을 10:1로 혼합한 것이다. 주석은 희귀한 금속이었기 때문에 교역의 필요성이 크게 높아졌다. 청동기는 메소포타미아에서는 BCE 4000년경, 중국에서는 BCE 2000년경 출현한 듯하다. 토기와 야금술이 발명된 후 마을과 소도시에서 전문적으로 제작하며 생계를 유지하는 이들이 나타났을 것이다. 모든 가구가 직접 토기를 만들거나 청동기를 제작하지는 않았기 때문이다.

인구 증가, 계층구조, 기후변화

시간이 흐르면서 농경이 확산하고 생산성을 높이는 기술이 발전함에 따라 인구도 더 늘어났다. 5장에서 살펴보았듯이, 인구밀도가 증가하자 지도자가 필요해졌다. 큰 공동체에서는 더 이상 모두가 의사 결정에 참여할 수 없게 되었다. 평등주의 체제가 관리할 수 있는 개인의 수는 300명 정도가 최대다. 곡물 낟알은 한꺼번에 익기 때문에 작물에 의지하는 큰 공동체는 잉여 농산물을 저장해야 했고, 저장한 작물을 분배하는 방법을 고안해야 했다. 화폐는 아직 발명되지 않았다. 저장은 통제를 둘러싼 갈등을 증폭시켰다. 그래서 갈등을 조정할 수 있고 만일을 대비해 잉여 산물을 저장할 수 있는 지도자가 출현했다. 지도자는 잉여 자원으로 권력을 확대할 수도 있었을 것이다. 인구가 계속 증가하면서 권력과 부의 계층구조도 발달했다. 도시화는 일단 시작되면 자기 강화적 양상을 띤다. 도시는 사람을 끌어들이고, 사람은 자원을 더 많이 생산하고, 그 자원은 더 많은 사람을 끌어들인다.

남녀 사이의 권력 계층구조도 일찍이 나타났을 것이다. 모든 농가의 성공 여부는 가능한 한 많은 자녀를 키우는 데 달려 있었다. 노동력은 농경민 가정이 어느 정도 통제할 수 있는 자원이었기 때문이다. 앞서 말했듯이, 여성은 육아와 잘 조합할 수 있는 일만 할 수 있었다. 가정 내에서는 구성원들의 성향에 따라 일과 권력을 공유하는 정도가 다를 수 있다. 그러나 일단 인구밀도가 높아지고 공공 영역에서 정치 활동과 경제활동을 해야 하는 상황이 발생하자 여성 대부분은 가정에서 육아라는 중요한 일에 몰두하느라 시민 영역에서 권력을 잡기 어려웠을 것이다.

한편 지구 생명들을 계속 바꾼 기후도 변하고 있었다. BCE 10800년부터 BCE 9500년까지 갑작스럽게 지구 기온이 낮아진 영거드라이아스기가 지나자 BCE 8000년경 기후가 따뜻한 안정 상태가 찾아왔다. 그러다가 BCE 6000년경에 다시금 갑작스럽게 춥고 건조한 시기가 찾아왔고, 북반구 기후는 다시 습해졌다. 이후 전반적으로 기후가 건조해지기 시작했는데, 지구궤도 변화(「용어 설명」의 밀란코비치 주기 참고) 때문에 약해지면서 남쪽으로 밀려난 북반구 계절풍 기후대와 관련 있을 것이다. 전반적으로 건조한 추세가 이어지다가 수십 년에서 수백 년 동안 확연히 더 건조한 시기가 나타나곤 했다. 북대서양이 냉각되어 나타난 듯한 건조한 시기가 BCE 4000년경 찾아왔고, BCE 3000년경에도 나타났다.

최근의 기후변화 자료를 분석한 많은 전문가는 건조한 환경이 적어도 일부 도시, 국가, 문명이 출현한 원인 중 하나라고 주장한다. 더 나아가 주요 원인이었다고 주장하는 이도 있다. 기본적으로 문명은 기후변화에 적응한 형태라는 것이다. 문명은 불평등과 질병의 확산이라는 많은 비용을 치르지만 혜택도 많은 적응 형태다.

BCE 4000~BCE 3000년에 기후가 더 건조해져 작물에 필요한 강수량이 적어지자 고지대 주민들이 강에서 관개용수를 얻을 수 있는 저지대로 내려왔다. 강 유역의 인구가 급증하고 강바닥 토양의 농업 생산성이 증가한 이유 중 하나다.

도시와 국가의 출현에 기여한 요인은 많다. 오랜 기간에 걸쳐 생산성이 증가하고, 집단 학습의 힘으로 새로운 기술들이 창안되고, 기후변화에 대한 반응으로 인구밀도가 높아지면서 도시와 국가가 출현했다. 다음 절에서는 세계 최초의 도시 우루크와 최초의 국가로 보이는 수메르를 살펴보겠다. 도시와 국가의 출현에 영향을 미친 과정을 심사숙고할 수 있도록 자세히 살펴볼 것이다. 그다음에는 나일강 유역, 인더스강 유역, 중국 양쯔강과 황허강 유역뿐 아니라 아메리카, 사하라 이남 아프리카, 태평양 섬들에서 출현한 도시와 국가를 살펴본다.

최초의 도시 우루크, 최초의 국가 수메르

상상의 타임머신을 타고 시간을 BCE 3600년으로 맞춘 후 메소포타미아 남부로 가보자. 메소포타미아는 '두 강 사이에 긴 땅'이라는 뜻의 그리스어에서 나온 말이다. 두 강은 서쪽의 유프라테스강과 동쪽의 티그리스강이다. 각각 튀르키예의 쿠르데시산맥과, 튀르키예와 아르메니아에 걸쳐 있는 타우루스산맥에서 발원하여 현재의 이라크를 지나 페르시아만으로 흐른다(〈지도 6.1〉).

BCE 3600년 메소포타미아 남부 수메르의 환경은 세계 최초의 농경 문명이 출현하기에 적합하지 않아 보였다. 두 강은 페르시아만에 다다르면서 펼쳐져 삼각주를 이루었다. 대추야자와 포플러가 자랄 만한 축축한 평지와 물고기와 물새가 가득한 습지가 형성되었다. 강들이 없었다면 이 평지에 나무가 자라기는커녕 돌이나 광물질도 드물었을 것이다.

　　관개를 시작한 사람들은 수백 년간 퇴적된 비옥한 토양에서 밀, 보리, 리넨을 만드는 아마를 풍족하게 수확했다. 관개할 수 있는 땅 너머에는 양과 염소를 기를 수 있는 반(半)사막지대가 있었다. 그 너머는 사막과 산맥이었다. BCE 4000년부터 BCE 3000년까지 기후가 더 건조해졌다. 연 강수량은 평균 25cm에 못 미쳤고, 5월에서 10월까지는 비가 내리지 않았다. 수메르의 자원에는 진흙, 갈대, 곡물, 양, 대추야자, 포플러 그리고 사람이 포함되었다.

　　관개망을 갖춘 정착지가 점점 커진 이유는 이 지역이 사막에 에워싸여 있었기 때문이다. 사람들은 인근 지역으로 이주할 수 없었다. 기후가 점점 건조해지고 있었으니 더욱더 그러했다. 사람들은 목재, 돌, 금속, 보석 같은 자원들도 필요했기에 교역망을 발달시키기 시작했다. 리넨과 양탄자, 곡물, 토기를 제공하고, 오만이나 엘람의 구리, 아프가니스탄의 청금석, 곡물을 빻는 데 쓰는 아라비아의 단단한 돌, 시리아의 목재를 들여왔다.

우루크

　　우루크(Uruk)는 BCE 3000년 이전 유프라테스강 인근 수메르에서 출현한 최초의 도시다. 현재 유프라테스강은 원래보다 서쪽으로 약 16km 떨어진 곳에서 흐른다. 우루크는 수메르 지명인 우누그의 바빌로니아식 이름이다. 대다수의 고고학자는 우루크가 세계 최초의 진정한 도시라고 본다.

　　전성기의 우루크 유적은 556.5ha에 흩어져 있고, 101ha는 CE 1990년 국제연합(UN)이 이라크에 제재를 가하면서 발굴이 중단되었다. BCE 3500년의 우루크는 면적이 BCE 5세기의 아테네와 비슷했고, CE 100년의 로마의 절반에 해당했다. 인구는 약 1만 명으로 추정되며, 당시까지 존재한 공동체 중 인구밀도가 가장 높았다.

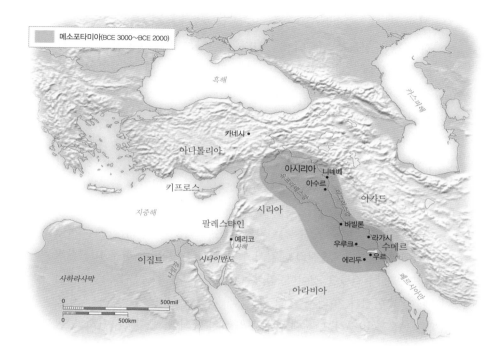

지도 6.1 BCE 3000~BCE 2000년의 초기 메소포타미아. 시간이 흐르면서 권력 중심지와 지명이 계속 바뀌었기 때문에 지명들이 혼란스럽다. **메소포타미아**는 두 강 사이의 비옥한 유역을 가리킨다. 현재의 이라크 전역과 튀르키예 남동부, 시리아 동부를 포함한다. 약 12개의 도시국가를 포함하는 **수메르**는 현재의 이라크 바그다드 남쪽에서 페르시아만에 걸친 두 강 사이에 인접한 지역이다. 남메소포타미아라고도 한다. 수메르의 주요 도시국가였던 **우루크**(구약성서에는 에레크. 현재는 와르카)는 현재의 바그다드에서 남쪽으로 약 240km 떨어져 있었다. **비옥한 초승달 지대**는 지중해 동부에서 북쪽까지 호를 그리며 뻗은 높은 지대. 동쪽으로는 튀르키예의 산맥과 이라크 북부, 남쪽으로는 티그리스강과 유프라테스강 동쪽의 높은 지대를 포함한 영역이다. **아카드**는 사르곤(재위 BCE 약 2334~BCE 2279)이 통합한 지역을 가리킨다. 메소포타미아 북부에 있었지만 수도 아카드의 위치는 아직 밝혀지지 않았다. 도시 **바빌론**은 현재의 바그다드 가까이에 있었다. 아카드와 수메르, 즉 메소포타미아 북부와 남부의 통합체를 가리키는 바빌로니아는 함무라비(BCE 약 1792~BCE 1750)를 비롯한 왕들이 건설했다. 훗날 **아시리아제국**은 티그리스강 유역 상류에 있던 니네베(현재의 모술)를 수도로 삼았다.

　　BCE 3500~BCE 3200년경 조성된 의식 행사장도 발굴되었다. 이런 곳들은 원래 어떤 목적으로 쓰였는지 정확히 알기 힘들다. 저장, 환영, 의례, 행사, 의사 결정 집회 장소로 쓰였을 수도 있다. 특이하게도 뜰과 마당이 계단식으로 조성되어 있다. 고고학자들은 으레 이러한 중심지가 신전이라고 판단한다. 백색신전(White Temple)이라는 작은 행사장은 하늘의 신이자 모든 신의 아버지 안(An)을 모시는 곳으로, 가부장적 권위를 상징했다. 안의 딸 이난나(Inanna)를 모시는 에안나복합신전(Eanna Complex)이라는 큰 행사장은 많은 건물로 이루어져 있었다. 이난나는 원래 창고의 신이었지만 나중에 하늘의 여왕이자 사랑의 여신이자 바빌로니아의 여신 이슈타르(Ishtar)와 동일시되었다. **기념 건축물**(monumental architecture)의 초기 사례인 백색신전은 높이 13m의 기단 위에 세워졌다. 신전 기단은 수백 년 동안 이어질 수메르 문화의 특징인 지구라트(ziggurat)(작은 신전이 있는 계단식 피라미드)의 원형이 되었다. 5장에서 살펴보았듯이, 모든 농경 문명의 특징인 거대 건축물은 강력한 지도자가 출현한 곳 어디서든 세워지는 듯하다(〈그림 6.1〉).

의식 행사장 건축은 일부 지도자가 숙련된 노동력을 지휘하고 조직했다는 의미다. 에안나복합신전을 짓기 위해 일꾼 1,500명이 하루 10시간씩 일했다면 5년이 걸렸을 것이다. 왕궁이라고 할 만한 건물은 BCE 3000년 이후에야 출현했다. 따라서 초기 '신전'과 관련된 사제들이 신전을 짓고, 수확한 공물을 저장하고, 신에게 제물을 바치는 의식 행사를 주관하고, 곡물을 균등하게 배분하고, 만일을 대비해 일부를 보관하는 일을 맡았을 것이다. 작황이 풍작이면, 사제들이 신에게 바친 노력이 인정받은 것이었다. 짧은 기간이나마 사제들이 종교적·정치적·경제적·군사적 권력을 휘둘렀을 수도 있다.

그림 6.1 우르의 지구라트(BCE 2100년경). 높이 솟은 이 신전은 기념 건축물의 탁월한 사례다. 메소포타미아 평지에 세워졌기에 먼 곳에서도 보였을 것이다. 왕들은 왜 이런 건축물을 세우곤 했을까?
(출처: ©gettyimagesBank)

구전되다가 문자가 발명된 후 기록된 최초의 신화에 따르면 초기 메소포타미아인은 자연의 힘을 경외했다. 메소포타미아인이 최초로 기록한 신화는 당시 사람들의 마음을 짐작할 수 있는 최초의 사례다. 메소포타미아인은 폭풍우, 강, 산, 태양, 바람, 불을 정령이나 에너지로 차 있는 살아 있는 존재라고 여겼다. 이들은 자연력을 인격화하여 신의 이름을 붙였다. 자연신들은 인간처럼 행동하지만 불멸의 존재였다. 메소포타미아인들은 신들과 의미 있는 관계를 맺기 위해 그렇게 생각했을 것이다. 사회에서 계층, 지위, 계급이 생겨남에 따라, 메소포타미아인들은 신들이 사회에서 가장 강한 최상위 계층이라고 여기기 시작했다. 물을 생명의 원천으로 중시한 이들은 맛 좋은 민물과 짠 바닷물의 혼합물에서 세계가 생겨났다고 믿었다. 이들은 민물과 바닷물에 남신과 여신의 이름을 붙였다. 신에 대한 초기의 개념이 발전하여 하늘의 신 안이 등장했고, 안은 여신 남무와의 사이에서 물의 신 엔키를 낳았다. 더 오래된 신화에는 남무가 남신 없이 스스로 자식을 낳는 원초적 존재로 등장한다. 후대의 문헌을 살펴보면 신들의 목록은 BCE 3500~BCE 3000년에 확립되어 있었다.

메소포타미아 도시들은 그곳에 머물며 도시를 보호하고 번영을 가져다줄 신을 끌어들이기 위해 특별한 신전이나 가문을 정했다. 마치 신이 신전에 사는 것처럼 내부에 거대한 신상을 세우고 입히고 음식을 바쳤다. 메소포타미아인은 신이 시중들 하인이 필요해서 인간을 창조했다고 믿었다. 이들이 보기에 신들은 제도, 사회적 행동 양식, 감정, 관청의 서명을 가리키는 메(me)도 창조했다. 세상만사가 순탄하게 돌아가려면 신들이 꼭 필요했다.

BCE 2500~BCE 2000년에 쓰인 찬가와 서사시에는 이 개념들에 관한 증거가 담겨 있다. 그 이전 시기의 증거는 우루크 에안나복합신전에서 나온 설화석고 꽃병이다. 와르카 꽃병(Warka vase)이라고 불리는 이 유물은 BCE 3200~BCE 3000년경의 것이다(〈그림 6.2〉 참고). 우루크는 사회적 결속을 강화하고 통치자의 권위를 정당화하는 데 종교를 활용했다. 각 지역의 종교는 통치자가 받아들여 퍼뜨리는 **국가 종교**(state religion)에 밀려났다.

초기 우루크의 농업 생산성은 토양이 비옥한 정도와 강물의 범람에 좌우되었다. 당시 사람들이 어떤 식으로든 관개를 했을 수도 있지만 증거에

그림 6.2 와르카 꽃병.
우루크 에안나복합신전 유적에서 발굴된 BCE 3200~BCE 3000년경의 설화석고 유물이다. 높이가 100cm이며, 4단의 얕은 돋을새김 조각으로 장식되어 있다.
맨 밑단에는 물을 상징하는 듯한 물결무늬가 새겨져 있다. 2단에는 아래층에 보리 이삭과 대추야자가, 위층에 암양과 숫양이 묘사되어 있다. 3단에는 머리를 말끔하게 면도한 남성들이 나체로 항아리나 그릇을 들고 행진하는 모습이 새겨져 있다. 맨 위 단에는 여신 이난나가 새겨져 있다. 약간 파손된 이 조각을 보면 이난나는 최고위 남성 관리를 뜻하는 서명인 EN으로 표시된 남성 사제–통치자가 주관하는 행사에서 공물을 받고 있다. 조각은 집단생활 속에서 맞닥뜨린 과제들을 자신 있게 해결하고 질서 있으며 잘 운영되는 세계를 보여준다. 이라크국립박물관이 소장하고 있었으나 2003년 미국이 이라크를 침공했을 때 혼란 속에서 약탈당했고, 나중에 회수되었다.
(출처: ©Osama Shukir Muhammed Amin FRCP/wikicommons)

따르면 국가 차원의 대규모 관개는 BCE 2999~BCE 2000년대에 출현했다. 그 무렵에는 더 이상 개인이나 소집단이 수계를 관리할 수 없었다. 정부 당국만이 일꾼들을 동원하고, 물을 나누어주고, 분쟁을 해결할 힘이 있었다.

우루크 인구는 BCE 3500년에 약 1만 명이었다가 BCE 3300년에 약 2만 명으로 빠르게 늘었고 BCE 3000년경에는 4만~5만 명이었던 듯하다. 전성기인 BCE 2500년에는 8만~10만 명이었을 것이다. 이 무렵 모든 수메르인의 80%는 10ha를 넘는 도시 중심부에 살고 있었다. BCE 3000년경이 되자 셈족의 이름을 지닌 많은 사람이 아라비아반도에서 수메르로 들어오기 시작했다. 아라비아반도의 기후가 건조해져 살 수 없어서 이주한 듯한데, 그 결과 수메르 인구는 더욱 많아졌다.

우루크에는 세 지역이 있었다. 벽으로 에워싸인 구역에는 신전, 왕궁(BCE 3000년 이후), 시민 거주지가 있었다. 그 바깥에는 농장, 방목지, 텃밭이 있었다. 그리고 다른 지역 상인들의 창고를 갖춘 상업 지역이 있었다. 성벽 안에 사는 이들은 농사가 아닌 다른 일을 했다. 직업은 서기, 사제, 관리, 제빵사, 요리사, 도공, 대장장이, 뱀 부리는 사람 등 다양했다.

BCE 3000년대 말 우루크에서 만들어진 표준 직업 목록이라는 점토판에는 100가지 직업이 나열되어 있다.

　　시간이 흐르면서 우루크에서는 마을이나 소도시에 존재했던 사회적 차별이 심해졌고 통치자와 성직자인 엘리트 계급이 출현했다. 사람들 대부분은 직업을 갖고 일하거나 자기 땅에서 농사짓는 자유민, 그리고 땅이 없어서 지주를 위해 일하는 종속민이었다. 자유민과 종속민 모두 당국이 요구하는 공납을 내고 노동력을 제공했다. 전쟁 포로, 유죄 판결을 받은 죄인, 많은 빚을 진 사람은 노예가 되었다. 노예는 대부분 부유한 가정에서 하인으로 일했다. 직업이 분화하고 각 가정에서 특정 유형의 노동이 사라지는 이 복잡한 경제구조는 5장에서 기술한 마을의 생활과 확연히 다른 최초의 도시적 생활 방식을 보여준다.

■ 왕의 출현과 왕궁

우루크 주민들은 시간이 갈수록 권력자 대신 사제들에게 더 많은 권력을 넘겨준 듯하다. 사제들이 곡물을 분배하고, 만일을 대비하여 잉여 농산물을 관리하고, 신에게 풍작을 기원했다. 땅이 없고 사제 같은 이들에게서 일자리를 구해야 했기에 주민들이 권력을 넘겼을 수도 있다. 사제들은 잉여 농산물을 축적하면서 공납을 부과하고, 소유한 땅을 더 늘리고, 직물 공방과 토기 대량생산 같은 국가사업을 결정하면서 권력을 키웠다. 이런 환경에서 어떻게 왕이 등장했을까?

　　다른 지역이 건조해져 난민들이 수메르로 밀려들자, 우루크 같은 도시는 습격자나 약탈자, 인근 도시로부터 곡물을 지켜야 했다. 시민들은 안전을 도모하기 위해 땅과 주거지를 성벽으로 에워쌌다. 안전을 지키려면 방어를 이끌 지도자가 필요했기에 전사 지도자가 출현했다.

　　우루크 초기 시대에 왕이 존재했다는 증거는 없다. 왕에 대한 가설 중 하나는 도시에 위급한 상황이 닥쳤을 때 사제들이 임시로 선정한 총괄 대표가 초기의 왕 노릇을 했다는 것이다. 통치자는 지속적으로 그 역할을 맡았고, 자리를 아들에게 물려주었다. 또한 친척들을 남녀 사제로 임명하여 종교계에 계속 영향력을 미쳤다. 통치자와 그 집안이 신전을 소유하게 되었을 수도 있다. 자연히 대부분 왕가의 일원인 귀족 계급이 출현했다. 호화로운 비종교 거주지인 왕궁이 최초로 세워진 시기는 BCE 2800~BCE 2600년이다. 이 무렵부터 왕의 지위가 세습되었다.

수메르에서 왕이 출현한 이유를 설명하는 또 다른 가설은 민주적 모형이다. 몇몇 초기 신화는 신이 일종의 위원회를 통해 각 도시를 다스렸다고 이야기한다. 아마도 초기 수메르인들이 민주적으로 도시를 다스린 방식을 원형으로 삼았을 것이다. 이 가설에 따르면 초기 위원회가 사제를 행정관이나 장군으로 뽑았고, 그중 누군가가 지위를 영구히 차지하는 법을 터득했다. 초기 지도자들이 합의적 권력에서 강압적 권력으로 넘어간 과정은 분명하지 않다.

문자로 쓰인 세계 최초의 문헌 『**길가메시 서사시**(Epic of Gilgamesh)』는 우루크의 5대 왕이었다는 영웅 길가메시에 관한 이야기다. BCE 2000년경 작성된 수메르 국왕 인명록에 따르면 BCE 2750년경에 길가메시라는 왕이 실제로 우루크를 통치했고, 인근 도시 키시와의 갈등을 해결했다고 한다. 그의 통치 이야기는 구전으로 계속 이어졌다. 현재 남아 있는 가장 오래된 문헌은 BCE 2100년경 작성되었다. 이 서사시에서 여신 닌순과 우루크의 고위 사제이자 통치자 사이에서 태어난 길가메시는 3분의 2는 신이고 3분의 1은 인간인 초인으로 묘사된다. 그에게는 야생의 사냥꾼이었다가 도시 주민이 된 엔키두라는 친구가 있다. 함께 신에게 도전한 두 사람은 자신들이 죽을 운명이라는 사실을 애통해하며 영생할 방법을 찾아 모험을 떠난다. 영웅의 여행을 담은 이 최초의 문헌에 따르면 길가메시는 훨씬 현명해져서 우루크로 돌아온다.

■ **의류**

직물이 발명되기 이전 시대 사람들은 온기가 필요하면 동물 가죽을 입었다. 메소포타미아에서 양과 염소를 길들인 사람들은 양과 염소의 가죽을 몸에 둘렀다. 남성은 치마처럼 허리에 둘렀고, 여성은 긴 겉옷처럼 입었다.

최초로 농경이 출현한 시기에 지중해 동쪽 끝자락의 농경민들이 잎의 색깔이 짙고 꽃은 옅은 파란색이며 높고 가늘게 자라는 아마를 길들였다. 사람들은 높이 약 1.2m까지 자라는 아마의 줄기로 리넨이라는 섬유를 만드는 법을 알아냈다. 먼저 아마에 물을 주고 잡초를 뽑으면서 키운 다음 수확하여 말려야 한다. 말린 줄기를 물에 담그면 부드러운 부위는 썩어서 사라지고 섬유만 남는다. 그 섬유를 침으로 적시면서 꼬아야 하는데, 침 속의 효소가 셀룰로오스를 약간 분해하기 때문이다. 그다음 섬유를 실로 자아서 직물을 짠다. 모든 과정을 거쳐 한 사람이 1년 동안 입을 옷을 만드는 데 약 57일이 걸렸다!

아마를 리넨으로 만드는 과정이 무척 힘들었기 때문에 우루크에서는 사제와 신의 조각상만 리넨을 입었다. 양털로 실을 자은 다음 엮거나 짜서 모직물로 만드는 것은 그보다 쉬웠다. 털이 더 수북한 양을 선택적으로 교배한 사람들은 양 100마리로 연간 40명이 입을 옷을 만들 수 있었다. 우루크의 의복 디자인을 보면 남성은 무릎 아래까지 내려오는 모직 치마를 입었다. 아마도 여름에는 그리 편하지 않았을 것이다. 국가가 발전하면서 아마와 양털에 대한 통제권은 가정의 여성에게서 국가로 넘어갔다. 공납(「용어 설명」 참고) 부과 때문에 가난한 가정에서는 빚을 갚기 위해 수천 명이 일하는 도시의 직물 공방에서 노예로 일하도록 여성을 보내야 했을 수도 있다.

■ 문자

BCE 3500년경 작성된 세계 최초의 문헌은 우루크의 에안나복합신전에서 발굴되었다. 나중에 기록된 문헌들은 시리아에서 이란에 이르는 지역들에서 발굴되었다. 우리에게는 다행스럽게도, 수메르인들은 갈대 막대로 축축한 진흙판을 눌러서 글을 썼다. 시간이 흐르면서 단단하게 굳는 진흙판은 오랜 세월을 살아남았다.

반면 이집트인은 파피루스, 중국인은 대나무, 어떤 사람들은 나무껍질이나 나무에 글을 썼다. 이 물질들은 사라지기 쉽기 때문에 수메르 **쐐기문자(cuneiform)**와 달리 문자가 오랜 세월 동안 어떻게 발전했는지 보여주는 흔적을 찾을 수 없다. 우루크에서 문자가 나타난 이유는 도시 통치자의 창고와 농장에 들어오고 나가는 곡물, 양, 소를 파악할 필요가 있었기 때문이다. 우루크에서 발견된 가장 오래된 점토판 중 85%는 사람이나 신전이 옮긴 물품, 식량, 동물에 관한 기록이다. 나머지 15%도 관리, 물품, 동물에 관한 목록이다.

문자는 오랜 세월에 걸쳐 서서히 진화했다. 일찍이 BCE 7500년에 우루크 인근의 농경민들은 공깃돌만 한 점토 물표(token)로 개별 물품을 나타냈다. 원뿔 모양은 곡물 한 바구니, 원통 모양은 양 한 마리를 뜻했다. 시간이 흐르면서 점토 물표에 동물의 머리 등 선과 그림이 새겨지면서 복잡해졌다. 기름, 꿀, 맥주, 천, 곡물을 가리키는 물표도 있었다.

같은 시기에 사람들은 물품 포장이 파손되지 않았음을 보증하는 원통형 봉인도 사용했다. 포장에 축축한 점토를 붙인 뒤 개인의 서명을 새긴 점토나 돌 봉인을 대고 굴렸다. 누군가가 포장을 부수고 물품을 빼내려면 봉인을 파손해야 했다.

처음에는 사람들이 점토 물표와 원통 봉인에 대상을 그린 그림을 서명으로 사용했다. 즉, 구어를 표현한 것이 아니라 대상 자체만 그림문자로 표현했다. 그래서 이들은 수메르에서 쓰이는 2가지 언어를 모두 읽을 수 있었다. 살아 있거나 죽은 어떤 언어와도 밀접하지 않은 수메르어와 아카드어였다. 아카드어는 셈족 계통 언어로 히브리어 및 아람어와 관련 있다. 현재 남아 있는 우루크 초기 점토판에는 약 1,200가지의 서명이 표시되어 있다.

국가가 발전함에 따라 행정관들이 여러 개의 물표를 하나의 둥근 점토 포장 안에 넣고 봉인하여 누구도 건드리지 못하게 만드는 방법을 개발했다. 처음에는 안에 어떤 물표가 있는지 나타내기 위해 포장에 그림을 새겼다. 추상적인 숫자 개념이 아직 없었기 때문이다. 그러다가 누군가가 굳이 물표 자체를 넣을 필요 없이 포장을 납작한 판으로 만들고 물품의 그림을 새기면 충분하다는 것을 깨달았다.

BCE 3100년경에는 역사상 처음으로 추상적 숫자가 출현했다. 물품을 나타내는 그림문자와 함께 사용된 최초의 숫자 기호는 다음과 같았다. 작은 쐐기는 1, 작은 원은 10을 뜻했다. 그리고 커다란 쐐기는 60, 안에 원이 들어 있는 커다란 쐐기는 600, 커다란 원은 3,600을 뜻했다. 따라서 작은 쐐기 3개와 작은 원 3개는 33을 뜻했다. 물품을 33개 새기는 것보다 간편했다. 한편 작은 개수를 다루는 사람들은 양이나 곡물의 출납을 나타낼 때 쓰던 물표를 계속 사용했다. 문자가 발명된 지 약 2,000년이 지난 BCE 1600년경까지도 물표가 쓰였다.

최초의 그림문자는 개념을 나타내는 기호로 개발되었다. 예를 들어 발에 관한 그림은 '서다'나 '걷다'라는 개념을 나타낼 수도 있었다. 수메르어에는 하나의 모음 소리를 지닌 단음절 단어가 많았다. 예를 들어 '아(a)'라는 문자는 물을 뜻했다. 따라서 '아'라는 소리를 나타내는 것일 수도 있었던 물에 관한 그림은 그 음소로 시작하는 사람의 이름을 적을 때 쓰였다.

사람들이 습지에서 잘라낸 갈대 줄기로 문자를 쓰면서 필기도구도 진화했다. 갈대 줄기의 끝을 비스듬하게 자르면 다양한 모양이 나타나는데, 그중 쐐기 모양이 쓰였다. 그래서 수메르 문자를 쐐기문자라고 한다.

BCE 3300~BCE 3200년경 우루크의 서기들이 함께 일하면서 문자가 회계 수단에서 소리, 음절, 개념, 물리적 대상을 나타내는 기호들을 복잡하게 조합한 진정한 문자로 넘어가는 단계가 빨라졌을 가능성이 크다. 반면 천천히 변화하다가 BCE 2500년경 현대적 의미의 진정한 문학이라고 할 수 있는 텍스트가 나오기 시작했다는 의견도 제기되었다. 최초의 문학 작품 중에는 주술, 찬가, 초인 서사시, 장송곡도 있었다. 기록으로서의 역사는 BCE 2700년경에 시작되었다고 추정된다.

인류 사회가 문자를 발명하자 모든 측면이 빠르게 정교해졌다. 사회 전체가 지식을 기록하고 보존하면서 집단 학습이 빨라졌다. 메소포타미아에서는 문해력이 급격한 지식의 팽창으로 이어졌고 특히 천문학(달력)과 수학(셈하기) 분야가 발전했다. 수메르인들은 10진법과 60진법을 뒤섞은 수 체계를 썼다. 동물 같은 개별 대상을 셀 때는 10진법, 곡물을 셀 때는 60진법을 썼다. 60을 11가지 방법으로 나눌 수 있기 때문이었을 것이다. 1년을 12개월로 나누고, 하루를 24시간으로, 1시간을 60분으로, 1분을 60초로 나누는 달력도 고안했다. 또 원을 360°로 나누었다. 무척 친숙하지 않은가? 그리스 수학자들은 바빌로니아를 통해 수메르의 수 개념을 들여옴으로써, 이 성공적인 문화적 관습이 서구 문명과 현대 세계로 퍼지는 데 기여했다.

시리아에서 이란 남서부 엘람에 이르는 넓은 지역의 사람들은 수메르 쐐기문자로 몇 가지 언어를 기록했다. 수메르의 국력이 쇠락한 뒤에도 외교 문서에 널리 사용했고, BCE 7~BCE 6세기에야 아람어가 그 자리를 대신했다. 보수적인 사제와 학자는 CE 1세기까지 계속 사용했다.

수메르와 우루크

BCE 3600~BCE 3100년의 500년 동안 우루크 주민들은 직업 분화, 강압하고 보호하는 제도, 거대한 신전과 왕궁, 국가 종교, 회계 방식으로서의 문자 등을 통해 도시와 수메르 지역 국가의 발전을 주도했다. 유일하게 큰 도시였던 우루크의 인공물들은 메소포타미아 전역과 시리아 북부, 레바논, 팔레스타인, 오만에서 아나톨리아(튀르키예)와 이란까지 퍼졌다. 우루크가 폭넓게 교역했다는 증거다.

이 놀라운 발명의 시기는 BCE 3100년경에 끝났다. 여러 유적지에서 우루크의 문화 유물이 더 이상 나오지 않는다는 사실로 알 수 있다. 수메르 전역에서 새로운 도시 중심지가 발전함에 따라 우루크의 신흥 관료 제도가 국지적 수준으로 퇴보한 듯하다. 새로운 도시들은 우루크의 사회제도를 채택했지만 자체적으로 영토와 물을 지배했고 모시는 신도 각각 달랐다. BCE 3000년경의 우루크는 메소포타미아 남부의 12개 도시 중 하나에 불과했다. 에리두, 우르, 라시, 니푸르, 움마, 키시 등의 도시를 통치한 왕들은 각각 자신에게 절대 권력이 있다고 주장했지만 신성을 지녔다고 주장하지는 않았다. 처음으로 자신이 신성을 지녔다고 주장한 왕은 BCE 2254~BCE 2218년에 아카드를 통치한 나람신이다. 각 도시의 신전은 경작지의 약 3분의 1을 소유했다고 추정된다. 왕가가 얼마나 많은 땅을 소유했는지는 정확하지 않지만 3분의 1 정도였던 듯하다.

■ 전쟁과 군대

수메르인들은 적어도 BCE 4000년 전부터 **전쟁**(warfare)을 벌였다. 지금까지 발굴된 원통 봉인 중 가장 오래된 것에는 전투 장면과 전쟁 포로가 묘사되어 있다. 길가메시 이후 우루크를 통치한 7명의 왕은 많은 전쟁을 벌였다. 그러다가 BCE 2560년에 우르의 왕이 우루크 왕과의 전쟁에서 승리했고 이후 200년 동안 수메르 도시의 주민들은 땅과 물을 이용하고 통제할 권리를 놓고 전쟁을 치렀다. 이 시기에 수메르 왕들은 금속 투구, 세분화한 무기, 군복을 갖춘 직업 군대를 운용했다. 일부 군인은 당나귀가 끄는 네 바퀴 전차를 타고 싸웠지만, 대부분은 긴 창으로 무장한 보병이었다. 군사적 충돌이 계속 이어졌기에 영토를 지키고 정치를 좌우하는 군사 지도자가 등장하는 것도 당연했다. 직업군인은 자신과 가족을 부양할 토지를 받았다.

캐런 네메트네자트(Karen Nemet-Nejat)가 『고대 메소포타미아의 일상생활(Daily Life in Ancient Mesopotamia)』에서 묘사했듯, 수메르 도시의 생활수준은 간신히 생계를 유지하는 정도까지 낮아지곤 했다. 왕과 군대가 다른 도시를 정복하여 약탈물과 공물을 병사와 관료에게 분배할 때만 번영을 누렸다. 그때마다 신전과 왕궁도 부유해졌고 사치품 수입도 가능해졌다. 그러나 번영은 짧게 지속되었고 주민들은 침입하는 적과 약탈자에게 시달리며 무너져가는 도시에서 살아야 했다.

아카드의 사르곤(재위 BCE 2334~BCE 2279)은 우루크의 성벽을 무너뜨리고 수메르 전역을 정복한 후 유프라테스강의 수원까지 차지하면서 티그리스-유프라테스강 유역에 최초로 제국을 세웠다. 하지만 사르곤의 제국은 100년도 못 가서 무너졌다. 원인은 무엇이었을까? 현재까지 알 수 있는 것은 BCE 2250년경 유례없는 건기가 찾아왔다는 사실이다. 연구자들이 메소포타미아 북부 텔레일란 유적지에서 채취한 토양 표본을 조사한 결과에 따르면 당시 바람에 휩쓸린 먼지가 많았고 강수량이 크게 줄었다. 이곳은 갑작스럽게 버려졌다가 300년 뒤에야 다시 사람들이 살기 시작했다.

가뭄이 찾아온 수메르는 토양의 염도가 높아지면서 농업 생산성이 낮아졌다. 관개 때문에 토양이 물에 잠기면 염분이 지표면으로 올라온다. 밀은 0.5% 정도의 염도를 견디지만, 보리는 이보다 2배 높은 염도에서도 자랄 수 있다. 밀의 생장률 저하를 살펴보면 당시의 염류화를 추론할 수 있다. BCE 3500년경 수메르에서 재배하는 곡물의 절반이 밀이었지만 BCE 2500년경에는 그 비율이 15%에 불과했다. BCE 2400~BCE 2100년에 작물의 총수확량은 40%가 줄었고, BCE 1700년경에는 66%까지 떨어졌다. 이후 수메르는 다른 제국들의 가난한 시골 수준으로 쇠락했다. BCE 2400~BCE 2000년의 수메르 기록들에는 지나친 관개 때문에 토양이 염류화하고 비옥도가 낮아졌다고 언급되어 있다. 즉, 사람들은 무슨 일이 벌어지는지 알고 있었다. 복잡한 사회들은 4,000년 넘게 환경을 과도하게 이용하지 않는 장기적 지속 가능성이라는 문제에 매달려왔다.

우루크를 비롯한 수메르 지역 사람들은 식량 공급과 후손을 대폭 늘린 관개와 문자 등의 기술들을 창안했다. 그러나 토양과 기후의 한계에 맞닥뜨리자 이 혁신들도 인구 감소를 막을 수 없었고, 팽창 시기가 지나자 인구가 급격히 줄어들었다. 인류 역사에서 흔한 이 현상을 **맬서스 주기**(Malthusian cycle)라고 한다. 영국의 목사이자 경제학자 토머스 맬서스(Thomas Malthus)의 이름에서 따온 명칭이다. 19세기 초에 그는 인구가 식량 공급량보다 훨씬 빠르게 증가하므로 기근 때문에 인구가 급감하는 시기가 온다고 주장했다. 3장에서 말했듯이 그는 다윈의 사상에 영향을 미쳤다. 맬서스 주기는 뒤에서 다시 이야기할 것이다.

다른 지역의 도시와 국가

최초로 도시를 건설한 이들은 우루크 주민들이지만, 그들만이 도시를 발명한 것은 아니다. 사람들을 강 유역으로 내몬 건조해지는 기후, 쟁기질과 관개에 토대한 농업 생산성 증가, 범람원의 비옥한 토양, 성공적인 번식과 이주에 따른 인구밀도 증가 등의 힘은 비슷한 위도대에서 다른 도시들이 독자적으로 출현하는 데도 영향을 미쳤다. 나일강 유역과 인더스강 유역에도 도시들이 형성되었다. 예전의 통설과 달리, 오늘날 대부분의 학자들은 도시들이 확산을 통해서가 아니라 독자적으로 생겨났다고 주장하지만 이 이론도 새로운 발견으로 뒤집힐 수 있다.

나일강 유역의 이집트와 누비아

우루크 주민들이 국가를 발명한 지 수백 년 뒤인 BCE 3100년경 이집트에서 왕조 체제가 시작되었다. 얼마 전까지 학자들은 고대 이집트를 '도시 없는 문명'으로 여겼지만, 많은 지역을 발굴한 지금은 우루크가 도시로 성장할 무렵 이미 주요 도시 중심지들이 존재했을 것이라고 생각한다. 이 중심지들이 메소포타미아의 중심지만큼 컸는지는 정확하지 않다.

BCE 9000년경 사하라사막은 지금보다 기온이 낮고 강수량이 많았다.

호수와 하천이 있는 초원에서 인류와 야생 소가 먹을 야생 곡류가 자랐다. 그 뒤로 4,000년 사이에 초원 지대 사람들은 소를 길들였고 수수, 박, 수박, 목화를 독자적으로 재배하기 시작했다. 메소포타미아에서 양과 염소도 들여왔다. 이 가축들은 이집트 지역 사람들이 이미 길들인 작은 양과 소를 대체한 듯하다. BCE 5000년경에는 도시가 아니라 혈통으로 대물림되는 군장이 이끄는 번성하는 마을에 토대한 군장 사회가 초원 곳곳에서 발달한 상태였다. 군장들은 스스로를 신이나 반신으로 여겼다.

기후가 건조해지면서 사하라가 사막이 되자 사람과 동물은 남쪽의 차드호 주위, 그리고 수원지인 빅토리아호에서 북쪽으로 흐르는 나일강 유역으로 내몰렸다. 이윽고 나일강을 따라 두 지역이 번성했다. 두 지역 사이는 물살이 빠르고 폭포 때문에 항해할 수 없는 6개의 급류 지대가 가로막고 있었다(〈지도 6.2〉). 한 지역인 이집트는 지중해에서 약 1,130km 떨어진 아스완 인근 제1 급류 지대를 끼고 있었다. 다른 한 지역인 쿠시는 제6 급류 지대를 끼고 있었다. 지금의 수단 북부를 포함하고 있었던 이곳은 CE 4세기 이후 **누비아**(Nubia)로 불렸다.

나일강 유역으로 이주하기 시작한 사람들은 토양이 무척 비옥하고, 해마다 작물에 물이 필요한 계절에 맞추어 강물이 범람한다는 것을 알아차렸다. 처음에는 관개가 필요 없었겠지만 인구가 빠르게 늘면서 범람원 너머까지 경작지가 확대되었다. 사람들은 관개용수를 저장할 집수 구역을 만들고 관개수로를 파야 했다. BCE 4000년경에는 지중해 연안에서 제4 급류 지대까지 해안을 따라 마을들이 번성했고, 이들은 정기적으로 교역하고 협력하며 관개망을 구축했다. 나일강이 해마다 범람하면서 염분을 씻어낸 덕분에 이집트는 토양 염류화를 겪지 않았다.

BCE 3500년경 사하라 전역에서 갑자기 강수량이 줄어들자 이집트와 누비아 전역의 마을들은 규모가 더 크고 행정 기능을 갖춘 작은 군장 사회로 변신했다. 하지만 커다란 중심 도시는 아직 없었다. 각 지역의 왕들은 전임자를 매장할 때 하인들을 희생시키는 등 전통적인 방식으로 통치했다. 최근 콥토스, 나카다, 아비도스 등 상(上)나일의 정착지들을 발굴한 학자들은 그동안 알려진 것보다 인구가 많았다는 사실을 밝혀냈다. 이에 따라 큰 도시가 존재했을 가능성도 제기되었다.

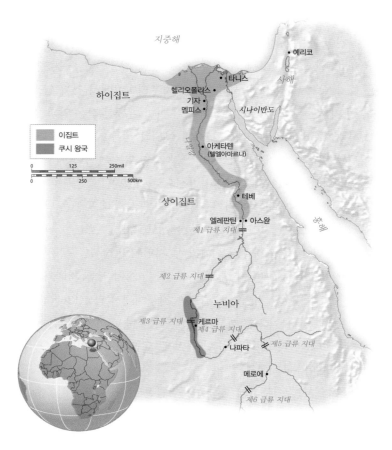

지도 6.2 나일강 유역(BCE 3000~BCE 2000). 이집트가 쿠시보다 얼마나 컸는지 알 수 있다. 이집트에는 어떤 지리적 이점이 있었을까?

■ 통일

BCE 3500년 이후에는 기후가 더 건조해지면서 정치적·경제적 경쟁이 심해졌다. BCE 3400년부터 BCE 3200년까지 누비아를 통치한 타세티 왕조는 영토를 제1 급류 지대 북부까지 확장했다. 누비아인보다 더 비옥한 땅에 살던 이집트인은 맞서 싸웠고 결국 상이집트의 중심지 나카다, 히에라콘폴리스, 아비도스를 통합했다. 전설에 따르면 BCE 3100~BCE 3000년경 메네스 또는 나르메르라는 지도자가 삼각주의 하이집트와 제1 급류 지대의 상이집트를 통합했다고 한다. 단지와 봉인, 꼬리표에 새겨진 첫 왕조왕들의 이름은 국가 공납 체계가 확립되고 국가 통치 체제가 존재했다는 증거다. 이 시기 이집트에서 가장 큰 도시였던 상이집트(남부)의 히에라콘 폴리스는 인구가 약 1만 명이었다. 통일을 촉진하기 위해 메네스는 현재의 카이로 인근인 삼각주의 꼭대기 지점에 멤피스라는 도시를 세웠다. 삼각주에서 제1 급류 지대에 이르는 표준화한 물질문화와 부장품을 보면 당시 이집트는 부가 극단적으로 양극화되어 있었다. 나일강에 배를 띄우면 일주일이면 지중해까지 갈 수 있었고, 바람이 주로 남쪽으로 불기 때문에 거꾸로 돛을 펼쳐서 강을 거슬러 올라올 수도 있었다.

■ 종교 신앙

이집트는 초기 농경 사회의 전통에 따라 왕가가 신성하다는 개념을 일찍이 확립했다. 왕은 공식적으로 지상에 살고 있는 신이었다. 사람들은 '지고한 신' 호루스와 그의 상징인 황금 매를 왕과 연관 지었다. 왕의 역할은 창조의 균형을 유지하고 세계가 본래 창조된 대로 제 기능을 하도록 관리하는 것이었다. 현명하고 훌륭한 왕이 전통을 잇고 안정과 번영을 이루는 것이 이집트의 통치 이념이었다.

이집트의 도덕은 보편적 균형을 존중했고, 이 균형이 인격화한 존재는 여신 마트였다. 벌거벗은 사춘기 소녀의 모습인 마트는 혼돈의 반대편에 있는 균형, 질서, 진리를 대변했다. 해마다 같은 시기에 범람하는 나일강을 본 이집트인들은 신이 세상을 안정적으로 유지한다는 확신과 안도감을 얻었다.

메소포타미아인은 인간이 죽으면 어둠이 영원히 이어지는 먼지의 집에서 희미하고 창백한 유령처럼 존재한다고 생각한 반면 이집트인은 사후에도 현생의 삶을 이어간다고 믿었다. 이 믿음을 토대로 이집트인은 뜨겁고 건조한 기후 조건에 어울리는 미라 제작법을 개발했다. 이집트 왕인 파라오는 시신을 보호하여 사후의 삶을 보장할 수 있도록 정교한 무덤을 짓는 데 열성을 쏟았다. BCE 2650년경 제3왕조의 초대 파라오 조세르는 세계 최초의 거대 석조 건축물인 계단식 피라미드를 사카라에 세웠다. 약 75년 후부터 파라오들은 3대에 걸쳐 가장 큰 피라미드를 세웠다. 오늘날 카이로 인근 기자에 있는 피라미드들 중 가장 큰 쿠푸왕의 대피라미드는 석회암 덩어리 230만 개로 지었다. 덩어리 하나의 평균 무게가 2.3t이고 가장 무거운 것은 13.6t에 달하는 피라미드를 지으려면 국가 행정력이 필요했다. 학자들은 8만 4000명이 연간 80일씩 일해서 20년에 걸쳐 지었다고 추정한다. 기술자, 감독자, 요리사, 가족은 제외한 숫자다.

1년이 365일인 이집트의 달력은 1개월을 30일로 정하고 10일씩 3주로 나누었다. 1년 중 5일은 가장 중요한 신들을 모시는 날이었다.

■ 문자

무덤은 초기 이집트의 모습을 엿볼 수 있는 중요한 곳이다. BCE 3100년 이전에 만들어진 듯한 무덤에서 발견된 꼬리표는 이집트 문명의 문자 기록에 관한 최초의 유물이다. 메소포타미아인과 마찬가지로, 이집트인들은 회계 작업에 필요해서 글을 쓰기 시작했다. BCE 3100년경 메네스의 시대에는 이집트인들이 특유의 문자를 사용하고 있었다. 이 문자가 어떻게 발전했는지는 거의 알려지지 않았지만, 메소포타미아보다 먼저 문자가 나타났음을 시사하는 유물이 최근 아비도스에서 발견되었다.

이집트인도 처음에는 단순한 그림문자를 썼지만, 곧 소리와 생각을 나타내는 기호를 덧붙이기 시작하여 수천 가지 기호를 만들었다. 이집트인은 신전을 비롯한 건물들을 문자로 장식했다. 그리스에서 온 방문자들은 그 문자를 **신성문자**(hieroglyph)라고 불렀다. 이집트인들은 파피루스에도 문자를 적었다. 파피루스는 나일강에 무성하게 자라는 풀인 파피루스의 줄기를 납작하게 펴서 이어 붙여 만든다. 파피루스 기록은 뜨겁고 건조한 기후 덕분에 살아남았다.

BCE 2800~BCE 2600년경에는 파피루스에 적기 위해 단순해진 흘림체인 '신관문자(hieratic)'라는 상형문자가 나왔고, 나중에는 '민중문자(demotic)'라는 단순하고 통속적인 문자도 개발되었다. 「직업에 대한 풍자(The Satire of Trades)」라는 짧은 작품을 보면 이집트 서기는 많은 특권을 누렸다. 이 작품에서 서기인 아버지는 다른 직업은 모두 나름의 골치 아픈 일들이 있으니 열심히 공부해서 서기가 되라고 아들을 훈계한다(7장 참고). 특권을 누린 서기들은 메소포타미아인과 달리 다양하고 풍성한 문학 전통을 일구지 않았다.

이집트 상형문자는 4세기까지 쓰이다가 아라비아 문자로 대체되었고,

사람들은 이 문자를 읽는 법을
잊었다. 세월이 흐른 CE 1824년
프랑스인 장프랑수아 샹폴리옹
(Jean-Francois Champollion)이 로제
타석을 해독하기 전까지 이집트
상형문자는 사람들의 뇌리에서
사라져 있었다(〈그림 6.3〉).

누비아인도 이집트 상형문자
를 썼지만 이윽고 자신들의 언어
인 메로에어(Meroitic)를 위한 문
자로 기호를 변형했다. 메로에어
란 이름은 수도 메로에(현재의 수
단 베그라위야)에서 유래했다. 이
문자가 새겨진 유적과 유물이 남
아 있지만 다른 어떤 언어와도
다르기 때문에 학자들이 해독하
지 못하고 있다.

그림 6.3 로제타석. 1799년 알렉산드리아 근처 소도시 로제타
(라시드)에서 나폴레옹 군대가 발견한 검고 모양이 불규칙한
현무암 비석이다. 13세의 프톨레마이오스 5세에게 사제가 바
치는 송덕문이 신성문자, 민중문자, 그리스어 3가지 문자로 새
겨져 있다. 장프랑수아 샹폴리옹이 이들을 비교하여 신성문자
를 해독했다. (출처: ©Hans Hillewaert/wikicommons)

■ 교역과 교류

이집트인이 문자를 만들 때 수메르 문자를 어떤 식으로든 빌려 왔을까?
언어도 문자도 비슷한 점이 거의 없기 때문에 이집트 문자가 독자적으로
발전했을 가능성이 높다. 이집트는 일찍부터 수메르와 교류했다. 정확한
교역로는 밝혀지지 않았지만, BCE 3500~BCE 3000년경 메소포타미아 양
식의 건축 장식과 원통 봉인이 이집트 삼각주에서 발굴되었다.

이집트와 그곳 남쪽의 교역은 추적하기가 쉽다. 금, 상아, 흑단, 보석은
누비아에서만 구할 수 있었기 때문에, 이집트인들은 그 교역로를 장악하려
했다. BCE 3100~BCE 2600년에 이집트 왕들은 적어도 5차례 누비아로 군
대를 보냈다. BCE 3000년부터 BCE 2400년 사이에 이집트 군대는 제1 급
류 지대와 제2 급류 지대 사이의 땅을 정복했다. 누비아 지도자들은 BCE
2500년경에 제3 급류 지대에 있는 수도 케르마를 중심으로 쿠시라는 강력

한 왕국을 세웠다. 두 나라의 교류가 이어지자 누비아 남성들 중 일부는 이집트 군대에서 두각을 나타내고 이집트 여성과 혼인하여 이집트 사회에 동화되었다.

■ 쇠퇴

BCE 2200년경부터 약 2세기 동안 이집트는 가뭄과 강물 수위가 낮아지는 현상을 겪었다. 나일강 유역 사람들이 기근에 시달리자 왕의 중앙 권력이 약해지면서 지역 족장들의 힘이 강해졌다. 시리아를 통한 교역도 쇠퇴하고 이웃들의 침략이 빈번해지면서 맬서스 주기가 이집트 문명의 안정성을 잠시 무너뜨렸다. 이집트는 BCE 2020년경 다시 통일된 후 이어지다가 BCE 332년 알렉산드로스대왕에게 정복당했다.

최근에는 고대 이집트인의 피부색에 관한 관심이 커지고 있다. 그들의 피부는 어떤 색깔이었을까? 미국인들은 피부가 검은 아프리카인이 아니라 팔레스타인과 시리아에서 온 셈족으로 이집트인을 인식해왔다. 그러다가 1980년대 중반에 고대 이집트인들 대부분이 아프리카 흑인이었다는 주장이 나왔다. BCE 제1천년기 초의 약 100년 동안 모두 흑인인 누비아인들이 파라오가 되었으니 수정이 필요했지만, 이 주장도 과장된 부분이 있다.

이 문제를 살펴본 학자들은 이집트가 아프리카와 아시아를 잇는 다리였기에 인종적으로 독특했을 것이라고 결론지었다. 이집트인들의 피부색과 머리 모양은 무척 다양했다. 이집트인들이 스스로를 묘사한 자료를 보면 피부색이 짙은 아프리카인과 옅은 아시아인의 중간이다. 초기 이집트의 법률은 이민을 막지 않아서 누비아인뿐 아니라 셈족도 들어왔다. 이집트인은 민족적 차이를 인식하면서도 용인했고, 이민자가 문화적으로 자신들처럼 행동하는지 여부에 더 관심을 기울인 듯하다.

인더스강 유역

인더스강은 힌두쿠시산맥과 히말라야산맥에서 시작되어 드넓은 범람원으로 흘러내린다. 때로는 물줄기를 벗어나 새로운 물줄기를 깎아내며 흐르기도 한다. 예전에는 사라스바티강(가가르하크라강)도 있었는데, 산맥

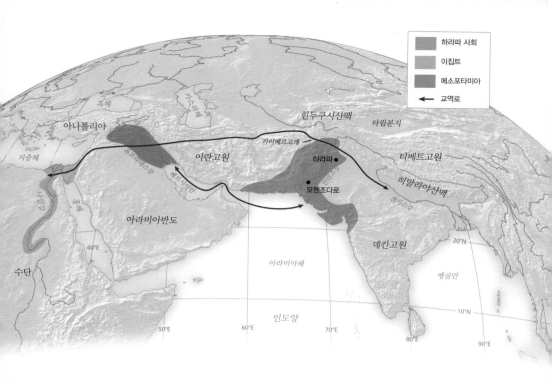

지도 6.3 인더스 문명(BCE 2000년경). 인더스 문명과 메소포타미아 문명, 이집트 문명의 크기를 비교해 보자. 어떤 조건과 기술에 힘입어 인더스와 메소포타미아가 교역할 수 있었을까?

에 지진이 일어나 인더스로 흘러드는 지류들이 막히면서 말라버렸다. 두 강의 고대 범람원은 파키스탄의 몇몇 지역과 북인도의 넓은 지역을 덮어서 메소포타미아와 이집트를 합한 것보다도 광활했다. 범람원이 대개 그렇듯이, 인더스강의 범람원도 고지대, 사막, 바다로 둘러싸인 풍족한 경작지가 되었다(〈지도 6.3〉).

인더스강 유역의 도시와 문명이 생겨난 과정은 다른 지역들에 비해 적게 알려져 있다. 초창기 유적들이 지금은 물에 잠겨 있기 때문이다. 실트가 쌓이면서 지면이 상승함에 따라 수위도 올라갔기 때문에 현재는 BCE 2500년경의 유적지까지만 접근할 수 있다. 당시에는 이미 도시 구조가 확립되어 있었는데, 그 이전의 발전 과정은 알아낼 방법이 없을 듯하다. 인더스 유역의 문자가 해독되지 않았다는 사실도 문제다. 지금까지 약 400개의 기호가 새겨진 점토 봉인, 구리판 등의 유물 수천 점이 발굴되었다. 그중에는 BCE 3000년의 것도 있지만 지금은 잊힌 언어여서 학자들의 견해가 엇갈린다. 새겨진 글 중 문자가 26개를 넘는 것은 없다. 로제타석처럼 다른 문자와 함께 새겨진 유물도 발견된 적이 없다. 많은 학자가 노력하고 있지만, 대부분은 이 언어를 해독할 가능성이 낮다고 본다.

BCE 7000년경 인더스강 유역에는 농경 문명이 자리 잡고 있었다. 메소포타미아의 영향을 받았기 때문이겠지만, 파키스탄 발루치스탄과 인근 고지대에서는 밀을 제외하고 초기에 길들인 작물들의 야생형이 모두 발견된다. 인더스 농경민들은 가을에 넘친 물이 빠지면 보리, 렌틸콩, 기장, 그리고 나중에 들어온 밀을 심었다가 봄에 수확했다. 소, 물소, 양, 염소, 닭도 길렀다. 또한 BCE 5000년 이전에 다른 문명보다 먼저 목화를 재배했다.

BCE 3200년경에는 북인도의 히말라야산맥 자락인 하라파와 남쪽으로 400km 떨어진 모헨조다로에서 첫 도시가 형성되었다. BCE 3999~BCE 3000년 사이에 기후가 점점 건조해지자 인도아대륙 사람들도 메소포타미아와 이집트의 사람들처럼 강 유역으로 몰려들었을 가능성이 크다. 이후 도시화가 급격히 진행되어 인구가 BCE 3000년에서 BCE 2600년 사이에 3배로 증가했다고 추정된다.

모헨조다로의 인구는 전성기인 BCE 2500~BCE 1900년에 약 3만 5000~4만 명이었고, 하라파는 그보다 조금 적었다. 두 도시는 성벽으로 둘러싸인 요새였고, 세금으로 받은 곡물을 모으고 재분배하는 공간과 대형 곡물 창고도 있었다. 바둑판 모양의 거리는 도시계획이 시행되었음을 시사한다. 시장, 작은 신정, 공공건물도 있었다. 주거지는 헛간 같은 단칸방 집부터 안뜰이 여러 개 있고 방이 수십 개인 대저택까지 다양했다. 모헨조다로의 집 대부분에는 실내 욕실이 있었고, 커다란 대중목욕탕도 있었다. 또한 거리 지하에 오수를 내보내는 관도 설치한 것을 보면 공동체 자원에 상당한 투자를 했음을 알 수 있다. 인더스 유역 전역의 도량형, 건축 양식, 벽돌 크기 등은 표준화되어 있었다. 금세공사, 토기장이, 직조공, 건축가, 보석세공사, 상인 등의 직업도 분화되어 있었다.

이웃 지역들과 활발하게 교역한 인더스 유역 주민들은 현재의 이란 지역에서 금, 은, 구리, 준(準)보석을 들여왔다. 수메르에는 홍옥석 구슬, 코끼리 상아, 목재를 내주고 양털, 가죽, 올리브기름을 얻었다. 적어도 BCE 2300년경에는 인더스 유역의 배가 수메르 항구를 오가고 있었다. BCE

2000년경에는 하라파인들이 중앙아시아의 초기 도시들과 교역했다. 중앙아시아 사람들은 북인도, 수메르, 중국과 접촉하고 있었지만 당시에는 문자가 제대로 발달하지 않았다. BCE 제2천년기 초에 인더스 사람들은 아라비아의 남부 해안, 아프리카의 동부 해안 사람들과도 교역했고 향, 수수, 기장을 들여왔다.

당시의 문자가 해독되지 않았기 때문에 인더스강 유역 사람들의 종교 관념은 제대로 알려지지 않았다. 도상을 보면 창세나 출산에 관한 신들을 유달리 숭배한 듯하다. 많은 학자는 인더스강 유역과 힌두교의 출산의 신이 비슷하므로, 인더스강 유역 신들 중 일부가 훗날 힌두교 만신전에 들어갔을 것이라고 생각한다. 요가 수도자의 모습을 담은 하라파 유물을 보면, 요가의 기원은 인더스강 유역 문명까지 거슬러 올라가는 듯하다.

인더스강 유역에서 도시가 출현한 양상은 다른 지역과 어떻게 다를까? 지금까지 무기와 전쟁, 왕, 왕궁, 커다란 신전을 언급하지 않았음을 알아차렸는지? 그곳에는 정치적 계층구조인 중앙행정기관이 없었고 대규모 갈등도 없었던 듯하다. 예술에는 군인이나 전쟁이 등장하지 않는다. 화살촉, 창, 단검은 발굴되었지만, 긴 칼, 철퇴, 전투용 도끼, 투구, 방패, 전차는 발굴되지 않았다. 최근 발굴된 유적들은 예전의 이론과 달리 군사적 방어시설이 어느 정도 있었고 경제적 계층구조도 있었음을 보여주지만, 아직 확실하지는 않다.

무엇이 인더스강 유역 사회를 통합했는지는 아무도 모른다. 국가라고 불러도 될지 의심하는 학자도 있고, 분권화한 위원회가 통치했을 것이라고 추정하는 학자도 있으며, 훗날의 인도를 특징짓는 카스트제도가 BCE 2999~BCE 2000년에 발달했을 것이라고 보는 학자도 있다. 혈통으로 사람의 계급을 엄격하게 나누는 **카스트제도(caste system)**는 인더스 문화가 전쟁 없이 그처럼 넓은 지역에 퍼진 이유를 설명할 수도 있다. 사람들은 자신의 카스트 내에서 혼인해야 했지만, 동네가 작아서 짝을 찾기 어려울 때가 많았기에 다른 지역 사람을 찾아 혼인했을 것이고, 그 결과 먼 소도시들끼리도 통합되었을 수 있다.

인더스강 유역 문명을 통합한 것이 무엇이든 그 통합은 곧 실패했다. BCE 1900년 이후 문명이 쇠퇴기에 들어섰고 BCE 1700년경에는 하라파와 모헨조다로의 주민들이 도시를 버리고 작은 공동체로 떠났다. BCE 1500년경 인더스강 유역의 모든 도시는 도시의 특성을 거의 잃고 전통적인 지역 공동체로 돌아가 있었다.

많은 요인이 상호작용하며 쇠퇴를 불러왔을 수도 있다. BCE 2200년경에는 기후변화로 가뭄이 계속되었다. 그러나 도시는 BCE 1900~BCE 1700년까지 유지된 듯하다. 개간하고 땔감을 얻기 위해 숲을 파괴한 결과 토양이 침식되고 강수량이 감소했을 수도 있다. 이러한 주장에 반대하는 학자도 있다. 앞서 말했듯이 사라스바티강은 히말라야산맥에 일어난 지진으로 지류들이 인더스강 쪽으로 물줄기를 트는 바람에 BCE 2000년에서 BCE 1000년 사이에 말랐다. 오수가 식수를 오염시켜 말라리아와 콜레라가 도시를 휩쓸었을 수도 있다. 벼와 기장이 도입되면서 인더스 유역 농경민들이 다른 곳으로 이주했을 수도 있다. 이 작물들은 겨울이 아니라 여름에 재배하므로, 여름에 물에 잠기는 지역에는 적합하지 않기 때문이다.

인더스강 유역 문명의 두드러진 특징은 폭력과 군사 활동이 없었고, 이집트와 메소포타미아보다 부가 균등하게 분배되었다는 점이다. 역사가 기록될 때부터 인도 종교와 철학의 주된 주제는 비폭력과 생명 존중이었다. 이를 인더스강 유역 최초의 도시들이 남긴 유산으로 본다면 지나친 비약일까? 인더스 문명을 연구하는 제인 R. 매킨토시(Jane R. McIntosh)는 어느 정도는 사실이라고 본다. 반면 로빈 코닝엄(Robin Coningham)은 인더스인들이 수메르인들만큼 폭력을 저질렀지만 찬미하거나 의례화하지 않았을 뿐이라고 주장한다.

중국: 황허강과 양쯔강 유역

중국은 과학적 고고학이 등장한 지 수십 년 정도여서, 초기 국가가 형성된 과정이 자세히 밝혀지지 않았다. 앞으로 수십 년 안에 훨씬 많은 발굴이 진행될 것이다.

고고학자와 역사학자는 중국 최초의 도시가 황허강 유역에서 출현했다고 오랫동안 믿어왔다. 이유는 그곳이 발굴되었기 때문이었다. 최근에야 양쯔강 유역도 발굴되어 대도시 유적과 화려한 부장품들이 드러났다. 현재

고고학자는 같은 시기에 독자적으로 황허강과 양쯔강 유역에서 농경 문명
이 출현했다고 본다.

■ 황허강 유역

황허강은 황토가 많이 섞인 탓에 누런 강이라는 이름이 붙었다. 티베트고
원을 접한 산맥에서 발원하여 4,700km를 흘러 황해로 빠져나가는 황허강
은 인더스강처럼 주기적으로 무시무시한 홍수를 일으키고, 물줄기를 바꾸
기도 한다. 그때마다 엄청난 재해를 일으켰기에 '중국의 슬픔'이라는 별명
도 있다(〈지도 6.4〉 참고).

약 1만 5000~1만 2000년 전 빙하에 암석이 갈려서 먼지가 된 흙인 황
토는 빙하가 물러난 뒤 중국의 평원들에 쌓였다. 고비사막에서 부는 바람이
황토를 황허강 유역에 쌓는다. 황토는 여러 장점이 있다. 유기물이 풍부하
기에 쟁기질할 필요가 거의 없고, 이따금 내리는 비의 수분을 잘 머금는다.

앞에서 BCE 7000년경 황허강 유역 주민들이 기장을 길들였다고 말했
다. 기장은 가뭄에 잘 견디고 영양가가 풍부하며, 듀럼밀보다 단백질 함량
이 높다. BCE 5000년경 황허강 유역에서는 기장 재배를 토대로 마을들이
번성했다. BCE 2000년경에는 메소포타미아에서 들여온 듯한 밀과 보리도
재배했다. 주민들은 직물을 짜기 위해 삼을, 식용유를 짜기 위해 유채와 콩
을, 고기를 얻기 위해 사람 배설물도 먹이면서 돼지를 키웠다.

룽산 문화라고 알려진 시기인 BCE 3000~BCE 2000년에 황허강 유역
에서 도시 생활을 이끈 변화들이 나타났다. BCE 2700년경 주민들이 특정
누에나방 종의 번데기에서 비단실을 풀어내는 법을 알아냈다. 누에를 길들
인 그들은 비단실로 직물을 잣는 법도 터득했다. BCE 2500년경에는 벽으
로 에워싸인 정착촌을 만들고 돌림판으로 토기를 빚었다. 대부분의 해에
는 복잡한 관개시설 없이도 작물을 기를 만큼 강수량이 충분했지만, 사람
들은 홍수를 방제하기 위해 강을 준설하고 운하를 팠다. 이 시기에 각 분야
를 전담한 장인들이 등장하여 야금술을 개발하고 정교한 토기와 옥 장신
구도 만들었다. 사회적 차별이 뚜렷해졌고 전쟁도 많아졌다.

그때까지 따뜻하고 습했던 기후가 서늘하고 건조해졌고 BCE 2500~
BCE 1500년에 정점에 달했다. 이에 따라 인접 지역 주민들이 황허강 유역

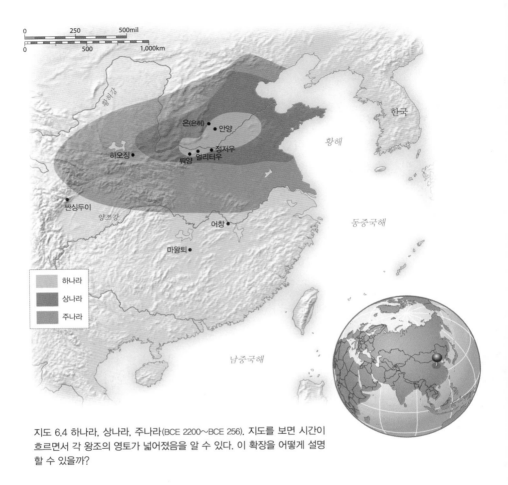

지도 6.4 하나라, 상나라, 주나라(BCE 2200~BCE 256). 지도를 보면 시간이 흐르면서 각 왕조의 영토가 넓어졌음을 알 수 있다. 이 확장을 어떻게 설명할 수 있을까?

으로 이주하면서 유역의 인구가 BCE 3000년에서 BCE 2000년 사이에 3배로 늘었다.

BCE 1700~BCE 1500년경에는 황허강 유역에서 하나라가 출현했다. 하나라 연구는 아직 초기 단계다. 중국 고고학자들은 최근 발굴된 뤄양 인근의 얼리터우를 하나라의 수도로 추정한다. 왕궁 같은 건축물, 수수한 집들, 토기 공방, 청동 주물 공방 등은 중국의 위대한 역사가 사마천(BCE 145~BCE 86년경)이 저술한 중국 초기 역사가 정확함을 확인해주었다.

BCE 1500년경에 상나라가 등장하면서 중국의 도시 생활과 문화가 빠르게 발전했다. 영토가 하나라보다 넓었던 상나라는 BCE 1045년경까지 지금의 허난성을 중심으로 중국 북동부를 다스렸고, 후대 중국 문명이 발전할 토대를 마련했다.

　상나라 시대에 중국 북부는 농경 문명의 특징을 온전히 갖추었다. 신의 후손이라고 주장하는 왕가가 엘리트 귀족의 지지를 받아 통치했다. 당시의 법전이 발견되지 않는 것을 보면 왕이 직접 칙령이나 포고를 내린 듯하다. 자기 땅이 없는 농민은 노역을 제공하는 대가로 남의 경작지에서 재배하고 수확물을 지키고 그중 일부를 가져갔다. 또 군역과 공역도 해야 했다. 노예도 상당히 많았는데, 주로 전쟁에서 포로로 잡힌 병사들이었다. 그들은 장례식이나 국가 행사 때 제물로 바쳐지기도 했다.

　상나라 통치자는 황허강 유역의 청동기 생산을 독점하고 장인들을 고용하여 도끼와 창, 칼, 화살촉 생산량을 늘렸다. 이 시기에 말이 끄는 전차의 청동기 부품도 출현했다. 전차는 인도유럽계 이민자들이 중국의 서쪽에 있는 신장성에 전파했다. 바퀴, 바큇살, 축, 전차를 가리키는 고대 중국어 단어 모두가 인도유럽어에서 유래했다.

　상나라는 수도를 5, 6번 옮겼고 마지막 수 세기 동안에는 안양 근처의 은을 수도로 삼았다. 당시에는 많은 도시국가가 끊임없이 전쟁을 벌였다. 기록에는 군대가 1만 3000명에 달하고, 포로로 잡은 병사가 3만 명에 이른다고 적혀 있지만 과장일 것이다. 메소포타미아나 이집트와 달리 대규모 관개 체계나 국가 종교가 있었다는 증거는 거의 없다.

　학자들이 은의 유적인 은허를 발굴하자 복잡하게 배치된 왕궁, 문서 기록, 주거 구역, 커다란 청동기 주물 공방 2곳, 여러 공방, 11기의 호화로운 무덤이 드러났다. 죽은 왕과 함께 300명을 순장한 무덤도 있었다. 1976년에 발굴된 한 무덤은 묘지가 아니라 왕궁 지하에 있었기에 도굴당하지 않았다. 이곳에는 상나라 무정왕(BCE 1189년 사망)의 왕비 부호(婦好)의 유골이 있었다. 무덤에서 나온 문서에 따르면 부호는 자기 성읍을 관리했고, 제사를 주관했으며, 병사 3,000명을 사적으로 동원할 수 있었다. (부호의 무덤은 8장에서도 이야기할 것이다.)

　상나라에서는 남성들이 공직을 맡았지만, 왕조 말기까지 모계를 통해 공직에 오를 권리를 얻었다. 즉, 중국 귀족 사회는 모계사회였다. 다른 초기 문명들에 비해 상나라에서는 많은 여성이 권력을 행사한 듯하지만, 말기에는 부계 혈통이 주요 체제로 등장하면서 모계사회의 성격이 사라졌다.

중국에서는 가족들이 조상을 모셨기에 확대 가족의 영향력이 유달리 커졌다. 사람들은 조상의 영혼은 저승으로 가고, 후손이 제대로 모시는 모습을 보여주면 이승에 사는 가족을 보호한다고 믿었다. 가족의 결속에 대한 윤리에는 살아 있는 사람과 죽은 사람의 협력도 포함되었다. 조직화한 종교나 국가 공인 사제는 없었고, 각 집안의 연장자인 남성이 조상의 영혼을 모시는 제사를 주관했다. 상나라의 문서와 글을 살펴보면 귀족들은 조상들과 끊임없이 소통한다고 생각했는데 인간사에 관여하는 인격신이 있다는 상상은 하지 않았다.

상나라 시대 중국 상인들은 먼 지역과도 교역했는데 무엇을 수출했는지는 분명하지 않다. 그들은 동남아시아 말레이반도에서 주석을, 인도양 버마와 몰디브제도에서 일종의 화폐로 썼던 개오지를 수입했다. BCE 2000년경에는 노를 젓는 커다란 배를 사용하여 고조선까지 오갔는데 돛이 있었는지 여부는 불분명하다.

중국인들이 귀하게 여기고 가장 무거운 교역 물품인 옥은 중앙아시아의 교역로를 통해 들여왔다. BCE 2000년경 중앙아시아에 교역 도시들이 생기며 옥수스 문화(Oxus culture)를 형성했다. 이곳은 수메르, 중국, 북인도뿐 아니라 아시아 내륙의 유목민들을 연결했다. 그렇다면 BCE 2000년경에 이미 단일한 아프로·유라시아 세계 체제가 존재했다고 할 수 있을까? 즉, 자본 축적을 통해 체계적으로 구축된 연결망이 있었다고 할 수 있을까? 이 질문은 역사학자들의 격렬한 논쟁거리다.

BCE 16세기 초 상나라에서는 문자가 널리 쓰였다. 문자의 기원은 훨씬 오래되었겠지만 증거를 찾기 어렵다. 식별 표식으로 한 글자씩 찍혀 있는 BCE 제3천년기의 토기가 발굴되곤 하지만, 대부분의 미국 학자는 여러 문자로 구성된 문자 체계의 일부가 아니라 그저 고립된 글자라고 본다. 상나라 왕조와 그 이전에 존재했을 수도 있는 통치자들이 중요한 사건을 기록한 죽간과 비단은 시간이 흐르며 분해되어 사라졌다.

메소포타미아나 인도와 달리 중국에서 발굴된 최초의 문자 기록에는 회계 담당자가 아니라 통치자의 관심사가 담겨 있다. 이 사실을 알 수 있는 이유는 문자를 기록한 매체가 살아남았기 때문이다. 소나 양의 어깨뼈나 거북의 배딱지로 만드는 이른바 점치는 뼈는 공물로 왕가에 바쳐졌다.

학자들이 발굴한 점치는 뼈는 대부분 왕실 고문서다. 한편으로는 고대 중국인들이 경제와 행정을 위해 문자를 창안했으나 오래가지 못하는 재료에 기록한 탓에 사라졌을 가능성도 있다.

19세기 말 안양 근처의 밭에서 일하던 농민들은 가끔 뼈를 발견하곤 했다. 이들은 '용골(龍骨)'이라는 이 뼈를 약재상에 팔았고, 약재상은 가루로 빻아서 약재로 팔았다. 그러다가 뼈가 역사학자들과 문헌학자들의 눈에 띄었다. 이후 갑골문이 새겨진 뼈가 10만 점 이상 발견되었다. 2008년에는 중국의 한 경매장에서 점치는 뼛조각 20점이 무려 4800만 위안(약 700만 달러)에 낙찰되었다.

BCE 1999~BCE 1000년에 중국 점술사들은 뼈에 질문을 새겼다. 주로 왕실이 궁금해하는 질문이었다. 올해 농사가 풍작일까? 왕비의 태아가 아들일까? 이웃 나라를 공격해야 할까? 앞으로 10일 안에 재해가 일어날까? 뼈나 배딱지에 질문을 새기고 불로 가열하면 뼈가 갈라지면서 복잡한 금이 생긴다. 점술사는 금을 해석해 답을 내놓거나 뼈에 답을 적기도 했다.

약 2,000자에 달하는 갑골문자 대부분이 지금의 한자로 계승되었다는 사실은 잘 알려져 있다. 쐐기문자나 상형문자와 달리 초기 중국 문자는 약 4,000년 동안 계속 쓰였다. 그림(그림문자)으로 시작된 이 문자는 그림들을 조합하여 복잡하거나 추상적인 개념을 나타내는 쪽으로 발전했다. 엄마와 아이를 가리키는 그림을 조합하여 '좋아한다(好)'는 뜻을 지닌 글자를 만든 것이 한 예다. 대부분의 문자와 달리 한자는 자모, 즉 음성 구성 요소를 채택한 적이 없다. BCE 1045년 주나라 초기부터 문자가 문학으로 확대되었다.

■ 양쯔강(창장강) 유역

중국 남부를 흐르는 양쯔강은 황허강보다 길다. 티베트 칭하이산맥에서 발원하여 6,300km를 흘러서 동중국해로 간다. 이 강이 흐르는 남쪽 지역은 북쪽보다 습하고 더운 아열대기후여서 벼를 연간 이모작할 수 있었다. 황허강과 달리 범람하는 경우가 적은 양쯔강은 관개를 통해 작물에 물을 주기 위해 강물을 퍼 올려야 할 때가 있었다. BCE 8000년경에 양쯔강 중부 습지대에서 재배된 벼는 많은 인구가 의지하는 주식이 되었다.

1990년대 청터우산에서 성벽으로 에워싸인 BCE 4000년경의 소도시 유적이 발굴되었다. 당시 사회가 계층화되었음을 시사하는 사치스러운 부장품들도 발견되었다. 가장 놀라운 발견은 1986년 쓰촨성의 싼싱두이에서 성벽으로 에워싸인 BCE 1400년경의 도시가 발굴된 것이다. 두 지역에서 발견된 화려한 옥, 금, 청동 예술품들은 상나라와 같은 시대의 유물이지만 양식이 다르다. 싼싱두이에서는 아직 왕의 무덤이 발견되지 않았지만, 이 발굴 때문에 고고학자들은 남중국에도 안양의 문명에 맞먹는 문명이 있었다고 확신한다. 이 문명에는 창장(長江) 문화라는 이름이 붙었다.

BCE 3세기에 진나라와 한나라가 중국을 통일했고, 이후 중국의 정치적 중앙집권화와 농업 생산성은 세계 인구의 약 20%를 지탱했다. 농경민들은 4,000년 넘도록 같은 땅에서 경작하고 있다. 많은 사람은 오늘날의 중국이 약 4,000년 전에 시작된 문명을 이어받았다고 본다. 다른 현대 문화와 달리 연속성을 지녔다는 의미다.

아메리카의 농경 문명

아메리카의 농경 문명은 지리적 이유 때문에 아프로 · 유라시아보다 늦게 시작되었다. 농경 문명은 북아메리카에 출현하지 않았고, 메소아메리카와 안데스산맥에서만 나타났다. 늦게 발전하긴 했지만 아프로 · 유라시아 문명과 비슷하게 진화했기 때문에 이 문명들은 많은 관심을 받고 있다. 15세기 말에 아프로 · 유라시아인들이 아메리카에 들어오기 시작했을 때도 이 지역은 아직 발달하는 중이었다.

지금까지는 주로 아프로 · 유라시아에 초점을 맞추어 이야기했다. 5장에서 말했듯이, 약 1만 년 전 마지막 빙하기가 끝나면서 해수면이 상승함에 따라 세계가 4곳의 지리적 지대로 나뉘었다. 다음의 **세계 지대(world zone)**다.

① **아프로 · 유라시아**(아프리카와 유라시아 대륙, 영국과 일본 같은 주변 섬들)
② **아메리카**(북 · 중앙 · 남아메리카와 주변 섬들)
③ **오스트랄라시아**(오스트레일리아, 파푸아뉴기니, 이웃 섬들).
④ **태평양의 섬 사회들**(뉴질랜드, 미크로네시아, 멜라네시아, 하와이)

지도 6.5 초기 메소아메리카 사회(BCE 1200~CE 1100).
초기 메소아메리카 사회들은 지리적 환경이 달랐다. 지리적·환경적 조건이 이
들의 발달에 어떤 영향을 미쳤을까?

세계 지대들의 인류는 독특한 생활양식을 발전시켰고, 16세기 초 유럽
선원들이 항해하여 세계가 연결되기 전까지 나름의 인류 문화 실험을 했다.

■ 메소아메리카의 실험

메소아메리카(Mesoamerica)는 멕시코 중부에서 파나마, 과테말라, 벨리즈,
엘살바도르 전역, 온두라스, 코스타리카, 니카라과의 일부를 포함하는 문
화권이다(〈지도 6.5〉). BCE 2000년경 사람들이 이곳에 정착 농경 공동체를
형성했다. 옥수수, 콩, 호박을 재배했고, 이들이 길들인 동물은 개와 칠면
조뿐이었다. 생산성이 높은 지역의 급격한 생산성 증가, 집단 학습, 인구
증가로 사회적 복잡성이 커졌고, 이 현상은 다시 사회 변화의 원동력이 되
었다.

BCE 1200년경 현재의 멕시코 베라크루스 인근의 멕시코만 연안 저지
대에 올멕이라는 사회가 출현했다. 올멕인은 기념 건축물과 탁월한 예술품
을 만들었다. 조직적으로 전쟁을 벌이고, 교역과 공물이 오가는 도로망, 제
사 중심지, 계층구조의 상징이기도 한 무덤인 높이 33m의 피라미드를 건
설했다. 왜 거의 모든 초기 문명은 피라미드를 건설했을까? 자체 무게를

견딜 수 있는 기념 구조물을 짓기에 가장 쉬운 모양이었기 때문일 것이다. 아니면 모든 초기 농경 문명이 인공 산을 쌓아서 신에게 다가가려 한 결과일까? 올멕인은 마야의 것과 다른 초기 문자를 썼고, 훗날 메소아메리카인들이 채택한 역법을 이용했다.

올멕인은 거의 영속할 유물에 자신의 모습을 담았다. 화강암에 조각한 거대한 머리 중에는 무게가 18t이 넘는 것도 있다. 17점이 발견된 두상의 제작 연대는 BCE 1400년부터 BCE 400년까지 다양하게 추정된다(〈그림 6.4〉). 채석장은 59km나 떨어진 곳에 있었다.

커다란 두상은 올멕 군장이 권력을 행사했다는 명백한 증거다. 이 권력은 군장 사회의 합의적 권력이었을까, 아니면 국가 구조를 갖춘 농경 문명에서 나타나는 강압적 권력이었을까? BCE 800년경 올멕 지도층은 해안 습지의 섬에 장엄한 제사 중심지 라벤타를 건설했다. 라벤타에서는 왕좌와 호사스러운 부장품이 묻힌 정교한 무덤 1기가 발견되었다. 사람과 자원을 동원하는 지위를 세습한 지도자가 있었다는 증거다.

올멕 사회를 국가가 아니라 군장 사회라고 보는 이도 있고, 메소아메리카의 '모태 문화'라고 보는 이도 있으며, 멕시코 각지에서 빠르게 복잡한 사회·경제적 제도를 갖추던 여러 지역사회 중 하나였다고 보는 이도 있다. 아무튼 BCE 300년경 올멕 문화는 쇠퇴했고, 어느 기준으로 보더라도 농경 문명이 될 마야 문화가 해안 저지대에서 출현하고 있었다(9장 참고).

그림 6.4 올멕 두상.
BCE 1000년에서 BCE 400년 사이에 조각된 두상들은 많은 추측을 불러일으켰다. 꼭 맞는 헬멧은 구기 운동선수가 쓴 모자였을 수도 있다. 또 입술이 넓고 코가 납작한 두상이 많아서 아이번 밴 서티마(Ivan Van Sertima) 같은 아프리카 역사학자는 올멕인이 아프리카에서 왔거나 아프리카인이 올멕을 방문했을 것이라고 주장한다. 이 주장은 널리 받아들여지지 않고 있다. 두상이 통치자나 샤먼-통치자를 표현한 것일 수도 있다. 어느 주장이 맞는지는 정확하지 않다.
(출처: ©Anton Ivanov/shutterstock)

■ 안데스산맥의 실험

안데스 지역의 지리적 특성은 그곳에서 문명을 실험하는 사람들에게 큰 도전 과제였다. 태평양 바닥의 나스카 지각판이 동쪽에 있는 남아메리카 판 밑으로 미끄러져 들어가면서 해안에서 동쪽으로 96km 떨어진 곳에 생겨난 두 줄기 산맥이 나란히 남북으로 뻗어 있다(〈지도 6.6〉). 산맥의 최대 높이는 6,705m에 달한다. 그 결과 동쪽에서 부는 탁월풍이 좁은 해안 지대에 다다르지 못하기 때문에 이 지대는 대부분의 시기 동안 사막이었다. 연 강수량은 5cm에 불과한데, 그것도 대부분 안개에서 나온다. 각 산맥에는 열대우림이 있고, 해안에서 열대우림이 시작되는 곳까지 다양한 미기후(microclimates)가 모자이크처럼 펼쳐진다. 움직이는 지각판들이 부딪치므로 지진이 잦다. 게다가 해수면 온도가 오르락내리락하는 엘니뇨/라니냐 현상이 나타난다. 이때 폭우가 퍼붓거나 어류가 떼죽음당하거나 다른 해역으로 이동하는 일 등이 벌어진다.

페루 남쪽 칠레 해안에는 지구에서 가장 메마른 곳인 아타카마사막이 있다. 여기에는 기록을 시작한 이래 비가 한 방울도 내리지 않은 곳도 있지만 여러 강이 흐른다. 이곳에서 친초로인들이 이집트인들보다 약 2,000년 먼저 세계 최초의 미라를 만들었다. 발견된 250여 구의 미라 중에는 BCE 5800년경의 것도 있다. 뜨겁고 건조한 모래 때문에 시신이 자연적으로 미라가 될 수도 있었지만, 친초로인들은 불로 몸속을 말리고, 막대기를 대어 등뼈와 팔다리를 꼿꼿이 펴고, 물감을 섞은 점토를 발랐다. 이렇게 만든 미라를 오랫동안 의식용으로 썼다.

BCE 2500~BCE 2000년에는 안데스산맥의 중심지 페루와 볼리비아 지역 사람들이 경작을 하고 있었다. 해안 근처의 농경민들은 콩, 땅콩, 고구마를 주요 작물로 길렀고, 의류와 그물을 만들기 위해 목화도 재배했다. 해산물로도 식량을 보충할 수 있어서 점점 복잡한 사회가 형성되었다. 적어도 BCE 2000년경에는 수로와 관개망, 토기, 신전, 석조 피라미드 등 발달하는 국가의 기술을 갖춘 공동체가 있었다. BCE 2000년 이후에는 고지대에도 농경 공동체가 들어섰다. 그들은 담배와 여러 감자 품종을 재배했다. 감자는 충분히 많이 먹으면 모든 영양소를 얻을 수 있다. 또 라마를 키워 고기를 얻고 알파카에서 털을 얻었다.

카리브해

오리노코강

적도

아마존강

차빈데우안타르 •

안데스산맥

티티카카호

태평양

아타카마사막

모체와 치무
우아리
티아우아나코

0   500   1,000mil

0   1,000   2,000km

지도 6.6 안데스산맥 남쪽에 자리 잡은 초기 사회들
(BCE 1000~CE 700). 메소아메리카와 접촉하기 어려
웠다는 점을 유념하자. 이 산악 사회들은 왜 동쪽으
로 뻗어 나가지 않았을까?

초기 안데스 사회가 초기 메소아메리카 사회와 같은 시기에 출현했기 때문에, 양쪽이 접촉했느냐는 의문이 제기된다. 지리적 장벽이 여행이나 접촉을 막았다는 것은 분명하다. 양쪽 모두 짐을 운반하는 가축이나 항해 기술이 없었다. 습지대와 산맥 때문에 도로를 낼 수가 없어서 지금도 파나마-콜롬비아 국경에서 팬아메리카 고속도로가 끊긴다. 그러나 실제로는 양쪽이 어느 정도 접촉했다. 옥수수와 호박이 메소아메리카에서 안데스산맥으로 전해졌고, 금, 은, 구리 야금술과 담배 재배가 메소아메리카로 퍼졌다.

BCE 1000년경 안데스산맥 모스나강 연안의 해발 914m 지역에서 차빈데우안타르라는 소도시가 형성되기 시작했다. 전성기에 약 2,000~3,000명이 거주하다가 BCE 300년경에 쇠락했다. 이곳에는 제사 공간, 창고, 재규어 같은 동물로 반쯤 변신한 인간 조각상을 갖춘 제사 중심지가 있었던 듯하다. 이 지역 우림의 교역 중심지였고 안데스산맥의 다른 공동체들에 영향을 미쳤지만 국가라고 보기에는 무척 작다. 이곳이 몰락한 직후 안데스산맥의 몇 곳에서 커다란 공공건물, 제사용 광장, 넓은 주거 구역을 갖춘 인구 약 1만 명의 소도시가 생겨났다.

소도시 외에도 해안에서 중간 지대를 거쳐 고지대에 이르는 산맥 골짜기에 지역 정부들이 출현했다. 해안 지역은 생선, 목화, 고구마를 생산했다. 중간 지대는 옥수수, 콩, 호박을 생산했고 고지대는 감자, 라마 고기, 알파카 털을 생산했다. 이 생태계 다양성은 점점 늘어나는 인구와 복잡해지는 사회 조직을 충분히 지탱했다.

초기 국가들의 실험

사하라 이남 아프리카와 태평양 섬들 같은 지역에서는 작은 국가만 출현했다. 이들은 규모가 온전한 문명이 출현하는 데 필요한 요소에 관한 단서를 제공하므로 농경 문명에 반대되는 흥미로운 사례다.

■ 사하라 이남 아프리카

안데스산맥 주민들과 마찬가지로 사하라 이남 아프리카 주민들도 힘겨운 환경에 대처해야 했다. 혹독한 사막이 사하라 이남을 아프리카 북부 해안 지역과 분리했다. 아프리카 강들의 절반은 해안까지 다다르지 못하거나, 고지대에서 해안까지 내려오면서 잇달아 급류 지대를 거치기 때문에 항해가 불가능했다. 여러 해안 지역에서는 바람이 주로 내륙 쪽으로 불어서 항해가 어려웠다. 많은 땅은 울창한 숲과 말라리아가 창궐하는 우림으로 뒤덮여 있었다. 열대 질병도 다양했다.

5장에서 말했듯이, 농경은 반투족이 서서히 이주하면서 사하라 이남 전역으로 퍼져 나갔다. 현대 나이지리아 동부에서 시작하여 카메룬 남부로 퍼진 반투족은 얌과 기름야자를 재배하다가 나중에 기장과 수수도 길렀고, 소를 쳤다. BCE 1000년경에는 철로 도구와 무기를 만드는 기술도 배웠다. 공통 시대 이전의 마지막 몇 세기 동안에는 울창한 숲 지대와 사막을 제외한 사하라 이남 전역에서 농경이 이루어지고 있었다. 숲으로 덮인 지

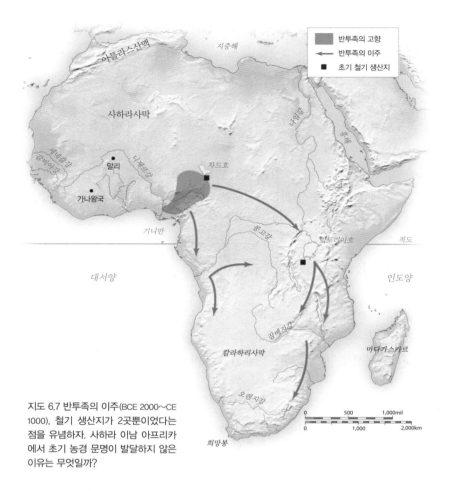

지도 6.7 반투족의 이주(BCE 2000~CE 1000). 철기 생산지가 2곳뿐이었다는 점을 유념하자. 사하라 이남 아프리카에서 초기 농경 문명이 발달하지 않은 이유는 무엇일까?

반투족의 고향
반투족의 이주
초기 철기 생산지

아틀라스산맥
지중해
사하라사막
세네갈강
감비아강
말리
나일강
차드호
가나왕국
기니만
콩고강
빅토리아호
적도
대서양
인도양
잠베지강
칼라하리사막
마다가스카르
오렌지강
희망봉

0   500   1,000mil
0   1,000   2,000km

역에서는 흔히 피그미족이라고 하는 바트와족이 숲의 산물을 반투족과 교환하며 살아갔다(〈지도 6.7〉).

CE 300년 이후에는 사람들이 말과 당나귀 대신 낙타를 타고 사하라사막을 건너기 시작했다. 덕분에 교역과 소통이 더 수월해졌고, 일부 유목민 집단은 세력을 얻었다. 사막을 지나는 카라반은 규모가 낙타 5,000마리에 수백 명까지 이를 수도 있었다. 이들은 열기를 피해 주로 밤에 이동했고, 하루에 24~40km씩 70일까지 여행하기도 했다.

CE 4~CE 5세기에는 서아프리카에 가나 왕국이라는 작은 국가가 출현했다. 현대의 가나와 무관한 이 왕국은 세네갈강과 니제르강 사이, 현대의 말리와 모리타니 국경에 걸쳐 있었다. 농경민들이 사하라사막에서 낙타를 타는 유목민들로부터 자신들을 지키고자 애쓰는 과정에서 국가로 발달했다.

아프리카에서 대륙을 횡단하며 왕래할 방법은 동아프리카에서 서아프리카의 니제르강까지 사하라사막 아래 사헬이라는 초원 지대를 지나는 것뿐이었다. CE 800년경 이 경로를 통해 무슬림 상인들이 들어온 덕분에 가나 왕국은 교역 중심지가 되었다. 가나 왕국은 남쪽에서 오는 금에 세금을 매기고 유통을 통제하며 상아와 노예를 공급했다. 그리하여 CE 9세기부터 CE 12세기까지 번성했지만, 수도 코움비살레의 인구는 1만 5000~2만 명 수준이었다. 이윽고 북쪽에서 온 약탈자들의 습격을 받아 쇠약해졌고, CE 13세기 초에 무너졌다.

가나 왕국이 무너진 뒤 말리제국이 출현했다. 이 제국은 CE 13세기부터 CE 15세기 말까지 서아프리카의 교역을 대부분 장악하고 세금을 매겼다. CE 10세기 이후에는 사하라 이남에 작은 지역 국가들과 크고 작은 왕국이 계속 나타났다. 그럼에도 규모가 큰 농경 문명은 출현하지 않았다.

■ 태평양 섬들

태평양 섬들은 세계의 어느 지역들보다 늦게 인류가 정착한 곳이다. CE 900년경 가장 동쪽에 있는 **라파누이(Rapa Nui)**(이스터섬)로 사람들이 이주했다. 폴리네시아인의 이주는 9장에서 상세히 살펴볼 것이다. 폴리네시아 항해자들은 남아메리카 서부 해안까지 갔을 수도 있다. 정기적으로 오가지는 않았더라도, 고구마를 들여와 폴리네시아에서 재배한 것은 분명하다. CE 1304~CE 1424년 폴리네시아에서 온 닭의 뼈가 칠레에서 발견되었다. 폴리네시아인이 유럽인보다 먼저 남아메리카에 갔다는 증거다. 고구마는 CE 1200년경에 뉴질랜드로 간 이들에게 특히 중요했다. 뉴질랜드는 거주 가능한 큰 땅덩어리 중에서 인간이 가장 나중에 들어간 곳이다. 이곳 이주자들은 열대 태평양의 주요 작물인 토란, 바나나, 코코넛, 빵나무 열매, 고구마 중 고구마만 뉴질랜드의 선선한 기후에서 살아남을 수 있음을 깨달았고, 결국 주로 수렵채집 생활을 하며 살 수밖에 없었다(〈지도 6.8〉).

CE 12~CE 13세기에 태평양 섬 주민들이 생태계를 이용하는 법을 터

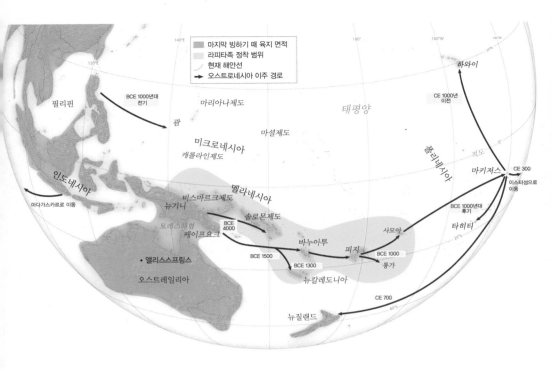

지도 6.8 태평양 섬들의 초기 사회(BCE 1500~CE 700). 이 지역을 항해하는 데 어떤 기술이 필요할지 상상해보자(9장 참고). 인류가 거주 가능한 지역 중에서 마지막으로 태평양 섬들에 정착한 이유는 무엇일까?

득하면서 인구가 급속히 늘어났다. 라파누이는 인구 과잉 때문에 도저히 해결할 수 없는 심각한 문제들에 시달리기 시작했다. CE 1500년경 이들은 두 집단으로 나뉘어 전쟁을 벌였고, 식인 행위까지 했다(〈그림 6.5〉).

다른 태평양 섬들의 주민들은 상황이 나았다. 세계의 다른 지역들과 같이 사회를 조직하면서 직업이 분화했고, 지배층과 평민, 강력하게 통치하는 군장 등의 분화도 일어났다. 통가와 하와이의 군장은 노동력을 동원하고, 군대를 조직하고, 사제들과 긴밀히 협력하고, 다른 섬을 무력으로 정복하려 했다. 다른 섬에 대한 정복은 대개 실패했다.

섬은 크기가 작기 때문에 자원이 적고 고립되어서, 규모가 온전한 농경 문명이 출현하기 힘들었다. 그렇지만 주민들은 전 세계 다른 국가들과 비슷한 사회와 생산적인 농업 경제를 구축했다. 놀라운 사실은 환경과 창의성을 통해 인구 증가를 떠받칠 만큼 잉여 식량을 생산한 공동체가 지역을 막론하고 비슷하게 조직되었다는 것이다.

그림 6.5 라파누이의 모아이. CE 1250~CE 1500년에 라파누이(이스터섬)의 암석으로 조각한 인물상이다. 가장 큰 것은 키가 약 10m, 무게가 74t에 달한다. 모아이를 어떻게 운반했는지는 확실하지 않다. 나무를 잘라서 늘어놓고 그 위에 올려서 굴렸을 수도 있다. 사진은 1990년대에 아우통가리키에서 칠레 고고학자가 복원한 15기 중 6기다. 석상들은 섬의 안쪽을 바라보고 있다. (출처: ⓒRivi/wikicommons)

| 요약 |

이 장의 앞부분에서는 도시와 국가, 농경 문명을 정의했다. 이어서 메소포타미아 우루크에 세계 최초의 국가가 출현한 과정을 언급하고 이집트, 누비아, 인더스 유역, 중국의 두 유역에서 농경 문명이 출현한 과정을 살펴보았다. 메소아메리카에서 출현한 두 국가, 페루 해안에서 출현한 두 국가, 사하라 이남 아프리카와 태평양 섬의 주민들이 국가를 형성하려 한 과정도 살펴보았다. 이 사례들은 아프로·유라시아보다 늦게 나타났다. 환경이 어떻든 간에 인구가 특정한 밀도에 다다르면 복잡성이 전 세계적으로 비슷하게 증가했다. 다음 장에서는 복잡해지는 진화를 따라 드넓은 농경 문명이 주도하는 인류 역사 시대까지 나아갈 것이다.

7장

농경 문명 시대의
아프로·유라시아 1부

BCE 3000~CE 1000년

새로운 인류 공동체 유형

6장에서 이야기한 변화들은 새로운 인류 공동체 출현으로 이어졌다. 바로 농경 공동체다. 7~9장에서는 6장에서 살펴본 초기 국가 시대 이후 수천 년 동안 진화한 농경 문명을 이야기하겠다. 10장에서는 근대가 시작되는 단계를 살펴볼 것이다. 인류 역사는 이 시대부터 너무나 복잡해지므로 엄밀하게 연대순으로 역사를 서술하는 방식에서 벗어날 필요도 있다. 당시에는 놀랍도록 비슷한 추세들이 전 세계에서 나타났다. 각 공동체가 동일한 문제들에 비슷하게 대처하면서 동일한 과정을 거쳤기 때문이다. 생물학자들이 말하는 수렴 진화에 상응하는 일이었다.

7장과 8장에서는 농경 문명의 특징이 된 주요 추세와 양상을 설명할 것이다. 주로 아프로·유라시아 세계 지대를 중심으로 논의할 것이다. 농경 문명은, 동일한 특징들이 되풀이하며 나타난 독특한 인류 공동체다. 아프로·유라시아의 역사적 발전 사례를 언급하고, 세계적으로 뚜렷이 나타난 추세도 이야기할 것이다. 약 100년 동안 탁월한 학자들이 파악한 추세들이다. 세계 지대 중 가장 큰 아프로·유라시아에 초점을 맞추면 그 문명의 통제 범위 밖에 있던(언제나 영향 범위 너머에 있었던 것은 아니다) 여러 공동체도 설명할 수 있다.

9장에서는 다른 세계 지대들의 역사를 살펴본다. 당시의 세계를 세계 지대로 나누는 데는 이유가 있다. 각 지대 역사의 주요 특징이 비슷하긴 하지만, 연대학적으로 보면 지난 500년 사이에 세계 지대들이 합쳐지기 전까지 수천 년 동안 역사가 상당히 달랐기 때문이다. 따라서 세계 지대를 구분하여 논의하면, 모든 지역에서 역사를 추진한 주요 추세들뿐 아니라, 환경과 문화적·사회적 구조가 달라 나타난 국지적 변이를 살펴볼 수 있다.

농경 문명이란 무엇인가: 인류 공동체의 분류

최초의 농경 문명이 출현한 과정을 알면 그 문명이 새로운 공동체라는 관점에서 살펴볼 수 있다. 물론 공동체를 정의하는 모형은 인위적이지만, 주요 차이점을 기준으로 복잡한 사회를 분류하면 도움이 된다. 생물학에서 분류란 다양한 종을 나누고 서로의 관계를 보여주는 방법이다. 여기서는 인류 사회의 주요 유형을 분류해보자. 동물 종과 달리 인류 공동체는 경계가 명확하지 않고, 알아보기 힘들 정도로 융합했을 수도 있다(〈표 7.1〉).

■ 친족 중심 사회
4장에서는 인류 역사의 대부분을 차지한 구석기시대의 유일한 공동체 형태인 소규모 친족 중심 공동체를 이야기했다. 공동체의 첫 번째 유형인 이 사회는 역사 내내 존속했다. 지금은 대부분 사라졌지만 어떤 의미에서는 진핵세포 속의 원핵세포처럼 가족이라는 형태로 현대 사회를 구성하고 있다.

■ 초기 농경 마을
두 번째 유형은 5장에서 언급한 초기 농경시대의 마을 공동체다. 이 시대가 끝날 무렵에는 마을 공동체가 가장 흔했고, 인류의 대부분은 여기에 살았을 것이다. 그러나 대부분의 마을은 농경 문명이 빚어낸 더 큰 구조에 통합되었다.

■ 목축 사회
세 번째 유형은 2차 산물 혁명으로 출현했다. 어떤 의미에서 목축민은 이동하는 농경민과 비슷했다. 농경 마을만큼 많은 사람이 모인 적은 없지만, 번성하던 아프로·유라시아 세계 지대에서 유달리 큰 영향력을 미치기도 했다.

■ 농경 문명
간단히 분류하면 농경 문명을 네 번째 유형의 공동체로 볼 수 있다. 농경 문명이 출현하면서 복잡성이 새로운 수준으로 올라섰다. 농경 문명은 이전의 모든 공동체보다 훨씬 컸다. 수만 명, 때로는 수백만 명이 방대하고

표 7.1 주요 인류 공동체 유형

공동체 유형	주요 특징	존속 시기
친족 중심 사회	50명 미만으로 떠돌며 이웃들과 연결.	구석기시대(일부는 21세기까지).
초기 농경 마을	이웃들과 느슨하게 연결되었으며 수백 명으로 이루어진 농경민 공동체.	약 1만 1000년 전 농경이 시작되면서 출현. 4대 세계 지대로 퍼졌고, 일부 지역에서는 현재까지 존속.
목축 사회	이웃들과 느슨하게 연결되고 때때로 뭉쳐서 큰 군대를 형성할 수 있는 독립적 목축민 공동체.	BCE 4000년경 대형 가축의 이용 효율을 높인 2차 산물 혁명으로 출현. 경작이 어려운 아프로 · 유라시아의 건조 지대에서만 존속.
농경 문명	넓은 지역의 마을과 도시를 연결하고 국가와 공납 체계, 문해력, 기념 건축물을 갖추었으며 수백만 명으로 이루어진 거대 공동체.	BCE 3000년보다 수백 년 앞서 수메르와 이집트에서 출현. 아메리카 세계 지대 등 경작이 널리 퍼진 지역에서도 출현. 19세기까지 주류였던 사회 유형.
현대 지구촌 사회	현대 산업 기술을 토대로 연결된 지구 공동체.	현대 인류세에 출현한 사회 유형.

비교적 통합적인 공동체를 이루었다. 또 여기저기 흩어진 상인들이 대도시부터 마을까지 돌아다니며 작은 공동체들을 통합했기 때문에 그 형태도 다양했다. 농경 문명은 많은 농업 종사자의 생산성에 토대를 두었지만 이전의 공동체들보다 훨씬 다양해서 농경민과 목축민, 사제와 제빵사, 상인과 예술가뿐 아니라 뱀 부리는 사람과 유모, 서기와 전사도 있었다.

농경 문명은 모든 복잡한 존재의 여러 특징을 보여준다. 복잡한 존재들처럼 허약했지만 구성 요소들은 정교하게 이어져 있었다. 예컨대 농민이 생산물을 도시로 보내지 않으면 도시는 제 기능을 못 할 것이고, 집단 사이의 관계가 파탄나면 문명 전체가 빠르게 붕괴할 수 있다. 다양한 농경 문명들은 공통적으로 중요한 특징이 많았다. 현생 인류의 DNA가 조금씩 다르면서도 비슷한 개인들을 빚어내는 것처럼 농경 문명들도 비슷한 사회적 · 역사적 DNA로 형성되는 듯했다. 농경 문명이 출현하면서 거대 도시부터 왕궁, 대규모 군대, 문헌에 이르는 새로운 창발적 특성들이 생겨났다. 복잡한 존재들처럼 농경 문명도 막대한 에너지 흐름이 필요했다. 방대하고 복잡한 사회구조를 수백만 명이 통합하고 유지했으며, 환경의 동물과 식물, 강, 바람으로부터 추출하는 에너지를 빠르게 늘려갔다.

농경 문명의 시대

도시, 국가, 농경 문명이 출현하면서 많은 것이 크게 변했기 때문에 이때부터 인류 역사의 새 시대가 시작되었다고 보는 것이 합리적이다. 농경 문명 시대로 불리는 시기는 BCE 3000년경부터 CE 약 1000년까지 이어졌다. 4,000년간 세계 각지로 퍼지면서 진화한 도시와 국가와 농경 문명은 가장 중요한 인류 공동체 유형이 되었다. **농경 문명 시대(Era of Agrarian Civilizations)**는 농경 문명이 가장 크고 복잡하며 강력한 공동체였던 시대다.

농경 문명의 특징

농경 문명이 출현한 모든 곳에는 비슷한 특징이 있다. 이 책에서는 그 특징으로 공동체 유형을 정의하고 식별하겠다. 고생물학자들이 인류 유골의 특징을 살펴보는 점검표를 작성하듯이, 여기서는 농경 문명 요소들의 점검표를 작성하겠다.

■ **농경**

농경 문명은 많은 농민이나 농업 종사자의 생산성에 토대를 둔다(그래서 농경 문명이다). 구석기시대의 기본 기술이 수렵채집이었듯 농경 문명의 기본 기술은 농경이었다.

■ **도시**

농경 문명은 마을보다 훨씬 다양한 일자리와 전문직뿐 아니라 인구밀도가 높은 정착지인 도시도 포함한다. 시골의 부와 자원을 끌어들인 도시로 가장 많은 부가 모여들었다.

■ 국가

권력이 집중된 곳도 도시였다. 지배층은 대부분의 시간을 도시에서 보냈다. 가장 큰 건물, 가장 높은 성벽, 가장 아름다운 신전도 도시에 있었다. 도시와 지배층은 커다란 강압적 권력 구조의 핵심이었다. 앞에서는 이 구조를 '국가'라고 설명했다.

■ 전문화와 분업

농경 문명 구성원들의 직업과 역할은 이전 사회들보다 훨씬 다양했다. 다양성은 높은 복잡성을 말해주는 척도일 뿐 아니라 사상이 다양해져 집단학습의 상승작용이 커진 이유를 설명하는 주요 요소다.

■ 군대

지배층과 국가는 권력도 집중시켰다. 군대 창설은 이 현상을 가장 뚜렷이 보여준다. 군대는 이웃을 정복하거나 내부의 반대 세력을 진압하는 데 쓰는 훈련된 병사들의 대규모 집단이다.

■ 문자

앞에서 말했듯이, 모든 농경 문명은 어떤 형태로든 간에 문자 체계를 개발했다. 자원을 통제하기 위한 회계, 생각을 제어하기 위한 법이나 종교적 판결, 정복에 사용할 수 있는 강력한 도구였기 때문이다.

■ 공납

농경 문명에서는 대개 공납이라는 형태로 부가 흘러갔다. 6장에서 살펴보았듯이, 공납은 교역과 다르다. 공납은 주로 지배층이 위협이나 강압으로 부와 물품과 노동력의 흐름을 통제할 때 나타난다. 노예제는 가장 뚜렷한 공납 형태다. 공납을 거두는 사회에서는 신체적 폭력이 여러 맥락에서 찬사를 받고(그래서 전사도 지배층이다) 노예뿐 아니라 식구들과의 관계에서도 용납된다.

부의 흐름과 강압적 권력

『길가메시 서사시』의 마지막 대목을 보면 도시가 초기 문명에 어떤 의미였는지 짐작할 수 있다. 6장에서 설명한 길가메시는 우루크의 반신반인 통치자였다. 긴 여행을 마치고 돌아오던 그는 도시에 가까워지자 동료에게 이렇게 말한다.

> 이게 우루크의 성벽이라오. 세상의 어떤 도시도 따라오지 못하지요.
> 태양빛에 구리처럼 빛나는 저 성벽을 보시오.
> 돌계단을 올라가보시오. 상상할 수 있는 것보다 오래된 계단이라오.
> 이슈타르를 모시는 에안나 신전에 가보오,
> 그 어느 왕이 지은 신전보다 크고 아름답다오.
> 길을 따라 우루크의 성벽 위를 걸어보시오.
> 도시를 둘러보며 그 장엄한 토대를 살펴보시오.
> 벽돌을 어떻게 쌓았는지, 실력이 얼마나 대단한지 살펴보시오.
> 그 성벽 안의 땅을 둘러보시오. 야자수, 텃밭을.
> 과수원, 찬란한 궁전과 신전, 가게를.
> 시장, 집, 광장을.[1]

우루크, 장안, 파탈리푸트라, 테노치티틀란, 로마 같은 도시들이 특권과 권력의 중심지였다면, 마을과 소도시는 대부분의 자원을 생산했다. 강력한 지주의 대규모 농장에서 일하기도 한 농민은 소도시와 도시에서 쓰이는 많은 식량을 비롯한 물품들을 생산했다. 모든 농경 문명의 부는 국가를 통치하는 부유한 집단으로 흘러간다. 이 에너지 흐름이 농경 문명의 복잡한 구조를 지탱했다.

농경 문명의 진화와 내부 활동을 이해하려면 에너지가 어떻게 흘렀는지를 알 필요가 있다. 그 흐름 중에는 현대인의 구매 활동처럼 시장에서 비교적 대등하게 물품을 교환하는 상업도 있었다. 농민은 시장 거래를 통해 밀을 토기나 맥주, 의류와 교환했다. 그러나 모든 농경 문명에서는 부의 흐름 중 상당량이 공납 형태를 취한 듯하다. BCE 제2천년기 말 신왕국 시대 이집트 서기의 실습서는 공납에 대한 강요의 실제 의미를 보여준다(〈그림 7.1〉). 지은이는 그런 사례를 접하면 농민이 되고 싶지 않을 것이라고 설명한다.

> 그는 낮에는 농기구를 깎고 밤에는 밧줄을 꼰다. 한낮에도 농사일을 하면서 보낸다. …… 이제 서기가 해변에 내린다. 그는 수확량을 조사한다. 곤봉을 든 누비아인 수행원들[이집트 남부로 온 용병들]이 뒤에 서 있다. 한 사람이 말한다. "곡식을 내놔." "한 톨도 없어요." 그는 마구 몽둥이질을 당한다. 그런 뒤 꽁꽁 묶여서 우물 속에 던져진다. 머리부터 물에 가라앉는다. 그가 보는 앞에서 아내도 묶이고 아이들에게 족쇄가 채워진다. 이웃들은 그들을 버리고 달아난다.[2]

풍자이긴 하지만 요지는 명확하다. 공물을 내는 이들은 대부분 이것을 약탈로 여겼다.

공납이 어떻게 작용하는지 이해하면 대다수 농경 문명 정부의 성격을 알 수 있다. 지배층이 특정한 힘인 강압적 권력을 행사할 수 있다는 것은

그림 7.1 나르메르 팔레트. 이집트 구왕국 시대의 의례용품으로, 파라오가 상이집트와 하이집트를 통일한 업적의 상징일 수도 있다. 왼쪽 사진에서 왕이 철퇴로 포로의 머리뼈를 부수려 하고 있다.
(출처: wikicommons)

군대도 동원할 수 있다는 의미였다. 이집트 카이로박물관에 있는 **나르메르 팔레트(Narmer Palette)**에는 이집트를 통일한 제1왕조 통치자 나르메르인 듯한 인물이 포로를 잡고 때리거나 죽이겠다고 위협하는 모습이 새겨져 있다(〈그림 7.1〉). 초기 국가의 전형적인 정치 선전물이다. 모든 초기 농경 문명에서 볼 수 있는 강압자의 모습은 통치자의 가장 중요한 이미지 중 하나였다. 강압적 권력의 상당 부분은 국가가 민중으로부터 받아내는 노동력, 물품, 심지어 사람에 이르는 부의 흐름을 유지하는 데 쓰였다. 물론 지배 계급의 부유한 일원에게는 상황이 다르게 보였을 것이다. 부가 자신에게로 흘러드는 것을 만물의 자연적 질서로 여겼을 것이다. 우르의 왕족 무덤에서 발굴되어 유명해진 BCE 2500년경의 모자이크화 〈우르의 깃발(Standard of Ur)〉의 한 면에는 평화 시기의 활동이, 다른 면에는 전쟁이 묘사되어 있다(〈그림 7.2〉). '평화' 면을 보면 부자들이 연회를 벌이고 있고, 그 아래에 농민들이 음식을 가져오고 있다.

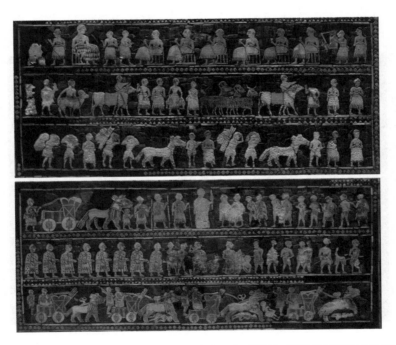

그림 7.2 우르의 깃발. 우르의 왕족 묘지에서 발굴된 이 군기는 한쪽 면(위)에 평시의 활동이, 다른 면(아래)에 전쟁이 묘사되어 있다. (출처: wikicommons)

다양한 공동체의 공존

지금까지 단일한 존재처럼 언급한 농경 문명은 실제로는 생물 같은 통합성이 없었다. 모든 인류 공동체처럼 농경 문명도 일종의 경계가 있었다. 내부인과 외부인, '우리'와 '그들'의 차이를 아는 동시대인들은 경계를 잘 이해했다. 그러나 경계가 절대적이지는 않아서 문명들이 영향을 주고받고 융합하여 더 크고 통일된 문명을 형성하거나 나뉘어 몇 개의 문명을 형성하기도 했다. 농경 문명은 너무도 복잡해서 많은 개별 공동체를 포함하고 있었다. 각기 다른 도시, 심지어 수메르처럼 각기 다른 국가도 있었고, 민족과 언어가 다른 공동체도 있었다. 게다가 경계에는 빈틈이 많았다. 농경 문명은 중심지로부터 멀리 떨어진 공동체와도 교역이나 정복으로 관계를 도모할 이유가 있었기 때문이다.

경계 너머에는 농경 문명으로 조직되지 않은 공동체들이 있었다. 사실 사회 분류에서 나열한 공동체 유형들의 공존이야말로 농경 문명 시대의 특징 중 하나다. 그전에는 사회 유형들이 다양하지 않았다. 농경 문명 시대의 끝 무렵에도 시베리아, 아메리카, 오스트레일리아에는 이 문명과 거의 접촉하지 않은 드넓은 지역이 있었다. 농경 문명 시대가 시작될 때 세계 대부분은 수렵채집 무리, 유목 집단, 마을이 차지하고 있었다. 작고 오래된 이 공동체들은 때로 더 큰 공동체와 연결되었다.

농경 문명 시대의 추세들

이 장의 나머지 부분과 8장에서는 농경 문명 시대에 오래 이어진 추세들을 살펴보겠다. 아프로·유라시아의 풍성한 역사에서 주요 사례를 언급하려 한다. 빅 히스토리의 관점에서 가장 중요한 것은 다음 질문들이다. 그토록 다양한 공동체들이 다양하게 얽혀 복잡했던 신세계는 시간이 흐르면서 어떻게 진화했을까? 그리고 어떻게 현대 세계의 토대를 마련했을까?

이 질문들에 답하려면, 규모가 큰 농경 문명이 주류였던 약 4,000년 동안 아프로·유라시아에서 일어난 변화를 파악할 필요가 있다. 여기서는 이 시대와 중요성을 이해하기 위해 4가지 추세를 논의할 것이다.

① 농경 문명과 통치 기구의 팽창과 크기·권력·효율 증가

② 농경 문명 사이의 주요 교환망 확립. 특히 아프로·유라시아에서는 **비단길(Silk Roads)**이 문명을 연결하고 범아프로·유라시아 세계 체제인 '그물망'을 확립하는 데 기여했다.

③ 복잡성이 증가하는 사회적·성적 관계

④ 혁신, 성장, 맬서스 주기의 속도와 연관되어 느린 변화 속도

이 장에서는 4가지 추세 중 첫 번째인 아프로·유라시아 세계 지대의 농경 문명 확장을 살펴보자. 나머지 3가지는 8장에서 다룰 것이다. 이 과정에서, 지역마다 다채로웠던 문화적 적응 양상을 살펴보는 동시에 공통적으로 드러나는 추세는 어떤 것들이 있는지 탐구해볼 것이다.

첫 번째 추세:
농경 문명과 통치 기구의 팽창, 권력, 효율

6장에서 살펴보았듯이 BCE 3000년 전 메소포타미아와 이집트에서 농경 문명이 나타났다. 희귀하고 새로웠던 이 공동체에는 많은 사람이 조밀하게 모인 정착지가 많았고, 포괄하는 지역도 상당히 넓었다. BCE 3000년에 수메르와 이집트 문명의 인구는 수백만 명에 달했을 것이다. J. R. 비라벤(J. R. Biraben)은 당시 세계 인구를 약 5000만 명으로 추정한다.[3]

BCE 2000년경에는 중앙아시아, 인도아대륙 북부, 북중국 황허강 유역에도 농경 문명이 출현했다. 북동아프리카에서는 나일강을 따라 수단까지 남쪽으로 농경 문명이 퍼졌고, 서아시아 메소포타미아 문명은 티그리스강과 유프라테스강 유역을 따라 북쪽으로 퍼지고 지중해 연안으로도 확장했다.

BCE 1000년경에는 지중해 분지, 중앙아시아, 중국 황허강과 양쯔강 유역의 넓은 땅으로 문명이 퍼져 있었다. 메소아메리카, 남아메리카, 서유럽 각지, 서아프리카 각지에서도 농경 문명이 출현하고 있었다.

CE 1000년경 농경 문명은 메소아메리카의 넓은 지역, 지중해 연안의

상당 지역, 유럽 대부분, 서아프리카의 넓은 지역까지 확장했다. 메소포타미아와 페르시아, 인도, 중국 같은 기존 지역들에서도 새로운 지역들로 확산한 상태였다. BCE 제3천년기 말에 수메르 인구가 줄어든 것처럼 수축된 시기도 있었지만, 장기적으로는 팽창했다.

에스토니아계 미국 학자 레인 타게페라(Rein Taagepera)는 이 과정을 통계적으로 파악하려 했다(〈표 7.2〉). 그가 추정한 근사치는 상세하게 분석하기보다는 전반적 추세를 파악할 때 적합하다.[4]

타게페라는 농경 문명 지역의 면적을 Mm²(제곱메가미터) 단위로 추정했다. 1Mm²는 지금의 이집트 면적과 비슷한 100만km²다. 현대 이전에는 공식 국경이 거의 없었으므로 타게페라의 추정값에는 추측에 토대한 부분이 많다. 그렇지만 농경 문명의 규모를 파악하는 데 도움이 된다.

5,000년 전 이집트와 메소포타미아의 국가들(국가는 농경 문명이 체계를 갖춘 형태임을 떠올리자)은 아프로·유라시아에서 약 0.2Mm²의 땅을 지배했다. 세계 육지 총면적의 약 0.2%로 굉장히 적다. 아프로·유라시아에서도 사람들 대부분은 마을에 살면서 초기 농경 생활 방식을 따랐고, 농경 문명이 들어선 지역은 드물고 특이하고 색다른 곳이었다. 그로부터 2,000년 뒤인 BCE 1000년경에는 농경 문명의 면적이 약 10배 늘었다. 약 1.6Mm²로 육지 면적의 약 2%에 달했다. 상당히 넓어졌지만 그래도 아프로·유라시아의 98%(그리고 나머지 모든 세계)는 이 문명 바깥에 있었다. 그러나 농경 문명의 인구밀도가 유달리 높았으므로, BCE 1000년경에는 분명 세계 인구 중 많은 비율을 차지했을 것이다. 4분의 1 또는 많으면 2분의 1까지 달했을 것이다.

농경 문명의 면적은 2,000년 전에는 8Mm²로 육지 면적의 약 6%에 달했다. 5,000년 전보다 약 40배 늘었다. 이 무렵 아메리카에도 농경 문명이 출현하기 시작했다. 약 1,000년 전에는 2배 늘어서 약 16Mm²로 육지 면적의 약 13%를 차지했다. 따라서 지표면 전체에서 차지하는 비율은 적었지만 1,000년 전, 그리고 아마도 2,000년 전에도 인구 대다수가 농경 문명에 속해 있었다고 보는 것이 합리적이다.

추정값에 큰 오류가 없다면 그 기간에 인류 대다수의 생활 방식이 놀랍게 바뀌었다고 할 수 있다. 수천 년 사이에 별나고 새로운 유형에서 인

표 7.2 농경 문명의 면적

시대	연대	면적(Mm²)	현대 국가의 면적과 비교한 비율(%)
농경 문명 시대 1	BCE 제3천년기 초	0.15Mm² (서남아시아에만 존재)	0.2%
	BCE 제2천년기~ BCE 제1천년기 중반	0.36~1.61Mm²	0.75~2.0%
농경 문명 시대 2	BCE 1년	8Mm²	6.0%
	CE 1000년	16Mm²	13.0%
현대로의 전환기	CE 13세기	33Mm²(주로 몽골제국)	25.0%
	CE 17세기	44Mm²(아메리카 포함)	33.0%
현대	CE 20세기	약 130Mm²	100.0%

류 대부분이 속한 공동체로 확장되었기 때문이다. 5,000년 전에는 인류 대다수가 독립된 농경 마을들에 흩어져 살았지만, 그로부터 3,000년 뒤에는 농경 문명 사회에 살고 있었다. 사실 대다수는 여전히 마을에 살았지만, 그 마을들이 농경 문명에 속해 있었다. 그들의 삶이 멀리 있는 제국과 도시의 권력에, 특히 노역과 공물을 거두는 공동체와 지방 관리의 요구에 크게 좌우되었다는 뜻이다. 한편으로 도시 주민의 수가 점점 더 늘었다(아마도 농경 문명 전체의 10분의 1). 다시 말해 겨우 약 3,000년 사이에 인류 대다수의 생활 방식이 바뀌었다. 5,000년 전에서 2,000년 전 사이에 농경 문명은 희귀하고 별난 공동체에서 대다수 인류의 표준이 되었다. 구석기시대의 20만 년 동안 변화 속도가 무척 느렸음을 생각하면 역사적 변화가 놀라울 정도로 빨라졌다는 증거다.

그 기간에 세계 인구는 약 5000만 명(5,000년 전)에서 약 1억 2000만 명(3,000년 전)으로, 이어서 2억 5000만 명(2,000년 전)으로 늘었다. 약 2,000년 전에 세계 인구의 적어도 절반이 농경 문명에 속해 있었다고 가정하면, 그 공동체의 인구(약 1억 2500만 명)가 5,000년 전의 세계 인구(약 5000만 명)보다 2배 이상 많아졌다는 의미다. 농경 문명 시대의 역사적 동력은 구석기

시대나 초기 농경시대와 전혀 달랐다.

농경 문명의 전반적 팽창을 살펴보았으니, 이 성장이 아프로·유라시아의 광역 및 지역 수준에서 어떻게 전개되었는지 살펴보자. 6장에서는 BCE 3600~BCE 2000년의 메소포타미아 문명사를, BCE 3100~BCE 2020년의 이집트 문명사를, BCE 3200~BCE 1700년의 인더스 문명사를, 초기 농경시대부터 BCE 1045년경 상나라가 멸망할 때까지의 중국 문명사를, CE 1000년경까지의 사하라 이남 아프리카 국가들의 역사를 살펴보았다. 이어서 전개된 이 지역 대부분(그리고 몇몇 새 지역)의 역사를 살펴보고, 3가지 팽창 주기와 주기적 수축을 통해 수천 년간의 진화를 추적해보자.

1차 팽창과 수축 주기
(BCE 2000~BCE 500년경)

■ 메소포타미아와 이집트

문명의 요람이라는 메소포타미아부터 이야기해보자. 아카드의 사르곤이 건설한 제국이 BCE 2150년에 무너지자 혼란기가 찾아왔다. 그 뒤에 바빌론인 정복자 함무라비(재위 BCE 1792~BCE 1770)가 바빌론을 수도로 제국을 건설하여 통제력을 회복했다. 함무라비는 인류 역사상 최초로 성문 법전을 선포하고 자신을 '세계 네 지역의 왕'으로 부르며 권력을 과시했다. 그러나 '세계'의 부유함은 팽창하려는 욕망을 지닌 외부인들의 시선을 끌었다. 그중에는 혁신적인 전차를 몰고 싸워 강력한 제국을 건설한 히타이트인도 있었다. BCE 14세기에 히타이트제국은 아나톨리아(지금의 튀르키예), 시리아, 상메소포타미아의 많은 지역을 다스렸다.

히타이트의 권력이 쇠퇴하자 아시리아인이라는 새로운 침입자들이 전차의 엄청난 위력에 토대한 강력한 군대로 그 지역을 침략하여 당시까지의 역사상 가장 큰 농경 문명을 건설했다. 서남아시아는 농경 문명 시대에 오래 이어진, 군사력으로 제국을 팽창하는 추세를 처음 보여주는 사례다. 그보다 약 2,000년 앞서 수메르 삼각주에 출현한 최초의 도시와 국가는 이제 페르시아만에서 지중해까지 뻗은 거대한 제국의 작은 부분으로 전락했다. BCE 1300년에서 BCE 612년 사이에 아시리아는 이집트와 더불어 아프로·유라시아 서부에서 위세를 떨쳤다. 아시리아의 마지막 대왕 아슈르바니팔(BCE 668~BCE 627)은 함무라비보다 훨씬 넓은 땅을 다스리는 자신을 '우주의 왕'으로 칭했다.

이집트도 BCE 제2천년기에 비슷한 과정을 겪었다. BCE 2040년에 중앙 권력의 지배력이 커지며 안정을 되찾은 이후 4세기 동안 강력한 파라오들은 광물이 풍부한 남쪽의 누비아로 군대를 보내 자원 확보를 위한 팽창에 힘썼다. 그러나 BCE 1640~BCE 1550년에 상황이 뒤집혔고, 이집트는 외부인의 통치를 받았다. 이집트인은 그들을 '외래 통치자'라는 뜻의 힉소스로 불렀다. 이 기회를 틈타서 누비아인이 강 하류 지역을 침략했다. 그 결과 이집트는 영토가 줄면서 북쪽의 호전적인 힉소스와 남쪽의 누비아 사이에 끼었다. 그러다가 BCE 1540년경 파라오 아흐모세 1세(재위 BCE 약 1550~BCE 1525)가 힉소스를 이집트에서 몰아냈고, 500년 동안 파라오들은 부유한 독립 문명을 다스렸다. 파라오들이 전쟁으로 자원을 확보하고자 애쓰면서 이집트는 제국 팽창의 시대에 접어들었고 누비아 원정도 다시 시작했다. 투트모세 3세(재위 BCE 1479~BCE 1425)는 동지중해 해안으로 17차례나 원정군을 보냈다. 하지만 전투는 지지부진했고 국력만 소모한 그는 히타이트와 평화 조약을 맺었다. 원정은 지배층이 '제로섬(zero-sum)' 팽창 정책을 폈다는 의미다. 히타이트와 이집트 모두 내부를 혁신하여 가용 자원을 늘릴 의지나 능력이 없었기에 군사적 팽창으로 땅과 부를 확보하려 애썼고, 그러다가 전쟁이 교착상태에 빠지곤 했다.

■ 동지중해

이집트와 히타이트가 충돌하는 와중에도 지중해 연안에서는 새로운 국가들이 출현하고 있었다. 지중해의 영어 단어(Mediterranean Sea)는 '지구의 중앙'이라는 뜻의 라틴어에서 유래했다. 지중해는 동쪽으로 헬레스폰트(다르다넬스해협)를 통해 흑해와 연결되고, 서쪽으로는 지브롤터해협으로 대서양과 이어진다. 지중해의 해안선은 길이가 약 4만 6400km에 이른다. 물과 육지가 만나는 연안의 다양한 공동체들은 새로운 농경 문명에 통합되었다. 메소포타미아 문명과 이집트 문명은 히브리인, 페니키아인, 미노스인, 미케네인 등의 공동체에 영향을 미쳤다.

현재 알려진 고대 히브리 역사는 대부분 히브리 성서의 구약성서에서 나왔다. 하지만 아직 고고학자들이 실증하지 못한 부분도 많다. 구약성서에 따르면 많은 히브리인이 수메르 도시로 이주했는데, 그중 한 지파는 BCE 1800년경에 이집트로 이주했다. 400년 뒤 그 후손들은 모세의 뒤를 따라 이집트를 떠나 북쪽으로 가서 지중해 남동쪽 연안의 팔레스타인으로 이주했다. 오늘날 이스라엘인이라고 불리는 이 히브리인 집단은 12개 부족의 느슨한 연합체였고, 이윽고 정치적으로 발전하여 군주국을 건설했다. 그러나 BCE 722년 아시리아가 이스라엘 왕국을 정복하고 수만 명을 아시리아 영토 전역으로 끌고 갔다. 유대인 **디아스포라(Diaspora)**('흩어짐'을 뜻하는 그리스어)의 시작이었다. 그 뒤로 2,000년 동안 그 지역과 흩어진 사람들은 여러 외세의 지배를 받았다. 히브리인은 고대 아프로·유라시아 역사에서 정치적 역할이 미미했지만, 그들의 종교 사상은 지대한 영향을 미쳤다. 세계에서 가장 영향력 있는 일신교 중 3가지인 유대교, 기독교, 이슬람교 모두 초기 히브리 신앙으로부터 깊은 영향을 받았다.

BCE 3000년경에는 페니키아인이라는 이주민 집단이 지중해 연안 이스라엘 북부에 정착했다. 이들이 여러 곳에 세운 도시국가는 뛰어난 항해 능력 덕분에 번성했다. BCE 1200~BCE 800년경 페니키아인은 지중해의 많은 해안과 섬에 상업 식민지를 건설하여 지중해 무역을 장악했다. 이후 군사력이 약한 국가가 거대한 상업 '제국'을 건설하는 비슷한 사례가 많이 나타났다. 페니키아 선단이 지중해뿐 아니라 프랑스, 스페인, 아프리카의 대서양 해안, 영국제도까지 항해하면서 지구 가운데 지역들의 상업이 활발해졌고, 모든 거대 문명과 지역의 작은 국가들 사이의 문화 교류도 촉진되었다.

페니키아는 농경 문명 시대에서 현대 초기까지 이어지는 중요한 역사적 발전의 선례를 남겼다. 작은 상업 국가의 동역학이다. 페니키아인은 고대 그리스의 폴리스, 인도양의 큰 교역 도시, 현대 초기의 이탈리아 도시국가와 비슷한 상업 도시국가들을 건설했다. 교역에 초점을 맞춘 이 국가들은 공납제에 토대한 대제국보다 훨씬 혁신적이었다. 자원이 한정되고 주로 상인들로 이루어진 고도 도시화 국가였기 때문에 지역 간 교환망에도 적극 관여했다. 지리적 이유로 규모가 작지만 정치적으로나 군사적으로 강력해진 도시국가들이 거대하지만 굼뜬 공납제 문명에 도전하여 때로 이기기도 했다.

　히브리인이 메소포타미아와 이집트에 살고 페니키아인이 오늘날의 레바논 해안을 따라 상업 도시국가들을 건설하던 시기에 동지중해의 크레타섬에서 복잡하고 새로운 사회가 출현했다. 페니키아인처럼 미노스인(BCE 2700~BCE 1450)(전설적인 미노스왕의 이름에서 따왔다)도 활발하게 해상 교역을 하여 크레타섬이 지역 교역망의 상업 중심지가 된 덕분이었다. 미노스인은 페니키아인의 선박 건조 기술과 설계를 모방하여 배를 만들고 동지중해 전역을 오갔다. 교역으로 쌓은 부로 크노소스 등에 장엄한 왕궁을 지었다. 그러나 동지중해는 지진과 화산 분출이 잦은 곳이다. BCE 1700년 이후 지각판 이동을 비롯한 지질 활동이 나타나 많은 미노스 도시가 파괴되었다. 나중에 재건되었지만 부유한 미노스 도시를 노리는 약탈자들이 자주 침략했고, BCE 1400년경 미케네인이 크레타섬을 정복했다(〈지도 7.1〉).

　인도유럽어를 사용하는 이주자들이 그리스반도 본토에 건설한 미케네 사회는 BCE 1600년부터 BCE 1100년경까지 이어졌다. 그들은 거대한 석조 요새로 에워싼 농경 공동체를 건설하고 미노스인의 문자와 건축술을 모방했다. 선형 문자 A(Linear A)로 불리는 미노스인의 문자는 해독되지 않았지만, 미케네인의 선형 문자 B 점토판은 수천 점이 해독되어 BCE 1500~BCE 1100년경을 연구하는 역사학자들에게 가치를 따질 수 없는 자료가 되었다. 인근 도시 트로이를 공격한 것도 미케네인이었다. 트로이전쟁은 훗날 그리스 시인 호메로스(Homeros)의 『일리아스』로 불후의 명성을 얻었다. 이 전쟁이 끝난 후 동지중해 전역은 이른바 바다민족이라는 수수께끼의 침략자들에게 잇달아 극심한 피해를 입었다. 침략자들이 모든 것을 닥치는 대로 파괴하여 미케네, 동지중해, 이집트의 청동기시대 문명 대부분이 사라졌다. 이후 일부 역사학자가 끔찍한 암흑기로 부르는 시기가 찾아왔다. 어째서 그렇게 많은 사람이 갑작스럽게 이동했을까? 왜 그렇게 대규모로 파괴되었을까? 지중해 전역에서 일종의 맬서스 붕괴가 일어난 사례일까? 정확한 내용은 알려지지 않았다. 어쨌든 이 사건 이후 출현한 새로운 문화와 문명은 이전과 근본적으로 달랐다.

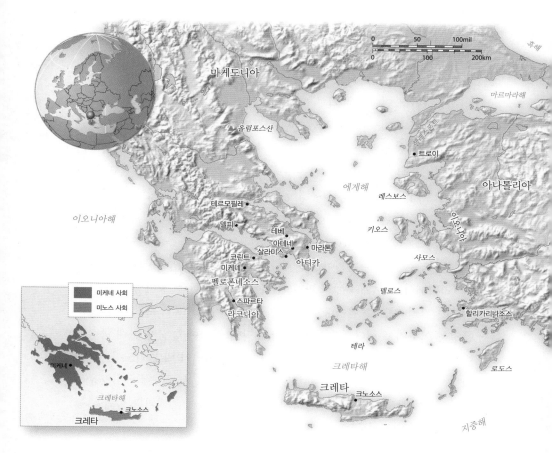

지도 7.1 지중해 동부(BCE 1500년경). 미노스(미노아, 크레타) 문명 및 미케네 문명과 관련된 주요 지역.

■ 남아시아

사르곤이 수메르에 아카드제국을 건설하고 미노스인이 크레타섬에 상업 국가를 건설하던 시기에 지금의 파키스탄에서 인더스 문명이 인더스강을 따라 거대하고 정교한 도시 문화를 구축했다. BCE 2500~BCE 2000년의 약 500년 동안 번성한 인더스 문명은 전성기 면적이 메소포타미아와 이집트를 합한 것보다 훨씬 큰 130만km²에 달했다. 그러나 6장에서 보았듯이 BCE 제2천년기 초에 도시들이 쇠퇴하기 시작했고, BCE 1700년경에는 버려졌다. BCE 1500년경에는 문명 전체가 거의 몰락한 상태였다.

BCE 1500년경 인도유럽어를 사용하는 유목민들이 들어와 인더스 문명을 무너뜨린 듯하다. 그들은 스스로를 아리아인('고귀한 사람들'이라고 불렀다. 인더스 문명 붕괴는 유목민들이 고대 유라시아 역사에 미친 영향 중 하나다. 어느 모로 봐도 의도적 침략은 아니었지만, 아리아인들은 조금씩 이동하면서 인더스 유역과 북인도의 농경 공동체를 잠식했다. 이주 당시에는 본질적으로 유목민이었지만 농경에도 친숙했다. 이주민과 토착민이 땅의 소유권을 놓고 으레 충돌했다. 인류 역사 내내 군대화한 유목민들이 등장했듯이, 아리아인도 말을 군사작전에 효과적으로 이용했고, 특히 강력한 무기인 전차로 정착 농경 공동체를 초토화했다. 토착 농경 공동체들은 BCE 1500년에서 BCE 500년 사이에 인더스강 유역의 통제권을 잃었다. 이 시기를 베다 시대(Vedic age)라고 한다.

베다라는 명칭은 아리아인 사제들이 집필한 1,000편 이상의 찬가를 모은 『리그베다(Rig-Veda)』에서 왔다. 베다 시대의 사회적·정치적 생활을 알려주는 가치 있는 문헌이다. 아리아인들은 자기들끼리도 으레 불화했고, 통일을 이루지 못했다. 그 대신 라자(raja)라는 강력한 통치자 아래 족장들이 수백 명씩 모이곤 했다. 아리아인은 BCE 제1천년기 내내 인도아대륙에 침투하여 인도 대부분을 차지했다. 이 지역에서는 하나의 제국이 꾸준히 팽창하지 못했고, BCE 500년경까지도 작은 왕국들이 권력과 영향력을 놓고 싸웠기에 정치적으로 쪼개지고 분권적이었다.

■ 중국

중국은 상황이 달랐다. 내부에서 일어난 세력들로 왕조가 계속 바뀌면서 국가권력과 규모가 크게 커지고 있었다. 5~6장에서 구석기시대부터 강력한 상나라의 출현에 이르는 고대 중국의 역사를 살펴보았다. 상나라는 BCE 약 1600~BCE 1045년 동안 중국 중부와 동부의 많은 지역을 지배했다. 왕들은 군대를 동원해 제후 세력을 억압하고, 공물과 노예를 바치라고 경쟁 국가에 요구했다. 제후국인 주나라는 상나라에 가장 끈덕지게 맞선 곳 중 하나였는데, BCE 12세기에 상나라의 수도를 장악했다. 주나라 왕은 상나라 왕이 여자, 술, 폭정 때문에 나라를 망쳤다면서 목을 벤 후 BCE 1045년에 주나라 왕조를 세웠다.

중국은 농경 문명 시대에 행정 구조가 꾸준히 진화하면서 정부 권력도 계속 강해진 특이한 사례다. 그 결과 영토도 빠르게 늘어났다. 주나라는 지상에서 벌어지는 일과 하늘에서 벌어지는 일이 서로 대응하며, 하늘이 지상의 정치 세력에 권력을 부여한다고 주장하면서 권력 찬탈을 정당화했다. 지배층은 이를 **천명**(天命, Mandate of Heaven)이라고 했다. 통치자가 양심적이고 도덕적이며 질서를 유지하는 데 필요한 관례와 의례를 지키면 하늘도 계속 지지해줄 것이라고 주장했다. 통치자가 무능하면 지상 세계와 하늘 양쪽에 혼란이 일어날 것이고, 이때는 하늘이 지지를 철회할 것이다. 주나라가 정립한 천명 개념은 1911년 청나라의 마지막 황제가 퇴위할 때까지 3,000년 동안 중국 제국의 정치에 영향을 미쳤다.

상나라보다 영토가 훨씬 넓었던 주나라는 제후가 공물과 병력을 바치며 제후국을 통치하도록 하는 지방분권적 행정 구조를 운영했다. 이 체제는 수백 년 동안 잘 운영되었지만, 이윽고 세력을 불린 제후들이 강력한 관료 조직과 군사력을 갖추었다. BCE 9세기에 철기 제작 기술이 발전하자 제후의 군대는 더 나은 무장을 갖추었고 주나라에 덜 고분고분하게 굴었다. BCE 5세기 무렵 주나라는 완전히 쪼개졌고, 제후들은 자주 충돌했다. 뒤에서 살펴보겠지만, 이후 찾아온 전국시대(BCE 480~BCE 256)는 제후국 중 가장 강력한 진나라가 다른 나라들을 정복하고 BCE 221년에 왕조를 세우며 끝났다.

2차 팽창과 수축 주기
(BCE 500~CE 500년경)

■ **동지중해와 페르시아**

동지중해에서 수 세기 동안의 혼란기가 끝나고 정치 질서가 회복되자 성벽으로 둘러싸인 새로운 정착지들이 생겨났고, 어떤 곳들은 도시국가로 발전했다. BCE 800년경에는 도시국가를 뜻하는 **폴리스**(polis)를 중심으로 상업 활동과 정치 구조를 재건한 그리스 문화가 나타났다. 폴리스는 군주제, 귀족제, 과두제 등 다양한 형태의 정부가 운영하고 번영하는 도시 중심지가 되었다. 야심적인 참주가 통치하는 폴리스도 많았다. 도시국가, 특히 아테네와 스파르타 역사의 특징은 귀족, 농민, 신흥 상인과 장인 계층 사이의 권력 관계가 진화했다는 점이다. 두 강력한 폴리스가 정치적, 군사적, 문화적으로 전혀 달랐다는 사실은 그리스인이 통일된 농경 문명을 형성하지 못하고, 페르시아 같은 외부 문명뿐 아니라 서로끼리도 전쟁하며 경쟁하는 작은 국가들로 공존했음을 말해준다. 궁극적으로 이 분열은 지독한 내전으로 그리스 문화가 자멸하는 상황을 초래했다.

지도자로 선출된 장군 페리클레스(Pericles, BCE 약 495~BCE 429)가 이끈 아테네는 서아프로·유라시아에서 가장 활기찬 상업 및 문화 중심지 중 하나가 되었다. 뒤에서 이야기하겠지만, 이전에 아테네는 페르시아 황제 다리우스 1세의 침략군을 물리치는 데 주도적인 역할을 했다. 그러나 성공이 빚어낸 시샘과 아테네가 제국을 건설하려 한다는 의심이 겹치면서 다른 폴리스들이 아테네를 비난하기 시작했다. 그 결과 아테네를 중심으로 뭉친 동맹국과 스파르타를 중심으로 모인 동맹국이 펠로폰네소스전쟁(BCE 431~BCE 404)을 벌였다. 30년 가까이 충돌, 음모, 유행병이 횡행한 끝에 스파르타가 명목상 '승자'가 되었지만, 이제 그리스는 너무 쇠약해지고 분열되었기에 북쪽 민족인 마케도니아인의 손쉬운 먹잇감이 되었다.

그리스는 통일된 제국 문명을 건설한 적이 없지만 드넓은 지역에서 인상적인 상업 활동을 했다. 여기에는 식민지 건설이 한몫을 했다. BCE 750~BCE 250년경 많은 그리스 폴리스가 지중해와 흑해 연안에 식민지를 건설했다. 식민지들은 페니키아인과 미노스인이 구축한 기존 교역망에 토대하여 지역 전체를 통합했다. 식민지로 이주한 그리스인들은 문화와 지식 분야에도 활기를 불어넣었다. 특히 현재 튀르키예의 에게해 연안 이오니아 식민지들의 그리스 학자들이 자연과 형이상학 세계를 체계적으로 탐구하기 시작했다. 서유라시아로 급속히 팽창하던 아케메네스제국의 페르시아인과 그리스인이 충돌한 곳도 이오니아 식민지였다. 이 장에서 살펴본 지역들 중 메소포타미아와 이집트, 동지중해, 남아시아 각지의 역사는 페르시아인들이 통합했다. 페르시아인들은 BCE 6세기 말에 당시 세계에서 가장 크고 부유하며 인상적인 농경 문명을 건설했다.

메소포타미아 동부 이란고원은 유라시아 서부와 중부를 잇는 자연 교차로다. 아프리카에서 나온 사람아과와 구석기 인류를 비롯하여 많은 이들이 이곳을 거쳐 이주했다. 이곳에는 옥수스 문명이라고 알려진 초기 상업 국가가 있었다. 이 문명은 BCE 2000년경 이란고원 지역의 오아시스에서 번성했다. 청동기시대에 메디아인과 페르시아인이라는 두 집단이 이주하여 이 지역에 정착했다. 느슨한 부족 연합체를 이룬 두 집단은 무력이 강했다. 바빌로니아제국과 아시리아제국이 쇠락하자 페르시아인은 군사력을 동원하여 제국을 건설하기 시작했다. 아케메네스제국(BCE 9세기에 키루스 왕조를 창시한 전설적 인물의 이름에서 따왔다)의 키루스 2세(재위 BCE 558~BCE 530)는 메디아제국을 정복하고 밖으로 눈을 돌려 동쪽과 서쪽을 잇달아 정복했다. BCE 539년경에는 서유라시아의 많은 지역을 정복했고, 아프가니스탄에서 튀르키예까지 영토를 넓혔다. 키루스 2세의 아들 캄비세스 2세(재위 BCE 530~BCE 522)는 이집트도 정복했고, 뒤를 이은 다리우스 1세(재위 BCE 521~BCE 486)는 사방으로 제국을 확장하며 동쪽으로는 인도의 일부, 서쪽으로는 유럽 남동부 지역까지 정복했다. 영토가 약 780만km²로 육지 표면의 10%를 넘은 이 제국은 이전까지 존재하지 않았던 세계 최대의 농경 문명이었다.

아케메네스인들은 중앙집권과 지방분권의 절묘한 균형을 통해 거대한 다문화 제국을 다스렸다. 왕은 절대 권력을 내세웠고, 페르세폴리스와 파사르가다에 등의 수도에서 관료, 외교관, 서기의 자문과 지원을 받으며 통치했다. 제국 행정과 관련해서는 지방 총독 사트라프(satrap)를 임명하는 등 분권적 성격을 보이기도 했다. 사트라프는 어느 정도 자치권을 가지고 지역(사트라피)을 다스렸다. 왕들이 제국의 법전을 체계화하지 않았기 때문에 지방의 법치는 지방 수준, 심지어 마을 수준에서 이루어졌다. 그러나 왕들은 제국의 통일을 도모하기 위해 약 1만 2800km에 달하는 도로망을 건설했고 제국의 동쪽과 서쪽을 잇는 2,560km의 '왕의 길'에 특히 신경 썼다. 이런 규모의 도로를 내려면 많은 비용이 들었지만, 페르시아 지배층은 정복하여 통합한 국가들을 강압하여 엄청난 공물을 받았다. 아케메네스인들은 국가의 안녕이라는 핵심 문제에 대처하면서 역사상 가장 큰 제국을 통치하는 법을 터득했고, 아프로·유라시아 제국들은 이 방식을 본보기로 삼았다.

이윽고 욕심이 지나치게 커진 아케메네스 지배층은 이오니아 해안의 고상한 그리스 식민지들을 통합하려 했다. 그러자 BCE 500년 식민지들이 반기를 들었고 아케메네스제국은 그리스반도를 공격하는 것으로 대응했다. BCE 490년 다리우스 1세가 보낸 페르시아군은 마라톤 평원에서 아테네군에 패배했다. 10년 후 다리우스 1세의 뒤를 이은 크세르크세스 1세가 그때까지의 역사상 가장 큰 규모의 대군을 이끌고 그리스를 침략했지만, 스파르타 군대가 테르모필레에서 이들을 저지했고, 아테네 군대는 살라미스에서 페르시아 함대를 물리쳤다.

그리스인은 페르시아인을 물리치는 데 성공했지만, 뒤이은 펠레폰네소스전쟁으로 통일될 가능성이 낮아졌다. 쇠락한 그리스는 필리포스 2세 (재위 BCE 359~BCE 336)가 이끄는 북쪽의 마케도니아인에게 정복되었다. 필리포스 2세가 암살되자 마케도니아와 그리스 전역의 통치권은 20세였던 그의 아들 알렉산드로스에게 넘어갔다. 알렉산드로스는 즉시 페르시아제국을 침략하는 대담한 원정에 나섰다. 위엄 있는 부친의 통치술과 탁월한 전략적 사고 능력을 물려받은 그가 이끈 마케도니아-그리스군은 규모가 페르시아군보다 훨씬 작았지만 3회의 전투에서 모두 승리했다. 알렉산드로스는 페르시아의 새 '황제'가 되었고, 원정을 계속했다. 중앙아시아도 정복했고, 멀리 인더스강까지 진군했다가 바빌론으로 돌아왔다. 그리고 BCE 323년 33세의 나이에 세상을 떠났다.

알렉산드로스의 제국은 그의 장군들이 나누어 통치했다. BCE 275년부터 그리스 문화는 정복이 아니라 상업 활동을 통해 서유라시아의 많은 지역으로 퍼졌다. 이 시기를 헬레니즘('그리스적') 시대라고 한다. 그리스의 상업 활동과 식민지 건설이 지중해와 흑해 연안의 문화적 통합을 촉진한 것처럼, 그리스의 상인, 외교관, 행정가는 인도에서 유럽에 이르는 지역의 교류와 통합을 촉진했다. 마케도니아 안티고노스 왕조의 통치를 받게 된 그리스인들은 외부인의 지배에 분노했지만 상업은 번창했다. 이집트는 부유한 프톨레마이오스제국이 되었고, 알렉산드로스가 세운 알렉산드리아는 그 지역의 거대 도시가 되었다. 이곳은 활발한 상업, 다문화적 관용, 국가가 후원하는 도서관의 지적 상승작용으로 유명해졌다.

■ 페르시아, 중앙아시아, 인도

중앙아시아는 알렉산드로스의 장군이었던 셀레우코스가 세운 셀레우코스 왕조가 힘겹게 통치했다. 이 지역으로 밀려든 그리스 이주자와 상인들

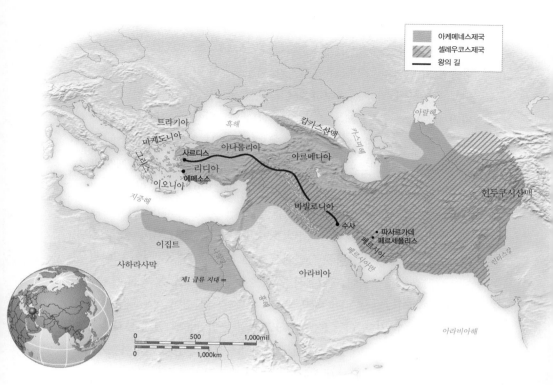

지도 7.2 유라시아 중부와 서부(BCE 4~BCE 3세기경). 아케메네스 왕조의 페르시아제국과 이후 헬레니즘 시대에 들어선 셀레우코스제국의 드넓은 영토가 보인다.

은 아프가니스탄과 파키스탄 등에 헬레니즘 사회를 이식했다. 그 결과 그리스어가 널리 쓰였기에, 인도 아소카 황제는 석비 등에 글을 새길 때 그리스와 아람어 등 동지중해의 주요 언어를 포함한 여러 언어를 사용할 필요성을 느꼈다. BCE 250년경부터는 왕들이 셀레우코스제국의 중심지 박트리아(아프가니스탄)에서 그리스-박트리아 왕국과 인도-그리스 왕국을 독자적으로 통치했지만 100년 후 무력을 갖춘 유목민들이 들이닥쳤다. 페르시아인의 방대한 제국은 다양한 지역 국가들을 통해 느슨한 헬레니즘의 상업적·문화적 '문명'으로 재탄생했고, 유럽과 아시아를 잇는 공간적 다리이자, 아케메네스제국과 로마제국 사이의 시간적 다리 역할을 했다(〈지도 7.2〉).

알렉산드로스가 아케메네스제국을 정복하고 그의 후계자들이 그가 건설한 제국을 해체한 것으로 이란에 대한 강자들의 야심이 사라진 것은 아니었다. 영토가 줄고 있었던 셀레우코스 왕조는 CE 83년에 로마군의 침략을 받기 전까지 나라를 유지했지만, 한편으로는 BCE 3세기에 이란 지역에서 출현하여 제국을 건설하겠다고 나선 새로운 세력에 시달렸다. 스텝지역 유목민의 후손으로 이란 동부에 살던 파르티아인들이 BCE 238년 셀레우코스 왕조에 대항하여 반란을 일으켰다. 미트리다테스 1세(재위 BCE 170~BCE 138)는 파르티아인들의 군사력으로 이란고원 동쪽 끝에서 메소포타미아 평원에 이르는 국가를 건설했다. 파르티아인들은 아케메네스제국을 모델로 삼아 통치했고, 잦은 내전에도 불구하고 300년 넘게 제국을 유지했다. 파르티아제국은 그 지역 로마인에게는 강력한 적대 세력이었다. 8장에서 살펴보겠지만 다른 측면에서 보면 파르티아제국은 1차 비단길 시대 때 아프로·유라시아 전역에서 수준 높은 문화적 교류를 촉진했다.

CE 3세기에는 또 다른 페르시아인 집단인 사산인이 세운 나라가 파르티아제국을 무너뜨렸다. CE 224~CE 651년 동안 400년 넘게 통치한 사산제국은 전성기에는 티그리스강과 유프라테스강의 발원지부터 아프가니스탄까지 지배했다. 아케메네스제국이 유럽과 중앙아시아의 교역과 교류를 촉진하여 다리 역할을 했듯이, 사산제국은 중국과 서방을 잇는 지리적 다리인 동시에, 고대 문명과 드넓은 건조 지대를 지배할 새로운 이슬람 제국을 잇는 시간적 다리가 되었다. 사산제국은 CE 7세기에 팽창하던 이슬람세계에 무너졌지만, 무슬림이 페르시아 정부와 행정 모델을 채택함으로써 사산제국이 남긴 페르시아의 유산은 계속 영향을 미쳤다. 페르시아인들은 농경 문명 시대에 1,000여 년간 3차례의 팽창과 수축 주기 내내 자원, 권력, 효과적인 통치 모델을 추구하며 가장 막강한 제국 체제를 구축했다.

■ 인도

중앙아시아의 지배권을 차지하려는 페르시아인과 그리스인의 싸움은 먼 인도의 농경 문명에도 파장을 미쳤다. 아케메네스제국의 다리우스 1세는 BCE 520년경 인도 북서부를 정복하여 페르시아제국에 합병했다. 2세기 후에는 알렉산드로스대왕이 힌두쿠시산맥을 지나 인더스강 유역까지 원정하여 지역 지배자들을 차례로 몰락시켜 권력 공백 상태를 불러왔다. 그 결과 처음으로 인도 대부분 지역을 단일 제국으로 통일할 새로운 왕조가 나타날 여건이 조성되었다.

BCE 325년 알렉산드로스대왕이 철군한 후 찬드라굽타 마우리아라는 야심적인 지역 왕자가 규모는 작지만 잘 훈련된 군대를 이끌고 북인도의 몇몇 지역 국가를 정복했다. 찬드라굽타는 운 좋게도 카우틸랴라는 정치 고문의 조언을 받을 수 있었다. 그가 세운 마우리아제국(BCE 321~BCE 185)은 팽창하면서 효과적인 행정 구조를 갖추었다. 마우리아제국 지배층은 지도자들이 방대한 농경 문명을 다스리는 데 능숙해져갔음을 보여준다. 전성기의 면적이 500만km²에 달한 제국은 공납, 중앙집권형 관료 체제, 지방 총독, 기동력이 뛰어나고 강력한 군대를 조합하여 질서와 권력을 유지했다.

찬드라굽타의 손자 아소카(재위 BCE 268~BCE 232)는 인도 역사상 가장 성공한 통치자 중 하나다. 아소카는 마우리아제국의 팽창 정책을 유지했지만, 유달리 피비린내 나는 전쟁을 벌인 뒤에 질려서 불교로 개종했다. 그 후 새로 옮긴 수도 파탈리푸트라에서 효율적인 관료 체제의 지원을 받으며 통치했다. 페르시아인들처럼 아소카도 방대한 도로망을 구축하여 제국 내부뿐 아니라 박트리아와 페르시아 같은 주변 국가들과의 교역을 장려했다. 그러나 아소카 사후에 마우리아제국은 경제 쇠퇴기에 접어들었고, BCE 185년경에 몰락했다.

그 뒤로 5세기 동안 인도는 분열되어 있었고, 유목민들이 북부에 침입하여 인도-스키타이 왕국과 쿠샨제국 등을 건설했다. 쿠샨제국(약 CE 45~CE 225)은 로마, 파르티아, 한나라 문명과 같은 시기에 번성했고, 아프가니스탄과 파키스탄 전역, 북인도의 많은 지역을 포함하여 약 380만km²를 통치했다. 유라시아의 교차로를 장악하고 통제한 쿠샨제국은 1차 비단길 시대에 아프로·유라시아 전역의 교역을 촉진했다.

굽타제국(약 CE 320~CE 414)이 등장하면서 인도는 다시금 통일되었다. 굽타제국 창시자 찬드라 굽타(마우리아 황제와는 관계가 없다)는 갠지스강 유역에 역동적인 왕국을 건설했고, 유능한 후계자들이 영토를 계속 확장하여 마우리아제국 수준까지 키웠다. 마우리아제국의 수도였던 파탈리푸트라는 다시금 제국 수도가 되었고, 데칸고원 북부의 인도 대부분은 안정기에 접어들었다.

고도로 중앙집권화한 마우리아제국의 행정 체제 대신 느슨한 지방정부 중심 체제를 택한 굽타제국은 정치적, 경제적, 지적으로 인도의 황금기를 낳았다. 그러나 CE 5세기에 백인 훈족을 비롯한 유목민들이 다시 침략하면서 굽타제국은 서서히 축소되다가 이윽고 사라졌다. 그 뒤에 하르샤(재위 CE 606~CE 648)가 잠시 인도아대륙을 통일했지만, 권력이 무척 강했던 지역 지배자들은 단일한 중앙 권력의 지배에 따르지 않았다. 하르샤가 암살당하자 인도는 다시 분열되었고, 9세기에 이슬람이 밀려들면서 상업이 활기를 띠었지만 정치적·종교적 긴장이 커졌다.

■ 로마

키루스와 아케메네스가 중앙아시아에서 최초의 페르시아제국을 건설하느라 바쁠 때, 이탈리아 중부에서는 한 도시국가가 이민족 왕을 몰아내고 군주제를 귀족 계급이 통치하는 공화제로 바꾸고 있었다. BCE 6세기 말의 로마는 이탈리아반도에 흩어져 있던 수십 곳의 라틴, 에트루리아, 그리스 도시들과 다르지 않았다. 로마는 BCE 2000년 직후 정착한 인도유럽어족 이민자들이 라티움 평원 위쪽 티베르강을 낀 7개 언덕을 중심으로 마을을 세우면서 시작되었다. 주민들은 BCE 1800년경에는 청동기로, BCE 900년경에는 철기로 경작과 교역을 했다. 로마 북쪽에서는 에트루리아인이 요새화한 토스카나의 도시들을 중심으로 이탈리아 북부와 중부의 여러 지역을 지배하고 있었다. 남쪽에서는 본토와 시칠리아섬의 해안을 따라 그리스 식민지들이 번성하고 있었다. 에트루리아인은 전략적 중심지 로마를 계속 지배하려 했지만, 로마인들은 BCE 509년에 마지막 에트루리아 왕을 몰아냈다. 이후 1,000년 동안 로마 시민들은 로마와 주변 지역, 사실상 서아프로·유라시아 여러 지역의 운명을 좌우했다.

BCE 509년에 로마인들은 집정관이라는 두 관리가 집행권을 행사하는 정치체제를 채택했다. 집정관은 재산과 군대의 계급에 따라 차등적 투표권을 지닌 민회에서 선출했다. 집정관의 결정은 원로원의 동의를 거쳐야 했으므로 원로원이 로마공화정의 실질적인 권력의 원천이었다. 그 뒤로 2세기 동안 평민, 기사, 귀족들이 권력을 평등하게 나누는 문제로 분쟁했고 귀족층은 마지못해 권력 독점을 포기해야 했다. BCE 3세기에 평민 위원들은 자체 관리인 호민관을 선출할 권리를 얻었고, 호민관은 집정관의 부당한 결정에 거부권을 행사할 수 있었다("나는 금지합니다"). 이윽고 평민회는 모든 로마인에게 적용되는 법을 통과시킬 권리도 얻었다. 다양한 정치적 타협으로 권력 기반을 확대하고 전면적인 사회 갈등을 당분간 피할 수도 있었지만, 귀족들은 남아 있는 특권에 더욱 완강하게 매달렸다.

로마공화국은 외국에 위협적이고 실질적이며 강경한 조치를 잇달아 취했고, 아마도 예상하지 않았겠지만 빠르게 지중해 분지를 장악했다. 역사가들은 로마가 초기에 거대한 공납 제국을 건설하려 했는지, 아니면 위협에 대응한 결과 팽창했는지를 놓고 의견이 갈린다. BCE 309년 로마는 오늘날의 프랑스에서 내려온 켈트족의 일부인 갈리아인에게 약탈당하는 치욕을 당했다. 갈리아인은 로마 도시를 점령했다가 상당한 배상금을 받고서야 떠났다. 그 뒤에 로마는 군대를 길러서 가공할 무력을 갖추었고, 다른 라틴 국가들과 그리스 식민지들과 전쟁을 벌여 승승장구했다. 그러나 정복한 지역을 혹독하게 제재하지 않았고, 병력을 지원하고 로마의 외교 정책을 지지하면 자치권을 유지할 수 있도록 했다. 이 계몽된 패권은 카르타고와 싸우면서 곤경에 처했을 때 심각한 문제에 직면했다.

BCE 270년경 지중해 중부에서 로마의 경쟁자는 페니키아 식민지 카르타고뿐이었다. 당시 카르타고는 로마보다 부유했을 뿐 아니라 해군력이 강했던 듯하다. 두 나라의 대립은 농경 국가와 상업 국가라는 두 큰 지역 세력이 상대를 정복하여 자원을 늘리려 한 사례 중 하나다. 지중해는 너무 작았기에 두 세력 모두를 품을 수 없었다. 3차례의 포에니전쟁(BCE 264~BCE 146) 끝에 로마는 힘겹게 카르타고를 무너뜨렸다. 결국 승리한 원인은 카르타고보다 규모가 훨씬 큰 해군을 빠르게 양성하기로 결정하고 실행하는 능력, 동맹을 맺은 이탈리아 도시국가들이 로마가 패배할 듯했을 때도 맹방으로 남도록 한 외교정책, 한니발(Hannibal Barca)의 군대에 무려 16년 동안 시달렸는데도 살아남은 인내력 등이었다. 그 뒤로 소규모 전쟁을 잇달아 벌인 로마는 BCE 133년경 지중해를 장악하고 넓은 공납 제국을 이루었다(〈지도 7.3〉).

넓어진 영토를 통치하기 위해 로마는 페르시아의 사트라프와 비슷한 지방 통치 체제를 채택했다. 원로원에서 총독을 뽑아 속주로 보내는 방식이었다. 그러나 총독 중에는 원하는 대로 공물을 거둘 '권한'을 부여받았다

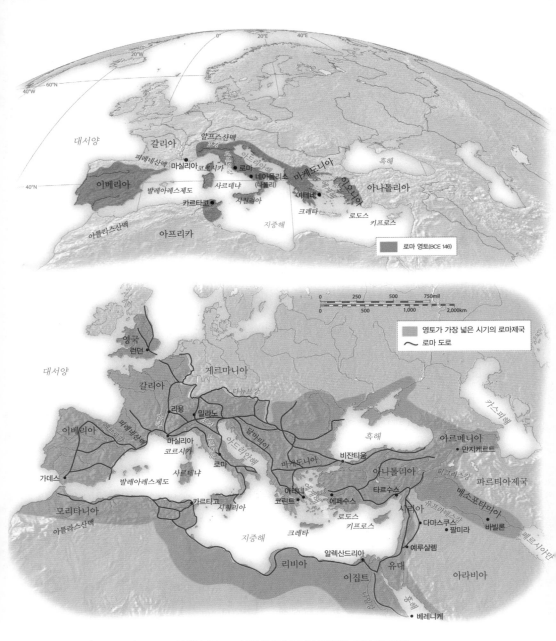

지도 7.3 로마. BCE 146년경부터 CE 117년경 사이에 얼마나 팽창했는지를 보여준다.

는 철학에 물든 귀족이 많았다. 이들은 총독 자리를 개인의 부를 축적할 기
회로 삼고 많은 부패를 저질렀다. 또 원로원 의원 중 일부는 포에니전쟁 때
버려진 이탈리아 경작지들을 차지하고서 곡물 등의 주식 작물을 재배하

는 대신 수익이 큰 올리브기름과 포도주를 생산했다. 일자리를 잃은 농민들은 도시로 몰려들어서 열악한 조건에서 살아갔다. 부자와 빈자의 격차가 커지며 주민들의 불만이 팽배한 상황에서 BCE 1세기에 로마 권력자들의 사병들이 충돌하면서 내전이 잇달았다. 그중 한 명인 율리우스 카이사르(Gaius Julius Caesar)가 '종신 독재자' 지위에 오르면서 공화정은 사실상 끝났다. BCE 44년 카이사르가 암살되자 그의 양자 옥타비아누스(Gaius Julius Caesar Octavianus)가 로마를 공화정에서 제국으로 바꿨다. 원로원은 내전을 끝내고 국가에 다시 평화를 가져온 그에게 감사를 표하는 차원에서 아우구스투스(Augustus)('존엄한 자')라는 이름을 붙였다.

CE 4세기 말까지 명석한 인물부터 광기 어린 인물에 이르는 아우구스투스의 후계자 약 140명이 황제가 되었다. 로마제국의 팽창은 느려졌지만 첫 2세기 동안에는 계속되었다. CE 2세기에 제국의 영토가 가장 컸을 때는 인구가 약 1억 3000만 명에 면적이 약 650만km²에 달했다. 로마 도시의 인구는 약 100만 명이었고, 풍요와 빈곤이 극명한 대비를 이루었다.

대다수 농경 문명과 마찬가지로 로마제국 통치자들도 군대의 이동과 통신 속도를 높이기 위해 교통 기반시설에 많은 자원을 투자했다. 로마의 도로는 총길이가 8만km를 넘었다. 모든 지역을 사실상 하나로 연결하고, 내부의 교역 관세와 통행료를 없애고, 공통의 법률을 적용한 로마인들은 아프로·유라시아의 드넓은 영토를 비교적 균질적인 문화적 실체로 통합했다. 동시대의 중국 왕조들도 이러한 정책의 필요성을 알고 있었다. 다음 장에서 살펴보겠지만, 공통 시대의 첫 2세기 동안 비단길을 통한 교역이 활발해지자 전체 아프로·유라시아 세계 지대의 여러 지역이 비슷해졌다. 동시대의 농경 문명들이 지구 최대의 세계 지대에서 연결되고 반쯤 통합되어 하나로 기능하는 교환망을 이루었기 때문이다.

그러나 CE 3세기가 시작될 무렵 로마제국은 심각한 경제 문제에 직면하여 팽창 추세가 느려졌다. 지배층이 해결책을 찾느라 애쓰는 가운데 로마는 반세기 가까이 무정부 상태가 되었다. CE 235~CE 284년의 이 위기를 3세기의 위기(Crisis of the Third Century)라고 한다. 당시 황제가 20명 넘게 바뀌었고, 대부분은 자연사하지 못했다. 유능한 디오클레티아누스(재위 CE 284~CE 305)가 효과적인 통치와 강력한 의지로 잠시 위기를 잠재웠지만,

제국을 통치 가능한 크기로 둘로 나누어 공동 황제에게 각 지역을 맡기려 한 시도는 실패했다. 그 뒤에 콘스탄티누스 1세(재위 CE 306~CE 337)가 수도를 비잔티움(콘스탄티노플로 개명)으로 옮겼고, 제국 전체를 여기서 통치했다.

내부의 경제적·정치적 문제들에 시달리는 로마제국은 외부의 위협에도 직면했다. CE 4세기 초부터 난폭한 게르만족이 서쪽으로 이주하면서 북쪽 국경 지대를 압박했다. CE 5세기 중반에는 중앙아시아의 반유목민인 훈족이 밀려드는 바람에 압박을 받은 많은 게르만족이 로마제국으로 밀려들어와서 서부의 넓은 지역에 정착했다. 프랑스(프랑크족)와 잉글랜드(앵글족) 등 현대 유럽의 많은 지역이 당시 게르만족의 정착 양상을 반영하고 있다. CE 476년에는 게르만족 장군 오도아케르(Odoacer, CE 435~CE 493)가 서로마제국 황제가 되었다. 18세기 영국 역사학자 에드워드 기번(Edward Gibbon)의 영향을 받은 여러 고대사학자는 오도아케르가 황제가 된 시기에 로마제국이 '멸망'했다고 본다. 반면 현대 역사학자들은 '로마제국의 쇠퇴와 몰락' 같은 표현을 꺼린다. 이들은 인류 역사의 팽창과 수축의 주기에 초점을 맞추기에, '쇠퇴와 몰락'이나 '암흑기'처럼 특정 사건을 중심으로 기간을 한정하는 대신 '후기 고대'처럼 역사의 연속성을 강조하는 표현을 사용한다.

■ 중국

BCE 5세기의 중국 주나라 말기에는 통일된 나라라는 인식이 사라졌고 지방 제후들이 빈번하게 전쟁을 일으키고 있었다. 그 뒤에 전국시대(BCE 480~BCE 256)가 이어지다가, 가장 강력했던 진나라가 다른 나라들을 무너뜨리고 BCE 221년에 통일 왕조를 세웠다.

혼란에 휩싸인 주나라 말기에 3가지 중요한 철학이 출현하여 20세기에 이르기까지 중국인들을 이끌었다. 교육이 도덕적인 지도자를 양성하므로 훌륭한 통치를 낳는 열쇠라고 보는 유가, 자연 및 우주와 조화하며 사는 데 초점을 맞춘 도가, 법률과 엄격한 처벌로 사회질서를 바로잡아야 한다는 법가였다. 노나라 하급 무관 집안 출신인 공자는 지배층의 도덕성을 함양하기 위해 지위에 대한 사회의 기준을 재정의하려 했다. 그는 훌륭한 인물이 반드시 상층 계급에서 태어나는 것은 아니고, 지식과 도덕을 갈고 닦으면 군자가 된다고 주장했다. 또한 군자는 지적·도덕적 능력을 갖추었기에 모범을 보임으로써 사람들을 이끌고 중국 사회에 질서와 조화를 가져올 것이라고 했다.

주나라 말기에 유가, 도가, 법가가 출현한 것 외에도 BCE 제1천년기 중반 아프로·유라시아 전역에 유달리 많은 철학 사상이 출현했다. BCE 551~BCE 479년의 인물 공자 외에도 여러 위대한 사상가가 활동했다. 현대 독일 철학자 카를 야스퍼스(Karl Jaspers)는 지적으로 풍성했던 이 시대에 '축의 시대(Axial Age)'라는 이름을 붙였다. 중앙아시아의 예언자이자 이슬람 이전 시대의 주요 종교 조로아스터교의 창시자 조로아스터는 BCE 628~BCE 551년경에 살았다. 부처가 된 인도의 고타마 싯다르타는 BCE 563~BCE 483년에 살았다고 여겨진다. BCE 469~BCE 399년에 산 고대 그리스 철학자 소크라테스는 공자가 세상을 뜬 지 약 10년 후 태어났다.

야스퍼스는 축의 시대에 "중국, 인도, 페르시아, 팔레스타인, 그리스에서 동시에 독자적으로 인류의 정신적 토대"가 마련되었다고 말했다. "그리고 이 토대는 지금도 인류를 지탱하고 있다."[5] 야스퍼스는 축의 시대의 핵심 특징 몇 가지를 이야기했다. 비슷하게 인간의 존재 의미를 탐구하는 지식인들이 비교적 갑작스럽게 출현했고, 종교와 철학의 지도자들이 거의 동시에 출현했으며, 이 도시 저 도시를 돌아다니며 교사이자 종교 지도자 역할을 하는 순회하는(방랑하는) 학자들이 출현했다는 것이다. 그러나 보편적인 윤리적·철학적 원리를 추구하는 접근법은 서로 달랐다. 신이나 종교와 연관 지은 이도 있었고, 합리적 사유에 토대한 이도 있었다.

후대 역사학자들은 이 보편적인 개념들이 거의 동시에 출현했다는 사실은 각지의 농경 문명과 문화가 연결되고 있었다는 의미라고 주장했다. 야스퍼스는 이 사상들이 사회적 환경이 급변하던 시기(예컨대 주나라 말기의 중국)에 정립되고 있었다고 지적했다. 싯다르타와 그리스 철학자들처럼 공자도 사회적·종교적 격변의 시기에 영적·종교적 대응이 아니라 올바른 삶의 본질과 의무를 정의하는 데 관심을 두었다. 공자는 지구의 기원에 관한 영적인 이야기나 동시대인들을 위해 새로운 종교 신앙을 고안하는 일에 관심이 없었다. 진정한 철학자였던 그는 종교인이 될 의도가 없었다.

그러나 궁극적으로 중국을 재통합한 사상은 유교가 아니었다. '전국' 중 하나였던 북서부의 강력한 진나라는 법가의 권위주의적 이념을 채택했다. 엄격한 법과 가혹한 집단 처벌로 사회를 결속하려 한 법가는 군사와 농경이 국력의 토대라고 보았고, 가능한 한 많은 사람이 교육이나 철학, 상업처럼 사회적으로 '쓸모없는' 직업이 아니라 두 분야에 종사하게 만들려고 했다. 진나라는 법가의 잔혹한 전술을 종종 활용하여 중국을 통일하여 한나라가 오래 존속할 기반을 마련했다.

BCE 221~BCE 207년으로 단명했지만 무척 성공적이었던 진나라는 강력한 군대로 다른 나라들을 체계적으로 무너뜨려 중국 대부분을 통일하고 다스렸다. 페르시아제국 및 로마제국과 비슷한 정책을 채택한 초대 황제 진시황(재위 BCE 221~BCE 210)은 정치적 수렴 진화의 한 사례다. 그는 토호를 지방 행정관으로 대체한 중앙집권적 관료제를 확립했다. 아케메네스제국과 로마제국의 통치자들처럼 그도 군대가 쉽게 이동할 수 있도록 나라 전체에 도로를 냈다. 또 북쪽에 방어용 장벽인 만리장성을 처음으로 건설했다. 모든 반대 세력을 단호하게 진압하고 지방군을 해산한 후에는 자신을 반대하며 비판한 유가 지식인들을 처형했다. 중국을 통일하기 위해 도량형과 법, 화폐를 통일했고, 특히 제국 전역의 문자를 통일하는 중요한 업적을 이루었다. 마지막으로, 그는 사후에 자신을 지킬 실물 크기의 테라코타 전사들을 포함한 거대한 무덤을 지금의 시안 인근에 건축했다.

BCE 210년 진시황이 사망하자 곧 진나라가 망하고 한나라(BCE 210~CE 220)가 들어섰다. 한나라는 중국의 모든 왕조 중 가장 성공한 편이었다. 진나라의 영토는 약 260만km²였지만 한나라는 전성기에 650만km²에 달했다. 한나라 초의 위대한 황제 무제(재위 BCE 141~BCE 87)는 방대한 관료제를 토대로 나라를 통치했다. 그는 교양을 갖춘 관료를 계속 배출하기 위해 BCE 124년에 일종의 제국 고등교육기관을 설립하고 교양 높은 학자-행정가를 양성하기 위해 유교를 핵심 교과과정으로 삼았다. 또한 중국의 이해관계를 중앙아시아, 베트남, 고조선까지 확대했다. BCE 제1천년기의 많은 기간 동안 북쪽 스텝 지대에서 중국 정착 농경 국가들을 위협한 유목민 연합체 흉노를 막았다.

공통 시대의 첫 2세기 동안 중국을 지배한 한나라는 중앙아시아도 장악하여 많은 수익이 나는 비단길을 유지했다. 그러나 땅을 불균등하게 분배하는 문제로 불만을 품은 농민들이 계속 반란을 일으키고 귀족층 파벌의 분열이 심해진 끝에 CE 220년에 무너졌다. 이후 중국에서는 350년 동안 수축, 무질서, 지역 권력 관계 변동이 이어졌다. 로마가 서유라시아에서 유목민의 침략을 겪던 시기에 북부를 유목민에게 강탈당하기도 했다.

따라서 CE 제1천년기의 두 번째 주기 동안 아프로·유라시아 전역 농경 문명의 크기, 권력, 효과가 계속 팽창하다가 수 세기 동안 성장이 느려지는 수축기가 찾아왔다고 할 수 있다.

3차 팽창과 수축 주기(CE 500~CE 1000년경)

■ 로마와 비잔티움

서로마제국은 CE 5~CE 6세기에 경쟁하는 왕국들로 계속 쪼개졌지만 동쪽 절반은 비교적 안정적이고 굳건하게 유지되었다. 동쪽 비잔티움제국은 1,000년 동안 존속했고, CE 제1천년기 후반 재개된 팽창의 물결에서 당나라 및 이슬람의 땅(Dar al-Islam)과 함께 아프로·유라시아의 경제적·문화적 기둥 중 하나가 되었다. 초기 황제 유스티니아누스(재위 CE 527~CE 565)는 비잔티움제국의 성공에 크게 기여했다. 그는 황비 테오도라와 함께 내부 반란을 진압하고, 콘스탄티노플의 방어 시설을 강화하며, 로마법 대전을 펴내고, 실패하긴 했지만 서로마제국의 일부 지역을 다시 정복하려 했다. CE 7~CE 8세기에 콘스탄티노플은 팽창하는 이슬람 세력에 포위, 봉쇄되었지만 버텨냈다. 많은 지역을 무슬림에게 잃었지만 제국의 중심부는 살아남았다. CE 11~CE 12세기에 반대 세력을 물리친 뒤에는 전략적 위치를 이용하여 영토를 늘리고 교역과 제조 기술 혁신으로 부를 쌓았다. 그럼으로써 비잔티움제국은 농경 문명 시대 말기까지 동지중해에서 지배적 농경 문명의 지위를 유지할 수 있었다.

■ 중국

CE 220년 한나라가 무너진 후 중국은 350년 동안 수축과 혼란에 빠졌다. 중국을 다시 통일한 수나라(CE 598~CE 618)는 단명하긴 했지만 질서를 회

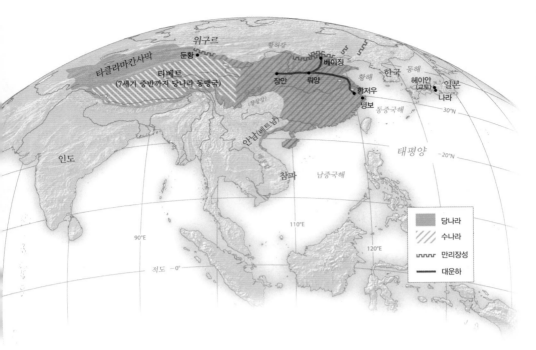

지도 7.4 중국. 350년 동안의 혼란기 이후 수나라가 재통일했다. 그 뒤를 이은 당나라는 영토를 대폭 늘렸다.

복하고, 가장 성공한 농경 문명에 속하는 당나라가 발전할 토대를 마련했다. 수나라는 당시 세계 역사상 가장 큰 수문학적 계획인 대운하를 비롯하여 엄청난 기반시설들을 건설했다.

  당나라(CE 618~CE 907) 때 중국은 세계에서 가장 부유하고 강력한 제국이었다. 두 번째 황제 태종(재위 CE 626~CE 649)은 운송과 통신 기반시설을 개선하기 위해 도로를 닦고, 관영 교통 통신 및 숙박시설인 역참을 두어 유례없는 수준으로 중국을 하나로 묶었다. 또 비옥도와 식구 수에 따라 밭을 재분배하여 농민들이 더 평등하게 살 수 있도록 시도했다. 초기 한나라처럼 당나라도 유교 지식에 토대한 과거제를 시행하여 교양과 도덕성을 갖춘 관리를 꾸준히 확보했다. 또 군대와 관리를 동원해 동쪽과 중앙아시아로 영토를 확장하여 전성기에는 면적이 1170만km²에 이르렀다(〈지도 7.4〉).

  대다수 제국의 통치 방식과 대조적으로 당나라는 농업의 혁신을 적극 지원했다. 덕분에 특히 남부가 경제 중심지가 되면서 인구가 늘고 급속히 도시화했다. 10세기경의 당나라는 유례없는 수준으로 도시화한 농경 문명이었고, 인구가 200만 명에 달한 수도 장안은 지구에서 가장 큰 도시였다. 대도시의 공방은 활발하게 기술을 혁신하며 시장경제에 기여했다. 비단길을 통한 교역도 다시 활기를 띠었고, 외국 상인들이 많은 중국 도시에 거점을 마련했다. 당나라에는 아프로·유라시아에 알려진 종교 대부분이 들어와 있었다. 아프로·유라시아 세계 지대의 서쪽 절반이 문화적, 정치적으로 팽창하는 이슬람 세계의 영향을 받던 시기에 동쪽 절반에서는 방대하고 국제적인 문명이 번영했다. 그러나 당나라는 말기 황제들이 보신주의적으로 통치한 결과로 무너졌다. 이에 따라 농경 문명의 역사에서 두드러졌던 한 장이 마감되었다. 10장에서 살펴보겠지만, 그 뒤를 이은 송나라는 산업혁명을 거의 이룰 뻔했다. 송나라가 조금 더 존속했다면 현대 세계의 역사가 근본적으로 달라졌을 수도 있다.

■ **이슬람 문명**

이 장에서 논의한 지역 중 상당수의 역사는 CE 제1천년기 후반 팽창한 이슬람 문명 때문에 더 긴밀하게 연결되었다. BCE 제1천년기 중반에 아케메네스제국의 페르시아인이 이룩한 역사와 비슷하다. 무슬림 전사들과 관리들이 만든 방대한 '**이슬람의 땅**(Dar al-Islam)'은 CE 제1천년기 후반에 가장 중요한 경제적·지적·문화적 구조 중 하나였다. 당나라가 아프로·유라시아 세계 지대의 동쪽 절반을 다스렸듯이 이들은 서쪽 절반을 지배했다.

    이슬람 신앙과 초기 문화 관습은 아라비아반도의 환경과 베두인족 풍습의 산물이다. CE 570년경 상인과 유목민이 사는 이 건조한 세계에 무함마드 이븐 압둘라(Muhammad ibn Abdullah)가 태어났다. 무함마드는 30대 후반에 심오한 영적 경험을 했고, 베두인족 동료들이 섬기는 여러 신이 아니라 알라라는 전능한 신만이 있다고 확신했다. 그의 정신적 믿음은 곧 정치적·사회적 차원으로 넓어졌다. 그가 친구들과 가족들에게 새로운 믿음을 전파하자 따르는 이들이 상당히 많아졌다. 그의 설교가 점점 인기를 얻자 메카의 다신교 당국은 분개했고, CE 622년 그는 추종자들과 함께 야트리브라는 도시로 피신해야 했다. 나중에 그곳은 (예언자의) '도시'라는 뜻의 메디나로 불리게 되었다. 당시의 이주를 뜻하는 헤지라는 이슬람 달력의 공식 출발점이자, 무함마드가 경험한 영적 계시가 강력한 종교적·사회적·정치적 운동으로 전환된 시점이다.

메디나에서 무함마드와 추종자들은 무슬림 신자 공동체 움마를 조직했다. 자체 율법 샤리아, 사회복지제도, 교육기관, 소득원을 갖춘 사회 내의 사회였다. 움마의 규모와 자신감이 커지자 무슬림은 공격적으로 이교도를 개종시키고 지하드, 즉 '투쟁'을 통해 신도와 영토를 늘리는 일에 나섰다. 농경 문명의 영토 팽창을 추진하는 원동력에 영적인 명령이 추가되었다. CE 630년 무함마드는 강력한 움마를 이끌고 메카로 돌아와 정권을 찬탈하고 종교 정부를 세웠다. CE 632년 무함마드가 세상을 떠날 무렵에는 아라비아의 상당 지역을 무슬림이 장악한 상태였다. 그 뒤에 무함마드의 유능한 후계자 아부 바크르(Abu Bakr)가 칼리파(칼리프)('대리인')로 선출되었다. 국가 수장, 군 지휘관, 최고 재판관, 최고 종교 지도자인 칼리파는 농경 문명 시대 세속적·종교적·법적 권력의 진화와 통합을 보여주는 핵심 사례다. 아부 바크르와 그 후계자들은 지하드를 계속했다. 무슬림 군대는 아라비아에 남아 있던 비무슬림 부족들을 정복하고 북쪽으로 방향을 돌려, 무사안일에 빠져 정체된 비잔티움제국과 사산제국을 공격했다.

'이슬람의 땅'은 많은 제국이 공납, 영토, 영광을 위해 팽창하던 시대에도 유례가 없을 정도로 빨리 성장했다. 무함마드가 세상을 떠난 지 겨우 5년 뒤인 CE 637년에 이슬람은 시리아, 팔레스타인, 메소포타미아 전역을 장악했다. CE 640년대에는 북아프리카의 여러 지역도 통합했다. CE 651년 페르시아 사산제국의 중심지를 무너뜨릴 무렵 이슬람의 땅은 지중해에서 아프가니스탄까지 뻗어 있었다. 이슬람 군대는 8세기 초에 지하드를 재개했고 CE 711년에는 북인도의 몇몇 힌두 왕국을 정복했다. 북아프리카에서는 모로코의 대서양 연안까지 영토를 확장했고, CE 718년에는 지브롤터해협을 건너 스페인까지 진출했다. 중요한 문명의 시대에 이슬람 세계의 면적은 1,300km²로 당시까지의 역사상 세계 최대 규모였다(〈지도 7.5〉).

이슬람 당국은 아카드인, 아시리아인, 페르시아인, 마우리아인, 로마인, 한족이 겪은 것과 같은 과제에 직면했다. 방대한 다문화 제국을 효과적으로 다스릴 방법을 찾아야 했다. 이슬람 세계의 지배권을 차지하려는 이들은 적대적인 정치 파벌들로 분화했다. 이윽고 분열되어 있던 칼리파

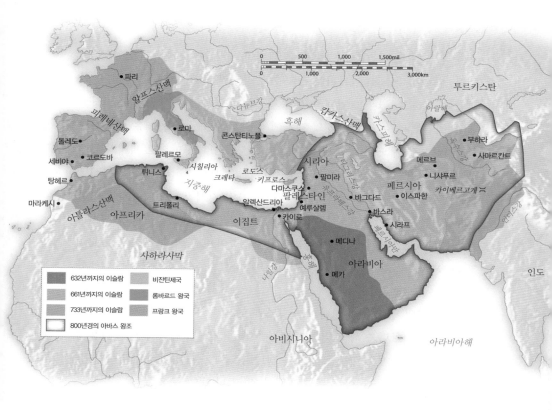

지도 7.5 아프로·유라시아 중부와 서부. 7~8세기의 이슬람 세계 확장을 보여준다.

지역들이 통합되면서 안정적인 두 왕조가 건설되었다. 우마이야 왕조(CE 661~CE 750)와 그 뒤의 아바스 왕조(CE 750~CE 1258)다. 철저한 중앙집권적 통치 구조를 따른 우마이야 왕조는 아랍 귀족층을 정복지의 총독으로 임명했다. 우마이야 왕조는 대체로 정복지 주민들이 원하는 종교를 믿도록 허용했지만, 비무슬림에게 특별 종교세를 물리며 개종하도록 압박했다. 영토 전역에서 불만이 커져도 칼리파들은 민심을 외면했고, 각계각층의 신망을 잃은 우마이야 가문은 결국 말살되었다.

그 뒤에 들어선 아바스 왕조(칼리파국)는 CE 1258년 몽골군에게 정복될 때까지 이슬람의 땅을 500년 동안 통치했다. 아바스 왕조는 권력과 행정 권한을 아랍인, 페르시아인, 이집트인, 메소포타미아인에게 평등하게 나누어주며 더 국제적인 정부 형태를 갖추었다. 넓은 영토를 효율적으로 통치할 방법을 구상하던 왕조는 페르시아가 오랫동안 제국을 통치한 방식을 참고했다. 바그다드는 이슬람 세계의 새로운 수도가 되었고, 각 지방은 총독이 다스렸다. 아바스 왕조는 중앙집권적 관료제를 확립하고, 화폐를 주조하고, 세금을 억제하고, 우체국을 운영하고, 직업군인으로 상설군을 조직했다. 이슬람 세계의 각지에서 공물이 꾸준히 들어온 바그다드는 장엄한 건물, 모스크, 광장을 갖춘 멋진 모습으로 꾸며졌고 세계의 위대한 상업·금융·산업·지적 중심지 중 하나가 되었다. 칼리파 하룬 알라시드(재위 CE 786~CE 809)는 예술을 후원하고, 유럽 각지의 통치자들과 활발하게 외교 활동을 했다. 그의 통치 아래 아바스 왕조는 안정되고 엄청나게 부유해졌다. CE 9세기에 무슬림 역사학자 무함마드 알타바리(Muhammad al Tabari)는 하룬 알라시드가 세상을 떠날 때 바그다드의 재화가 9억 디르함(dirham)에 달했다고 주장했다.

이슬람의 영토 확장은 아바스 왕조 때도 지속되었지만, 공식 정책으로 추진되었다기보다는 각 지역의 자치적 무슬림 세력이 벌인 원정의 산물이었다. CE 751년에는 아바스 군대와 당나라 군대가 중앙아시아 깊숙한 곳의 탈라스강에서 중요한 전투를 벌였다. 여러 날 동안 무슬림의 대규모 군대는 시르다리야강 유역을 장악하려는 소규모의 당나라군과 그 동맹국 군대를 상대로 분투했다. 결국 무슬림 군대가 당나라군을 궤멸함으로써 당나라의 서쪽 팽창은 종식되었다. 중앙아시아의 여러 지역으로 무슬림이 밀려들면서 이 지역의 튀르크 사람들에게 이슬람 신앙이 꾸준히 퍼졌다.

아바스 왕조의 전성기는 하룬 알라시드가 통치한 시기였다. 그의 사후에는 후계자 자리를 놓고 경쟁이 일어나면서 내전이 벌어지곤 했다. 총독들은 이슬람의 땅 전역에서 세금을 거두어 독자 세력을 구축하는 데 몰두했다. CE 10세기에 아바스 '왕좌'는 페르시아 귀족들이 차지했고, CE 11세기 중반에는 이슬람으로 개종하고 넓은 지역에서 강한 무력을 갖춘 튀르크 유목민 셀주크족이 권력을 장악했다. 13세기에 몽골이 침략하자 튀르크족은 아나톨리아 지역으로 밀려났고, 이슬람의 땅은 방대한 몽골제국의 일부가 되었다. 10장에서 살펴보겠지만, 면적이 2700만km²였던 몽골제국은 세계 역사를 통틀어 가장 거대했다.

| 요약 |

이 장에서는 6장에서 소개한 새로운 인류 공동체인 농경 문명의 정치적 진화를 3,000년에 걸쳐 추적했다. 거시적으로 볼 때 일관된 팽창의 원동력은 외부를 정복하여 성장하려 한 농경 문명의 욕망이라고 할 수 있다. 이 문명들 대부분의 지배 계층은 대체로 상업적·농업적 혁신에 무심했기 때문에 성장의 문제를 전쟁으로 대처해야 했다. 성장은 국가 내의 생산성을 높이려 하기보다는 남들이 생산한 것을 빼앗아야 하는 제로섬 게임이었다. 이러한 관점으로 당시의 특징인 이웃 정복을 통한 팽창과 지속적인 전쟁을 설명할 수 있다. 여기서는 3가지 팽창과 수축의 주기를 통해 아프로·유라시아 농경 문명의 역사를 탐구했다. 이 주기는 대체로 BCE 3000년에서 BCE 500년까지, BCE 500년에서 CE 500년까지, CE 500년에서 CE 1000년까지 이어졌다. 약 5,000년 전 서남아시아와 북동아프리카에서 농경 문명이 처음 출현했을 때는 농경민이 인류 전체에서 차지하는 비율이 무척 적었다. 그 시대가 끝날 무렵에는 인구 대다수가 농경 문명에 속해 있었고, 가장 인구밀도가 높은 공동체도 마찬가지였다.

그러나 문명의 성장과 행정 구조 안에서 진화하는 권력은 이야기 전체의 일부다. 이 구조들은 팽창하면서 마주치고 더욱 큰 연결망, 즉 문명들이 연결된 그물을 이루었다. 점진적인 관계와 상호 연결에 힘입은 덕분에 사람 종을 정의하는 특징인 정보를 교환하고 집단 학습하는 능력이 크게 향상했다. 더 많은 사람과 다양한 생활 방식, 문화 관습에 대한 집단 학습이 진행되면서 농경 문명은 기술적, 사회적, 정치적, 정신적으로 인류의 혁신 능력을 크게 강화했다. 다음 장에서는 농경 문명 시대에 범아프로·유라시아의 문화적 교류의 산물로 발전한 문화적 관행 중 일부를 살펴보겠다. 이 관행은 인류 역사가 근대 세계라는 극적인 새 경로로 나아가게 했다.

8장

농경 문명 시대의
아프로 · 유라시아 2부

BCE 2000~CE 1000년

7장에서는 농경 문명 시대를 소개하고 4가지 주요 특징 중 첫 번째를 살펴보았다. 3차례의 대규모 팽창과 수축 주기를 통해 농경 문명, 공납을 거두는 통치 구조의 규모와 권력, 효과가 커졌다는 것이다.

8장에서는 당시의 아프로·유라시아 세계 지대를 정의하는 데 유용한 3가지 특징을 살펴보겠다. 비단길 등 문명 사이에 구축된 교류망, 사회적·성별 관계의 복잡성 증가, 변화의 속도다. 7장에서 농경 문명 시대의 기술 혁신 속도와 규모가 현대의 폭발적인 규모에 비하면 지지부진했다고 말했지만, 그래도 중요한 변화들이 나타났다. 특히 상업 활동, 문화적 교류, 철학 사상, 사회적·성별 관계가 발전했다. 인류 역사에서 흥미로운 주제인 이 과정들은 현대 세계가 출현할 토대를 마련했다. 아프로·유라시아 세계 지대의 발전 중 몇 가지를 살펴보자.

두 번째 추세:
아프로·유라시아 농경 문명들의 교환망

농경 문명은 고립되어 존재하지 않았다. 성장하면서 영토 너머로 뻗어 나갈 때 외부와 결합하며 더 큰 연결망을 형성했다. 그저 국경이 맞닿아서 연결되거나, 연결이 무척 느슨한 경우도 있었다. 일부 주민이 교역이나 여행, 아이디어 모방, 전투를 통해 다른 농경 문명 지역 사람들과 만날 때 그러했다. 사실 국경이 명확한 농경 문명이라는 개념은 오해를 불러일으킬 수 있다. 지도에 뚜렷하게 선이 그어져 있고 경비대가 지키는 국경은 대체로 현대의 발명품이다. 농경 문명의 국경은 통치자의 지배력이 요동치거나 약해지거나 다른 통치자가 지배권을 주장할 때 오락가락하는 등 모호한 경우가 많았다.

복잡하고 느리긴 했지만 농경 문명 지역들의 연결은 대단히 중요한 과정이었다. 집단 학습을 가속화하고 더 많은 사람과 더 큰 다양성을 포용하기 때문이다. 넓어지는 교환망은 자연 세계 및 서로를 연결하는 새로운 방법을 찾아내는 인간의 능력을 강화하여 집단 학습의 힘을 증폭시켰다. 그 시대가 끝날 무렵 드넓은 아프로·유라시아 세계 지대 사람들 대부분이 활기찬 그물로 연결되었다. 이 현상은 각 세계 지대 안에서만 사실이었다. 곧 살펴보겠지만 당시 아메리카·오스트랄라시아·태평양 세계 지대 사람들도 중요한 발전을 이루었다. 그러나 이들은 농경 문명 시대에 고립되어 있었기 때문에 다른 세계 지대 사람들은 이 지역에 관해 거의 몰랐다.

교환망과 집단 학습

아프로·유라시아 농경 문명이 팽창하자 각 세계 지대의 지역들이 물품과 생각을 교환하는 기회가 많아졌다. 당시의 대도시를 별에 비유할 수 있다. 별과 비슷하게 주변 공간에 영향을 미쳤기 때문이다. 대도시는 지역에서 가장 강력한 실체였고, 그 '중력'은 넓은 지역에 영향을 미쳤다. 주변의 소도시와 마을은 행성과 달처럼 대도시 주위를 맴돌았다. 대도시는 주변 지역에 활기를 불어넣었고 생각, 물품, 혁신, 사람을 끊임없이 끌어들였다. 농경 문명과 그중 상당수의 중심부를 이룬 대도시는 교환과 집단 학습을 자극했다.

특히 아프로·유라시아 세계 지대의 문명들은 각각의 생활 방식을 추구하는 주변의 여러 집단과 연결되어 하나의 방대한 망을 이루었다. 연결망에서 물품뿐 아니라 사회적·종교적·철학적 사상, 언어, 신기술, 질병도 교환되었다. 농경 문명 시대의 교환망 중 가장 중요했던 것은 **비단길(Silk Roads)**이다. 그러나 먼저 나타난 여러 농경 문명에도 작은 교환망이 있었고, 인도양을 통한 해상로도 출현했다. 이 연결을 염두에 둔 일부 세계사학자는 농경 문명이 출현할 때부터 세계 체제라는 지정학적 구조에 속해 있었다고 주장한다. 세계 체제는 둘 이상의 사회 사이에 형성된 자족적 관계다.

1970년대 이전에는 거대 규모의 역사를 연구하는 학자들 대부분이 거시적으로 역사를 이해하는 기본 단위가 문명이라고 보았다. 20세기 초에 활동한 오스발트 슈펭글러(Oswald Spengler)와 아널드 토인비(Arnold Toynbee)의 영향을 받은 이들은 어떤 식으로든 문명을 분리되고 개별적인 실체로 연구할 수 있다고 주장했다. 분리되어 있는 듯한 실체들의 관계에 대한 관심은 적었다. 1970년대에 이매뉴얼 월러스틴(Immanuel Wallerstein)은 **세계체제론(world-systems theory)**의 이론적 틀을 개척했다. 이전 이론들과 달리 월러스틴의 모형은 문명들의 상호작용과 연결에 초점을 맞췄다. 전 세계가 실질적으로 하나로 연결된 시기는 20세기지만, 세계 체제라는 용어는 방대한 사회가 교역, 전쟁, 문화 교류로 관계 맺은 여러 시대와 지역에 적용할 수 있다. 농경 문명 시대에 관한 연구는 이 새로운 인류 공동체들이 나타나자마자 방대한 '세계 체제'로 이어질 관계를 맺었음을 보여준다.

최근 존 맥닐(John McNeill)과 윌리엄 맥닐(William McNeill)은 인류 상호 작용의 연결망이라는 개념을 재정립하여 '인간망(human web)'이라는 개념을 내놓았다. 이들은 역사가 시작될 때부터 인류가 크거나 작거나 느슨하거나 꽉 짜인 망을 이루었으며, 역사학자는 역사를 현대성으로 내몬 상호작용과 교환, 협력, 경쟁을 이 망을 통해 파악할 수 있다고 주장했다. 다른 세계 체제 이론가들처럼 맥닐 부자는 세계사를 분석하려면 초기 농경시대의 '성기고 국지적인' 망에서부터 대규모 농경 문명의 '조밀하고 상호작용하는 대도시망'을 거쳐 현재의 '전자화한 세계적 망'에 이르기까지 커진 연결 구조에 초점을 맞추어야 한다고 주장했다. 농경 문명 시대를 빅 히스토리 관점에서 분석하는 이 책도 세계체제론과 진화하는 하나의 인간망이라는 개념에 토대했다.

전쟁으로 연결된 문명

농경 문명 시대의 특징인 지속적인 전쟁은 떨어져 있는 농경 문명들을 연결하는 주요 요인이었다. 예컨대 로마인이 넓은 제국의 주인이 된 것도 전쟁을 통해서였다. 또 게르만족과 파르티아인 같은 국경 너머의 부족들과 로마제국의 끊임없는 충돌은 이 외부인들을 로마가 주도하는 세계 체제로 끌어들였다. 이슬람 군대도 유럽의 피레네산맥에서 중앙아시아 깊숙한 국경까지 뻗은 이슬람의 땅을 건설할 때 프랑크 왕국, 비잔티움제국, 중국 등의 주변 집단을 방대한 아프로·유라시아 연결망으로 끌어들였다. 이처럼 군사적 관계가 중요한 역할을 했지만, 가장 효과적이고 큰 영향을 미친 세계 체제는 교역으로 구축되었다.

초기 아프로·유라시아 교역망

농경 문명 시대 초기부터 교역자나 중간에 낀 다양한 사람('중개인')을 통한 교역이 멀리 떨어진 지역들을 가장 효과적으로 연결했다. BCE 제2천년기 초 이집트, 메소포타미아, 인더스 문명도 교역하고 있었다. BCE 제2천년기 중반 동지중해 지역도 치밀한 교역망을 형성하여 페니키아, 이집트, 미노스, 미케네와 여러 문화가 다양한 상품들을 교환했다.

그 모습을 엿볼 수 있는 흥미로운 사례는 울루부룬 난파선이다. BCE 14세기 튀르키예 남서부 해안에 침몰한 이 작은 배는 페니키아, 아나톨리아 남부(튀르키예), 에게해, 이집트를 연결하는 해상 교역로를 오갔다. 이 배에서는 다양한 청동기 무기를 만드는 데 쓰였을 구리와 주석 덩어리, 코발트블루와 청록색 유리, 화장품 성분인 테레빈 수지, 이집트산 흑단 목재, 상아, 하마 이빨, 타조 깃털, 거북 껍데기, 이국적 과일과 향신료, 아름다운 키프로스산 도기, 이집트 여왕 네페르티티의 황금 풍뎅이 장신구, 미케네 무기 등 별난 화물들이 발견되었다. 철필로 새길 수 있는 밀랍 필기판도 있었다. 이 유물은 문자 기록(분명 페니키아 글자를 썼을 것이다)이 상업에 중요했음을 보여준다.

비단길이 낳은 교역과 문화 전파

당시 아프로·유라시아 여러 지역의 교역망과 관계 중 가장 중요한 것은 비단길이었다. 다양한 집단과 문화가 교환하는 정보와 생각은 변화를 촉진하는 주요 원동력이다. 농경 문명 시대 초기에는 규모가 작았던 교환이 커지면서 증진된 집단 학습은 물질적·예술적·사회적·정신적 영역을 크게 바꾸었다. 아프로·유라시아의 많은 지역과 연결된 비단길을 통한 문명 간 접촉도 중요한 집단 학습을 낳았다.

수천 년 전부터 인류가 교역하고 이주한 길들도 있지만 특히 비단길이 중요한 역할을 한 첫 번째 시기는 BCE 약 50~CE 350년이다. 중국, 인도, 쿠샨, 이란, 스텝 지역 유목민, 지중해 세계가 물품과 지식을 교환했다. 서로마제국과 한나라가 무너지자 수백 년 동안 비단길을 통한 접촉이 줄어들었다가 2차 '비단길 시대'가 찾아왔다. 약 CE 600~CE 1000년의 수 세기 동안 비단길과 해상 교역로를 토대로 중국, 인도, 동남아시아, 이슬람의 땅, 비잔티움제국이 연결되었다. 두 시기에 비단길은 교역을 촉진하는 주요 기능을 했다. 물품만이 아니라 지적·영적·문화적·생물학적·기술적 사상들도 오갔다. 다음의 몇 가지 사례가 시사하듯, 이 무형의 교환이 세계 역사에 더 중요한 영향을 미쳤다.

상업 활동이 촉진한 지적 교환의 한 예는 CE 5세기에 아랍 상인들이 인도를 오가기 시작할 때 일어났다. 아랍 상인들이 인도에서 접한 융통성 높은 숫자 체계를 로마 숫자 대신 사용하기 시작한 것이다. 인도의 숫자, 특히 인도인들이 창안한 0이라는 개념은 복잡한 계산을 더 빨리 하도록 해주었기 때문에 전 세계로 퍼졌다. 아랍 상인과 학자가 이 숫자 체계를 서양에 들여왔기 때문에 유럽에서는 아라비아숫자라고 부른다. 원래 아랍인들은 힌두 숫자라고 불렀다. 세계 역사에 대단히 중요한 이 교환은 현대 경제의 출현에도 기여했다. 역사학자 린다 섀퍼(Lynda Shaffer)가 **남방화**(southernization)(아프리카와 인도의 물질적·비물질적 문물이 유라시아 북부로 이동한 현상)라고 부른 현상의 일례다.

비단길을 통한 교환이 빚어낸 가장 중요하고 영적인 결과는 종교 전파다. 인도로부터 중앙아시아를 거쳐 중국과 동아시아로 전파된 대승불교가 좋은 예다. 이와 관련하여 미술 개념과 기법이 전파되어 집단 학습과 문화적 변화를 증진했다. 특히 CE 2세기에 간다라(파키스탄)와 마투라(인도)의 공방에서 개발된 혼합주의적 조각 양식이 동쪽으로 확산된 사례가 중요하다. 이 조각 양식이 처음으로 부처의 모습을 시각적으로 표현했기 때문이다. 혼합주의(syncretism)라는 용어는 다양한 문화 전통에서 유래한 특징들이 뒤섞여 새로운 문화를 만드는 현상이다(〈그림 8.1〉 참고).

비단길은 생물학적 영향도 미쳤는데, 가장 중요한 사례는 질병과 역병의 전파다. 비단길을 통해 교역자들이 병원성 세균을 퍼뜨림으로써 한나라와 로마제국의 인구 감소와 쇠퇴에 중요한 역할을 했다. 병원체에 수백만 명이 노출되었다는 것은 아프로·유라시아

그림 8.1 간다라 부처상(CE 2세기경). 간다라 조각은 1차 비단길 시대에 중앙아시아에서 발전한 혼합주의 문화를 잘 보여준다.
(출처: wikicommons)

세계 지대 사람들이 항체를 형성했고 집단이 중요한 면역력을 갖추었다는 의미이기도 하다. 면역력은 근대에 대단히 중요한 역할을 했다. 무슬림, 중국, 특히 유럽의 교역자와 탐험가가 아프로·유라시아의 질병을 다른 세계 지대로 옮겨 토착 집단들에 재앙을 야기하곤 했다. 이 4가지 사례는 비단길과 인도양 교역망이 인류 역사의 형태와 방향에 미친 영향을 입증한다.

비단길의 기원

아프로·유라시아 각지에 단절되어 있던 소국들이 통합되어 농경 문명을 형성하면서 상업적·문화적 교환이 가능해졌다. 7장에서 살펴보았듯이, 통합은 대체로 전쟁의 결과였다. 주요 문명들이 팽창함에 따라 1차 비단길 시대에는 로마, 파르티아, 쿠샨, 한 4대 제국만이 중국해에서 영국에 이르는 유라시아 대륙의 많은 지역을 지배했다. 거대 국가들이 형성되면서 이전까지 조각나 있던 드넓은 지정학적 환경에 질서와 안정이 자리 잡았다. 거대 국가들은 방대한 내부 도로망을 건설하고, 야금술과 교통 기술을 발전시키며, 농업 생산을 집약화하고, 처음으로 화폐를 주조했다. BCE 1세기 중반에는 새로운 물질적·문화적 교환과 집단 학습의 여건이 마련되어 있었다.

유목민도 중요한 역할을 했다. 그들은 주로 소, 양, 낙타, 말 같은 가축으로 생계를 유지하는 공동체를 형성했다. 유목이 정확히 언제 나타나고 퍼졌는지는 불분명하지만, BCE 제4천년기 중기에서 후기에 유라시아 스텝 지대 곳곳에서 매장지가 출현한 사실을 감안하면 가축에 의존하는 반유목 공동체가 생활한 것이 분명하다. 이 다양한 집단의 생활 양상은 불분명하다. 영구 정착지가 아예 없는 집단부터 영구 정착지에서 주로 사는 안드로노보 같은 공동체에 이르기까지 다양했을 것이다. 스키타이족과 흉노족처럼 말을 이용하여 이동성이 뛰어나고 군사화한 내부 유라시아 유목 집단들은 BCE 제1천년기 초에야 출현한 듯하다.

아프로·유라시아에서 최초의 도시와 국가가 출현할 즈음에는 (6장에서 논의한) 2차 산물 혁명으로 가축을 생산적으로 활용하는 방법들이 개발되어 있었다. 공동체가 가축 떼에 의지하여 살 수 있을 정도로 생산성이 높

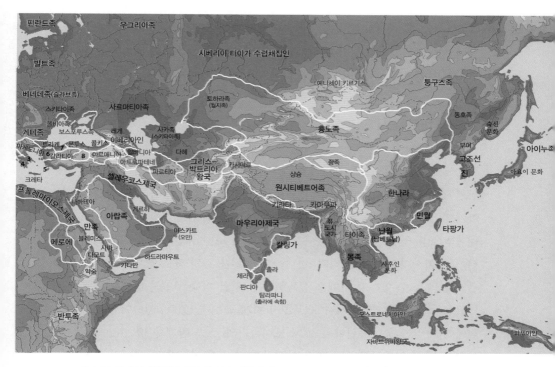

지도 8.1 내부 유라시아의 유목 국가와 정착 국가. BCE 200~BCE 100년경의 주요 유목민 연합국과 농경 문명 중 일부다.

아진 사례도 있다. 그러나 가축에 더 의지할수록 이들은 더 유목 생활을 해야 했다. 가축 떼가 먹을 풀을 구하려면 넓은 지역을 돌아다녀야 했기 때문이다. 그 결과 아프리카 북서부에서 서남아시아와 중앙아시아를 거쳐 몽골에 이르기까지 수평으로 길게 뻗은 건조 지대를 활용하는 유목 생활 방식이 수천 년에 걸쳐 출현했다.

BCE 제1천년기 중반에는 군사적 능력과 기술, 인내심과 이동성을 갖춘 대규모 유목 공동체가 출현하여 주변의 정착 농경 문명을 지배했다. 스키타이, 흉노, 월지, 오손 같은 부족들은 농경 문명 사이의 스텝 지대에 국가와 비슷한 연합체를 이루었다(〈지도 8.1〉). 주요 도시와 대규모 정착 인구 등 농경 문명의 특징 중 상당수가 없었기에 이들은 농경 문명으로 여겨지지 않는다. 그러나 이들은 유목민이 혹독하고 건조한 아프로·유라시아 내륙에서 번성할 능력이 있음을 보여주며 다른 생활 방식과 공동체들을 연결했다. 유목민들이 성공하기 전에는 농경 문명들이 격리되어 있었다. 궁극적으로 유목민은 비단길을 비롯한 연결망이 번성하도록 해준 교역과 교환의 촉진자이자 보호자 역할을 했다.

1차 비단길 시대

전제 조건들을 갖춘 한나라가 서쪽의 이웃 나라들과 교류하며 장거리 상업 활동을 시작하자 소규모의 지역적 교역이 드넓은 범아프로·유라시아 교역망으로 탈바꿈했다. 한나라 무제는 장건(張騫)을 중앙아시아로 보내며 외교와 탐사 임무를 맡겼다. 장건은 무려 12년 동안 탐사하고 돌아와서, 중앙아시아의 많은 나라가 '한나라의 물건을 갈망'하고 있으므로 우호 관계를 맺을 수 있다고 무제를 설득했다. 교역할 의향이 없는 나라들은 무력으로 굴복시켜 교역하거나 조공을 바치게 할 수 있었다. 10년이 지나기 전에 한나라는 중앙아시아의 36개 도시국가와 조공 관계를 맺었고, 상인들이 고대의 이주로를 따라 중앙아시아를 오가기 시작했다. 한나라가 서쪽 이웃 나라들과 교류하기 시작한 지 반세기 뒤 로마에서는 약 100년간의 내전이 끝나고 아우구스투스가 권력을 잡았다. 서아프로·유라시아의 여러 지역에 평화와 안정이 찾아왔고, 로마에서는 사치품, 특히 비단 같은 이국적 직물과 향신료 수요가 급증했다.

로마인들이 원한 중국의 주요 수출품은 비단이었다. 우아하고 반투명하며 관능적인 이 직물은 부유한 귀족 여성들 사이에서 최고의 패션으로 떠올랐다. 비단을 독점하면 큰 상업적 이득을 얻을 수 있음을 깨달은 중국은 비단 생산기술을 비밀로 유지했고, 상인이 누에를 나라 밖으로 반출하지 못하도록 국경에서 샅샅이 수색했다. 강도가 유달리 높은 한나라의 철도 로마에서 인기를 끌었다. 로마제국은 아라비아와 인도에서 육두구, 정향, 카다멈, 후추 등 향신료를 수입했다. 양념뿐 아니라 최음제, 마취제, 향수로도 썼다. 그렇게 비싼 물품들을 중국과 중앙아시아로부터 들여오자 로마에서 많은 부가 빠져나갔다. CE 65년 로마 원로원의 대(大)플리니우스(Gaius Plinius Secundus) 의원이 아시아와의 교역으로 연간 약 1억 세스테르티우스(sestertius)(로마의 청동 주화)의 부가 흘러 나간다고 분개할 정도였다. 과장이 섞이긴 했지만 비단길 교역의 규모는 그처럼 거대했다. 중국은 고급품을 수출하고 포도 같은 농산물, 로마 유리 제품, 인도와 이집트 예술품, 스텝 지역의 말을 수입했다.

비단길의 주요 경로는 한나라 수도 장안에서 간쑤성의 하서주랑과 타림분지를 통해 중앙아시아 깊숙한 곳까지 뻗어 있었다. 아프로·유라시아 동부와 중부의 비단길 교역은 쌍봉낙타 덕분에 가능했다. 중앙아시아 스텝 지역의 고유종으로 혹이 2개인 쌍봉낙타는 진화적 적응의 좋은 사례다. 혹독한 겨울에는 추위를 견디기 위해 긴 털이 덥수룩하게 자랐다가, 날이 따뜻해지면 금세 빠진다. 2개의 혹에는 지방을 저장하고, 빈번한 모래폭풍의 먼지를 막기 위해 속눈썹이 길고 콧구멍을 닫을 수 있다. 발에는 넓적한 발가락이 2개 있고, 발바닥은 갈라지지 않고 넓게 펼쳐져 모래 위에서 걷는 데 알맞다. 이 놀라운 동물이 비단길을 오가는 교역품들을 등에 싣고 운반했다.

서유라시아의 주요 교역로는 팔미라 등 로마령 시리아의 큰 교역 도시들로부터 갈라져 유프라테스강과 티그리스강을 건너 이란고원을 지나 아프가니스탄(당시의 박트리아)으로 뻗어 있었다. 비단길의 서쪽 지리는 주로 CE 1년경 파르티아의 그리스 상인 카락스의 이시도로스(Isidorus of Charax)가 쓴 문서 『파르티아 도정기(Parthian Stations)』를 통해 알려졌다. 『파르티아 도정기』가 나올 무렵 해상로를 통한 범아프로·유라시아의 교역도 증가했고, 특히 로마령 이집트와 인도 해안의 교역이 활발했다. CE 1세기의 선원용 지침서 『에리트리아해 항해기(Periplus of the Erythrian Sea)』에는 당시 해상 상업에 관한 내용뿐 아니라 선원들이 '무역풍'의 지리적 비밀을 발견했다는 사실도 기록되어 있다. 여름에 남서부에서 부는 무역풍을 받으면 짐을 실은 교역선이 아프리카 해안에서 인도양을 지나 인도까지 쉽게 갈 수 있었다. 겨울에는 바람 방향이 바뀌어 같은 배들이 새로운 화물을 싣고 홍해로 돌아올 수 있었다(〈지도 8.2〉). 그러나 1차 비단길 시대에 비단길을 끝에서 끝까지 오간 교역자는 없었다. 주요 동양 문명과 서양 문명의 상인들은 갈 만큼 간 후에 물품을 중간상인에게 넘겼다. 중간상인은 쿠샨제국 깊은 곳이나 인도양 곳곳의 교역항에서 주로 활동했다.

지도 8.2 비단길. CE 100년경의 육지와 해상 교역로.

예술과 종교의 교차로

쿠샨제국(CE 45~CE 225년경)은 비단길 교역망의 중심에서 육로와 해상로 양쪽에 영향을 미쳤다. 세계사에서 가장 중요한 농경 문명 중 하나지만 가장 덜 알려져 있는 쿠샨제국은 로마, 파르티아, 중국, 인도, 스텝 유목민과 좋은 관계를 유지했다. 1차 비단길 시대의 특징인 수준 높은 문화 교류를 촉진했기에, 이 시대를 쿠샨 시대라고 불러도 무리가 아니다. 정치적, 군사적으로 뛰어나고 미적 감각도 좋았던 쿠샨 군주들은 혁신적인 조각 공방들을 후원했다. 이 공방의 작품들은 당시 집단 학습의 전형적 특징인 종합 양식을 보여준다.

쿠샨 시대에 간다라와 마투라 공방에서 제작한 조각품들은 중앙아시아, 인도, (아마도) 헬레니즘 그리스 미술가들의 재능이 결합된 산물이었다. 예술가들은 새롭게 부활한 불교 사상을 구현하는 데 힘쓰며 경건하고 새로운 이미지들을 창조했다. 그전까지는 부처를 사람의 모습으로 묘사한 예술품이 없었고, 모래에 찍힌 발자국이나 우산 등으로 상징했다. 부처의 모습을 최초로 묘사한 예술품은 지금의 파키스탄인 간다라에서 나왔다. 그리스-로마의 신을 묘사하는 방식에 영향을 받은 이 양식은 비단길을 따라 남쪽으로는 스리랑카, 동쪽으로는 중국, 한국, 일본, 동남아시아까지 퍼졌다.

사상과 전통의 상호 교배를 보여주는 사례는 BCE 6세기에 북인도에서 출현하여 주요 교역로를 따라 전파된 불교다. 중국 고대 불교 문헌에 따르면 800년 후 쿠샨의 카니슈카대왕(CE 129~CE 152년경)이 카슈미르에서 중요한 회의를 열었다. 그 회의에서 불교 경전을 대중이 쉽게 이해할 수 있는 말로 풀어 쓰자는 결정이 내려졌다. 이 결정은 **대승불교(Mahayana Buddhism)**가 출현하여 퍼지는 데 큰 역할을 했다. 종교 엘리트뿐 아니라 일반 사람들도 불경을 이해할 수 있었기 때문이다.

인도에서 쿠샨제국을 거쳐 중국에 이르는 활발한 교역로도 불교 사상 전파를 촉진했다. 계급과 지위에 상관없이 누구나 구제받을 수 있다는 사상이 이미 상인들 사이에 퍼져 있었던 인도는 불교를 쉽게 받아들였다. 비단 무역에 종사하는 중국 상인들도 이 신앙에 끌렸고, 고국에 퍼뜨렸다. CE 65년과 CE 70년에 중국은 학자들이 유교에 몰두하는 것을 방해한다는 이유로 불교 전파를 금지하는 포고문을 발표했다. 그러나 CE 166년에 황제가 불교에 귀의했고, CE 179년에는 『반야심경』이 중국어로 번역되었다. 중국이 분열되어 있던 CE 4세기 말에는 북중국의 많은 사람이 불교를 받아들였고, CE 6세기경에는 남중국의 많은 지역도 받아들였다. 한국, 중국, 티베트, 몽골, 동남아시아도 불교를 금세 받아들였다.

비단길은 기독교·마니교·이슬람교 전파에도 기여했다. 기독교 선교사들은 로마의 뛰어난 도로망과 해상 교역망을 잘 활용했다. 특히 사도 바울은 동로마제국의 육로와 해상로를 따라 약 1만 3000km를 돌아다니며 작은 마을들에까지 포교했다. 이윽고 기독교는 동쪽 멀리 있는 메소포타미아와 이란을 거쳐 인도, 중국까지 퍼졌다. 특히 기독교의 한 종파인 네스토리우스교가 비단길의 중부와 동부에서 위세를 떨쳤다. 중앙아시아의 종교 **마니교(Manichaeism)**도 CE 3세기에 메소포타미아에서 출현한 후 비단길을 통해 퍼졌다. 창시자 마니(CE 216~CE 272)는 그곳 전역을 돌아다니고 사도들을 보내며 적극적으로 포교했다. 마니교는 선하고 영적인 빛의 세계와 악하고 물질적인 어둠의 세계가 인류 역사 동안 끊임없이 싸워왔다는 우주론에 토대했다. 불교처럼 마니교도 상인들이 특히 널리 받아들였고, 비단길의 주요 교역 도시 대부분에 마니교 공동체가 들어섰다.

1차 비단길 시대의 쇠퇴와 전염병

CE 3세기에 중국과 로마제국이 범아프로·유라시아 교역망에서 발을 빼면서 비단길 이용도 서서히 줄어들었다. 앞에서 살펴본 수축 주기와도 관련 있는 이 해체에는 역설적이지만 비단길 교역 자체도 한몫했다. 재앙을 야기한 유행병 전파에 기여했기 때문이다. 천연두, 홍역, 가래톳페스트가 내성이 적은 비단길 양쪽의 집단들을 유린했다. 고대 세계의 인구를 추정하기는 쉽지 않지만, 로마제국의 인구는 CE 1세기 중반에서 CE 2세기 중반 사이에 6000만 명에서 4500만 명으로 줄어든 듯하다. CE 2세기 말에는 지중해 지역에 천연두가 퍼지면서 인구가 다시금 줄어들었고, CE 400년경에는 4000만 명으로 적어진 듯하다. 중국도 인구가 CE 200년에 약 6000만 명이었다가 CE 600년에는 4500만 명으로 줄어든 듯하다.

이전까지 안정을 유지한 농경 문명이 쇠퇴하고 인구가 크게 감소하면서 한나라가 CE 220년에 무너졌고, 그 직후 쿠산제국도 사산 침입자들에게 무너졌으며, 로마제국은 CE 3세기 내내 위기를 겪었다. 수백 년 동안 아프로·유라시아 여러 지역의 정치 상황 때문에 대규모 교역이 원활하지 않았다. 그러나 CE 8세기와 CE 9세기에 이슬람의 땅이 출현하고 당나라가 건국되면서 육로와 해상로 양쪽의 비단길 교역이 다시 활기를 띠었다.

2차 비단길 시대

당나라(CE 618~CE 907)와 그 뒤를 이은 송나라(CE 960~CE 1279)는 시장경제를 활성화하는 데 힘썼다. 농업과 제조업의 전문화, 인구 증가, 도시화, 기반시설 확충이 이루어지면서 국내외 교역이 활발해졌다. 왕조는 대규모 상업 활동을 장려하기 위해 지폐를 포함한 새로운 금융 기구도 고안했다. 한편 바그다드의 아바스 왕조가 안정적이고 번영을 누리는 데 힘입어 아랍 상인들이 중국 상인들과 사치품 교역을 시작했다. 중국으로 이주한 많은 무슬림 상인은 비잔티움·인도·동남아시아 상인들과 함께 큰 교역 도시들에 정착촌을 형성했다. 한편 아프로·유라시아 상인과 선원들이 광저우와 취안저우 등 남부의 항구도시에 몰려들면서 해상로가 차지하는 교역의 비율이 높아졌다. 인도네시아 벨리퉁 해역에서 발견된 CE 9세기의 아랍 난파선은 중국과 무슬림의 상업 교역이 활발했고 특히 해상로가 중요한 역할을 했음을 보여준다. 배에는 꼼꼼하게 포장된 당나라 도자기 접시와 그릇 수만 점에 많은 금붙이와 은붙이들이 실려 있었다. 당나라가 아랍 시장을 겨냥하여 대량 제조와 수출 산업을 육성했고, CE 제1천년기 말두 강대국의 상업 관계에 현대적 측면이 있었다는 의미다.

울루부룬 난파선의 사치품들과 달리, 벨리퉁 난파선의 당나라 그릇은 CE 9세기판 '대량 판매 시장'을 염두에 두고 공장 제품처럼 기능에 치중한 물품들이었다. 체계적인 상업적 기반시설이 갖추어져 있었음을 뜻한다(〈그림 8.2〉). 당나라는 그릇에 칠하는 데 필요한 파란색 안료를 이란에서 대량으로 수입했다. 배의 물품 목록에는 그릇들의 제조 날짜까지 꼼꼼하게 적혀 있었다. 규격에 맞추어 대량으로 제작된 잉크병, 양념통, 주전자도 특정

그림 8.2 당나라 장사 그릇. 9세기 이슬람 제국의 시장에 수출하기 위해 장사요에서 만든 이 도자기는 인도네시아 벨리퉁섬 해안에서 침몰한 아랍 범선에 실려 있었다. (출처: ©Jacklee/wikicommons)

시장을 겨냥한 수출품이었다. 불교, 이란, 이슬람의 문양 같은 장식 무늬를 그려 넣은 다양한 물품도 특정 시장을 겨냥했다. 중국과 이슬람의 땅은 2차 비단길 시대에 활발하게 교역했고, 아랍 선원들은 장거리 항해를 하면서 CE 제1천년기 말에 활발한 범아프로·유라시아 교역망을 유지했다.

1차 비단길 시대와 마찬가지로 대규모 물질 교환도 중요했지만, 의미가 더 큰 것은 문화적 교환이었던 듯하다. 한 가지 흥미로운 사례는 『천일야화』라고 알려진 아랍의 이야기 모음집이다. 일부 학자들은 이 이야기들 중 상당수가 인도에서 기원하여 인도양을 오가는 상인들을 통해 페르시아로 퍼졌다고 주장한다. 원래의 이야기는 단순했지만 이슬람의 땅으로 전파되면서 페르시아와 아랍의 이야기들이 추가되어 세계문학사의 위대한 혼성 작품집 중 하나가 되었을 수도 있다.

이 2차 시대에도 비단길로 종교가 교환되었다. 앞서 살펴보았듯, 당나라가 들어서기 전에도 많은 외래 종교가 동아시아로 전래됐다. CE 7세기에 이슬람이 등장하고 수백 년에 걸쳐 많은 무슬림 상인이 들어오면서 중국의 여러 도시에 모스크가 지어졌다. 하지만 중국에 전래된 외래 종교들 중 유교의 반대를 뚫고 자리 잡은 것은 불교뿐이었다. CE 600~CE 1000년에 수천 곳까지는 아니더라도 수백 곳에 사리탑과 절이 지어졌다. 구제를 내세운 불교는 많은 중국인의 마음과 정신에 뿌리박힌 도교와 유교에 심각한 과제를 안겼고, 대중적 타협안의 성격을 띤 선불교가 출현했다.

육로와 해상로 양쪽의 비단길은 농경 문명 시대의 문명 간 연결의 핵심 사례다. 지구에서 가장 혹독한 지역도 지나며 고난을 겪어야 할 때가 많았던 길을 따라 상인과 모험가, 외교관과 사절들이 상품과 사상을 전파했다. 중요했던 교역품들은 세계가 인류 역사의 다음번 위대한 혁명인 근대 혁명으로 거침없이 나아가는 데 기여했다. 많은 이들에게 가장 중요한 결과는 종교, 특히 불교 전파였다. 이 시기에 전파된 불교는 남아시아와 동아시아의 핵심 이념적·영적 신앙 중 하나가 되었다. 오늘날까지 아시아인 수억 명을 문화적으로 결속하고 있는 불교는 현대 세계가 비단길에 빚진 많은 유산 중 하나다. 교류의 결과, 아프로·유라시아의 역사는 공통의 기술, 미술 양식, 문화와 종교, 더 나아가 질병과 면역에 이르기까지 근본적 통일성을 띠기 시작했다.

세 번째 추세:
사회적·성별 복잡성 진화

농경 문명 시대를 정의하는 세 번째 대규모 추세는 사회적 관계의 복잡성
이 높아진 것이다. 인구 증가와 다양한 생활 방식이 역사상 가장 역동적인
집단 학습 지대를 조성했듯이, 도시화·인구밀도·상호 의존성·교역 증가
도 인류가 사회 내에서 혹은 사회 사이에서 관계 맺는 방식을 극적으로 바
꾸었다. 이 절에서는 농경 문명 시대 아프로·유라시아의 주요 사회적 변
화 중 몇 가지를 살펴보자.

 BCE 2000년 이후 인구밀도가 증가한 인류는 함께 살아가기 위해 더
복잡한 방식을 고안해야 했다. 빅 히스토리의 핵심 주제 중 하나인 복잡성
이 사회적 과정에도 나타났다. 농경 문명의 계층구조는 부, 직업과 인종의
지위 인식 차이, 성별을 토대로 가파르게 경직되었다. 그 시대가 끝날 무
렵 대부분의 사회가 경직된 계층구조와 가부장제로 편제되어 있었다. 도시
와 인구가 계속 성장하면서 수메르에서 처음 나타난 사회적·성별 추세도
강화되었고, 이 현상은 3,000년 동안 이어졌다. 여기서는 이 추세를 일반화
했지만, 당시 사람들이 실제로 겪은 일들은 훨씬 다양했다. 분명한 것은 그
시대의 증거들이 증가한 복잡성을 뚜렷이 보여준다는 것이다.

BCE 2000~BCE 500년경의 사회적 · 성별 관계

■ 메소포타미아와 이집트

메소포타미아의 부와 권력의 계층구조는 BCE 제2천년기에 가팔라진 듯
하다. 바빌로니아, 히타이트, 아시리아 사회 모두 맨 위에 반신인 왕이 있
었고, 왕의 요구에 따라 무장한 군사력을 제공하는 강력한 지주 귀족들이
왕권을 지탱했다. 메소포타미아에서 처음 등장한 성문법도 사회적 긴장을
해결하기 위해 제정되었을 것이다. 함무라비왕이 커다란 돌에 새긴 282건
의 판례법은 바빌로니아의 사회관계에 대한 흥미로운 사례다. 함무라비
는 "이 땅에 정의를 바로세우고…… 강자가 약자를 수탈하는 것을 막을"
의도로 법을 제정한다고 주장했지만 실제로는 조항들이 모호하다. "눈에

는 눈", "골절에는 골절"을 요구하는 평등주의적 조항도 있지만, 처벌은 당사자의 부와 지위에 따라 달라졌다. 농경 문명 시대 초기였고 합의적 권력이 전면적인 강압적 권력으로 진화하고 있었다는 점을 생각하면 모호함을 어느 정도 납득할 수도 있다. 함무라비 법전은 두 권력 유형의 복잡한 상호작용을 보여준다. 통치자는 한편으로는 모든 시민을 보호할 의무가 자신에게 있음을 받아들이지만, 현실적으로는 엘리트의 지원 덕분에 권력이 유지되므로 그들을 더 보호해야 한다는 현실을 잘 인식한다. 이 긴장은 계속 되풀이되었다.

또 함무라비 법전은 성인 남성이 공적·사적 권력을 지니며, 성별에 따른 이중 기준이 자리 잡았음을 시사한다.

불륜을 저지른 여성은 익사시킬 수 있지만, 유부남이 매춘부나 노예와 성관계를 맺는 행위는 용납되었다. 여성은 공공장소에서 머리와 몸을 가려야 했다. 메소포타미아에서 처음 등장한 이 문화 관습을 이슬람을 비롯한 다른 문화들이 채택했다. 한편으로 일부 법이 여성 보호를 명확히 규정한 것을 보면 성별 관계가 대단히 복잡했음을 알 수 있다. 여성을 거짓으로 고발한 남성은 처벌받을 수도 있었고, 처녀를 성폭행하면 사형에 처해질 수 있었다. 또 남성은 아내에게 충분한 식량을 제공해야 했다. 그래도 많은 여성이 유력한 지위, 더 나아가 권력을 휘두르는 지위에 올랐다. 사제가 되어 특정 신에게 바쳐진 넓은 부동산을 관리하는 여성도 있었고, 서기가 되고 재능에 힘입어 사회적 지위를 높인 여성도 있었다. 또 많은 여성이 산파, 양조업자, 제빵사, 상인 등 전문 직업을 가졌다.

고대 이집트 사회도 잘 정의된 계층구조를 발전시켰다. 아래에는 모든 농사일을 맡은 농민과 노예가 있었고, 위에는 지배층이 있었다. 이집트 전체는 1명의 전능한 통치자가 다스렸기에 지주 귀족이 위세를 부릴 여지가 거의 없었다. 그 대신 사제와 서기인 행정가들이 파라오 바로 밑의 상류층을 형성했다. 고위 관료 자리 중 상당수는 각계각층에게 열려 있었기에, 중간 계급이나 평민이 행정 분야에서 재능을 발휘하여 고위직에 오르는 것도 이론적으로는 가능했다.

BCE 제2천년기 이집트 여성들은 메소포타미아 여성들보다 많은 기회를 누렸다. 개인 재산을 소유하고 관리하고 거래하고, 법정에서 분쟁을 다

투고, 노예를 해방하고, 아이를 입양할 수 있었다. 혼인할 때 가져온 재산
은 계속 소유했고 이혼하면 되가져갈 수 있었다. 대개 14세 정도에 혼인
한 이집트 여성은 본가를 떠나 남편의 집으로 들어감으로써 새 신분을 인
정받았다. 이혼은 다양한 이유로 남녀 어느 쪽이든 제기할 수 있었고, 대개
정부의 개입 없이 사적으로 해결했다. 이집트 여성은 많은 법적 권리를 누
렸을 뿐 아니라, 파라오가 되어 국가를 통치할 수도 있었다. 하트셉수트(재
위 BCE 1473~BCE 1458)와 로마가 이집트를 지배하던 시기의 여왕 클레오
파트라(BCE 69~BCE 30)가 유명하지만 구왕국·중왕국·신왕국 시대에도
여성 통치자가 적어도 1명씩은 있었다.

■ 인도

인더스 문명의 사회적 계층구조는 BCE 제3천년기 말에 자리 잡았다. 이
구조가 1,500년 뒤 카스트제도가 출현하는 데 영향을 미쳤을 수도 있다.
인더스 도시국가의 엘리트들은 하층 계급으로부터 공납을 받았고, 장인들
은 토기와 도구를 제작했으며, 상인들은 국가 안팎의 교역을 맡았다. 하라
파와 모헨조다로에서 발굴된 주거지들을 보면 부자와 빈자의 생활 방식
이 달랐다. 엘리트는 방이 12개까지 있고 안마당도 여러 개인 다층 대저택
에 살았다. 가난한 이는 비좁은 방 한 칸짜리 셋집에 살았다. 모든 주거지
에는 잘 설치된 지하 하수 처리 시설로 오수를 내보내는 샤워기를 갖춘 개
인 욕실과 화장실이 딸려 있었다.

BCE 제2천년기 중반에는 아리아인 이주자들의 친족 중심 구조와 인
더스 사회구조가 뒤섞이면서 인도 사회의 혼합적 특징이 나타났다. 찬송
가 모음집 『리그베다』에 따르면 초기 아리아인들은 군벌을 뜻하는 라자가
이끄는 부족사회로 조직되었다. 이주자들이 여러 지역으로 퍼지면서 부족
구조가 더 복잡하고 상호 의존적인 정치제도로 진화했고, 사회적 계층구
조도 뿌리내렸다. BCE 1000년경에는 경직된 계급 체계가 자리를 잡았다.
인도인들은 이 체계를 '색깔'을 뜻하는 산스크리트 단어에서 유래한 바르나
(varna)로 불렀고, 훗날 포르투갈 교역자들과 선교사들이 카스트제도라고
번역했다. 베다 종교의 사제들은 최고 계급인 브라만이고, 그 아래에 세속
적 통치자와 전사인 크샤트리아가 있었다. 그다음은 상인, 장인, 평민인 바이

샤고, 소작 농민과 농노인 수드라가 그 아래였다. 나중에는 죽은 동물을 다루는 가장 천한 일을 하는 '불가촉천민' 계급이 추가되었다. 그들과 접촉하면 더럽혀진다고 해서 불가촉이라고 했다. 바르나 제도는 농경 문명 시대부터 현대까지 인도의 모든 측면에 영향을 미쳤다. 공식 카스트 규정이 경직되어 있지만, 실제 생활에서는 어느 정도 융통성이 있었다는 점도 기억할 필요가 있다.

인도의 혼합적 성격은 성별 관계에도 영향을 미쳤다. 특히 3대가 함께 사는 가부장적 가정에서 여성의 지위가 남성보다 낮았다. 젊은 여성은 혼인하면 부친의 집을 떠나 시아버지의 집으로 들어갔다. 모든 혼인관계에서 나온 자식들은 법적으로 아버지에게 속해 있었다. 여성은 어디를 가든 아버지나 시아버지, 남편, 형제 아니면 아들 등 남성 보호자와 함께 다녀야 했다. 종교 율법에 따르면 여성은 재산을 상속받을 수 없었고, 베다 종교 행사에도 참여할 수 없었다. 부정을 탄다고 여겨졌기 때문이다.

■ 중국

BCE 제2천년기 초에 중국에서도 사회적·성별 계층구조가 자리 잡았다. 하나라 때부터 정교한 의례로 지위를 공고히 하는 법을 터득한 지배층이 농민들을 다스렸다. 뒤를 이은 상나라의 엘리트, 특히 왕은 공납을 통해 엄청난 권력을 갖추었고, 도시, 궁전, 무덤을 짓는 데 농민들을 동원했다. 사회적 피라미드의 정점에는 왕이 있었고, 그 아래로 왕족, 귀족, 궁정 관리, 지방 호족, 평민, 노예가 이어졌다. 이집트 사회와 마찬가지로 국가 규모와 복잡성이 증가함에 따라 서기를 비롯한 행정가들이 재능을 이용하여 지위를 높이는 방법을 터득했다. 따라서 이론적으로는 사회적 이동이 가능했다. 그러나 열악한 조건에서 일하고 권리도 거의 없으며 인구의 대다수였던 농민에게 그런 일이 일어날 가능성은 극히 낮았다. 왕위를 세습한 상나라 왕들은 자신이 다스리는 세계와 상제가 다스리는 천계가 이어져 있다고 주장하며 최고의 지위를 정당화했다.

중국에서 성별 관계를 다룬 가장 오래된 기록도 상나라 때의 것이다. 점치는 뼈에 적힌 약 700개의 이름 중 여성의 이름은 170개다. 엘리트 여성들은 종교 행사를 주관하고, 가치 있는 공물을 왕실에 바치고, 풍년을 비

그림 8.3 부호의 무덤. 부유하고 강력한 여성이었던 부호의 무덤은 상나라 시대의 무덤 중 드물게 도굴되지 않았다. (출처: wikicommons)

는 일을 맡았다. 일부 뼈에는 무정왕 시대에 상당한 권력과 영향력을 지닌 여성 부호와 관련된 기록이 있고, 두 갑골문에는 부호가 왕을 위해 장군으로서 군대를 이끌고 중요한 임무를 수행했다는 내용이 있다. 1976년에 발견된 부호의 무덤 부장품들은 그녀가 부와 권력을 누렸음을 확인해준다(《그림 8.3》). 의례용 청동기 400점, 옥 장신구 600점, 상나라 때 화폐 역할을 한 개오지 껍데기 7,000점이 무덤에 있었지만, 불행하게도 딸만 낳았다고 기록된 갑골문을 보면 당시 성별 관계의 모순을 분명히 알 수 있다!

■ 동지중해

앞 장에서 살펴보았듯이 BCE 제2천년기 지중해 분지의 섬과 해안에도 복잡한 사회들이 출현했다. 전설에 따르면 미노스왕이 문명을 창시했다는 미노스 사회에 대한 고고학적 증거는 모호한 점이 많다. 고고학자 아서 에번스(Arthur Evans)는 사제-왕이 이곳을 통치했다고 생각하고 크노소스의 국왕 알현실을 재구성했다. 그러나 후대 학자들은 과연 1명의 남성 왕이 미노스를 통치했을지 의문을 제기해왔다. 남아 있는 프레스코화를 보면

그림 8.4 미노스의 어머니 여신. 미노스 문화의 아름다운 어머니 여신은 아테나와 아프로디테 같은 후대 그리스 여신들에게 영감을 주었을 수도 있다.
(출처: ©Ashmolean Museum/Mary Evans/gettyimagesKOREA)

특정 집단이나 개인이 특정한 일을 맡아 지휘했을 수는 있지만 강력한 엘리트나 계층구조는 없었던 듯하다.

크노소스 프레스코화의 화려한 묘사를 보면 미노스의 엘리트 여성들은 많은 자유를 누린 듯하다. 집에 틀어박혀 있는 대신 운동경기와 종교 축제 같은 공개 행사에서 남성과 동등한 역할을 한 듯하다. 드러낸 가슴, 허리에 걸친 정교한 옷, 길고 검은 머리를 아름답게 말고 다듬은 스타일은 이들이 첨단 유행에 신경 쓸 시간과 자원과 사회적 자유를 누렸음을 시사한다. 황소 올라타기 같은 스포츠에 동등하게 참여한 남녀를 묘사한 그림에 주목한 많은 역사가가 미노스는 성별 평등을 이룬 모계제 사회였다고 주장한다. 크레타섬에 남성 전사 계급이 있었다는 증거가 전혀 없기에 더욱더 그렇다.

종교 행사를 여성이 주관한 사실을 감안하면 미노스 종교가 여신에 초점을 맞추었을 수도 있다. 아름다운 어머니 여신인 주신은 끈이 없고 몸에 붙는 유행하는 옷(역사상 최초로 몸에 딱 붙는 의상)을 입었다(〈그림 8.4〉 참고). 인더스 다산의 여신이 후대 힌두 여신들의 원형이 된 것과 마찬가지로, 미노스의 어머니 여신이 고전기 그리스 종교의 여신 아테나, 데메테르, 아프로디테 등에 영감을 주었을 수 있다.

더 잘 알려진 미케네 사회는 맨 위에 왕이 있고 그 아래로 사회정치적 집단이 계층적 사회 체제를 이루었다. 미케네 도시국가 필로스의 왕은 넓은 땅을 소유했고, 반신으로 여겨졌을 수도 있으며, 권한이 강력한 관리를 임명했고, 헤케타이(hequetai)('추종자')라는 의회와 관료 집단의 지지를 받았다. 귀족과 관료 계급 아래에는 농업, 직물과 금속 생산에 종사하는 이들이 있었다. 물품 교역은 미케네 사회의 핵심이었지만, 지금까지 발견된 석판에는 상인 계급에 대한 언급이 없다. 상인 대신 엘리트가 수익이 많은 활동을 독점하여 부를 쌓은 듯하다.

교역과 정복의 결과로 미노스 문화를 접한 미케네 여성들은 미노스의 유행 중 일부를 받아들이고, 화장품과 보석으로 치장하는 방식도 나름대로 개발했다. 남성들이 원정을 떠나면 엘리트 여성들이 재산을 관리하기도 했지만, 미케네 사회는 확실히 더 가부장적이었다. 상층과 하층 계급 여성 모두 빨래, 곡물 수확과 빻기, 남성 전사들의 목욕과 안마 같은 다양한 집안일을 맡아야 했다.

BCE 500~CE 500년경의 사회적 · 성별 관계

■ 인도

농경 문명 시대 초기에 증가한 사회적·성별 관계의 복잡성은 BCE 제1천년기 중반에 더 강화되었다. 바르나 제도는 CE 제1천년기 후반 이후 인도의 모든 측면에 강한 영향을 미쳤다. 사람들은 자기 카스트 내에서 혼인하고 사귀고 돌봄으로써 카스트에 강한 일체감을 느꼈다. 인도에 온 외국인도 직업을 토대로 자동으로 카스트가 정해졌고, 덕분에 인도 사회에서 빨리 자리 잡을 수 있었다. 사회적 지위가 다른 카스트에 속한 사람과 혼인하거나 직업을 바꾸면 어느 정도 사회적 이동이 가능했지만, 시간이 흐르면서 많은 하층 카스트 구성원이 낮은 지위에 분개하기 시작했다. 인도 사회가 도시화하자 상인들도 자신의 낮은 지위를 거부하기 시작했다.

당시 인도에서 불교가 큰 인기를 끈 이유 중 하나는 행복하고 만족스러운 삶의 비밀을 브라만만 아는 것이 아니고 모든 카스트 구성원이 해탈하여 구제받을 수 있다고 주장하며 포용적이고 평등주의적인 사회 개념을 제시했기 때문이다. 특히 상인들이 불교를 적극 받아들였고, 비단길을 통해 중국으로 전파하는 데도 기여했다. 마우리아의 아소카 황제가 불교를 적극 지지했지만, 후대의 굽타 왕들은 전통 종교를 후원했다. 브라만에게 정기적으로 토지를 하사하고 왕실 광산의 소유권을 넘기기도 했다. 어느 정도는 이러한 후원에 힘입어 힌두교로 발전한 전통 종교는 불교를 누르고 인도인의 신앙이 되었다. 바르나 제도도 인도 사회에 깊이 뿌리내렸고 지금도 영향을 미치고 있다.

인도의 성별 관계에 관한 증거 중 많은 부분은 BCE 500년경의 마누법전(Laws of Manu)에서 나왔다. 가부장적인 여러 조항 중에는 여성을 진정으로 '보호'하는 듯한 것도 있다. 남편이 죽으면 아내도 따라서 죽으라고 권하는 법 조항은 여성이 남성에게 깊이 의존한다는 사실을 증명하라는 요구를 잘 보여준다. 과부에게는 남편의 시신을 화장하는 장작불에 뛰어들어 기꺼이 죽음을 맞이하라고 부추겼다. 인도 윤리학자들은 남편이 저명한 인물이었다면 더욱더 그래야 한다고 권했다. 가장의 권위를 널리 알릴 모범 사례이기 때문이었다.

■ 중국

주나라 통치자들은 상나라의 불평등을 얼마간 바로잡으려고 했다. 토지를 물려받는 것 외에 구입할 수도 있게 되자 귀족의 세습 지위에 도전할 중간 계급이 출현했다. 그러나 이 과정에서 배제된 농민은 엘리트의 소작농으로서 마을에 얽매여 있었고, 대체로 경작지가 무척 작아서 잉여 농산물을 모을 기회가 없었다. 공자는 뛰어난 사람이 반드시 귀족으로 태어나는 것이 아니며, 지식과 도덕을 갈고닦아 군자가 되라고 주장하여 지위 기준을 재정의하려 했다. 공자는 엘리트가 이끄는 계급사회를 유지하자는 주장을 옹호했지만, 우수한 교육과 높은 도덕 기준을 통해 누구나 엘리트가 될 수 있어야 한다고 주장했다.

성별 관계는 주나라 후기의 철학자들이 상반되면서 상보적인 두 힘인 음과 양이 우주를 구성한다고 주장하면서 더욱 복잡해졌다. 남성적이고 따뜻하며 활동적인 것과 태양이 양과 밀접하고, 여성적이고 어두우며 수동적인 것과 달이 음과 밀접하다는 이 개념은 다양한 파장을 일으켰다. 이 개념은 대부분의 자연력에 음양의 요소가 있고, 두 힘이 상반되기보다는 서로를 보완하는 것이 이상적이라는 복잡한 철학을 단순화한 것이다. 후대 중국 사상가들은 이 개념으로 남성의 여성 지배가 우주의 자연법칙에 부합한다고 주장했다.

한나라에서도 여성이 사회에서 중요한 역할을 하긴 했지만, 이상적 여성이라는 개념이 여성의 역할을 범주에 끼워 넣고 한정했다. 한나라 황제들은 때로는 충돌하는 남성 학자들과 여성 학자들의 조언에 귀를 기울였다. 무제는 양의 힘이 음의 힘보다 우월하다는 유학자들의 말을 듣고 안도했다. 한나라 학자들은 주나라 후기 유학자들이 집대성한 『예기(禮記)』를 대폭 재편집하고, 소녀와 소년을 다르게 교육해야 한다고 강조했다. BCE 1세기에는 유향(劉向, BCE 77~BCE 6)이 한나라 궁정의 여성들에게 모범을 가르치기 위해 정숙함, 현명함, 미덕을 갖춘 여성들의 역사적 사례 125가지를 모아 『열녀전(列女傳)』을 편찬했다.

성별 관계에 관하여 한나라에서 가장 중요한 책은 교육 능력과 학식에 힘입어 많은 제약을 극복하고 유일한 여성 사관으로 임명된 반소(班昭, CE 45~CE 116)가 쓴 『여계(女誡)』다. 화제(CE 89~CE 105)는 궁중 여성들에게 역사, 천문, 기하, 저술을 가르치는 교사로 그녀를 임명했다. 반소는 오빠 반고가 한나라 초기 역사서 『한서(漢書)』를 완성하지 못하고 죽자, 이어받아 완성하기도 했다. 약 2,000년 동안 중국을 비롯한 동아시아 사회에 큰 영향을 미친 『여계』는 여성이 남성에게 복종해야 한다는 가부장적 내용을 담고 있지만, 시대가 흐르면서 다양하게 해석되었다.

반소는 이상적인 여성이라면 4가지 자격을 갖추어야 한다고 주장했다. '여성다운 미덕, 여성다운 말, 여성다운 태도, 여성다운 일'이다. 여성은 정숙하고 삼가며, 안 좋은 말을 하지 않고, 몸과 의복을 깨끗하게 하고, 험담을 피하고, 술과 음식을 차리고, 길쌈에 힘써야 한다는 것이다. 그러나 반소는 『예기』를 정면으로 반박하면서, 여성이 올바르게 행동하는 법을 배우는 방법은 교육이라고 주장하고 남녀에게 동일한 교육을 해야 한다고 요구했다.

■ 고전기 그리스

지중해 지역 사람들은 사회구조에 끊임없이 의문을 제기했고, 고전기 그리스에서는 수백 년 동안 귀족과 평민의 긴장이 지속되었다. 폴리스가 가장 중요한 정치적·사회적 기관이 되자 귀족 집단이 국가권력을 독점했기 때문이다. 귀족들 또는 과두 지배층은 평민 의회를 폐지하고 가난한 농민을 빚에 예속된 지위로 떨어뜨렸다. 한편 폴리스의 교역과 제조가 활기를 띠면서 출현한 중간 계급도 평민과 마찬가지로 귀족의 특권에 분개했다. 사회적·정치적 평등을 위한 투쟁은 BCE 508년과 BCE 502년 클레이스테네스(Cleisthenes)의 개혁으로 가시적인 결과를 낳았다. 클레이스테네스는 귀족의 힘을 약화시켰고, 기존 부족 체제를 대신하는 10개 부족을 만들어 공의회에서 법을 통과시킬 권한을 주었으며, 다수결로 선출된 500명으로 이루어진 민주적 평의회를 설치했다. 그 결과 아테네는 농경 문명 중 가장 민주적인 정부를 구성했고, 황금시대, 특히 페리클레스가 통치하던 시기에는 가장 가난한 시민도 정부에 발언할 권리가 있었다. 그러나 평등한 사회를 만들려는 시도에는 한계도 있었다. 남성 시민만 투표할 수 있었고, 여성이나 외국인 거주자, 노예는 투표권이 없었다.

한편으로는 가부장제도 고전기 그리스 세계 전역에 뿌리내렸다. 원칙적으로 남성 가장이 가정을 다스렸고, 신생아를 살릴지 죽일지 결정할 권한까지 있었다. 많은 여성이 밖에 나갈 때 얼굴을 가려야 했다. 엘리트 여성들도 집에만 틀어박혀야 할 때가 많았고, 남성 보호자를 동반해야 집 밖으로 나갈 수 있었다. 중간 계급과 하층 계급의 여성들이 가게 같은 소규모 사업체를 운영하거나 종교단체 사제로 활동했지만 여성은 재산 소유가 법으로 금지되었다.

그리스 여성들은 여성만으로 이뤄진 종파에서 탈출구를 찾았다. 예컨대 곡식의 여신 데메테르를 섬기는 종파는 여성만이 가입하고 공적 지위를 가질 수 있었다. 여성들은 해마다 며칠 동안 그리스 전역의 언덕에 모여 풍년을 기원하면서 신에게 공물을 바치고 축제를 벌였다. 극작가 에우리피데스(Euripides)는 『박코스 여신도들(The Bacchae)』에서 포도주의 신 디오니소스(바쿠스)를 숭배하는 여성들의 집회를 기술한다. 벌거벗고 광란의 축제를 벌이던 여성들은 그 모습을 훔쳐본 남성을 찢어발긴다!

역사적 증거를 살펴보면 여성에 대한 아테네와 스파르타의 인식이 달랐고, 일반화가 위험할 수도 있음을 알 수 있다. 아테네 여성들은 공적 생활에 참여할 기회가 거의 없었고, 집 안에 갇힌 채 살아가야 했으며, 가족 이외의 남성과는 말을 나눌 수 없었다. 반면 스파르타 여성들은 공적 활동과 스포츠 경기에 적극 참여했다. 아테네는 여성의 혼인 연령이 14~15세인 반면, 스파르타는 18세였다. 아테네는 여성의 재산 소유를 금지했지만,

스파르타에서는 많은 여성이 재산을 소유했고, 대부분 가정을 관리했다. 스파르타 여성들은 읽고 쓰는 법도 배운 반면 아테네에서는 그런 교육이 정상이 아니었다. 아테네 남성이 매춘부를 찾으면 누구도 뭐라고 하지 않았지만(외국인 여성은 대개 사회적 통제를 받지 않았다) 여성의 불륜은 용납되지 않았다. 반면 스파르타에서는 남편이 전쟁터로 떠난 지 너무 오래되면 여성이 다른 남편을 맞이할 권리가 있었다. 이런 차이를 과장하기보다는 스파르타 여성도 엘리트 남성의 통제를 받았다는 점을 명심할 필요가 있다. 또한 묘비에 새겨진 글들은 많은 아테네 부부가 서로에게 충실하면서 행복하게 살았음을 시사한다.

■ 로마

평등을 둘러싼 오랜 갈등은 로마공화국의 역사에서도 나타난다. 로마의 사회적 관계도 복잡하고 긴장되어 있었다. 마지막 에트루리아 왕을 몰아낸 후 로마 귀족층의 엘리트들은 원로원을 통해 확고히 권력을 잡았다. 민회도 있었지만, 의원들은 귀족의 수장이 요구하는 대로 투표할 수밖에 없었다. BCE 287년 평민회가 귀족들이 따라야 할 법안을 통과시킬 권한을 얻은 후에도 엘리트들은 농지 소유권을 토대로 특권을 유지하고, 부정부패로 계속 부를 쌓으며, 관리를 선출하는 평민회 의원의 표를 '매입'했다. 하지만 귀족은 대량 실업, 엄청나게 많은 도시 빈민, 영향력이 강해지는 상인 계급의 요구에 대처할 능력이 없었기에 공화국이 붕괴하고 전제적 제국이 출현했다.

BCE 1세기 중반의 로마 도시 빈민 인구가 어느 정도였는지 알 수 있는 통계 자료가 약간 남아 있다. 율리우스 카이사르는 권력을 잡자 이탈리아 외곽에 퇴역병들을 위한 정착촌을 세우고, 원로원 땅에서 일하는 일꾼 중 3분의 1을 해방시키는 법을 제정했다. 그 결과 약 50만 명에 달하는 총인구 중 정부가 곡물을 지원하는 사람의 수가 32만 명에서 15만 명으로 줄었다. 따라서 카이사르의 법 이전에는 로마 인구의 약 64%가 정부의 지원을 받아야 생계를 유지할 정도로 가난했다고 볼 수 있다.

공화국 초기 로마의 가정에 관한 법에 따르면 연장자인 남성이 가장 (pater familias)으로서 모든 권리를 행사했다. 가장에 관한 법은 가장이 혼인을 정하고, 할 일을 나누고, 벌을 주고, 영아를 살해하고, 더 나아가 식구를 노예로 팔 수 있다는 의미였지만 실제로는 많은 가장이 평등주의적이었다. 남편이 사업을 하고 공적으로 정치 활동을 할 때 아내는 집안일을 주관하곤 했다. 그러나 성역사학자들은 대체로 가부장적 로마 가족을 비판적으로 해석한다. 교육 수준과 상관없이 여성이 사실상 가정에 갇혀 있었고, 모든 지위가 남성만의 것이었으며, 남성이 아내에게 지루한 집안일을 관리하도록 '허용'한 것은 공무에 바빠서였다고 보기 때문이다. 당시 엘리트 여성들은 자신들이 갇혀 있고 기회가 없다며 종종 분개했다. 유일하게 여성이 진정으로 칭송받으며 맡을 수 있는 공적 자리는 베스타 신전의 신성한 불을 지키는 베스타 신녀(Vestal Virgin)였다.

로마의 비엘리트 여성들은 다른 압력도 겪어야 했다. 당시 유아 사망률이 출생아 1,000명에 약 300명이었는데 이 수치는 인구를 계속 늘리려면 로마 여성이 평균 5, 6명을 출산해야 했다는 의미다. 이 엄연한 통계는 농경 문명 시대에 세계의 여성이 처한 상황의 핵심이다. 주된 역할이 아이를 낳고 기르는 것이었고 사회에 새로운 일꾼, 병사, 시민을 꾸준히 공급해야 했기에, 여성은 생애의 대부분을 집에 갇혀 있어야 했다.

로마공화국이 무너지고 제국이 들어서자, 계급 간 넓은 격차에도 불구하고 사회의 일부 측면이 변화했다. 사업으로 재산을 모은 해방 노예들도 포함된 중간 계급[에퀴테스(equites)]이 많은 권력과 지위를 획득하기 시작했다. 부유한 귀족과 중간 계급은, 평민들이 식량이 언제나 충분하다고 믿고 오락을 즐기면서 평등주의적 열망을 잊게 만드는 식으로 사회를 통제하는 법을 터득했다. CE 1세기 풍자가 유베날리스(Decimus Junius Juvenalis)는 새로운 통제 방식을 '빵과 곡예(panem et circenses)'라고 표현했다!

로마의 엘리트 여성들은 초대 황제 아우구스투스가 통치하며 시작된 초기 제국에서 어느 정도 영향력을 얻었다. 아우구스투스의 막강한 아내 리비아 드루실라(Livia Drusilla, BCE 58~CE 29)는 당대에 가장 강력한 로마 여성이었다. 그러나 상황이 확연히 나아지지는 못했다. 아우구스투스의 통치 때 로마는 평민 인구가 급감하면서 인구통계학적 위기를 겪었다. 인구 감소의 진짜 원인은 앞서 1세기 동안 이어진 내전이었지만, 정작 비난받은 쪽은 여성이었다. 쾌락과 불륜에 빠져 아이를 낳으려 하지 않는 '통제 불능 여성들'이 판치는 상황에서 황제는 윤리 법령들을 제정하고 불륜 재판을 벌여 엘리트 여성들의 사적 삶을 규제하려 했다. 불행히도 이 재판에 그의 딸과 손녀를 비롯한 집안 여성 몇 명도 연루되었다.

농경 문명 시대 아프로·유라시아의 노골적인 성차별에 한방 먹이는 사건이 BCE 195년 로마에서 터졌다. 오피아법(Lex Oppia)을 유지하려 하는 원로원에 엘리트 여성들이 노골적으로 반대하면서였다. 칸나이전투에서 한니발에게 무참하게 패배한 직후인 BCE 215년에 제정된 이 법은 여성이 금이나 은 장신구를 착용하거나 값비싼 옷을 입는 것도, 공개 장소에서 전차나 사치스러운 가마를 타는 것도 금지했다. 20년 후 상류층 여성들은 이 법을 유지하려는 시도에 맞서 사실상 반역을 일으켰다. 광장과 주변 도로로 쏟아져 나온 이들은 시로 들어오는 모든 길을 막았다. 여성들이 공공장소에 모였다는 사실에 분개한 대카토(Marcus Porcius Cato) 등 보수적인 원로원 의원들은 이 문제는 남성들이 결정해야 한다고 주장했지만, 법은 폐지되었고 여성들은 승리를 축하했다!

CE 500~CE 1000년경의 사회적 · 성별 관계

■ 중국

CE 제1천년기 후반 수축 주기에 들어선 지역의 사회적 관계는 계속 진화했다. 수백 년 동안 분열된 동아시아는 7세기에 당나라가 들어서면서 정치적으로 안정되었다. 당나라는 사회적 불평등을 완화하기 위해 애썼고, 농경지를 균등하게 나누기 위해 균전제를 실시하여 각 가정과 마을의 필요에 따라 토지를 배분했다. 약 1세기 동안 이 제도는 한나라를 지독하게 괴롭힌 귀족층에 토지가 집중되는 현상을 완화했다. 그러나 부패가 만연하고 넓은 땅이 절에 하사되곤 하면서 제도를 피해 특정 이익 집단의 수중에 들어가는 토지가 많아졌고 8세기 초에는 제도가 지리멸렬해졌다. 그럼에도 당나라는 사회의 모든 지위를 귀족이 독점하는 양상을 깨뜨리는 데 얼마간 성공했다. 당나라는 여러 단계의 엄격한 시험을 거쳐 관료를 뽑았고, 엘리트 공무원 집단을 형성한 재능 있는 신진 학자-관료 계층은 이후 1,300년 동안 권력을 수중에 넣고 휘둘렀다.

당나라에서도 성별 관계에 대한 모순이 흥미롭게 드러났다. 법전을 살펴보면, 부정을 저지르거나 순종하지 않는 여성을 심하게 처벌할 수 있는 엄격한 가부장제가 유지되었다. 여성은 이혼하거나 재산을 소유하거나 재혼할 권리가 거의 없었다. 이 법들은 송나라 때 등장한 전족을 비롯하여 여성을 더욱 가혹하게 대하는 법적·사회적 환경을 마련했다. 하지만 당나라 시대에 많은 여성이 왕실에 영향력을 행사하기도 했다. 기녀들은 노래를 짓거나 유명 남성 시인들의 시에 맞추어 음악을 연주하는 등 황궁에서 중요한 역할을 했다. 중국을 통치한 유일한 여성 측천무후는 CE 685년부터 CE 705년까지 20년간 황제로 군림했다. 자애롭거나 무능한 '여성적' 통치자가 아니었던 측천무후는 기존 귀족 세력을 약화시키고, 불교를 후원하며, 과거제를 강화하고, 고구려와 백제에 군대를 파견했다. 또한 음악과 문학에 해박했고, 유명 여성들의 전기 집필을 후원했다.

당나라가 건국되기 이전 세기에 지어진 『목란사(木蘭辭)』는 여성에 대한 당시 남성들의 관점을 엿볼 수 있는 흥미로운 자료다. 이 서사시는 화목란(뮬란)이라는 젊은 여성의 이야기다. 뮬란은 늙은 아버지가 북방 유목민에 맞서 싸울 군대에 징집되자, 남장을 하고 대신 입영한다. 12년 동안 용감하고 유능하게 싸웠는데, 동료들은 그녀가 여성이라고는 짐작조차 못했다. 전쟁이 끝나자 뮬란은 용맹하게 싸운 공로 덕분에 황제로부터 직접 치하받는다. 고향으로 돌아온 그녀는 여성의 옷을 입으며 동료들을 깜짝 놀라게 했고, 유교에서 이야기하는 충실한 딸로 돌아갔다. 이 이야기에는 여러 교훈이 뒤섞여 있다. 한편으로는 남성들의 세계에 속했지만 누구보다 주도적이고 용기 있고 지략이 뛰어난 여성을 이야기한다. 다른 한편으로는 자신의 능력을 증명하고 부친에게 효도를 다한 그녀는 그저 반소가 『여계』에서 제시한 역할로 돌아가고자 할 뿐이다. 결국 『목란사』는 남녀의 특성이나 재능에 별다른 차이가 없음을 의미하는 듯하다.

산토끼 수컷은 불안하게 뛰고,
암컷은 여기저기 둘러보네.
하지만 두 산토끼가 나란히 달릴 때,
누가 암수를 구별할 수 있으랴?

■ 인도

인도의 경우 CE 제1천년기에 힌두교가 체계를 갖추면서 성별 관계가 복잡해졌다. 시바의 아내 파르바티, 비슈누의 아내 락슈미, 힌두교의 뮤즈 사라스바티, 여전사 두르가, 두르가의 활에서 나온 칼리 등 숭배나 두려움의 대상이 되는 강한 여신이 많이 등장했다. 이 비범한 신들은 여성의 이상적인 면모 몇 가지를 대변한다. 가족(또는 충실한 추종자)을 돌보는 자상한 어머니, 가족을 위협하는 모든 것에 맞서는 사나운 전사, 위대한 미술과 음악에 영감을 주는 존재, 성욕과 관능의 상징 등이다. 굽타 황실이 힌두교를 후원하던 시기에 많은 사람이 이 여신들을 숭배했지만 성별 관련 법은 가부장적 색채가 더욱 짙어졌다. 가족이 8~9세의 딸을 약혼시켰다가 사춘기가 되면 정식 혼례를 치르게 하는 조혼이 흔해졌다. 그 결과, 사실상 아이인 아내가 나이 많은 남성의 통제하에 외부 활동을 금지당하고 집안일에만 헌신하도록 강요받는 경우가 많았다.

■ 이슬람 문명

농경 문명 시대 사회의 복잡성 진화를 일반화하기 어렵다는 것을 상기시키는 사례는 이슬람 문명이다. CE 제1천년기에 출현한 이슬람의 땅은 오래된 농경 문명들과 아프로·유라시아의 넓은 지역을 통합했다. 가부장제 역사가 오래된 아프로·유라시아 지역을 지배한 무슬림 아랍 문명은 이 지역들의 오래된 문화 풍습의 영향을 받았다. 이슬람 경전에도 여성의 역할과 지위에 관한 내용이 많았기에, 이슬람의 핵심 사상과 빌려 온 개념이 뒤섞인 관점이 오늘날까지도 영향을 미치고 있다.

학자들은 이슬람이 출현하기 이전 아랍 베두인 사회 여성의 지위를 두고 상반된 견해를 보인다. 비교적 평등했다고 주장하거나 예언자 무함마드의 아내였던 부유한 상인 카디자 빈트 쿠와일리드를 사례로 드는 이들이 있는 반면, 여아 살해와 무제한 일부다처제가 시사하듯 베두인 사회가 엄격한 가부장제였다고 주장하는 이들도 있다.

『쿠란』은 여성의 지위에 대한 초기 이슬람의 관점이 복잡했음을 보여준다. 여성을 재산이 아니라 존중할 반려자로 묘사한 대목이 종종 등장하며, 무함마드도 아내들에게 다정하고 존중을 표했다. 또 『쿠란』은 여아 살해를 불법화하고, 혼인은 신부의 동의가 필수적인 계약이라고 간주했다. 혼인 지참금을 남편이 아니라 아내가 받아야 한다고 촉구하며 여성이 집안에 가져온 부를 관리할 권한을 갖도록 허용했다. 이 대목들 때문에 일부 성역사학자는 당대의 많은 사회보다 이슬람 사회의 법이 여성에게 상당한 권리를 부여했다고 주장한다. 반면 다른 역사학자들은 여성의 성적·사회적 삶을 엄격하게 통제하고 여성은 남편을 1명만 얻을 수 있는 반면 남성은 아내를 4명까지 가질 수 있는 이슬람 법의 노골적인 가부장적 성격을 지적한다.

CE 8세기에 고대 페르시아와 메소포타미아의 중심지까지 진출한 칼리프 치하의 무슬림은 그 지역의 많은 문화 풍습을 받아들였다. 메소포타미아에서는 여성이 외출할 때 천으로 얼굴을 가리는 풍습이 수천 년 동안 이어졌다. 상류층 여성도 얼굴을 가리고 남성 보호자를 동반해야 외출할 수 있었고, 평소에는 집에서 지내야 했다. 아이가 자기 자식이 맞다고 확신할 방법을 찾던 무슬림은 이 풍습을 금방 받아들였고 법에도 규정했다.

다른 한편으로는 CE 제1천년기와 CE 제2천년기에 걸쳐 교육 수준이 높은 많은 엘리트 여성이 칼리프 치하에서 반쯤은 공적인 역할을 맡았다. CE 859년 파티마 알피흐리(Fatima al-Fihri)가 알카라윈에 중요한 고등교육 기관을 설립했다. CE 12~CE 13세기에는 여성들이 자선단체를 통해 기금을 마련한 모스크와 마드라사(학교) 26곳이 다마스쿠스에 세워졌다. 그러나 역사학자들은 12세기 학자들 중 여성의 비율은 기껏해야 1%였으며, 보수적인 학자들은 강의를 듣는 여성에 비판적이었다고 추정한다. 중간 계급과 하층 계급 여성들도 이슬람의 땅에서 직업을 가졌고, 사회에서 공적인 역할을 맡을 수 있었다. 이들은 농민, 건설 인부, 간호사, 중개인, 대출인으로 일했고 직물산업의 염색, 직조, 자수 부문을 독점했다. 많은 무슬림 병원이 여성 간호사도 고용했고, 12세기에 무와히드 칼리파국에서는 여성 의사 2명이 활동했다. 여성 의료진이 필요했던 이유는 남성과 여성 환자를 엄격하게 분리했기 때문이다.

BCE 2000~CE 1000년경 아프로·유라시아 농경 문명들의 사회적·성별 관계는 여러모로 복잡했다. 우루크에서 처음 나타난 전문화, 상호 의존, 사회적 계층구조는 당대의 대도시와 국가에서 더 뚜렷해졌다. 재산, 집안,

직업, 성별에 토대한 차별이 깊어지면서 엘리트가 권력과 성문법으로 하층 구성원들에게 강압적 권력을 행사하는 경직된 사회구조가 정착했다. 이 상황은 평등주의와 페미니즘에 토대한 정치 이념들이 등장하여 세계의 많은 지역에서 정치적·사회적 혁명이 일어나기 전까지 지속되었다.

네 번째 추세: 느리게 변화하고 성장한 이유

지금까지 농경 문명과 통치 세력의 확대, 교환망 구축, 사회적·성별 관계의 복잡성 증가 등 농경 문명 시대의 대규모 추세를 살펴보았다. 이제 네 번째 추세를 짧게 알아보자. 혁신과 성장, 맬서스 주기의 속도와 얽혀 변화가 느렸던 현상이다. 6장에서 살펴보았듯이 맬서스 주기는 모든 농경 문명의 느린 흥망성쇠 패턴을 보여준다(〈그림 8.5〉). 이 주기는 왜 생겨났을까?

초기 농경시대에 비하면 농경 문명 사회가 상당히 성장했고 구석기시대와 비교하면 성장이 더욱 빨랐다는 것은 분명하다. 인구가 5배 증가하

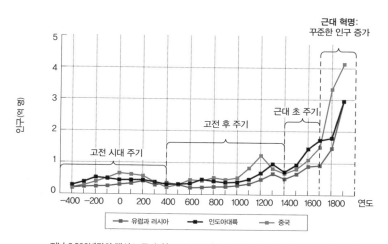

지난 2,300년간의 맬서스 주기: (1) 고전 시대, (2) 고전 후 시대, (3) 근대 초, (4) 근대 혁명

그림 8.5 BCE 400~CE 1900년 중국, 인도, 유럽의 맬서스 주기는 농경 문명 시대의 주요 변화의 흐름을 보여준다.

고 상업적·기술적 혁신으로 화폐 주조, 수학, 과학, 항해, 직물, 전차와 등자 같은 기술 부문이 크게 발전했다. 농업에서도 복잡한 관개시설과 새로운 작물 등 중요한 혁신이 나타났다. 혁신과 성장을 부추긴 요인은 양의 되먹임을 통해 주기적으로 수요를 창출하는 인구 성장, 정부 정책(도로 건설, 외국 물품에 대한 추구), 도시 내부 혹은 도시 사이의 상업 활동, 아프로·유라시아 연결망 내의 교역망 확장 등이다. 이들이 수준 높은 집단 학습을 자극했다.

현대를 다룬 장들에서 살펴보겠지만, 농경 문명 시대의 성장과 혁신 속도는 현대의 기준으로 무척 느렸다. 왜 그랬을까? 성장을 가로막는 장벽들 때문이다. 중요한 장벽 중 하나는 혁신을 저해하는 느린 성장을 원한 지배적 경향 자체였다. 결실을 얻기까지 100년을 기다려야 한다면 혁신에 투자할 이유가 있을까? 그 대신 정부는 군사적 팽창으로 공납을 받는 쪽으로 나아갔다. 두 번째로 중요한 장벽은 주기적으로 도시와 소도시에서 창궐한 질병이다. 도시의 위생 상태가 좋지 않았고, 면역력을 갖춘 사람들이 면역력이 없는 지역의 사람들에게 새로운 질병을 전파했기 때문이기도 했다. 재앙을 불러온 질병 중 가장 유명한 사례는 14세기의 흑사병이지만, 훨씬 이전부터 많은 질병이 발생했다.

가장 중요한 장벽은 국가들의 대다수 엘리트가 군사력을 동원하여 공납을 받는 쪽을 선호했다는 것이다. 몇몇 예외를 제외하면 농경 문명 지배층은 상업과 농업 분야의 혁신에 반대했다. 생산성을 높이는 쪽으로 자원을 투입하면 성과가 불확실하거나 실패할 수 있고, 가시적 성과가 나타나려면 오랜 세월 기다려야 하므로 정치적으로 보면 소용없는 짓이기 때문이다.

공납을 받는 사회에서는 부를 쌓으려면 남의 자원을 빼앗아야 한다고 여겼기 때문에 지배층은 대부분 전쟁으로 성장의 문제에 대처했다. 성장은 자국 내의 생산성을 높이려고 애쓰는 것이 아니라, 남이 생산한 것을 약탈하는 제로섬 게임이었다. 이 인식은 그 시대의 특징인 정복을 통한 팽창과 지속적인 전쟁의 이유를 설명해준다. 혁신에 투자하려는 동기가 거의 없었던 이유도 설명해준다. 군사력에 대한 투자는 활발했지만 말이다. 그 결과 오랫동안 생산성이 인구 증가를 따라잡지 못했고, 번영은 인구 감소, 도시

탈출, 교역 쇠퇴, 건설 중단, 문명의 몰락으로 끝나곤 했다. 혁신의 속도가 느렸던 농경 문명 시대에는 맬서스 주기가 되풀이되었다.

지금까지 아프로·유라시아 문명의 팽창을 살펴보았다. 5,000년 전 서남아시아와 동북아프리카에 미미하게 출현한 이 문명은 급속히 확산했고, 문명 시대 말기에는 드넓은 세계 지대 인구의 대다수와 인구밀도가 가장 높은 공동체들이 여기 속해 있었다. 다음 장에서는 동시대 아메리카·오스트랄라시아·태평양 세계 지대 농경 문명들의 특징들을 살펴보고, 역사의 유사점과 차이점도 설명할 것이다. 이 지대들에는 주요 공통점이 많지만, 지난 500년 사이에 세계 지대들이 하나로 연결되기 전까지 펼쳐진 각각의 역사 규모와 연대기는 무척 달랐다. 뒤에서 살펴보겠지만, 이 규모와 시기의 차이는 세계 역사에 중요한 결과를 낳았다.

| 요약 |

이 장에서는 BCE 2000~BCE 1000년경 아프로·유라시아 세계 지대의 농경 문명 사회에서 벌어진 일들을 살펴보았다. 문명 사이의 접촉, 주요 문명들과 함께 존속한 전통적 수렵채집인과 유목민 공동체의 접촉과 교환, 비단길 교역망의 중요성에 초점을 맞추었다. 또 인구밀도, 전문화, 상호 의존성이 높아져 복잡하게 진화한 사회적·성별 관계가 부, 지위, 인종, 성별을 토대로 경계가 더 뚜렷한 계층구조를 형성하는 현상을 살펴보았다.

9장

농경 문명 시대의
다른 세계 지대들

BCE 1000~CE 1000년

5장과 6장에서는 구석기시대와 농경시대에 진화한 4곳의 넓은 세계 지역을 뜻하는 세계 지대라는 개념을 이야기했다. 아프로·유라시아·아메리카·오스트랄라시아·태평양 세계 지대다. 각 세계 지대 안에서 공동체들이 접촉하면서 생각, 사람, 기술, 종교, 더 나아가 생활양식이 확산하고 한쪽 끝에서 다른 쪽 끝까지 퍼지기도 했다. 그러나 세계 지대들 사이의 접촉은 거의 없었다(물론 인류가 한 세계 지대에서 다른 세계 지대로 처음 이주할 때는 적어도 약간의 접촉이 이뤄졌다). 재러드 다이아몬드가 『총, 균, 쇠』에서 지적했듯 세계 지대들끼리 거의 접촉하지 않았기에 자연적인 실험 무대가 마련되었다. 세계 지대를 돌아보면 인류 역사가 서로 다른 환경에서 어떻게 진화하고 인류의 공통적 특징과 환경 요인이 역사적 변화에 얼마나 기여했는지 알 수 있다.

세계 지대들은 지리, 크기, 내부 연결망, 기후, 동식물이 달랐기 때문에 인류가 각기 다른 행성에 이주한 것처럼 다양한 역사가 펼쳐졌다. 세계 지대들의 역사를 살펴보면 역사에 보편적인 장기적 특징이 있는지를 알아보는 데 유용하다. 한편으로는 다음과 같이 질문할 수도 있다. 농경시대의 역사에서 공통적이고 거대한 추세가 나타났을까? 집단 학습의 메커니즘은 사회가 달라도 비슷한 혁신을 일으킬까? 더 많은 에너지 이용, 더 많은 인구, 더 조밀한 공동체, 연결망 증가, 더 큰 사회적 복잡성을 향한 추세가 동일했을까? 우리 종은 생활하고 숭배하고 의사소통하기 위해 다양한 방식들을 창안해왔다. 이 유별난 능력은 종으로서의 우리에게 놀라운 창의성이 있음을 보여주지만, 인류 역사 전체의 특정하고 근본적인 특징을 가리키는 것은 아니다. 따라서 개인의 결정과 취향 같은 '우발적' 요인이나 지리적·문화적 변화 등이 세계 지대들과 역사를 어느 정도까지 좌우했는지 살펴볼 필요가 있다.

앞의 두 장은 가장 오래되고 크고 인구가 많은 아프로·유라시아의 농경 문명 시대에 초점을 맞추었다. 거대한 크기와 역사, 많은 공동체 때문에 아프로·유라시아는 유달리 중요한 역할을 해왔다. 사실 많은 사람이 다른 세계 지대의 역사에 대한 관심이 적거나 외면하곤 한다. 이 장에서는 시야를 넓혀서 다른 세계 지대들에도 초점을 맞추겠다. 각 세계 지대의 특성과 공통점을 인공위성에서 내려다보는 듯한 관점으로 살펴보겠다. 두 번째로 오래된 세계 지대는 아니지만(5만~6만 년 전 인류가 처음 정착한 오스트랄라시아 세계 지대가 두 번째다) 두 번째로 크고 두 번째로 인구가 많았던 아메리카 세계 지대에 초점을 맞출 것이다.

아메리카 지대의 농경 문명

이 절에서는 아메리카의 네 지역인 메소아메리카, 안데스산맥, 아마조니아, 북아메리카의 군장 사회와 농경 문명의 발전을 살펴보겠다. CE 1500년대 초까지도 태평양과 대서양이 이동을 막는 장벽이 되었기 때문에 이곳 인류는 아프로·유라시아에서 이루어진 자연 실험과 다른 문화를 발전시켰다. 아메리카 세계 지대에서는 주요 지역들끼리 간헐적으로만 상호작용했고, 아프로·유라시아에서 대단히 중요한 대형 동물과 철 가공 기술을 갖추지 못한 문화들을 발전시켰다.

메소아메리카의 독자적 농경 문명

중앙아메리카의 멕시코와 주변 지역을 포함한 메소아메리카는 지리적으로 무척 다양하여 안개 자욱한 우림에서 추운 고원에 이른다. 공통 시대가 시작될 무렵 이 지역에는 인구가 5만 명에 달하는 도시가 적어도 한 곳 있었다. 또한 주식 작물(옥수수, 콩, 고추, 호박), 시장 교환, 기념물을 갖춘 제사 중심지, 비슷한 신들을 모시는 종교, 동일한 창조와 파괴의 주기에 대한 믿음, 인신공양, 260일로 이루어진 공통의 의례 달력, 싹트고 있던 4가지 상형문자를 갖춘 공통의 문화를 형성하고 있었다. CE 제1천년기 이 지역에는 작은 도시국가들이 가득했다. 이 국가들은 엘리트가 지배하겠다고 나서고, 작황이 나쁘거나 좋고, 가뭄이 들거나 해소되는 등의 이유로 전쟁을 벌였다. 아프로·유라시아와 의미 있게 접촉하지 않았지만, 농경 문명의 모든 중요한 요소가 출현하고 있었다.

6장에서는 멕시코만 지역의 올멕 문화(BCE 1500~BCE 300)를 짧게 살펴봤다. 여기서는 마야족이 테오티우아칸에서 발전시킨 문명과, 아즈텍인이라고 불리기 이전의 톨텍족이 멕시코분지에서 발전시킨 문명을 살펴보자.

■ 유카탄반도와 과테말라의 마야 문명

올멕의 유산을 최초로 물려받은 사람들은 유카탄반도와 과테말라의 동쪽과 남쪽에 살았던 마야인이다. 면적이 미국 콜로라도나 영국 크기였던 이들의 땅은 기후가 무더웠고, 우기와 건기가 뚜렷했으며, 큰 강이 없었고, 척박했다. BCE 2000년경에 제사 중심지를 갖춘 마야 사회의 전성기는 CE 250~CE 900년경이었다(〈지도 6.5〉 참고).

마야인은 옥수수, 콩, 호박, 고추를 주로 재배했다. 최근 연구에 따르면 카사바의 덩이뿌리도 중요한 식량이었던 듯하다. 그들은 무척 귀해서 때로 화폐 역할을 한 카카오도 재배하여 사치품으로 거래했다. 휴대하기 쉽고 아름답게 반짝이는 옥, 금, 조개껍데기, 깃털도 사치품이었다. 힘겨운 환경 속에서 마야인은 습지의 물을 빼고 산비탈에 계단식 밭을 만들고 수리시설을 구축하여 농사를 짓는 데 성공했다. CE 750년경에는 인구가 급속히 증가하여 주요 도시 티칼의 주민이 약 5만 명이었고, 주변 시골에도 약 5만 명이 살았다.

마야 창세 신화 『포폴 부흐(Popol Vuh)』(남아 있는 문헌은 CE 16세기 중반에 집대성되었지만 신앙은 훨씬 이전부터 존재했다)에는 신들이 옥수수와 물로 인간을 빚었다고 나온다. 마야인의 삶에서 농경이 무척 중요했다는 의미다. 가장 오래된 신화에 따르면 신들이 처음에 자기 피를 흘려서 해와 달을 움직이게 했다. 마야인은 인간이 제물을 바쳐야 신들이 그 대가로 세상을 돌아가게 하며, 특히 피를 흘려야 비를 뿌려준다고 믿었다. 제사 의식을 치를 때 왕은 뼈바늘이나 못으로 자신의 음경이나 손을 찌르고 피를 나무껍질 종이에 적신 후 담배나 환각제와 함께 태웠다. 환각에 빠진 왕은 연기에서 뱀이 솟아오르는 환영을 자주 봤고, 그 뱀을 선조들의 대변자라고 여겼다. 계절 변화가 극심했기 때문에 죽음, 재생, 혼돈에 대한 통제가 마야 세계관의 주요 요소가 되었다.

샤먼-사제였을 마야 지식인들은 0이라는 개념을 포함한 20진법 수학 체계를 개발했다. 0을 포함한 마야 금석문 중 가장 오래된 것은 CE 357년경의 것이지만, 0이라는 개념이 이전의 올멕 문화에서 출현했을 수도 있음을 시사하는 증거가 있다. 8장에서 말했듯이, 인도아대륙의 학자들이 0에 관한 개념을 개발한 시기는 CE 1세기다. 0을 뜻하는 기호인 작은 원은 CE 9세기에 처음 나타났다.

시간의 주기를 놀랍도록 잘 이해한 마야 사제들은 행성들의 주기를 파악하고 일식과 월식의 시기를 예측했다. 3종류의 역법도 고안했다. 지구의 공전주기에 토대한 365일 달력, 금성의 공전궤도에 토대했을 260일 달력, 임의로 약 3,000년 이전으로 설정한 시간이 시작된 시점부터 이어진 장주기력(Long Count)이다. 마야인이 계산한 태양년의 길이인 365.242일은 현대 천문학자들이 내놓은 값과 17초 정도 차이가 난다.

마야인은 어느 날이 며칠인지를 260일 달력 중 하나와 365일 달력을 조합하여 계산했다. 양쪽 달력이 가능한 모든 조합을 거쳐 출발점으로 돌아가는 데 걸리는 시간은 52년이었다(〈그림 9.1〉). 후올멕, 믹스텍, 자포텍, 아스테카 등 메소아메리카의 다른 집단도 나름의 문자 체계를 개발했지만, 서반구에서 가장 정교하고 표현력이 풍부한 문자 체계를 개발한 것은

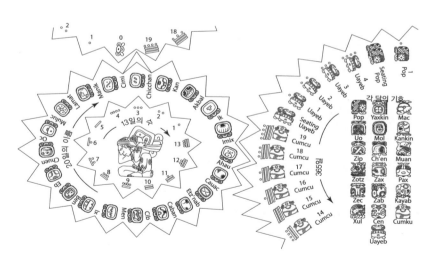

그림 9.1 마야 달력. 260일 달력(왼쪽)과 365일 달력(오른쪽)을 조합했다. 조합이 같은 날은 52년 주기로 출현한다. 마야인들은 이 주기가 새로 시작되는 시기가 중요하고 위험하다고 여겼기 때문에 정교한 의례를 통해 맞이했다.

마야인이었다. 초기 메소포타미아 엘리트의 쐐기문자처럼 마야 문자 체계도 엘리트의 통치와 천문 기록, 족보, 시, 역사에 중요한 역할을 했다. 마야인은 돌에 글자를 새기고, 나무껍질을 두드려 편 종이와 사슴 가죽을 회반죽으로 씻고 아코디언처럼 접어서 책도 만들었다. 지금까지 1만 5000점 넘게 발견된 금석문과 달리 책은 4권만 발견되었는데 역사와 달력에 관한 내용뿐이다. 스페인 정복자들과 선교사들이 원주민 종교 신앙을 무너뜨리기 위해 책을 모조리 없애버렸기 때문이다.

마야인은 그림문자와 음소 또는 음절을 나타나는 글자를 모두 썼지만 자모 형태의 글자는 개발하지 않았다. 1960년대부터 마야 문자 연구를 시작한 학자들은 영웅적인 노력 끝에 1990년에야 해독을 끝냈다. 이 문자들은 한가운데 있는 그림의 주위에 복잡한 접두사와 접미사가 둘러싸곤 해서 해독하기 어렵다.

모든 마야 유적지에는 기울어진 벽으로 둘러싸인 직사각형 안뜰이 있다. 올멕 문화로부터 물려받은 듯한 안뜰에서 마야인들은 구기 경기를 했다. 선수들은 손이나 발을 쓰지 않으면서, 무겁고 단단한 고무공을 옆쪽 벽 높은 곳에 설치한 돌고리에 집어넣거나 경기장 끝까지 몰고 가야 했다. 고무나무의 끈끈한 수액에 나팔꽃의 즙을 섞어 만든 고무공은 지름이 30cm에 무게가 최대 6.8kg에 달했다. 유럽인과 북아메리카인은 19세기 중반이 되어서야 고무 만드는 법을 알아냈다.

남성 1명이나 팀을 이룬 2~4명이 경기를 했고, 여성이 뛰었다는 증거는 없다. 경기장 옆쪽 벽에는 머리뼈를 담은 선반이 죽 늘어서 있었는데, 경기를 좋은 이유로만 열지는 않았음을 시사한다. 경기를 한 이유는 다양했다. 단순한 스포츠로서, 내기를 건 경쟁으로서, 협정을 맺고 축하하는 행사로서, 포로들을 억지로 대결시키는 자리로서였다. 경기에서 뛴 포로가 패배하면 즉시 고문하고 처형했다. 사람의 피로 신을 기쁘게 하기 위해 패자의 머리를 선반에 전시했을 수도 있다.

마야인이 즐긴 특이한 오락은 하나 더 있다. 마야 아이들은 점토로 만든 작은 재규어 장난감을 갖고 놀았는데, 일부 장난감의 다리에는 바퀴 달린 축이 붙어 있었다. 마야인은 바퀴 달린 장난감을 만들었지만 어른이 쓸 바퀴 달린 탈것을 만든다는 생각은 못 한 듯하다. 물론 탈것을 끌 커다란 가축이 없었으니 바퀴 달린 수레는 쓸모없었을 것이다. 그러나 바퀴를 토기 빚는 돌림판에 쓰고, 흐르는 강물에 수차를 만들어 맷돌을 돌릴 수도 있었을 것이다. 마야인이 장난감 이외의 분야에 바퀴를 활용했다는 증거는 없다. 바퀴 없는 아프로·유라시아 역사를 상상이나 할 수 있을까?

마야인은 기분 전환과 의식 행사용으로 담배를 즐겨 피웠다. 그들과 신들이 담배 피우는 모습을 상세하게 담은 그림들도 발견되었다(〈그림 9.2〉). 식물유전학자들은 담배가 BCE 5000~BCE 3000년경 페루와 에콰도르에 걸쳐 있는 안데스산맥에서 처음 재배되었다고 추정한다. 담배는 북극 지방에 사는 이들을 제외한 모든 아메리카 문화의 공통적 특징이었다. 불에 태워서 연기를 들이마시는 것은 물론 씹거나 코로 흡입하거나 먹거나 마시거나 몸에 문지르기도 했고, 안약과 관장제로도 썼다. 또 전투에 앞서 전사들의 얼굴에, 작물을 심기 전 밭에, 성관계를 맺기 전 여성에게 담배 연기를 뿜었다. 신들에게도 바쳐진 담배는 샤먼의 훈련에도 핵심적 역할을 했다. 새로운 샤먼은 많이 흡입하거나 섭취하면 환각, 혼수상태, 임사 상태를 야기할 수 있는 담배를 활용하여 죽음을 극복하는 능력을 입증할 수 있었다.

계층구조가 엄격했던 마야 사회의 맨 위에는 왕족과 귀족이 있었고, 그 아래로 인구의 80~90%인 농민이 있었다. 노예가 존재했다는 증거는 없다. 통치자는 신이나 죽은 자와 의사소통하고, 제사 중심지를 짓고, 전쟁을 지휘할 책임이 있었다. 인격화한 신인 왕은 의례를 거행하며 신을 모시고 신전을 지었다. 이들의 이름은 위

그림 9.2 담배 피우는 마야 왕자. 재규어 털가죽을 깔고 앉은 왕자가 발치에 있는 조개껍데기에서 솟아오르는 뱀의 환영을 향해 몸을 숙이고 있다. 담배를 긴장 완화와 명상에 썼음을 보여주는 듯하다. 신과 소통하기 위해 의식 행사에서 흡연하는 그림도 있다.

대한 재규어 발, 폭풍 이는 하늘, 재규어 음경(재규어 왕들의 선조) 등으로 위협적인 분위기를 풍겼다. 마야인은 재규어를 숲에서 가장 위험한 포식자로 여겼다. 왕위를 물려받을 남성이 없으면 여성이 섭정이나 여왕을 맡았다.

45~50개의 도시국가로 이루어진 마야 지역에는 중앙 권력이 없었다. 정치적으로 통일된 적이 없었고, 중국이나 로마 같은 제국이 아니라 메소포타미아와 그리스의 도시국가에 가까운 문명을 이루었다. 아프로·유라시아 문명처럼, 마야 문명도 기념 건축물을 세웠기 때문에 각 도시국가의 중심에 피라미드 신전, 궁전 같은 주거지, 널찍한 광장, 구기 경기장이 있었다. 약 100년 동안 번영한 중심지도 있었지만 전체적으로 보면 정치적, 인구통계학적으로 불안정했고, 번영과 쇠퇴의 주기가 뚜렷했다.

1940~60년대 고고학자들은 마야가 유달리 평화로운 문명이었다고 보았다. 그러나 문자를 해독하고 방어 시설, 파괴된 도시, 대량 매장지를 발견하면서 실상이 드러났다. 현재 고고학자들은 마야인이 자주 전쟁을 벌였고, 적을 포로로 잡아 인간 제물로 바치는 경우도 많았다고 본다. 고고학 증거들이 점점 더 발굴될수록, 마야 문명이 다른 고대 농경 문명들과 비슷했다는 사실이 드러나고 있다.

1,000년 가까이 이어온 마야 문명은 세계 역사에서 드물 정도로 빠르게 붕괴했다. CE 760년경 유카탄반도 남쪽 지역 절반에 사는 마야인들 중 상당수가 도시를 버리고 떠나기 시작했고 150년 사이에 사라졌다. 유카탄반도 북부의 치첸이트사만 CE 900~CE 1250년경까지 번성했다. 이후 스페인인이 들어올 때까지 유카탄반도에는 서로 전쟁을 벌이는 작은 군장 사회들만 존재했다. 문자 기록도 사라졌고, 조세, 교역, 피라미드는 마야 문명의 쇠락을 보여주며 남아 있었다.

고고학자와 역사학자들은 급속한 붕괴의 원인을 설명하기 위해 침식, 삼림 파괴, 척박해진 토양, 지진, 반란, 질병 등 다양한 시나리오를 내놓았다. 최근에는 가뭄이 유력한 시나리오로 등장했다. CE 840년경에 대규모 가뭄이 시작되었고, 더 건조한 북부 고원지대뿐 아니라 더 습한 저지대도 사회적, 정치적으로 쇠퇴했기 때문이다. 대부분의 학자는 몇 가지 요인이 상호작용했고, 특히 인구 과잉과 토질 저하가 기근, 질병, 인구 이동, 끝없는 전쟁, 통치자에 대한 신뢰 상실로 이어졌을 것이라고 추정한다. 이 증거들은 농경시대의 전형적인 맬서스 위기가 여기에도 일어났음을 시사한다. 원인이 무엇이든 간에, 마야의 몰락은 중앙집권화한 제국이든 분산적인 도시국가든 인구가 밀집하면 위험에 취약해지는 현상을 잘 보여준다.

■ 멕시코고원의 아스테카 문명

메소아메리카에서 대규모 인구를 지탱할 수 있었던 또 다른 지역은 멕시코 중부 멕시코고원이었다. 해발 약 2,100m의 이 고원에는 주변 산맥에서 물이 흘러들며 생긴 커다란 호수가 몇 개 있다. BCE 1600년경부터 고지대 기후에 적응한 작물을 찾아낸 사람들이 이곳의 기름진 화산 토양에서 경작을 시작했다. BCE 400년경에는 인구가 약 8만 명으로 늘었고 5, 6곳의 도시국가가 형성되었다(〈지도 9.1〉 참고).

BCE 350~BCE 250년에는 멕시코고원 주위의 화산들이 폭발했다. 아

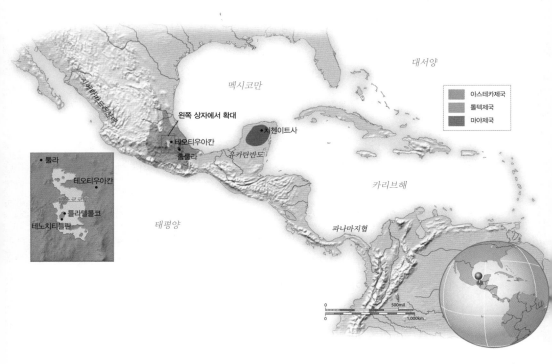

지도 9.1 톨텍제국과 아스테카제국(CE 950~CE 1520년경). 마야제국이 얼마나 쪼그라들었는지 주목하자. 아스테카 통치자들은 각지에서 어떻게 공납을 거둘 수 있었을까?

마도 이 폭발로 인해 현대 멕시코시티에서 북동쪽으로 50km쯤 떨어진 유적지 테오티우아칸의 인구가 빠르게 많아지면서 도시가 형성된 듯하다. 이 도시는 빠르게 성장하여 공통 시대가 시작될 무렵에는 인구가 5만~6만 명에 이르렀고, 전성기인 CE 500년경에는 약 20만 명에 달하며 당시 아메리카에서 가장 큰 도시 복합체이자 세계 6대 도시 중 하나가 되었다.

테오티우아칸 지도자들이 이곳을 어떻게 통치했는지는 알려지지 않았다. 왕족이 아니라 신이 두드러진 벽화와 그림을 보면 신권정치였던 듯하다. 초기 수메르를 살펴볼 때 말했듯이, 신권정치는 사제가 신의 권위를 빌려 통치하는 체제다. CE 300~CE 600년 당시 테오티우아칸은 신전, 궁전, 수리 시설, 시장, 널찍한 공공 광장을 갖춘 영향력 있는 도시로서 메소아메리카의 여러 지역과 폭넓은 교역망을 구축했다. 반면 문자 기록이 없기 때문에 사회적·정치적 구조는 거의 알려지지 않았다.

테오티우아칸은 CE 550~CE 750년에 침입자들이 도시를 불태워 인구가 4분의 1로 줄어들면서 급격히 붕괴하여 위세를 잃었다. 그로부터 약 1,000년 후 아즈텍인들이 도시를 장악하고 '신들의 도시'라는 뜻의 테오티우아칸이라는 이름을 붙였다. 메소아메리카에는 주민들이 풍족하게 살고 자비로운 사제와 왕이 다스리는 신화 속의 대도시가 있다는 믿음이 널리 퍼져 있었는데, 아즈텍인은 테오티우아칸이 세상이 창조된 이상향이라고 믿었다.

테오티우아칸이 몰락한 직후에는 멕시코고원에 전쟁을 끝내고 질서를 회복할 만한 강력한 국가가 존재하지 않았다. CE 700년 이후에야 테오티우아칸을 계승한 툴라라는 도시가 현재의 멕시코시티에서 북서쪽으로 80km 떨어져 있고 두 강이 합쳐지는 곳에 들어섰다. 국제적 도시였던 툴라의 다양한 민족은 훗날 아즈텍인의 언어가 되는 **나우아틀어**(Nahuatl)를 썼을 것이다. 테오티우아칸에는 미치지 못했을지라도 툴라는 몇몇 지역 중심지로부터, 그리고 아마도 고원 지역 전체로부터 공납을 받았다. 건물들이 불탄 흔적을 살펴보면 툴라는 CE 1150~CE 1200년경에 폭력을 통해 몰락한 후 소도시로 존속하다가 16세기 초에 아즈텍인에게 복속되었다.

툴라가 중요한 이유는 아즈텍인에게 큰 의미를 지녔기 때문이다. 이들은 그곳이 금, 은, 터키석, 조개껍데기로 장식된 궁전에 사는 통치자가 뛰어난 장인들을 다스리던 전설의 도시라고 여겼다. 아즈텍인은 툴라를 톨란, 그곳 주민들을 톨텍인이라고 불렀고, 톨텍인이 **케찰코아틀(Quetzalcoatl)**이라는 자비로운 주신을 섬겼다고 믿었다. 과일과 견과만 제물로 요구하는 케찰코아틀의 보호 덕분에 해마다 풍작이었고 목화도 만발했다. 아즈텍인은 사악한 신이 케찰코아틀을 속여서 해가 떠오르는 동쪽의 땅으로 사라지게 하는 바람에 톨란이 무너졌다고 믿었다.

툴라가 무너진 뒤 내전과 유목민의 침입이 이어지다가 **아즈텍(Aztecs)**이라는 민족이 등장했다. 아스테카라는 이름은 독일 자연사학자이자 탐험가 알렉산더 폰 훔볼트(Alexander von Humboldt)가 19세기 초에 텍스코코호 주위의 세 도시국가 연합에 붙인 것이다. 이곳 사람들은 '백로의 땅'이라는 뜻을 지닌 도시 아스틀란이 자신들의 고향이라는 신화를 공통적으로 믿었다. 예전에 이들은 스스로를 '아스테카'라고 불렀지만, 멕시코 중부로 이주하기 시작하면서 부족신 **우이칠로포치틀리(Huitzilopochtli)**로부터 '메시카(Mexica)'라는 이름을 받았다.

아즈텍인은 원래 땅이 없이 멕시코 북부에서 소규모로 떠돌던 반유목민이었고, 다른 집단들에 쫓기다가 1325년에 텍스코코호 가장자리의 작은 무인도에 정착했다. 서로 전쟁을 벌이는 수십 곳의 작은 도시국가들에 에워싸인 도시를 건설하고 군사력을 키워갔다. 이들은 이웃 도시국가에서 용병으로 일하며 꾸준히 자원을 모았고, 이윽고 스스로를 메시카-테노치카, 도시를 테노치티틀란이라고 칭했다. '선인장 열매의 땅'이라는 뜻이다. 그로부터 몇 세대가 지나기 전에 이들은 대규모 농경 문명을 지배했다.

이들의 섬은 목화와 카카오가 자랄 수 없는 해발 2,100m의 얕은 호수 습지대에 있었기에 독특한 상황에 적응해야 했다. 그나마 물이 많아서 도시를 방어하기 쉬웠고 생선, 개구리, 물새를 잡아먹을 수도 있었다.

아즈텍인은 경작지를 늘리기 위해 군데군데 버드나무를 심고 그 사이에 통을 엮어서 물에 띄운 후 호수 바닥에서 기름진 진흙과 식물을 퍼내 채웠다. 테노치티틀란 주위를 감싸듯이 설치한 이 경작지를 치남파라고 한다(치남파 농법은 5장 참고). 아즈텍인은 치남파에서 옥수수, 콩, 호박, 고추, 토마토, 곡물의 일종인 아마란스와 치아를 재배했다. 씨앗은 갈대 뗏목으로 만든 묘판에서 발아시킨 후 배로 끌고 다니면서 치남파에 옮겨 심었다.

치남파는 CE 1150~CE 1350년에 조성된 듯하다.

아즈텍인은 개와 칠면조만 가축으로 길렀고, 둘 다 식용했다. 또 다양한 곤충을 먹었고, 수면에서 촘촘한 그물로 남조류인 스피룰리나를 채집하여 고단백 떡을 만들어 먹었다. 천연 환각 성분이 있는 식물도 몇 종류 길렀고, 고대의 모든 농민들처럼 당분이 많은 식물을 발효시켜 술을 빚었는데, 주원료는 선인장이었다. 지금은 이 선인장으로 테킬라를 빚는다.

CE 1428년에 아즈텍인은 텍스코코호 인근의 두 도시국가 텍스코코와 틀라코판과 삼각동맹을 맺었다. 그들은 스페인인이 들어올 때까지 91년 동안 약 400개의 소도시와 도시를 정복하면서 늘어나는 인구를 지탱해줄 공물을 거두었다. 이 고원 분지의 인구는 적어도 20만~30만에 달했고 드넓은 제국 전체의 인구는 300만에서 1000만 명에 이르렀다.

아즈텍인은 주민들에게 심한 부담을 주며 많은 공물을 거두었다. 작물뿐 아니라 직물, 토끼털 담요, 자수 천, 보석, 흑요석 칼, 고무공 같은 생산물도 거두었다. 포크테카(pocteca)라는 상인들은 제국 안팎을 다니면서 폭넓게 교역했다. 개인 사업을 위해서뿐 아니라 지배층의 의뢰를 받아 공물을 재규어 가죽, 앵무새 깃털, 투명한 옥, 에메랄드, 조개껍데기, 바닐라, 카카오 같은 사치품인 지역 산물과 교환하러 다니기도 했다.

아즈텍인은 구기, 유혈 제사와 인신공양, 우주의 창조와 파괴 주기에 대한 믿음 등 메소아메리카의 공통적 전통과 이념을 활용했다. 50년 넘게 통치하며 동맹을 주도한 우에우에 틀라카엘렐친(CE 1398~CE 1480)은 이 요소들을 토대로 테노치티틀란의 정복을 뒷받침하는 이념을 구축하여 아즈텍인을 우주 질서의 수호자로 만들었다. 아즈텍인은 과거에 4번의 역사 시대인 순(sun)이 있었다가 파괴되었으며 자신들이 다섯 번째 순에 살고 있다고 믿었고, 전쟁과 인신공양의 신 우이칠로포치틀리를 섬겼다. 틀라카엘렐친은, 태양을 빛나게 하고 지진과 기근으로 다섯 번째 세계가 파괴되는 것을 막으려면 생명의 에너지를 담은 피가 우이칠로포치틀리에게 필요하다고 주민들이 믿도록 만들었다. 많은 피를 제공할 수 있는 것은 인간 제물뿐이었기에, 제물로 쓸 포로를 잡아야 한다고 설파했다. 나중에 더 이상 전쟁할 상대가 없어지면 텍스코코호 주변 도시들의 통치자들은 '꽃의 전쟁'을 마련하곤 했다. 미리 정한 싸움터에서 양편 젊은이들이 맞붙어 제물로 삼을 포로를 잡는 방식이었다.

　독신 생활을 한 사제들은 피라미드 꼭대기에서 굽은 돌 위에 희생자를 눕히고, 주위 사람들에게 팔다리를 붙잡게 한 후 흑요석 칼로 가슴을 갈랐다. 그리고 손을 가슴 안으로 집어넣어 팔딱거리는 심장을 꺼낸 뒤 의식용 그릇에 던져 넣고, 피가 치솟는 시신을 피라미드 계단 아래로 굴렸다. 엘리트의 인육 섭취는 엄격하게 통제된 의례를 치르는 동안에만 드물게 이루어진 듯하다. 얼마나 많은 사람이 제물로 바쳐졌는지는 정확히 알 수 없다. 인신공양은 오랫동안 메소아메리카를 비롯한 세계 여러 문화의 일부였지만, 테노치티틀란에서는 유달리 극심했던 듯하다(〈그림 9.3〉).

　1970년대에 인류학자 마이클 하너(Michael Harner)는 아즈텍인들의 인신공양 규모가 단백질에 대한 욕구 때문일 수 있으며, 단순한 의례가 아니라 부족한 단백질을 얻기 위해 인육을 섭취했을 것이라는 가설을 내놓았다. 이 가설은 많은 주목을 받았지만 지금은 지지를 얻지 못하고 있다. 아즈텍인의 식량 공급을 조사해보니 단백질이 부족했다는 증거가 없었기 때

그림 9.3 아즈텍인의 희생제. 제단 위에 누운 제물의 가슴을 사제가 가르고 심장을 꺼내어 우이칠로포치틀리에게 바치고 있다. 피라미드 아래쪽에서는 앞서 죽은 희생자의 시신을 사람들이 옮기고 있다. 아즈텍인이 인간 제물을 이렇게 많이 바친 이유를 어떻게 설명할 수 있을까?

문이다. 그러나 문화 간 비교 연구 결과들은 인신공양이 인구압 및 영토와 자원을 차지하기 위한 전쟁과 상관관계가 있음을 시사한다. 식량 가용성과 밀접하다기보다는 희소성과 불안정성이라는 조건에서 인구밀도가 증가하여 스트레스를 높인 상황과 연관 있는 듯하다.

아스테카 사회의 밑바탕에는 전사에 대한 존중이 깔려 있었다. 가장 뛰어난 전사 100명으로 이루어진 위원회에서 내정을 담당하는 지도자와 대외 관계를 맡는 지도자 2명을 뽑았다. 아즈텍인은 전쟁의 신 우이칠로포치틀리와 비의 신 틀랄록을 숭배했다. 전사는 사후에 태양과 함께 4년 동안 아침 여행을 하고 그 뒤에는 벌새가 되어 달콤한 꿀을 빨면서 날아다닌다고 믿었다. 출산 때 죽은 여성은 전사와 동등한 지위를 부여받아 사후에 태양과 함께 여행하고 여신이 된다는 약속을 받았다. 아즈텍인은 군 요새도, 공물을 거둘 행정 기구도 없었고, 무력으로 보복할 것이라는 두려움을 주입하며 피지배 집단을 통제했다. 상비군도 없었지만, 필요하면 모든 남성이 즉시 군대에 편입되었다.

아스테카 사회생활의 기본 단위는 가족이나 장기간 함께 지내는 집단을 가리키는 '큰 집'이란 뜻의 카폴리(capolli)[복수형은 카폴틴(capoltin)]였다. 카폴리의 엘리트는 다른 구성원들에게 땅이나 직업을 제공했고, 다른 이들은 노역이나 공물을 부담했다. 테노치티틀란에 약 20개가 있었던 카폴리의 장은 선출 종신직이었다. 각 카폴리는 병사와 장교를 제공하는 한편 약 10~20세의 남녀에게 동일한 학교 교육도 했다. 아마도 아즈텍인이 세계에서 유일하게 16세기 초에 이러한 제도를 운영했을 것이다. 평민 소년은 전사에게 필요한 것을 배웠고, 소녀는 노래와 춤, 가사를 배웠다. 세 번째 유형의 학교에서는 엘리트 소년들이 행정, 이념, 교양을 배웠다.

제국 팽창과 농경 문명 출현은 질서, 폭발적인 시장 성장, 엘리트의 활발한 지적 생활을 낳았지만 비용 부담도 커졌다. 사회 계급의 구분이 더 경직되었고, 많은 노예가 생겨났다. 노예는 주로 빚 때문에 팔린 아이들이나 포로였다. 인간 제물도 확연히 늘어나 가뭄이 극심했던 1450~54년에는 수천 명이 희생되었다. 또한 징병제가 엘리트와 평민 남성들의 삶을 옭아맸다.

아스테카 문화가 전쟁에 힘쓸 무렵 사제와 귀족은 시와 철학에 빠졌다. 이들은 진리가 때로 '꽃과 노래'를 통해, 최고의 예술인 시를 낭독하는 사람을 통해 드러난다고 생각했다. 이런 측면들은 어떻게 알려졌을까? 이들도 문자가 있었지만 마야 문자에 비해 표현력이 낮아서 설명이 달린 그림에 가까웠다. 많은 금석문이 남아 있지만 책은 거의 없다. 스페인인들이 모두 없앴기 때문이다. 16세기 중반 프란체스코회 사제 베르나르디노 데 사아군(Bernardino de Sahagun)이 40년간 아즈텍인의 생활사 자료와 정보를 수집하여 12권짜리 백과사전으로 정리했다. 사아군은 나우아틀어를 유창하게 말하는 법을 배웠고, 많은 아즈텍인을 만나 어휘를 모으고 풍습을 듣고 시와 연극을 수집했다. 1829년에 멕시코에서 12권의 백과사전이 처음 출판되었고, 1950~82년에는 미국에서도 발간되었다. 흔히 『피렌체 문서(Florentine Codex)』로 불리는 이 책으로 사아군은 최초의 인류학자 또는 민족지학의 '아버지'라는 평판을 얻었다. 지금도 멕시코에서 나우아틀어를 사용하는 수십만 명은 아즈텍인의 풍습을 현대 멕시코 문화에 짜 넣는 역할을 한다. 영어의 오실롯, 코요테, 토마토, 초콜릿, 타말 같은 단어들이 나우아틀어에서 유래했다.

스페인인은 1517년에 테노치티틀란을 파괴하고 잔해 위에 멕시코시티를 건설했다. 1978년 멕시코시티의 한 전기 기술자가 지름이 3m가 넘고 보존 상태가 좋고 타원형 돌을 발견했다. 곧 멕시코 정부가 발굴에 나섰고, 거대한 피라미드 신전이 모습을 드러냈다. 템플로 마요르(Templo Mayor)라는 이름이 붙은 이 신전은 아스테카제국의 성지 한가운데에 서 있었다. 이 발굴로 제국의 의례, 먼 지역에서 온 공물, 우주에 대한 상징에 관한 새로운 정보들이 드러났다. 발굴된 돌에는 전쟁의 신 우이칠로포치틀리의 누이 코욜사우키가 머리와 온몸이 잘린 모습으로 새겨져 있었다. 우이칠로포치틀리가 태어나자마자 누이를 조각냈기 때문이다. 그녀의 피는 보석들이 상징하듯 고귀한 것으로 묘사되어 있다. 스페인인에게 정복된 직후 기록된 한 성가에 따르면 이 돌은 아스테카 신앙 체계의 핵심을 잘 표현했다.

멕시코고원의 아스테카 문명은 메소포타미아, 이집트, 인더스, 중국의 문명보다 훨씬 후대에 농경 문명이 어떻게 발전했는지를 보여준다. 아스테카 문명과 그 이전의 문명들은 관개, 엄격한 사회 계급, 신성한 왕, 사제, 정교한 종교 의례, 강압적인 공납, 피라미드, 문자, 전쟁, 노예제라는 비슷한 혁신들을 낳는 등 닮은 점이 많다. 혁신들은 식량 공급이 늘고 인구가 많아지면서 공동체가 조밀해지고 사회적 복잡성이 증가하면서 나타났다. 세부적으로는 다르지만, 전반적인 양상은 아프로·유라시아의 추세와 들어맞는다.

안데스산맥의 농경 문명

남아메리카의 역사는 당시 사람들이 문자를 개발하지 않았기 때문에 밝혀내기가 무척 어렵다. 적어도 통상적인 의미의 문자는 없었다. 게다가 스페인인이 메소아메리카에서와 마찬가지로 잉카 문명의 경이들을 약탈한 탓도 크다.

■ 잉카 이전의 역사

안데스 지역의 지리는 전 세계적으로 독특하다. 두 높은 산맥이 남북으로 나란히 뻗어서 탁월풍의 수분 때문에 동편에 많은 비가 쏟아지는 반면, 서편인 해안 지역에는 비가 거의 내리지 않는다. 메마른 서부 해안에서 거주할 수 있는 지역은 산맥에서 작은 강이 50개쯤 흘러내리는 곳뿐이다. 산맥은 해안에서 겨우 96km쯤 떨어져 있다. 태평양 바다의 지각판이 동쪽으로 이동하며 대륙판 밑으로 들어가면서 땅을 밀어 올린 결과다. 그래서 이곳에서는 지진이 자주 일어난다.

적어도 BCE 2000년경부터 페루의 해안과 중간 지대를 따라 국가가 출현하고 있었다. 바다에서 잡은 멸치를 말리고 빻아서 만든 음식은, 그물을 만드는 데 쓰는 목화를 비롯한 농산물들과 함께 인구 성장을 지탱할 수 있는 단백질과 열량을 제공했다. 많은 고고학자들은 이곳들이 의식 중심지, 피라미드, 전문 기술자, 관개 등의 특징을 갖춘 '복잡한 사회'였다고 본다. 그러나 되풀이되는 지진, 홍수, 폭우로 국가들이 무너지곤 했기 때문에 더 큰 국가인 제국이 발전하지 못했다.

중간 지대에 있던 차빈데우안타르 문화(BCE 900~BCE 300)와 모치카 문화(CE 300~CE 700)가 사라진 후에는 지역 국가들이 이곳과 고지대를 채웠다.

고지대는 CE 650~CE 1000년경에 두 넓은 국가가 지배했다. 북쪽은 와리인이 아야쿠초라는 산악 도시를 중심으로 지배했고, 남쪽은 티와나쿠인이 티티카카호의 수도를 중심으로 지배했다. 티와나쿠인은 해발 3,200m 에서 살았기에 감자가 주식이었고 낙타의 친척인 알파카, 라마, 비쿠냐를 키웠다. 더 낮은 고도에 살던 와리인은 옥수수를 재배했다. CE 1050년경부 터 수백 년 동안 기후가 건조해지고 경제 상황이 악화하면서 종교와 정부 가 신뢰를 잃었고, 두 나라는 작은 단위로 쪼개졌다.

CE 10세기에는 치무인이 현재의 페루 해안에 치모르라는 나라를 세 웠다. 지금의 트루히요 인근 찬찬에 있었던 수도는 인구가 5만~10만 명까 지 늘어났다가 1470년경 잉카에 복속되었다.

■ 잉카 문명

잉카(Inca)는 티티카카호 인근에서 출현한 폐쇄적인 민족 집단이었던 듯하 다. CE 1200년경 이들은 해발 4,000m의 쿠스코에 정착했다. 도시에서 반 지름 100km 이내에 10여 개 민족 집단이 사는 곳이었기 때문에 인구가 증 가하자 땅을 둘러싸고 끊임없이 전쟁이 벌어졌다. 이윽고 주민들은 노동 을 대가로 치르더라도 평화와 질서 있는 토지 접근권을 갈망하기에 이르 렀다(〈지도 9.2〉 참고).

잉카 통치자는 지방과 연대하기 위해 다른 집단의 귀족 여성과 혼인 했다. 중앙 지역을 확보한 잉카인들은 3대에 걸쳐 정복을 통해 팽창했다. 1438~63년 동안 통치한 파차쿠티('땅을 흔드는 자')가 1438년경 시작한 정 복은 그의 손자 대에 이르러 완결되었다. 파차쿠티는 정복에 나선 지 25년 뒤 군사 쪽에서 손을 떼고 쿠스코에 머물면서 제국 통치 체제를 설계하고 황제에 걸맞게 화려한 도시를 건설했다.

전성기 잉카제국은 남아메리카의 가장자리를 따라 약 4,000km에 걸 쳐 있었다. 현재의 에콰도르 키토에서 칠레 산티아고까지 위도로 32°에 달 하는 거리의 해안과 고지대를 차지했다. 위도로 따지면 상트페테르부르크 에서 카이로까지, 또는 카이로에서 나이로비까지에 해당했다. 아메리카의 원주민 국가 중 가장 컸던 잉카제국은 민족과 언어가 다른 80개 지역으로 나뉘어 있었고, 인구가 약 1000만 명에 달했다. 1491년 당시 잉카는 환경 다양성과 적응성을 포괄하는 측면에서 가장 인상적인 제국이었다. 명나라 는 내치에 치중하고 있었고, 오스만제국은 전성기를 향하고 있었으며, 그

카리브해

파나마지협

대서양

키토

아마존강

치무

마추픽추

쿠스코   티티카카호

티아우아나코

태평양

아타카마

코킴보

대서양

잉카제국

0   500   1,000mil

0   1,000   2,000km

지도 9.2 잉카제국(CE 1471~CE 1532). 크리스토퍼 콜럼버스가 도착하기 이전에 아메리카에서 가장 큰
제국이었다. 잉카는 이렇게 먼 곳까지 어떻게 다스릴 수 있었을까?

레이트짐바브웨와 송가이제국은 지리적 한계에 봉착했고, 바르셀로나와
제노바, 베네치아 등 유럽의 해상 제국들은 쇠퇴한 상태였다.

　　잉카는 지방을 수유(suyu)라는 4가지 지리적 영역으로 묶었다. 잉카
인은 자신의 제국을 '통합된 4개 지역'이란 뜻의 타완틴수유(Tawantinsuyu)
라고 불렀고, 수도 쿠스코에서 사방으로 뻗은 4개의 넓은 도로는 이를 상
징했다. 쿠스코는 '배꼽'이라는 의미다. 잉카제국은 경제활동을 위해 모든
지방이 루나시미(Runa Simi), 스페인어로는 **케추아어(Quechua)**라는 공용어
를 쓰도록 했다. 루나시미로 표현하면 잉카(Inca)는 'Inka', 쿠스코(Cuzco)는

'Qosqo'가 되어야 한다. 이 책에서는 스페인어 단어를 쓰지만, 전 세계 사람들이 자신들이 부르는 대로 지명을 표기해야 한다고 주장하므로 이 표기도 바뀔 수 있다. 북경 대신 베이징, 이스터섬 대신 라파누이, 매킨리산 대신 디날리산을 쓰는 것과 마찬가지다. 케추아어, 즉 루나시미는 지금도 에콰도르에서 칠레에 이르는 지역에서 수백만 명이 쓰고 있으며, 페루의 두 번째 공용어다.

잉카제국 황제는 창조신 비라코차의 후손이자 태양신 인티의 아들인 신성한 존재로서 통치했고 모든 땅, 가축, 재산을 소유했다. 황제는 주민들로부터 공물 대신 노역인 미타(mita)를 받았다. 평민들은 정부와 신전이 소유한 땅과 자신에게 분할된 땅에서 갈고 심고 수확했다. 게다가 여성은 직물을 짜고, 남성은 건설 현장에서 일할 의무가 있었다. 잉카인은 놀라운 직조 기술과 회반죽 없이 석조 건물 짓는 기술을 발전시켰다. 일부 '선택된 여성들'은 평생을 직물을 짜면서 보냈고, 남성들은 신전과 요새뿐 아니라 모두 이으면 3만~4만km에 달하는 도로를 건설했다.

잉카의 도로 중 일부는 스페인 기사 8명이 나란히 말을 타고 지나갈 수 있을 정도로 넓었다. 잉카에서는 사람들이 달려서 정보와 상품을 운반했기 때문에 황제는 320km 떨어진 곳에서 잡은 신선한 생선을 이틀 안에 맛볼 수 있었다. 유라시아 문명의 상인 같은 전문 직업은 출현하지 않았다. 식량과 물품을 수거하고 분배하는 일을 정부 관리가 맡았기 때문이다.

엘리트는 평민들이 일하는 덕분에 자기 자신과 (뒤에서 살펴볼) 죽은 이들을 부양했다. 이들은 잉여 산물을 저장했다가 평화로운 시기에는 과부와 극빈자에게, 전쟁이나 자연재해가 닥쳤을 때는 모두에게 나누어주었다. 지배층은 엄청난 음식과 물을 제공하는 정교한 축제를 열 의무도 있었다. 엘리트가 경직된 계급 구조 안에서 평민들을 돌보는 일종의 중앙 계획 또는 수직적 사회주의에 해당했다.

잉카인은 털가죽을 얻고 짐을 운반하기 위해 라마, 알파카, 비쿠냐를 길렀다. 주식은 옥수수, 콩, 감자, 퀴노아, 고추였고 육류로는 개, 오리, 기니피그를 먹었다. 옥수수는 생산량이 적었지만 군대, 순례자, 왕족을 먹이고 제사 때 사용할 의례용 맥주를 빚기 위해 저장하곤 했다. 감자 재배에는 훨씬 공을 들여 수백 가지 품종을 개발했고, 저장 기간을 늘리기 위해 동결건

그림 9.4 키푸, 매듭 끈. 끈의 의미는 매듭의 종류와 위치, 끈의 색깔, 중심 밧줄에서 끈이 매달린 위치, 중심 밧줄의 쓰임새에 따라 다르다. (출처: ⓒClaus Ableiter/wikicommons)

조법도 개발했다.

잉카인은 화폐를 쓰지 않았고, 현대인이 이해하고 있는 형태의 문자가 없었다. 대신 이들은 키푸(quipu)라는 결승문자 기록 방식을 개발했다. 끈에 매듭을 묶는 방식이다(〈그림 9.4〉). 키푸를 읽고 기록하려면 4년 동안 훈련을 받아야 했지만 그 후에도 완전히 이해하지는 못했다. 16세기의 몇몇 원주민 저술가는 키푸로 숫자뿐 아니라 대화도 기록할 수 있다고 주장했다. 그중 한 사람인 과만 포마(Guaman Poma)는 스페인어를 배워서 국왕 펠리페 3세에게 잉카의 이모저모를 자세히 담은 1,179쪽짜리 편지를 쓰며 이렇게 언급했다. "끈에 너무 많은 내용이 담겨 있어서 자모로 적기가 어려웠습니다."[1]

독신으로 금욕 생활을 한 듯한 잉카 사제는 왕족과 엘리트 집안에서 배출되었다. 잉카인은 태양신 인티와 달의 신 마마키야를 섬겼다. 남성 사제는 태양의 신전에서, 여성 사제는 달의 신전에서 제사를 올렸다. 이들은 금은 태양의 땀, 은은 달의 눈물이라고 여겼다. 잉카인은 산꼭대기에서 귀한 제물로 물품과 라마를 바치면 비와 물을 내려주므로 산맥을 신성하면서 활기찬 곳으로 보았다. 가장 특별한 행사 때는 유달리 순수하고 아름다운 아이도 제물로 바쳤지만 아즈텍인의 인신공양에 비하면 미미한 규모였다.

지역 최초의 복잡한 사회로부터 이어진 관습에 따라서(6장 참고), 잉카인은 죽은 통치자의 시신을 미라로 만들고 살아 있는 듯이 실내에 모시며 시중들 사람까지 정했다. 왕의 미라는 권리와 토지도 그대로 지니고 있었다. 의사 결정을 하는 고위 위원회가 열릴 때면 미라도 국가 정책을 심의할 수 있도록 갖다놓았다.

1911년 예일대학교의 고고학자 하이럼 빙엄(Hiram Bingham)은 페루의 산맥에서 경이로운 잉카 유적을 발견했다. 학자들은 마추픽추('오래된 봉우리')라는 이곳이 몇 세대 동안 잉카 통치자들의 휴양지였다고 믿는다. 해발 2,400m에 있는 마추픽추는 쿠스코보다 고도가 낮고 따뜻했으며, 스페인인들이 발견하지 못한 왕족 은신처였다.

언뜻 보면 아스테카 문명과 잉카 문명이 비슷해서 구분하기 어려울 수도 있다. 둘은 비슷한 점이 많지만, 자세히 살펴보면 크게 다르다.

아스테카와 잉카의 공통점은 높은 고도에 존재했다는 것이다. 전자는 고도가 2,100m였던 반면 후자는 4,000m였기에 달라 보일 수도 있지만 말이다. 또 양쪽 모두 동물성 단백질이 한정되어 있었고 옥수수나 감자라는 하나의 주요 작물에 의지했다. 문화적으로 볼 때 두 집단은 아치, 바퀴, 축, 철을 쓰지 않아서 기초 기술 면에서도 비슷하다. 양쪽 모두 기하학적이고 상징적으로 배치한 우주 질서를 상징하는 도시 경관을 구축했다. 둘 다 제국이라고 볼 수 있을 만큼 규모가 컸고, 인신공양을 포함한 종교 의례와 대규모 전쟁을 수행했다. 규모 면에서는 아스테카가 잉카보다 훨씬 거대했지만 말이다. 둘 다 기념 건축물, 엄격한 계급 구조, 직업 분화, 공납 등 농경 문명의 다른 특징들도 지니고 있었다. 또한 아프로·유라시아의 초기 농경 문명들과 여러 면이 비슷했으며, 15세기에 거의 동시에 출현했다.

아스테카와 잉카의 차이는 정치, 종교, 미술에서 드러난다. 아스테카는 전사들로 이루어진 위원회가 투표하여 통치자를 뽑았다. 잉카는 왕이 후계자를 선택했다. 멕시코 지역에서는 정치권력이 분열되어 있었고, 텍스코코호 주변의 아스테카 도시들 사이에는 권력이 분산되어 있었다. 종속시킨 지역에 주둔하는 상비군이 없었던 아스테카는 강제 이주 정책을 거의 펴지 않았다. 잉카는 폭넓게 직접적인 중앙집권 정책을 펼치며 적대적인 소도시를 파괴했고, 강제 이주 정책도 흔히 활용했다. 아스테카의 만신전에는 전쟁의 신이 중앙에 있었다. 잉카인은 태양을 숭배했고, 태양은 주신으로서 유익한 에너지를 제공했다. 아즈텍인은 생생하고 자연주의적인 문양과 조각을 새기고 만들었다. 잉카인의 문양과 조각은 추상적이고 비현실적인 경향이 있었다. 이 차이점들은 공통점에 비하면 적은 편이다.

■ 아마조니아 사회

아마존강은 부피가 세계에서 가장 큰 강이다. 세계의 바다로 흘러드는 민물 중 약 20%가 이 강어귀에서 나온다. 바다와 접한 강어귀는 폭이 320km에 달해서 원양 선박도 강을 따라 3분의 2 지점까지 올라갈 수 있다. 브라질과 페루의 지리학자들은 아마존강이 나일강보다 더 길다고 믿지만 의견이 분분하다. 측정할 때마다 수치가 달라지기 때문이다(〈지도 9.3〉).

적도가 아마존강 어귀를 가로지르며 뻗어 있고, 그 양쪽의 더운 열대는 강수량이 연간 1,000cm가 넘으며, 하루에 7.6cm 넘게 비가 내린다. 이 우림에는 세계 생물 종의 3분의 1 이상이 산다고 추정된다. 아마조니아의 약 3분의 1은 우림이 아니라 사바나다.

고고학자들은 오랫동안 아마조니아를 무시했다. 식생이 울창하고, 돌이 거의 없으며, 강물이 불어났다가 빠지고, 기후가 무더워서 모든 것이 쉽게 썩기 때문에 어떤 증거도 찾기 어려울 것이라고 여겼다.

1970년대부터 아마조니아를 조사한 고고학자들은 이곳이 과연 조밀한 정착 공동체를 지탱할 수 있는지, 환경 용량이 심하게 과소평가되어 있는지를 놓고서 끊임없이 논쟁했다. 최근에는 예상보다 수준 높은 문화적·생태적 다양성이 존재했고, 유럽의 질병이 수렵채집인 마을들을 휩쓸기 전에 자원을 집중적으로 이용한 지역들도 있었음이 드러나고 있다. 방문자들에게 울창한 열대 정글처럼 보이는 것이 사실은 예전 과수원의 흔적일 수도 있다.

BCE 5000년경 아마조니아에서 카사바, 고구마, 호박을 길들였을 수도 있다. BCE 2000년경에 초기 농경 마을이 출현하기 시작했고, 그 뒤로 넓은 지역에 사회들이 나타나고 지역끼리 상호작용했다. 사람들은 생선을 비롯

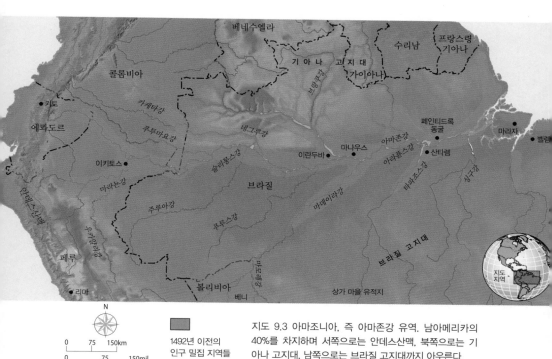

지도 9.3 아마조니아, 즉 아마존강 유역. 남아메리카의 40%를 차지하며 서쪽으로는 안데스산맥, 북쪽으로는 기아나 고지대, 남쪽으로는 브라질 고지대까지 아우른다.

한 수생동물에서 많은 단백질을 얻었고 카사바 덩이뿌리를 주식으로 삼았다. 어디서든 잘 자라는 카사바는 굽거나 튀기거나 발효시키거나 갈아서 먹을 수 있다. 오늘날에도 브라질 북동부에서는 바삭하게 구운 카사바 가루를 모든 음식에 뿌려 먹는다.

CE 1000~CE 1500년경 아마조니아에는 일종의 '문명'으로 인정받는 정착지들이 정교한 기술, 둔덕과 울타리, 계층제 사회를 형성했다. 아마조니아 사회가 강압적 공납에 토대하지 않았던 듯하므로 농경 문명보다는 군장 사회라고 부르고자 한다.

아마조니아는 토양이 척박해서 농업 생산성이 낮다. 조밀한 인구가 살수가 없었을 것이라고 주장하는 학자들은 이 사실을 으레 언급한다. 황적색을 띤 표층의 토양이 열과 비에 쉽게 침식되므로 양분이 씻겨 나가고 토양은 심한 산성을 띠게 된다. 바닥에 떨어진 식생이 영양염류를 저장하고, 식물 뿌리는 효율적으로 영양염류를 재흡수한다.

그러나 BCE 350년경 아마조니아 사람들은 토양을 비옥하게 만드는 법을 개발했다. 나무를 태워 얻은 숯을 배설물, 생선과 거북의 뼈, 식물 쓰레기와 섞어 검은 흙인 테라 프레타(terra preta)를 만드는 방식이었다. 아마조니아 전역에서 2.0~6.1ha의 면적에 검은 흙이 섞인 곳들이 지금도 자주 발견된다. 산타렘에서는 길이 4.8km에 폭 0.8km에 달하는 면적에서 검은 흙이 발견되기도 했다. 설령 인공물이 발견되지 않더라도 검은 흙은 그곳이 정착지였거나 주변에 정착지가 있었음을 시사한다. 장기적인 소규모 정착지였을까, 아니면 대규모 사회였을까? 정확하지는 않지만, 일부 고고학자는 아마조니아의 숲 중 12~50%가 예전에 살던 사람들이 조성한 과수원의 과일나무와 견과나무의 흔적이라고 믿는다.

북아메리카의 농경 문명

BCE 3000년부터 CE 1000년을 지나 유럽인이 들어올 때까지 북아메리카의 많은 지역 사람들이 수렵채집 생활을 지속했다. 북극지방과 아한대 지방의 주민, 대평원 지대의 들소 사냥꾼, 태평양 해안의 어업 공동체, 남서부 건조 지대의 유목민들이 그러했다. 다른 곳의 비슷한 사람들처럼 이들도 소규모 사회를 이루었다. 야생에서 식량을 찾아다니는 방식으로는 조밀한 인구를 지탱하지 못했을 것이기 때문이다(〈지도 9.4〉).

다른 지역들의 사람들은 **반정착(semisedentary)** 생활을 했다. 이 용어는 워싱턴주립대학교 역사학자 존 E. 키차(John E. Kicza)가 창안했다. 이곳들에서는 사람들이 농사를 짓고 영구적·반영구적 마을을 이루어 살았다. 농업 생산성이 메소포타미아나 안데스산맥 지역보다 낮았기 때문에 이들은 수렵채집도 계속했고, 온전한 정착 사회보다 인구가 적었다. 여기서는 북아메리카의 반정착 사회 2곳을 언급하겠다. 오늘날 고대 푸에블로 문화로 불리는 미국 남서부의 아나사지 문화와 미국 동부 삼림지대에서 둔덕을 짓던 문화다.

■ 고대 푸에블로 문화
콜로라도고원의 사우스웨스트 북쪽에 살던 이들은 BCE 2000~BCE 1000년경 메소아메리카로부터 옥수수를 얻어서 길렀다. 이들은 BCE

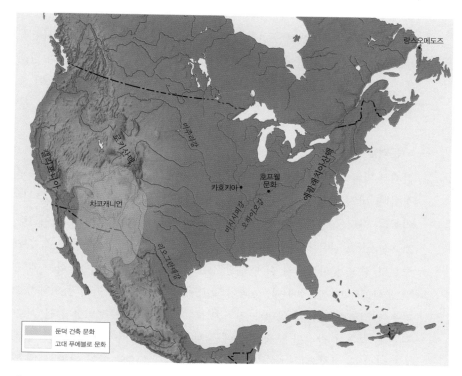

지도 9.4 북아메리카(BCE 500~CE 1200). 당시 이곳 사람들은 미시시피강 유역에서 집중적으로 교환과 교제를 했다.

1000년경에 수리 시설을 갖추었지만, 약 2,000년이 지나서야 영구적인 마을을 조성하기에 충분한 식량을 생산했다. 마을은 CE 600~CE 800년에 출현했고, 이후 400년 동안 농경이 확산되었다. 유적지는 약 125곳이 발견되었는데, 가장 인상적인 곳은 뉴멕시코 북서부 산후안분지의 차코캐니언이다. 4층짜리 대규모 공동 건물을 갖추고 모두 수천 개의 방으로 이루어진 CE 860~CE 1130년경의 주요 정착지 5곳이 발견되었다. 인구는 2,000명에서 1만 명까지로 추정된다. 터키석 생산의 중심지였던 차코캐니언은 의식 중심지이기도 했을 것이다. 일부 고고학자는 건물들이 주거용이 아니라 신전이었을 거라고 주장한다. 주민들은 전쟁도 벌였고 식인 행위도 했다.

차코캐니언 정착지는 CE 1300년경에 버려졌다. 이 시기까지 콜로라도 고원에서 폭력을 겪고 죽은 흔적을 지닌 유골이 많은 것을 보면 농경 공동체들의 경쟁이 극심했던 듯하다. 1276~99년에 가뭄이 극심해져서 사람들은 수렵채집 생활로 돌아갔고, 영토에 침입하는 주변 수렵채집인들과 경쟁했을 것이다. CE 1300~CE 1500년에 사우스웨스트의 농민 인구 70%가 줄어든 것을 보면 건조 지대의 농경이 매우 취약했음을 알 수 있다.

■ 둔덕을 짓는 문화

현재의 미국 동부 삼림지대에 처음으로 둔덕이 지어진 시기는 BCE 2000년경이다. 당시 사람들이 독자적으로 식물을 길들이고 농경을 시작했다는 의미다. 사람들은 경작을 하면서도 해바라기, 섬프위드, 명아주, 메이그라스, 아티초크 같은 식물을 채집하고 사냥도 해서 식량을 보충했다. 옥수수 중심의 경작이 시작되기 전에 가장 정교하고 널리 퍼져 있던 문화는 호프웰 문화(CE 200~CE 400)다. 둔덕이 발견된 곳 중 하나인 현재의 오하이오호 남부 칠리코스 인근에 살던 농민의 이름에서 유래했다. 정교한 봉분인 호프웰 둔덕에서 발견된 부장품 중에는 애팔래치아산맥에서 온 운모, 옐로스톤에서 온 화산유리(흑요석), 멕시코만에서 온 소라와 상어 이빨, 오대호 지역에서 온 구리 등 2,290km 떨어진 곳에서 온 것들도 있었다. 아마도 엘리트 집안의 주요 인물들이 가장 정교한 무덤에 묻혔을 것이다.

CE 800년경에 옥수수가 동부 삼림지대로 전파되고 몇 세대 뒤에 콩과 호박이 들어오면서 인구가 더 늘어났다. 그로부터 200년이 지나기 전에 군장 사회들이 널리 퍼졌다. 생태적으로 유리한 지역을 차지한 군장은 불리한 지역에 사는 군장에게 영향력을 미칠 수 있었다. 이윽고 미시시피강 동쪽의 꽤 넓은 지역에 의례적·문화적·경제적 교환망을 갖춘 복잡한 문화가 형성되었다.

이곳 삼림지대 사람들은 제사와 의례를 위해, 주거지를 조성하기 위해, 매장지로 쓰기 위해 둔덕을 쌓았다. 둔덕은 현대에 들어 농경지 조성, 도로 건설, 부동산 개발로 대부분 파괴되었고 약 CE 1000년에 오하이오 남부 피블스 인근에 건설된 그레이트서펀트 둔덕 등 소수만이 남아 있다.

남아 있는 둔덕 중 가장 큰 것은 일리노이 이스트세인트루이스 인근 카호키아에 있는 100여 기 중 하나다. 높이가 30m를 넘고 면적이 약 5.7ha에 달한다. 둔덕의 편평한 위쪽에는 통치자의 집, 공용 건물, 엘리트 조상

그림 9.5 카호키아. 발굴 자료를 토대로 전성기인 CE 900~CE 1250년경의 모습을 추정한 그림.
(출처: ©William R. Iseminger/Cahokia Mounds State Historic Site)

들의 유골을 모아놓은 건물, 이따금 인신공양을 한 제사 공간이 있었다(〈그림 9.5〉).

약 CE 900~CE 1250년 동안 번성한 카호키아는 인구가 수천 명에서 4만 명 사이였다고 추정된다. 활발한 항구도시 카호키아는 빙하가 녹아서 흐르는 일리노이강과 미주리강이 만나는 곳에 있었다. 카호키아는 잦은 홍수에 대처하면서 존속했지만, 13세기 초에 지진으로 폐허가 되었다. CE 1350년경에는 남아 있는 사람이 거의 없었다.

카호키아는 국가 구조를 갖추었을까, 아니면 군장 사회로 분류해야 할까? 이 분류의 문제를 잘 보여주는 사례다. 둔덕을 짓는 다른 사회들보다 규모가 컸던 이곳에는 엘리트 매장 풍습과 기념 건축물이 있었다. 둘 다 국가의 특징이다. 그러나 이 사회가 동시대의 다른 사회들과 구조적으로 달랐는지, 공납과 강압이 존재했는지 여부는 말하기 어렵다. 사실 아메리카는 군장 사회처럼 작은 권력 체제와 농경 문명이라는 거대 체제를 명확히 구분하는 것이 얼마나 작위적인지를 보여준다.

■ 북아메리카와 다른 지역의 접촉

북아메리카와 다른 지역의 접촉은 제한적이었다. CE 1000년경에는 바이킹들이 뉴펀들랜드에 들어와 잠시 살기도 했다. 메소아메리카와 남아메리카에서 두 작물이 전파되기도 했다.

하나는 메소아메리카의 옥수수다. 아마 육지로 돌아다니는 사람들이 북아메리카 남서부로 퍼뜨렸을 것이다. 다른 하나인 담배는 남아프리카로부터 들어온 후 빠르게 퍼졌다.

담배는 BCE 5000~BCE 3000년경 페루와 에콰도르에 걸쳐 있는 안데스산맥 사람들이 처음 재배했고, BCE 2500년 이전에 북아메리카로 퍼졌다. 당시의 유적지에서 단순한 담배 파이프가 발견되곤 한다. CE 1492년경에는 담배가 북아메리카 대륙 구석구석까지 퍼져 있었다. 해안가 섬 주민들뿐 아니라, 다른 작물은 경작하지 않은 평원의 블랙풋족과 크로족, 그리고 알래스카의 틀링기트족도 이용했다. 얼어붙은 툰드라 지역의 부족을 제외한 대부분이 담배를 이용했다. 푸에블로인은 점토 파이프로 담배를 피웠다. 이 둔덕 건축가들은 새, 오리, 비버, 개구리, 흡연자를 마주보고 있는 사람 머리(죽은 사람과 의사소통하는 것일까?)를 절묘하게 새긴 예술품 수준의 돌파이프를 부장품으로 남겼다. 그러나 많은 부족이 남성에게만 흡연을 허용했다.

북아메리카의 북동쪽 가장자리는 북유럽을 향하고 있다. 그린란드 동쪽의 아이슬란드는 북극권 바로 남쪽에 있고 위도가 같은 노르웨이 해안에서 800km쯤 떨어져 있다. 노르웨이의 바이킹 문화는 CE 800~CE 1070년에 번성하면서 팽창했다. 선박 건조 기술이 뛰어나 바그다드까지도 오간 이들이 북아메리카 본토에도 갔을까? 역사학자들은 오랫동안 이 의문을 탐구했다.

1960년에 답이 나왔다. 뉴펀들랜드의 랑스오메도즈 해안에서 바이킹 정착촌의 흔적이 발견되면서다. 주변보다 높은 지대에 무성하게 자란 풀 사이로 벽이 무너진 흔적이 있는 곳을 발굴한 학자들은 약 70~90명이 거주할 수 있는 CE 1000년경의 건물 8채를 발견했다. 이 정착지는 오래가지 못한 듯하다. 바이킹들은 배를 수리하는 데 쓰는 쇠못만 남기고 떠났다. 북아메리카 최초로 쇠를 제련한 흔적도 발굴되었다.

메소아메리카와 남아메리카와 달리 북아메리카에는 농경 문명이 발달하지 않았다. 북아메리카 기후 조건에서 이용할 수 있던 작물과 동물로는 계층화하면서 강압적인 공납을 받는 조밀한 공동체를 지탱할 수 없었다. 북아메리카 사람들은 메소아메리카나 남아메리카 사람들과는 어쩌다 제한적으로 접촉했다. 북아메리카로 도입된 옥수수는 추운 기후에서는 생장이 느리고 개량하기가 어려웠다. 반면 담배는 재배하기 쉽고 일시적인 만족감을 주었다.

아메리카 대륙의 독자적 문명 실험

50년 전까지만 해도 역사학자들은 CE 1492년 이전의 서반구를 언급할 때, 메소아메리카와 안데스산맥에서만 문명이 시작되려 했고, 수렵채집인 무리가 흩어져 생활한 야생의 대륙이라고 설명하곤 했다.

그러다가 천연두가 아메리카 사회를 너무 빨리 초토화하는 바람에 유럽 탐험가들이 거대하고 복잡했던 예전 사회의 잔해만 발견했을 뿐이라는 사실을 깨달은 역사학자들은 견해를 크게 수정했다. 현재 고고학자와 역사학자들은 두 대륙에 기존 추정보다 훨씬 많은 사람이 살았고, 이전 문명들 못지않게 복잡하고 인상적인 농경 문명이 적어도 2곳에서 발전했다고 주장한다.

1491년에 서반구 상공을 비행한다고 상상해보자. 아마존강 어귀에서 출발하면 강어귀의 한 섬에 있는 마라조라는 큰 도시가 보일 것이다. 더 나아가면 강을 따라 마을 및 과수원들과 그물처럼 연결된 산타렘의 도시가 나온다. 지금의 볼리비아 상공에서는 토목공사를 하고 있는 베니인이 보일 것이고, 산맥을 넘으면 잉카의 경이로운 수도 쿠스코가 나온다. 넓은 석조 도로가 사방으로 뻗어 있다. 남북으로 4,000km 가까이 뻗어 있는 타완틴수유제국도 보인다.

메소아메리카 멕시코고원 위를 날면 삼각동맹(아스테카)이 잉카보다 조금 작은 제국에서 공물을 걷고 멕시코 서부의 타란스칸스제국과 전쟁하는 모습을 볼 수 있다. 유카탄반도 상공에서는 전성기보다 훨씬 쪼그라든 마야 마을들이 보일 것이다. 북아메리카 카호키아 지역은 지진으로 폐허가

되어서 보이는 것이 별로 없다. 북아메리카의 인구밀도가 메소아메리카나 남아메리카보다 훨씬 낮고, 여전히 수렵채집하며 경작물로 식량을 보충하는 사람이 많음을 알 수 있다. 대평원과 북극의 부족들은 전적으로 수렵채집에 의존한다.

이 지역들 중 많은 곳의 사람들이 멀리까지 돌아다니며 교역했다. 북아메리카 동부의 강과 아마존강 유역에서는 튼튼한 배가 오갔다. 중앙아메리카의 양쪽 해안에서는 마야인들이 40~50명이 타는 커다란 카누를 사용했다. 카리브해 사람들뿐 아니라 페루 해안의 친찬인도 원양 항해용 카누를 만들었다. 멕시코에서 안데스산맥에 이르는 험하고 높은 지대를 짐을 운반할 동물도 없이 걸어서 가는 것보다 바다로 가는 편이 훨씬 쉬웠을 것은 분명하다. 그러나 나무로 만든 배는 고고학적 증거가 거의 남지 않으므로 당시 사람들이 얼마나 활발하게 항해했는지는 알 수 없다. 문화적 교류를 토대로 판단하면, 북아메리카 오대호에서 미시시피강 상류를 거쳐 안데스산맥까지 엉성하게 상호작용하는 연결망이 형성되어 있었다. 아프로·유라시아에서 발전하며 장기적 혁신을 지탱한 촘촘한 교환망과는 거리가 멀었다.

1492년까지 아메리카 사회는 세계의 다른 지역들과 정기적이거나 지속적인 접촉을 하지 않고 발전했다. 아프로·유라시아의 진화와 비교할 수 있는 독자적인 농경 문명 실험이었다. 인류가 문화적으로 진화하는 곳들에 공통점이 있다고 결론내릴 수 있을 만큼 근본적으로 비슷하고 일반적인 양상이 나타난다. 더 높은 사회적 복잡성, 더 강한 계층구조, 더 치밀한 자원 통제다.

이 비교로 아메리카와 아프로·유라시아가 다른 점도 알 수 있다. 아메리카 국가들이 공물을 거두고 강압하고 장기간 안정을 유지하는 힘은 아프로·유라시아 제국의 수준에 다다르지 못했다. 연결망과 교환의 규모, 거리와 물자량은 아프로·유라시아에 미치지 못했다. 또한 아메리카의 인구는 아프로·유라시아의 인구에 근접한 적이 없었다. 최근의 추정값에 따르면 CE 1000년의 세계 인구에서 북아메리카가 차지한 비율은 0.8%, 남아메리카는 6%였다. 아프리카는 15%, 유라시아는 77%를 차지했다. 이 엄청난 차이는 중요한 문제였다.

아메리카 농경 문명의 규모는 왜 아프로·유라시아보다 작았을까? 알려진 증거들을 토대로 가설을 세울 수 있다. 아메리카는 다른 지역보다 늦게 사람들이 정착했다. 상황을 파악할 시간이 더 적었다. 아메리카에는 수확하기 쉬운 씨앗을 맺는 풀이 없었고 길들일 만한 커다란 동물도 없었다. 동물이 없으니 쟁기질이나 목축도 불가능했다. 지리적으로 남북으로 뻗어서 위도 차이와 기후변화가 컸기 때문에, 동서로 뻗어서 위도 변화가 거의 없는 지역보다 교류와 교역이 힘들었다. 아메리카인들은 전반적으로 더 힘겨운 환경에서 살아갔다. 이 차이는 1492년에 양쪽 반구의 사람들이 만났을 때 중요한 역할을 했을 것이다. 그러나 유럽인들이 도착하기 전 수백 년 동안에는 농경 문명의 규모와 크기가 급성장하고 있었다. 유럽인이 정복하며 진화를 중단시키지 않았다면 아프로·유라시아처럼 농경 문명이 번영했을 것임을 시사한다.

태평양과 오스트랄라시아 세계 지대

아프로·유라시아와 아메리카 세계 지대를 비교하면, 더 크고 복잡한 사회 공동체를 향한 역사적 추세를 양쪽 모두 드러낸다. 또한 시기는 다르더라도 양쪽이 사회적 복잡성이 비슷한 현상들을 유발한 것도 알 수 있다.

모든 인류 사회가 그렇다고 할 수 있을까? 언뜻 보면 태평양과 오스트랄라시아 세계 지대의 역사는 이 질문과 어울리지 않는다. 두 지역에서는 큰 농경 문명이 진화하지 않았으므로, 다른 지대의 추세 대부분이 나타나지 않는다. 그렇다면 이 지역 역사의 궤적은 전혀 다른 것 아닐까? 자세히 살펴보면, 심오한 차이 같은 요소가 우리를 오도한다는 것을 알 수 있다. 아프로·유라시아와 아메리카 세계 지대의 추세 중 상당수가 다른 두 지대에도 존재하기 때문이다. 크게 발전하지는 않았더라도 그렇다. 장기적으로 나타난 중요한 차이와 문화별 차이를 제쳐두면, 이 지대들도 자원 통제 증가, 인구 증가, 조밀해지는 공동체, 교환망 확대, 사회적 복잡성 증가라는 장기적 추세를 드러낸다.

태평양 세계 지대의 다양성

　구석기시대에 시작된 세계적 이주와 정착은 태평양의 소규모 섬들에 사람들이 들어가면서 완결되었다. 사람들은 2차례의 대규모 이주 물결을 통해 태평양에 정착했다. 첫 번째 물결은 구석기시대 말에 일어났다. 오스트랄라시아 세계 지대를 이루는 파푸아뉴기니, 태즈메이니아, 오스트레일리아가 빙하기에 하나로 연결되어 있던 **사훌(Sahul)**에 사람들이 이주하여 정착하는 과정의 일부였다. 오스트레일리아에 사람들이 처음 정착한 지 얼마 후, 흔히 '인근 오세아니아'라고 하는 필리핀과 비스마르크제도, 솔로몬제도를 포함한 멜라네시아 서부 섬들에도 이주자가 들어왔다. 이들의 항해 기술은 비슷했을 것이다. 4만 년 전 솔로몬제도에 들어간 현생 인류는 수천 년 동안 태평양 탐험을 중단했다. 더 멀리 가려면 신석기혁명 이후 개

지도 9.5 네 번째 세계 지대인 태평양으로의 이주. (1) 비스마르크제도에서 태평양 중부 피지, 통가, 사모아로. (2) 현재 서폴리네시아로 불리는 폴리네시아인의 '고향'으로. (3) 서폴리네시아에서 폴리네시아 중동부로. (4) 폴리네시아 중동부에서 하와이, 라파누이, 아오테아로아로. (5) 필리핀에서 미크로네시아 서쪽 가장자리로. (6) 주요 이주 경로를 따라 북쪽 미크로네시아로, 이어서 서쪽 섬들로.

발된 항법과 원양 항해 기술이 필요했기 때문일 것이다(〈지도 9.5〉참고).

BCE 제2천년기 중반인 약 3,500년 전 새로운 이주 물결이 일어나 인류는 먼 '오지 오세아니아'로 나아갔다. 동남아시아에 출현한 원양 문화가 이 물결을 이끌었다. 그들은 중국에서, 구체적으로는 타이완에서 기원한 듯한 **오스트로네시아 어군(Austronesian)**의 언어를 썼다. BCE 제2천년기 중반부터 흑요석과 정교한 낚시 기술을 사용하고 개와 닭과 돼지를 기르는 집단이 동남아시아를 통해 폭넓게 이주했다. 그들은 라피타 토기(Lapita pottery)라는 둥글고 무늬가 독특한 항아리를 사용했다. 이것이 **라피타 문화(Lapita culture)**의 핵심 특징이다. 이들은 BCE 제2천년기 중반에 타이완, 필리핀, 비스마르크제도에서도 살았다. 드넓은 동남아시아 지역으로의 이주가 급속하게 진행되었다.

다음 수백 년간의 새로운 이주를 통해 라피타 문화의 대변자들이 태평양 깊숙한 곳으로 들어갔다. 이미 많은 사람이 살고 있던 파푸아뉴기니는 피해 간 듯하다. 정착하기 쉬운 무인도를 찾아다녔을 수도 있다. 이들이 훨씬 멀리 나아가긴 했지만, 같은 시기 페니키아인과 그리스인의 이주와 무척 비슷하다. 이윽고 라피타 문화는 5,000km에 걸쳐 퍼졌다. BCE 1000년경에는 라피타 문화인들이 바누아투, 뉴칼레도니아, 더 나아가 피지, 사모아, 통가에까지 도달했다. 동미크로네시아에 정착한 이들은 아시아가 아니라 남쪽 멜라네시아의 솔로몬제도나 피지, 사모아에서 왔을 것이다. 서태평양 깊숙이 들어간 이 모든 이주는 항법과 항해 기술이 크게 향상된 결과였다. 당시에는 무척 고차원적인 기술이었다. 사람들 일부는 피지에서부터 뉴브리튼과 보르네오까지 흑요석을 거래했다. 이들의 여행은 단일하고 일방적인 이주 정착 여행이 아니었을 것이다. 이들은 주된 바람인 남동풍을 거슬러 갈 수 있는 삼각돛을 갖추었다. 그래야 돌아올 수 있기 때문이다. BCE 2000년경에 안정적으로 항해하기 위해 배의 옆에 설치하는 단일·이중 아우트리거(outrigger)가 진화하는 기술 혁신이 나타났을 수도 있다(〈그림 9.6〉참고).

CE 400~CE 1200년경 태평양 세계 지대의 다른 영역인 폴리네시아에 멜라네시아 동쪽의 통가와 사모아에서 온 이주자들이 정착한 듯하다. 무척 멀리 나아간 이 항해들 대부분은 편도 여행이었을 것이다. 멜라네시아

그림 9.6 폴리네시아 배. 1975년 폴리네시아항해협회가 재현한 전통 이중 선체 선박 '호쿨레아'. 1976년 폴리네시아 전통 항해 기술로 타히티까지 간 호쿨레아는 10차례에 걸쳐 태평양을 장거리 항해했다.
(출처: Phil Uh/wikicommons)

이주자들은 타히티를 포함한 소시에테제도(Society Islands)(제임스 쿡 선장이 왕립학회를 기리기 위해 이름 붙였다)에 정착했고, 동쪽의 핏케언과 라파누이, 북쪽의 하와이제도까지 들어갔다. CE 1000~CE 1250년에는 먼 남서쪽에 있는 뉴질랜드에도 정착했다. 뉴질랜드 정착이 늦어진 이유는 바람 때문이다. 펠리페 페르난데스아르메스토(Felipe Fernandez-Armesto)가 지적하듯이, 이주를 북쪽에서 시작하면 뉴질랜드는 '항해 블랙홀'이 된다. 탁월풍 때문에 찾기도 다다르기도 어렵다. 당시의 항해자들은 수천 년간 구전되어 쌓인 항법과 기술에 의지했다. 태평양의 수천km를 담은 머릿속 지도를 포함하여 방대한 지리 정보를 활용하는 한편 별, 바람, 심지어 수면 상승과 하강에 대한 느낌까지 이용하여 배를 몰았을 것이다.

폴리네시아에서도 자연적 역사 실험의 무대가 마련되었다. 멀리 떨어지고 다양한 환경을 접한 정착자들은 곧 전혀 다른 문화를 발전시켰다. 인상적인 점은 적응이 때로 사회적·기술적 복잡성을 높이기보다는 문화적 단순화로 이어지곤 했다는 사실이다. 라피타 문화의 토기는 사모아 너머로 이주하는 동안 사라진 듯하다. '적응'이 반드시 복잡성 증가나 자원 통제 증가를 의미하지는 않음을 상기시키는 사례다. 장기적으로 생존하려면 사회적·기술적 자원을 단순화해야 하는 환경도 있다.

뉴질랜드의 역사는 다양한 지역에서 출현한 진화를 잘 보여준다. 온대 기후인 남섬의 많은 지역에 이주한 사람들은 농경 기술과 열대기후에 적응한 작물이 있었지만 수렵채집 생활로 돌아갔고, 유럽인들이 올 때까지 그 방식을 유지했다. 뉴질랜드 동쪽 채텀섬의 경우는 더욱 인상적이다. 이곳 환경에서는 이주자들이 가져온 열대작물들이 자랄 수 없었기 때문에 사람들은 수렵채집으로 회귀했다. 농경을 포기한 이들은 물범, 조개, 바닷새 등 해안의 자원을 채집하거나 사냥했다. 공동체의 크기가 줄어들었고 체계적인 전쟁도 사라졌다. 그래서 재러드 다이아몬드가 사실적으로 묘사한 1835년 마오리족의 대규모 침입 때 쉽게 몰락했다. 열대작물을 재배할 수 있었던 뉴질랜드 북섬은 역사가 다르게 흘러갔다. 폴리네시아 이주자들은 대규모 인구, 엄격한 계급 구조, 체계적인 전쟁을 수반한 복잡한 농경 군장 사회를 발전시켰다.

다양한 환경과 극단적 고립이 조합되어 폴리네시아 전역에서 대조적인 양상들이 나타났다. 폴리네시아 섬 중 가장 동떨어진 곳인 이스터섬에는 27.2t에 달하는 유명 석상 '아후'와 독자적 문자를 만든 작은 마을 공동체가 생겨났다. 전성기의 인구는 7,000명 정도였지만 얼마 후 붕괴했다. 원인은 삼림 파괴 때문일 것이다. 목재가 없어지자 난방을 못 하고 건물을 짓지도 못하고 물고기를 잡으러 갈 배를 만들 수도 없었다. 사회가 무너지자 생존자들은 엉성한 수렵채집 생활로 돌아갔다. 높은 산과 하천으로 기름진 토양이 조성된 서쪽의 하와이 사람들은 인구가 많아지자 집약 관개 농업을 하며 1ha에 54t까지 타로감자를 생산하고 돼지를 집약적으로 사육하고 물고기도 양식했다. 인구밀도는 1km²에 300명에 달하여, 1km²에 겨우 2명이었던 채텀섬과 정반대였다. 인구가 많아지자 수메르의 초기 도시국가만큼 크고 최대 3만 명까지 지배한 군장 사회 또는 왕국이 출현했다.

이처럼 태평양 세계 지대에서도 환경에 따라 생활 방식과 사회 진화가 달라졌다.

오스트랄라시아 세계 지대의 혁신적 적응

마지막 빙하기에 해수면이 낮아졌을 때 파푸아뉴기니, 오스트레일리아, 태즈메이니아가 이어져 사훌이라는 하나의 대륙이 되었다. 대륙의 한 지역인 파푸아뉴기니의 고지대에서 독자적으로 농경이 출현했다. 이 지대가 지리적으로 쪼개져 있고 뿌리 작물을 대량으로 저장하기 불가능하다는 점 등의 요인 때문에 마을보다 큰 정치 구조가 형성될 정도로 농경이 확대되지는 않은 듯하다. 그렇지만 이 사회들은 파푸아뉴기니의 해안 지역 공동체들보다 훨씬 복잡했고, 예술 전통이 풍부했으며, 복잡한 전쟁과 의례도 수행했다.

오스트랄라시아 남쪽 끝의 태즈메이니아에서는 해수면이 상승하여 본토와 격리된 약 4,000명의 주민이 살아가는 동안 사회구조가 작고 단순해졌다. 뼈바늘을 비롯한 뼈 도구나 낚시 등 이전에 존재한 기술 중 일부는 1,000년 뒤 유럽인들이 들어올 무렵 사라진 듯하다. 작고 고립된 집단은 집단 학습에 필요한 상승작용이 제한되기 때문에 기술 혁신이나 신기술 유지가 훨씬 어렵다. 이러한 변화를 기술 쇠퇴의 징후라고 규정할 필요는 없다. 오히려 기후변화와 사회적 고립에 효과적으로 적응한 사례일 수도 있기 때문이다. 예컨대 낚시를 포기하고 물범과 바닷새처럼 지방이 많은 식량에 집중하는 것이 현명한 선택이었을 수도 있다.

오스트레일리아 본토는 태즈메이니아보다 훨씬 크지만 마찬가지로 다른 인류 집단과 격리되어 있었다. 여기서도 농경이 발달하지 못했다. 퀸즐랜드 북부와 파푸아뉴기니의 일부 주민들이 정기적으로 접촉한 듯한데도 그러했다. (이 문제는 5장에서 살펴본 바 있다.) 수렵채집보다 농경이 유리한 지역이 없고 토양이 척박하며 인구밀도가 낮아서 그랬다고 보는 것이 합리적이다. 18세기 말에 유럽인들이 들어왔을 때 인구가 조밀한 지역들이 해안에 군데군데 있었지만 총인구는 수십만 명 정도였을 것이다. 메소포타미아와 달리 오스트레일리아에서는 쉽게 길들일 수 있는 식물 종이 진화하지 않았다는 우연한 요소도 한몫했다. 토착 식물 중 현대에 길들인 종은 마카다미아가 유일하다. 파푸아뉴기니에서 경작된 얌과 타로감자처럼 길들일 수 있는 몇몇 종이 있었지만, 오스트레일리아인들은 채집하는 쪽을 택했다.

　오스트레일리아를 단순히 일종의 구석기시대에 갇힌 사회로 보는 것은 착각이다. 장기적으로 기후변화를 비롯한 변화에 혁신적으로 적응했기 때문이다. 3만~2만 년 전의 암석화들은 기후변화에 반응한 사람들의 생활 방식이 근본적으로 변했음을 보여준다. 예컨대 아넘랜드에서는 메말랐던 지역이 해수면 상승으로 해안 습지와 석호로 변하자 얌과 유대류가 암석화에서 사라지고 생선과 거북이 등장했다. 오늘날 무지개뱀이라고 부르지만(1장 참고) 아마 실고기였을 동물을 묘사한 그림도 이때 나타났다.

　게다가 고고학적 증거에 따르면 지난 수천 년 사이에 오스트레일리아에서도 농경이 출현하기 직전의 상황과 비슷한 집약화가 일어나고 있었다. 집약화는 남동부와 남서부처럼 비가 더 많이 내리는 지역이나 동부 해안 지역에서 나타났다. 5장에서 머리-달링 수계에 정교한 뱀장어 연못을 만들고 야생 기장의 씨를 활용하는 등 집약화를 이룬 사례를 살펴본 바 있다. 점점 많아지는 고고학 발굴지들을 보면, 유럽인들이 들어오기 2,000년

그림 9.7 코로보리. 최근 수천 년 사이에 오스트레일리아에서는 혁신이 빨라지고 있었다. 혁신과 집단 학습의 추진력 중 하나는 지역 공동체가 정기적으로 모이는 코로보리 행사였다. 이때 각 집단이 선물, 사람, 생각, 의식 행사, 춤을 교환하고 다른 공동체로 전파했다. (출처: wikicommons)

동안 인구가 2~3배로 늘어난 듯하다. 특히 집약적 어업이 나타난 지역들에서는 조개껍데기로 만든 낚싯바늘 같은 도구도 출현했다. 넓은 지역의 공동체들이 촘촘하게 연결되고 있었다는 증거도 많아지고 있다. 퀸즐랜드 남부에서 기원한 마약이 마운트아이자 지역에서 기원한 돌도끼와 함께 사우스오스트레일리아의 여러 유적지에서 발견된다. 또 오스트레일리아 서부 윌기미아의 거대한 오커 광산에서 사람들이 많은 오커를 채굴했는데, 그 지역의 수요보다는 지역 간 교역 때문에 채굴한 듯하다. 따라서 오스트레일리아도 유럽인의 간섭 없이 수백 년쯤 역사가 지속되었다면 메소포타미아에서 처음 농경이 출현할 때와 비슷하게 발전했을 수도 있다(〈그림 9.7〉).

오스트랄라시아와 태평양 세계 지대의 보편성과 우연성

재러드 다이아몬드가 유려하게 주장했듯이, 농경이 발달하지 않은 지역을 무시하거나 농경 문명 진화 속도의 중요성을 과장하는 것은 실수다. 농경이 번성하지 않은 지역들을 연구하면 인류 역사의 궤적을 더 넓게 알 수 있다. 농경이 독자적으로 진화한 지역들을 연구한 자료들은 농경 이야기, 더 나아가 농경 문명의 진화 이야기의 절반만 들려준다. 환경과 지리적·사회적 조건이 열악한 지역에서는 인구 증가와 집약화가 느렸을 수도 있다. 그러나 유럽 식민주의자들이 발전 추세를 교란하지 않았다면, 농경이 독자적으로 발전하지 않은 지역들에서도 어떤 형태로든 농경이 출현했을 것임을 시사하는 진화 궤적이 드러난다.

이 개념은 앞의 몇 장에서 기술한 대규모 추세가 다소 보편적이었음을 시사한다. 설령 세계 각지에서 다른 속도로 진행되었고, 다양한 문화적·예술적·종교적 양식 출현으로 이어졌다고 해도 말이다. 혁신과 기술적·사회적 변화는 모든 곳에서 나타났다. 일부 지역에서는 혁신이 농경이라는 거대 혁신에 이르렀고, 농경은 농경 문명이라는 다음 거대 혁신으로 이어졌다. 그러나 시간이 충분했다면 다른 지역들에서도 나름의 농경이 발전했을 가능성이 높다.

그 과정에는 시기적·지리적 차이가 무척 중요했다. 그 차이는 인구뿐 아니라 권력과 부의 세계적 분포에 영향을 미쳤다. 따라서 현대 인류 집단의 엄청난 부가 지리적으로 극도로 편향되어 분포하는 현상을 설명하는 데도 도움이 된다.

이제 농경 문명 시대의 세계와 전혀 다른 세계를 만든 거대 혁신을 살펴볼 시간이다.

| 요약 |

이 장에서는 BCE 1000년 이후의 세 세계 지대를 아프로·유라시아 지대와 비교했다. 아메리카 세계 지대에서는 두 농경 문명을 살펴보았다. 메소아메리카의 아스테카 문명과 남아메리카의 잉카 문명이다. 둘 다 아프로·유라시아에서 앞서 출현한 농경 문명들과 비슷한 점이 많았다. 북아메리카에는 농경 문명을 지탱할 만큼 인구가 많은 곳이 없었지만 옥수수와 담배를 재배했고 군장 사회가 출현했다. 태평양과 오스트랄라시아 세계 지대에서는 다양한 국지적 환경과 고립에 따라 다양한 생활 방식이 출현했다. 하지만 농경 문명 단계에 다다른 사회는 없었고, 농경을 개발하지 못한 사회도 있었지만 언제 어디서나 혁신과 적응이 일어났다. 그러므로 인류의 집단 학습과 적응 능력이 보편적인 사회 진화 양상을 낳는 한편, 지리와 지역 동식물 같은 우연한 요인과도 밀접하다고 결론지을 수 있다.

근대 혁명을 향하여

CE 1000~CE 1700년

근대 혁명에 다가가기

이 장에서는 여덟 번째 문턱이 나타나기 직전을 살펴보려 한다. 이 문턱을 **근대 혁명(modern revolution)**이라고 부르겠다.

빅 히스토리라는 광각렌즈로 볼 때 현대의 특징은 산업혁명과 함께 인류의 생물권 자원 통제력이 급격히 높아졌다는 것이다. 산업혁명은 다음 장에서 다룰 것이다. 약 1만 년 전 시작된 농경혁명에서도 비슷하게 생물권의 에너지와 자원을 통제하는 능력이 갑자기 높아졌다. 에너지와 자원의

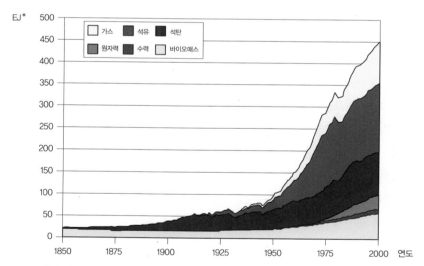

* 인류의 총에너지 소비량은 EJ(exajoule, 엑사줄)로 나타낸다. 1J(joule, 줄)은
1초에 1W를 생산하는 데 필요한 힘이다. 1EJ은 1×10¹⁸J이다.

그림 10.1 세계 에너지 소비량(CE 1850~CE 2000). 1850년에는 인류가 쓰는 에너지의 대부분이 사람과 동물의 노동력, 수력, 풍력, 나무에 갇힌 에너지 등 전통적 원천에서 나왔다. 2000년에는 3대 주요 화석연료인 석탄, 석유, 천연가스에서 얻는 에너지가 압도적으로 많았다.

이용량이 증가하면서 인류는 더욱 크고 조밀하며 복잡하고 다양하며 새로운 창발성을 지닌 사회들을 형성했다. 근대 혁명도 비슷했지만, 다른 점은 모든 것이 훨씬 빠르고 규모가 컸다는 것이다(〈그림 10.1〉).

급격히 증가한 가용 자원은 사회가 더 빨리 성장하고, 전보다 많은 것을 생산하며, 훨씬 복잡해질 수 있다는 의미다. 그 결과 많은 것이 크게 변화했다. 노벨상 수상자인 과학자 파울 크뤼천(Paul Crutzen)은 19세기 초 지구가 새로운 지질시대인 **인류세(Anthropocene)**로 들어섰다고 2002년에 주장했다. 그가 인류가 지구의 우점종이 된 시대라는 의미로 언급한 인류세 개념은 12장에서 살펴볼 것이다.

인간은 자신도 모르게 대기의 화학을 바꾸기 시작했다. 식물과 동물종의 서식 범위, 다양성, 분포뿐 아니라 물 순환과 침식 같은 근본적 지질학적 과정도 바꾸었다. 이 변화들은 수백 년, 심지어 수천 년 동안 생물권에서 일어나는 일들을 좌우할 수도 있다. 많은 변화는 장기적인 결과를 낳으며, 멸종처럼 돌이킬 수 없는 일들도 일어나기 때문이다. 지구 역사에서 어느 한 종이 그런 힘을 지닌 적은 없었다. 우리가 풀어놓은 변화의 힘을 통제할 수 있을지는 분명하지 않다.

이 장에서는 CE 1000년 이후 일어난 근대 혁명의 근원을 살펴보겠다. 여덟 번째 문턱을 넘기까지 무슨 일이 있었을까? 왜 지역마다 다르게 영향을 받았을까? 그리고 이 변화는 집단 학습과 무슨 관계가 있을까?

마지막 질문에 대한 답은 단순하다. 모든 면에서 관계가 있다! 자원 통제력을 높인 기술과 사회구조는, 인류의 특징인 정보 공유가 낳은 고대의 혁신에서 출현했다. 그런데 집단 학습의 속도와 상승작용이 근대에 급격히 빨라진 이유는 무엇일까? 그리고 변화 속도가 지역에 따라 달랐던 이유는 무엇일까? 10장에서는 이 중요한 질문들을 다룬다. 질문에 답하려면 집단 학습과 혁신을 장려하거나 방해하는 요인을 살펴볼 필요가 있다.

혁신의 속도가 증가한 이유: 혁신의 원동력

앞에서 다양한 시기와 장소에서 혁신의 속도와 위력에 영향을 미치는 요인을 살펴봤다. 이들이 **혁신의 원동력(driver of innovation)**이다. 최근 수백 년 사이에 혁신의 원동력 중 3가지가 점점 더 중요한 역할을 했고, 진화하고 협력하며 새롭고 강력한 상승작용을 일으켰다.

원동력 1: 증가한 교환망

사람은 **교환망(exchange network)**으로 물품과 생각을 교환한다. 100명으로 이루어진 공동체보다 100만 명으로 이루어진 공동체에 교환하고 저장할 정보가 더 많다. 수학적으로는 망 내에 '노드(node)'(예컨대 사람)의 수가 증가할 때 노드 사이의 가능한 연결(즉, 사람들 사이의 교환)의 수가 더 빨리 증가한다고 표현할 수 있다(〈그림 10.2〉). [수학에 관심이 많은 독자를 위해 설명하자면, 한 망에 있는 노드의 수가 n개일 때, 연결의 수(l)는 n×(n-1)/2이다.] 따라서 종교, 예술, 윤리, 기술을 포함한 모든 분야에서 새로이 나타나는 착상인 혁신의 속도는 작은 공동체보다 큰 공동체에서 훨씬 빨라진다. 인구 성장 자체가 집단 학습을 부추기는 경향이 있는 이유는 그 때문이다.

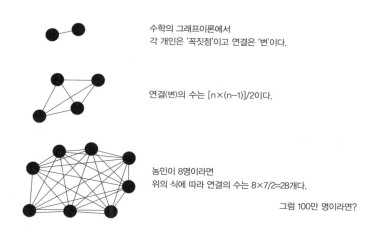

수학의 그래프이론에서
각 개인은 '꼭짓점'이고 연결은 '변'이다.

연결(변)의 수는 [n×(n−1)]/2이다.

농민이 8명이라면
위의 식에 따라 연결의 수는 8×7/2=28개다.

그럼 100만 명이라면?

그림 10.2 수학은 쉽다. 망에서 사람들의 수가 많아지면 집단 학습의 상승작용 가능성이 훨씬 빨리 증가한다. 그래프이론이라는 단순한 수학으로 설명할 수 있다.

또 정보를 교환하는 공동체들의 다양성이 클수록 교환망에서 새로운 착상이 생성될 가능성이 높아질 것이다. 모두가 수렵채집인이라면, 사람들은 이미 아는 것을 주로 이야기할 것이다. 그러나 수렵채집인이 농경민과 만나면, 양쪽은 새로운 것을 배울 수도 있다. 따라서 자원, 기술, 문화가 다른 지역들이 폭넓게 연결되고 내부 구조가 다양한 크고 복잡한 사회에서 집단 학습이 강해질 것이다.

도시(특히 교역 도시)는 배경이 서로 다른 사람들이 만나 거래할 뿐 아니라 생각과 정보를 교환할 수 있는 환경이다. 넓은 지역에 많은 도시가 연결되어 있는 곳에서는 교환이 확대될 가능성이 높다. 따라서 대체로 상품, 사람, 생각이 넓은 지역을 다니고 교환되는 복잡한 사회에서 혁신이 더 많이 일어난다. 아프로·유라시아에서 교역 도시국가는 비단길 같은 망으로 드넓은 지역에 걸쳐 정보를 교환했다. 덕분에 1,000년 전 부하라와 사마르칸드 같은 중앙아시아 도시들이 세계 과학 기술의 중심지가 되기도 했다.

원동력 2: 통신과 교통 발달

통신(communication)은 사람들이 정보와 생각을 교환하는 기술이다. **교통**(transportation)은 사람과 물품을 이곳저곳으로 옮기는 기술이다. 통신과 교통 기술이 나아지면 정보를 저장하고 퍼뜨리는 사회의 능력을 증진하여 집단 학습을 촉진하고 혁신을 장려할 수 있다.

원동력 3: 혁신의 유인 증가

혁신의 유인(incentive to innovate)은 사회에서 혁신을 부추기거나 방해하는 요인이다. 혁신이나 새 정보를 추구하게 만드는 직접적 유인이 있다면 어디서든 집단 학습의 힘이 커질 것이다. 오늘날 교육, 연구, 다양하고 많은 유인으로 혁신을 적극 장려하는 사회에 사는 우리는 혁신을 당연시한다. 그래서 이전 사회들 대부분이 새로운 착상, 새로운 일 처리 방식, 새로운 종교와 기술, 혁신 전반에 적대적이었다는 사실을 잊곤 한다. 대부분의 사회는 보수주의가 지배했지만 호기심을 억누를 수 없는 개인들이 언제나 있었다. 역사를 살펴보면 어떤 구조와 태도와 관심이 새로운 지식과 일 처리 방식을 탐구하도록 장려했는지 알 수 있다. 예컨대 많은 정부와 통치자는 새로운 것을 수상쩍게 여기곤 했지만, 전차나 총 같은 새로운 군사 기술을 개발하거나 군대와 상인이 다니는 도로를 만들거나 새로운 부의 원천을 추구하고 싶어 했다. 게다가 일부 종교적·철학적 전통은 유달리 혁신을 지원했다. 고대 그리스의 철학은 대단히 혁신적이었다. 독일 사회학자 막스 베버(Max Weber)는 프로테스탄트가 가톨릭보다 기업 활동을 더 장려한다는 유명한 주장을 했다.

혁신의 유인 중 가장 강력한 것은 상업일 것이다. 상품, 서비스, 노동이 경쟁하는 시장의 존재를 생각하면 상업이 왜 혁신을 강하게 유도하는지 알 수 있다. 시장에서 상품이나 서비스를 판다면, 자신의 물건이 경쟁자들의 것보다 나아야 이익을 얻을 것이다. 따라서 경쟁 시장은 더 값싸게 옷을 만드는 새로운 방법, 더 빨리 집을 짓는 방법, 더 효과적인 치료제, 화폐를 보관하거나 옮기는 더 나은 방법 등의 혁신을 장려한다. 현대 경제학의 기본 공리 중 하나는 경쟁 시장이 혁신을 자극하는 반면, 상품 공급자가 하나뿐인 **독점**(monopoly)은 혁신을 질식시킨다는 것이다. 독점자는 경쟁에 시달릴 일이 없기 때문이다. 경쟁 시장에서 거래에 참여하는 이가 많을수록 곡물이나 수공예품을 파는 농민이 많아지고, 상인이나 농민이 고용하는 일꾼이 늘어나고, 이자를 받고 대출하는 금융업자들의 경쟁이 심해지고, 혁신이 일어날 가능성도 커진다. 물론 언제나 그렇지는 않지만, 상업화한 사회일수록 집단 학습과 혁신이 확산하기가 더 수월하다. 반면 독점 시장은 혁신을 가로막는 경향이 있다. 시장을 좌우하는 이는 자신의 산물을 개선하거나 값을 낮출 동기가 거의 없고, 이윤을 위협하는 새로운 착상을 억누르려는 동기만 지니기 때문이다.

농경시대에 시장 활동이 꽤 성행한 사회도 많았다. 그러나 인구의 대부분인 농민은 식량 대부분을 길러서 먹었고 시장은 어쩌다가 접할 뿐이었다. 게다가 농경 문명에서는 정부가 사회의 많은 자원과 노동력을 독점했기에 상인이나 경쟁 시장을 지원하지 않을 때가 많았다. 법적·물리적 힘으로 거두는 '공물'에 위협이 될 수 있기 때문에 정부는 시장 활동에 적대적이었다. 농경 문명의 엘리트는 상인처럼 공물을 부과하기 어려운 이들을 경멸하곤 했다. 따라서 전반적으로 시장 활동을 경멸하고 거의 지원하지 않았다. 농경 문명을 공납 사회라고 부르곤 하는 이유는 그 때문이다.

오늘날 세계 대다수 사회는 엘리트와 정부가 상업 활동을 적극 지원하는 **자본주의 사회**(capitalist society)다. 이 사회에서는 개인들이 상품이나 노동력을 거래하는 시장 활동이 조세를 비롯한 대부분의 자원을 유통하고, 정부가 사업으로부터 이익을 거둘 수 있다고 기대하기에 상업을 장려한다.

혁신이 근대에 중요해지고 최근 수백 년 사이에 극적으로 증가할 수 있었던 원동력으로는 크게 3가지가 있다.

① 교환망의 크기와 다양성 증가
② 통신과 교통 체계의 효율 증가
③ 상업 활동, 경쟁 시장, 자본주의의 팽창

CE 1000년의 세계

농경시대가 끝날 즈음인 1,000년 전에 혁신의 3가지 원동력은 얼마나 중요한 역할을 했을까? 근대 이전 사람들이 어떻게 살고 일하고 거래하고 정보를 교환했는지를 살펴보자.

원동력 1: 교환망

1,000년 전에는 대부분의 교환망이 허약하고 국지적이었다. 세계사학자 데이비드 노스럽(David Northrup)은 세계 역사 시기를 2가지로 나눌 수 있다고 주장했다. CE 1000년 이전과 이후다. CE 1000년 이전에는 인류 사회들이 더 단절되고 다양해지는 경향을 보였다. 1000년 이후에는 다시 연결되기 시작했고, 시간이 갈수록 연결 속도가 빨라졌다.

노스럽은 무척 단순한 구분이라고 하겠지만, 여기에는 많은 진실이 담겨 있다. CE 1000년의 세계는 정말로 지금보다 낮은 수준으로 연결되어 있었다. 무엇보다도 주요 세계 지대들이 분리되어 있었다. CE 1000년 이

전에 대서양을 건넌 항해자도 있었을 것이고, 인도네시아 뱃사람들은 때로 오스트레일리아 해안에 상륙하기도 했으며, 폴리네시아 항해자들은 아메리카 해안까지 갔을 것이다. 그러나 접촉이 너무 드물고 짧아서 별 영향을 미치지 못했다. 사람들 대다수는 비단길 같은 주요 교역로에서 멀리 떨어져 다른 지역과의 연결 고리가 거의 없는 작은 공동체에 살았다. 지표면은 대부분 수렵채집인이나 유목민, 소규모 농민이 차지했고, 이 공동체들이 우리 종의 문화적 다양성 대부분을 구성했다. 예컨대 언어는 대체로 정착이 미약한 지역에서 훨씬 다양했다. 여러 지역의 수많은 전통 언어가 사라진 지금, 세계에 남아 있는 언어의 약 25%는 예전에 오지 농경 마을이 많았던 파푸아뉴기니의 고지대에서 찾을 수 있다.

그러나 상황이 바뀌려 하고 있었다. 존 맨(John Man)은 세계를 한 바퀴 도는 전갈을 보내는 것이 처음으로 가능해진 시기는 CE 1000년 이후라고 주장했다. 이 사고실험에서 그는 아프로·유라시아의 이슬람 중심지 바그다드 같은 주요 도시에서 전갈을 보낸다고 상상한다. 바그다드를 떠난 전갈은 남쪽으로 나일강을 따라가거나 낙타 카라반을 통해 사하라사막을 건넌 뒤, 반투족 농민들과 유목민들의 마을들을 통해 이 공동체 저 공동체를 지나 남아프리카의 코이산족에게 전달될 수 있을 것이다. 또는 북쪽으로 비잔티움을 거쳐 러시아로도 나아갈 수 있다. 최근 그곳에 자리 잡은 바이킹 통치자들이 전갈을 스칸디나비아로 전달하고, 그곳의 다른 바이킹들은 아이슬란드와 그린란드의 바이킹 정착촌으로, 이어서 세운 지 얼마 안 되는 뉴펀들랜드 바인랜드의 정착지로 전달할 수 있을 것이다. 아메리카에 도착한 전갈은 지역 부족들이 받아서 남쪽 메소아메리카로 전달하고, 그곳에서 중앙아메리카의 열대림을 통해 안데스산맥과 아마도 남쪽의 티에라델푸에고까지 이르렀을 수도 있다. 또는 북쪽으로 캐나다까지 올라가 툴레 이누이트 문화 사람들에게 전달되었다가, 이어서 서쪽으로 알래스카와 베링해협까지 도달했을 수도 있다. 그곳에서 시베리아 동부로 넘어가는 것도 어렵지 않았을 것이다. 전갈은 시베리아 동부에서 남쪽의 한국, 중국, 일본으로 전달되거나 내부 유라시아의 스텝 지대를 통해 서쪽으로 향할 수도 있다. 또는 중국 상인들을 통해 동남아시아로 전달되었다가, 해삼을 구하는 교역자들을 통해 오스트레일리아 북쪽 해안으로 퍼진 뒤, 그곳에서 각 지역 공동체를 통해 오스트레일리아 전역으로 퍼지기 시작했을 수 있다. 또한 인도네시아제도의 원양 항해 민족들이 멜라네시아의 여러 섬으로 전하고, 폴리네시아인들은 하와이나 뉴질랜드처럼 새로 정착한 섬들로 전달할 수도 있다. 한편으로는 중국과 인도로부터 내부 유라시아의 스텝 지대를 지나거나 아프가니스탄과 이란을 거쳐 바그다드로 돌아올 수도 있다.

물론 이런 일이 실제로 일어나지는 않았다. 핵심은 CE 1000년에 인류 역사상 최초로 그럴 가능성이 생겼다는 것이다. 훗날 전 세계에 다다를 새롭고 더 큰 교환망을 만드는 1,000년간의 **세계화(globalization)** 과정이 어떻게 보이지 않게 시작되었는지 여기에서 알 수 있다.

원동력 2: 통신과 교통 기술

대다수 농경 문명들의 연결이 원활하지 않았던 이유는 전통적 통신과 교통 기술이 비효율적이었던 탓도 있다.

문자는 메소아메리카와 아프로·유라시아의 농경 문명 중심부와 도시에서만 흔히 쓰였고, 그곳에서도 서기, 관리, 학자, 성직자만 주로 사용한 엘리트의 기술이었다. 종이가 널리 퍼지기 전에 쓰인 이집트 파피루스나 양피지 같은 가죽은 저렴하지 않았기에 사람들은 원고를 소중하게 여겼고 긴 시간 동안 손으로 힘들게 옮겨 적어 필사본을 만들었다. 때로는 쓴 글을 긁어서 지우고 그 위에 다시 쓰기도 했는데, 여러 번 겹쳐 쓰는 바람에 해독하기 어려워진 복기지(palimpsest)도 있다. 기계적인 사본 제작법인 인쇄는 8~9세기에 한국에서 최초로 개발된 듯하다. 그보다 오래전부터 중국인들이 돌에 새긴 글자로 문서 사본을 만들곤 했지만, 한국인들은 나무판에 꼼꼼하게 글자를 새겨 찍었다. 활자판 인쇄도 11세기 한국에서 처음 나타났다. 글자들을 나뭇조각에 따로따로 새긴 뒤 활자판에 끼워 인쇄했다.

손으로 썼든 인쇄했든 간에 책은 소중한 정보의 보고였다. CE 900년에 바그다드에는 서적상이 약 100명 있었다. 당시 무슬림 세계는 세계적인 지식의 주요 교환소였다. 유라시아의 드넓은 교환망의 중심에 있었고, 신성한 『쿠란』을 비롯한 책이 귀하게 대접받았기 때문이다. 11세기 초 카이로의 도서관에는 150만 권의 책이 있었다고 한다. 그중에는 종이에 쓴 책이 많았다. 새로운 매체인 종이는 제1천년기 초에 중국에서 발명되었고, 751년 아랍군과 중국군이 처음으로 맞붙은 탈라스전투에서 중국 제지공들이 포로로 잡힘으로써 서쪽으로 전파되었다.

카이로 도서관은 특이한 사례였다. 중세 유럽에서 가장 큰 수도원 도서관 중 한 곳인 독일 라이혜나우 수도원에는 책이 겨우 450권 있었는데 모두 양피지에 쓴 것이었다. 농경 문명 중심지는 북이나 산꼭대기에서 피우는 봉화로 무척 단순한 메시지(위험! 전쟁! 불!)를 멀리까지 빠르게 전달할 수 있었다. 그러나 그것이 끝이었다! 당시의 통신 체계가 할 수 있는 전부였다.

당시의 여행과 교통을 살펴보면 사람들 대부분은 땅에서 걸어다녔다. 부유한 사람이나 아프로·유라시아 세계 지대에 거주한 유목민은 말이나 마차 또는 가마를 탔을 수도 있다. 건조한 사막 지역에 살았다면 13~14세기에 팀북투에서 사하라사막을 지나 북쪽으로 금과 노예를 운반한 낙타 2만 5000마리로 이루어진 카라반처럼 여행했을 수도 있다. 도로가 거의 없었기에 카라반은 예전의 흔적을 따라갔다. 가장 좋은 도로는 대제국이 군대를 위해 닦은 길이었다. 로마제국이 수 세기 동안 건설한 총길이 8만km의 도로 중 일부는 무척 튼튼해서 오늘날까지 남아 있다. 가장 잘 닦은 도로는 물이 잘 빠지도록 가운데가 볼록했고, 튼튼하고 오래가도록 모래를 다지고 그 위에 납작한 돌을 깐 후 자갈을 섞어서 콘크리트로 채우고, 위에 자갈을 깔아서 두께가 수십cm에 이르기도 했다. 그렇지만 빨리 걷는 속도보다 더 빨리 여행한 사람은 드물었기에, 2,560km의 페르시아 왕의 길로 이란 수사에서 튀르키예 에페소스까지 가는 데 약 3개월이 걸렸다. 당시 정보를 가장 빨리 전달한 고대판 인터넷은 역참제다. 페르시아 아케메네스 제국의 기수들이 몇 km마다 말을 갈아타면서 달려 왕의 길을 일주일 안에 주파할 수 있었다. 걷는 것보다 약 12배 빨랐다. 그러나 상인, 병사, 순례자, 포로가 된 노예를 제외한 대부분의 사람들은 가장 멀리 간다고 해도 동네 시장이 있는 소도시 정도까지만 오갔다.

사람이나 물품을 운반하는 방법 중 가장 저렴하면서 때로 가장 빠른 것은 물길이었다. 강이나 운하, 해안 또는 먼바다로 가는 것이다. 아메리카의 주요 교통 방식이었던 짐꾼은 22.5kg까지 짐을 지고 먼 거리를 갈 수 있었고, 잘 먹이고 말굽이 튼튼하고 마구까지 갖춘 말이 끄는 중세 고

표 10.1 육지와 바다에서의 운반 능력

운송 형태	운반한 짐의 무게
안데스산맥 짐꾼	22.5kg
안데스산맥 라마	32kg
사람 1명이 이끄는 라마 30마리	950kg
자기 몸무게의 30%까지 끌 수 있는 짐말	140kg
BCE 500년경 발명된 안장을 얹은 아라비아 북부 낙타	320kg
말이 끄는 로마 마차	320kg
(어깨를 감싸는 마구가 발명된 이후) 말이 끄는 중세 마차	950kg
인도 다우선(CE 1000)	10만kg
인도 다우선(CE 1500)	40만kg
중국 대형 정크선(CE 1500)	100만kg

급 마차에는 950kg까지 짐을 실을 수 있었다. 그러나 계절풍을 받아 인도 양을 건넌 아랍 다우선(dhow)은 CE 1000년에는 마차보다 100배 이상, CE 1500년경에는 400배 이상의 짐을 운반했다. 14세기 무슬림 여행가 이븐 바투타(Ibn Battuta)가 인도에서 본 중국 정크선은 그보다도 나았다. 말이 끄는 마차보다 1,000배, 즉 약 100만kg까지 짐을 운반할 수 있었다.

짧은 거리를 물길로 가장 빨리 가는 방법은 노를 저어서 배를 움직이는 것이었다. 아테네의 트리레메(trireme)는 짧은 시간 동안 시속 21km까지 속도를 낼 수 있었지만, 만들고 모는 비용이 막대해서 대개 전쟁 때만 썼다 (〈표 10.1〉 참고).

상선은 풍력이나 (러시아의 유명한 '볼가강 뱃사공' 같은) 사람 혹은 동물이 운하와 강을 따라 끌었다. 2,000년 전 로마 화물선은 탁월풍을 받으면 시칠리아에서 이집트까지 일주일 만에 갈 수 있었다. 그러나 맞바람을 뚫고 돌아오는 항해에는 1, 2개월이 걸릴 수도 있었다. 중국에서는 강을 따라 오가는 쪽이 믿을 만하고 저렴했기에, 수나라(CE 581~CE 618)는 남쪽의 양쯔강과 북쪽의 황허강을 연결하는 운하를 건설하여 수도 베이징까지 쌀 같은 물품을 운반했다. 그러나 운하 갑문이 처음 발명된 12세기까지는 강의 수위가 변하는 곳에서 배를 끌거나 옮겨야 했다.

CE 1000년경의 물품, 사람, 정보의 이동 거리와 속도는 그보다 1,000년 전과 크게 다르지 않았다.

원동력 3: 혁신에 대한 유인

앞에서는 현대의 기준으로 볼 때 농경 문명 시대의 혁신이 딱할 정도로 느렸다는 사실을 살펴보았다.

■ 농경시대 혁신의 한계

농경시대에는 혁신에 대한 유인이 거의 없었다. 사회의 많은 자원을 독점한 정부와 귀족은 제대로 돌아갈 가능성이 낮고 예기치 않은 결과를 낳을 수도 있는 새로운 방법보다는 기존 방식대로 일하는 쪽을 선호했다. 상인과 장인도 보수적일 때가 많았고, 특허법이 없었기에 혁신을 시도해도 남들이 곧바로 베끼거나 강력한 (유럽) 장인 길드의 압력을 받았다. 그런 환경에서는 신기술에 투자할 가치가 거의 없었다.

때로는 중요한 발명품이 외면당하거나 방치되었다. 9장에서 살펴보았듯이, 아메리카에도 바퀴가 알려져 있었지만 장난감에만 쓰였다. 우마차나 수레를 끌 수 있는 커다란 가축이 없었기 때문일 수도 있다. CE 1000년경 중국에서는 초석(질산나트륨)과 황, 숯을 섞어서 화약을 만들곤 했지만, 효과적인 화약 무기는 수백 년 뒤에 개발했다. 그 방면의 혁신은 대부분 유라시아 서쪽 끝에서 끊임없이 전쟁을 벌인 국가들에서 일어났다.

농경시대 내내 느렸던 기술 변화의 속도 자체도 혁신을 가로막았다. 투자자들이 자신이 살아 있을 때 보상받을 가능성이 낮다는 의미였기 때문이다. 사업가 입장에서는 더 효율적인 교역 방식을 시도하는 것보다는 비단이나 보석 같은 물품을 거래할 독점권을 힘과 법으로 보호하는 것이 더 나았다. 정부 입장에서는 이웃 국가의 부를 빼앗아 자국 경제를 성장시키는 편이 나았다. 연구소도 없고 경쟁하는 기업도 없는 사회에서는 수익이 나기까지 수십 년 또는 수백 년이 걸릴지도 모르는 불확실한 기술에 투자하기보다는, 위험을 무릅쓰더라도 전쟁을 벌이는 쪽이 대체로 나았다.

경작하는 농민도 혁신을 방해했다. 대부분의 식량, 연료, 직물은 자본이나 신기술을 거의 접하지 못하고 전통적 기술을 사용하는 작은 농가에서 나왔다. 농민들은 대부분 도시의 지적 발전소로부터 먼 시골에 살았다. 필요한 식량, 연료, 직물을 대부분 직접 생산했기에 시장이나 새로운 정보를 접할 일이 많지 않았다. 또한 정부나 지주가 임의로 무겁게 매기는 조세나 지대 때문에 농민에게는 농사법을 개선할 유인이 거의 없었다. 지주가 잉여 산물을 가져갈 것을 뻔히 아는데 더 많이 생산할 이유가 어디 있나? 추정에 따르면 농민은 통치자와 지주에게 생산물의 절반까지 넘기곤 했다. 인구 대부분을 차지하고 부의 대부분을 생산한 농민의 생산성이 낮았기에, 문명의 생산성도 전반적으로 낮게 유지되었다. 농가의 낮은 생산성은 소도시와 도시의 크기도 제한했다. 농경시대 대부분 동안 도시민 1명이 삶을 영위하려면 농민 9명이 필요했기 때문이다. 도시 인구가 전체 인구의 10%에 불과할 수 있다는 의미였다. 1400년경 인구 5,000명이 넘는 정착지에 사는 사람은 세계 인구의 10% 정도였다.

에너지 공급의 제약도 생산성을 낮추었다. 인류 사회가 쓰는 에너지는 대부분 식물이 광합성으로 최근 포획한 햇빛에서 나왔다. 햇빛을 받아 자란 나무는 난방과 요리에 쓸 장작과 숯을 제공했다. 햇빛을 받아 자란 작물은 말, 소, 낙타를 먹였고, 그 가축을 기르는 사람도 먹였다. 또한 햇빛은 범선을 밀고 풍차(CE 1000년경 페르시아에 도입되었다)를 돌리는 바람을 일으켰다. 그러나 태양에너지를 활용하는 주된 방법은 쟁기와 수레를 끌고 짐을 옮길 때 가축의 에너지를 이용하고, 노예로 잡혀서 그저 지능 있는 에너지 저장고로 취급되곤 했던 사람의 에너지를 이용하는 것이었다. 현대 이전의 수많은 지역에서 노예제가 그토록 중요한 역할을 한 이유는 그 때문이다. 노예는 무척 다양한 용도로 쓸 수 있는 배터리 같았다. 진정으로 많은 에너지를 생산하려면 많은 사람과 동물을 한곳에 모아야 한다는 의미였는데, 비용이 많이 들 뿐 아니라 쉽지도 않았다.

식물의 광합성에서 나온 에너지를 이용하는 세계에서는 혁신 기술이 아니라 정치적·행정적 능력이 자원 동원을 좌우했다. 가장 성공한 국가는 가장 많은 군대를 동원하고 이동시키고 먹이고 인상적인 기념물을 지을 수 있는 곳이었다. 이것이 농경시대 내내 생산성이나 생산량을 높이는 것이 아니라 이웃 국가의 부를 빼앗는 것이 성장을 의미했던 또 다른 이유다. 가용 자원이 고정된 세계에서 성장은 제로섬 게임이었다.

■ 상업, 시장, 혁신

농경 문명에도 혁신이 성공의 열쇠인 분야가 적어도 하나 있었다. 바로 경쟁 시장이 존재하는 분야였다.

앞서 살펴보았듯이, 농경 세계의 경제는 공납과 독점이 지배했다. 가장 강력한 제국도 국경 너머에서 생산되는 물품은 거의 통제하지 못했다. 중국 한나라의 무제는 중앙아시아 페르가나의 강인한 '한혈마'를 얻고 싶어지자 군대부터 보낼 생각을 했다. 그러나 군대를 보내려면 국가 예산이 너무 많이 들기에, 그는 비단과 말을 교환하여 거래하는 편이 낫다고 생각했다. 그러려면 경쟁 시장에서 평화롭게 교역하는 법을 아는 상인을 보내야 할 터였다. 국제 교역뿐 아니라 국내 시장에서도 때로 경쟁의 여지가 있었고, 경쟁이 일어나는 곳에서는 효율이 중요했다. 대체로 가장 적은 비용으로 가장 일을 잘하는 교역자나 장인이 자신의 물품과 서비스를 구매할 이를 찾을 가능성이 가장 높았기 때문이다.

때로는 큰 제국의 변경과 바로 너머에서 독립적인 도시나 국가가 출현한다. 엘리트가 국제 교역을 전담한 페니키아의 도시국가들이 대표적이다. 이 도시는 민족이나 혈연으로 결속한 교역자들의 지역 간 연결망의 중심지였다. CE 제1천년기에 아르메니아인과 유대인 상인들은 유럽 전역, 지중해, 중앙아시아와 인도에서 거래하는 방대한 망을 구축했다. 8장에서 살펴보았듯이, 13세기 말에 중국 광저우에 거주하는 무슬림 상인들은 징더전의 도자기 제조 중심지의 도공들에게 페르시아 코발트 유약을 제공하고 무슬림 세계에서 무척 잘 팔리는 유명 청화백자를 만들어달라고 주문했다. 무력이 때로 상업 활동에 양보하는 이 교역망에서 혁신이 일어날 가능성이 가장 높았다.

교역에서 특히 중요한 유인은 화폐를 사용하기 쉽고 멀리까지 옮길 수 있게 한 혁신이었다. 주화가 등장하기 전에는 사람들이 주로 물물교환으로 거래했다. 거래 당사자들이 상대가 원하는 물품을 생산해야 하고, 그렇지 않으면 거래가 성사되지 않았다. 통치자가 최초로 공식 주화를 발행한 곳은 BCE 제1천년기 중반 아나톨리아다. CE 1000년경에는 유라시아 전역에서 주화가 쓰였다. 주화는 일반적인 가치를 지닌다고 여겨졌기에 거래를 더 수월하게 했다. 서로를 충분히 신뢰할 수 있는 곳에서는 상인들이 때로 갚겠다는 약속만 받고 물품을 팔기도 했다. 구매자가 특정 날짜에 갚겠다고 약속한 어음을 받았기 때문이다. 어음에는 늦은 만큼 판매자에게 보상하겠다는 이자 항목도 적히곤 했다. 사람들이 어음을 사고팔 수도 있게 됨에 따라 화폐가 멀리까지 운반될 수 있었다. CE 1024년 중국 송나라는 동화와 은화가 부족해지자 지폐를 발행하기 시작했다. 지폐는 사실상 정부가 지원하는 어음, 즉 지불을 약속한 돈이다. 지폐에 적힌 액수를 지불하겠다는 약속을 정부가 반드시 지킬 것이라고 고객이 확신해야 널리 쓰일 수 있다. 물론 그 약속이 언제나 지켜지는 것은 아니었다. 그러나 이런 방식이 작동하는 곳에서는 교환 비용을 줄이고 시장을 확대할 수 있었고, 정부가 거둘 수 있는 조세도 늘었다.

시장은 농경시대 내내 존재했지만 영향력이 한정되어 있었고, 통치자는 때때로 시장을 차별했다. 이 때문에 농경 문명 시대의 시장은 혁신에 제한적인 영향만 미쳤다.

■ 느린 혁신과 맬서스 주기

CE 1000년경에는 새로운 착상, 방법, 기술을 도입하려는 유인이 지금보다 훨씬 약했다. 혁신의 3가지 원동력이 지금보다 덜 중요했기 때문이기도 했다. 그러나 원동력이 전혀 없었던 것은 아니다. 농경시대 동안 혁신이 무척 느리게나마 나타난 이유는 그 때문이다.

농경시대 내내 느렸던 혁신의 속도는 맬서스 주기가 만연했던 이유 중 하나다. 인구와 생산량이 오랫동안 꾸준히 증가하다가 갑자기 붕괴하는 현상이다. 때로 맬서스 주기는, 중국 남부에 더 생산적인 벼 품종이 도입되거나 유럽에 땅을 더 깊이 갈거나 단단한 흙을 갈 수 있도록 개선된 마구가 등장하는 등의 혁신에서 시작되었다. 생산성을 높이는 혁신이 퍼짐에 따라 인구가 증가했고, 인구 증가는 경제활동을 요구하고 부추겼으며, 경작 면적을 늘리고, 사람과 동물의 에너지 공급량도 늘렸다. 이 성장 시기는 대개 교환망을 통한 상업을 자극했고 소도시, 건축, 심지어 문예 활동의 성장까지 부추겼다.

그러나 번영은 언제나 붕괴로 끝났다. 인구는 가용 자원보다 빨리 성장하곤 했고 토지는 과도하게 이용되어 기근을 불러오곤 했다. 소도시는 점점 오염되곤 했고, 이윽고 보건 위생이 열악해지기 시작했다. 자원 쇠퇴에 직면한 국가는 전쟁을 통해 이웃 국가의 자원을 약탈하는 익숙한 전략을 실행했고, 전쟁의 야만성과 황폐화로 여러 지역의 생산성이 떨어지고 질병과 죽음이 만연했다. 농경시대에 인류 역사를 주도한 맬서스 주기의 원천은 그 시대 내내 혁신의 속도가 느렸다는 데서 찾을 수 있다.

이 장의 뒷부분에서는 2가지의 거대한 맬서스 주기가 나타났을 때 혁신의 3가지 원동력의 중요성이 커진 과정을 살펴보겠다. 먼저 아프로·유라시아 세계 지대를 살펴보고 이어서 세계 전체를 살펴보자. 첫 번째 맬서스 주기는 아프로·유라시아에서 거대한 고전 시대 제국들이 몰락한 후 CE 1000년 이전에 시작되었다. 이를 고전 후 시대 주기(postclassical cycle)라고 하자. 이 주기는 14세기 중반 흑사병이라는 세계적 대유행병이 휩쓸 무렵 붕괴했다. 두 번째인 근대 초 주기(early modern cycle)는 14세기에 시작되어 약 1700년까지 지속되었다.

고전 후 맬서스 주기(CE 1350년 이전)

1350년 이전의 수백 년 동안 여러 지역이, 특히 가장 큰 세계 지대인 아프로·유라시아가 많이 성장했다. 혁신이 팽창의 유일한 원인은 아니었다. 세계 기후는 CE 800~CE 1200년에 대체로 더 따뜻했고, 기후 덕분에 여러 지역의 강수량이 늘고 식량을 비롯한 농산물의 생산량이 증가했다. 주요 문명 가장자리의 변두리 지역들이 특히 그랬다. 한편 신기술도 성장을 자극했다. 유라시아 세계의 심장부였던 이슬람 세계에서 출현한 새로운 작물들이 일례다. 아프리카에서 기원한 수수와 목화, 동남아시아에서 기원한 감귤류가 널리 퍼지면서 수확량과 직물 생산량이 늘었다. 특히 수수는 더 강인하고 수확량도 많기에 기장을 대체하곤 했다. 고전 후 맬서스 주기 중 번영이 길게 이어진 시기에 인구 증가가 도시화와 토지 개간을 자극했다. 동유럽, 중국 남부와 서부 같은 변경 지역들에서 특히 그랬다. 경작은 스칸디나비아로도 퍼졌고, 그곳의 인구 증가는 바이킹들의 경이로운 이주를 촉진하는 데 한몫했다. 시골이 번창하면서 유럽, 지중해 연안, 사하라 이남 아프리카, 인도, 동남아시아, 중국에서 도시가 성장하고 늘어났다. 캄보디아 앙코르와트, 유럽의 고딕 대성당, 서아프리카 말리제국이 이때 생겼다. 중국에서는 남부 지역의 성장이 두드러졌다. CE 750년에는 중국 인구의 60%가 북부에 살았지만 CE 1000년경에는 비율이 40%로 떨어졌고 지정학적 중심도 남부로 바뀌었다. 사하라 이남 아프리카에서는 반투족이 이주하며 철 야금술과 바나나 경작 기술을 남쪽으로 전파함에 따라 CE 제1천년기에 인구가 약 1100만 명에서 2200만 명으로 늘었다. 유럽 지중해 북부와 동남아시아에서는 인구 증가로 도시화가 진행되었고 잉글랜드와 프랑스 같은 새로운 지역 국가들이 출현했다. 마지막으로, 중국 북부 스텝 지대의 몽골인이 1200년 이후 수십 년에 걸쳐 역사상 가장 큰 대제국을 건설하고 이란과 중국을 정복했다.

아메리카의 경우 CE 800년 이후에 기후가 따뜻해지면서 메소아메리카와 안데스산맥에서 인구가 증가했을 수도 있다. 메소아메리카에서는 10세기에 톨텍인이 처음으로 새로운 국가 체제를 수립했다. 이어서 볼리비아 안데스산맥 지역의 티티카카호 인근과 북쪽의 페루 해안에서도 새로운 국가 체제(10세기의 치모르)가 생겨났다.

전 세계가 번영한 이 기나긴 시기에 앞 절에서 기술한 혁신의 3가지 추진력과 집단 학습의 영향력이 점점 커졌다.

교환망의 팽창

인구가 증가함에 따라 교환망이 팽창했고, 그 결과 기존 정착지의 변두리나 멀리 떨어진 지역에 새로이 정착하는 사람들이 많아졌다.

CE 1000년 이전의 수백 년 동안 폴리네시아인들이 하와이와 이스터섬까지 들어갔다. 약 CE 500년에 2곳에 정착하고, CE 1000년쯤에는 뉴질랜드와 주변 섬들에 정착한 듯하다. 이스터섬을 비롯한 오지 섬들 중 일부는 폴리네시아 교환망과 단절되었지만, 서태평양 라피타 문화가 주도한 섬들에서는 교환이 계속되었다. 고고학자들이 총길이가 4,500km가 넘는 교역로로 흑요석이 전파된 양상을 추적한 덕분이다. 남아메리카에서 서폴리네시아로 고구마가 전래된 것을 보면 남아메리카와 동태평양의 섬들도 얼마간 접촉한 것이 틀림없다. 한편 하와이는 12~13세기에 다시금 타히티와 접촉을 재개했다.

아메리카에서는 톨텍인의 도시 툴라가 남쪽으로 1,500km 떨어진 마야인의 도시 치첸이트사를 비롯하여 메소아메리카의 넓은 지역과 물품을 교환했다. 미시시피강을 따라 북쪽으로 메소아메리카의 옥수수와 (유명한 구기 종목을 비롯한) 문화적 영향이 퍼졌다는 사실은 멕시코와 오늘날의 미국에 속한 북쪽 지역 사람들이 이따금 교환했다는 의미다. 안데스산맥 지역은 고도가 다양하여 무척 다양한 자원이 생산되었기에, 어류 자원이 풍부한 해안 지역과 옥수수, 코카, 감자를 재배하고 라마와 알파카를 기르는 고지대 사이의 교환이 활발했다. 아메리카 교환망이 놀라운 점은 인구가 밀집한 두 주요 지역인 안데스산맥과 메소아메리카 사이의 교환은 거의 없었다는 것이다.

2차례의 고대 이주 물결이 나타난 북대서양에서는 CE 1000년경 세계에서 가장 큰 두 세계 지대인 아메리카와 아프로·유라시아가 짧게 연결되었다. 고래와 물범을 사냥하는 툴레 이누이트들이 따뜻해진 기후에 힘입어 그린란드로 이주했을 것이다. 이들은 카약이나 큰 우미악(umiak)을 타고 항해했다. 우미악은 짐을 가진 사람을 10명까지 태울 수 있었다. 따뜻한 기후와 적절한 해류에 힘입어 바이킹도 860년대에 스칸디나비아에서 아이슬란드로 이주했고(아일랜드 수도사들이 먼저 아이슬란드에 온 바 있다), 10세기에는 그린란드와 뉴펀들랜드까지 갔다. 대서양 탐험은 수익성이 없었기에 이들은 항해를 지속하지 않았다. 뉴펀들랜드 정착지에서 원주민들의 공격을 막지 못했을 수도 있다. 게다가 14세기에 기후가 낮아지면서 그린란드는 경작하기가 어려워졌다.

바이킹은 다른 지역에 더 성공적으로 정착했다. 처음에는 약탈을 위해 아일랜드, 영국, 프랑스, 지중해 지역을 습격했다가 나중에는 새로운 곳에 정착지를 건설하기 시작했다. 이윽고 노르망디에서 아일랜드와 시칠리아에 이르는 곳곳에 바이킹 왕국을 건설했다. 동쪽으로는 오늘날의 러시아인 루스의 강들을 돌아다니면서 꿀, 호박, 털가죽 같은 북부의 물품들을 중앙아시아와 비잔티움의 은제품이나 공예품과 교환했다. 그 사실이 알려진 이유는 중앙아시아에서 스칸디나비아까지 운반된 중앙아시아의 은화가 대량으로 발견되었기 때문이다. 바이킹의 활동은 당시 유럽 전역의 역사를 빚어낸 큰 규모의 팽창과 이주 정착 물결의 일부였다. 동유럽 농민들은 동쪽으로 가서 인구가 적은 땅에 정착했고, 바닷물이 빠지면서 드러난 네덜란드 땅에도 정착했다.

아프리카에서는 사하라사막을 건너는 교역이 활기를 띠었다. CE 800년경 무슬림 상인들이 낙타 카라반을 이끌고 정기적으로 사하라사막을 건넜다. 이들은 니제르강과 세네갈강 사이의 가나처럼 사하라 남쪽에 출현하고 있던 국가들에도 갔다. 8세기 무슬림 저술가들은 그곳을 '황금의 땅'이라고 불렀다. 이 교역로를 따라 서아프리카의 상아와 노예가 수출되고 말, 목화, 금속 물품, 소금이 수입되었다. 그러나 북쪽으로 모로코까지, 동쪽으로는 사하라 이남의 스텝 지대를 거쳐 카이로까지 사하라사막을 오가는 교역을 진정으로 자극한 것은 가나의 황금이었다. 당시 서아프리카는 유라시아 서부 전체에서 금이 가장 많이 채굴되는 곳이었다. 가나 지배자들은 CE 1000년경에 이슬람으로 개종했다. 13세기 초에 순디아타 케이타(1230~55)라는 전사 왕이 건국한 말리제국이라는 새로운 제국 체제가 가나를 대체했다. 1324~25년 말리의 황제 무사(재위 1312~37)는 카이로까지 유명한 순례 여행을 했다. 아랍 역사가 알 우마리(Ibn Fadlallah al-Umari)는 황제가 황금을 너무나 많이 가져오는 바람에 카이로의 금값이 급락했다고 기록했다.

CE 제1천년기에 항해자들이 인도양 계절풍을 이용하는 법을 터득함으로써 인도양에서도 교역이 확대되었다(〈지도 10.1〉). 아랍 교역자들은 아프리카 동부 해안을 따라 활발하게 돌아다녔고, 곳곳에 체류 시설과 상인 마을을 지었다. 그들은 자신도 모르게 스와힐리어라는 새로운 언어도 창조하기 시작했다. 스와힐리어는 아랍어, 페르시아어, 반투어의 요소들을

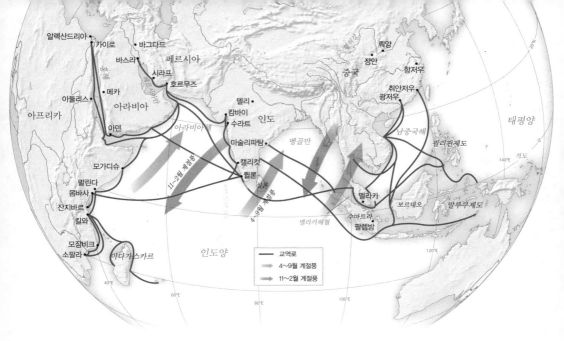

지도 10.1 인도양 교역망(CE 600~CE 1600). 아프로·유라시아 세계 지대는 인도양 해상로와 육로 비단 길을 통해 다른 세계 지대들보다 훨씬 잘 연결되어 있었다.

조합해 만들어졌다. 8세기에 자바인의 배들이 캄보디아와 베트남의 해안을 약탈하기 시작했다. 8~9세기에 이들은 지역 교역망에서 거둔 수익으로 자바에 보로부두르라는 거대한 사원을 지었다. 비슷한 시기에 동남아시아에서 아우트리거 선박이 최초로 개발되었고, 폴리네시아인들이 이 배를 타고 멀리까지 이주했다. 현대 인도네시아제도에서 출발하여 인도양을 건너 마다가스카르까지 가기도 했다.

　9세기경 무슬림 교역자들은 페르시아만에서 중국과 한국까지 정기적으로 오갔고, 광둥에는 큰 무슬림 교역 마을을 세웠다. 인도양의 교역 체계는 동아프리카에서 중동을 거쳐 인도와 동남아시아에 이르기까지, 대제국이 아니라 주로 대양에 흩어진 작은 도시국가들을 오가는 형태였다. 이 지역에서 상업적 경쟁이 심했다는 의미다. 강력한 통치자가 물품이나 교역로를 독점할 수 있는 여지가 거의 없었다.

　이 교환망은 많은 지역에 이슬람이 퍼지는 데도 한몫했다. 교역자들은 금융과 장거리 신용망을 포함한 상업 관습, 법적 규제, 숭배 양식이 비슷한 공통의 문화 지대를 조성하기 시작했다. 메카까지 순례하기 위해 무슬림

지도 10.2 비단길. 비단길과 인도양을 통한 교환으로 아프로·유라시아 세계 지대는 다른 세계 지대들보다 훨씬 잘 연결되어 있었다.

지역 전체가 여행과 문화 교류를 촉진했고, 아랍어는 인도양 전역에서 상인들의 공용어가 되었다. 이 풍성하면서 다양하고 활기찬 문화 세계는『천일야화』같은 당대의 문학 작품에 생생하게 묘사되었다. CE 1000년경부터 북방의 여진과 서하 같은 나라들의 침입으로 육로인 비단길이 자주 끊기자, 중국 상인들은 송나라의 동쪽 끝에서 인도양을 통한 교역을 늘리기 시작했다. 약한 도자기는 육지보다는 바다로 운반하기가 쉬웠기 때문에 도자기 수출량이 크게 늘어났다.

CE 1000년경 인도양 교역망은 중국, 인도, 페르시아, 아프리카, 지중해의 경제를 세계에서 가장 부유하고 활발한 교역 체제로 연결하고 있었다.

비단길을 오가는 여행과 교역도 늘어났다(〈지도 10.2〉). 지역 통치자들이 보호 조치를 취하고, 여행자들이 쉬고 보급받을 수 있는 여관을 종교 단체의 지원을 받아서 짓는 등 점점 더 관심을 가진 것을 비롯하여 몇 가지

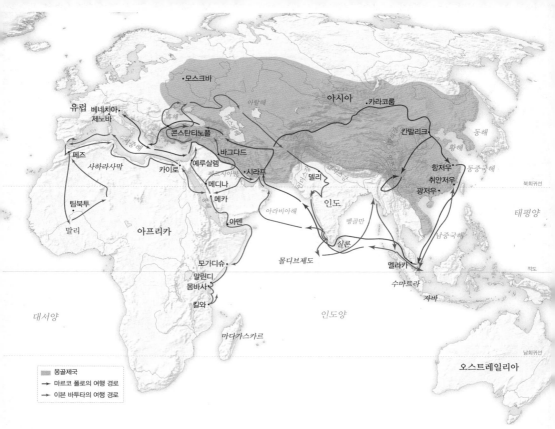

지도 10.3 아프로·유라시아의 여행 경로. 몽골제국이 건설되면서 역사상 거의 최초로 마르코 폴로(13세기)와 이븐 바투타(14세기) 같은 개인이 아프로·유라시아 전역을 여행할 수 있었고, 아프로·유라시아 세계 지대의 각지가 더욱 긴밀하게 결속되었다.

요인이 조합된 결과였다. 육로인 비단길에서는 페르시아어가 상업과 교역의 주요 언어로 자리 잡았다. 13세기에 몽골제국 통치자들은 중국에서 지중해에 이르는 교역로의 전 구간을 보호하면서 교역을 장려했다. 그 결과 역사상 최초로 상인과 여행자가 지중해에서 중국에 이르는 전 구간을 여행하고 돌아오기 시작했다.

이 범유라시아 여행자 중 가장 잘 알려진 인물은 이탈리아 상인 마르코 폴로(Marco Polo)다. 그는 1271년 숙부들과 함께 중국으로 향했고, 중국에서 17년간 머문 후 인도양을 통해 돌아왔다(〈지도 10.3〉). 14세기 초 이탈리아 출판업자들은 인도양을 여행하는 이들이 널리 쓰던 항해 안내서와 비슷한 상인용 중국 여행 안내서를 찍어내고 있었다. 반대 방향으로 여행한 사례도 적어도 1건 있는데, 중국 북부의 튀르크인 네스토리우스파 기독

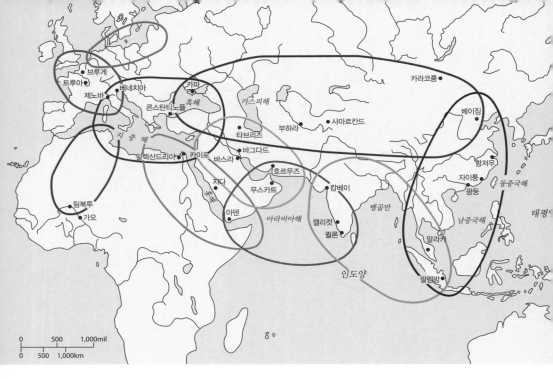

지도 10.4 재닛 아부루고드의 13세기 세계 체제 지도. 각 원은 서로 연결된 교역망 지역이다. 아프로ㆍ
유라시아 각지의 교역망이 더 다가가서 접촉하는 듯 보인다.

교 수도사 라반 사우마(Rabban Sauma)가 13세기 말에 했다. 라반 사우마는
페르시아 일칸국의 몽골 통치자의 대사 자격으로 로마와 파리를 방문했
다. 재닛 아부루고드(Janet Abu-Lughod)는 13세기 중반 몽골제국의 전성기
에 서로 겹치는 이 방대한 교환망으로 아프로ㆍ유라시아의 많은 지역이 하
나로 연결되어 있었음을 보여주었다(〈지도 10.4〉). 13세기에 유라시아 전역
과 동남아시아와 아프리카의 많은 지역이 교환망들으로 결합되어 있었다.
당시까지 존재한 연결망 중 규모가 가장 컸다.

통신과 교통의 개선

교환망 팽창은 어느 정도는 통신과 교통 기술이 개선된 결과였다. 중
국에서 발명되어 무슬림 세계로 퍼진 종이와 제지 기술은 정보를 저장하
는 비용을 줄였고 정보를 쉽게 전파하도록 해주었다. 중국 정부는 관개와
농사법 개량에 관한 정보를 목판인쇄를 통해 널리 알렸다.

교통 부문에서도 중요한 혁신이 이루어졌다. 12세기 중국에서는 처음으로 운하 갑문이 설치됨으로써 남부와 북부의 경제를 연결하는 방대한 운하망이 개선되었다. 나침반은 선원들이 육지에서 멀리 떨어진 바다에 있거나 흐린 날에도 쉽게 항해하게 해주었다. 중국에서 11세기부터 쓰인 나침반은 13세기에 인도양 전역과 심지어 지중해에서도 쓰였다. 덕분에 처음으로 당시 사람들이 해안에서 멀리까지 자신 있게 항해했을 것이다. 북쪽에서는 바이킹이 길쭉한 배를 타고 바다와 강을 빠르게 항해했고, 필요하면 육지로 이 강에서 저 강으로 운반하고 다시 물에 띄우기도 했다. 조선 기술을 향상한 중국인도 배의 뒤쪽 기둥에 키를 달고 침수를 막는 격벽을 설치한 대형 정크선을 만들었다.

경작지에서 말의 중요성을 높인 혁신들도 나타났다. 유럽에서는 귀리나 알팔파 같은 사료 작물 덕분에 말을 먹이는 비용이 줄어들었다. 또 목이 아니라 어깨에 걸어서 훨씬 많은 무게를 끌 수 있도록 개선한 마구가 중국에서 발명되어 CE 제1천년기 말부터 유럽 전역으로 퍼졌다. 덕분에 쟁기질과 (회전할 수 있는 앞축을 달고 제동 장치도 갖춘 개량된 마차가 발명된 후) 교통 분야에서 말의 가치가 더 높아졌다. 11세기에 중국과 유럽 양쪽에 도입된 말발굽에 덧대는 편자 덕분에 말은 더 오래 걷고 다양한 표면을 걸어다닐 수 있었다. 말을 더 잘 먹이고 품종을 개량함으로써 운반할 수 있는 짐이 늘어났고 육상 교통비도 낮아졌다. 그럼으로써 장거리 교역도 개선되었다. 로마 시대에는 무거운 물품을 160km까지 운반하면 비용이 100% 늘었다. 반면 13세기에는 33%가 늘었다.

시장과 상업의 증가

세계 많은 지역의 도시와 시골에서 시장 활동도 활발해졌다. 예언자 무함마드가 상인이었기에 무슬림 세계는 다른 농경 문명보다 상업에 우호적이었고, 정부는 대개 거래를 지원하고 수익을 얻었다. CE 10세기경 카이로와 알렉산드리아는 인도양과 지중해 사이에서 거래되는 물품의 주요 교역소가 되었다. 중국 송나라는 1125년 북부에서 남부로 밀려난 후 상업이 본래 활발했던 남부의 영향을 받았고, 이전의 대다수 왕조보다 상업에 더

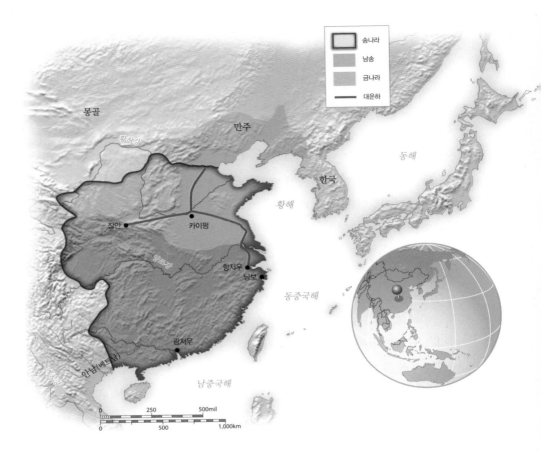

지도 10.5 송나라 시대의 중국(CE 960~CE 1279). 중국은 2세기 넘게 여러 나라로 쪼개져 있었다. 치열한 국가 간 경쟁이 군사적·기술적·경제적 혁신을 촉발했다.

욱 관심을 갖기 시작했다. 이전 왕조들은 유교 전통에 따라 상인을 천시했다(〈지도 10.5〉). 북방의 경쟁자였던 만주 여진족이 세운 금나라와 충돌하는 비용을 대기 위해 송나라는 상업에서 조세를 거둘 방안을 모색했다. 그 결과 외국 교역자들에게 새로운 항구를 개방하고 화폐 공급량을 늘려 외국과의 교역을 장려했다. 시장 활동이 경제의 구석구석까지 침투하자 일부 농민들도 전문화했고, 농법과 관개 기술이 개선되었다.

송나라 정부가 상업을 지원하고 경제가 빠르게 성장하며 사회의 여러 분야가 상업화함에 따라 11~13세기에 혁신들이 이어졌다. 11세기 송나라는 산업혁명 이전의 세계 어느 곳보다도 많은 철을 생산했다. 국영 공장들은 갑옷을 수천 벌씩 대량생산했다. 구리 생산량도 빠르게 늘었고, 송나라와 금나라 모두 전쟁에 화약을 쓰기 시작했다. 지폐도 대량 발행했고, 심지어 비단 생산을 기계화하려는 시도도 나타났다. 700년 뒤 산업혁명 때에야 나타날 혁신의 싹이 움트고 있었다.

아프로·유라시아의 다른 지역에서는 급속한 경제성장과 비교적 독립적인 상인들의 활동 덕분에 더 자발적으로 상업화가 이뤄졌다. 인구밀도가 높은 유라시아의 모든 지역에서 도시의 수와 크기가 확장되었다. 1400년에는 세계 최대의 도시가 난징이었을 것이다. 그다음은 남인도의 비자야나가르, 카이로와 파리였다. 송나라와 원나라 때의 중국은 지구에서 가장 도시화한 지역이었다. 당시 세계에서 가장 큰 도시 25개 중 9개가 중국에 있었다. 한편 지중해와 인도양에서는 베네치아와 제노바 같은 상업 도시국가들의 위상이 높아지고 있었다. 이 도시국가들은 상업 활동과 군사력에 힘입어 무슬림과 기독교 세계의 대제국과 거의 대등한 입장에서 교역했다. 또 아프로·유라시아 여러 지역의 농민들이 물품을 시장에 내다팔거나 시장에서 사치품을 구입했음을 보여주는 증거도 많이 드러나고 있다. 농민들은 세금이 늘어나 어쩔 수 없이 시장에서 생산물을 팔아야 할 때도 있었고, 인구 증가로 경작지가 부족해지는 바람에 온 가족이 수공예품을 팔거나 식구 중 누군가가 도시에서 임금노동자 생활을 하는 등 새로운 소득원을 찾아야 하는 상황에 마주치기도 했다.

14세기의 기근과 흑사병

안타깝게도 역사적으로 여러 차례 그랬듯이 오랜 번영이 이어진 후 갑작스러운 붕괴가 나타났다. CE 14세기에 기온이 떨어지기 시작하면서 기근이 점점 흔해졌다. 1315~17년의 유럽 대기근 때는 유럽 인구의 15%가 사망한 듯하다. 인류 사회를 가장 황폐하게 만든 것은 흑사병이었다. 1330년대부터 유라시아의 교역망을 따라 동쪽에서 서쪽으로 퍼진 흑사병으로 여러 지역에서 인구의 3분의 1이 목숨을 잃었다. 흑사병의 정확한 정체는 여전히 논란거리다. 현대의 가래톳페스트와 같았는지 여부도 불분명하다. 병원체가 무엇이든 이 질병은 주로 2가지 이유로 유라시아 전역에 빠르게 퍼졌다. 첫째, 확장된 교환망이 물품뿐 아니라 질병을 퍼뜨리는 데도 기여하여 대륙과 문명 전체로 퍼뜨렸다. 둘째, 유라시아의 많은 지역 사람들이 면역력을 갖추지 못했다. 이 사실은 이전의 교환망이 제한적이었음을 나타낸다. 흑사병의 피해 자체는 당시 유라시아 지역들 사이의 연결이 훨씬 포괄적이고 중요한 역할을 했다는 강력한 증거다.

근대 초의 맬서스 주기(CE 1350~CE 1700년)

흑사병이 휩쓴 후에는 인구밀도가 높던 아프로·유라시아 지역들 대부분의 사람과 도시, 소도시, 마을이 훨씬 줄어들었다. 경작지는 버려졌고, 경제도 쪼그라들었다. 윌리엄 러디먼(William Ruddiman)은 경작지가 너무나 급감하는 바람에 예전에 마을들이 있던 외곽 지역에서 숲이 되살아나 이산화탄소를 흡수하기 시작하여 대기 중 이산화탄소 농도가 많이 감소했다고 주장했다.

그러나 역사적으로 자주 그랬듯이 1, 2세기 후에 성장이 재개되었고, 17세기까지 이어질 새로운 맬서스 주기가 시작되었다. 이 주기의 팽창 단계에 집단 학습의 3가지 원동력이 모두 작동하며 중요하고 새로운 발전들이 나타났다. 교환망 확장, 통신과 교통 기술 개선, 상업화다.

인류 역사상 처음으로 교환망이 전 세계를 포괄할 정도로 확장하여 가장 큰 망을 이루었다. 교환망 확장은 재개된 인구 성장, 원양 항해 등의 교통과 인쇄술 등의 통신 발전을 포함한 신기술이 이끌었다. 국가 간 경쟁이 심해지면서 시장이 활기를 띠었고, 역사상 최초의 세계시장에서 활동할 상업적 기회가 늘어남에 따라 상인과 물주가 돈을 벌 새로운 방법을 모색했다. 상업화는 막 출현하던 세계적 교환망에 가장 철저히 통합된 사회에서 특히 두드러지게 나타났다.

혁신의 원동력 중 이 시대에 가장 중요했던 것은 교환망 확장이었다. 이 확장은 교통 기술 변화, 상업화와 밀접하므로 이 절에서는 3가지 원동력을 함께 살펴보자.

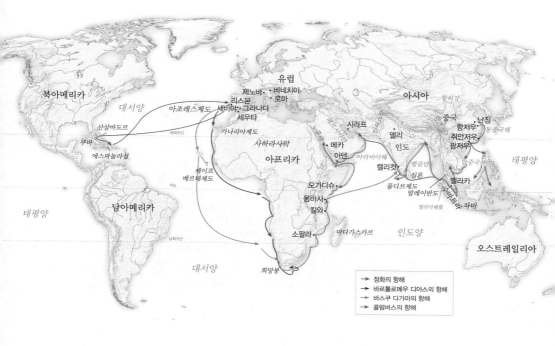

지도 10.6 중국과 유럽의 항해 탐사(1405~98). 15세기 아프로·유라시아 세계 지대의 양쪽 끝에서 대규모 항해 탐사가 이뤄졌다. 인도양의 풍요로운 교역로에 이르는 것이 목표였다. 일부 유럽 항해자들은 서쪽으로 대서양을 가로질러 인도양에 도달하려 했고, 콜럼버스가 아메리카를 발견했다.

처음으로 이어진 세계(CE 1500년 이전)

교환망은 CE 1350~CE 1700년에 인류 역사상 가장 경이로운 수준으로 확장되었다. 이 시기에 인류는 역사상 처음으로 진정한 세계적인 종이 되었다. 모든 세계 지대의 사회들이 이전보다 크고 다양하며 단일한 교환망으로 통합되면서다.

흑사병이 지나간 뒤인 1500년 이전에 성장이 재개되면서 세계 각지에서 교역과 여행이 활기를 띠기 시작했다(〈지도 10.6〉). 통치자와 엘리트도 종종 적극적인 역할을 했다. 15세기 초의 짧은 기간에 중국 명나라는 대규모 함대를 보내 국력을 과시하고 동남아시아, 인도아대륙, 중동, 동아프리카의 나라들과 외교 관계를 맺기 시작했다. 영락제(재위 1403~24)는 1405년부터 1433년까지 7차례 해외 원정대를 보냈다. 원정대를 이끈 사람은 무슬림 출신 환관 정화(鄭和)였다. 첫 원정대는 배 317척에 병사 2만

정화의 배
(길이 120m)

콜럼버스의 니나호
(길이 26m)

그림 10.3 길이가 120m에 이르는 정화의 보물선을 콜럼버스의 니나호와 비교한 그림. 명나라는 1405~33년에 여러 차례 인도양으로 해양 탐사대를 보냈다. 탐사대에는 당시까지 건조된 가장 크고 가장 정교한 배도 있었다. 무슬림 출신 환관 정화가 탐사대를 지휘했다. (출처: ©Jan Adkins)

8000명으로 이루어져 있었다. 당시까지 건조된 배 중 가장 컸던 사령선은 4층 갑판에 길이가 120m였다(〈그림 10.3〉 참고).

이 정도 규모의 원정을 시작할 조직, 예산, 기술이 있었으므로, 동기가 분명하거나 원양의 바람과 해류에 관한 지식이 있었다면 중국인이 아메리카에 도달할 수 있었을 것이다. 그러나 가까이에 인도양의 풍요로운 시장들이 있고, 북쪽을 제외하면 위험한 적들이 거의 없으며, 중국 자체가 엄청난 부를 지닌 탓에 굳이 맞바람을 받으며 위험하게 아프리카를 돌아 대서양으로 가거나 동쪽 태평양의 망망대해로 배를 몰 동기가 없었다. 영락제의 뒤를 이은 홍희제와 선덕제는 비용이 너무 많이 든다는 이유로 원정을 포기하고 자원과 관심을 위험한 북부 변경으로 돌렸다. 이 사실은 원정을 유지할 만한 유인이 얼마나 부족했는지를 잘 보여준다. 사실 중국은 원정으로부터 정치적·경제적·군사적 이득을 거의 얻지 못했으므로 타당한 결정이었다.

세계 여러 지역에서 크고 작은 규모로 비슷한 유형의 확장들이 나타났다. CE 15세기 아메리카에서 아스테카제국이 건설될 무렵 안데스산맥에서 훨씬 넓은 잉카제국이 건설되고 있었다. 아프리카에서는 말리제국이 세력을 넓히면서 서아프리카 열대 지역의 공동체들뿐 아니라 모로코 및 이집트와도 교역했다. 위대한 무슬림 여행자 이븐 바투타는 1352~54년에 말리제국을 방문했고, 여러 해 동안 이슬람 세계를 여행했으며, 메카와 킵차크칸국을 거쳐 중앙아시아와 인도에 들렀고, 아마 중국까지도 갔을 것이다(〈지도 10.3〉 참고).

지중해에서는 13세기 말 아나톨리아의 복잡한 정치적·군사적 용광로에서 오스만이라는 통치자가 등장하면서 오스만제국이 건설되었다. 흑사병이 휩쓴 뒤 수십 년 사이에 오스만제국 통치자들은 발칸 지역의 일부를 점령하고, 고도로 훈련된 군대 '예니체리(Janissary)'를 양성하기 시작했다. 주로 발칸 기독교인들의 아이를 납치해서 예니체리로 양성했고, 그 결과 병사들은 오로지 오스만제국에만 충성을 바쳤다. 1453년 오스만제국은 콘스탄티노플을 점령했다. 16세기 초에는 이집트, 아라비아, 메소포타미아의 상당 지역을 점령했다. 곧이어 오스만제국 함대가 인도양 서부 해역을 순찰하면서 동남아시아에서 오는 사치품인 향신료의 교역을 독점했다. 16세기 초에 오스만제국은 지중해 세계를 지배함으로써 세계 최대의 강국 중 하나가 되었다.

초강대국 중국, 인도, 오스만제국에 밀려난 유럽은 방대한 아프로·유라시아 교역망의 가장자리에 있었다. 흑사병이 휩쓴 유럽은 중간 크기의 나라들이 극심하게 경쟁하는 지역이 되었고, 심한 예산 부족에 시달리곤 하던 통치자들은 상업이 수익을 안겨줄 것이라고 여기고 호의적으로 대했다. 이 환경에서 시장과 자본주의가 활기를 띠었다. 지중해에서는 이탈리아 도시국가들이 가장 활발하게 교역에 앞장섰다. 특히 제노바와 베네치아 두 도시의 상인들이 중동 전역과 흑해 연안에서도 교역하고, 성장하고 있던 북유럽의 시장에도 참여하며, 상업으로 쌓은 부로 강력한 육군과 해군을 양성했다. 오스만제국이 건설된 후에도 베네치아인들은 동지중해에서 교역을 계속할 수 있었지만, 제노바 상인들은 더 서쪽으로 밀려나 서유럽과 대서양으로 향할 수밖에 없었다.

기독교 선교에 대한 열정, 말리의 황금에 관한 지식, 유럽의 생선 수요 증가, 오스만제국이 인도양으로 향하는 동지중해 교역로를 차단한 조치 등의 요인이 복합적으로 작용하면서 서유럽 통치자들과 기업가들, 그들에게 돈을 대는 이탈리아 금융업자들이 전보다 열심히 대서양을 탐사했다. 처음에 소규모로 대서양과 아프리카 해안을 탐사한 그들은 바람을 거슬러 올라갈 수 있는 삼각돛을 사용하는 등 배의 설계를 개선했고 해상 무기, 항해술도 향상했다. 대부분 다른 지역들에서 빌린 기술에 토대한 개선이었다. 결국 포르투갈은 15세기 중반에 고도의 기동력을 갖춘 배 카라벨라선(caravela)을 개발했다.

1340년대에 포르투갈 항해자들이 카나리아제도에 상륙했는데, 15세기 카스티야 기업가들은 아예 그 제도를 점령했다. 그들은 원주민이 살고 있던 카나리아제도에서 노예무역을 하며 염료 같은 특산물을 팔고, 대서양을 항해하는 배들에 생선 같은 보급품을 공급할 상업적 기회를 엿보았다. 1380년대에 이베리아와 마요르카의 항해자들은 대서양에서 마데이라제도와 아조레스제도도 발견했다. 아조레스제도 발견은, 바람을 받으면 남서쪽 카나리아제도까지 쉽게 갈 수 있지만, 스페인, 포르투갈, 지중해로 돌아가는 가장 좋은 방법은 서풍을 만날 때까지 대서양 깊이 나아갔다가 북쪽으로 방향을 틀어 그 바람을 타고 돌아오는 것임을 많은 항해자가 깨달았다는 의미다.

1420년대부터 포르투갈 항해자들은 무슬림 중개인들을 제쳐놓고 서아프리카의 황금을 직접 가져오려 했다. 1450년대에는 포르투갈 엔히크 왕자의 지원을 받은 제노바 선박 1척이 감비아강과 세네갈강을 거슬러 올라가 말리제국에 다다랐다. 그 뒤로 많은 배들이 오가면서 금, 상아, 후추, 때로 노예까지 교역하자, 금을 운반하는 카라반들은 힘겹게 사하라사막을 오가는 대신 서아프리카 해안으로 가서 포르투갈 상인들과 거래했다. 1482년 서아프리카 해안에 포르투갈 교역소가 설치되었고, 곧 말리의 교역 중 상당 부분이 남쪽으로 옮겨 갔다. 그곳에서 포르투갈 상인들은 직물과 무기를 금, 목화, 상아, 노예와 거래했다. 한편 1450년대에 제노바 투자자들의 지원을 받아 마데이라에 정착한 포르투갈인들이 사탕수수 플랜테이션 농장을 조성하기 시작했고, 노예 노동으로 엄청난 수익을 올렸다. 사탕수수 농장은 카나리아제도에도 생겼다. 이 농장들은 아메리카에 조성될 거대 플랜테이션 농장들의 모형이 되었다.

유럽 선원들이 대서양의 바람과 해류를 오가며 항해하는 법을 배운 이유는 초기의 상업적 실험이 어느 정도 성공했기 때문이다. 1492년 스페인 통치자 페르디난드와 이사벨라는 서쪽으로 항해함으로써, 오스만제국이 독점한 인도양을 우회하여 아시아의 풍요로운 시장에 다다르기를 바라면서 한 탐사대를 후원했다. 제노바 선원 크리스토퍼 콜럼버스(Christopher Columbus)가 이끄는 탐사대였다. 콜럼버스는 카나리아제도를 거쳐 1492년 10월 12일 바하마제도에 다다랐고, 몇 달 동안 카리브해의 많은 지역을 돌아다녔다. 그는 돌아와서는 자신이 아시아에 갔다 왔다고 주장했다.

5년 뒤 이탈리아인 조반니 카보토(Giovanni Caboto)[영어로는 존 캐벗(John Cabot)]가 한 영국인의 지원을 받아 탐사대를 이끌고 영국 브리스틀에서 캐나다 뉴펀들랜드까지 항해했다. 곧 아메리카 북동부 해안의 풍부한 어업 자원을 이용하려는 사람들이 몰려들었다. 1498년 바스쿠 다가마(Vasco da Gama)가 이끄는 포르투갈 탐사대가 인도에 도착했다. 인도의 지역 상인이나 통치자가 관심을 가질 만한 물품을 거의 싣고 가지 않았지만, 그래도 후추와 계피를 비롯한 수익 높은 화물을 싣고 올 수 있었다. 바스쿠 다가마가 오스만제국의 중간상인들을 우회하여 아주 저렴하게 물품을 구입했기에 수익이 난 것이다. 인도의 후추는 가격이 유럽의 20분의 1에 불과했다. 이 항해는 엄청난 이익을 남기는 교역의 가능성을 보여주었기에 예산이 적은 포르투갈 정부와 많은 투자자가 관심을 집중했다.

1519년 스페인 통치자를 위해 일하던 포르투갈 항해자 페르디난드 마젤란(Ferdinand Magellan)이 아메리카 남쪽까지 항해한 뒤 태평양을 건너는 길에 나섰다. 그는 1521년 필리핀에서 살해당했지만, 부함장 후안 세바스티안 델 카노(Juan Sebastian del Cano)는 1522년 세비야로 귀항하는 데 성공했다. 원래 5척이 함께 출항했지만 소수만이 살아남아 1척만 돌아왔다. 그럼으로써 이들은 최초로 세계일주를 해냈다. 그러나 최초로 세계일주를 한 사람은 델 카노와 그 선원들이 아니었던 듯하다. 이들은 통역으로 팡글리마 아왕(Panglima Awang)이라는 말레이제도 출신 노예를 데리고 다녔다.[1] 유리 가가린(Yuri Gagarin)이 최초로 우주에서 지구를 돈 사람인 것처럼, 팡글리마 아왕은 바다를 통해 한 바퀴 돈 최초의 인물이었던 듯하다.

자신들의 행동이 어떤 결과를 가져올지 몰랐던 유럽 선원들과 그들을 지원한 정부와 투자자들은 아프로·유라시아 끝자락에 있었지만 거의 우연히 최초로 세계적 교환망을 구축했다. 덕분에 유럽 상인들과 통치자들이 막대한 수익을 올렸다. 무엇보다도 그들은 세계적 **차익 거래(arbitrage)**를 할 새로운 기회를 많이 찾아냈다. 한 지역에서 상품을 값싸게 사서 다른 지역에 훨씬 비싸게 파는 것이었다. 다음 수백 년 동안 대폭 확장되고 다양해진 이 교역망이 최초의 세계경제를 구축했다. 또 유럽과 대서양을 최초의 세계적 교환망의 중심에 놓음으로써 유럽을 풍요롭게 하고 지구에서 가장 잘 연결된 곳으로 만들었다.

세계무역과 세계시장의 출현(CE 1500년 이후)

유럽 정부의 후원을 받은 유럽 항해자들은 세계를 하나의 체계로 연결함으로써 교역망, 지식, 부와 권력 등을 포함한 세계적 교환망의 지형 전체가 재편성되는 과정을 촉발했다. 변화의 온전한 의미는 수백 년 뒤에야 온전히 드러났다. 카를 마르크스(Karl Marx)가 19세기에 『공산당선언』에 쓴 내용은 다음과 같다. "세계무역과 세계시장은 16세기에 출현하며, 자본의 현대 역사도 그때부터 펼쳐지기 시작한다."

■ 교역자와 정복자

유럽의 정부와 상인들은 최초의 세계적 교환망에서 중심적 지위를 활용하는 새로운 방법들을 찾아냈다.

유럽인들에게는 가장 풍요로운 인도양 교역망의 지역 상인들이 관심 가질 만한 물품이 거의 없었다. 그러나 유럽인들이 마주한 상대는 대부분 작거나 중간 크기의 교역 정체 또는 도시국가였다. 이들은 화약 무기를 동원하여 질 낮은 상품을 억지로 떠넘길 수 있다는 것을 알아차렸다. 수십 년 사이에 포르투갈 선단은 동아프리카 킬와나 페르시아만 호르무즈, 동인도 제도 고아(1510년에 점령)와 말라카 같은 인도양 교역망의 요지에 교역소를 세웠다. 포르투갈인은 이곳에서 지역 향신료 거래의 일부를 맡고 수익을 올렸다. 인도양에서 지중해를 잇는 교역을 독점한 오스만제국 중간상인들을 우회할 수 있었기 때문이다.

17세기 초에는 네덜란드가, 그다음에는 영국이 똑같이 야만적이고 인력과 자본을 많이 투입하는 전술로 인도양 교역망에서 포르투갈을 축출하기 시작했다. 세계 최초의 거대 무역회사였던 네덜란드 동인도회사는 정부의 지원, 군사력, 상업적 교활함을 겸비하여 여러모로 유리했다. 네덜란드는 16세기 말에 스페인으로부터 독립한 후 동남아시아와 인도네시아에서 포르투갈을 몰아냈고, 영국은 인도에서 포르투갈을 몰아냈다. 그러나 더욱 공격적인 식민 제국들도 18세기 전까지는 아시아 지역의 교역망에 별 영향을 미치지 못했다.

　　유럽 이주민들은 교역자뿐 아니라 정복자로서도 아메리카에 도착했다. 16~17세기에 스페인과 포르투갈은 거대한 아메리카 제국을 건설했다. 스페인은 아스테카 같은 지역 제국의 적들과 종종 동맹을 맺으며 야만적인 전쟁을 벌이고 단기간에 메소아메리카와 안데스산맥에 있는 아메리카 문명의 심장부를 점령했다. 포르투갈은 자신들에게 저항할 큰 국가 구조가 없는 브라질에 새 정착지들을 건설하기 시작했다.

　　유럽인들이 그처럼 쉽게 이 지역을 정복한 원인은 지금도 큰 의문점 중 하나다. 답은 주요 세계 지대들 사이에 축적된 차이들과 관련 있다. 스페인인은 말과 화약 기술을 사용하여 군사적으로 우위에 있었다. 하지만 원주민 군대도 말과 총을 도입했기 때문에 우위는 곧 사라졌다. 스페인은 끊임없이 전쟁을 벌이는 유럽 국가들의 야만적인 군사적·정치적 규칙 아래에서 활동하고, 자신들이 침략하는 사회에 아무런 도덕적 감정도 느끼지 않았기 때문에 정치적 우위를 차지했다. 멕시코에서 에르난 코르테스(Hernán Cortés)가, 그리고 페루에서 프란시스코 피사로(Francisco Pizarro)가 성공한 이유는 어느 정도는 침략한 사회의 외교적·도덕적 규칙들을 깨부수고 상대편 지도자들을 포로로 잡고 대량 학살한 덕분이었다. 유럽인들이 정복에 성공한 마지막이자 아마도 가장 중요한 이유는 아메리카 사람들에게는 면역력이 없는 새로운 질병들을 들여왔기 때문이다. 정복 전쟁이 한창 벌어질 때 아스테카제국과 잉카제국 모두 스페인인이 자신도 모르게 들여온 끔찍한 전염병에 시달렸다.

　　17세기부터 다른 유럽 국가들, 특히 네덜란드, 프랑스, 영국의 상인과 기업가도 카리브해와 북아메리카에서 나름의 제국을 건설하기 시작했다.

■ 세계적 차익 거래와 은

16세기 중반 스페인인을 필두로 한 유럽인들은, 세계 교역망의 중심이라는 새로운 지위의 진정한 이점은 교역망의 특정 부분을 이용하는 것보다는 세계 지대들 사이로 물품을 옮길 때 발생하는 차익 거래 이익에 있다는 사실을 알아차렸다. 이들은 최초의 세계적 교역 체제의 엄청난 상업적 가능성에 눈을 떴다.

막 출현하던 세계적 차익 거래의 2가지 핵심 요소는 페루의 은과 급팽창하던 중국 경제였다. 15세기에 인구와 상업 활동이 증가한 중국 정부는 주화를 찍을 은이 더 필요해졌다. 처음에는 일본에서 은을 수입했다. 그러나 16세기에 옥수수, 고구마, 땅콩처럼 아메리카에서 들여온 작물에 힘입기도 해서 인구가 더 많아지자 은에 대한 수요가 공급을 초과했다. 중국 정부는 조세를 은으로 납부하라고 요구하기 시작했다. 상대적으로 은의 가격이 상승했고, 일본은 더 이상 중국의 수요를 충족시킬 수 없었다.

한편 태평양 건너 스페인은 잉카제국을 정복한 후인 1540년대에 오늘날의 볼리비아 포토시에서 엄청난 은이 매장된 곳을 발견했다. 멕시코와 페루에서도 많은 금과 은을 찾아냈지만, 이 은광은 규모가 달랐다. 스페인은 (미타라는 잉카의 강제 노역 풍습을 모방하여) 지역 주민들을 강제 노역에 동원했고, 나중에는 아프리카에서 노예들을 데려와 은을 채굴했다. 빠르게 성장한 포토시는 1600년경 세계에서 가장 큰 도시 중 하나가 되었다. 마침내 유럽인들이 동아시아의 풍요로운 시장에서 수요가 높은 상품을 찾아냈다.

스페인은 은을 멕시코로 운반했고, 상당량은 스페인 은화를 주조하는 데 썼다. 일부 은은 대서양 건너편으로 운송했고, 스페인 정부는 은의 대부분을 합스부르크 왕가의 카를 5세와 펠리페 2세의 방대한 제국을 유지하는 군대에 썼다. 그 결과 은이 스페인의 북유럽 은행가들의 손에 들어갔고, 이들은 은의 상당량을 인도양 교역에 투자했다. 그중 상당량이 이윽고 중국으로 들어갔다. 포토시에서 채굴된 은 중 일부는 마닐라 갤리온선에 실려 태평양을 건너 스페인이 통치하는 마닐라로 간 후 중국의 비단, 도자기 등과 거래되었다. 이 은도 대부분 중국으로 들어갔다. 1500~1800년에 아메리카에서 채굴된 은의 약 75%가 중국으로 들어갔다는 추정값도 있다.

중국에서는 높고 아메리카에서는 낮은(은이 풍부했기 때문이기도 하고, 가장 열악한 조건에서 노예들이 채굴했기 때문이기도 하다) 은 가격은 최초의 세계적 교환망을 추진한 원동력이 되었고, 최초의 세계적 금융망 형성에 기여했다. 최초의 국제통화 멕시코 페소화가 이 체제를 주도했다. 1540년대 중국에서는 은의 가치가 유럽의 2배에 달했고, 비단과 도자기는 중국산이 유럽산보다 훨씬 저렴하면서 품질은 훨씬 좋았다. 여기에 세계적인 대규모 차익 거래로 엄청난 이익을 올릴 기회가 있었다.

■ 대서양 교역 체제를 뒷받침한 노예무역

1492년 이전까지 유럽과 교류하지 않았던 대서양 지역에서도 새로운 세계 교역망의 중심축이 될 교환망이 출현했다.

이 체제도 한 지역에서 값싸게 생산하여 다른 지역에서 비싸게 팔 수 있는 물품을 찾아내는 방식에 의존했다. 수익성 높은 교역 체제를 움직이기 시작한 첫 번째 물건은 설탕이었다. 노예 노동을 이용한 대규모 플랜테이션 농장은 설탕을 값싸게 생산할 수 있었고, 유럽과 아메리카는 설탕에 대한 수요가 매우 컸다. 이 지역들은 꿀 이외에 다른 감미료가 없었다. 사탕수수 농장은 15세기에 키프로스, 크레타, 시칠리아 같은 지중해 섬들에도 세워졌지만 이제 대서양 동부의 새로운 정복지에도 들어섰다. 노예 노동을 착취하는 초기 플랜테이션 농장은 아메리카를 활용하는 야만적이지만 효과적인 방법과 모형을 제시했다. 카나리아제도에 사탕수수 플랜테이션 농장을 소유한 인물의 사위였던 콜럼버스는 두 번째 항해 때 산토도밍고에 사탕수수를 들여왔다. 16세기 중반 포르투갈인들은 아프리카 노예들이 일하는 사탕수수 플랜테이션 농장들을 브라질에 이미 조성한 상태였다. 17세기 초에는 네덜란드, 영국, 프랑스의 침략자들이 카리브해의 섬들에 사탕수수를 도입했다. 사탕수수 플랜테이션이 성공하려면 값싸고 수많은 노동력이 필요했을 뿐 아니라 정제 설비에도 투자해야 했다. 곧 아프리카 노예무역이 출현하여 필요한 노동력을 공급하기 시작했다. 유럽의 질병이 들어온 이후 원주민 대부분이 사망한 카리브해 섬들에 특히 노예가 필요했다. 유럽 투자자들이 대부분의 자본을 댔고, 아프리카 노예무역상들은 노동력을 제공했으며, 유럽 소비자들은 수요를 제공했다. 16세기 이후 담배를 비롯한 다른 작물들에 플랜테이션이 적용되었고, 18세기에는 목화도

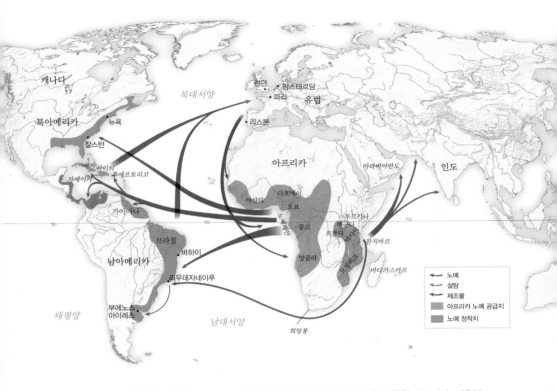

지도 10.7 대서양 노예무역(1500~1800). 노예무역은 사람, 제조물, 농산물을 교환한 아프리카, 서유럽, 아메리카를 연결하는 거대한 교역망의 일부였다.

포함되었다.

플랜테이션은 아프리카, 유럽, 아메리카를 단일한 교환망으로 연결했다. 아프리카 노예무역상은 유럽 무역상에게 노예를 팔고 금속 물품, 무기, 직물, 술 같은 유럽의 산물들을 구입했다. 노예무역이 확대됨에 따라 아프리카 전역의 사회가 변화했다. 주민들을 습격하여 노예로 잡아 가는 호전적인 집단들도 생겼는데, 이들은 종종 유럽의 무기로 무장했다. 유럽 무역상은 그들로부터 노예를 받아 아메리카로 보냈다. 아메리카, 특히 카리브해의 플랜테이션 경제는 지나치게 특화되었기 때문에 유럽이나 북아메리카의 경작 식민지로부터 식량과 의류를 수입해야 했다. 한편 이곳의 주요 생산물인 사탕수수는 북부에서 증류되어 럼주가 되거나, 급속히 성장하는 유럽 도시들에 감미료로 팔렸다. 이런 방식으로 유럽, 아프리카 해안, 카리브해와 북아메리카의 영국 식민지 사이에 고도로 수익이 남는 삼각무역이 출현했다(〈지도 10.7〉). 잉글랜드와 뉴잉글랜드의 상인과 투자자, 카리브해의 플랜테이션 농장주, 아프리카 서부와 중부와 남부의 노예무역상 모두가 엄청난 수익을 얻었다. 주요 희생자는 화물로 거래되어 농장에 엄청난 수익을 안겨주고 값싼 노동력을 제공한 아프리카인 수백만 명이었다.

세계적 교환망의 생태적 · 문화적 영향

기존 세계 지대들이 하나로 통합되면서 세계는 상업적으로뿐 아니라 생태적, 문화적으로도 변화했다.

■ 콜럼버스 교환

상품, 생각, 부, 사람, 기술, 종교, 동물, 식물, 병원체가 세계 지대들 사이를 오가자 세계가 생태학적으로 다시 연결되기 시작했다. 앨프리드 크로스비(Alfred Crosby)는 동물, 식물, 병원체의 세계적 교환을 '콜럼버스 교환(Columbian exchange)'이라고 불렀다. 그전에 세계가 연결된 시기는 주요 대륙이 합쳐져 판게아를 형성한 2억 년 전이었다.

처음으로 양, 소, 말, 돼지, 염소가 아메리카에 들어왔다. 사실 말은 구석기시대 아메리카에 있었지만 인류가 처음 들어온 직후 전멸했다. 새로운 동물들이 들어오자 많은 변화가 일어났다. 북아메리카에서 농경이나 수렵채집으로 생활하던 원주민 공동체들이 말을 타고 사냥하기 시작했고, 말 타고 달리는 대평원 원주민 문화가 생겨났다. 짐 끄는 말을 처음으로 이용하기 시작한 아메리카의 교통과 농경도 혁신되었고, 괭이질을 하던 예전 농법 대신 쟁기질 농법이 시작되었다. 소, 돼지, 양이 넓은 목장이나 목초지에서 마구 불어나면서, 본래 공격적으로 풀을 뜯는 동물들이 없었던 풀밭이 초토화하고 토착 종이 사라졌다. 17세기가 되자 수천 년 동안 발굽동물이 없었던 땅에서 700만~1000만 마리가 풀을 뜯었다. 밀, 호밀, 사탕수수를 포함한 새로운 작물도 도입되었다. 유럽에서 길들인 동식물이 퍼지자 대부분 유럽에서 온 이주 정착민들은 아예 '신유럽'을 통째로 건설했다. 유럽의 농경, 정부, 문화, 생활 풍습을 고스란히 본뜬 사회였다. 아메리카에서 출현한 새로운 사회들은 이윽고 오스트랄라시아와 태평양 및 아프리카 각지에도 출현했다.

생태적 이동은 반대 방향으로도 일어났다. 아메리카는 옥수수, 감자, 담배, 토마토, 옥수수, 고구마, 카사바, 호박 같은 토착 작물을 아프리카와 유라시아로 수출했다. 세계 전체의 농경 사회가 그 지역에서 가장 잘 자랄 수 있는 다양한 작물들을 얻었다. 그 결과 다음 2세기 동안 인구 성장의 토대가 될 세계적 농업혁명이 일어났다. 전 세계 소비자들이 커피, 담배, 설탕 같은 자극제를 이용하면서 예전에 없던 다양한 기분 전환 약물의 세상이 출현했다.

질병도 세계적 현상이 되었지만 주로 한 방향으로 전파되었다. 아프로 · 유라시아에서 교역망으로 질병이 퍼지면서 면역력이 없던 원주민들이 전멸했듯이, 이제 질병이 전 세계로 퍼지며 더 큰 재앙을 일으켰다. 아메리카에서는 천연두, 홍역, 장티푸스가 주된 살인자였다. 많은 유럽인이 어느 정도 면역력을 지닌 이 질병들은 작은 세계 지대 모두를 황폐하게 만들었다. 아프로 · 유라시아 사회에서 일어난 규모로 질병과 면역이 교환된 적이 없었기 때문이다. 인구밀도가 가장 높은 곳에서 질병이 가장 빠르게 퍼지면서 가장 큰 붕괴가 일어났다. 메소아메리카에서 인구가 가장 많았던 지역들은 16세기에 90~95% 줄어들었다고 추정되며, 안데스산맥 지역에서는 70%가 줄어든 듯하다. 인구가 급감하면서 기존의 사회, 정치, 종교가 무너지는 바람에 스페인인이 고국 이베리아반도의 풍경, 작물, 문화를 본뜬 제국을 건설하기가 훨씬 수월했다. 이후 수백 년 동안 같은 상황이 되풀이되었다. 아프로 · 유라시아 원주민들이 질병으로 사라졌기에 유럽 이주민들은 작물, 사람, 종교, 정치 구조, 경작법을 쉽게 도입할 수 있었다.

■ 문화적 · 정치적 영향－자본주의를 향하여

새로운 세계적 교환망은 유럽과 신유럽만 바꾸는 데 그치지 않았다. 모든 곳에 작물, 화약 무기, 새로운 조직 체계, 개선된 농사법, 인쇄술, 상업이 퍼지면서 정부 권력이 커졌다. 정부는 인구와 세수를 늘리기 위해 할 수 있는 일들을 했다. 무엇보다도 팽창에 힘썼다. 한계지까지 개발하고, 인구와 부와 과세 대상을 늘리고, 경쟁이 심해지는 세계에서 국력을 늘리기 위해 애썼다. 정부가 팽창을 장려했다는 것은 땅, 숲, 어장, 호수, 생물 종을 인간이 더 강하게 통제했다는 의미다.

특히 인상적인 사례는 모스크바대공국의 팽창이다. 흑사병이 휩쓸던 시기에 모스크바대공국은 킵차크칸국이라는 몽골 국가의 지배를 받는 기독교 공국이었다. 1700년경 모스크바대공국은 세계에서 영토가 가장 넓었다. 폴란드부터 동쪽으로 시베리아 동부 태평양 연안까지 뻗은 땅을 다스렸다. 팽창하는 모스크바대공국은 농민과 지주에게 자국의 숲과 스텝 지대에 정착하도록 장려하고 교역, 특히 털가죽 교역을 지원했다. 교역은 베이징에서 시베리아 삼림지대를 거쳐 동지중해와 서유럽, 더 나아가 북아메리카까지 이어졌다.

세계 어디서나 넓어지는 교역망에서 생기는 새롭고 수많은 기회에 반응하여 시장이 확대되었다. 교역의 촉수는 유럽의 제조 물품과 노예를 거래하면서 아프리카 깊숙한 곳으로, 털가죽 교역과 플랜테이션 경제를 조성함으로써 아메리카 깊숙한 곳으로, 세금에 대한 부담 때문에 농민과 심지어 수렵채집인도 자기 지역에서 생산된 것들을 사고팔 수밖에 없게 된 러시아나 시베리아, 중국의 오지 마을까지 뻗어 갔다. 시장이 확대되자 사업가는 털가죽, 어류, 고래, 은, 설탕, 담배를 구하러 더 멀리까지 돌아다녔다. 털가죽은 러시아가 시베리아로 뻗어 나가고 유럽이 북아메리카의 여러 지역으로 진출하도록 만든 원동력이었다.

이 과정에서 전 세계 환경이 바뀌고 인류가 통제하는 생물권이 급격히 늘어났다. 이주민들은 한 번도 경작되지 않은 땅에 정착하여 개간하거나, 종 전체를 위협하는 규모로 사냥과 낚시를 하거나, 생물 종을 낯선 환경으로 옮겼다. 숲, 스텝 지대, 강, 바다의 자원을 이용하는 방법을 개발하여 수익을 올리려 한 아프로·유라시아 정부와 사업가가 이 일들을 후원했다. 존 리처즈(John Richards)가 보여주었듯이, 1500년 이래로 2세기 동안 세계 여러 지역에서 생물권의 자원을 광적으로 이용하는 양상이 뚜렷해졌다. 이전에 사용되지 않은 지역에 기존의 이용 방법을 적용하고 새로운 에너지를 사용하는 종으로서의 인류는 지구 자원을 더 많이 통제하기 시작했다.

이상하게도 정보는 상품이나 사람이나 질병보다 훨씬 적게 전해졌다. 특히 아프로·유라시아의 기존 중심지에는 통일된 세계가 몇 세기 동안 문화적 영향을 미치지 못했다.

반면 최초의 세계적 교환망이 문화적으로 엄청난 영향을 미친 지역이 2곳 있다. 아메리카와 유럽이다. 아메리카에서는 질병과 정복 때문에 기존 문화적·정치적 전통이 훼손되거나 지워졌기에 대체로 파괴적인 결과가 나타났다. 기존 종교 전통은 대부분 지하로 밀려났다. 일부는 기존 아메리카 종교 전통의 영향을 받아 독특하게 변형되어 아메리카화한 가톨릭이라는 형태로 다시 나타났다.

세계적 교환망은 유럽에도 영향을 미쳤다. 주된 이유는 유럽이 세계 모든 지역의 정보가 모이는 집합소가 되었기 때문이다. 중심에 있었기에 새로운 정보의 흐름에 가장 큰 영향을 받은 곳도 유럽이었다. 아메리카 발견, 새로 관측된 별, 알려지지 않았고 성서나 옛 저술가의 문헌에도 언급되지 않은 사람과 문화와 종교와 작물이 발견되면서 기존 지식에 대한 신뢰가 떨어지는 지적 지진이 일어났다. 1537년 포르투갈 수학자 페드루 누느스(Pedro Nunes)는 "새로운 섬, 새로운 땅, 새로운 바다, 새로운 사람들. 게다가 새로운 하늘과 새로운 별"이라고 썼다.[2] 기존 지식에 대한 회의가 깊어진 유럽 지식인들은 지식에 확고한 토대를 제공할 수 있는 방법으로 정보를 얻기 위해 혼란스러운 시도들을 하기 시작했다.

그림 10.4 프랜시스 베이컨이 저술한 『대혁신(Great Instauration)』의 권두화. 이 명저에서 베이컨은 지리적 발견과 마찬가지로 과학적 발견도 옛 학자들의 말이 아니라 실제 세계를 연구하는 데 달려 있다고 주장했다. 그림의 글귀는 「다니엘서」에서 인용한 것이다. "오가는 사람이 늘어날 것이고, 지식도 늘어날 것이다."
(출처: wikicommons)

영국 학자 프랜시스 베이컨(Francis Bacon)은 탐사와 직접적인 관찰로 얻은 새로운 지식이 진리의 열쇠라는 경험주의를 주장했다. 베이컨은 당대의 지리적 발견을 과학이 나아가야 하는 방식의 모형으로 인식했다. 고대 문헌을 파고드는 대신 현실 세계를 탐구하고 꼼꼼하게 연구해야 한다는 의미였다(〈그림 10.4〉). 프랑스 철학자 르네 데카르트(René Descartes)는 지식을 새롭고 더 확고한 토대 위에 재정립하려면 기존 권위에 의문을 품는 것이 중요하다고 말했다. 새로운 지식이 불러일으킨 회의론, 그리고 탐사를 통해 지식을 추구해야 한다는 확신은 유럽의 지적 지평선을 넓혔고 17세기의 '과학혁명'과도 이어졌다. 세계적으로 처음 형성된 지적 연결망 안에서 등장한 유럽인들의 새로운 인식은 지적 혁명의 근본적 특징 중 하나를 설명해준다. 바로 특정 지역 문화의 전통에 얽매이지 않는 세계적 지식에 대한 헌신과 보편성이다.

CE 1700년의 세계

이 장의 첫머리에서 말한 혁신의 3가지 원동력이 중요해지는 과정을 살펴보았다. 교환망이 커지고, 통신과 교통이 개선되고, 여러 지역에서 경쟁 시장이 중요해졌다. 생각해보면 이 변화들은 급격한 혁신과 심오한 세계적 변화로 이어져야 마땅했다. 실제로 그랬을까?

혁신의 영향

이 책에서 논의한 100~200년 동안의 변화가 실제로는 기술 혁신 속도에 별 영향을 미치지 못한 듯하다. 15~16세기 유럽 항해자들이 사용한 해운, 총포, 항해술 분야의 혁신 기술들은 대부분 그전부터 쓰였다. 유럽에서 먼 곳에서 기원한 삼각돛과 나침반 등 상당수는 다른 지역들에서 널리 쓰던 것들이었다. 유럽인들과 환경이 달랐던 오스만인과 무굴인, 러시아인도 화약 기술을 이용했다. 포르투갈인이 들어올 무렵 인도양 전역에서는 대포가 널리 쓰이고 있었고, 인도양을 오가는 맘루크와 오스만 함대의 갤리선 앞쪽에는 대포가 설치되어 있었다. 배 옆쪽의 늑재 사이사이에 대포를 고정한 포르투갈 카라벨라선만큼 조화롭게 발사할 수는 없었지만.

이 시기에 주로 나타난 것은 기술 혁신이 아니라 확장된 교환망 덕분에 기술과 작물과 조직 방식이 효과적으로 퍼지면서 해당 지역에 맞게 다듬어지고 적응하는 양상이다. 조엘 모키르(Joel Mokyr)는 이를 '노출 효과의 시대'라고 부른다. "기술 변화가 주로 외국의 기술과 작물을 관찰하고 다른 곳에 이식하는 형태로 나타난 시대다."[3]

당시의 혁신 중 가장 유명한 것은 유럽이 금속활자 인쇄술을 재발견한 일이다. 1453년 독일의 요하네스 구텐베르크(Johannes Gutenberg)가 그 일을 해냈다. 금속활자 인쇄술은 고려인들이 발명했고, 이 기술로 인쇄한 가장 오래된 책은 1377년 고려인들이 찍은 불경이다. 하지만 이 기술은 알파벳 자모를 사용하는 유럽 같은 지역에서 가장 번성했다. 몇 개의 활자만 있으면 되기 때문이다. 인쇄술은 유럽인의 문해력을 높이고 정보 순환을 촉진했다. 1500년경에는 유럽의 소도시 236곳에서 인쇄기가 사용되었고, 인쇄된 책이 2000만 권에 달했다. 100년 뒤에는 인쇄된 책이 10배 늘었다. 인쇄술은 유럽을 세계 지식의 창고로 바꾸기 시작했다. 그전에 무슬림 세계가 아프로·유라시아 세계 지대의 지식 창고였던 것과 마찬가지다. 인쇄술은 먼저 유럽에서, 이어서 세계 전체에서 집단 학습의 강력한 원동력이 되었다.

그러나 이 시기에 혁신이 결정적으로 증가하지는 않았다. 기술, 작물, 사업 방식의 확산과 활용에 기여한 세계적 교환망 중 상당수는 오래전부터 세계 어디엔가 있었다. 16세기에 연결된 다양한 세계 지대는 기술 확산을 촉진했다. 그러나 진정으로 신기술이 폭발적으로 등장한 시기는 19세기였다.

자본주의 체제의 근원

1700년 당시 세계 여러 지역이 전통적인 모습을 유지한 이유 중 하나는 느린 혁신이었다. 인구의 대다수는 여전히 농민이었다. 대부분의 정부는 여전히 스스로를 전통적 관점에서 생각했고 전통적 방식으로 통치했다. 에너지원도 고대 이후 거의 변하지 않았다. 게다가 혁신의 속도도 눈에 띌 정도로 빨라지지 않았다.

1700년에 전갈을 전하는 가장 빠른 방법은 여전히 급사를 보내는 것이었다. 부피가 큰 물품은 여전히 말이나 소가 끄는 마차나 배로 보냈다. 농민의 경제 상황은 아마도 2,000년 전보다 낮았을 것이다. 이들은 예전보다 자주 돈을 다루거나, 동네 시장에 물품을 더 자주 팔거나, 임금을 받는 일거리를 더 자주 찾았을 것이다. 대다수는 여전히 식량과 직물의 대부분을 자급자족했다. 시장의 범위와 중요성은 분명 커지고 있었지만 아직은 지금처럼 사람들의 삶을 좌우하지 않았다. 생산자의 대부분이 농민이었다는 사실은, 도시와 소도시의 인구가 많아지고 있었지만 총인구 중 차지하는 비율은 아직 적었다는 의미다. 대개 10~20%를 넘지 않았다. 가장 초기의 농경 문명도 비슷했다.

변한 것은 이미 존재하는 개념, 물품, 사람, 작물, 질병이 교환되고 거래되는 규모였다. 커지는 교환과 상업의 규모는 18세기 말부터 경이로운 혁신이 분출될 길을 닦았다. 어느 정도는 각 지역사회가 자원의 한계에 처하기 시작했기 때문이었다. 이용할 땅이 줄어들고, 목재와 에너지가 부족해지고, 털가죽도 귀해졌다. 1700년경 사람들은 세계의 숲, 경작지, 강, 바다를 유례없는 규모로 이용했지만 여전히 전통 기술을 많이 활용했다.

확대되는 시장은 세계 많은 지역의 상업에 활기를 불어넣었고, 다양한 수준의 상업화는 더 많은 상인, 정부, 나아가 농민까지 시장 교환에 끌어들였다. 애덤 스미스(Adam Smith)가 파악했듯이, 시장이 커질수록 전문화와 효율도 증가한다. 대서양의 플랜테이션 경제는 이 과정을 잘 보여준다.

이 시기에 부와 권력의 세계적 분포도 크게 변화하기 시작했다. 1500년 이전까지 유라시아의 대서양 연안 사회들은 아프로·유라시아 세계 지대의 드넓은 교환망의 변두리에 불과했다. 1500년 이후에는 이 사회들이 갑자기 역사적으로 가장 크고 다양한 교역망의 중심이 되었다. 200, 300년 동안에는 새로운 교역로로 이동한 물품의 양과 가치가, 지중해에서 인도양을 거쳐 동아시아로 이어지는 기존 교환망으로 이동한 물품의 양과 가치에 비하면 미미했다. 그러나 유럽 정부들이 교역망의 중심적 위치를 이용하는 법을 터득하고, 세계 교역량이 많아지고, 유럽 지식인들이 학계와 대학과 영업소를 통해 흘러드는 엄청난 정보를 붙들고 씨름하자, 망의 중심에서 얻는 지적·상업적 혜택이 늘어났다.

1700년의 세계는 여러모로 전통을 답습하는 듯 보였지만, 다음 2세기 동안 혁신을 폭발시킬 모든 요소를 꾸준히 그러모으고 있었다. 변화를 쉽게 알아볼 수 있는 곳은 대서양의 새로운 중심지였다. 중간 크기의 유럽 국가들이 극심하게 경쟁하던 이곳에서 세계적 교환망의 상업적·경제적·정치적 영향이 뚜렷하게 나타났다. 통치자, 은행가, 정부 모두 상업에 관심을 기울였다. 차익 거래는 16세기 스페인, 17세기 초 네덜란드의 권력을 지탱했다. 여기서 훗날 자본주의로 불리는 체제의 근원을 볼 수 있다. 상업은 정부와 엘리트 모두에게 큰 이윤을 안겨주었다. 많은 귀족이 무역에 투자했고, 정부는 소금이나 술, 직물이나 설탕 같은 상품의 시장이 확대될수록 엄청난 이윤을 올렸다. 1700년 영국 정부의 수입은 대부분 관세와 다양한 세금에서 나왔다. 이것이 영국 정부가 해상 제국을 보호할 대함대를 양성하고, 새로운 상업적 모험에 대한 투자를 뒷받침할 잉글랜드은행을 설립하여 무역을 적극 지원한 이유이기도 하다.

시장과 임금에 의존하는 사람들이 많아지자 영국과 서유럽 각국의 사회구조가 급속히 바뀌었다. 선구적인 영국 통계학자 그레고리 킹(Gregory King)의 인구통계 자료를 최근 분석한 결과에 따르면 17세기 말에 영국 시골 인구의 약 절반은 생계를 유지할 정도의 땅이 없었다. 시골에서 큰 농장의 일꾼으로 일하거나 도시에서 임금노동자로 일하며 노동력을 팔아야 했다는 뜻이다. 킹의 자료에 따르면 17세기가 끝날 무렵 영국 세입의 절반 이상이 상업, 산업 생산, 지대와 용역에서 나왔다. 고도로 상업화한 사회가 혁신적일 가능성이 높다는 것이 사실이라면, 변화가 임박했음을 알려주는 중요한 전조다. 17세기 말 영국과 경쟁국 네덜란드는 더 '자본주의적'이 될 방안을 모색하고 있었다. 시장이 이 나라들의 경제를 좌우했을 뿐 아니라, 정부와 엘리트도 다양한 상업에 깊이 관여하고 있었다.

이 시기 교환망의 엄청난 범위와 다양성, 높아지는 상업의 중요성은 18세기 산업혁명으로 나타난 놀라운 혁신을 불러오는 데 가장 중요한 요소였다.

| 요약 |

이 장에서는 혁신의 3가지 원동력인 교환망 확대, 통신과 교통의 개선, 상업화가 2가지 큰 맬서스 주기를 거치며 중요해지는 양상을 살펴보았다. 1700년경 세계는 하나의 세계적 교환망으로 연결되어 있었다. 그러나 여러 면에서 그 세계는 매우 전통적이었다. 현대성을 향한 진정한 돌파구는 18~19세기에 열렸다. 이 변화는 다음 장에서 다루겠다.

11장

**여덟 번째 문턱
건너기**

현대성으로
나아가는 돌파구

CE 1700~CE 1900년

1750년경 근대성의 전제 조건들이 자리 잡고 혁신의 유인이 증가했지만 세계는 여전히 농경과 전통 위주로 돌아가고 있었다. 근대 혁명에 불길을 댕겨 근대성이라는 새로운 문턱을 넘도록 세계를 떠밀 불꽃이 필요했다. 효율적인 석탄 연소와 증가하는 혁신이란 그 불꽃은 유라시아 북서쪽 반도 너머의 작은 섬에서 나타났다. 1700년에 세계 인구의 1%에도 못 미쳤던 이 섬의 주민들은 산업혁명을 일으켰고, 200년이 채 안 되어 역사적으로 유례없는 수준으로 세계를 좌우했다. 산업혁명은 세계를 뒤바꾸었다. 과연 누가 예상할 수 있었을까? 그처럼 놀라운 이야기를 상상이나 할 수 있었을까?

근대 세계/인류세

이런 질문으로 시작해보자. 산업혁명이란 무엇이며, 왜 근대 세계로 나아가는 돌파구이자 인류세의 출발점이라고 하는 것일까?

여덟 번째 문턱인 이유

산업혁명(Industrial Revolution)은 제조, 통신, 교통에 사람과 동물의 힘 대신 화석연료를 적용하여 나타난 다양한 변화라고 정의할 수 있다. 석탄, 석유, 천연가스를 가리키는 **화석연료(fossil fuel)**는 까마득히 오래전의 태양 에너지를 저장하고 있다. 석탄은 약 3억 년 전에 살았던 나무들의 화석에서 생겼고, 석유는 6억~1000만 년 전에 바다에 살았던 단세포 동식물의 화석에서 생겼다. 주로 화석화한 생물에서 나오는 메탄으로 이루어진 천연가스는 대개 석유 주변에서 발견된다.

화석연료라는 새로운 에너지원을 대량으로 이용하면서 혁신과 산업(제조, 채굴, 건설)의 생산성이 대폭 증가했고, 사회적·경제적 구조도 변했다(〈그림 10.1〉 참고). 기계가 손도구를 대체했다. 공장의 대량생산이 농가의 제조를 대체했다. 훨씬 거대한 에너지를 생산하여 수차, 동물과 사람의 에너지를 대체했다. 기계, 공장, 매연은 이 새로운 삶의 방식을 보여주는 징후였다.

산업혁명은 영국의 직물 산업에서 시작되었다. 손으로 실을 잣고 천을 짜는 방식을 새로 발명된 기계가 대체하고, 석탄을 때는 증기기관이 직조 기계를 움직일 힘을 충분히 제공하면서였다. 혁명은 철강 생산으로, 이어서 철도와 증기선으로 확산되었다. 주된 과정은 1780년부터 1870년까지

100년이 못 되는 기간에 일어났다. 산업혁명을 여덟 번째 문턱이라고 보는 근거는 인류 사회를 급속하게 변화시켰기 때문이다. 1만 년 전의 농경이라는 돌파구(마찬가지로 가용 에너지와 자원이 갑자기 증가하여 나타난 7번째 문턱) 이래로 없었던 근본적 변화였다. 변화의 토대인 석탄과 석유는 인류 역사에서 유례없는 추가 에너지를 제공했다(〈문턱 8 요약〉).

문턱 8 요약

문턱	구성 요소	구조	골디락스 조건	창발성
근대 세계/인류세	세계화, 급격히 빨라진 집단 학습, 혁신, 화석연료 사용.	생물권을 조작하는 능력을 빠르게 개발하고 세계적으로 연결된 인류 공동체.	세계적 규모로 빨라진 집단 학습.	자원 이용량을 크게 증가시키고 새로운 생활 방식과 사회적 관계를 형성해 지구 역사상 최초로 생물권을 변화시킬 능력을 갖춘 종.

새로운 에너지는 인구 증감의 맬서스 주기를 끊었다. 산업화 이전에는 다양한 사회가 거의 전적으로 식물이 광합성하여 저장한 태양에너지에 의지했다. 따라서 사용할 수 있는 땅과 지표면의 자원이 인구를 제한했다. 산업화로 화석연료에 저장된 에너지를 이용하게 된 인류는 잠시나마 세계적 규모로 맬서스 주기를 이겨냈다. 2012년에 세계는 인구 70억 명을 지탱할 만큼 엄청난 자원을 추출했다. 1700년의 전통적 에너지원은 겨우 6억 7000만 명을 지탱할 수 있었다. 산업혁명은 300년 사이에 10배 이상 많아진 세계 인구를 먹여 살릴 만큼 식량을 늘렸다.

왜 영국과 서유럽이었을까?: 세계적 맥락

적어도 7곳에서 독자적으로 일어난 농경혁명과 달리 산업혁명은 단 1곳인 영국에서 시작되었다. 몇몇 사회들, 특히 대서양 지역의 사회들도 비슷한 돌파구 앞까지 갔지만, 산업 기술이 너무 빠르게 전파되는 바람에 독자적인 산업혁명을 일으킬 기회가 없었다. 많은 토론과 논쟁을 거친 현대 역사학자와 사회학자들은 세계적·국지적 차원에서 어떤 요인들이 이 결과를 빚어냈는지 대체로 합의했다.

산업혁명이 시작되려면 적어도 다음과 같은 요인들 일부가 필요했다. 막대한 잉여 자본(돈), 값싸고 많은 노동력, 새로운 상품 시장, 새로운 발명, 새로운 동력원, 새로운 원료, 개선된 교통 체계다. 사회적·이념적 맥락의 변화도 중요했다.

산업혁명의 첫 번째 핵심 발명인 증기기관의 초보적 형태는 서양에서 출현하기 3세기 전에 튀르키예에서 등장했다. 1551년 튀르키예 기술자 타키 알딘(Taqi al-Din)이 쓴 책에는 한 부자가 잔치에서 양을 통째로 굽는 꼬치를 돌리는 데 이 장치를 활용했다고 적혀 있다. 튀르키예나 이슬람 세계의 3대 제국(튀르키예를 중심으로 한 오스만제국, 페르시아 사파비제국, 인도 무굴제국) 어느 곳도 증기기관을 받아들이지 않았다. 이슬람 발명가들은 부유한 엘리트를 위해 일했는데, 엘리트는 장인들이 꼼꼼하게 손으로 만든 소비재만을 원했다. 사회적, 이념적으로도 기업가를 격려하는 분위기가 아니었다.

중국은 왜 산업혁명을 일으키지 못했을까? 수 세기 동안 중국의 기술은 여러 측면에서 앞서 있었다. 10세기에 이미 석탄을 태우는 철강 산업이 발달했다. 하지만 이 산업은 14세기 무렵 사라졌다. 1094년에 관리이자 천문학자 소송(蘇頌)이 최초의 시계를 발명했지만, 북방 침입자들이 파괴했다. 앞 장에서 이야기했듯이, 중국 황제는 1433년에 해외 교역 원정을 중단하라고 결정했다. 민간 상인들이 교역을 계속하긴 했지만 정부의 지원은 없었다. 그래도 기대 수명이나 설탕과 직물의 소비량으로 판단하면 18세기 중국인의 생활수준은 유럽인과 비슷했다.

중국이 산업화를 이끌지 못한 이유를 설명하기 위해 많은 학자가 지리적·문화적 요인을 제시했다. 다음은 그 가설 중 몇 가지다. 이 목록은 연구가 진행되면서 바뀔 가능성이 높다.

- 1300~1700년 중국의 인구 증가 속도가 영국보다 빨랐기에 기계를 사용하려는 유인이 줄고 노동 집약적으로 접근하려는 유인이 커졌다.
- 중국에도 석탄이 있었지만 주로 북쪽에 매장된 반면 많은 경제활동이 남부로

옮겨진 상태였다.

- 중국은 엘리트 교육과 백성의 믿음에 토대를 두었다. 권위에 의문을 제기하고 실험하는 태도는 찾아보기 어려웠다.
- 중국은 제도적·문화적 안정성에 초점을 맞추었다. 산업화는 공자의 가르침에 반하여 계급 차이와 지역 격차를 부추기는 파괴적인 일이라고 보았다.
- 중국은 늘 외세의 위협이나 침입에 시달렸다. 특히 북방 유목민과 싸워야 했다.
- 중국은 엄청나게 성장할 수 있는 새로운 대서양 교환과 교역의 망에 포함되어 있지 않았다.
- 12세기에는 세계가 제대로 연결되지 않았기 때문에 18세기 영국의 발명들에 비해 중국의 발명들이 빠르게 퍼지지 않았다.

영국과 프랑스와 네덜란드 등 서유럽 국가들은 중국의 주요 결정 2가지의 혜택을 보았다. 중국이 인도양 교역을 중단하겠다고 결정하자, 1600년에 영국이 세운 동인도회사, 네덜란드와 프랑스가 세운 동인도회사들이 동남아시아 시장에 진출할 기회를 얻었다. 게다가 영국을 비롯한 유럽 국가들은 1400년대에 중국이 은본위제를 택함으로써 혜택을 보았다. 위트레흐트조약(1713) 이후 영국은 아프리카에서 구한 노예를 아메리카의 스페인 식민지에 팔고, 볼리비아 포토시와 멕시코 사카테카스에서 채굴된 많은 은을 매입할 권리를 얻었다. 영국은 중국이 호황을 누리는 경제에 사용한 주화의 재료인 은을 제공하고 중국의 차, 비단, 도자기를 대량 구입했다.

물론 은과 관련하여 영국은 세계의 운명을 결정지을 카드를 쥐고 있었다. 1763년 주요 유럽 국가들이 참전한 7년전쟁에서 승리하여 스페인, 프랑스, 네덜란드를 제치고 새로운 대서양 세계 교역 체제의 중심이 되었다는 사실이다. 그 결과 영국은 대량의 원료를 확보하고 새로운 시장에 꾸준히 제공할 수 있었다. 아메리카는 은 외에도 산업 노동자가 먹을 값싼 식량(생선, 감자, 설탕), 노예 노동으로 생산한 방적 공장용 목화, 식민지 이주자들이 필요로 하는 모든 것(노예 것까지 포함한 요람, 관, 옷 등)을 제공했다. 영국 기업가들은 이 사업들에 투자하여 자본을 쌓았다. 게다가 영국의 북아메리카 식민지는 영국에서는 생산할 수 없는 것들도 제공했다. 1830년경 이제는 독립하여 미국이 된 영국의 옛 북아메리카 식민지는 영국이 생산

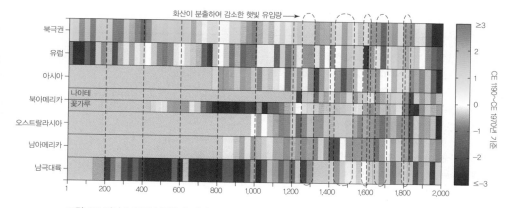

그림 11.1 지난 2,000년 동안의 지역별 기온 변화. 각지의 기온 변화를 30년 간격으로 표시했다. 24개 국 전문가들의 연구에 토대하여 빙하, 꽃가루, 나무 나이테 등 다양한 증거로 폭넓게 작성했다. 두드러 진 특징은 ①2,000년 전에는 기온이 따뜻했고, ②1,000년 이후부터 추운 기간이 이어지다가, ③최근 100년 사이에 갑작스럽게 기온이 높아졌다는 점이다. 아프리카를 비롯한 일부 지역은 자료가 부족하여 제외했다.

할 수 있는 양의 2배에 달하는 목화, 설탕, 목재를 생산했다. 역사학자 케네스 포머랜즈(Kenneth Pomeranz)와 로버트 마크스(Robert Marks)는 당시 미국의 경작지를 영국의 '유령 경작지'라고 불렀다.

영국을 산업화로 내몬 또 다른 요인은 기후변화다. **소빙하기(Little Ice Age, LIA)**였던 1250~1900년에 세계 많은 지역의 기온이 떨어졌다(〈그림 11.1〉 참고). 세계 각지에서 화산 분출이 잦아져 대기의 이산화탄소와 메탄 농도가 낮아진 것이 원인인 듯하다. 사람들은 난방을 위해 땔감을 더 많이 태웠다. 작은 섬에 사는 영국인들은 대부분의 숲을 없앴고, 이 현상은 석탄을 효율적으로 채굴할 방법을 찾아내는 동기가 되었다.'

영국이 최초로 산업화한 원인을 설명하는 다른 가설들은 짧게 요약하겠다. 16세기에 스페인은 엄청난 은을 전쟁에 썼음에도 유럽에 제국을 건설하는 데 실패했다. 유럽이 통일되지 않았기에 경쟁하는 나라들과 시장들의 체제가 계속되었고, 영국은 7년전쟁에서 승리하여 유리한 입장이 되었다. 통일된 유럽 정부가 없었기에 국가도 종교 기관도 사람들의 생각을 지배할 수 없었다. 계몽주의를 통해 권위에 도전하고 실험하려는 태도와 종교적 관용이 널리 퍼지며 여러 방면에서 혁신이 장려되었다. 금융기관도 자본을 유동화하는 구조를 개발했다(〈표 11.1〉 참고).

표 11.1 영국이 산업화한 이유

- 땔감이 부족해져 석탄을 이용하게 되었다.
- 유용한 곳에 석탄이 있어서 값싸게 구할 수 있었다.
- 해안과 강으로 석탄 등을 저렴하게 운송할 수 있었다.
- 섬나라라는 점이 침략을 막는 자연 방어 수단으로 작용했다.
- 상업 정신을 지닌 귀족층, 자유 기업 체제가 있었다.
- 정부가 대규모 해군을 양성하고 자국 선박으로 식민지와 교역하는 등 상업을 지원했다.
- 군주가 스스로 권력을 제한했다.
- 농노제가 일찍 폐지되었다. 마지막 농노들은 1574년에 해방되었다.
- 길드제가 제한적이었다.
- 강력한 해군이 상선들을 보호했다.
- 아메리카에 식민지가 있었다.
- 북아메리카 노예가 생산하는 값싼 목화를 얻었다.
- 위도를 정확히 알 수 있는 해상 시계를 개발하는 사람에게 상금을 주는 등 상과 상금으로 혁신에 보상했다.
- 세계 최고의 회중시계를 발명하는 등 뛰어난 기기 제작자들이 있었다.
- 도로와 운하가 잘 연결되어 있었다.
- 네덜란드인, 유대인, 위그노(프랑스의 개신교 신자) 등 역량 있는 이민자가 많았다.
- 고임금: 임금노동자를 기계로 대체하자 이익이 창출되었고, 면화 같은 산업 제품에 대한 수요가 많아졌다.
- 문해율이 높았고, 중산층 문화가 형성되었다.
- 정부가 아니라 지주가 광물 자원을 가지고 있었다.
- 비(非)국교도는 대학에 입학하거나 공무원이 될 수 없었기 때문에 사업에 뛰어들었다.

경제사가들은 영국이 석탄과 식민지 덕분에 우위에 섰다고 강조한다. 문화사가들은 특정 기술, 상업과 자유사상을 장려하는 의회제의 중요성을 강조한다. 설명마다 나름 중요해 보이지만, 변화를 일으키는 모든 힘은 복잡하게 상호작용했고, 영국뿐 아니라 세계의 많은 중심지에서도 작용했다. 이제 변화를 일으킨 힘들을 종합해보자.

영국의 사회 혁명, 농업혁명, 산업혁명

이 절에서는 산업혁명 이전 영국의 사회관계와 농업의 변화를 살펴보자.

공납 사회에서 상업 사회로

19세기 중반 산업혁명이 완성될 무렵의 영국은 새로운 사회로 변모해 있었다. 농경 문명에서 산업국가로, 공납 사회에서 상업 사회로 바뀌었다. 기계적 산업화보다 앞서 나타난 몇 가지 변화가 산업화로 나아갈 길을 닦았다.

17세기 말 영국은 전통 농경 문명이었다. 농업이 경제에서 가장 중요한 부문이었고 인구의 약 절반이 농업에 종사했다(10장 참고). 귀족들은 대부분 자신이 공물을 거두는 부류라고 생각했다. 즉, 자기 땅에서 일하는 사람들이 생산하는 부를 거둘 권리가 있다고 여겼다.

19세기 중반에는 사회 체제가 크게 바뀌어 있었다. 많은 사람이 도시로 이주하여 런던에는 영국 인구의 10%가 살고 있었다. 여전히 농가에 사는 농민들은 대부분 공물 납부자가 아니라 임금노동자가 되어 있었다. 이들은 자기 땅에서 농사짓고 지주에게 지대를 내는 것이 아니라 남의 땅에서 일하고 임금을 받았다. 귀족들은 자신의 땅을, 자급자족하는 농장이 아니라 이윤을 올리는 사업장으로 여기기 시작했다. 영국의 수입의 절반은 산업, 상업, 지대, 용역에서 나왔다. 영국 정부는 세입의 대부분을 관세를 비롯한 상업 부문에서 거두었고 육군과 해군으로 상업을 보호했다. 새로운 대서양 교환망의 중심이라는 지위 덕분에 이러한 상업이 가능해졌다. 한마디로 18세기 중반 영국은 세계에서 가장 상업적이면서 자본주의적인 사회 중 하나였다. 10장에서 언급한 혁신의 원동력은 새로운 상업과 생산 및 혁신을 자극하는 데 더 중요한 역할을 했다.

농경의 변화

18~19세기 상업은 영국 농업을 변화시켰다. 농지가 자급자족하는 영지에서 특용 작물을 생산하는 현대 자본주의적 농장으로 변모하면서부터였다. '개화한 땅주인(improving landlord)'이라고 불리는 부유한 지주들이 땅을 많이 사들임에 따라 토지 소유권이 더욱 확고해졌다. 많은 농민이 자기 땅에서 쫓겨나 더 큰 땅이나 도시에서 일하는 임금노동자가 되었다.

의회의 부유한 지주들은 공유지에 울타리를 쳐서 사유화하는 인클로 저법(enclosure act)을 수백 건 통과시킴으로써 수백만ha를 사유화하며 변화를 부추겼다. 인클로저법은 전통적으로 많은 사람이 공동으로 사용한 공유지를 매입하여 경작지를 늘릴 권리를 지주에게 부여했다. 공유지에 대한 권리를 주장할 수 없었던 많은 소농은 결국 임금노동자가 될 수밖에 없었다.

대지주들은 자신이 먹기 위해 생산하기보다는 내다팔 작물을 생산하는 쪽에 관심이 있었다. 이들은 시장에 팔기 위해 작물을 생산했는데, 이는 더 효율적이고 값싸게 작물을 생산해야 한다는 의미였다. 농장을 넓혀간 부유한 지주들은 다른 나라, 특히 프랑스와 네덜란드에서 발달하고 개선된 농법을 적용했다. 예컨대 비스카운트 '터닙' 타운젠드(Viscount 'Turnip' Townshend)는 네덜란드에서 들여온 순무와 토끼풀을 노포크에 있는 자기 땅에 심는 실험을 했다. 비스카운트는 많은 순무를 저장하여 겨우내 가축들을 먹일 수 있었다. 이전에는 겨울에 모든 동물을 먹일 수 없었기 때문에 날이 추워지면 많은 가축을 관습적으로 도살했다. 토끼풀은 질소를 고정하여 토양을 기름지게 했다. 타운젠드는 같은 밭에서 4년에 걸쳐 순무, 보리, 토끼풀, 밀 돌려짓기를 했는데, 이 방식은 많은 경작지로 퍼져 표준 농사법이 되었다. 이 기법들 중 상당수는 오래전에 나왔지만 이제 많은 지주가 도입하여 판매량을 늘리기 시작했고, 혁신의 유인도 커졌다.

대지주들은 농업 생산량을 높이는 다른 기법들도 활용했다. 손으로 뿌리는 대신 말이 끄는 파종기로 줄줄이 씨를 심는 방법을 고안한 이도 있었다. 양의 품종을 개량하여 체중을 2배로 늘리고, 시장에서 원하는 기름진 고기를 생산하는 법을 알아내는 이도 있었다. 자본과 혁신에 투자하는 대지주들의 유인이 높아지면서 동물의 수정, 관개, 배수장치 모두 향상되었다.

이러한 기법 덕분에 농업 생산성이 대폭 증가했다. 1700~1850년에 3.5배가 증가했고, 그 결과 식품 가격이 낮아지면서 농장 임금도 낮아졌다. 인구 중 농업에 종사하는 사람의 비율은 61%에서 29%로 떨어졌다. 농장에서 풀려난(또는 쫓겨난) 이들은 도시로 가서 잠재적 산업 노동자이자 구매자가 되었고, 그럼으로써 노동 공급과 소비재 시장 모두를 늘렸다. 새로운 도시 노동자들은 예전에 자신이 생산했던 것들을 구입해야 했다. 영국

인구는 1750~1800년에 2배로 늘었다. 산업혁명과 동전의 양면이었던 농업 분야의 혁명이 먼저 시작되어 길을 닦아주었다.

산업의 혁명

영국에서 증기기관과 면직물 두 분야가 동시에 발전하고 결합하여 산업화의 최초 징후가 나타났다. 석탄을 때는 **증기기관**(steam engine)은 인류 사회가 태양에너지의 연간 흐름에 제한받지 않는 시대로 향하는 문턱을 넘게 해주었다.

■ 증기기관의 발달

석탄은 3억 4500만~2억 8000만 년 전 석탄기에 저장된 태양에너지다. 식물은 태양에서 오는 에너지를 저장하고, 죽으면 썩는다. 세균과 곰팡이가 식물 속 화학물질을 자신의 성장에 쓸 원료로 삼는 과정에서 식물의 유기물이 산소와 결합하여 이산화탄소와 물로 돌아간다. 식물이 물에 잠기면 주변에 산소가 없으므로 썩지 않는다. 죽은 식물들이 쌓이면서 깊이 가라앉을수록, 위에서 누르는 물질들의 압력 때문에 밑에 깔린 식물은 이탄이된다. 긴 세월이 흐르면 이탄이 석탄이 된다. 석탄은 나무가 53m까지 자라고 수백만 년에 걸쳐 해안선이 바뀌며 바다에 잠겼다가 육지가 되었다가 한 지역에서 만들어진다. 석탄이 형성되던 시대에 모든 대륙이 하나로 합쳐져 판게아라는 초대륙이 생기기도 했다. 미국 동부에 묻혀 있는 석탄은 영국 중부의 석탄과 같은 탄맥에 속해 있다.

지구의 몇몇 지역에는 석탄이 지표면에 드러나 있었고, 이 지역 사람들은 예전부터 석탄을 땠다. 마르코 폴로는 중국인들이 검은 돌을 태우는 모습을 보았다. 난생 처음 보는 광경이었다. 영국인들도 이미 16세기에 지표면의 석탄을 유리, 금속, 빵, 벽돌, 타일 제조에 썼지만, 너무 더럽고 검댕이 많이 나와서 요리와 난방에는 쓰기 힘들었다. 그래서 석탄 대신 장작을 주로 이용했다. 하지만 집과 배를 만들고, 연료로 태우고, 쇠를 녹일 숯을 만들기 위해 숲을 계속 베다 보니 땔감이 고갈되기 시작했다. 1600년 경에는 영국 남부 지역의 숲이 사라져서 런던의 난방과 요리 수요를 충족시킬 수 없었다. 18세기 말에는 영국 내 숲의 면적이 5~10%까지 낮아졌고, 정부는 발트해 유역의 국가들에서 많은 해군용 목재를 수입해야 했다.

에너지 수요 증가는 몇몇 중요한 혁신을 이끌었다. 목재와 숯을 아끼기 위해 영국인들은 난방과 요리에 석탄을 사용하기 시작했다. 탄광에서는 지표면 가까이에 있는 석탄을 모두 캐내자 갱도를 더 깊이 파기 시작했는데, 지하수가 스며 나와 갱도가 물에 잠겼다. 광부들은 양동이로 물을 퍼 올리거나 말을 이용하여 양수 펌프를 돌렸다. 더 나은 방법이 필요했다.

1698년 토머스 세이버리(Thomas Savery)가 석탄을 때서 물을 가열하여 증기를 만들고, 증기가 응축될 때 생기는 진공으로 펌프를 움직이는 장치의 특허를 받았다. 네덜란드로 망명한 프랑스 위그노 드니 파팽(Denis Papin)도 같은 시기에 비슷한 장치를 개발했다. 약 10년 뒤 토머스 뉴커먼(Thomas Newcomen)이 증기로 피스톤을 미는 최초의 진정한 증기기관을 개발했지만, 효율이 너무 낮아서 별 쓸모가 없었다. 하지만 연료를 거의 공짜로 이용할 수 있는 탄광에서는 쓸 수 있었다.

한편 공장들이 주로 영국 중부, 버밍엄 주변에서 가동되기 시작했다. 영국 최초의 공장은 1755년 버밍엄에서 북쪽으로 3.2km 떨어진 곳에 문을 연 소호매뉴팩토리다. 물을 이용하여 가동하는 금속 압연기 1대를 갖추고 있었고, 금속과 합금, 돌과 유리, 에나멜, 거북 껍데기를 가공하는 다양한 장비를 갖춘 여러 작업장에서 400명이 일했다.

글래스고대학교 출신의 스코틀랜드 기계 제작자 제임스 와트(James Watt)는 탄광에서 멀리 떨어진 곳에서도 수지타산을 맞출 수 있는 증기기관을 최초로 개발했다. 그는 1765년에 길을 걷다가 증기기관의 응축기를 별도로 설치하면 어떨까 하는 착상을 떠올렸다. 하지만 1776년에야 실제로 첫 모형을 만들 수 있었다. 와트는 자신이 가입한 루나협회를 통해 버밍엄의 자본 투자자들을 알고 있었다. 발명가들과 지역 제조업자들로 이루어진 이 사교 모임에는 찰스 다윈의 친조부 이래즈머스 다윈(Erasmus Darwin)과 외조부 조사이아 웨지우드(Josiah Wedgwood)도 소속되어 있었다. (루나협회는 보름달이 뜨는 날에서 가장 가까운 월요일 밤에 모임을 열었다. 달빛이 환해서 귀가할 때 편했기 때문이다.) 버밍엄으로 간 와트는 친구들의 도움을 받아 응축기가 따로 달린 증기기관을 소호매뉴팩토리에 설치했다. 이 장치

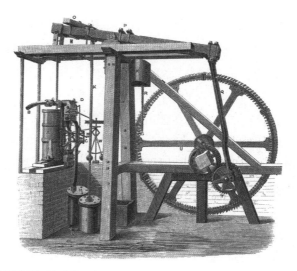

그림 11.2 와트의 증기기관. 이 기계는 영국의 산업 동력이 높아지는 데 크게 기여했다. 현재 버밍엄의 과학관에 전시되어 있다. (출처: ©Universal History Archive/gettyimages/gettyimagesKOREA)

는 탄광에서 물을 퍼내는 비효율적인 뉴커먼 기관을 대체했다(〈그림 11.2〉). 15년 뒤 와트는 증기기관에 회전운동을 도입하여 산업용 바퀴를 돌렸다. 부자가 된 그는 농장 3곳을 구입했고, 유럽 전역을 여행했다.

■ 증기의 응용

와트가 증기기관을 개발할 때 다른 이들은 면직물 생산량을 늘리려고 애 쓰고 있었다. 아메리카 식민지와 서인도제도에서 노예들이 재배한 목화 원료가 대량으로 수입되고 임금노동자가 많아지면서 면직물 수요도 증가 하고 있었다. 전통적으로 면직물 생산은 농가에서 손으로 실을 잣고 천을 짜서 상인들에게 파는 식으로 이루어졌다. 1700년대 초에 의회는 인도에 서 값싼 면직물을 수입하는 것을 금지했고, 그 결과 영국에서 영국산 면 직물 생산자가 참여할 수 있는 시장이 커졌다. 이 현상은 혁신을 자극했 다. 1700년대 중반에 영국 발명가들은 방적과 방직 속도를 높이는 기계 몇 가지를 내놓았다. 1793년 엘리 휘트니(Eli Whitney)의 조면기가 등장하면 서 목화 씨를 기계로 뺄 수 있게 되었다. 미국 남부인들은 코튼 엔진이라 는 이 기계를 '코튼 진(cotton gin)'이라고 불렀다. 이 발전의 마지막 단계인

1790년대와 1800년대 초에 와트의 증기기관이 방직기에 연결되었다. 증기기관은 면직물 산업을 크게 변모시켰다. 증기기관이 없었다면 면직물은 영국 경제를 바꿀 수 없었을 것이다. 1780~1800년에 면직물 가격은 80% 떨어졌고, 대중 시장에서 거래되었다. 1850년에는 목화 산업이 1800년에 비해 10배나 많은 실면을 사용했고, 덕분에 미국 남부의 목화 플랜테이션 농장은 노예 노동으로 계속 수익을 올렸다. 1820년에서 1840년 사이에는 영국과 인도의 면직물 산업의 우열이 바뀌었다. 영국이 인도와 동남아시아로 수출하는 양이 1,500% 증가한 덕분이었다. 산업력이 크게 변화했다는 의미였다. 18세기 초만 해도 인도가 세계 직물의 25%를 생산했다.

증기기관은 새로운 생산방식인 **공장제(factory system)**의 원동력이 되었다. 증기기관이 여러 대의 기계를 움직이는 공장에서 많은 노동자가 감독을 받으며 함께 일하기 시작했다. 가정에서 자신이 원하는 속도로 일하는 데 익숙했던 사람들은 이제 정해진 시간에 어딘가로 출근해야 했다. 시계가 없는 노동자가 많았기에, 고용주는 동이 트지 않은 새벽에 사람을 보내 노동자들의 집 창문을 두드려야 했다. 산업화의 또 다른 물결에서는 증기기관이 철강 산업과 교통을 변모시켰다. 산업혁명 이전에도 영국은 대포·총·기기 제조와 수출을 주도했다. 영국인들은 작은 화로에서 숯을 태우며 철광석을 녹이는 제련 작업을 진행했다. 따라서 연료를 구하기 쉬운 숲과 풀무를 작동시킬 강 가까이에 화로를 설치했다.

18세기 초 버밍엄에서 가까운 곳에 살던 에이브러햄 다비(Abraham Darby)는 숯 대신 코크스를 태워 쇠를 녹이는 법을 고안했다. 다비는 산소를 적게 공급하면서 석탄을 불완전연소시켜 코크스를 제조했고, 철의 품질에 영향을 미치는 불순물을 코크스로 제거할 수 있었다. 18세기에 영국의 철 생산량은 10배 증가했고 건물과 다리에도 철이 쓰이기 시작했다. 19세기에도 지속된 혁신은 1856년 헨리 베서머(Henry Bessemer)가 철보다 단단하고 강한 강철을 값싸게 생산할 수 있는 용광로를 개발함으로써 정점에 달했다.

와트의 증기기관은 석탄을 너무 많이 사용해서 교통에 적용하기가 어려웠다. 1800년 그의 증기기관 특허 기간이 만료되자 연료를 적게 쓰는 고압 증기기관들이 개발되었다. 1835년 무렵에는 영국 북부에서 증기기관차가 흔히 보이기 시작했고, 1840년경에는 증기선이 대서양을 정기적으로 오갔다. 영국 기업가들은 1830~70년에 승객, 원료, 제조물을 운반하고 산업화를 더욱 촉진할 저렴한 교통수단을 위해 총길이 2만 1000km의 철도를 깔았다. 1900년에는 증기기관의 효율이 1800년보다 10배 높아졌고, 무게가 5분의 1로 줄어든 상태에서도 같은 출력을 낼 수 있었다. 영국의 석탄 생산량은 1830~70년에 약 4.5배 늘었다.

증기기관과 철강 생산에 적용된 석탄은 방직기에 동력을 제공하고 철도와 증기선을 움직임으로써, 100년 사이에 영국인의 생활 방식을 바꾸었다. 단순히 말하면 산업혁명은 석탄으로 움직이는 증기력, 개량된 기계, 공장 조직화로 이루어졌다. 우리가 보기에는 당시의 혁신이 느렸겠지만, 당시 사람들에게는 유례없이 빨랐을 것이다.

농업과 산업의 생산량 증가는 맬서스 주기를 뒤집었다. 인구가 계속 증가했지만 1798년에 맬서스가 일어날 것이라고 예측한 일이 시작되지 않았다. (그가 과거의 양상을 파악하고 있을 때 이 양상은 적어도 일시적으로 바뀌고 있었다.) 생활수준도 높아졌고 영국 인구는 1740~1860년 600만 명에

그림 11.3 수정궁(1851). 유명한 만국 산업 제품 박람회를 개최하기 위해 영국이 건설했다. 박람회 관람객은 대영제국 각지에서 만든 수공예품이나 제조 물품을 관람할 수 있었다. (출처: wikicommons)

서 2000만 명으로 3배 이상 증가했다. 그러나 1인당 소득은 1780~1860년에 2배로 올랐다. 1700년에는 영국인 6명 중 1명이 소도시에 살았지만 1800년경에는 3명 중 1명이었다. 1851년경에는 대다수가 소도시와 도시에 살았다. 1899년경 런던은 600만 명이 거주하는 세계 최대의 도시가 되어 있었다. 작고 습한 섬에 새로운 세계, 즉 근대적 세계가 출현해 있었다.

1851년 영국은 자국의 성취를 찬미하고 기술력을 과시하기 위해 런던의 수정궁에서 빅토리아 여왕(재위 1837~1901)이 개최한 세계 최초의 '만국 산업 제품 박람회'를 열었다. 철과 유리로 만든 구조공학의 경이인 수정궁이 하이드파크의 나무들이 포함된 7.7ha의 면적을 뒤덮었다. 이 무렵 영국은 직물, 금속, 채굴, 기계 제작 분야에서 세계를 선도했다(〈그림 11.3〉).

산업혁명의 확산

모든 호모사피엔스가 아프리카 공통 조상의 후손인 것처럼, 모든 산업사회는 영국 사회의 후손으로서 저마다 독특하게 발전했다. 영국의 산업혁명은 누구도 미리 계획할 수 없었던 힘들이 수렴되어 나타났지만, 다른 지역들은 열정적인 기업가나 강력한 정부가 주도하여, 또는 양쪽이 협력하여 모방했다.

벨기에, 프랑스, 프로이센, 미국처럼 지리적으로나 문화적으로 영국과 가까운 나라들이 처음 모방에 나서면서 산업혁명이 두 번째 단계에 들어섰다. 1880년대에는 러시아와 일본에서 세 번째 단계가 시작되었다.

서유럽

영국은 산업 혁신이 타국으로 유출되는 것을 막으려고 애썼다. 신기술 수출과 숙련 노동자의 외국 이주를 막는 법도 제정했다. 그러나 다른 나라들은 사람을 영국으로 보내 비밀을 알아냈다. 공장을 세우기 위해 기업가에게 뇌물을 주고 배로 기계를 밀반출하기도 했다.

영국 다음으로 산업화를 시도한 나라는 벨기에였다. 석탄과 철 광맥이

지도 11.1 산업화한 유럽(1850년경). 19세기 중반의 영국과 중부 유럽.

가까이 있어서 유리하기도 했다. 벨기에 기업가들은 기계를 밀수하여 사업을 시작했고, 1834년 벨기에 정부는 국가 철도망을 구축하기 시작했다.

프랑스는 유럽의 다른 지역보다 산업혁명이 늦었지만, 덜 파괴적인 양상으로 산업화를 진행했다. 비교적 뒤처진 농업 제도, 주기적으로 일어나는 혁명과 전쟁, 적은 석탄 매장량이 프랑스의 발목을 잡았다. 게다가 유일하게 석탄과 철이 풍부한 지역인 알자스-로렌을 프랑스-프로이센 전쟁(1870~71)으로 독일에 빼앗겼다. 그렇긴 해도 프랑스는 1830년대에 세계 최초의 백화점을 열었다.

신기술만큼 중요한 것은 새 산업에 투자하는 자본이었다. 영국에서 17세기 말에 설립된 잉글랜드은행은 저렴하게 투자 자본을 제공했다. 산업화가 빨라지자 대형 은행들이 더 중요한 역할을 하기 시작했다. 독일 유대인 은행가 마이어 암셀 로스차일드(Mayer Amschel Rothschild)의 아들 5명은 19세기에 유럽 금융업을 개척했다. 이들은 각각 중요한 도시였던 런던, 파리, 프랑크푸르트, 나폴리, 빈에 자리 잡고 투자를 촉진했다. 예컨대 프랑스 정부가 1842년 국가 철도망을 구축하기로 하자, 파리의 로스차일드는 영국 자본이 프랑스 철도에 투자하도록 협상을 주도했다. 철도망은 1860년대에 대체로 완성되었다.

독일은 1871년 이전까지 통일된 국가가 아니었다. 통일 이전에는 개별 국가가 상품에 자체적으로 관세를 부과했고, 1830년대에 관세가 통일되었다. 농노제도 1840년대에야 완전히 폐지되었다. 그 결과 프랑스보다 늦게 산업혁명에 나선 독일은 철, 강철, 석탄, 화학 산업에 초점을 맞추었다. 1850년대에 정부가 많은 돈을 투자하여 철도를 깔았다. 대기업들, 즉 카르텔이 다양한 부문을 통제했다는 점이 영국이나 프랑스와 달랐다. 독일의 석탄 생산량은 1830~40년에 2배로 증가했고, 1840~70년에는 무려 7배가 늘었다(〈지도 11.1〉).

미국

새로이 출현한 미국 정부는 당시 세계에서 독특한 이점들을 누렸다. 미국은 영국처럼 제국이기도 했다. 유럽인들이 들여온 질병으로 인구가 심각하게 줄어든 원주민들로부터 넓은 땅을 빼앗아 차지했기 때문이다. (스페인인이 메소아메리카와 페루에서 대체한 문화들과 달리) 미국 정부가 내쫓은 문화들은 대부분 농경 문화가 아니었기에 변화를 늦출 농경 문명 전통도, 저항할 전통 엘리트도 없었다. 귀족이라고 부를 만한 사람도, 조직이 탄탄한 종교도, 법적인 계급 구분도 없었다. 맨땅에서부터 시작한 식민지 개척자들은 기술 변화도 빠르게 채택했다. 유럽의 정치와 전쟁의 혼란으로부터 동떨어져 기회가 널려 있었던 미국은 영국의 산업화 모형을 확대하여 모방했다.

미국의 산업화는 1820년대에 정부가 아니라 민간 기업가들이 주도한 직물 산업에서 시작되었다. 새뮤얼 슬레이터(Samuel Slater)와 프랜시스 캐 벗 코웰(Francis Cabot Cowell)이 영국의 산업 기밀을 미국에 들여왔다. 슬레 이터는 한 상인의 후원을 받아 1789년 영국을 떠나 미국으로 왔고, 문서로 기록한 내용도 없이(압류되었을 수도 있다) 기억에 의지하여 로드아일랜드에 미국 최초의 직물 공장을 건설했다. 코웰은 1810~12년 영국을 방문하고 돌아와 최초의 동력 방적기와 복합 방직기를 설치했다. 1850년대에는 아 이작 싱어(Isaac Singer)가 상업적으로 성공한 재봉틀을 처음 개발함으로써 직물 산업이 호황을 누렸다.

미국의 철도 건설은 1830년대부터 1870년대까지 진행되었다. 정부는 철도 건설을 시작할 때 철로를 놓을 땅의 소유자에게 보조금을 지급했다. 민간 기업들은 건설 비용을 댔고, 유럽 은행가들에게 대출을 받기도 했다. 미국(그리고 러시아)처럼 국토가 넓은 나라의 철도는 교통비를 줄이는 데 크게 기여했다.

최초의 진정한 산업 전쟁인 남북전쟁(1862~65)은 미국 북부의 산업화, 특히 무기 생산을 대폭 증진시켰다. 남북전쟁은 다른 국제적 파장도 일으 켰다. 남북전쟁이 한창일 때 미국 남부 주들의 생산량을 대신하기 위해 이 집트에서 목화 생산량이 급증했다가 종전 후 급감했다. 쿠바에서도 남북 전쟁 때 목화와 담배 판매량이 증가했다가 이후 침체기가 찾아오는 바람 에 반란이 일어나 스페인의 통치가 무너지는 결과가 나타났다. 남북전쟁이 끝나자 미국의 무기 생산업자들은 해외 시장을 찾았다.

남북전쟁 이후 미국은 정부의 규제가 거의 또는 전혀 없는 상태에서 폭발적으로 산업화했다. 1870년대에 앤드루 카네기(Andrew Carnegie)는 베 서머 공정을 도입하여 철강 가격을 낮추었다. 1901년 철강회사 유에스스 틸의 연간 예산은 미국 정부보다 3배 많았다. 산업 발전에 쓰인 자산 중 약 3분의 1은 영국, 프랑스, 독일에서 왔다. 미국 정부는 제1차 세계대전 때까 지 각국에 빚을 지고 있었다. 1870~90년대에 유럽과 미국은 심한 경기 침 체를 겪었는데, 이때 미국의 불어난 산업 생산량이 수요를 초과했고 몇몇 은행이 파산했다. 그러나 1900년경에는 미국 제조물의 총생산량이 영국보 다도 많아졌다. 세계의 생산량 중 영국이 약 19%를 차지한 반면 미국은 약

24%를 차지했다.

1870년경 서유럽과 미국은 산업화가 크게 진척되어 있었다. 이탈리아 남부, 스페인의 많은 지역, 미국 남부만 예외였다. 서유럽과 미국을 제외한 다른 나라들은 산업화를 진지하게 받아들이지 않고 있었다. 러시아의 귀족들은 여전히 기계류와 제조물을 수입하고 곡물과 목재로 갚는 방식을 선호했다. 라틴아메리카 지주들도 제조가 아니라 교역을 선호했다. 영국은 이집트와 싸워서 관세를 내리게 했고, 그 결과 이집트는 산업이 발달하지 못했다. 인도에서는 철도 부문만 활발하게 산업화했다. 중국에서는 영국이 가한 제약과 전통적 엘리트의 저항 때문에 산업화가 지지부진했다.

일본과 러시아

1870년 이후 일본과 러시아의 정부가 산업화를 지원하기로 결정하면서 상황이 바뀌었다. 딱히 자발적인 결정은 아니었다. 러시아는 프랑스, 영국, 튀르키예와 벌인 크림전쟁(1853~56)에서 패배한 후 농노제가 현대 생활에 맞지 않는다는 사실에 직면해야 했다. 일본에서는 1853년 전함과 화포로 무장한 미국 함대가 도쿄만에 들이닥쳐서 항구를 개방하고 산업국들과 교역하라고 요구했다. 자국에 원료가 부족했던 일본은 경쟁할 방법을 찾아야 했다.

일본은 큰 피해 없이 짧은 내전을 거친 후인 1868년 구체제를 종식시켰다. 이어서 15세의 메이지가 천황이 되면서 새 시대가 시작되었다. 메이지는 1868년부터 1912년까지 통치했다. 각 지방의 영주 다이묘가 나름의 사병인 사무라이, 법, 조세 제도를 운영했던 일본은 전국적 통화가 없었고 국군도 없었다. 메이지 정부는 통치 체제를 확립하고 봉건제를 폐지한 후, 서양이 제공하는 모든 것을 끌어들여 일본을 변모시킬 계획에 착수했다. 투자할 자본가가 거의 없었기에 정부가 대부분 자금을 조달했다.

일본 봉건 귀족은 사업가, 새로운 산업 엘리트로 변신하는 데 성공했다. 농민은 땅에 대한 소유권을 얻었고 비료와 농사 장비까지 제공받았다. 자연히 농업 생산량이 급증했다. 비단실 생산을 기계화한 일본은 수작업으로 비단실을 생산하던 중국보다 낮은 가격에 팔 수 있었다. 그러나 도시 노동자들은 시위를 벌이면 혹독하게 진압당했고, 1920년이 되어서야 투표권을 얻었다. 천연자원, 특히 석유가 부족했던 일본은 일찍부터 팽창주의적 성향을 드러냈다. 1894~95년 타이완과 한국을 놓고 중국과 싸워서 이겼고, 1904~1905년에는 산업화하고 있던 러시아와도 싸워 이김으로써 한국과 만주를 장악하고 부족한 원료 중 일부를 확보했다.

1900년경 러시아를 포함한 유럽과 미국이 세계 산업 생산량의 85%를 차지했고, 일본은 2.5%를 차지했다. (중국은 6% 남짓이었는데 산업화 수준보다 나라 크기가 반영되었고, 인도는 2% 미만으로 떨어졌다.) 일본은 정부가 직접 정책을 수립하고 투자하여 러시아나 서양보다 빨리, 그리고 대규모 사회 불안 없이 산업화를 진행했다. 또 초기 산업화를 충분히 견인할 정도로 권위주의적 군주제를 현대화했다.

러시아의 산업화는 일본보다 불안정했다. 산업화는 한창 격렬하게 진행되던 사회적·정치적 혁명과 연관되어 있었다. 시골에 중점을 둔 전통적 공납 전제 통치를 시행한 러시아에서는 현대 세계를 향한 사회적·정치적 발전이 19세기까지 미루어졌다. 군주인 차르는 누구에게도 구애받지 않으며 통치했고 작위 귀족이 사회를 지배했다. 공식적으로는 정치에 참여하지 않은 많은 귀족이 서구화하고 러시아어보다 프랑스어를 더 잘했다. 1861년까지 대부분의 러시아인은 농노로서 영주의 땅과 영주의 처분에 얽매여 노예와 비슷한 처지였다.

크림전쟁에서 패배한 후인 1861년 차르 알렉산드르 2세는 사유 농노 2200만 명을 해방했고, 1866년에는 국유 농노 2500만 명을 풀어주었다. 그는 민간 기업가가 적은 상황에서 정부가 주도하는 산업화를 위한 개혁을 진행했고, 철도 건설 계획을 세우기 시작했다. 정부는 은행을 설립하고, 외국인 기술자를 고용하고, 새로운 산업을 보호하기 위해 관세를 매겼다. 1892년 러시아 재무부는 러시아 전역을 시베리아 및 극동과 연결하는 대규모 철도 건설 사업을 시작했다. 1900년경 러시아는 세계 제조업 생산량의 8.9%를 차지하여 프랑스를 앞질렀고 세계 4위의 대국이 되었다.

그러나 러시아제국은 한 가지 근본적인 모순에 직면했다. 산업화를 추구하는 한편 차르와 귀족의 지배 체제를 유지하고자 했기 때문이다. 지배층이 매우 무능하다는 사실은 익히 드러나 있었기에 긴장이 커지고 있었다. 일본의 메이지와 달리 차르 니콜라이 2세가 산업계와 상업계의 엘리트와 긴밀하게 협력하지 않은 것이 주된 이유였다. 19세기 말에도 러시아 인구 중 산업 노동자는 5%에 불과했고, 비참한 상황을 벗어나게 해줄 법적 조치가 전혀 없는 상태에서 하루에 13시간씩 일하곤 했다.

1905년 러시아가 러일전쟁에서 패배하자 모스크바와 상트페테르부르크에서 노동자들이 대규모 파업 시위를 벌이는 등 여기저기에서 많은 러시아인이 봉기했다. 니콜라이 2세는 봉기를 야만적으로 진압했지만, 찔끔거리더라도 정치 개혁을 단행할 수밖에 없었다. 그러나 나중에는 약간의 개혁 조치도 철회했고, 정치 불안이 계속되었다. 그 결과 농민과 산업 노동자뿐 아니라 교양 있는 상업 엘리트의 상당수도 정부에 불만을 드러냈다. 제1차 세계대전 때 정부가 무능한 모습을 보이자 위기는 전면으로 치달았다. 이윽고 1917년에 혁명이 일어나 공산당이 정권을 잡았다. 격렬한 내전을 벌인 후 단련되고 단결한 엘리트 집단이 된 공산당원들은 뒤처진 러시아를 산업화하는 난제에 대처하기 시작했다(12장 참고).

역사를 돌이켜보면 **산업화의 3차례 물결**(three waves of industrialization)이 일어났음을 알 수 있다. 1차 물결은 18세기 후반에 영국에서 시작되었다. 2차 물결은 벨기에, 스위스, 프랑스, 독일, 미국으로 확산된 산업화로, 1820~40년에 시작되어 그 세기 말까지 이어졌다. 3차 물결은 1870년경 러시아와 일본으로 확산된 산업화다. 20세기의 발전소가 될 나라들은 모두 19세기에 산업화를 시작했다.

정치 혁명: 현대 국가의 등장

산업화가 진행되고 정부의 가용 자원이 많아지면서 정부의 성격도 달라졌다. 합의적 권력과 강압적 권력의 균형이 달라졌기 때문이다. 농경 문명 체제는 민족국가, 즉 **현대 국가**(modern state)라는 새로운 체제로 변모했다. 기업가들은 원하는 것을 대놓고 정부에 요구할 정도로 부와 권력을 획득했고, 정부는 기업가의 활동에 의존했다. 이전 시대에는 인구가 증가하려면 중앙 권력이 크게 조정될 필요가 있었고, 그 결과 군장 사회가 농경 문명으로 바뀌었다. 이번에는 인구 증가로 농경 문명이 현대 국가로 바뀌었다. 최초의 국가가 초기 도시를 관리하기 위해 출현한 반면 현대 국가는 커져가는 산업 경제의 부와 권력을 관리하기 위해 출현했다.

현대 국가에서는 국가권력이 더 직접적으로 사람들의 삶에 미치기 때문에 피지배자는 시민으로 변모했다. 국가권력기관들, 즉 상비군, 경찰, 관료, 성직자, 사법부의 권한이 확대되었다. 현대 국가는 용병을 고용하는 대신 보편적 징병을 통해 시민군을 구성했다. 세금을 늘리고, 토지 이용을 규제하고, 화폐와 국채의 공급량을 조절하고, 부모에게 자녀를 교육할 것을 강요했다. 국가 지도자들은 국민의 충성심을 얻기 위해 공통의 언어와 역사에 토대한 민족 공동체를 상상하는 국가 이념을 개발했다.

현대 국가는 규제뿐 아니라 기반시설, 보호, 교육, 구빈원, 병원 등의 서비스도 제공했다. 국가는 언제나 시민의 충성심과 지지를 얻을 수 있도록 규제와 서비스 사이에서 균형을 잡았다. 사회를 규제하거나 새로운 서비스를 제공하려면 강압적 권력이 농경 문명보다 훨씬 커야 했다. 한편으로는 합의적 권력도 점점 커져갔다.

프랑스에서 출현한 최초의 현대 국가

프랑스의 구체제(앙시앵 레짐)를 다스리던 루이 16세는 선출된 의회도, 중앙 재무부도, 정부의 세입과 지출을 관리하고 통제하는 중앙 부서도 없이 나라를 운영했다. 1780년경 프랑스 정부는 파산 직전에 이르렀다.

이윽고 1789년에 시작된 사회적·정치적 혁명으로 프랑스에서는 귀족의 권리, 지방 영주의 특권, 도시와 길드의 독점권, 전통적 공납 국가의 전형적 제도 중 하나인 지방 관할권이 폐지되었다. 루이 16세는 1793년에 처형되었다. 카를 마르크스는 1871년에 쓴 글에서 프랑스혁명을 기존 정부 전통을 쓸어내어 국민의회가 현대 국가를 수립하고 이어서 나폴레옹이 제1제국을 설립할 길을 연 '거대한 빗자루'로 표현했다.

프랑스혁명과 제1제국(1804~15) 이후 프랑스 정부는 원했든 그렇지 않았든 간에 시민의 삶에 더욱 직접적으로 개입했다. 정부는 행정조직을 재편하여 사람과 자원을 동원하는 능력을 강화했다. 여러 측면이 더 민주적이긴 했지만, 개혁 이후의 국가는 여러 면에서 왕정 때보다 훨씬 큰 권력을 행사했다. 이 역설은 산업화를 진행하는 대다수 사회에서 다양한 형태로 재연되었다.

나폴레옹 이후 프랑스는 부르봉 왕정 복원, '부르주아' 군주제, 제2공화국, 제2제국, 제3공화국 등 여러 체제를 겪었다. 자유주의적 의회정치제도를 시도하기도 했다. 그러나 실제 권력은 공무원 조직이 쥐고 있었다. 프랑스에서는 중앙집권적인 전문 관료 체제가 몇몇 부자와 다수의 그저 그런 수준의 사유재산 소유자가 주도하는 사회와 독특하게 결합되어 있었다. 프랑스의 산업화는 국가 주요 세력의 성격에 따라 독특한 양상을 띠었고, 대다수의 농민은 여전히 땅에 얽매여 있었다. 산업화가 서서히 진행되어 농경 국가의 특징을 간직했기 때문이다.

프랑스 정부는 여러 면에서 독특했지만, 현대 정부의 일반적 특징도 많았다. 방대한 중앙 관료 체제와 국민을 대표하는 의회는 현대 국가를 정의하는 구성 요소다. 그 배경에는 유럽인의 근본적인 의식 전환이 있었다. 18세기에 발달한 새로운 공감 능력이었다. 이 사안은 아직 명확히 이해되지 않았고 많은 논쟁을 일으키고 있다. 많은 사람이 노예제, 고문, 극도로 가혹한 범죄자 처벌처럼 이전의 수 세기 동안 당연시되던 잔혹한 행동을 회피하기 시작했다. 어쨌든 많은 사람이 스스로에게 느끼는 감정과 정서를 남들에게서도 느끼기 시작했고, 보편적이고 평등한 천부적 인권이 존재한다고 주장하기 시작했다. 1776년 토머스 제퍼슨(Thomas Jefferson)과 미국 의회가 처음 주장한 이 사상은 1789년 프랑스 인권선언으로 더 큰 영향력을 얻었다. 5년 뒤 프랑스 국민의회는 모든 프랑스 영토에서 노예제를 폐지했다. 다른 나라들은 처음에는 노예무역만 폐지했다. 덴마크가 1804년, 영국이 1807년, 미국이 1808년에 그러했다. 1842년경에 대서양 노예무역이 법적으로 종식되었지만 이후로도 대서양에서는 노예가 밀매매되었고, 아프리카 동부 해안에서는 아랍인과 이집트인이 노예무역을 공공연히 지속했다.

다른 지역들의 현대 국가

대다수 역사학자는 프랑스가 최초로 현대 국가를 수립했다고 본다. 프랑스가 혁명 당시 신속하고 단호하게 대처했기 때문이기도 하다. 다른 지역에서는 다른 방식을 통해 구체제가 현대 국가로 바뀌었다. 영국에서는 1642년 잉글랜드내전이 일어나 거의 50년 동안 정치 불안이 이어진 17세기 중반에 정치 혁명이 시작되었다. 전통적 지주와 자본가 지주로 이루어진 의회가 출현하여 군주의 권력을 제한했고, 정부 권력을 자신들의 사업 이익을 확대하는 방향으로 이용했다. 의회는 지방정부와 관계가 긴밀했고, 지방정부는 여전히 지방 행정의 대부분을 통제하고 있었다. 따라서 영국은 프랑스보다 약 100년 앞서 제 기능을 하는 의회가 있었지만, 현대적 중앙 행정기구는 늦게 출현했다.

프랑스혁명 이전에 일어난 미국독립혁명은 프랑스혁명이 일어나는 데 기여했다. 미국의 독립전쟁을 도운 프랑스 병사들이 자유사상을 지닌 채 귀국했고, 프랑스 정부는 경쟁국 영국에 대한 반감 때문에 미국 독립을 지원한 결과 파산 지경에 내몰려 국민들의 반감을 샀기 때문이다. 그러나 식민지와 멀리 있는 제국의 갈등이 원인이었던 미국독립혁명은 내부의 사회적 갈등으로 일어난 프랑스혁명과 성격이 달랐다. 미국에는 뒤엎을 중세 체제가 없었고, 인구밀도가 무척 낮아서 중앙 관료 체제가 발달하는 데도 시간이 오래 걸렸다.

독일은 1848년에 의회[란트타크(Landtag)]를 설치했지만 군주제를 유지했다. 1871년 오토 폰 비스마르크(Otto von Bismarck)는 국민들이 선출한 대표들의 반대를 무시하고 독일 국가들을 통일하는 데 성공했다. 그는 여론을 조작하여 왕의 권력을 강화하는 동시에 현대 행정 조직을 발전시켰다. 사회민주당에 반대하는 입장이었지만 노동계급의 충성심을 확보하기 위해 1880년대 중반에 상해보험과 노령 연금을 제공하는 초기 사회보장법을 제정했다.

1914년경 세계 대다수 지역에서는 현대 국가가 정치를 재편하고 있었다. 아프가니스탄도 일종의 인구조사를 실시했고, 대다수 국가는 적어도 기존 과세표준과 토지세 대신 직접 소득세를 부과하려 했다. 사람들은 세금을 내는 대신 보상을 기대했다. 예컨대 국민 초등교육과 중등교육이 많은 나라에서 뿌리를 내렸다. 많은 농업 노동자가 아이를 정기적으로 학교에 보낼 여유가 없었음에도 그러했다.

두 세계의 출현: 선진국과 개발도상국

앞에서는 영국에서 시작된 산업혁명이 서유럽의 많은 지역, 러시아, 일본으로 퍼지는 과정을 살펴보았다. 다른 지역들에서는 어떤 일이 일어났을까? 산업화한 권력은 경제적, 정치적, 군사적으로 강력해졌다. 그래서 19세기 세계의 다른 지역 대부분도 산업화한 사회의 새로운 권력이라는 현실에 대처해야 했다. 말하자면 미국, 유럽, 일본의 **제국주의**(imperialism)에 대처해야 했다. 제국주의는 산업 권력의 팽창, 그리고 산업국의 아프리카·라틴아메리카·아시아 정복과 식민지화를 뜻한다. 1800년에 유럽인들은 세계 지표면의 35%를 차지하거나 통제했다. 1878년경에는 67%로 늘었고, 1914년경에는 84%를 넘었다. 16~17세기 유럽인의 아메리카 탈취가 정복의 1차 물결이었다면, 19세기에는 2차 물결이 일어났다.

가장 먼저 산업화한 영국은 19세기에 정복에 나섰고 그 세기가 끝날 무렵에는 세계 역사상 영토가 분산된 형태의 가장 큰 제국이 되었다. 영국은 중국과 오스만제국 같은 지역을 직접 통치하지 않으면서 지대한 영향을 미쳤다. 인도, 동남아시아, 아프리카 같은 식민지들은 비용과 위험을 감수하고 직접 통치했다. 영국을 비롯한 산업국의 산업적·군사적 권력에 맞닥뜨린 사람들은 수동적인 희생자나 수혜자로서가 아니라 나름의 목표를 가지고 저항하거나 순응했다.

19세기 말에는 세계에서 가장 부유한 나라와 가장 가난한 나라의 간격이 엄청나게 벌어져 있었다. 산업화 이전 시대에는 지역별 부의 수준이 크게 다르지 않았다. 지역 내에서는 계급별로 상당한 차이가 있었음에도 그러했다. 다른 사회들보다 소득이 3~4배 높은 사회도 있었다. 그런데 산업혁명 이후에는 세계의 가장 부유한 지역과 가장 가난한 지역의 격차가 무려 50:1이었다. 특히 1750년에 세계경제 생산량을 주도했던 중국과 인도는

1900년경에는 세계에서 가장 산업화가 덜 되고 가장 가난한 지역에 속했다. 오랜 세월 이어진 역사적 추세를 보면 세계의 부 중 많은 부분이 아시아에 집중되어 있었지만, 이제 서양이 부상하여 그 추세를 뒤집은 듯했다.

이 절에서는 어떻게 여러 나라가 영국 등 산업국의 공식적·비공식적 식민지가 되었는지 살펴보고, 유럽인들이 그 과정을 어떻게 인식했는지 훑어보며, 유럽인의 정복과 선진국과 개발도상국의 격차를 어떻게 설명할 수 있는지 논의하려 한다.

공식 식민지와 비공식 식민지

인도는 이슬람으로 개종한 튀르크 집단인 무굴인이 1500년대 중반에 대부분의 지역을 정복하면서 정치적으로 통일되었다. 1700년대 중반에 무굴제국이 쇠퇴하자 인도는 다시 분열되었다. 1600년에 설립된 영국 동인도회사는 1765년에 벵골 지방에서 토지세를 거둘 권리를 얻었고, 그 부로 군대를 양성하여 1800년대 중반에 인도 대부분을 지배했다. 인도를 장악하는 과정에서 전통적 지방 통치자들의 협조를 받기도 했다. 영국인 식민지 관리자들은 값싼 영국산 직물을 인도 시장에 들여와 전통 직물 생산업을 무너뜨렸다. 많은 인도인은 최종 산물을 수출하는 대신 농사로 되돌아가 쪽, 사탕수수, 목화, 아편의 원료인 양귀비 같은 환금작물을 내다팔기 시작했다. 인도는 미국 사회학자 이매뉴얼 월러스틴이 내놓은 세계 체제 개념의 주요 사례다. 산업국이 다른 나라들에 제조물보다 값싼 원료를 공급하게 함으로써 의존하도록 강요한다는 개념이다(8장 참고). 영국의 표어는 '자유무역'이 되었다. 1830년대 이래 어떤 나라보다도 제조물을 많이 생산하고 다른 나라들에 원료 생산을 강요할 수 있었기 때문이다. 영국은 인도의 아편을 대부분 중국에 팔아서 수익을 올렸는데, 수익이 워낙 컸기에 세계무역의 구조가 뒤집혔다. 수백 년 동안 중국으로 흘러들었던 은이 방향을 바꾸어 중국에서 영국으로 가기 시작했다.

인도와 유럽 사이에는 오스만제국이 현대의 튀르키예를 중심으로 자리하고 있었다. 1258년 몽골인이 바그다드를 정복하여 무슬림 세계의 주요 세력이었던 아바스 왕조를 무너뜨린 후 오스만제국이 들어섰다. (이후

들어선 두 무슬림 제국은 인도 무굴제국과 페르시아 사파비제국이다.) 10장에서 살펴보았듯이, 오스만제국은 1453년 콘스탄티노플을 점령하여 유럽인이 동지중해, 흑해, 중국과 인도양으로 향하는 교역로에 접근하지 못하게 막았다. 오스만제국은 지중해로도 진출하여 이집트에서 알제리에 이르는 남부 해안 전체를 장악했다. 이 제국은 통치자가 조세로 거두는 잉여 산물을 생산하는 농업 경제에 토대한 농경 문명이었다. 황제는 영토 전역에 자신을 대리하는 관리를 보내고 관료 체제를 통해 통치했다.

오스만제국은 서서히 쇠약해졌다. 유럽인들은 콘스탄티노플을 지나지 않고 직접 중국, 인도, 인도네시아로 가는 해상로를 찾아냈고, 1840년대에는 증기선을 이용하기 시작했다. 오스만제국의 중앙 권력은 지방 권력자와 군벌이 세력을 키우면서 권위를 잃었다. 프랑스는 1820년대에 알제리를 점령했고, 1869년에는 수에즈운하를 개통했다. 유럽인은 아시아 시장에 더 빨리 접근했다. 영국은 1870년대에 수에즈운하를 장악했고, 1882년에는 이집트를 점령했다. 제1차 세계대전 때 오스만제국은 독일 및 오스트리아-헝가리제국과 연합했다가 패배했다. 승리한 영국, 프랑스, 러시아, 세르비아, 미국은 이 드넓은 지중해 제국을 분할했다.

중국에서는 인구가 급증했다. 옥수수, 고구마, 감자, 땅콩 등 아메리카에서 들여온 작물에 힘입은 듯한데, 농업 생산량이 증가하자 17세기 중반에서 19세기 중반까지 인구가 4배 이상 늘었다. 추가로 노동자를 흡수할 산업 기반이 없었던 중국은 많은 인구를 먹이기 위해 집약적 농법을 발전시켰다. 중국은 이미 국내에서 사용하기 위해 목화를 기르고 면직물을 생산하고 있었고 비단, 도자기, 차는 수출했다.

영국에는 중국인이 원하는 물품이 전혀 없었다. 중국이 화폐 주조에 쓰는 은만 예외였다. 1800년경 영국은 많은 은을 중국에 수출하고 있었다. 영국 직물 노동자와 탄광 광부는 소득의 5%를 중국 차를 마시는 데 썼는데, 그 차는 영국 정부가 은을 주고 샀다. 영국은 아프리카에서 잡은 노예를 아메리카의 스페인 식민지에 팔고 대가로 은을 받았다.

노예무역을 폐지한 이후 영국은 중국의 물품을 수입하기 위해 다른 방법을 찾아야 했고, 인도에서 재배한 아편을 중국에 파는 쪽을 택했다. 중국 정부가 아편을 금지하고 있었지만 상관없었다. 빅토리아 여왕의 통치 후

반기에 영국은 대규모 밀수업에 종사하고 있었다. 밀수는 19세기의 마지막 25년 동안 세계경제체제가 무너지지 않게 막는 핵심적 역할을 했다.

1830년대에 영국은 강철 전함 네메시스호를 건조했다. 바다에서 아시아의 강물을 거슬러 올라가며 싸우기 알맞은 이 배를 동원한 영국은 아편 수입 항구를 개방하라고 중국을 압박했고, 2차례의 이른바 아편전쟁(1839~42, 1856~58)에서 이겼다. 1800년대 말에는 중국 인구의 약 10%가 어느 정도 정기적으로 아편을 이용했다. 추정값에 따르면 실제 중독자는 4000만 명에 달했을 것이다. 19세기가 끝날 무렵에는 세계 아편 공급량의 95%를 중국인들이 소비했다.

한편 중국 정부는 쇠약해진 상태였다. 200년이 못 되는 기간에 인구가 4배 이상 늘었지만 관료 체제는 확대되지 않았다. 1850년부터 1864년까지 농민 반란인 태평천국의 난이 이어져 지독한 혼란이 벌어지며 약 2000만 명이 목숨을 잃었다. 1873~96년에 국제무역 체제가 침체에 빠지고 영국의 상품 가격이 40% 하락했지만, 앞서 말했듯이 아편 무역이 체제 붕괴를 막아주었다. 1899년에는 서구 열강과 일본을 몰아내자고 주장하는 의화단이 또 다른 농민 봉기인 의화단사건을 일으켰고, 이 사건은 1901년까지 이어졌다. 내우외환에 시달린 청나라 정부는 결국 1911년에 무너졌다.

1800년대 초에는 미국도 튀르키예의 양귀비에서 얻은 아편을 무역에 활용했다. 역사학자 로버트 마크스(Robert Marks)는 이렇게 썼다. "아편 무역의 수익은 미국 동부 해안의 유명 대학교들에 기부하고, 보스턴 피바디 가문(따라서 피바디박물관)과 뉴욕 루스벨트 가문의 재산을 늘리고, 알렉산더 그레이엄 벨이 전화기를 개발하는 데 필요한 자본을 댔다."[2]

19세기 동안 영국은 내부적으로 큰 사회 불안을 겪지 않았다. 어느 정도는 많은 사람이 전 세계의 온대기후 지역으로, 특히 캐나다, 오스트레일리아, 뉴질랜드, 남아프리카 식민지 등의 신유럽으로 이주한 덕분이었다. 미국으로 이주한 영국인들도 이주 물결의 일부였다. 미국은 영국의 투자를 가장 많이 받았고, 미국 중서부는 유럽의 곡창 지대가 되었다. 영국이 주로 이 지역에 자본을 투자하고 유리한 무역 협정을 맺은 덕분에 대부분의 영국인 이주자들은 성공을 거두었다(〈지도 11.2〉).

유명한 영국 제국주의자 세실 로즈(Cecil Rhodes)는 자신이 영국인 이주

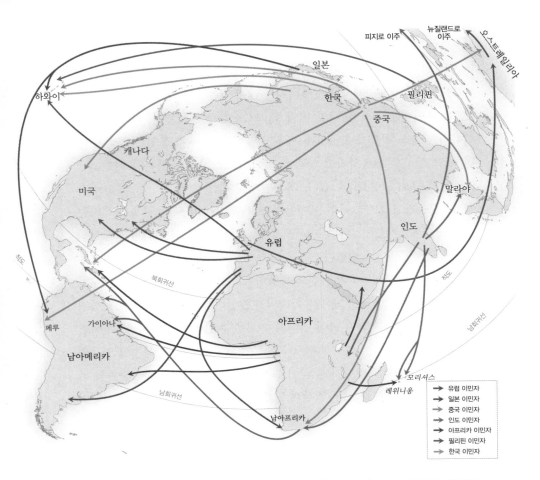

지도 11.2 제국주의와 이주(19세기와 20세기 초). 영국 등에서 많은 사람이 대규모로 이주하면서 전 세계의 온대 지역, 특히 캐나다, 오스트레일리아, 뉴질랜드, 남아프리카 식민지의 인구가 많아졌다.

정착민들을 위해 땅을 제공하여 내전을 막는 데 기여하고 있다고 믿었다. 남아프리카에서 다이아몬드 산업을 지배한 그는 영국인들을 위해 지금의 잠비아와 짐바브웨 땅을 매입했다. 런던에서 실직 노동자들의 모임에 참석한 그는 친구에게 이렇게 썼다.

> 식민지 정치인들은 영국 시민 4000만 명을 잔혹한 내전으로부터 지키기 위해 과잉 인구를 흡수할 새 땅을 마련하고, 광산과 공장의 산물들을 팔 새 시장을 만들어야 한다. …… 대영제국은 생존의 문제다. 내전을 피하려면 제국주의자가 되어야 한다.[3]

라틴아메리카의 스페인과 포르투갈 식민지들은 1810~25년에 걸쳐 미국보다 오래 투쟁한 끝에 국가를 건설하고 정치적으로 독립했다. 그러나 정부가 현대 산업을 발전시키지 못했기 때문에 신생 남아메리카 국가들의 경제적 독립은 요원했다. 그 결과 대다수는 유럽 자본의 지원을 받고 종속적인 원료 생산지가 되었다. 1850년 이후 약 60년 동안 라틴아메리카의 수출량은 약 10배 증가했다. 은, 구리, 질산염, 비료로 쓰이는 새 배설물 구아노, 고무, 사이잘삼, 바나나, 초콜릿, 커피, 설탕이 주요 품목이었다. 유럽과 미국의 기업들은 라틴아메리카에 대규모 자본을 투자했다. 1910년경 미국 기업들은 멕시코 부동산의 90%를 지배했고, 석유의 절반을 생산했다.

19세기에 미국과 유럽은 서서히 금본위제를 채택하여 세계 자유무역을 부추겼다. 그러다가 1873년에 빈의 주식시장이 붕괴하면서 유럽 전체가 불황에 빠졌다. 많은 산업국은 관세로 자국 산업과 제품을 보호하려 했다. 자유무역과 정반대되는 행보였다. 또한 여러 나라가 식민지의 시장과 원료를 독차지하기 위해 앞다투어 식민지를 직접 지배하겠다고 나섰다. 유럽 각국은 아프리카에서 식민지 쟁탈전을 벌이며 1880~1900년이라는 짧은 기간에 대륙을 나누어 가졌다.

유럽이 아프리카를 차지할 수 있었던 원인은 2가지 혁신에 있었다. 남아메리카에서 자라는 한 나무의 껍질에서 찾아낸 퀴닌으로 말라리아에서 자유로워진 유럽인들은 사하라 남부 깊숙이 침투할 수 있었다. 두 번째 혁신은 영국으로 이주한 미국인 하이럼 맥심(Hiram Maxim)이 발명한 맥심건이라는 기관총이었다. 맥심은 1880년대 중반에 맥심건을 내놓았고, 1890년경에는 다른 유럽 국가들에도 팔았다. 영국은 처음에는 인도, 다음에는 아프리카에서 맥심건을 사용했다. 5시간 동안 이어진 한 전투에서는 영국 병사 20명이 죽은 반면 수단인은 1만 1000명이 몰살당했다.

1900년경 영국, 프랑스, 독일, 벨기에는 아프리카의 대부분을 나누어 가졌고, 포르투갈은 17세기부터 차지하고 있던 앙골라를 간신히 지켰다. 영국은 아프리카의 약 60%를 지배했다. 에티오피아는 유럽에서 가장 약했던 이탈리아를 물리친 덕분에 라이베리아와 더불어 독립을 유지했다(〈지도 11.3〉).

유럽은 아프리카를 분할 점령하여 세계를 두 진영으로 나누는 과정을 마무리했다. 산업화하여 발전한 세계와 산업화하지 않아 덜 발전한 세계였

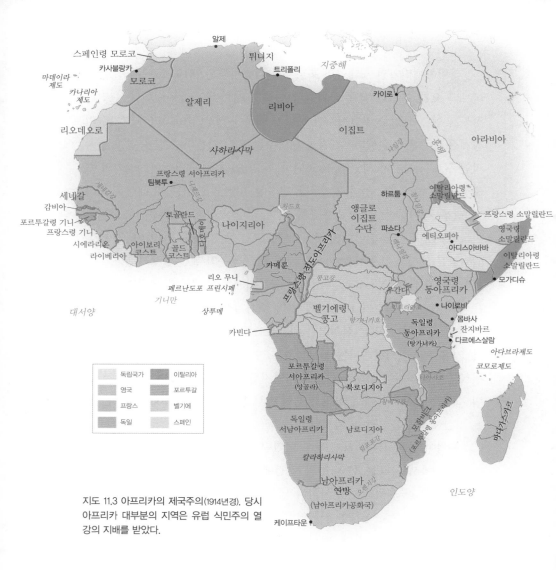

지도 11.3 아프리카의 제국주의(1914년경). 당시 아프리카 대부분의 지역은 유럽 식민주의 열강의 지배를 받았다.

다. 대서양 연안 국가들을 부유하게 만든 산업 공정은 다른 세계의 경제를 황폐하게 만들었다. 비산업국가들은 1750년에 세계 생산량의 약 75%를 차지했지만, 1900년에는 11%로 낮아졌다(〈표 11.2〉).

　　유럽의 의회는 제국주의가 출현하는 데 얼마나 기여했을까? 식민지의 필요성과 제국주의 활동에 필요한 비용을 놓고 지배층이 논쟁할 때 정부는 나름 이런저런 일들을 처리하느라 바빴다. 사회 갈등, 군사적 준비, 균형 잡힌 예산 배분 같은 문제들이었다. 세실 로즈처럼 현장에서 활동하는 제국주의자들은 그저 마음대로 행동했고, 의회는 나중에 추인하곤 했다.

표 11.2 세계의 제조물 생산량 비율(%)

	1750년	1800년	1860년	1900년
유럽 전체	23.2%	28.1%	53.2%	62.0%
영국	1.9	4.3	19.9	18.5
프랑스	4.0	4.2	7.9	6.8
독일	2.9	3.5	4.9	13.2
러시아	5.0	5.6	7.0	8.8
미국	0.1	0.8	7.2	23.6
일본	3.8	3.5	2.6	2.4
나머지 세계	73.0	67.7	36.6	11.0
중국	32.8	33.3	19.7	6.2
인도/파키스탄	24.5	19.7	8.6	1.7

출처: Robert Strayer, *Ways of the World: A Brief Global History*, vol. 2 (Boston: Bedford/St. Martin's, 2009), 548.

서양인을 위한 인종차별주의

유럽의 위세가 안팎으로 커지자 유럽인들이 자신을 바라보는 시각도 크게 바뀌었다. 우리는 자연의 비밀을 푸는 한편으로 유례없이 엄청난 부와 군사력을 확보하지 않았는가? 우리도 과거의 모든 국가처럼 다른 지역들을 희생시켜 부를 늘리고 있지 않는가? 유럽인들은 다른 지역 사람과 문화들을 열등하다고 판단했고, 자신들이 다른 모든 이들보다 우월하다고 믿으며 오만해졌다. 이 믿음은 자신들의 기독교가 우월하다는 기존의 믿음과 결합되곤 했다.

유럽인은 인종차별주의를 과학 용어로 표현하기 시작했다. 1735년 동식물의 기본 분류 체계를 제시한 스웨덴의 칼 린네(Carl von Linné)는 인종 분류도 시작했다. 18세기 말 독일 괴팅겐의 요한 블루멘바흐(Johann Blumenbach)는 머리뼈 측정 자료를 토대로 인종을 5가지로 분류하고, 코카서스인(백인)이 원종이며 다른 인종들은 파생되었다고 주장했다. 이후의 학자들은 피부색이 짙은 '인종'이 침팬지에 더 가까우며(그런데 침팬지의 털 아래 피부가 하얗다는 사실 기억하는지?) 백인이 마지막으로 발달한 우월한 인

종이라고 주장했다. 과학자들은 '인종'이 몇 가지인지를 놓고 계속 견해 차이를 보이다가 20세기 중반에야 분류에 아무 과학적 근거가 없다고 인정했다. 그러나 적어도 반세기 동안 많은 유럽인이 인종차별적 사고를 과학적이자 정상이라고 여겼다.

많은 유럽인은 아시아와 지중해의 사회들이 얼마나 오랫동안 세계 역사를 지배했는지 잊은 채 자신들의 인종과 문명이 우월하다고 생각했고, 일부는 더 나아가 '약하고 열등한 인종'에 책임감과 개화시킬 필요성을 느꼈다. 다윈의 '적자생존' 개념을 사회에 적용하여 뒤처진 사람인 '부적합한 인종'을 유럽인이 대체하거나 없애는 것이 자연스럽다고 결론지은 사람도 있었다.

개인이 자신의 강점과 약점에 따라 사회적 지위가 오르내리듯 사회 자체도 더 적합하거나 덜 적합할 수 있다는 가설은 20세기에 사회진화론이란 이름을 얻었다(12장 참고). 다윈이 생물 진화 이론을 처음 제시했을 때 사람들은 그 이론을 영국과 유럽의 급속한 산업 발전이라는 맥락에서 보았다. 어떤 이들은 도예 실습생이었다가 갑부가 된 다윈의 외조부 조사이아 웨지우드처럼 빠르게 지위가 상승했다. 이런 맥락에서 보면 일부 개인과 사회가 생물학적으로 더 적합하다고 생각하기 쉬웠고, 이 생각은 그들을 흡족하게 해주었다.

유럽 각국의 식민주의 정책이 자신들의 핵심 가치 및 국내 관습과 모순된다는 점은 갈수록 분명해졌다. 영국과 프랑스는 남성 시민의 참여도가 높아지면서 더 민주적인 모습을 보였지만, 민족 독립과 상충되는 독재적 방식으로 식민지를 운영했다. 이들은 식민 통치가 불안해질까 우려하여 자국의 현대화를 식민지에 장려하지 않았다. 이 뻔한 모순은 20세기에 유럽 식민지 통치의 토대가 무너지는 데 기여했다.

제국주의와 두 세계를 설명하는 방법

유럽의 산업혁명과 세계 정복이라는 큰 그림을 돌이켜보면 이 엄청난 변화가 겨우 200년 사이에 일어난 이유를 설명하고 싶어진다. 근본 요인은 대규모로 연소한 석탄인 듯하다. 태양이 매일 제공하는 에너지 외의 추가

에너지원을 기계에 연결하자 다른 모든 것이 뒤따라 나왔다. 인류 사회에 석탄의 에너지가 유입되자 세계를 바꾼 산업화라는 소용돌이가 빚어졌다.

석탄을 기본 요인으로 연쇄 효과가 일어나며 온갖 새로운 창발성을 지닌 현대가 출현했다. 산업화의 생산성은 새로운 물질과 농산물에 대한 수요를 창출했고, 새로운 시장과 새로운 투자 수요도 낳았다. 유럽에서는 인구가 폭발적으로 증가하면서 수백만 명이 국내의 반란이나 극단적 억압을 피해 세계 각지로 이주했다. 이 이주는 사실 산업국의 문제를 덜 발전한 세계로 옮기는 수단이기도 했다. 유럽에서는 국경이 확고히 그어졌고, 국민국가라는 현대 국가 기구가 출현했으며 각국은 무역과 식민지를 놓고 경쟁했다. 새로운 인종적 자의식, 퀴닌, 철도, 증기기관으로 움직이는 함대, 기관총, 다양한 기계 등의 강력한 신기술이 경쟁을 이끌었다.

산업국의 제국주의를 빚어낸 또 다른 요인은 19세기 말의 기후변화였다. 1870년대 말부터 전 세계의 적도와 주변 지역에 3차례 잇달아 가뭄이 찾아왔다. 인도와 동아프리카에서는 우기에 비가 내리지 않았고, 브라질 북서부와 중국 북부에도 빗방울이 떨어지지 않았다. 가뭄은 1번에 몇 년씩 이어졌다. 남아메리카 서쪽 바다에서 일어나는 엘니뇨라는 해류 변화가 강수량 변화의 원인이었을 것이다. 산업 제국주의 국가에서는 이 효과가 확대되어 사회적·경제적 붕괴가 일어나 3000만~6000만 명이 사망했다. 앞서 언급한 지역들의 국가 생산량도 급감하자 이에 영향받은 국가들이 저개발에 빠져들었다.

역사학자들은 현대 산업화의 근본 원인에 관해 계속 새로운 가설을 내놓는다. 최근 대니얼 스마일(Daniel Smail)은 발전의 밑바탕에 신체적 화학 반응을 바꾸어 기분이 나아지도록 유도하려는 인간의 욕망이 있다고 주장했다. 스마일은 현대성의 근본적 측면은 전 세계에서 기분 전환에 쓰이는 방편들을 모아 축적하는 행위라고 본다. 그 방편은 담배, 차, 커피, 설탕, 카카오, 코카, 아편, 대마 등이다. 아메리카와 서인도제도로 가는 해상로를 발견한 유럽인들은 담배, 설탕, 초콜릿, 차, 커피 등 새롭고 '부드러운' 약물이 주는 고양감을 경험했다. 이 물건들은 시장에서 사고파는 상품이 되었고 역사상 처음으로 인류는 다양한 기분 전환 물질을 골라서 이용하게 되었다. 대체로 이전 사회들에는 이러한 물질이 1가지 정도만 있었다. 스마일은 물건을 사거나 구경하는 것만으로도 스트레스를 줄이는 신경전달물질이 분비되며, 화학반응을 변화시키려는 이 욕망이 현대 소비 사회의 핵심이라고 본다. 역사 해석은 계속 달라진다. 지금 별나게 보이는 이야기도 미래에는 널리 받아들여질 수도 있다.

산업혁명의 영향

산업혁명의 결과가 무엇이든 간에 세계 인구는 역사상 유례없이 빠르게 증가했다. 1700년에 6억 1000만 명이었다가 1900년에는 16억 명으로 200년 만에 3배 늘었다. 증가의 주요 원인 중 하나는 세계적인 동식물 교환으로 식단이 풍요로워지고 영양가가 많아졌기 때문이다. 세계의 대다수 지역 사람들이 가래톳페스트 같은 질병에 면역력을 지니면서 피해가 줄어든 덕분이기도 했다.

산업혁명은 역사학자들이 명확히 분석하기가 유달리 어렵다. 아직 그 혁명의 한가운데에 있으며, 어떤 결과가 나올지 모르기 때문이다. 세계적 산업화로 나아갈 수도 있고, 지속 불가능한 시대의 종말로 나아갈 수도 있기 때문에 효과를 평가하기가 어렵다. 다음 두 절에서는 20세기 이전에 산업화가 미친 사회적·성적·환경적 효과를 언급하겠다. 먼저 영국과 북유럽의 대다수, 미국, 러시아, 일본 등 산업국을 살펴보고 그 식민지였던 비산업국을 살펴보자.

산업국의 문제

지금까지는 커지는 부, 자본가와 중산층의 위세, 새로운 지역과의 접촉 및 교역 등 산업화의 정치적·경제적 측면에 초점을 맞추었다. 이 절에서는 산업국에서 나타난 사회적·성적 문제와 환경에 미친 영향을 살펴보자.

■ 사회적 문제
어디에서 일어났든 간에 산업혁명은 사회생활을 경이로운 수준으로 바꾸었다. 이 전환으로 농장과 밭 대신 공장, 계절 대신 시계, 대가족 대신 핵가족, 안정 대신 변화가 출현했다. 역사상 처음으로 많은 사람이 자신의 생애에 일어나는 사회적·기술적 변화를 실감할 수 있었다.

산업화의 한 척도는 도시에 사는 인구의 비율이다. 1821년부터 1831년까지 10년 사이에 리즈, 버밍엄, 셰필드 같은 영국의 공업 중심지들은 인구가 40% 증가했다. 1899년경 런던은 인구가 600만 명이 넘는 세계 최대의 도시였다. 1801년에는 약 100만 명이었다. 영국 전체를 보면 1850년경에는 도시에 사는 인구가 50%에 달했다. 독일은 1900년, 미국은 1920년, 일본은 1930년에 같은 수준에 다다랐다.

산업국의 모든 사람이 동일한 방식으로 영향을 받지는 않았다. 영국 귀족과 지주 계급은 기업가, 제조업자, 은행가에 비해 쇠락했지만, 19세기 중반에도 수천 개의 가문이 경작지의 절반을 소유하고 있었고, 대부분은 소작 농민에게 경작을 맡겼다. 산업화의 혜택을 가장 많이 본 쪽은 중간 계급이었다. 1832년 개혁법이 통과되면서 많은 중간 계급 남성이 투표권을 얻었다. 산업화의 혜택을 가장 적게 받고 가장 시달린 쪽은 노동계급이었다. 특히 1830년 이전에는 매연이 가득하고 혼잡한 도시 환경, 열악한 위생, 부족한 물, 극도로 단조로운 일상, 일의 속도가 더디면 벌금까지 매기는 지독한 감독 등을 겪었다. 노년 대책 같은 것도 세울 수 없었고, 일단 도시로 이주하면 돌아가 의지할 땅이 한 뙈기도 없이 사라졌다(〈그림 11.4〉).

영국의 열악한 조건은 찰스 디킨스(Charles Dickens)의 대중 소설들을 통해 잘 알려져 있다. 그는 『올리버 트위스트』(1837~39), 『크리스마스 캐럴』(1843), 『데이비드 코퍼필드』(1849~50), 『어려운 시절』(1854) 등의 등장 인물들을 통해 산업화의 사회적 비용을 애절하게 묘사했다. 그는 직접 경험한 일들을 소재로 삼았다. 12세 때 부친이 빚 때문에 투옥되는 바람에 잠시나마 상자에 라벨을 붙이는 아동 노동자로 일한 적도 있었다.

산업화로 고초를 겪는 이들 중 일부는 저항하고 항의했다. 고용주는 비싸게 주고 산 기계를 최대한 이용하려 애썼고, 일부 직물 공장은 토요일까지 포함하여 하루에 16시간씩 기계를 돌렸다. 1810~20년에 노팅엄에서 시작된 폭동이 곳곳으로 퍼졌고 수작업으로 물품을 만드는 이들이 직물 공장을 공격하여 기계를 파괴하기 시작했다. 그들을 러다이트(Luddite)라고

그림 11.4 런던 화이트채플 웬트워스길. 프랑스 삽화가 귀스타브 도레(Gustav Dore)의 이 그림은 19세기 산업화 초기에 빈곤과 인구 과밀에 시달린 런던의 모습을 보여준다. (출처: wikicommons)

했는데, 가상의 지도자 네드 러드(Ned Ludd)의 이름을 땄다. 네드의 본거지는 가난한 이들을 위해 부자들을 공격한 전설적 인물 로빈 후드가 살았다는 셔우드숲에 있었다고 전해진다. 러다이트는 기계를 불법화하기를 원했지만 운동은 실패로 끝났다.

그 밖에도 많은 사람이 산업화에 반대했다. 윌리엄 워즈워스(William Wordsworth)와 윌리엄 블레이크(William Blake) 같은 낭만파 시인들은 공장의 시꺼먼 매연을 '푸르고 상쾌한' 영국에 가하는 악마의 공격이라고 표현했다. 사회주의와 협동조합 운동의 창시자로 평가받는 스코틀랜드 자본가 로버트 오언(Robert Owen)은 뉴래너크 직물 공장을 공동생활 공간, 유치원, 상점까지 갖춘 인간적인 조건 속에서 운영했다. 새로운 자본주의 생산방식에 반대하는 운동 중 가장 오래 지속된 것은 폭동이 아니라 카를 마르크스와 그의 평생의 동료 프리드리히 엥겔스(Friedrich Engels)의 펜에서 나왔다. 둘 다 독일인(프로이센인)이었다.

마르크스의 친조부와 외조부는 랍비였고, 아버지는 변호사 일을 계속하기 위해 신교로 개종했다. 엥겔스의 아버지는 영국 맨체스터의 직물 공장을 공동으로 소유한 인물이었다. 젊은 시절 그 공장에서 일한 엥겔스는 작업 조건이 끔찍하다는 사실을 깨달았다. 1844년 24세 때 그는 『영국 노동계급의 상황』이라는 책을 냈다. 같은 해에 그는 파리에서 마르크스를 만났고, 4년 뒤인 1848년 2월 21일 함께 『공산당선언』을 발표했다. 이 책에서 그들은 유럽의 자본가들에게 도전장을 던졌다.

> 유령이 유럽을 떠돌고 있다. 공산주의라는 유령이. ……지금까지 존재한 사회의 역사는 계급투쟁의 역사다. 우리 시대는…… 이 독특한 특징을…… 보여준다. 계급 간의 대립을 단순화해왔다. 사회 전체는 적대하는 두 큰 진영으로, 직접적으로 대립한 두 크나큰 계급으로 점점 더 갈라지고 있다. 부르주아[자본 계급]와 프롤레타리아[노동계급]다. ……무엇보다도 부르주아는 그들의 무덤을 파는 이들을 낳고 있다. 부르주아의 몰락과 프롤레타리아의 승리는 똑같이 필연적이다.[4]

이 짧은 책에서 마르크스와 엥겔스는 자신들의 기본 개념을 제시했다. 이들은 사회 계급들 사이의 갈등이 역사적 변화 과정을 추진하고, 사유재산, 경쟁, 계급 적대감이라는 장애물 때문에 사회가 결코 노동자들에게 부를 배분하지 못할 것이라고 믿었다. 부자와 빈자의 격차가 계속 커져서 이윽고 혁명이 일어날 것이라는 의미였다. 두 사람은 자본주의가 붕괴할 운명이며, 그 뒤에 공산주의가 출현하고, 산업 기술로 생산한 풍요를 모두가 공유함으로써 부자와 빈자의 역사적 갈등이 종식될 것이라고 결론지었다.

『공산당선언』이 나온 다음 날, 파리에서 시위와 폭동이 일어났고 이틀 뒤 국왕 루이 필리프가 물러났다. 프랑스는 새 헌법을 제정했고, 다시 공화국이 되었다. 1848년의 몇 달 동안 마르크스와 엥겔스의 예측이 실현되는 듯 보였다. 이탈리아 국가들, 합스부르크제국, 스위스에서도 노동자들이 봉기하여 정부가 전복되었다. 반란은 스페인과 덴마크에서도 기존 질서를 위협했고, 아일랜드, 그리스, 영국도 뒤흔들었다. 근본 원인은 다양하고 복잡했다. 독일인과 이탈리아인에게는 민족주의가 정치적 통일을 추구하도록 자극했고, 합스부르크제국의 민족 집단들도 자치를 추구했다. 자유주의 정치가들은 군주의 권한을 제한하고 봉건적 권리를 해체하며, 현대 국가를 확립할 참정권을 개혁하기를 원했다. 프랑스 자유주의자들은 노동권까지 보장하는 헌법을 제정할 것을 요구했다. 경제적 조건은 사회적 비참을 심화시키고 있었다. 감자가 마름병에 걸려 농사가 엉망이 되고 있었고, 1846년에는 서유럽의 곡물 수확량도 급감했으며, 1840년대 초에 호황을 누렸던 철도 건설 열기는 1847년경에 파탄 났다. 식품 가격과 실업률도 급증했다.

그러나 '1848년의 혁명들'은 완전한 실패로 끝났다. 위협을 느낀 중산층과 지주가 반란 진압을 지원하고 군부가 러시아의 차르, 오스트리아제국, 프랑스의 루이 나폴레옹 보나파르트에게 충성을 바침으로써 군주제가 복귀했다. 나폴레옹 보나파르트의 조카 루이는 원래 대통령으로 선출되었지만 스스로 나폴레옹 3세 황제라고 선언했다. 군주들은 자산가 및 상업계 거물들과 타협했고, 혁명가들의 목표 중 일부는 20여 년이 지난 뒤에야 달성되었다. 바로 이탈리아와 독일의 통일, 프랑스의 제3공화국 탄생이었다. 마르크스와 엥겔스의 개념은 세월이 흐른 뒤 사회민주당이라는 이름의 정당들이 출현하도록 자극했고, 20세기의 공산주의 운동을 낳았다.

유럽의 가난한 이들에게는 이주가 탈출구였다. 증기선과 철도 덕분에 유럽 이주민들이 큰 물결을 이루며 세계로 퍼져 나갔다. 대부분 미국과 캐나다, 아르헨티나와 브라질, 오스트레일리아와 뉴질랜드로 갔다(〈지도 11.2〉 참고). 이주는 고국의 정부가 받는 압박을 덜어주는 한편으로 전 세계의 신유럽을 강화했다. 한편 유럽인들이 정착한 지역의 원주민과 동물은 재앙을 맞이했다('환경 문제' 절 참고).

유럽 국가 정부들은 새로운 정치적·사회적 법들을 제정하고 민주적 면모를 갖춤으로써, 마르크스가 혁명으로 이어질 것이라고 예상했던 긴장 중 일부를 완화했다. 노동조합을 합법화했고, 노동 조건과 임금을 규정하는 노동법을 제정하기 시작했으며, 아동 학대를 금지하는 아동노동법도 내놓았고, 투표할 권리인 참정권도 서서히 확대했으며, 가장 중요한 부분인 초등교육 의무화를 시행했다.

미국에서는 최저임금을 정하고, 아동과 여성의 노동을 제한하고, 노동 시간을 규제하고, 초등교육을 의무화하는 법들이 제정되었다. 그러나 이 법들은 연방이 아니라 주 수준에서 제정되었기 때문에 주마다 상황이 크게 달랐다. 매사추세츠주가 1859년에 처음으로 아이들이 학교에 의무적으로 다니도록 하는 법을 제정했다.

러시아와 일본은 절대군주 아래에 있었기 때문에 사회적 입법이 매우 제한되었다. 러시아는 1906년까지 의회, 즉 대의제 정부가 없었고 1861년까지도 인구의 60%가 농노였다. 1897년까지 공장에서 하루에 13시간을 일하는 경우도 흔했다. 일본은 기존 과두정치체제와 전제적 정치 구조를 바꾸지 않은 채 산업국이 되었다. 1883~84년에 사람들이 관공서를 공격하는 등 항의 집회가 절정에 달했지만, 막 싹트는 노동운동은 억압적인 법에 짓밟혔다. 일본 정부는 제1차 세계대전 이후에야 참정권을 확대하고 노동조합을 허용했다.

■ 성별 문제

산업화는 성별 불평등을 어느 정도까지 줄였을까? 답은 간단하지 않다. 성적 불평등의 차원과 유형이 다양하고, 시기에 따라 중요성도 달라지기 때문이다.

농장과 장인의 작업장에서는 이론상으로 여성이 남성 밑에서 일했지만, 실제로는 비교적 대등할 때도 많았다. 산업화가 진행되어 일부 여성이 중간 계급으로 올라서기 시작했는데, 이들은 남성과 별개로 자본주의의 험악한 경쟁에서 벗어난 평온한 가정을 조성하는 가정주부 역할을 맡게 되었다. 이 여성들은 도덕과 자선의 중심이 되었고, 소비의 관리자 역할도 맡았다. 그러나 19세기 말에는 일부 중간 계급 여성들이 가사 노동이라는 격리되고 경직된 분업에서 벗어나 교사, 서기, 간호사 등의 직업 분야로 진출하려 했다. 그들은 지위가 비슷한 남성보다 임금이 적고 승진도 안 되는 이중의 부담에 시달렸다.

유럽 노동계급의 많은 소녀와 젊은 여성은 공장에서 일하거나 가정부로 일했다. 혼인하면 일자리를 떠났지만, 하숙을 치거나 빨래를 하거나 재봉질하며 계속 돈을 벌기도 했다. 일본에서는 초기 산업화가 유달리 파괴적인 결과를 빚어냈다. 사무라이 사회가 대규모로 급속하게 바뀌어 중앙집권적 공업국가로 탈바꿈한 결과였다. 많은 시골 농민 가정이 빈곤에 빠져 기아에 허덕이고 유아를 살해하고 딸을 팔았다. 도시의 직물 노동자들 중에는 시골에서 온 젊은 여성이 많았는데, 끔찍한 작업 조건을 견디며 일하다가 내쫓기거나 말기 질환에 걸리는 경우가 많았다.

그러나 시간이 흐르며 인구보다 자원 이용량이 더 빠르게 증가함에 따라 남녀 모두의 생활수준이 전반적으로 향상되었다. 산업화 초기 유럽인들의 비참했던 삶은 19세기 중반에 나아졌다. 아동을 자산이 아니라 비용으로 인식함에 따라 출산율이 낮아졌고, 이 점은 여성에게 혜택이 되었다. 다른 나라들도 산업화를 진행하면서 비슷한 과정을 겪었다.

■ 환경 문제

산업 세계의 수도 런던은 산업화가 환경에 미친 영향을 보여주는 대표적인 사례다. 19세기에 인구가 증가하여 대(大)런던 지역은 면적이 3배 늘었다. 노동자들은 말 3마리가 끄는 승합 마차를 타고 통근했다. 말 1마리는 연간 2.7~3.6t의 똥을 눈다. 이 배설물 문제를 해결하기 위해 1859년에 최초의 지하철 건설이 시작되었다.

런던의 하수는 템스강으로 흘러 나갔지만, 밀물 때는 거꾸로 밀려 올라오면서 지독한 악취를 뿜었다. 썰물이 되면 하수가 빠져나갔지만, 오물이 진흙에 잔뜩 달라붙어 남곤 했다. 1858년에는 이른바 대악취(Great Stink) 사건이 벌어져 의회가 일주일 동안 문을 닫아야 했다. 식수에 배설물이 섞이면서 1832년, 1848년, 1865년에 콜레라가 대유행했다. 1891년경 런던은 하수 시설과 수돗물 공급 시설을 개선한 덕분에 당시 유럽 대륙을 휩쓸던 콜레라 유행을 피할 수 있었다.

런던의 가정들은 난방을 위한 난로를 여러 개 보유했고, 1880년경에는 약 350만 개의 난로가 석탄을 땜으로써 공장 매연에 가정 매연을 보탰다. 도시는 매연이 뒤섞인 안개인 스모그로 뒤덮였다. 어느 해 12월에는 사망률이 평소의 220%까지 높아졌고, 비가 내리면 나무와 덤불에 매연 입자가 쌓여 검게 변했다.

식민지 세계의 문제

19세기 유럽, 미국, 러시아, 일본의 산업화는 다른 세계에 지대한 영향을 미쳤다. 20세기의 세계 체제는 19세기에 증기선, 철도, 전신으로 구축되기 시작했다. 산업화하지 않은 나라들은 산업화한 나라들의 원료 공급지가 되었다.

■ 사회 문제

값싼 원료가 필요했던 산업국은, 스스로 먹을 작물들을 재배하는 전통적 자급 농업 대신 내다팔 환금작물을 재배하고 광석을 채굴하도록 식민지에 촉구하고 때로는 강요했다. 산업국이 원한 광물은 금, 은, 구리, 주석, 다이아몬드였고, 원하는 환금작물은 커피, 차, 사탕수수뿐 아니라 목화, 코코아, 땅콩, 기름야자, 열대 과일, 고무, 삼이었다. 이 작물들을 위해 토지 재분배, 국지적 기근, 숲을 없애고 새 경작지를 마련하는 개간이 빚어졌다(뒤쪽의 '환경 문제' 절 참고). 유럽의 금융 지원을 받아 조성된 드넓은 플랜테이션 농장들에서는 먼 곳에서 이주해 온 가난한 노동자들이 사탕수수, 고무, 차, 담배, 삼을 재배했는데, 이들은 다른 이들보다 질병 발생률이 2배 높았다.

식민지를 직접적으로나 간접적으로 지배한 유럽 국가들은 정복할 당시뿐 아니라 정복한 후에도 으레 폭력을 동원했다. 한편으로는 정부 기능을 수행하려면 중개자 역할을 하는 지역 엘리트가 필요했기 때문에 식민지 사람들과 협력하기도 했다. 인도 토후, 아프리카 추장, 무슬림 족장은 전통적인 계급 구조를 강화하여 지위와 특권을 유지할 방안을 찾아냈다.

유럽인들은 공무원, 선교사, 자원봉사자를 통해 가치 체계를 식민지에 이식했다. 정부와 선교 학교는 일부 지역민들에게 서양식 교육을 받을 기회를 제공하고 정부, 선교 단체, 기업 등에서 더 나은 일자리를 얻도록 도왔다. 19세기에 로마가톨릭과 신교 모두 선교 활동을 대폭 늘렸다. 영국에서는 서아프리카에 파견되었던 선교사들이 노예제 폐지 운동을 시작했고, 이 물결은 대영제국 전역으로 퍼졌다. 프랑스의 경우 1815년 이후 로마가톨릭이 선교 활동을 재개했고, 가톨릭 선교사들은 1950년 이후 아마존에서 원주민을 보호하는 일에 나섰다. 1910년경에는 아프리카에서 1만 명이 넘는 선교사가 활동했다.

유럽은 식민지에서 교육을 장려하는 방안을 모색하는 한편으로 인종적 두려움 때문에 교육을 제한했다. 동아프리카의 유럽인들은 아프리카 남성을 으레 '애들'이라고 불렀다. 또한 교육 수준이 높은 아시아인과 아프리카인이 식민지 정부에서 높은 지위에 오르지 못하도록 했다. 남아프리카 등 많은 백인이 영구 정착한 지역은 엄격한 인종 분리 정책을 시행하여 백인과 흑인의 공공시설, 교육기관과 주거지를 나누었다. 남아프리카에서는 흑인 주거지를 '홈랜드(homeland)'라고 불렀다. 영국은 인도의 카스트제도를 더욱 강화했고, 유럽 학교에서 교육받은 인도 엘리트들이 평등주의적 견해를 나타내면 '인도인답지 않다'고 비난했다.

많은 식민지 주민이 식민지 당국에 협력하지 않고, 종종 반란을 일으키곤 했다. 1857~58년에 인도에서 일어난 세포이항쟁과 중국에서 일어난 2차례의 농민 항쟁인 태평천국의 난과 의화단사건이 가장 유명하다.

세포이항쟁은 영국이 소와 돼지의 지방을 윤활유로 바른 새로운 탄약통을 들여와서 촉발되었다. 소는 힌두교에서 신성시하는 동물이고, 돼지는 무슬림이 꺼리는 동물이다. 힌두교도와 무슬림 모두 영국이 이 혁신 물품으로 자신을 기독교로 개종시키려 한다고 생각했다. 벵골의 인도군이 먼저 봉기했고, 항쟁은 다른 지역과 사회 집단으로 확산되었다. 반란을 진압한 영국 정부는 동인도회사의 통치를 끝내고 직접 통치하기로 결정했다.

대서양 건너편으로 향한 이주와 규모 및 시기가 비슷한 이주 물결이 비산업 세계 곳곳에서도 일어났다. 인도와 남중국에서 동남아시아, 인도양 연안, 남태평양 지역으로 이주한 사람도 많았다. 동북아시아와 러시아에서는 많은 사람이 만주, 시베리아, 중앙아시아, 일본으로 이주했다. 1820년부터 대양을 건너는 장거리 이주가 서서히 증가하다가 19세기의 4분기에 철도와 증기선이 다니기 시작하자 급격히 증가했다. 비유럽인들도 유럽인 못지않게 세계경제의 팽창과 통합에 기여했다(〈지도 11.2〉 참고).

■ 성별 문제

성별 기준과 기대 수준이 다른 유럽인과 식민지 주민이 접촉하면서 긴장 증가, 기준의 변화, 그 변화에 대한 반발 등이 나타났다. 빅토리아시대 유럽인의 성별 가치 기준에 따르면 여성은 집안일을 하고 남편이 이끄는 가정에 틀어박혀 있어야 했다. 이 기준에 따라 유럽 남성이 여러 식민지의 남성 지배 체제에 동조했지만, 그 때문에 몇 가지 복잡한 문제가 일어나기도 했다. 인도와 사하라 이남 아프리카의 사례들은 이 복잡한 상황 중 일부를 보여준다.

인도에서는 무슬림과 힌두교 모두 이혼을 허용하지 않았다. 남편이 사망한 여성이 재혼하는 것도 금지하고, 혼인 지참금을 제외한 재산을 소유할 권리도 인정하지 않았다. 반면 이상적인 가정생활에 가치를 두는 유럽인들은 남편의 사후에 재혼하도록 장려했다. 유럽인들은 아예 1853년에 재혼법을 제정했고, 이 법에 대한 인도인들의 반발은 1857년 세포이항쟁에 한몫을 했다.

사하라 이남 아프리카에서는 전통적으로 여성이 식구들이 먹을 작물을 직접 키웠는데, 유럽인들은 여성이 집에 머물러야 한다면서 농사일을 하지 말라고 촉구했다. 이러한 태도는 많은 남성이 집을 떠나 광산과 플랜테이션 농장에서 일하기 때문에 스스로 가정을 꾸리는 여성이 농사에 힘써야 하는 현실과 모순되었다. 남아프리카에서는 신체 건강한 남성의 약 40~50%가 시골을 떠났기에 여성이 집안을 이끌어야 하는 사례가 많았다.

아프리카 여성들은 이 추세에 다양하게 대처했다. 친가와 더 친밀하게 지내고, 서로 돕는 모임을 만들고, 식품과 의류를 팔 방법을 모색했다. 때로는 학교에 다님으로써 시골의 가부장적 분위기를 벗어날 수도 있었다. 아프리카 남성들은 불륜을 범죄로 처벌하고, 여성을 마을 밖으로 나가지 못하게 제한하는 법을 제정하라고 촉구하며 대응했다. 아프리카인의 성적 관심이 강하다고 우려한 유럽인들은 유럽인처럼 옷을 입으라고 이들을 압박했지만, 아프리카 기후에서는 거추장스러웠으므로 대체로 거부당했다.

■ 환경 문제

19세기 동안 3가지 전 지구적 상실이 큰 문제로 떠올랐다. 숲, 동물, **원주민**이 사라지는 문제였다. 원주민은 그 지역에서 태어나 잘 정의된 국가 구조 없이 사는 사람들이다. 19세기 중반에도 이미 지역민들은 자기 지역의 문제를 인식하고 있었고, 일부 유럽 과학자들도 국가의 개입이 필요한 전 지구적 문제라고 생각했다.

　산업국에는 식량과 원료가 끊임없이 필요했기에 드넓은 숲과 자연 생태계가 계속 사라졌다. 그 자리에는 여러 해 동안 한 작물만 재배하는 단일 경작이 이루어졌다. 인도에도 커피와 차 같은 작물을 생산하는 플랜테이션 농장이 조성되었고, 도입된 종을 단일 경작하는 사례가 많았다. 19세기 브라질에서는 커피를 재배하기 위해 3만km²가 넘는 숲이 파괴되었고, 이 지역은 토양이 변화하여 복원이 불가능해졌다. 브라질은 수출에 대한 욕구가 너무 강했기에 1930년대에야 파괴 행위에 반대하는 목소리가 나오기 시작했고, 정부는 1970년대가 되어서야 대처하기 시작했다.

　남대서양 세인트헬레나섬과 인도양 모리셔스섬에서 벌어진 숲 개간이 야기하는 환경 파괴에 대한 비판도 이미 18세기 말에 제기되었다. 이 섬의 삼림 파괴가 불러온 심각한 결과를 목격한 프랑스와 영국의 식물학자들은 숲과 바다를 보호하고 수질 오염을 억제하는 초기 실험을 시작했다. 영국 동인도회사에서 일하던 스코틀랜드 과학자들은 1852년에 열대림 파괴가 초래할 수 있는 영향에 관한 보고서를 작성했다. 여기에는 삼림 파괴, 기근, 멸종, 기후변화 때문에 지구 전체가 위협받을 수 있다는 내용도 있었다. 이 초기의 환경보전론자들은 식민지 통치라는 상황에 응답하며 오늘날의 환경 문제를 정확히 내다봤다.

　전 세계에서 동물도 식물 못지않게 급격히 줄고 있었다. 러시아 스텝 지대와 미국 초원의 포유동물은 1710~1914년에 거의 전멸했다. 남쪽 대양의 어류와 고래의 수도 크게 감소했다. 아프리카와 인도, 태평양 섬들의 많은 육상동물과 조류도 서식지 파괴와 사냥으로 전멸했다. 아프리카에서는 영국인 사냥꾼들이 수많은 영양, 코끼리, 기린, 코뿔소를 사냥했다. 처음에 영국인들은 사냥에 동참시키기 위해 원주민들에게도 총을 제공했지만 나중에는 자신들만 쏘려고 했다. 인도에서는 영국인 사냥꾼들이 코끼리를 타고 호랑이를 사냥했는데, 1857년 이후에는 사냥이 제한되었다. 20세기에 들어설 무렵 인도에는 사자와 호랑이가 거의 남아 있지 않았고 치타는 전멸한 상태였다.

　몇 가지 조치가 취해지긴 했다. 인도의 영국인들은 1870년대에 코끼리를 보호하는 법규를 제정했다. 런던 외교부는 1900년에 아프리카 야생동물에 관한 최초의 국제 대회를 주최했다. 그 자리에서 나온 협약은 아무 효력이 없었지만, 20세기에 많은 사람이 더 생산적으로 노력할 수 있는 마중물이 되었다. 미국의 외교관이자 문헌학자 조지 퍼킨스 마시(George Perkins Marsh)는 『인간과 자연(Man and Nature)』이라는 책을 펴낸 지 10년 뒤인 1874년에 『인간 활동이 변형시킨 지구(Earth as Modified by Human Action)』라는 선구적이고 놀라운 연구서를 냈다.

식물과 동물뿐 아니라 원주민도 19세기에 크게 감소했다. 대규모로 밀려드는 이주 정착민 집단에 밀려난 결과이기도 했다. 미국으로 이주한 유럽인들은 1830년 인디언제거법을 제정하여 모든 아메리카 원주민을 미시시피강 서쪽으로 내몰기로 결정했다. 그 결과 1838~39년에 동부 삼림지대에 살던 원주민들은 1,300km 떨어진 오클라호마까지 이주해야 했다. 이 경로는 눈물의 길(Trail of Tears)로 불린다. 백인 정착민들은 미시시피강 너머의 땅도 침범했다. 수족, 코만치족, 포니족, 아파치족이 총기와 승마 기술을 동원하여 저항하며 몇몇 전투에서 승리하기도 했지만, 대포와 개틀링 기관총으로 무장한 미군을 이길 수는 없었다.

오스트레일리아와 뉴질랜드로 이주한 유럽인들도 원주민들을 유린했다. 처음에는 이들이 가져온 천연두와 홍역 같은 질병이 원주민들을 습격했다. 오스트레일리아의 원주민 집단은 1800년에 약 65만 명이었다가 1900년에는 9만 명으로 줄었다. 뉴질랜드의 마오리족 인구는 1800년에 약 20만 명이었다가 100년 후에는 4만 5000명으로 줄었다. 1900년경 영국은 오스트레일리아 원주민의 대부분을 원래 살던 땅에서 쫓아내어 대륙 전체로 흩어놓았다. 뉴질랜드에서는 19세기 중반에서 말기까지 영국과 마오리족의 전쟁이 계속되었고, 결국 영국은 유럽인 사회와 격리되고 가난한 시골 마을들로 많은 마오리족을 몰아냈다.

다음 장에서도 산업화에 관해 이야기할 것이다. 성장과 변화의 속도가 전 세계에서 가속화하는 과정을 살펴볼 것이다.

| 요약 |

현대성으로 가는 돌파구. 정치경제학적으로 보면 산업자본주의와 현대 국민국가라는 형태를 취한 이 돌파구는 석탄을 태우는 증기기관으로 방직기에 동력을 공급하는 혁신과 함께 시작되었다. 산업자본주의 기술은 1900년까지 유럽 대부분과 미국, 일본, 러시아로 확산되었다. 이 경제적 변화는 정치 참여 증가라는 정치적 변화를 낳았고, 국가가 시민의 삶에 더욱더 관여하게 했다. 시장과 원료에 대한 필요성과 기술력을 결합한 유럽이 세계의 다른 지역 중 상당수를 식민화했다. 다른 국가들은 종속적인 지위로 떨어졌고, 선진국과 개발도상국의 부의 격차가 엄청나게 벌어졌다. 산업화한 지역과 종속된 지역 모두 커다란 사회적·성적·환경적 영향을 경험했다. 1900년경 세계 인구는 역사상 가장 빠르게 증가하고 있었지만, 석탄을 태우기로 한 그 운명적인 결정과 산업혁명의 결과는 아직 나오지 않았다.

12장

인류세:
세계화, 성장,
지속 가능성

CE 1900~CE 2010년

20세기의 흐름

11장에서는 산업혁명 시기에 근대 혁명이 시작된 과정을 살펴보았다. 1900년경에는 산업화한 서양이 세계에서 가장 부유했을 뿐 아니라 정치적 및 군사적으로도 우위를 차지하고 있었다. 세계는 둘로 갈라진 듯했다. 주로 대서양 연안에 있었던 한쪽은 신기술과 체계적인 방법으로 늘린 가용 자원으로부터 혜택을 얻은 반면, 다른 한쪽은 쇠락, 독립 상실, 빈곤, 문화 붕괴를 겪었다.

각 지역 안에서도 부자와 빈자의 격차가 커졌다. 19세기 초 영국 같은 산업사회와 산업도시들의 끔찍한 생활 조건이 새로운 이념인 **사회주의**(socialism)가 탄생하는 데 기여했다. 사회주의의 목표는 자본주의 자체를 폐지하여 자본가와 프롤레타리아의 엄청난 부의 격차를 해소하는 것이었다. 현대 사회주의 유형들은 대부분 카를 마르크스의 저술에 담긴 **마르크스주의**(Marxism)에 영감을 받았다. 인류 역사(그리고 아마 빅 히스토리 전체)의 모든 주요 변화처럼 근대 혁명도 창의적 측면과 파괴적 측면이 있었다.

20세기 전반에 세계는 일종의 붕괴를 겪었다. 산업화 사회들이 커져가는 부와 권력으로 시장, 원료, 식민지를 차지하기 위해 전쟁을 벌였다. 세계 교환망이 해체되었고, 세계무역도 감소했으며, 세계경제성장 속도가 느려진 반면 충돌이 격렬해졌다. 산업 무기의 경이로운 위력을 접하면서도 멈추지 않은 충돌은 2차례의 세계대전으로 정점에 달했다. 역사에서 가장 파괴적이었던 이 전쟁의 결과 자본주의 국가와 **공산주의**(communism) 국가가 적대하며 갈라졌다. 세계는 40년 동안 **냉전**(Cold War)을 벌였고, 초강대국들과 그 동맹국들은 핵무기로 싸우는 '열전'을 벌이겠다고 위협하며 경쟁했다. 제2차 세계대전 때 개발된 **핵무기**는 원자핵 한가운데 있는 힘을 해방하여 몇 시간 만에 넓은 생물권을 파괴할 만큼 강력했다.

20세기 후반에 세계 연결망이 다시 이어지기 시작했고, 세계화와 성장이 시작되었다. 자본주의는 대부분의 사회주의자가 상상한 것보다 훨씬 탄탄했다. 제국주의 열강은 19세기의 제국을 포기했고, 산업화의 새로운 물결이 근대 혁명을 더 폭넓게 퍼뜨렸다. 일본의 급속한 산업화는 성장이 서양의 독점물이 아니라는 것을 보여주었다. 이윽고 자본주의와 공산주의 양쪽 세계에 속한 다른 아시아 국가들도 산업혁명을 빠르게 진행했다.

1991년 소련이 무너짐으로써 냉전이 끝났고, 세계가 빠르게 통합되면서 상업적·자본주의적 국가들이 주류가 되었다. 베트남과 중국처럼 공산주의 이념을 천명한 나라들도 그 추세를 따랐다. 세계 대부분의 지역에서 자본주의가 승리한 듯했다. 그러나 불안정한 모습들이 새롭게 나타나곤 했다. 원인은 자본주의 자체의 호황과 불황 주기, 세계 지역들 사이의 불평등 심화, 뿌리 깊은 문화적 차이 등으로 다양했다.

이 장의 두 번째 부분에서는 20세기에 성장을 추진하여 1, 2세기 전까지 상상할 수 없었던 물질적 번영을 낳는 데 기여한 기술 몇 가지를 살펴보겠다.

세 번째 부분에서는 물질적 부가 사회와 생활 방식을 어떻게 바꾸었는지를 살펴볼 것이다. 급속한 경제성장은 대다수의 사람들이 살아가는 방식을 어떻게 바꿨을까?

마지막 부분에서는 한 발 물러나 생물권 전체의 관점에서 성장을 살펴볼 것이다. 20세기 인류는 생물권에 빠르게 영향을 미치고 변화시키는 주요 힘이 되었다. 인류세는 40억 년 만에 처음으로 생물권을 바꿀 힘을 획득한 시대다. 우리는 그 엄청난 힘을 책임질 능력이 있을까? 이 질문은 13장에서 미래를 이야기할 때 살펴보자. 이 모든 것이 우리를 어디로 데려갈지 질문하면서 말이다.

1부: 정치적·군사적 변화

20세기의 정치적·군사적 역사는 크게 두 시기로 나뉜다. 첫 번째는 군사 경쟁이 심해지면서 산업화가 더뎌진 시기고, 두 번째는 세계화와 성장이 재개된 시기다.

제국주의와 군사 경쟁(1900~50년)

20세기 전반의 주된 특징은 세계가 유례없는 규모로 충돌했다는 점이다. 뭐가 잘못되었을까? 농경 문명 시대 내내 대부분의 국가가 시장이라는 경제적 지렛대가 아니라 주로 무력이나 위협으로 통치했다는 사실을 떠올리면 이 시기의 역설 중 몇 가지를 이해할 수 있다. 농경 문명 정부는 대부분의 시간을 주로 전쟁을 하느라 보냈다. 예전에 잘 작동했던 정부의 직접적인, 그리고 때로 강압적인 방법들이 현대 자본주의 사회에서는 잘 먹히지 않는다는 사실을 통치자들이 깨닫기까지는 오랜 시간이 걸렸다. 또 자본주의 사회 정부의 역할은 (도로와 철도 등 기반시설을 유지하고, 금융 시스템을 보호하며, 특허를 통해 새로운 지식을 보호하고, 법과 질서를 수호하는) 직접 개입과 (혁신을 이끄는 기업의 경쟁을 가로막지 않는) 비개입 사이에서 균형을 이루며 성장을 관리하고 장려하는 것이라는 사실을 깨닫는 데도 시간이 걸렸다. 정부는 시장 활동을 지원해야 하지만, 너무 많이 간섭하면 자본주의의 기술적 창의성을 추진하는 경쟁력을 훼손할 수 있다.

20세기 정부들은 개입과 비개입 사이의 균형을 찾기 위해 일련의 실험을 계속했다. 일부 정부는 시장의 힘이 경제적 변화를 추진하도록 놔두려 한 반면, 반대편 극단의 (주로 공산주의 세계) 정부는 산업혁명의 기술과 관리 기법으로 농경 문명 시대의 공납 제국보다 직접적이고 때로 더 강압적으로 사회를 관리하려 했다.

양쪽 모두 정부의 힘과 중요성이 커졌다. 정부는 더 부유해졌고, 산업 경제의 번영에 필요한 물리적·금융적·교육적·법적 기반시설을 구축하는 데 기여하여 사람들의 삶에 깊숙이 관여했다. 정부가 경제에 최소한의 역할만 해야 한다고 믿는 사람이 많은 미국조차도 정부 지출과 모든 상품과 용역의 총가치인 **국내총생산(GDP)**의 비율이 1913년에 8%에서 1938년에는 20%, 1973년에는 31%로 늘었고, 1999년에는 조금 낮아져서 30%가 되었다. 영국은 1913년에는 13%였다가 1938년에는 29%, 1973년에는 42%로 올라갔고, 1999년에 40%로 낮아졌다. 일본과 독일은 제2차 세계대전 이후 낮아졌지만 1999년에 일본은 38%, 독일은 48%까지 올라갔다. 공산주의 국가에서는 더욱 극적인 이야기가 펼쳐졌다. 소련을 포함한 일부 지역의 정부가 경제 전체를 관리하려 했기에 1930년대 말이 되자 정부 지출과 GDP의 비율이 100%에 근접했다. 민간 부문이 많이 남아 있거나 다시 출현한 중국 등도 비율이 높았지만 스탈린 치하의 소련에는 미치지 못했다.

■ 20세기 초의 전쟁―제1차 세계대전

20세기가 시작될 무렵에는 야만적으로 생사를 가르는 경쟁의 영역을 국제 관계로 보는 경향이 커지고 있었다. 필요하다면 무력으로 자국의 이익을 보호해야 한다는 주장이 주요 산업국에서 나타났다. 경쟁자를 관세로, 그리고 필요하다면 무력으로 배제해야 한다는 **보호주의**(protectionism)였다. 애덤 스미스(Adam Smith)는 자유무역과 급속한 성장이 생산성을 높이고 비용을 낮추기 때문에 모두가 혜택을 입을 것이라고 주장한 반면, 농경시대의 전통적 통치자 같은 보호주의자들은 각국이 원료와 시장을 차지하지 않으면 몰락하는 피폐한 세계를 상상하고 있었다. 1889년 영국 하원의원 조지프 체임벌린(Joseph Chamberlain)이 한 말은 전형적인 보호주의를 보여준다.

> 외무부와 식민부는 주로 새로운 시장을 찾아내고 기존 시장을 지키는 일을 한다. 전쟁부와 해군본부는 시장을 지키고 우리 상업을 보호할 태세를 갖추고 있다.[1]

급진적 사회주의자들은 성장에도 한계가 있다고 주장했다. 이들은 자본가들이 생산하는 상품이 증가하면 결국 상품 거래 시장이 고갈되어 자본주의가 붕괴할 것이라는 희망적인 징후로 이 현상을 해석했다. 1917년 볼셰비키혁명이 일어나기 1년 전인 1916년 블라디미르 레닌(Vladimir Lenin)은 『제국주의: 자본주의의 최고 단계』라는 책을 냈다. 영국 경제학자

존 홉슨(John Hobson)의 개념을 빌린 그는 1914년에 발발한 제1차 세계대전이 줄어드는 시장을 놓고 자본주의 열강이 벌인 충돌 때문에 일어났다고 주장했다. 그는 자본가들이 충돌한 사태의 실제 비용을 자본가들이 아니라 전 세계 노동자와 식민지들이 치르고 있다고 주장했다.

여러 나라가 보호주의를 강화한 결과 중 하나는 급감한 국제무역이다. 한 유력한 추정에 따르면 세계 수출 총액은 1870~1913년에 연간 약 3.4%씩 증가했다가 1913~50년에 0.9%로 떨어졌다. 1950~73년에는 7.9%로 증가했고, 1973~98년에는 5.1%로 낮아졌다. 이 수치는 20세기 전반과 후반 사이에 여러 나라가 통합된 정도의 차이를 보여준다. 전반기의 국제 교역 감소는 전반적인 성장률 감소와 관련 있었다. 한 추정에 따르면 세계의

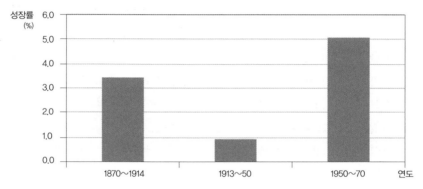

그림 12.1 국제무역의 연간 성장률(1870~1970).

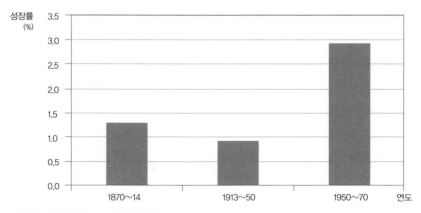

그림 12.2 1인당 세계 GDP 연간 성장률(1870~1970).

1인당 GDP는 1870~1913년에 연간 1.3%씩 증가한 반면, 1913~50년에는 겨우 0.91%씩 증가했다. 그러다가 1950~73년에는 다시 2.93%씩 증가했다(〈그림 12.1〉과 〈그림 12.2〉).

20세기 초에 보호주의가 퍼지자 주요 산업국 정부들은 전쟁을 준비했다. 러시아, 프랑스, 영국 등 유럽 열강은 군사 동맹을 맺고 중부 유럽의 독일과 오스트리아, 그리고 오스만제국에 맞섰다.

유럽은 100년 가까이 비교적 평화를 유지했지만, 1914년 여름 양쪽 진영이 전쟁을 벌였다. 많은 사람이 기껏해야 몇 달이면 끝날 것이라고 예상했지만, 실제로는 1918년 11월까지 4년 넘게 지속되었다. 유럽의 제국주의가 멀리까지 뻗어 나갔기에 전쟁도 세계의 많은 지역에서 벌어졌다. 일본, 영국, 프랑스는 아프리카와 중국, 태평양의 독일 식민지를 빼앗았다. 인도, 아프리카, 오스트레일리아, 뉴질랜드의 군대가 다르다넬스나 서부전선에서 오스만제국 군대와 싸웠다. 1917년 산업 경제 규모가 세계 최대인 미국이 참전하면서 전쟁의 양상이 결정되었다. 산업 기술이 동원된 전쟁터에서는 피비린내가 진동했다. 의료 수준이 향상되었기 때문에 전선의 군인들은 전보다 오래 생존했지만 한편으로는 기관총이 수천 명씩 학살했다. 독일 화학자 프리츠 하버(Fritz Haber)는 많은 폭발물을 만들 수 있는 암모니아 합성 방법을 알아냈다. 또 유럽의 주요 전쟁터에서 끔찍한 결과를 낳은 독가스를 고안하는 데도 관여했다.

■ 제1차 세계대전 이후와 제2차 세계대전

제1차 세계대전에서 연합국에 맞선 중부 유럽의 동맹국은 1918년에 항복했다. 그러나 제1차 세계대전이 일으킨 고통은 전쟁을 초래한 분열이 끝난 후에도 이어졌다. 베르사유조약이 체결되면서 국제연맹(LN)과 관련 기관들이 설립되었다. 국제연맹은 최초의 공식적 세계 정부 기구였지만 너무 약해서 평화를 유지할 수 없었다. 격렬한 경쟁 분위기에서 승전국들은 독일과 오스트리아에 혹독한 강화조약을 강요하고 막대한 전쟁 배상금을 요구하여 우위를 차지하려 했다. 베르사유조약의 가혹한 조건은 독일과 오스트리아-헝가리제국 양쪽 정부를 무너뜨렸고, 양국의 경제는 혼란에 빠졌다. 결국 이 나라 국민들의 분노가 쌓인 끝에 제1차 세계대전의 결과를 뒤엎겠다는 목표를 천명한 나치 같은 파시스트 정당이 출현했다. **파시즘(Fascism)**은 제국주의 시대의 사회진화론을 극단적으로 인식했고, 국제 관계를 인종과 국가 사이의 무자비한 전투로 설명했다. 1930년대에 아돌프 히틀러(Adolph Hitler)와 나치는 이러한 입장에서 재무장과 팽창주의를 추진했다. 그리고 약 600만 명의 유대인을 체계적으로 살해하는 홀로코스트로 극단적인 생각을 표출했다.

제1차 세계대전 종전 이후 국제 교역이 감소하고 패전국들이 배상금을 지불하기 위해 거액을 빌리자 국제금융 체제도 심한 압박에 시달렸다. 1929년 미국의 금융시장이 붕괴했고, 은행들이 배상 체제를 유지하기 위해 막대한 돈을 대출한 탓에 자본주의 세계 대부분의 국가가 경제 파탄에 빠졌다. 대공황은 자본주의 체제가 붕괴할 운명이라는 사회주의자들의 믿음을 강화했다.

1917년 10월 제1차 세계대전의 부담에 짓눌린 세계 최대 국가 러시아의 전통적 차르 정부가 무너지고 레닌의 볼셰비키당이 권력을 잡는 혁명이 일어난 사실도 이러한 믿음을 강화했다. 볼셰비키는 세계 최초의 사회주의 국가를 건설하기로 했다. 그 사회는 불평등을 줄이고 노동계급이 사회 자원을 집단 소유하고 운영할 것이었다. 1917~21년에 볼셰비키는 피비린내 나고 파괴적인 내전을 벌이며 예전 러시아제국의 대부분을 차지했다. 볼셰비키와 그들의 적 모두 이 험난한 상황에서 국제 관계가 야만적이고 살벌한 경쟁의 문제라는 인식을 굳혔다.

1918년에 공산당으로 개명한 볼셰비키당은 새로운 사회를 건설하기 위해 필요하다면 내전에서 사용한 강압적 방식을 동원하겠다고 천명했다. 그러나 세계가 경쟁하는 인종들로 나뉘어 있다고 인식한 나치와 달리 공산당은 세계가 자본주의 사회와 사회주의 사회로 나뉘었다고 봤다. 스스로를 전 세계에서 억압받는 노동자와 농민의 지도자로 여긴 이들은 더 나은 사회를 건설하기 위해 자본주의라는 원동력을 이용하지 않고 현대 산업 경제를 구축하려 했다. 자본주의가 착취와 불평등의 원인이라고 보았기 때문이다. 혁신과 상업을 추진하는 경쟁 시장이 없었기 때문에 정부가 자원을 관리하는 복잡한 일을 맡아야 했다. 이 목표를 효과적으로 달성하려면 엄청난 권력이 필요했고, 반대에 직면하면 무자비하게 통치할 의지도 지녀야 했다.

1929년 소련 공산당은 농민들의 땅을 몰수하고 대규모 집단농장으로 내몰았다. 대규모 저항을 불러온 이 조치의 결과 농업이 파탄 나고 끔찍한 기근이 일어났다. 1930년대에 공산당을 이끌기 시작한 새 지도자 이오시프 스탈린(Joseph Stalin)은 5개년 계획을 세우고 강력한 산업화 정책을 추진했다. 이 정책은 새롭고 현대적인 산업을 구축하는 데 기여했다. 그 과정에서 활용한 신기술 중에는 서양 자본주의 사회에서 빌려 온 것이 많았다. 공산당은 반대자들을 처리하기 위해 방대한 유형지와 정치범 수용소를 지었다. 소련의 산업화는 공납 국가의 강압적이고 권위적인 통치와 20세기의 기술을 결합한 기이한 잡종 사회를 낳았다. 1937년 정점에 달할 때까지 수백만 명이 수용소에서 죽거나 숙청당했지만, 그 과정에서 현대 산업사회와 비슷한 것이 만들어졌다.

같은 시기에 세계는 자본주의 세력과 공산주의 세력으로 나뉘어 있었을 뿐 아니라 제국주의 사회와 식민지 사회로도 나뉘어 있었다. 대외적으로 식민 통치에 반대하고 반제국주의를 표방한 미국과 소련의 수사학적 선언에 자극받은 아시아와 아프리카 국민들이 식민 통치 반대 운동을 벌였다. 식민 통치하는 승전국들, 특히 프랑스와 영국이 제1차 세계대전으로 쇠약해졌다는 사실도 운동 세력에 식민 통치를 무너뜨릴 수 있다는 희망을 불어넣었다. 인도 정치가 마하트마 간디(Mahatma Gandhi)처럼 몇몇 식민지 국가에서 사람들에게 영감을 주는 민족 지도자가 출현했다.

극동의 일본은 19세기 말과 20세기 초에 급속히 산업화했지만, 국내에는 원료가 많지 않았다. 20세기에 일본은 국력, 국가 위상, 부를 강화할 제국을 추구하기 시작했다. 1894~95년 중일전쟁에서 일본군은 중국군을 이기고 타이완을 점령했다. 1904~1905년에는 만주에서 러시아군을 물리쳤다. 만주는 일본 민족주의자들이 한국과 더불어 식민지 팽창의 주요 거점으로 여기는 곳이었다. 1910년 일본은 한국을 병합했고, 1931년에는 만주를 점령하여 만주국을 세웠다. 1937년 중국을 침략하여 유달리 잔혹한 살상을 저질렀고 1940년 독일을 비롯한 추축국들과 동맹조약을 맺고 동남아시아에 제국을 건설하기 시작했다. 국가 위상을 높이고, 현대적 군대와 이를 뒷받침하는 산업에 꼭 필요한 석유와 고무 등 원료를 확보하기 위해서였다. 1942년 말 일본군은 필리핀, 동남아시아, 인도네시아에서 프랑스, 네덜란드, 미국, 영국의 식민지들을 정복했다.

어떤 의미에서 제2차 세계대전은 일본이 1931년에 만주를 정복하면서 시작되었다고 할 수 있다. 1939년 9월 독일이 폴란드를 침략하고 프랑스와 영국이 마지못해 독일에 선전포고하면서 유럽은 다시 전쟁에 휩싸였다. 제2차 세계대전은 제1차 세계대전보다 더욱 세계적이었다. 1941년 6월 400만 명의 강력한 독일군이 소련을 침략했고, 같은 해 12월에는 도조 히데키(東條英機)가 이끄는 일본이 하와이 진주만을 공격하여 태평양 지역에서 주요 경쟁국을 무력화하려 했다. 세계 최대의 경제력을 지닌 미국은 진주만공격을 계기로 참전했다.

제2차 세계대전의 전투는 유럽, 북아프리카, 소련뿐 아니라 태평양과 동남아시아에서도 벌어졌다. 피비린내 나는 전쟁은 1945년 8월 6일 히로시마에 최초의 원자폭탄이 떨어지면서 끝났다. 소련에서만 군인 약 700만 명과 민간인 약 2000만 명이 사망했다. 하지만 소련은 독일의 절반을 포함하여 동유럽의 상당 지역을 지배할 수 있었다. 5년이 지나기 전에 세계에서 인구가 가장 많은 나라 중국도 공산주의 진영에 편입되었고, 소련은 더욱 강력해지는 듯했다. 1950년경에 세계는 크게 세 진영으로 나뉘었다. 자본주의 진영, 공산주의 진영, 두 진영 사이에서 나름 이익을 추구하고자 애쓰는 여러 나라의 진영이었다. 후자 중 상당수는 예전에 식민지였던 나라들이었다.

재통합, 재성장, 새로운 갈등(1950~2010년)

경제를 성장시켜 경쟁국보다 많은 자원을 동원하고 군사력을 증강하며 생활수준을 높이는 능력이 현대 세계에서 성공하는 열쇠라는 것은 미국과 소련 모두 알고 있었다. 제2차 세계대전 당시 미국과 소련 그리고 동맹국들이 승리한 원인 중 하나는 생산량이 추축국보다 많았다는 점이었다.

그런데 20세기에 많은 나라의 경제가 성장한 핵심 요인은 무엇이었을까? 냉전의 당사자인 두 강대국은 다른 결론을 내렸다. 각자 승리를 통해 자신들의 체제가 탁월함을 증명했다고 보았다. 2차례의 세계대전에 참전한 주요 강대국 중 가장 피해를 적게 입은 미국은 자본주의 진영에서 가장 강력하고 부유한 나라로 떠올랐다. 미국 정부는 경쟁 시장과 국제무역에서 발생한 기술적 창의성을 토대로 다시 성장할 수 있도록 세계 자본주의 체제를 개혁했다. 한편 '대조국전쟁'이라고 부르는 전쟁에서 승리하여 고무된 소련 지도자들은 시장의 힘을 거의 제거한 자신들의 생산, 생활수준, 정치력과 군사력이 자본주의 세계를 추월할 것이라고 주장했다.

■ **자본주의 세계**

전쟁이 끝났을 때 미국은 경제력, 정치력, 군사력이 크게 강해져 있었다. 다른 주요 참전국들에 비해 사망자가 훨씬 적었고 피해도 적었다. 미국인은 약 40만 명이 사망했지만 소련은 군인과 민간인을 합해 약 2700만 명, 독일은 700만~800만 명이 사망했다. 1950년에는 미국 경제가 세계 GDP의 4분의 1 이상을 차지했다. 제1차 세계대전 이후 승전국들이 저지른 실수를 되풀이하지 않으려 했던 미국은 제2차 세계대전의 원인이 되었던 행동을 하지 않았다. 대신 미국은 국제 교역이 모두에게 혜택을 줄 수 있다는 애덤 스미스의 핵심 개념을 토대로 삼았다. 미국 정부는 국제무역을 부흥시키고 한때의 적국까지 포함한 나라들의 경제를 재건하는 것이 자국뿐 아니라 세계의 성장을 유지하는 최선의 방법이라고 인식했다. 또한 그래야 궁극적으로 공산주의의 한계를 드러내고 평등주의 이념의 매력을 떨어뜨릴 수 있다고 판단했다.

1944년 새롭고 안정적인 자본주의 금융 질서를 위해 세계은행(World Bank)과 국제통화기금(International Monetary Fund, IMF)이 설립되었다. 1945년 6월 26일에는 새로운 세계 조직 UN이 샌프란시스코에서 창설되었다. 마셜계획을 수립한 미국의 해리 트루먼(Harry Truman) 대통령과 조지 마셜(George Marshall) 국무장관은 전쟁으로 경제가 파탄 난 유럽과 일본이 나라를 재건하도록 수십억 달러를 대출하거나 원조하여 세계무역을 되살리는 데 나섰다.

1950년대 말에 서독을 포함한 서유럽의 경제가 호황을 누리고 세탁기, 냉장고, 자동차 같은 대중 소비 제품들이 생산되면서 미국에서 출현한 대중 시장이 형성되기 시작했다. 친자본주의적 민주 정부가 들어선 일본은 군대 보유가 금지되어 국방 예산이 적었기 때문에 많은 예산을 민간 산업 부문에 투자하여 대규모 생산능력을 갖추고 번영할 수 있었다. 세계무역도 활기를 띠었다. 1913년에는 세계무역 총액에서 상품 수출이 차지하는 비율이 약 8%였다가 1950년에는 약 5.5%로 낮아진 상태였다. 1973년에는 수출이 세계 GDP의 10.5%로 유례없는 수준에 다다랐고, 1998년에는 세계무역이 세계 GDP의 17%를 넘어섰다.

일본은 산업 자본주의 경제 대국으로 부상했고, 다른 동아시아 국가들도 비슷한 궤도를 따랐다. 특히 '아시아 호랑이'로 불리는 한국, 타이완, 싱가포르가 경이로운 성장세를 보였다. 1965~89년 세계 생산량 중 동아시아가 차지하는 비율이 14%에서 25%로 높아졌다. 무슬림 세계, 아프리카와 남아메리카의 많은 나라도 새로운 산업을 육성하며 빠른 경제성장을 위한 여건을 마련했다. 이 나라들 중 상당수는 부패한 통치자나 해외 채권자에게 이익이 흘러간 탓에 성장이 지체되었다. 그렇지만 20세기 후반에는 최빈국도 어느 정도 산업화를 이루었다. 페르시아만 지역 국가들은 가장 놀라운 부를 이룩한 사례다. 오스만제국과 유럽의 식민지였던 이 지역들은 석유가 발견되면서 엄청난 부를 쌓았다.

■ 식민 제국의 종말

미국과 소련 모두 공식적으로 제국주의에 반대했지만, 이유는 달랐다. 어떤 의미에서 미국은 그 자체가 제국주의 세력이었다. 북아메리카 원주민들을 정복하여 형성되었고, 19세기 말에 필리핀을 통치했기 때문이다. 그럼에도 미국은 18세기에 식민 통치에 맞서 독립전쟁을 벌였기에 반식민주의의 강력한 상징이 되었다. 예전 러시아제국이 중앙아시아에 지녔던 식민지들을 합병하고, 제2차 세계대전이 끝나자 동유럽 국가들에 괴뢰 정권을 세운 소련도 제국주의 국가라고 볼 수 있었다. 그러나 소련 통치자들은 식민주의에 억압받은 이들을 포함하여 착취당하고 억눌리는 이들을 자신들이 대변한다고 주장했다. 제국주의 열강이었던 영국, 프랑스, 독일은 전쟁으로 쇠약해졌기에 점점 커지는 저항 세력에 맞서 식민지를 유지할 자원이나 의지가 부족했다. 제국주의는 전후 세계에서 더 이상 정당해 보이지 않았다. 게다가 아프리카에서 인도와 동남아시아에 이르는 여러 식민지에서 반제국주의 운동이 벌어지면서 식민지를 유지하기 어려워졌고 유지비도 늘었다.

독일과 일본의 식민 제국은 전쟁에 패배하면서 무너졌다. 제2차 세계 대전 이후 수십 년 사이에 영국과 프랑스를 비롯한 식민 제국들도 식민지를 포기했다. 식민 통치 저항 세력과 기나긴 전쟁을 벌인 뒤에야 포기한 경우도 있다. 일본이 패배하여 외세의 직접 통치가 사라진 중국에서는 내전이 벌어졌고, 1949년 마오쩌둥(毛澤東)이 이끄는 공산당이 승리했다. 알제리와 베트남에서 식민 통치를 복원하려 한 프랑스는 알제리에서 식민 통치 반대 항쟁 세력과 기나긴 전쟁을 벌였고, 1960년에 비로소 독립을 인정했다. 베트남에서는 호찌민(胡志明)이 이끄는 사회주의 세력이 1954년에 프랑스를 물리쳤지만, 미국의 지원을 받은 친자본주의 국가가 베트남 남부에 들어섰다. 양쪽은 기나긴 유혈 게릴라전을 펼쳤고 1975년에 북쪽의 공산주의 정부가 베트남을 통일했다. 한국에서도 중국과 소련의 지원을 받은 공산주의 정부가 북쪽에 들어섰고, 미국을 비롯한 동맹국의 지원을 받은 자본주의 정부가 남쪽에 들어섰다. 두 국가로 나뉜 양쪽은 치열한 내전을 벌인 끝에 휴전했고, 21세기 초인 지금까지 그 상태를 유지하고 있다.

1947년 영국은 인도아대륙 식민지의 독립을 인정했다. 인도의 독립 운동은 대체로 평화로웠다. 저명한 마하트마 간디가 비폭력 저항운동을 내세우며 활약한 덕분이기도 했다. 그러나 독립은 인도와 파키스탄이라는 힌두교 국가와 무슬림 국가의 탄생으로 이어졌고, 양측은 수십 년 사이에 3차례 큰 전쟁을 벌였다. 영국은 아프리카 식민지들도 포기했지만, 일부 식민지는 격렬한 항쟁에 부딪힌 끝에 포기했다. 10년 동안 영국의 통치에 맞서 항전한 케냐의 독립을 1963년에 인정한 사례가 그중 하나다. 케냐의 새 통치자는 민족 저항운동의 지도자 조모 케냐타(Jomo Kenyatta)였다. 1945~70년의 25년 사이에 제국들이 쪼개지면서 70개국이 넘는 나라가 탄생했다.

새로 독립한 국가들은 곧 새로운 문제에 직면했다. 나이지리아 같은 나라들의 국경은 그 지역에 사는 집단의 관습과 전통에 따르지 않고 19세기 제국주의 세력이 마음대로 그은 결과물이다. 이 국경들은 새로이 독립한 국민국가에 별 의미가 없을 때가 많았다. 북쪽 무슬림 집단과 남쪽 기독교 집단, 또는 전국의 전통적 집단과 부족 집단이 반목한 결과 1967~70년에 내전이 벌어진 나이지리아는 간신히 통일을 유지했다. 전후에는 근처 바다에서 석유가 발견되어 엄청난 수익으로 현대 산업사회를 건설할 가능성이 엿보였다. 그러나 석유로 얻은 이익의 대부분이 부패한 관료나 해외 채권자의 수중으로 들어가는 바람에 나이지리아의 통일은 여전히 취약한 상태다.

예전 제국주의 국가들의 강압적 통치는 시장의 미묘한 강압으로 변모했다. 새로 독립한 국가 중 상당수는 고도로 상업화한 자본주의 세계시장에서 살아남으려 애썼지만 결과는 신통치 않았다. 시장을 주도하는 산업국들이 모든 것을 좌지우지했기 때문이다. 과거 제국주의 정부는 식민지의 경제를 균형 있게 발전시키려는 노력을 등한시했고, 수익이 가장 많은 원료를 생산하는 쪽을 선호했다. 말라야에서는 고무, 케냐에서는 커피, 나이지리아에서는 팜유가 그러했다. 제국주의자들은 식민지의 교육과 보건 같은 주요 사회 기반 구조를 무시하는 경우가 많았다. 독립국들로서는 빠르면서도 균형 있는 산업화에 필요한 전문 지식, 자본, 시장, 정책을 마련하는 것이 엄청난 도전 과제였다.

■ 공산주의 세계

소련은 독립한 일부 국가에 서양 자본주의 사회와 다른 대안을 제공했다. 우리 소련은 옛 러시아가 서양에 진 부채 때문에 '준식민지'가 되자 격렬하게 투쟁하여 자본주의 세계의 손아귀에서 벗어나 강력한 현대 경제를 구축한 나라 아니던가? 소련은 예전에 식민지였던 쿠바에서 나이지리아, 이집트 등과 동맹을 맺고 경제적, 기술적, 때로 군사적 지원까지 하며 이념을 퍼뜨렸다. 중국, 북한, 동유럽 여러 나라가 소련의 방식으로 현대 산업 경제의 토대를 만들려 했고 때로는 경이로운 결과를 얻기도 했다.

20세기 중반에는 공산주의가 자본주의보다 실용적이고 평등한 현대화로 나아가는 길을 제시하는 듯 보였다. 제2차 세계대전으로 피폐해졌던 소련은 1950년대 중반에 어느 정도 국력을 회복했고, 새로운 지도자 니키타 흐루쇼프(Nikita Sergeyevich Khrushchev)는 스탈린 체제의 억압적 정책을 완화하고 수용소 재소자 수를 대폭 줄였다. 서양만큼 강력해 보인 소련은 현대 교육제도와 탄탄한 산업을 자랑했다. 1950년대에 소련 과학은 원자폭탄과 수소폭탄을 개발하고, 1957년 최초로 인공위성을 우주로 보내 세계를 놀라게 했다. 1961년 4월 12일에는 공군 조종사 유리 가가린을 최초로 우주로 보냈다. 1960년대 초에는 산업 성장에 토대한 흐루쇼프 정부가 도시 아파트, 세탁기, 텔레비전, 냉장고 같은 소비재에 많은 자원을 사용하여 소련 시민의 생활수준도 높아지고 있었다.

중국과 동유럽 각지에서도 산업이 빠르게 성장했다. 얼마 동안은 흐루쇼프의 주장처럼 공산주의 체제가 더 빨리 성장하고, 더 많은 혁신을 이루고, 시민들의 생활수준을 더 빨리 높여서 자본주의 체제를 '묻어버릴' 듯했다. 과거 식민지였던 나라들은 이 경쟁을 유심히 지켜보았고, 많은 나라가 양쪽 진영의 자금과 기술 지원을 받아들였다. 그러나 1970년대가 되자 공산주의 체제가 우월하다는 소련의 주장이 공허하게 들리기 시작했다. 여기에는 현대 세계를 이해하는 데 중요한 문제가 끼어 있었다. 자본주의가 등장하기 이전의 강압적 통치 수단이 자본주의 세계의 상업적 방식만큼 성공적으로 경제를 성장시킬 수 있었을까? 이것이 소련 계획경제의 심오한 메시지였을까? 소련이 성장과 혁신의 새 원동력을 발견하긴 했을까?

1930년대에 소련의 산업은 유달리 빠르게 성장했고, 1950~73년에도 연간 약 3.4%씩 성장했다. 그러나 갈수록 성장률이 느려졌고, 생산성 증가가 아니라 새로이 발견된 석유와 천연가스가 성장에 기여했다. 1973~90년에는 연평균 성장률이 약 0.75%로 떨어졌고, 이윽고 이 수치도 어느 정도 허구였음이 드러났다. 1980년대에 등장한 지도자 미하일 고르바초프(Mikhail Sergeyevich Gorbachev)는 당시까지의 성장이 주로 석유 수출과 술 판매 덕분임을 인정했다. 소련의 생활수준은 높아지지 않았고, 지도자들과 군부는 기술적으로나 군사적으로나 서양 자본주의 국가에 뒤처져 있음을 깨달았다.

소련의 성장 속도가 느려진 미묘하지만 심오한 이유들은 현대 세계의 성장에 관해 중요한 점들을 알려준다. 어느 정도는 소련 계획경제가 집단학습과 혁신을 제대로 자극하지 못했기 때문이었다. 소련 계획경제를 통제한 엘리트들은 급속한 산업화나 전쟁 같은 대형 과제를 위해 세계 최대 국가의 인적·경제적 자원을 동원하는 임무를 잘 수행하고 단결되었으며 규율이 강했다. 그러나 이 체제는 아래로부터의 창의적 혁신을 장려하지 못했고, 소련 경제학자들도 그 문제를 잘 인식하고 있었다. 앞에서도 공납 정치체제는 혁신을 장려하지 못한다는 점을 살펴본 바 있다. 그 이유는 근본적이다. 누군가를 때려서 도랑을 파게 할 수는 있지만, 창의적으로 혁신하게 할 수는 없기 때문이다. 현대 산업 경제는 너무도 복잡하기 때문에 군대처럼 운영할 수 없다. 경쟁 시장은 수백만 명의 수십억 가지 의사 결정을 반영하여 가격과 비용을 조정하는 강력하고 효율적인 방안을 제시한다. 계획경제 책임자들은 그 복잡성을 계속 따라갈 수 없었고, 따라가려다가 가격을 왜곡하고 엄청난 경제 자원을 잘못 배분했다.

소련 지도부는 생산성을 높여야 한다는 것을 알았지만, 사회 통제를 완화했다가는 권력을 잃을 가능성이 크다고 생각했다. 이것이 이들이 문학과 미술조차도 체제에 위협이 될 수 있다고 본 이유다. 사실 이들은 전자혁명과 그 산물인 컴퓨터, 복사기 등도 위협이라고 인식했다. 신기술들은 국가가 통제할 수 없는 새로운 방식으로 생각과 정보를 퍼뜨릴 수 있기 때문이다.

1980년대에는 경쟁 시장을 재도입해야 소련 체제가 살아남을 수 있다는 점이 명백해졌다. 1980년대 중반 권좌에 오른 신세대 지도자들은 경제와 군사력이 쇠퇴한 소련의 현실을 이해했고, 경제활동과 더 나아가 정치에서도 정부의 역할을 줄이려 했다. 그러나 체제를 개혁하려는 시도는 붕괴로 이어졌고, 1991년에 소련은 해체되었다. 소련을 구성했던 각국에는 새로운 시장에 기반한 사회를 구축하는 일이 엄청난 도전 과제였다. 자본주의 사회의 시장 활동을 지원할 법적·경제적·문화적 기반시설인 재산권법, 금융 제도, 증권 제도, 기업가 정신이 거의 없었기 때문이다.

반면 중국 통치자들은 정치적 붕괴 없이 자본주의와 비슷한 전환을 해냈다. 1976년 마오쩌둥이 사망하자 권력을 이어받은 덩샤오핑(鄧小平)이 1978년에 시장 개혁을 도입하기 시작했다. 어떤 면에서 보면 기껏해야 1세대 전에 자본주의가 제거된 중국은 시장경제로 전환하기가 수월했다. 반면 소련에서는 거의 3세대 동안 사라져 있었다. 자본주의의 문화적·법적 관습이 대부분 잊힐 만큼 긴 시간이다. 중국의 시장 개혁은 급속한 경제성장으로 이어졌고 1973~98년에 1인당 GDP가 무려 연간 5.4%씩 증가했다.

공산주의 계획경제의 붕괴는 현대 세계에서 경쟁 시장이 중요하다는 점, 그리고 정부의 통제와 시장의 자유 사이에서 적절한 균형을 찾아야 한다는 점을 보여준다. 소련의 계획경제 사례처럼 정부가 지나치게 통제하면 자본주의 세계 혁신의 원동력인 기업가의 창의성을 질식시킬 수 있다. 20세기가 저물 무렵에는 좋든 나쁘든 간에 경쟁 시장이 있는 자본주의 경제가 지속적인 경제성장을 담보할 수 있는 최선의 구조로 보였다.

2부: 성장과 소비 증가

지금까지 이야기한 정치적·경제적·군사적 변화의 밑에서는 더욱 심오한 변화가 일어나고 있었다. 무엇보다도 산업화와 경제성장이 생물권 전체에 영향을 미치는 인류의 생태적 힘을 증가시켰다. 한 종의 생태적 힘을 가늠하는 척도 중 하나는 개체 수 증가다. 개체 수는 자원이 많을 때만 증가할 수 있기 때문이다. 1913년에 지구의 인구는 약 18억 명이었고 2008년에는 약 67억 명이었다. 100년도 안 되는 기간에 거의 4배로 늘었다. 인구가 10억 명에 다다르기까지는 거의 20만 년이 걸렸다. 그런데 20세기라는 100년 사이에 50억 명이 늘어난 것이다. 게다가 대다수는 더 오래 살고 있다. 20세기에 평균 기대 수명이 약 31년에서 66년으로 2배 늘었다. 100년 전보다 인구가 4배 늘고 기대 수명이 2배 늘었다는 것은 개인이 1900년과 같은 비율로 자원을 소비했다고 가정해도 자원의 총소비량이 8배 가까이 늘었다는 의미다(〈그림 12.3〉).

　게다가 개인의 평균 소비량이 경이로운 수준으로 증가하고 있었다. 물론 이제 살펴볼 통계들이 완벽하게 정확하지는 않고, 대부분의 가사 노동과 육아 등 경제활동의 주요 측면뿐 아니라 인간 활동이 환경에 미치는 영향도 무시한다는 점을 명심할 필요는 있다. 그렇지만 이 통계는 인간의 자원 소비가 변화한 양상을 전반적으로 보여준다. 생산을 늘리려면 분명 노동과 원료의 증가가 필요하기 때문이다.

　가장 널리 받아들여진 통계 자료 중 하나에 따르면, 세계 GDP(1990년 국제 달러 기준)는 1913년에 2조 7000억 달러에서 1998년에는 33조 7000억 달러로 12배 가까이 증가했다. 2008년에는 세계 생산이 2배로 뛰었다. 통

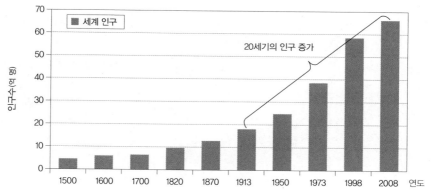

그림 12.3 세계 인구 증가 추세(1500~2008).

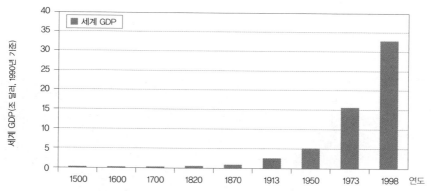

그림 12.4 GDP 증가 추세(1500~1998). 지난 500년 동안 세계 GDP가 증가한 양상을 보여준다. 20세기에 무려 12배가 증가했음을 주목하자.

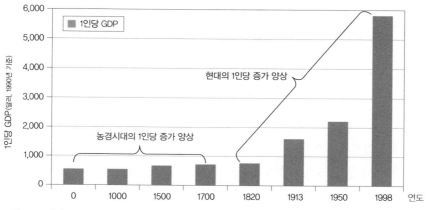

그림 12.5 1인당 GDP 증가 양상(0~1998).

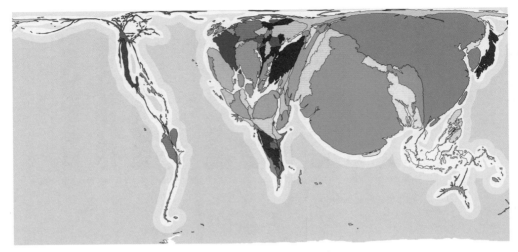

지도 12.1 2,000년 전의 세계 GDP. 경제 규모에 맞추어 영토의 크기를 표시했다. 당시의 초강대국은 인도와 중국이었다.

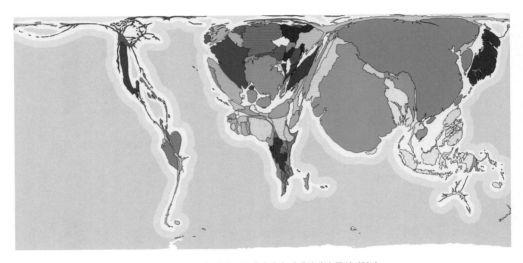

지도 12.2 500년 전의 세계 GDP. 500년 전에도 동아시아가 세계경제의 중심지였다.

계가 심하게 잘못되지 않았다면, 종으로서의 우리가 2008년에 100년 전보다 24배 많은 자원을 썼다는 의미다. 겨우 100년 사이에 인류의 지구 에너지와 자원 통제력이 경이롭게 증가했다(〈그림 12.4〉와 〈그림 12.5〉).

소비는 혁신의 속도가 빨라졌기 때문에 증가했다. 20세기 후반에 특히

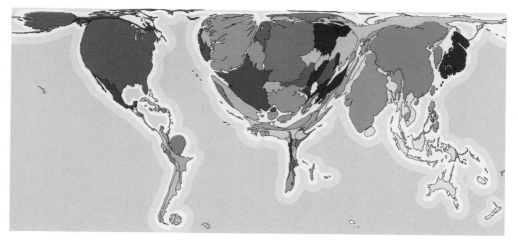

지도 12.3 100년 전의 세계 GDP. 산업혁명으로 유럽과 북아메리카의 부가 늘면서 동아시아의 부는 상대적으로 급감했다.

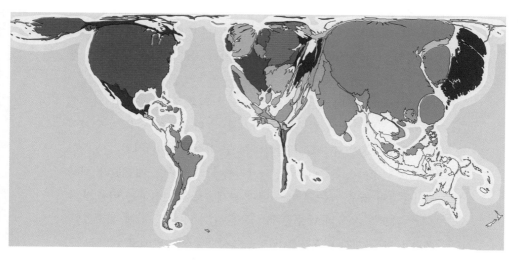

지도 12.4 현재의 세계 GDP(2015년 추정값). 21세기 초에 동아시아가 다시 급성장했다.

그러했다. 역사상 유례없이 너무나 폭넓게, 너무나 빨리, 너무나 예기치 않게 혁신이 일어났다. 혁신은 생산방식뿐 아니라, 생산을 체계화하고 자본을 대는 방식에도, 상품을 운송하고 광고하고 거래하는 방식에도 나타났다. 또 플라스틱에서 인터넷과 핵무기에 이르는 새로운 산물, 서비스, 기술도 생겨났다. 생물권 자원을 통제하는 능력을 증진한 새로운 방법과 기술을 몇 가지 살펴보자. 이 모든 신기술들은 생산비를 줄임으로써 시장을 늘리는 효과를 낳았다. 후자는 생산과 연구에 더 투자하도록 자극했고, 그 결과 다시금 시장이 더욱 확대되는 강력한 피드백 순환이 일어났다. 〈지도 12.1〉~〈지도 12.4〉는 지난 2,000년 동안 전 세계의 부가 변화한 모습이다.

식량

1900년 이래 식량 생산량이 인구 성장률보다 빠르게 증가했다. 인구가 약 3.5배 증가한 반면 곡물 생산량은 5배 증가하여 연간 약 3억 6000만t에서 18억t이 되었다. 단위 면적당 경작지의 생산성도 약 3배 증가했다. 즉, 놀라운 식량 생산량 증가는 경작지 면적을 3배 늘린 결과가 아니었다. 이전 세기들과 달리 새로 경작지를 만들 땅이 거의 없기 때문이다. (유라시아의 스텝 지대는 예외다. 1950년대에 소련 정부는 이른바 미개척지 개간 운동을 통해 넓은 땅을 경작지로 바꾸었다.) 1900년 이래 증가한 곡물 생산량은 새로운 생산성 향상 기술이 개발된 결과였다.

대규모 산업 활동이 된 농경은 대규모 투자와 첨단 과학에 의존했다. 처음에는 석탄으로 움직이는 증기기관이, 다음에는 석유로 움직이는 내연기관이 곡물을 수확하고 탈곡하는 등 사람의 일을 떠맡기 시작했다. 화석연료 혁명이 낳은 에너지는 관개라는 고대 기술도 개량했다. 화석연료를 사용하여 땅을 파는 장비는 댐과 관개수로를 건설하는 비용을 줄였고, 디젤 펌프는 우물과 대수층에서 물을 쉽게 길어 올리게 해주었다. 1950~2000년에 관개지 면적은 9400만ha에서 2억 6000만ha로 늘었고, 오늘날 인류가 쓰는 물의 약 64%는 관개용이다. 어업도 더 강력한 엔진, 더 나은 항해 장비, 더 큰 그물 덕분에 트롤선이 사실상 바다를 싹쓸이하면서 효율이 높아졌다. 1950년 이후 반세기 동안 어획량은 1700만t에서 8500만t으로 늘었다. 우리가 너무나 잘 잡는 바람에 많은 어류가 현재 멸종 위기에 처해 있다.

육지 생산성도 증가했다. 수천 년 동안 인류가 지력을 회복시킨 방법은 경작을 잠시 중단하거나(휴경) 동물이나 사람의 배설물을 뿌리는 것이었다. 그러나 천연비료의 양은 한정되어 있었다. 서양처럼 사람의 배설물을 비료로 쓰지 않으려 한 사회에서는 더욱 그랬다. 19세기 초에 남아메리카에서 발견된 구아노(새의 배설물이 쌓인 것)도 1900년경 거의 고갈되었다. 1909년 프리츠 하버가 대기 질소와 수소로 암모니아를 합성하는 법을 발견하면서 큰 돌파구가 생겼다. 토양에 비료로 뿌릴 질산염을 대량으로 제조하는 데 암모니아를 쓸 수 있었기 때문이다. 존 맥닐(John McNeill)은 하버의 발명이 20세기에 식량 공급량을 늘리는 데 가장 크게 기여한 요인이라고 주장한다. 그는 그 발명이 없었다면 가용 경작지를 30% 늘리지 않는 한 인구 20억 명을 먹일 수 없었을 것이라고 본다.[2] 또 공업화학자들은 해충을 죽이는 화학물질을 만들어 농업 생산성을 높였다. DDT 등의 많은 농약이 토양과 물로 들어가서 먹이사슬을 거치고 인체에 축적되어 해로운 부작용을 일으킨다는 사실이 나중에 드러나긴 했지만.

우리는 작물과 가축의 생산성을 높이는 다양한 방법들도 알아냈다. 자금을 풍족하게 지원받은 대규모 연구 계획이 기존 인위선택 방법들의 효율성을 높였다. 1960년대 녹색혁명으로 개발된 더 생산적이고 새로운 밀 품종이 한 예다. 이 품종들은 비료를 더 많이 줄수록 잘 자랐고, 뿌리와 줄기보다 식용 부위인 낟알 쪽으로 영양분을 많이 썼다. 인도와 파키스탄에서만 1960년대에 밀 생산량이 50% 증가했다. 멕시코에서는 1940년대와 1970년대 사이에 밀 생산량이 6배 가까이 증가했다.

1953년 제임스 왓슨(James Watson)과 프랜시스 크릭(Francis Crick)이 DNA가 어떻게 작동하는지를 밝혀낸 뒤 생물학자들은 자연선택의 엔진실로 들어섰다. 유전물질을 한 종에서 다른 종으로 옮기는 법을 알아낸 과학자들은 1970년대 초부터 유용한 유전자를 다른 종으로 옮기며 작물과 가축을 인위적으로 개량했다. 비료가 거의 또는 전혀 필요 없는 곡물 품종이나 해충을 막는 천연 보호 수단을 갖추어 살충제 사용을 줄일 수 있는 품종도 개발했다. 유전자 변형 곡물은 생산성이 더 높았고, 어떤 이들은 맛도 더 좋다고 했다. 신기술을 적극 받아들인 미국에서는 2000년에 경작된 옥수수의 15%, 콩의 30%, 목화의 50% 이상이 유전자 변형 품종이었다.

건강과 수명

감염 위험과 청결의 중요성에 관한 지식 향상 등의 의학적 혁신은 건강, 특히 노인과 유아의 건강에 극적인 영향을 미쳤다.

하수 처리와 깨끗한 수돗물 공급도 큰 영향을 미쳤지만, 예산이 풍족한 지방정부 기관이 필요하기 때문에 1980년대에도 세계 인구의 절반만이 정화 처리된 물을 접할 수 있었다. 아스피린이나 항생제 같은 약물들은 질병의 고통을 줄였다. 1928년 알렉산더 플레밍(Alexander Fleming)은 감염을 막는 데 페니실린 같은 세균을 쓸 수 있다는 것을 발견했다. 1940년대에 하워드 플로리(Howard Florey)가 신뢰할 수 있는 대량생산 방법을 개발한 뒤 항생제는 제2차 세계대전 때 군인의 건강을 지키는 데 널리 쓰였다. 이윽고 항생제는 수많은 사람뿐 아니라 가축의 건강을 지키는 데도 쓰였다. 그러나 우리는 질병과의 전쟁이 끝나려면 멀었다는 사실을 깨닫고 있다. 획득면역결핍증후군(AIDS)을 일으키는 사람면역결핍바이러스(HIV)에서 황색포도알균에 이르기까지, 질병을 옮기는 생물들이 우리의 화학적·생물학적 무기들에 쉽게 면역력을 갖춘다는 증거가 갈수록 많아진다. 장기이식이나 뇌수술처럼 값비싼 첨단 치료법은 인류가 많은 질병을 없애고 노화의 원인 중 상당수를 제거하여 평균수명을 수십 년 늘릴 수 있을 것이라는 희망을 심어준다.

늘어난 식량과 향상된 보건 위생 덕분에 더욱 많은 사람이 더 건강하고 더 오래 살게 되었다. 기대 수명은 부유한 나라가 가난한 나라보다 상당히 높다. 2000년에 출생 때의 세계 기대 수명은 남성이 65세고 여성이 69세였는데, 미국은 74세와 80세인 반면 사하라 이남 아프리카는 46세와 47세였다. 그렇지만 이 낮은 값도 인간의 '수명'에 관한 인식이 대폭 바뀌었음을 말해준다. 10만 년 동안 인류의 평균수명이 25~35세였다는 사실은 무척 많은 사람이 영유아기에 사망했다는 의미다. 35세를 넘으면 이미 덤인 인생을 즐기고 있다는 뜻이었다. 그러다가 겨우 100년 사이에 전 세계에서 평균 기대 수명이 2배로 늘었다.

소비

　사람들은 전보다 많이 소비하고 있다. 농경시대에는 대다수가 농민이었고, 자급 농지 가까이에 살았다. 인구의 5%에 불과한 소수의 엘리트 집단만이 사치품을 소비했다. 농업 생산성이 워낙 낮았기에, 농사짓지 않는 직업인이 5~10%를 넘으면 식량이 부족해졌다. 생산성이 높아지면서 지금은 비경작 인구의 비율이 증가하고 있으며, 상품 생산과 소비가 인구 증가 속도를 뛰어넘었다. 유례없는 수준으로 부를 누리는 전 세계에서 새로운 중산층이 출현하고 있다.

　전선 및 석유·가스 수송관은 화석연료 혁명의 에너지를 공장뿐 아니라 가정으로도 들여왔다. 농경시대의 사람 노예보다 강력하고 더 말을 잘 듣고 대개 더 효율적인 세탁기 같은 기계 노예를 생산한 결과였다. 전기 덕분에 전구에서 전화기와 세탁기, 컴퓨터에 이르는 기계를 작동하기에 알맞은 에너지의 양을 계산하여 값싸게 분배할 수 있었다. 1821년 마이클 패러데이(Michael Faraday)의 발견이 현재의 전기에너지 사용에 핵심적인 역할을 했다. 그는 금속 코일을 자기장 안에서 움직이면 전류가 생성된다는 사실을 발견했다. 1860년대에 독일과 벨기에에서 고안한 강력한 발전기는 증기기관이나 수력으로 많은 전류를 생산했다. 1890년대에는 교류가 개발되면서 전기를 멀리까지 쉽고 저렴하게 전송할 수 있게 되었다. 1889년 니콜라 테슬라(Nicola Tesla)는 최초의 값싼 전기모터를 설계했고, 20세기 초에는 전구와 기계가 소비자의 삶을 바꾸기 시작했다. 소련에서는 볼셰비키 정부가 전기화를 사회주의 건설의 필수 요소라고 판단했다. 1920~30년대에 전기는 산업화가 진행된 사회에서 일반 소비자의 삶을 바꾸기 시작했다. 1930년대 중반에 일본 가정의 약 90%, 미국 가정의 약 70%, 영국 가정의 약 50%가 전기를 썼다.

　값싼 석유와 전기 덕분에 소비자는 자가용, 세탁기, 전열기, 냉각기, 에어컨, 텔레비전, 컴퓨터도 쓸 수 있었다. 내연기관은 연료를 피스톤 안에서 연소하여 모터를 움직이기 때문에 증기기관보다 효율이 좋았다. 최초의 가솔린 내연기관은 1883년 카를 벤츠(Karl Benz)가 개발했다. 그러나 최초의 자동차는 수작업으로 제작하는 값비싼 사치품이었다. 1913년 헨리 포드

(Henry Ford)는 조립 라인 공장에서 자동차를 생산하여 점점 늘어나는 중산층이 구매할 수 있을 만큼 낮은 가격에 팔기 시작했다. 그는 총기 제조 분야에서 개척한 교환 가능한 부품 생산방식을 도입했다. 교환 가능한 부품들이 모두 동일하므로 대량생산할 수 있고 손 도구를 쓸 필요가 없었다. 이 방식은 육류 포장 산업에서 개척한 조립 라인 생산기술과 결합하여 비용을 낮추었다.

예전에 사치품으로 여겨졌던 상품 중 소비자의 대다수가 구입할 수 있을 정도로 값싸게 대량생산되는 것들이 점점 늘어났다. 플라스틱과 합성고무(천연고무를 구하기 어려웠던 독일에서 개발되었다) 같은 새롭고 값싼 원료도 비용 절감에 기여했다. 한편 광고 산업은 구입 여력이 있는 소비자에게 새 소비 제품을 사도록 부추겼고, 은행은 상품을 살 여력이 없는 많은 사람에게 대출을 해줬다. 시장이 커짐에 따라 화폐와 신용의 가치도 낮아졌다. 그 결과 모든 경제학자에게 친숙한 양의 피드백 고리가 생겨났다. 예전에 비쌌던 소비재를 사는 사람이 늘수록 생산비와 외상 구매 이자가 낮아졌고, 그 결과 더욱 많은 사람이 그 제품을 살 수 있었다.

교통과 통신

교통과 통신 분야의 혁신은 언제나 성장과 혁신의 원동력이었다. 개선된 운송 방법은 생산자에게서 소매상을 거쳐 소비자에게 전달되는 비용을 줄여 소비재의 가격을 낮추었다.

교통 혁명은 19세기에 철도와 증기선이 도입되면서 시작되었다. 1877년부터 냉장 시설을 갖춘 증기선이 늘어나면서 세계 곳곳으로 신선한 식품을 운반했다. 증기선은 1815~1900년에 대서양 너머로 화물을 운송하는 비용을 95% 가까이 줄였고, 철도는 육상 운송비를 대폭 떨어뜨렸다. 20세기에는 자가용과 트럭 등 새로운 교통수단들도 등장했다. 둘 다 운행하려면 포장도로 연결망이 필요했기에, 정부는 예산을 투자하여 도로 건설에 나섰다. 교통 개선이 경제성장을 자극한다는 것을 잘 알았기 때문이다. 승용차와 트럭과 버스 덕분에 중·단거리에서 사람과 물건을 옮기기가 훨씬 쉬워졌다. 제2차 세계대전 이후에는 민간 항공 운송이 시작되면서 우편물처럼 부피가 작은 물품을 운송하는 속도가 빨라졌다. 1950년대부터 트럭에서 열차와 배에 싣고 내리기 쉽도록 똑같은 크기로 제작한 컨테이너가 등장하면서 무거운 상품의 운송비도 대폭 줄었다.

20세기에 인류는 우주로 갈 수 있는 로켓도 발명했다. 소련이 먼저 사람을 우주로 보냈지만, 다른 천체에 처음으로 인간을 착륙시킨 쪽은 미국이었다. 1969년 7월 20일 닐 암스트롱(Neil Armstrong)이 달에 발을 디뎠다. 미미한 수준이긴 하지만 인류는 행성 간 종이 되었다. 우주에서 찍은 지구 사진은 우리 고향 행성이 대단히 작고 허약하다는 사실을 사람들이 깨닫도록 했다.

정보 교환과 저장 기술 변화는 교통의 변화보다 중요한 역할을 했다. 산업화 이전에는 정보가 사람보다 빨리 전달될 수 없었다. 정보 혁명은 1837년 전하를 활용하여 전선으로 정보를 보낼 수 있다는 사실이 발견되면서 시작되었다. 그해에 새뮤얼 모스(Samuel Morse)는 전신을 실용화할 모스부호를 창안했다. 1876년 알렉산더 그레이엄 벨(Alexander Graham Bell)은 전화기로 발명 특허를 받았다.

장거리 통신은 굴리엘모 마르코니(Guglielmo Marconi)가 전파를 통해 '무선'으로 메시지를 보내면서 시작되었다. 상선 선주들과 해군이 무선 기술에 특히 관심을 보였다. 바다에서는 케이블로 전신을 보낼 수 없기 때문이다. 1899년 마르코니는 모스부호를 통해 영국해협 너머로 무선 메시지를 보내는 데 성공했고, 1901년에는 대서양 너머로도 보냈다. 10여 년 뒤에는 음성과 음악을 보내는 것도 가능해졌다. 1920년에는 피츠버그에서 최초의 상업 라디오 방송국 KDKA가 방송을 시작했다. 무선으로 동영상을 전송하는 것은 더 복잡한 과제였기 때문에 텔레비전은 제2차 세계대전 이후 등장했다. 한편 영사기로 동영상을 기계적으로 투영하는 기술은 19세기 말에 개발되었다. 20세기 말에 컴퓨터 혁명이 일어나면서 통신은 한 번 더 변모했다. 컴퓨터 기술은 제2차 세계대전 때 로켓의 궤도 계산이나 암호 해독을 위해 개발되었다. 그러나 초기의 컴퓨터는 크고 고장이 잘 나는 진공관을 써서 거대하고 비싸고 신뢰할 수 없고 다루기가 힘들었다. 자동차와 마찬가지로 컴퓨터도 대중 소비자들이 충분히 구입할 수 있을 만큼 저렴해졌을 때 비로소 사회를 변화시키기 시작했다. 1947년 트랜지스터가 발명되면서 그 변화가 가능해졌다. 트랜지스터의 성능이 기하급수적으로 좋아지면서 크기와 가격이 줄어들었다. 대중 시장에 등장한 최초의 컴퓨터는 1975년 앨테어라는 회사가 만든 400달러짜리 제품이었다. 1980년대에 네트워크와 연결되면서 컴퓨터의 기능이 엄청나게 늘었고, 1989년 팀 버너스리(Tim Berners-Lee)는 아마추어도 '인터넷'을 쓸 수 있도록 해주는 프로그램을 만들었다. 인터넷은 전 세계의 크고 작은 컴퓨터들이 정보를 교환하는 방대한 그물이다. 광섬유 케이블이 컴퓨터들을 연결하는 비용을 줄이고 메시지를 보내는 비용을 0 가까이 낮추면서 정보는 거의 무료가 되었다. 1930년에 뉴욕에서 런던까지 3분간 통화하는 비용은 300달러였다. 1970년에는 20달러, 2007년에는 0.3달러로 줄었다. 하지만 전자우편은 거의 공짜였다. 이제 100년 전만 해도 상상할 수 없었던 속도와 효율로 집단학습을 할 수 있게 되었다.

전쟁과 파괴 기술

혁신은 전쟁 기계의 성능과 생산성도 높였다. 인류는 내연기관을 탱크에 적용했고, 폭탄을 떨구는 데 비행기와 로켓을 썼다. 폭발력도 기하급수적으로 증가했다. 1866년 알프레드 노벨(Alfred Nobel)은 니트로글리세린을 토대로 다이너마이트를 발명하여 기존 화약 기반의 폭발물을 개선했다.

20세기 초에 일반 상대성 이론을 내놓은 알베르트 아인슈타인(Albert Einstein)은 물질을 엄청난 에너지로 전환할 수 있음을 보여주었다. 제2차 세계대전 때 양쪽 진영은 과학자들을 모아서 원자 한가운데에 있는 엄청난 힘을 활용하는 무기를 개발하기 시작했다. 미국 정부는 맨해튼계획을 통해 우라늄 붕괴를 이용하는 핵분열 무기를 개발하고, 1945년 7월 뉴멕시코 트리니티 시험장에서 폭파 실험을 했다. 맨해튼계획의 과학부장 J. 로버트 오펜하이머(J. Robert Oppenheimer)는 폭발을 지켜볼 때 힌두교 경전 『바가바드 기타』의 한 대목이 떠올랐다고 썼다. 비슈누 신이 이렇게 선언하는 대목이다. "이제 나는 죽음이, 세계의 파괴자가 되었다." 3주 뒤 일본 히로시마에 원자폭탄이 떨어졌고, 약 8만 명이 목숨을 잃었다. 그리고 1년이 지나기 전에 방사선과 부상으로 사망자가 15만 명에 가까워졌다.

1950년대에 미국과 소련은 수소 융합에 토대하여 더욱 강력한 핵무기를 생산하기 시작했다. 이 무기는 불타오르는 태양과 동일한 에너지 생산 방식을 활용한다. 1980년대 중반 미국과 소련이 보유한 핵탄두는 약 7만 기에 이르렀고, 총폭발력은 지구의 모든 사람이 각자 TNT 3.4t을 터뜨리는 것과 같았다. 인류는 6500만 년 전에 공룡을 멸종시킨 소행성 충돌에 맞먹는 수준으로 자신과 생물권을 파괴할 능력을 확보했다.

이 모든 자원 통제력 증가의 배후에는 2가지 근본적인 변화가 있었다. 에너지 통제력 증가와 혁신 자체의 통제력 증가였다.

에너지

전기를 값싸게 공급할 수 있는 발전기(석탄을 때는 증기기관으로 추진되든 수력으로 추진되든)가 발명되면서 화석연료 혁명이 개별 소비자에게 혜택을 안겨주었다. 그리고 내연기관이 발명됨으로써 인류는 두 번째 화석연료인 석유를 대량 소비했다. 석유는 석탄보다 운반하기 쉽고 에너지가 더 농축되어 있다. 대규모 석유 매장지는 1859년 펜실베이니아 타이터스빌에서 발견되었다. 석유는 처음에는 주로 램프의 연료인 등유 형태로 쓰이다가 20세기 초부터 내연기관의 연료로 쓰였다. 또 다른 주요 화석연료는 천연 가스다. 〈그림 10.1〉은 20세기에 대량으로 증가한 가용 에너지와 각 에너지원의 상대적 비율을 보여준다. 골드러시의 에너지 판에 해당하는 화석연료 혁명이 낳은 에너지 급증은 지난 100년 동안 이루어진 성장의 원동력이었다. 사실 에너지가 너무나 풍부해지는 바람에 자유재처럼 취급하기 시작한 20세기 인류는 에너지 중독자가 되었다.

20세기 말에 화석연료에만 의존하는 것은 근시안적임을 인식한 인류는 다른 유형의 에너지도 중요시하기 시작했다. 원자핵에 갇힌 에너지는 전쟁뿐 아니라 평화에도 쓸 수 있지만 통제하기가 쉽지 않았다. 1954년 소련이 최초의 원자력발전소를 가동하기 시작했다. 2000년경에는 약 400기의 원자로가 가동되었고, 프랑스의 전기 중 약 80%, 한국과 일본의 전기 중 약 40%를 생산했다. 몇 차례 위험하고 많은 피해를 입힌 사건이 없었다면 원자력이 전력 생산에 더 큰 역할을 했을 것이다. 가장 심각한 사건은

1986년 우크라이나의 체르노빌 원자로 폭발이었다. 2011년 3월 일본 후쿠시마에서 일어난 사고도 원자로의 위험성을 다시금 상기시켰다. 장기간에 걸쳐 방사선을 강하게 방출하는 고준위 방사성폐기물을 처분하는 문제도 결과가 불확실하다.

전문가들이 태양력과 풍력 등 대안 에너지 생산 방법을 개발해왔지만 아직까지는 비용이나 생산성 면에서 화석연료와 경쟁할 수준이 아니다. 게다가 화석연료와 밀접한 이익집단들의 상업적·정치적 영향력도 무시할 수 없다. 핵융합을 안전하게 제어하고 이용할 수 있다면 많은 문제를 해결할지 모르지만, 핵융합 발전을 실용화하려면 갈 길이 멀어 보인다. 문제는 태양이 타오르는 과정과 똑같은 핵융합이 생성하는 엄청난 에너지를 어떻게 통제할지 우리가 모른다는 것이다. 현재로서는 강력한 자기장을 이용하는 것이 유망해 보이지만, 이 분야도 해결해야 할 문제가 많다.

체계적 혁신: 과학과 연구

20세기 혁신의 또 다른 원동력은 혁신에 대한 체계적 장려다. 역사상 처음으로 혁신이 정부, 기업, 교육기관의 지지를 받으며 인류 사회의 주된 목표가 되었다.

최초의 현대적 과학협회는 1660년에 설립된 런던왕립협회다. 1666년에는 파리과학한림원이 창립되었다. 국왕의 허가를 받은 두 협회는 국가가 과학의 중요성을 공식적으로 인정했다는 징표였다.

영국인들은 항해를 깊이 이해하기 위해 왕립그리니치천문대를 설립했고, 1714년 영국 정부는 원양 항해 때 위도를 알아내는 데 쓸 수 있는 정확한 시계를 개발하면 많은 상금을 주겠다고 발표했다. 이 문제는 1760년대에 존 해리슨(John Harrison)이 신뢰할 만한 시계를 제작하여 해결했다. 이 시계는 쿡 선장이 태평양을 항해할 때 처음 사용되었다. 곧 스웨덴, 프로이센, 러시아 등에서도 정부의 지원을 받은 과학 기관들이 설립되었다. 이 기관들은 과학 지식을 공유하며 교류했고, 연구 결과를 발표하는 학술지도 발간했다. 과학이 인류의 이익에 봉사해야 한다는 개념은 18세기 계몽운동의 토대였다. 산업혁명의 첫 세기에 나타난 주요 과학적·공학적 돌파구들은 대부분 열정적인 개인 덕분에 출현했다. 물론 제임스 와트처럼 부유한 기업가들의 지원을 받은 사례도 있었다.

19세기에는 과학과 기술이 더 체계적으로 협력하기 시작했다. 1859년 다윈이 발표한 자연선택, 1860년대 제임스 클러크 맥스웰(James Clerk Maxwell)이 내놓은 전자기력에 대한 수학적 설명, 열역학의 발전 등 심오한 개념들이, 별개의 영역 같은 것들이 실제로는 근본적으로 통일되어 있다는 사실을 밝히면서 과학이 근본적으로 변화했다. 한편 정부와 대기업은 과학을 혁신, 부, 권력의 원천으로 인식하고 과학 연구를 체계화했다. 특히 빌헬름 폰 훔볼트(Wilhelm von Humboldt)가 1810년에 설립한 베를린대학교 등이 있는 독일이 적극적이었다. 1826년에 유스투스 폰 리비히(Justus von Liebig)는 대학교 학자들에게 교육뿐 아니라 혁신적인 연구도 중시하라고 촉구하며 최초의 대학교 화학 연구실 중 하나를 설립했다. 18세기 후반에는 기업들이 자체 연구소를 설립하기 시작했다. 1874년 바이엘은 독일에 최초의 상업 연구소 중 하나를 설립했고, 2년 뒤 토머스 에디슨(Thomas Edison)은 뉴저지 멘로파크에 연구소를 설립했다.

20세기에는 뛰어난 과학과 기술이 군사적·경제적·정치적 능력의 기본이 되었다. 정부는 무기와 폭발물을 개량하는 연구를 지원했다. 미국 정부의 맨해튼계획은 당시까지 국가가 주도한 연구 계획 중 규모가 가장 커서 절정기에는 약 40개 연구 기관에서 4만 명 이상이 핵무기를 개발했다. 소련 정부도 긴급하게 비슷한 규모로 연구를 지원했다. 정부가 군사적 목표를 위해 연구 계획들을 진행하더라도 자본주의 세계의 상업화한 환경에서는 일부가 민간으로 파급되어 중요한 기술을 발전시키곤 했다. 레이더, 컴퓨터 칩, 컴퓨터, 인공위성 기술을 비롯한 전자 혁명의 많은 구성 요소는 처음에 정부가 군사적 필요성 때문에 추진한 연구의 산물이다.

오늘날 과학은 모든 산업사회의 주요 활동이다. 추정에 따르면, 지금까지 지구에 산 과학자의 80~90%는 현재 생존해 있다. 21세기 초에는 유럽입자물리연구소의 강입자충돌기가 과학계의 주류인 대규모 공동 연구의 모형이 되었다. 유럽입자물리연구소의 입자검출기 중 하나인 아틀라스만 해도 35개국 164개 연구소의 과학자 1,900명 이상이 함께 일하고 있다. 놀라운 점은 이 연구소가 순수 과학 연구를 위한 시설이라는 사실이다.

3부: 성장과 산업화가 생활 방식과 사회에 미친 영향

성장과 산업화는 사람들이 살아가는 방식을 바꾸고, 이전 시대에는 꿈만 꾸었을 수준의 물질적 번영을 이끌었다.

농민의 감소

1994년 위대한 영국 역사학자 에릭 홉스봄(Eric Hobsbawm)은 이렇게 썼다. "가장 극적이면서 파급력이 큰 금세기 후반의 사회적 변화이자 우리를 지난 세계와 영구히 단절시킬 변화는 농민의 죽음이다."[3]

농경시대 내내 인류의 대다수는 농민이었고, 농민은 사회 자원의 대부분을 생산했다. 독자가 농경시대에 태어났다면, 지주가 제공하는 작은 땅뙈기에서 농사를 지어 식구들을 먹이고 노동, 물품, 현금으로 공납이나 지대를 내는 농민 가정에서 살았을 확률이 높다. 1800년까지도 인구의 약 97%는 주민이 2만 명이 안 되는 장착지에 살았고, 대부분은 농민이었다. 이 상황은 곧 바뀌었다. 산업화가 일어나는 곳마다 상업농이 농가의 기반을 무너뜨렸고, 농민은 어쩔 수 없이 땅을 팔고 내몰려서 마을이나 급속히 성장하는 산업도시에서 임금노동자로 살았다. 결정적인 전환은 20세기에 일어났다. 20세기 중반에는 주민 2만 명 이하의 정착지에 사는 사람이 75%로 줄었고, 2000년에는 인류 역사상 처음으로 작은 공동체에 사는 이들의 비율이 50%로 떨어졌다. 우리는 도시 종이 되었다. 이전의 1만 년 동안 인류 대다수의 인생 경험을 빚어냈던 농민 생활 방식은 소멸하고 있다.

파괴적이고 야만적인 변화로 땅에서 쫓겨난 농민들은 소도시나 도시의 가난하고 위험하며 비위생적이고 오염된 환경으로 편입되곤 했다. 그러나 도시가 더 부유해지고, 기반시설을 확충하고, 수도와 전기를 설치하고, 보건과 교육을 도입하고, 직업의 기회를 늘림에 따라 변화는 점점 늘어나는 자식과 손주 세대의 물질적 생활수준을 향상시켰다. 한때 농민 이주자에게 죽음의 덫이었던 소도시는 시골 지역보다 많은 기회와 더 나은 생활 조건을 제공하기 시작했다.

진화하는 자본주의

늘어나는 인구의 생활수준이 향상되기 시작한 이유를 이해하려면 **소비자본주의**(consumer capitalism)라는 새로운 자본주의 유형의 진화를 살펴볼 필요가 있다. 19세기 말과 20세기 초에 카를 마르크스 같은 사회주의자들은 자본주의가 임금노동자나 프롤레타리아를 야만적으로 착취하며 부를 생산하기 때문에 몰락할 운명이라고 주장했다.

사회주의자들은 자본가의 공장에서는 상품이 점점 더 많이 생산되는 반면 그 상품을 살 만한 부를 지닌 노동자는 줄어들고, 판매가 없으면 이윤도 나올 수 없기 때문에 결국 체제 전체가 붕괴할 것이라고 주장했다. 게다가 생활 조건과 노동 조건이 열악해짐에 따라 노동계급 전체가 더 혁명적으로 변할 것이라고도 주장했다. 자본주의는 결코 노동자를 부유하게 만들 수 없다는 이야기였다.

이 논리의 배후에 있는 생각은 어떤 의미에서는 농경시대의 잔재였다. 유럽 열강이 식민지, 원료, 시장을 놓고 격렬하게 경쟁하도록 부추긴 사고와 마찬가지다. 양쪽 집단 모두 가용 자원이 매우 한정되어 있으므로 계급끼리 또는 국가끼리 싸워야 한다고 가정했다. 그러나 앞서 살펴보았듯이, 19~20세기의 놀라운 생산성 증가는 이 전통적인 사고방식을 약화시켰고, 상업적 경쟁을 통해 추진되는 성장이 더 많은 이들에게 혜택을 줄 수 있다는 애덤 스미스의 희망을 현실로 만들기 시작했다.

20세기에는 생산성이 누구도 상상하지 못했던 수준으로 빠르게 증가했다. 생산성이 증가하여 자본가와 정부가 계속 부유해지는 한편 중산층과 노동계급으로도 부가 확산되었다.

미국은 이미 20세기 초부터 이러한 변화를 따르고 있었다. 자동차처럼 한때 사치품이었던 물건을 평범한 노동자도 구입할 수 있을 만큼 저렴하게 생산했다. 은행이 기꺼이 대출해주고, 노동조합 활동으로 임금이 오를 수 있을 때 더욱 그러했다. 소비자본주의는 부의 대부분을 생산하는 임금노동자에게 저렴하게 상품을 팔 수 있을 만큼 생산성이 높은 자본주의 유형이었다. 노동계급의 생활수준이 나아지면서 소비재 시장이 확대되는 한편 노동계급의 소외감과 적대감이 줄어들었고, 혁명적인 사회주의 이념의 호소력도 약해졌다. 이것이 바로 20세기 말에 가장 발전한 자본주의 사회들이 성장과 정치 안정을 유지한 공식이었다.

수백 년 전부터 있었던 소매점, 광고업, 소비자 대출 모두가 소비자본주의를 지탱하기 위해 더욱더 많은 사람에게 서비스를 제공하기 시작했다. 최초의 광고 대행사는 1870년대 미국에서 등장했다. 최초의 백화점은 일찍이 1830년대 파리에 등장했고, 1850년대에는 러시아 도시들에서도 흔히 볼 수 있게 되었으며, 1890년대에는 도쿄의 긴자 거리에, 그로부터 10년 뒤에는 상하이에도 들어섰다. 처음에는 부유한 중산층 소비자를 겨냥했지만, 20세기에는 훨씬 폭넓은 대중에게 물건을 판매했다. 소비자본주의는 윤리 혁명을 대변했다. 농민 사회의 전통적 미덕인 근검절약 대신 소비와 사치를 찬미했기 때문이다.

인구 변화

가장 치밀한 인간 공동체인 가족도 현대 도시 산업사회에 적응하면서 변형되었다.

대부분의 농민 사회에서는 부모가 자식을 가능한 한 많이 낳는 것이 이치에 맞았다. 아이는 농민이 어느 정도 통제할 수 있는 생산적 자산이었기 때문이다. 아이를 낳으면 어릴 때부터 농장에서 일을 시킬 수 있었기에 가치가 있었다. 그러나 모든 농민 사회는 유아 사망률이 높았기 때문에, 자녀를 키울 가능성을 최대화하여 3, 4명쯤이나마 살아남게 하려면 여성이 가능한 한 오래 계속 아이를 낳을 필요가 있었다. 몇 명은 어릴 때 죽을 것이 거의 확실했다. 앞서 말했듯이, 이 관행들이 지속된 결과 농경시대 내내 대부분의 사회에서 여성은 아이를 배거나 기르면서 생애의 대부분을 보냈다. 유아 사망률이 높았기에 출생률도 높았다.

19세기부터 위생, 식량 생산, 보건 향상과 면역력이 세계적으로 교환되면서 대다수 산업사회의 유아 생존 확률이 높아졌다. 많은 시골 지역에서도 유아 사망률이 낮아지고 살아남아 성인이 되는 이들이 늘어남에 따라 인구가 급증했다. 이윽고 출생률, 즉 태어나는 아기의 수가 낮아지기 시작했다. 이유는 복잡하다. 산업 환경에서는 아이가 가계에 보태는 이득이 적어질 수 있다. 학교에 의무적으로 다녀야 한다면 더욱 그랬다. 아이의 생존 확률이 높아지는 동시에 육아 부담이 증가한 결과 아이를 많이 낳으려는 유인도 줄어들었다.

새로운 피임법들도 출생률을 낮추는 데 기여했다. 고무 콘돔은 1830년대부터 산업적으로 생산되기 시작했다. 20세기에 새로운 피임 기구들이 나왔고, 1960년에는 먹는 피임약도 나왔다. 여성들은 아이를 몇 명 낳을지 선택할 수 있었고, 더 적게 낳는 쪽을 택하는 여성들이 점점 늘어났다. 산업화하고 도시화한 지역을 시작으로 19세기 말부터 출생률이 떨어지기 시작했다. 20세기 말에는 훨씬 많은 지역에서 더욱더 확고하게 다시 떨어지는 **인구 변천**(demographic transition)이 나타났다. 이 변화는 사망률도 출생률도 낮은 새로운 인구통계학적 세계를 빚어냈다. 가족은 자녀가 더 적어졌고, 인구 성장률은 1960년대에 정점에 달한 뒤 서서히 낮아지기 시작했고, 2000년에는 인구 성장률이 0인 나라가 30개국을 넘었다. 인구통계학자들은 21세기의 어느 시점에 세계 인구 성장률이 0에 다다르고 인구가 90억~100억 명 사이에서 안정될 것이라고 예측한다. 이후 세계 인구는 줄어들기 시작할 것이다.

인권과 생활수준 향상

출산에 대한 압력 감소, 의무교육, 개인 간 폭력에 반대하는 인식 증가는 남녀 관계를 변화시켰다. 여성은 임금노동자로든 교육, 의료, 정치 등 이전에 남성이 차지했던 전문직으로든 간에 더 많은 기회를 얻었다. 여성은 뉴질랜드(1893)를 시작으로 오스트레일리아(1902), 핀란드(1906), 러시아(1917), 영국(1918), 독일과 미국(1919) 등 민주주의 국가에서 투표권을 얻었다. 20세기 말에는 세계 대다수의 민주주의 국가와 사이비 민주주의 국가의 여성들이 투표할 수 있었다. 농경시대 삶의 특징이었던 엄격한 남녀 역할 분리가 무너지기 시작했고, 산업화한 지역들에서는 더욱 급격하게 나타났다. 그 나라들조차 지금도 여성의 임금이 남성보다 낮은 상황이긴 하다.

대다수 독자는 지금까지 기술한 장기 추세들을 긍정적으로 볼 것이다.

더욱더 많은 이들을 위해 복지, 부, 자유가 늘었다. 그러나 이런 성공을 과장해서는 안 된다. 현재 인구가 엄청나게 늘어났다는 것은 역설적이게도 끔찍한 빈곤 속에서 살아가는 이들이 전보다 늘어났다는 의미도 된다. 2005년에는 100년 전의 세계 총인구보다 2배나 많은 31억 명이 하루 2.5달러도 안 되는 돈으로 살아갔다. 산업혁명 이래로 부자와 빈자의 격차도 벌어져 왔고, 20세기에는 더욱 그랬다. 주된 이유는 부자가 더 부유해졌기 때문이다. 1800년에는 가장 부유한 나라가 가장 가난한 나라보다 1인당 평균 소득이 2~3배 높았다고 추정된다. 1900년에는 12~15배 높았고, 2002년에는 50~60배 높았다. 2005년에 세계에서 가장 부유한 20%는 모든 민간 소비의 77%를 차지했고, 가장 가난한 20%는 겨우 1.5%를 차지했다.

여기에도 긍정적인 부분은 있다. 적절히 편의를 누리며 살아가는 사람의 절대적인 수와 적절히 편의를 누리며 살아가는 인구의 비율이 전보다 높아졌다는 점이다. 우리 종의 관점에서 볼 때는 엄청난 기술적·조직적·도덕적 성취였다. 20세기의 변화는 이전의 어느 시대보다도 전 세계 사람들의 생활수준을 높인 듯했다.

4부: 인류의 성장은 지속 가능할까?

그런데 이 성취는 얼마나 탄탄할까? 인류의 관점을 반영하는 성장이란 용어는 인류가 이익을 위해 통제하는 자원이 늘어난다는 의미다. 그러나 생태적 관점에서 보면 20세기의 크나큰 변화는 우리 종이 어떻게 갑작스럽게 생물권 전체의 에너지와 자원을 지배하기 시작했느냐는 질문이 되기도 한다. 인류가 '성장'할 때 다른 많은 종은 이용 가능한 땅, 먹이, 서식지의 감소를 겪었다. 또 인간 활동은 물의 이동과 기후변화, 탄소와 질소의 생화학적 순환 같은 지질학적·기상학적 체계를 불안정하게 만들었다.

인류는 생물권에서 더욱더 많은 자원을 계속 추출할 수 있을까? 아니면 성장이 현대 사회가 의존하는 생태적 토대를 위협할까? 기술적 창의성이 낳은 엄청난 힘을 인류가 과연 통제할 수 있는지는 불분명하다. 우리 종이 획득한 위험한 힘이 가장 무시무시하게 나타난 형태는 핵무기 개발일 것이다. 1986년 전 세계에는 약 7만 기의 핵탄두가 존재했는데, 대부분 미국과 소련의 병기고에 있었다. 사용되었다면 생물권에 끔찍한 피해를 입혔을 것이다. 실제로 20세기에 인류 사회는 전면 핵전쟁을 벌이기 직전까지 갔다. 1962년 소련 정부가 동맹국 쿠바를 지키기 위해 쿠바에 핵무기를 설치하기로 합의했다. 쿠바는 1959년부터 피델 카스트로(Fidel Castro)의 사회주의 정부가 통치하고 있었다. 미국 대통령 존 F. 케네디(John F. Kennedy)는 핵무기가 들어오지 못하게 쿠바를 봉쇄하라고 지시했고, 며칠 동안 세계는 핵전쟁 직전까지 갔다. 막판에 흐루쇼프의 소련 정부가 물러서서 배를 돌렸다. 그 뒤로도 초강대국들이 단순한 오해 때문에 핵전쟁 직전까지 간 사례들이 발생했다. 21세기에 접어든 2010년에도 러시아와 미국은 '일촉즉발(hair-trigger alert)' 상태로 수백 기의 핵무기를 대기시켰다. 15분 이내에 발사할 수 있다는 의미였다. 우리는 지금까지 핵전쟁을 피해왔지만, 말 그대로 그저 피하고 있었을 뿐이다.

우리 종의 커지는 생태적 능력은 눈에 적게 띄는 형태로도 나타났다. 인류는 19세기부터 유용한 산물들을 인공적으로 합성하기 시작했다. 20세기에는 1000만 가지의 새로운 화학물질을 합성했고, 농약에서 비료, 인공 고무, 플라스틱, 합성 직물에 이르기까지 약 15만 가지를 상업적으로 생산하여 이용했다. 그러다가 1980년대에 주로 분사제, 에어컨, 냉장고에 쓰이는 염화불화탄소(CFC)가 대기로 퍼져서, 지표면을 위험한 자외선으로부터 보호해주는 얇은 오존층을 파괴한다는 사실이 밝혀졌다. 오존층의 구멍이 넓어지고 있다는 과학적 증거가 나오자 결국 여러 나라가 국제적 조치를 취했다. 1987년에 UN이 지원하여 여러 나라가 협약을 맺은 후 전 세계가 염화불화탄소 사용을 중단하려고 애썼다. 그 뒤로 대체 물질들이 개발되면서 염화불화탄소의 세계 생산량은 0에 가까이 떨어졌다. 현재의 증거들을 보면 오존층의 구멍은 더 이상 커지지 않는 듯하다. 인류가 일으키는 문제의 규모와 대응할 조치의 규모가 어느 정도인지 보여주는 이야기다.

인간 활동은 지구의 토양도 바꾸고 있는데, 원인은 농사 때문만이 아니다. 내연기관의 성능이 좋아지면서 광부, 도로와 댐을 건설하는 인부들은 침식, 빙하 작용, 조산운동 같은 자연력들을 합한 것보다 더 큰 규모로 흙을 옮겼다. 20세기에 인류의 물 이용량은 9배 증가했고, 현재 우리는 대수층에 물이 충전되는 속도보다 10배나 빨리 지하수를 퍼 올리고 있다. 수십 년 안에 미국 다코타에서 텍사스까지 뻗어 있는 오갈랄라 대수층을 비롯하여 세계에서 가장 큰 대수층 중 상당수가 말라버릴 것이다.

우리가 생물권의 자원을 더욱더 취할수록 다른 종들은 위축되고 있다. 가장 큰 피해를 입히는 행위는 도로와 도시를 만들고, 나무를 베어내고, 쟁기질해서 경작지를 만들면서 다른 종들의 서식지를 이용하고 바꾸는 것이다. 최근 수십 년 사이에 **생물다양성**(biodiversity)(종의 수) 감소 속도에 관한 많은 연구 결과가 나왔다. 2010년 국제자연보전연맹(International Union for Conservation of Nature)은 현재의 멸종 속도가 지구의 최근 역사 대부분 동안 나타난 것보다 약 1,000배 빠르다는 평가 결과를 내놓았다. 이 속도는 지난 6억 년 동안 생물다양성이 가장 급속히 사라진 5번의 사건에 맞먹는다. 지금까지 멸종 가능성이 높다고 평가된 4만 7000여 종 가운데 3분의 1인 약 1만 7000종이 가까운 미래에 멸종할 위험이 있다. 포유류 약 5,500종 가운데 700종(13%)은 '위급'이나 '위기' 단계, 약 500종(9%)은 '취약' 단계에 처해 있다. 게다가 지구에서 생물다양성이 가장 높은 환경 중 하나인 산호초의 약 70%가 위협을 받고 있거나 이미 파괴되었다. 많은 종이 생물권 유지에 핵심적이기 때문에 생물다양성 감소는 그저 심미적 문제가 아니다. 예컨대 벌은 작물의 꽃가루받이에 반드시 필요하다.

농경 문명은 안정적인 기후 덕분에 수천 년 동안 번영했지만, 우리는 다음 세기에 지구 기후와 해수면에 심각한 영향을 미칠 수 있을 정도로 대기를 바꾸기 시작했다. 특히 이산화탄소와 메탄 같은 온실가스의 대기 농도 증가야말로 심각한 변화다. 태양의 열을 흡수하고 간직하여 우주로 반사되어 나가는 양을 줄이는 이 기체는 농도가 증가할수록 지구 평균 기온을 상승시킨다. 화석연료 사용량이 증가한 결과, 수억 년 동안 화석연료에 저장되었던 탄소가 겨우 수십 년 사이에 대기로 뿜어졌다. 20세기에만 이산화탄소 배출량이 13배나 증가했다.

대기 조성을 장기적으로 연구한 결과에 따르면 1800년 이래로 이산화탄소 농도가 약 80만 년 동안 정상이었던 범위를 넘어 증가하기 시작했다(〈그림 11.1〉과 13장 참고). 1900~2000년에 대기 이산화탄소 농도는 약 295ppm에서 370ppm 가까이로 증가했다. 지난 100만 년 동안의 전형적인 값을 훨씬 초월한 수준이다. 변화의 장기적 영향을 예측하기는 어렵지만, 기후과학자들은 이 농도가 평균 기온을 장기적으로 높게 유지시킴으로써 전 세계에서 해수면 상승(극지방의 빙하가 녹고 바닷물이 따뜻해져 팽창한 결과)과 기후변화가 일어날 것이라고 본다.

가장 우려되는 점은 수백만 년에 걸친 기후 역사를 토대로 판단할 때 기후변화가 언제나 매끄럽게 진행되지는 않았다는 것이다. 전환점, 즉 양의 되먹임 순환이 계속 되풀이되면서 변화가 무척 빨라지는 바람에 갑작스럽게 변화하는 순간이 나타난다. 마지막 빙하기 말에도 그랬다. 예를 들어 극지방의 빙하가 녹으면 햇빛을 반사하는 하얀 표면이 줄어들고, 이 지역이 햇빛을 더 많이 흡수하면서 얼음 녹는 속도가 더욱 빨라진다. 마찬가지로 툰드라 지역의 영구동토대가 녹으면 이산화탄소보다 강력한 온실가스인 메탄이 엄청나게 방출되고, 그 메탄은 온난화를 가속화하여 툰드라가 녹는 속도를 빠르게 만들 것이다.

환경을 바꾸는 능력이 너무나 빨리 커졌기 때문에 우리는 환경 변화나 경제를 바꾸는 능력이 미칠 영향을 제대로 파악하지 못한다.

| 요약 |

인류세라는 개념은 20세기에 우리가 목격한 변화의 깊은 의미를 살펴보기에 좋은 수단이다. 네덜란드 기후과학자 파울 크뤼천은 1800년 이래로 우리가 새로운 지질시대인 인류세에 들어섰다고 주장했다. 우리 종이 생물권을 지배하기 시작한 시대다. 2008년 저명한 과학자들로 이루어진 한 집단은 국제 층서위원회(International Commission on Stratigraphy)(지질시대의 연대를 공식적으로 정하는 기관)가 인류세를 지질 연대표에 공식적으로 도입해야 한다고 촉구했다. 이들에 따르면 인류세와 이전 시대인 홀로세를 구분하는 기준은, 인류가 자신이 무슨 짓을 하는지 이해하지 못한 채 대기의 화학, 동식물 종의 범위와 다양성과 분포, 물 순환의 특성, 침식과 퇴적이라는 근본적 과정들을 바꾸기 시작한 행위다. 우리는 약 40억 년 동안 나타난 생명 중 생물권을 홀로 변형시킬 능력을 지닌 최초의 종이다.

현재 인류는 광합성을 통해 생물권으로 들어오는 모든 에너지의 25~40%에 영향을 미치고 있다. 다시 말해 생물권의 전체 에너지 예산 중 4분의 1에서 2분의 1이 한 종의 변덕에 따라 분배된다는 뜻이다. 우리 종의 출현은 우리뿐 아니라 우리 행성의 역사에서 근본적으로 중요한 문턱이다. 존 맥닐은 20세기의 환경 역사에 관하여 이렇게 주장했다. "인류는 그럴 의도가 없이 통제되지 않은 대규모 실험을 지구에서 저질러왔다. 머지않아 이것이 제2차 세계대전보다, 공산주의 수립보다, 대중 문해력 증가보다, 민주주의 확산보다, 여성 해방 확대보다 20세기 역사에서 가장 중요한 측면으로 여겨질 것이다."[4]

제임스 러브록(James Lovelock)처럼 비관적인 이들은 인류가 일으킨 변화가 이미 통제 불가능해졌다고 생각한다. 그는 생물권이 수동적 대상이 아니라고 오랫동안 주장해왔다. 생물권은 때로 인류가 좋아하지 않을 수도 있는 방식으로 인류의 행동에 반응하고 복잡하며 진화하는 초유기체에 가깝다는 것이다. 의인화하여 말하면, 생물권은 필요하다면 인류에 맞서 자신을 지킬 것이다.

비관론자들의 생각이 맞다면, 우리는 일종의 세계적 교통사고 현장의 한가운데에 있는 셈이다. 사건들이 빠르게 진행되는 바람에 정부도 기업도 소비자도 적절히 대처하지 못하고, 대처 방법에 관한 세계적 합의를 도출하는 것도 어렵다. 성장 자체가 지속 불가능하다는 의미일까? 그렇다면 중국과 인도 같은 나라들, 현대 혁명의 혜택을 누리는 사람이 점점 많아지는 나라들이 그 혜택을 낳고·있는 성장을 억제해야 한다는 의미일까? 아니면 먼저 산업화하고 생태적 문제들에 가장 크게 기여한 나라들이 부분적으로 탈산업화하여 대가를 치러야 할까? 혹은 세계 전체가 현대 혁명의 혜택을 포기하고, 가용 자원이 너무 부족해 가장 유망한 유형의 '성장'인 전쟁으로 이웃의 자원을 빼앗곤 했던 농경시대로 돌아가야 할까?

한편 우리 종을 정의하는 특징인 집단 학습을 토대로 생태적 재앙을 피할 새로운 기술과 전략을 개발할 수도 있을 것이다. 유전공학으로 석탄을 천연가스로 전환하는 세균을 만들거나, 쓰레기를 에너지로 바꾸거나, 대기의 이산화탄소를 빨아들이거나, 핵융합로로 값싸게 에너지를 생산할 수도 있지 않을까?

나노기술로 산업혁명 시대의 거대 기계보다 운영비가 낮으면서 성능은 더 뛰어난 작은 기계를 만들 수 있지 않을까? 정치인들은 이 문제에 대처하기 위해 전 세계가 협력하는 새로운 방식을 내놓을까? 인구 성장이 느려지는 인구 변천에 걸맞게 소비도 줄어드는 일종의 '소비 변천'이 일어날까?

낙관론자들은 인류가 문제들을 예전보다 잘 이해하고 대처할 능력을 갖추고 있다고 지적한다. 50년 전만 해도 환경 문제가 시급하다는 인식은 극히 미미했다. 지금은 전 세계에 환경에 대한 인식이 퍼져 있고, 각국 정부도 문제를 해결하려면 국제 협력이 필요하다는 것을 잘 안다. 국제 협력이 이뤄지려면 많은 난제를 극복해야 하지만, 협력해야 한다는 것은 안다. 우리가 일으킨 문제 중 일부를 해결할 수 있는 종이 있다면, 집단 학습을 할 수 있고 현재 70억이 넘게 사는 지구촌에서 생각과 지식을 공유할 수 있는 바로 그 존재일 것이다.

13장

**또 다른 문턱에
관하여**

미래의 역사

현재 이후

미래의 역사라는 개념과 용어는 모순 같다. 미래에 어떻게 역사가 있단 말인가? 미래의 모습을 언급하는 것이 말이 될까? 전통적으로 역사학자들은 과거를 돌아볼 뿐 미래를 추측하지는 않는다.

그러나 전통적 역사학자들을, 미래를 생각하기 꺼리는 극소수로 볼 수도 있다. 인간을 비롯한 동물들은 자연선택을 통해 예측 능력을 갖추었다. 실제로 기억은 단지 과거를 기억하기 위해서가 아니라 미래 예측을 돕기 위해 진화했다. 인간의 조상을 포함한 많은 동물의 생존은 '저기에 표범이 숨어 있을까?' 같은 질문에 올바로 답하느냐 여부에 달려 있었기 때문이다. 증권 중개인, 도박사, 점성술사, 경마에 판돈을 거는 이들 모두 예측하는 능력으로 돈을 번다. 정치인도 자신이 찬성한 정책의 결과를 예측해야 한다. 에너지에 매기는 세금은 이산화탄소 배출량 증가를 늦출까, 아니면 경제성장을 가로막을까? 어느 쪽이 우리 손주 세대의 행복에 더 중요할까? 사람은 미래에 대한 생각을 피할 수 없다. 우리의 결정과 행동이 자녀, 손주, 사회 전체에 영향을 미치기 때문이다.

빅 히스토리는 미래를 진지하게 생각할 때 기본 틀로 삼을 수 있는 놀라운 관점이다. 그동안 138억 년에 걸친 거시적 추세들을 살펴보았으니 미래를 내다보는 것은 지극히 자연스러운 수순이다. 인류가 그저 벼랑 끝에 매달려 있도록 방치할 수 없다면 말이다. 게다가 지금은 역사상 최초로 빅 히스토리 관점을 활용할 수 있는 시기다.

이 장에서는 3부로 나누어 미래를 살펴볼 것이다. 1부에서는 앞으로 100년에 걸친 가까운 미래를 살펴보고, 2부와 3부에서는 수천 년의 중간 미래와 수십억 년의 먼 미래를 살펴보자. 추세를 예측하기 가장 쉬운 쪽은 가까운 미래다. 중간 미래는 무척 멀어서 명확히 예측할 만한 내용이 거의 없다. 하지만 기이하게도 천체물리학자들은 꽤 강하게 확신하며 먼 미래를 설명한다. 그때쯤 인류는 존재하지 않겠지만.

가깝든 멀든 미래를 생각할 때는 신중해야 한다. 미래는 예측하기가 어렵기 때문에 어떤 것도 장담할 수 없다. 현재의 현실도 모호하고, 미래는 훨씬 더 그렇다. 양자물리학자들은 가장 작은 입자는 정해진 위치에 존재하지 않는다고 말한다. 더 큰 규모를 다루는 복잡성이론가들은 계에 교란이 많을수록 우발성, 즉 우연의 역할이 커진다고 말한다. 확연히 어긋난 예측의 사례는 흔하다.

> 1900년 자동차의 효율이 높아지고 고장도 줄고 있을 때도 에드워드 W. 번(Edward W. Byrn)은 인류가 말(馬)이 없으면 잘 살아가지 못할 것이라고 생각했다. (지금도 그의 말이 옳을 가능성이 있다!)
>
> 1952년 어떤 이들은 머지않아 누가 누구와 혼인해야 더 행복할지를 전자 두뇌가 판단하는 날이 올 것이라고 내다봤다.
>
> 1976년 허먼 칸(Herman Kahn)은 21세기가 되면 자신이 사는 뉴욕시 교외 지역 스카스데일의 생활수준을 다른 나라 사람들도 누리는 첨단 기술 세계가 올 것이라고 예측했다.

예측은 때로 실패하지만, 세심하게 생각하는 사람은 때로 미래의 중요한 특징을 파악할 수 있다.

1896년 스웨덴 화학자 스반테 아레니우스(Svante Arrhenius)는 대기 이산화탄소가 지구를 따뜻하게 만드는 담요 역할을 한다는 사실을 깨달았고, 몇 년 뒤에는 화석연료를 태우면 지구가 더워진다는 사실도 알아냈다.

1962년 레이철 카슨(Rachel Carson)은 농약이 입히는 피해에 주의할 것을 호소하는 『침묵의 봄』을 펴냈다.

1971년 프랜시스 무어 라페(Frances Moore Lappe)는 사람들이 육식을 적게 하고 채식을 더 많이 하면 식량이 모두에게 돌아갈 수 있음을 보여준 『작은 지구를 위한 식사(Diet for a Small Planet)』를 펴냈다.

뉴저지에서 토마토 농사를 지은 레스터 R. 브라운(Lester R. Brown)은 1974년 록펠러재단의 지원을 받아 사람 발자국, 즉 사람이 환경에 미치는 영향이 얼마나 커져가는지를 감시하는 월드워치를 창설했다.

미래를 진지하게 생각하는 기본 절차는 다음과 같다. 먼저 기존 추세에서 시작하여 그 추세를 미래에 투영하는 것이 타당한지 알아본다. 물론 핵심은 기존 추세를 올바로 분석하느냐다. 이 책의 목표는 바로 그것이었다. 이제 그 기법으로 가까운 미래를 생각해보자.

미래 1: 가까운 미래

농경시대에 되풀이된 패턴 중 하나는 맬서스 주기(6장과 10장 참고)다. 인구가 식량 생산량보다 빨리 불어나는 바람에 기근, 전쟁, 인구 감소가 일어난다. 더 큰 규모의 패턴은 복잡성이 점점 증가하는 것이다. 계 안을 흐르는 에너지가 더 많아지고 구성 요소의 수도 늘어나는 현상이다. 우리는 현대에도 맬서스 위기에 직면할까? 인류 사회는 더 복잡해지고 붕괴에 더 취약해질까?

21세기 초에 우리가 중대한 맬서스 위기에 직면할 것임을 시사하는 징후들은 많다. 세계 문명을 떠받치는 화석연료가 고갈되기 시작한다는 것 등이다. 더욱 큰 규모에서 보면 지구 기후가 약 1만 년 동안 비교적 안정적이었던 시기의 끝에 이르렀다고 할 수 있을 정도로 빠르게 변화하고 있으며, 훨씬 불안정하고 빠르게 변화하는 시기에 진입했다고 할 수도 있다. 앞 장에서 살펴보았듯이 한편으로 인간 활동이 지구에 미치는 영향이 워낙 크기에 일부 지질학자들은 마지막 빙하기 이래 지속된 약 1만 년의 홀로세가 끝나고 인류세가 시작되었다고 주장한다.

가까운 미래를 논의하려면 먼저 큰 규모에서 현재의 위치를 언급해야 한다. 이어서 부정적 측면과 긍정적 측면을 살펴본 후 앞으로 100년 사이에 답할 수 있을 몇몇 주요 질문을 제기하며 마무리하겠다.

현재 상황

많은 이들이 여러 증거를 대면서 인류가 지금 같은 생활 방식을 오래 유지할 수 없다고 주장한다. 화석연료 연소에 토대하여 끝없는 성장에 집착하는 산업사회가 지속되거나 먼 미래까지 이어지지는 않을 것이라는 말이다.

이 주장의 원인들은 복잡하며 다차원적이고 서로 얽혀 있다. 뒤의 '불길한 추세' 절에서 언급하겠지만, 요약하면 다음과 같다. 증가율이 낮아지고 있지만 인구는 계속 많아지고 있으며, 식량 공급은 점점 불안정해진다. 석유 공급량도 서서히 줄어들 것이다. 이미 생산량이 정점에 이르렀다고 보는 이들도 있다. 식물과 동물을 비롯한 생물들의 멸종률이 무척 높아서 일부는 여섯 번째 대멸종이 일어나고 있다고 주장한다. 인류는 많은 생태계를 지속 불가능하게 파괴해왔고, 화석연료를 태움으로써 내뿜은 이산화탄소는 지구 기후를 급속히 변화시키고 있다.

앞 문단은 **사람 발자국(human footprint)**이라고 표현할 수 있다. 지구의 재생 능력을 뜻하는 '환경 용량'에 인류가 가하는 부담을 뜻한다. 2002년 미국국립과학원(U.S. National Academy of Sciences)은 1980년경 사람 발자국이 처음으로 지구의 환경 용량을 초과했다는 연구 결과를 발표했다.

많은 과학자의 결론에 따르면 인류는 수십 년 안에 지금 같은 생활 방식을 유지하면서 일종의 세계적 붕괴를 초래할지, 아니면 자연을 더 완벽하게 지배하거나 인류의 물질적 욕망을 제한하거나 양쪽 전략을 조합하여 붕괴를 피할 방법을 찾아낼지 선택해야 한다.

미국 생리학자 재러드 다이아몬드는 2005년에 명저 『문명의 붕괴』를 펴내 인류가 붕괴에 초점을 맞추도록 주의를 환기하는 데 크게 기여했다. 이 책에서 그는 전쟁, 질병, 기근, 생태계 파괴로 붕괴한 사회들[그린란드 노르웨이인, 아나사지, 라파누이(이스터섬), 고전 시대의 저지대 마야]과 재앙을 피한 사회들(그린란드 이누이트, 잉카, 일본 도쿠가와 바쿠후)의 사례를 제시한다. 『붕괴에 의문을 제기하다(Questioning Collapse)』를 쓴 퍼트리샤 매캐너니(Patricia A. McAnany)와 노먼 요피(Norman Yoffee) 등의 일부 역사학자는 다이아몬드의 판단을 실증할 수 있는지 의문을 제기하지만, 대다수는 우리가 심각한 위험에 처했다고 확신한다.

앞으로 100년 안에 어떤 세계적 붕괴가 일어날 가능성이 어느 정도인지 알 방법은 없다. 다음 두 절에서는 붕괴 방향을 가리키는 불길한 추세와 그것을 피할 수 있는 긍정적 추세를 살펴보자.

불길한 추세

판매 부수를 올리려는 신문과 기부자에게 호소하려는 비영리단체가 과장해서 말하는 경향이 있긴 하지만, 실제로 위험하고 불길한 추세들이 많다는 사실을 인정해야 한다. 이 절에서는 추세들을 인구 증가, 공급량이 한정된 화석연료, 기후 불안, 생태계 파괴 4가지로 요약할 것이다.

▪ 인구 증가

인구는 최근에 유례없는 속도로 증가해왔다(12장 참고). 1950년부터 1990년까지 겨우 40년 사이에 2배로 증가했다. 증가율은 1990년 이래로 감소해왔으며, 다시 2배가 증가하려면 약 58년이 걸릴 것이다(〈그림 13.1〉). 인류 역사상 한 개인의 생애 안에 인구가 2배로 늘어난 사례는 처음이지만, 어쨌든 오늘날 60세를 넘은 모든 사람이 이 현상을 접해왔다.

미래에 인구가 어떻게 달라질지는 아무도 모르기에 UN은 다양한 예측을 내놓고 있다. 최근의 인구 추계에서는 중간 추정값을 따를 때 2050년에 세계 인구가 89억 명에 달할 것이라고 본다. 높은 추정값은 2050년에

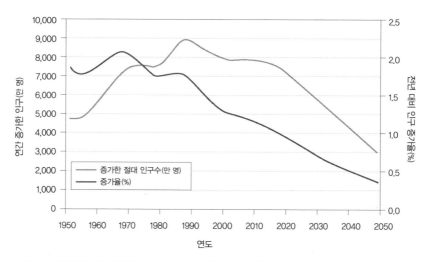

그림 13.1 세계 인구 증가율[1950~2050(추정)]. 최근 수십 년 사이에 세계 인구 증가율(%로 나타낸 세계 인구와 늘어난 인구의 비율)이 대다수 국가에서 느려졌다. 1965년에는 약 2%가 증가했지만, 2010년에는 약 1.2%가 증가했다. 그러나 해마다 늘어나는 인구수는 여전히 1965년과 비슷했다!

106억 명, 낮은 추정값은 74억 명에 다다를 것이라고 본다. 후자는 출산율 (부부가 낳는 자녀 수)이 빠르게 대체율 미만으로 떨어질 것이라고 가정한 결과다. 출산율이 대체율 수준(부부당 약 2.1명)까지만 떨어진다면 인구는 70년 동안 계속 증가할 것이다. 최근의 높은 인구 증가율 때문에, 현재 인구 중 아동과 생식 연령에 속한 젊은 층의 비율이 유달리 높은 '인구 돌출 (demographic bulge)' 또는 '인구 관성(population momentum)'이 나타나고 있기 때문이다.

인구 추계는 나라에 따라 크게 다르다. 스페인, 일본, 러시아, 독일 등 약 33개국은 출산율이 떨어지므로 인구가 안정되거나 줄어들 것으로 추정된다. 레소토와 스와질란드를 포함한 집단은 사망률이 증가하여 인구가 감소하고 있다. 또 중국과 미국을 포함한 집단은 출산율이 대체율 수준까지 떨어졌지만 인구 돌출 때문에 아직 팽창하고 있다. 한편 아프리카를 비롯한 덜 발달한 지역의 나라들은 증가율이 감소하고 있다고는 해도 인구가 계속 빠르게 증가하고 있다. 증가율 감소 추세가 이어진다면 2050년경 인구 증가가 대체율 수준에 다다를 것이다.

2000~2100년 세계 인구의 지역별 분포는 크게 바뀔 것이다. 유럽의 비율은 12.0%에서 5.9%로 줄어드는 반면 아프리카의 비율은 13.1%에서 24.9%로 거의 2배 늘어날 것이다. 북아메리카는 이민자가 유입하며 2050년까지 증가하고 그 뒤로는 더 이상 이주가 없을 것이라고 UN은 내다본다. UN은 2100년에 인구가 많게는 140억 명, 중간이면 90억 명, 적게는 56억 명이 될 것이라고 추정한다.

세계 인구의 절댓값은 사람 발자국의 한 요소다. 다른 요소는 개인이 소비 수준에 따라 미치는 영향이다. 선진국 시민은 개발도상국 시민보다 훨씬 많이 소비한다. 중국이 미국의 2005년 소비 수준에 다다르면, 인류가 지구에 미치는 영향은 2배로 커질 가능성이 높다. 따라서 소비 수준도 우리가 생물권에 미치는 영향을 측정할 때 인구수 못지않게 중요하다.

■ 공급량이 한정된 화석연료

좀 퉁명스럽게 이야기하면 '값싼 석유의 종말'이라고 할 수 있다. 석유 생산량은 이미 정점에 달했을까? 아무도 모른다. 낙관론자들은 적어도

2020년 이후라고 말하고 비관론자들은 이미 정점을 지났다고 말한다. 석유가 완전히 고갈되지는 않을 것이다. 하지만 채굴 비용이 점점 오르고, 수요에 비해 공급이 줄면서 가격이 올라갈 것이다.

11장에서 보았듯이, 석유는 오래전 빙하가 녹아서 저지대가 침수되었을 때 생겼다. 바닥에 가라앉은 미세한 해양 생물(인편모류, 규조류, 유공충류)이 퇴적물의 압력을 받고 지구 내부의 열에 달구어진 끝에 석유가 되었다.

석유의 주요 원천은 지구의 특정 지역들에서만 형성되었다. 세계 석유의 4분의 1은 사우디아라비아에 매장되어 있다. 중동은 세계에 남아 있는 석유의 60% 이상을 지니고 있다. 전 세계에서 연간 채굴되는 석유의 양은 약 100년 전에는 1억 배럴이었지만 지금은 약 200억 배럴로 늘었다.

석유 가격은 공급과 수요라는 시장의 힘에 따라 정해진다. 그러나 공급은 여러 생산국의 정부가 정한다. 1960년 11개 생산국이 세계 석유 시장의 패권을 놓고 소련 및 미국과 경쟁하기 위해 **석유수출국기구(OPEC)**라는 카르텔(경쟁하지만 공통의 이익을 위해서는 협력하는 집단)을 형성하여 석유를 얼마나 생산할지 협의하고 있다. 사우디아라비아는 값싸게 석유를 생산할 여력이 크므로 생산량을 갑자기 늘리거나 줄여서 석유 가격에 영향을 미칠 수 있다. 최근의 역사를 보면 석유 생산량이 급감한 시기는 3차례다. 1973~74년 아랍-이스라엘 전쟁에 대응하여 아랍 석유 금수 조치가 내려졌을 때, 1979년 이란혁명 때, 1991년 페르시아만전쟁 때다. 이때마다 미국을 비롯한 전 세계가 일시적으로 경기 침체를 겪었다.

2009년에 세계에서 생산된 에너지 중 80%는 석유, 석탄, 천연가스 등 화석연료에서 나왔고, **재생에너지(renewable energy)**(햇빛, 풍력, 수력 등 쉽게 재생할 수 있는 원천에서 얻는 에너지)가 12%, 원자력이 8%를 차지했다. 미국 인구는 세계 인구의 약 4.5%지만 세계 석유의 약 20%를 썼고, 자국 전기의 절반 이상을 석탄을 태워 생산했다. 석유가 한 방울도 나오지 않는 일본과 독일은 에너지 절약을 장려하는 에너지 효율 정책을 수립했다. 물론 이 사회들도 석유를 소비했다.

화석연료는 전기를 생산하고 자동차를 운행하는 데뿐만 아니라 세계 70억 명을 먹이는 데도 쓰인다. 화석연료로 얻은 에너지는 현대 농업을 위한 비료를 만드는 데 쓰인다. 지하수를 퍼 올리고 트랙터를 움직이고 곡물을 집까지 운반하는 차량에도 쓰인다. 살충제와 제초제를 생산하고 운송하는 데도 쓰인다. 남은 화석연료를 적절한 비용으로 채굴하기 어려워질 날이 언젠가는 올 것이다. 석탄과 천연가스는 석유보다 오래갈 것이다. 세계가 화석연료에서 다른 에너지원으로 전환하는 것을 미룰수록, 그 전환은 덜 평화롭고 덜 질서 있게, 더 혼란스럽고 폭력적으로 진행될 가능성이 높아진다. 문명을 지탱하고 있는 연료를 현대 산업 문명을 파괴하지 않으면서 떼어낸다는 것은 문명을 발전시키는 것만큼 어려울 수 있다.

■ 기후 불안

최근에는 지구 생명의 핵심 원소인 탄소가, 지난 1만 년 동안 인류 사회를 지탱한 비교적 안정한 기후를 위협하고 있다. 어떻게 그럴 수 있을까?

얼음 코어 채취, 대기 이산화탄소 농도 장기 측정 등 최근 발전한 기후 연구 방법으로 살펴보면 역사적으로 기후변화가 규칙적이었으며, 어느 정

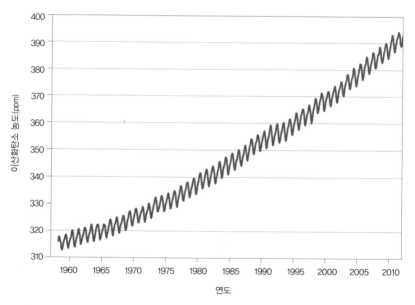

그림 13.2 대기 이산화탄소 농도(1957~2010). 킬링 곡선이라는 이 그래프는 하와이 마우나로아 천문대에서 측정한 대기 이산화탄소 농도 변화다. 캘리포니아대학교 샌디에이고 스크립스연구소의 찰스 데이비드 킬링(Charles David Keeling)이 측정했다. 이산화탄소 농도를 최초로 정기적으로 측정하기 시작한 그는 세계가 농도 증가 현상에 관심을 갖도록 만들었다. 2013년 5월 이산화탄소 농도는 300만 년 만에 처음으로 400ppm에 다다랐다.

도 요동치긴 했어도 지난 1만 년 동안은 비교적 안정을 유지했다. 화석연료를 태울 때 대기로 배출되는 이산화탄소가 기후를 뜨겁게 만들 수 있다고 내다본 과학자들이 20세기 초에도 있었다. 그들은 이 온난화를 환영했다. 과거의 기후 패턴을 보면 약 1만 년 동안 따뜻한 시기가 이어지다가 빙하기에 접어들곤 했음을 시사했기 때문이다. 윌리엄 러디먼 같은 현대 연구자들은 농경이 시작된 뒤 이어진 삼림 파괴와 산업화 이후 석탄 연소로 증가한 이산화탄소 배출량이 빙하 작용이 다시 일어나지 못하도록 막았을 수도 있다고 주장했다.

기후가 저절로 변하곤 했기에, 사람들은 자신들이 현재의 기후변화를 일으켰다는 사실을 믿지 않으려 했다. 그러나 1958년부터 대기 이산화탄소 농도를 측정해서 해마다 농도가 증가했음을 명확히 보여주는 연구 결과가 1970년에 발표되었다(〈그림 13.2〉). 과학자들은 인류가 대기로 뿜어내는 이산화탄소가 **온실효과**(greenhouse effect)를 일으켜 기후변화를 가속화하기 시작했다고 경고했다. 1988년 UN환경계획(UNEP)과 세계기상기구(WMO)는 변화 양상을 추적하기 위해 손꼽히는 기후과학자들을 모아 기후변화에관한정부간협의체(IPCC)를 구성했다. 대체로 정치계와 경제계의 지도자들도 지구온난화가 일어나고 있음을 받아들였지만, 아직도 현실로 믿지 않는 시민도 많다.

온실효과를 이해하려면 해가 내리쬐는 곳에 주차한 차를 떠올리면 된다. 이때 태양에너지가 차 안으로 쉽게 들어오는 반면 잘 빠져나가지는 못하므로 차 안이 온실처럼 변한다. 지구를 온실로 만드는 것은 대기에 조금 섞인 특정 기체들이다. 이 대기 미량 기체(수증기, 이산화탄소, 메탄, 오존, 염화불화탄소 등)들은 지구로 들어온 태양의 열기를 가두어 우주로 빠져나가지 못하게 만든다. 이들이 없다면 지구 평균 기온은 어는점보다 훨씬 낮은 $-11℃$가 될 것이다. 지구 대기의 주성분인 질소와 산소는 적외선을 흡수하지 않고 우주로 반사하기 때문이다.

이산화탄소는 현재 지구 대기의 미량 성분이다. 0.04%, 즉 380ppm(마른 공기 분자 100만 개 중 이산화탄소 분자의 수)에 불과하다. 지구 역사 전체를 보면 대기 이산화탄소 농도는 오락가락했다. 지구 형성 초기에는 대기의 대부분을 차지했고, 구석기시대에는 190ppm, 산업혁명이 시작될 무렵에는 280ppm이었다. 선사시대의 대기가 공기 방울 형태로 갇혀 있는 남극대륙에서 채취한 얼음 코어를 분석한 결과에 따르면 지난 80만 년 동안 이산화탄소 농도가 180~300ppm 범위에서 오락가락했다. 2011년에 거의 400ppm에 달한 연평균 이산화탄소 농도는 지난 80만 년 동안 찾아볼 수 없던 높은 수준이다. 아마도 지난 2000만 년 동안 나타나지 않았던 수준일 가능성이 높다.

온실가스가 증가하면 지구 기후가 더워지며 육지와 바다 모두 온도가 오른다. 수온은 육지의 기온만큼 변동이 심하지 않기 때문에 바다는 가장 신뢰할 수 있는 온난화 지표. 2009년 미국국립해양대기국(NOAA)은 대기 이산화탄소 농도가 갑작스럽게 줄어들기 시작해도, 본래 열을 흡수하여 기후변화를 늦추는 역할을 한 대양이 보유했던 열을 적어도 1,000년 동안 대기로 다시 방출할 것이라고 발표했다.

지구 기후를 조절하는 요인들은 무척 복잡하다. 빙원은 햇빛을 곧바로

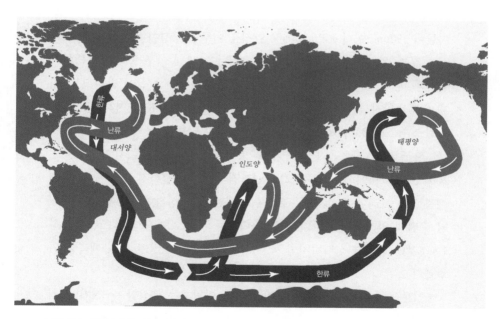

지도 13.1 지구 물 순환. 북극권에서 바닷물이 얼면 염분이 주변의 물로 빠져나간다. 농도가 짙은 바닷물은 민물보다 무거우므로 가라앉고, 빈자리를 채우기 위해 열대 해역의 따뜻한 바닷물이 북쪽으로 올라온다. 그 결과 지구 전체의 바닷물이 컨베이어벨트처럼 순환한다. 이 순환 덕분에 미국 동부 해안과 영국은 기후가 따뜻하다. 북극권에서 물이 적게 얼면 이러한 컨베이어벨트가 멈출 수도 있다.

우주로 반사하고, 조류는 기후가 따뜻해지면 왕성하게 불어나면서 대기의 이산화탄소를 줄인다. 수증기는 온난화를 부추기지만, 하늘을 뒤덮는 구름은 온난화를 억제한다. 물이 얼면 염분이 주변의 물로 빠져나가는데, 그 결과 주변의 물이 더 무거워져서 가라앉는다. 그렇게 가라앉으면 더 따뜻한 물이 모여들면서 빈자리를 채운다. 이 과정은 지구 전체의 바닷물을 컨베이어벨트처럼 움직이게 하는 대양 순환을 일으킨다. 플로리다와 북유럽을 따뜻하게 하는 멕시코만류도 이 순환의 일부다. 온난화가 더 진행되면 해류의 컨베이어벨트가 재편될 수 있고, 멕시코만류 덕분에 기후가 따뜻한 서유럽의 여러 지역을 포함한 해안 지대들의 기온이 급격히 떨어질 수도 있다(〈지도 13.1〉).

세계 이산화탄소 배출량은 계속 증가하고 있으며, 지난 10년 동안 연평균 2.7%씩 상승했다. 2011년 1인당 배출량은 중국이 6.5t으로 9% 증가한 반면 유럽은 6.8t으로 3% 감소했고, 미국은 15.7t으로 2%가 줄었다. 대기 이산화탄소 농도는 2050년에 550ppm에 다다를 것으로 예상된다. 지난 약 3000만 년 동안 가장 높았을 때는 500ppm이었다. 초기에는 기후과학자들이 550ppm이나 450ppm에서 안정을 이루면 생명이 적응한 범위 내에서 기후가 유지될 것이라고 믿었다. 그러나 2008년 이후 북극권과 빙하의 융해와 해양 산성화가 예상보다 빠르게 진행된다는 사실이 밝혀졌고, 현재 기후과학자들은 생명이 안전하게 살 수 있는 기후를 유지하려면 이산화탄소 농도를 **350ppm**으로 되돌려야 한다고 믿는다.

지구 평균 기온은 1970년 이래로 0.6℃ 상승했다(〈그림 13.3〉 참고). 2007년 보고서에서 IPCC는 2100년까지 기온이 6℃까지 오를 수 있다고 예측했다. 그러나 과학자들은 2℃를 넘기만 해도 심각한 기후변화가 일어날 수밖에 없다고 경고한다. 일부 과학자들은 IPCC가 공식적으로 인정하는 것보다 위기가 심각하지만 공포를 불러일으키지 않기 위해 예측을 완화했다고 본다.

기온 상승이 전반적으로 어떤 효과를 미칠지는 예상할 수 있지만, 지역에 따라 정도의 차이가 심할 수 있다. 기온이 더 올라갈수록 날씨가 변덕스러워지고, 작물 수확량이 줄어들고, 관개용수를 제공하는 강물의 원천인 빙하가 녹아 사라지고, 해수면이 상승하고, 태풍 피해가 더 심해지고, 태풍

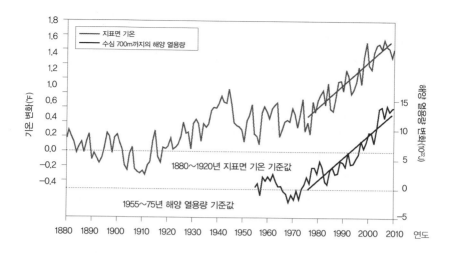

그림 13.3 세계 평균 기온과 해양 열용량. 왼쪽 세로축은 세계 평균 기온 변화, 오른쪽 세로축은 해양 열용량 변화다.

이 더욱 강력해지고, 홍수 피해가 늘어나고, 가뭄이 극심해지고, 산불이 더 잦아지고, 열대 질병이 다른 지역들로 퍼지고, 바다가 산성화하고, 생태계가 바뀔 것이다. 몸에 나는 열과 마찬가지로, 지구 기온이 올라갈수록 현재 살고 있는 생물들은 더욱더 위험에 빠진다. 기온이 훨씬 높아져 급격히 변하는 환경에서는 기존 생활수준을 유지하기가 불가능해질 것이다.

■ 생태계 파괴

인류는 열을 가두는 기체를 대기로 뿜어내는 한편으로, 자신들을 지탱하는 생태계의 다른 부분들도 훼손하고 있다. **훼손된 생태계**의 목록에서 맨 위에 놓이는 것은 물과 토양이다. 둘 다 인류 문명을 떠받치는 토대다.

지하수(groundwater)는 전 세계에서 고갈되고 오염되고 있다. 인도에서 생산하는 식량의 15%는 퍼 올린 지하수를 이용하며, 미국 중부에서는 관개 때문에 지하 수위가 30m 이상 낮아졌다. 앞으로 여러 해 동안 빙하가 계속 녹으며 많은 지역이 홍수를 겪을 것이고, 그 뒤에는 빙하라는 수원이 사라져 극심한 물 부족에 시달릴 것이다. 세계의 많은 경작지에서는 지질학적 과정으로 보충되는 속도보다 훨씬 빨리 겉흙이 침식되고 있다. 아이티, 레소토, 몽골, 에티오피아가 대표적이다. 중국과 아프리카 곳곳에서는 먼지 폭풍이 더 잦아지고 있다. 아이오와는 유럽 이주민이 처음 들어왔을 때보다 겉흙의 깊이가 절반으로 줄었고, 농민들은 비료를 대체제로 써왔다. 사람들은 생물학적 과정을 통해 토질 저하를 막는 법을 알지만, 비용을 이유로 그냥 화학비료를 택한다.

훼손된 생태계의 목록에서 그다음에 놓이는 것은 바다와 어업이다. 바다는 늘어나는 열뿐 아니라 대기의 이산화탄소도 흡수한다. 이산화탄소가 물에 더 많이 녹아들수록 바닷물은 산성이 강해진다. 바닷물이 산성을 띠면 플랑크톤과 조류에서 산호와 게에 이르는 많은 해양 생물이 겉뼈대와 껍데기를 제대로 만들지 못한다. 그러면 대기-해양 시스템에서 다량의 탄소를 제거하는 과정이 약해진다. 인류가 바꾸고 있는 바다의 화학이 지구 온난화보다 큰 문제일 수도 있다. 한편 어업도 남획으로 붕괴하기 시작했다. 한 예로 캐나다 뉴펀들랜드 연안의 대구 어업은 1990년대에 붕괴했다 (〈그림 13.4〉). 해양 어업의 4분의 3이 환경 용량을 가득 채우거나 남획해서 어장이 황폐해지고 있다. 1996년 이래 증가한 해산물 공급량은 대부분 양

그림 13.4 뉴펀들랜드 대구 어업의 역사. 진한 선은 연간 대구 어획량이고, 연한 선은 대구 자원의 규모다.

식장에서 곡물과 콩으로 만든 사료를 먹이며 어류를 키웠기 때문이다. 이 요인도 땅과 수자원에 가하는 압력을 높인다.

숲과 멸종을 통한 생물다양성 상실도 우려되는 부분이다. 숲은 경이로운 속도로 개간되어 목장과 농장으로 바뀌고 있다. 사라지는 면적 중 약 절반은 삼림 복원으로 회복되고 있지만, 연간 약 700만ha가 사라지고 있으며, 이 속도는 남아 있는 40억ha의 숲을 위협하고 있다. 21세기에 생물 종의 절반까지 멸종의 위협을 받고 있다. 멸종은 자연스러운 과정이지만, 현재의 멸종 속도는 유례가 없다. 지난 6억 년 동안 대규모 멸종이 나타난 시기는 5회였다(3장 참고). 많은 전문가는 인류가 지구 역사상 여섯 번째 대멸종을 일으키기 시작했다고 믿는다(12장 참고).

인류의 식량 공급은 여러 위험에 처해 있다. 앞서 말했듯이 겉흙과 물 공급이 줄고 있다. 또 우리는 말 그대로 석유를 먹고 있다. 화학비료는 공기의 질소와 천연가스나 석유에서 얻은 수소를 결합하여 만들기 때문이다. 1985년에 인류 식량에 담긴 에너지의 약 3분의 1은 화석 에너지에서 나왔다. 이 에너지가 뒷받침하지 않으면 식량 공급량은 실질적으로 48억 명이 아니라 25억 명만 먹일 수 있었을 것이다. 또 미국에서 쓰이는 항생제의 절반을 비롯하여 엄청난 양의 항생제가 가축에 쓰이고 있다. 그래서 유럽의 많은 지역에서는 항생제를 금지한다. 돌연변이를 일으켜 항생제에 내성을 띠는 세균이 출현할 가능성을 높이기 때문이다. 세계의 인구 증가로 1950년 이후 1인당 경작지의 면적은 절반까지 줄어든 약 0.1ha에 불과하다. 자급 농가의 생존을 위협할 수준이다. 리비아, 사우디아라비아, 한국, 중국, 인도, 이집트 같은 나라들은 현재 자국민을 위한 식량을 재배하기 위해 다른 나라에서 땅과 함께 물을 구입하거나 빌리고 있다. 지구 전체를 보면 공급할 새로운 경작지가 고갈되고 있다.

핵폭탄을 시험하거나 사용할 때 방출되는 방사선과 원자력발전소에서 나오는 방사성폐기물도 생태계를 위협한다. 긍정적으로 보면, 인류가 전쟁 때 핵폭탄을 '겨우' 2발만 썼고, 원자력발전소 사고도 1986년 우크라이나 체르노빌의 원자로 폭발 사고를 포함한 몇 건뿐이었다고 말할 수도 있다. 2000년경에는 30개국에서 400여 기의 원자력발전소가 방사성폐기물을 배출했는데, 폐기물들은 더 안전한 해결책을 찾기를 바라면서 임시로 저장한 상태다. 핵폭탄을 개발한 나라들이 보유한 핵무기는 2010년 기준 약 2만 3000기로 추정되었다. 이 수치는 그전의 3년간 약 4,000기가 줄어든 결과다. 1986년에 7만 기였던 것에 비하면 대폭 줄었다(12장 참고). 남아프리카 공화국, 우크라이나, 벨라루스, 카자흐스탄 등 일부 국가는 핵무기를 없앴다. 브라질, 이집트, 리비아, 스위스, 스웨덴 등은 핵무기를 개발하려다가 중단했다.

산업국의 소비는 유례없는 수준이다. 세계시장에 유입되는 물질의 총량은 1995년에만 거의 90억t에 이르렀다. 1960년대 초에 비해 2.5배 많았다. 전 세계 인류는 광산과 건설 현장에서 파내고 식물을 심고 개간하면서 침식시키며 해마다 360억t의 흙을 옮긴다. 불도저로 엄청난 양의 흙을 옮기는 인류에 맞먹는 능력을 지닌 존재는 강과 개미뿐이다.

우리의 경제활동에는 숨겨진 요소가 하나 있는데, 상품의 시장가격에 생태계 상실과 훼손 비용이 반영되지 않는다는 것이다. 자유시장은 이 비용을 인정하지 않고, 이 비용을 감안하여 가격을 매기지도 않는다. 한 예로 에너지 회계 전문가들은 평생 자동차를 몰 때 숨은 비용이 오염에 따른 건강 비용 1,162달러, 환경에 입히는 피해 846달러, 석유를 안전하게 공급받는 데 드는 비용 1,571달러로 총 3,579달러라고 계산한다. 햄버거의 실제 비용은 200달러로 추정되었다.

2009년 미국 워싱턴 지구정책연구소의 레스터 R. 브라운(Lester R. Brown)은 인류가 지속 가능한 수확량보다 약 30% 많은 양을 자연계에 요구하고 있다고 발표했다. 다시 말해 인류는 생명 유지 장치를 먹어치우고 있다. 브라운을 비롯한 이들은 이것이 폰지 사기와 비슷하다고 결론짓는다. 실제로 벌어들이는 이윤이 아니라 기본 자산 자체를 떼어내 보상을 지급하는 사기다. (찰스 폰지는 1920년부터 그런 식으로 사기를 친 악명 높은 미국인이다.) 이 사기는 기존 투자자에게 보상을 계속 지급할 수 있을 정도로 새 투자자를 충분히 끌어들이는 한 계속된다. 새 투자자가 부족해지면 사기는 끝장난다. 인류는 아직 태어나지 않은 후손들의 자산, 즉 후손들에게 돌아가야 할 생태계의 자산을 훔쳐 자신에게 보상한다.

세계의 유례없는 경제성장이 생태계에 더 압력을 가함에 따라 희소 자원을 놓고 충돌이 벌어질 가능성이 높아진다. 생태적 위기는 정부의 능력을 떨어뜨릴 수 있다. 난제가 쌓여갈 때 일부 정부는 영토의 전부 또는 일부의 지배력을 잃고 세금을 거두지도 못하고 주민들의 안녕도 보장하지 못하기 때문이다. 절실한 상황에 처한 사람들은 정부의 정당성을 거부하기에 이른다. 지역 세력들이 권력을 잡기 위해 다투면서 사회는 내전으로 치닫는다. 이 상황을 기술하기 위해 1990년대부터 대중 담론에서 **실패 국가**(failed state)라는 말이 쓰이기 시작했다. 2008년에는 소말리아, 짐바브웨, 수단, 차드, 콩고민주공화국, 이라크, 아프가니스탄이 실패 국가의 대표적 사례였다.

실패국가는 테러 단원을 모집하고 훈련시키는 테러단체와 마약을 재배하는 이들의 천국이다. 또한 나이지리아와 파키스탄의 소아마비처럼 세계가 박멸하려 애쓰는 노력을 무위로 만드는 감염병의 온상이 된다. 부유한 국가가 실패할 위험에 처한 나라를 지원하지 않으면 모든 이가 범죄, 사회 불안, 질병에 시달릴 위험이 증가한다. 노팅엄대학교 지리학자 세라 오하라(Sarah O'Hara)는 2002년 이렇게 말했다. "우리는 개발도상국과 선진국이 어쩌고저쩌고 구별해서 이야기하지만, 이 세계 자체가 열악해지고 있다."[1]

희망적인 추세

최근의 역사가 계속 보여주었듯이 인류는 다재다능한 종이고, 집단 학습은 놀라운 문제 해결 장치다. 인류는 경이로운 속도로 배우고 있다. 해야 하는 일에 관한 자각이 최근 크게 높아졌고, 선구적 행동과 희망 섞인 추세들도 많이 나타나고 있다.

앞에서 말했듯이, 가장 희망적인 추세 중 하나는 인구 증가율 감소다. 10년 전 예측보다 훨씬 빠르게 낮아져왔다. 세계 연평균 인구 증가율은 1960년대에 2%를 넘었다가 2005년에는 1.2%로 낮아졌고, 지금은 인구가 80억 명에서 120억 명 사이에서 정점에 이를 것으로 추정된다. 인구 성장률이 느려지는 이유는 생활수준과 교육, 특히 여성의 교육 수준이 높아지고, 부모가 자녀에게 의지하는 대신 다른 노후 보장 수단을 찾고, 피임법이 널리 쓰이고, 일부 지역에서 사망률이 더 높아지는 등 다양하다. 가족계획도 크게 성공했다. 가족계획이 없었다면 인구 압력이 훨씬 심해졌을 것이다. 인구가 80억 명 이상으로 늘어나는 것을 자연계가 허용하지 않고 사망률을 증가시켜 억제할 것이라고 믿는 이들도 있다. 분석가들은 모든 여성에게 한 자녀만 갖도록 제한하면 인구가 2050년에 55억 명, 2075년에는 34억 5000만 명, 2100년에는 1900년 수준인 16억 명으로 떨어질 것이라고 지적한다.

다른 희망적 추세는 ① 기후 안정, ② 생태계 회복, ③ 소비 감소와 도시 재설계, ④ 새로운 유형의 민주주의 발전, ⑤ 세계적 협력과 소통으로 나누어 살펴보자.

■ 기후 안정

기후는 10년 전의 모든 예측보다도 빨리 변하고 있다. 이제 기후변화는 피할 수 없다. 유일하게 남은 질문은 앞으로 100년 동안 얼마나 변할 것이냐다. 대다수의 과학자는 심각한 장기적 온난화를 막을 만한 수준으로 이산화탄소 배출량을 급격히 줄일 수 있는 기간이 10년가량밖에 남지 않았다고 본다. 급격한 기후변화에 위기의식을 느낀 사람들은 태양력과 풍력 같은 대안을 찾아나섰다.

적절한 보전도 좋은 대처 방안이지만, 장려하려면 유인책을 세심하게 마련해야 한다. 몇몇 나라는 휘발유와 자동차에 세금을 매겨 화석연료 사용을 줄여왔다. 유럽은 휘발유 약 3.86L에 평균 4달러의 세금을 매기는 반면, 미국은 0.46달러다. 덴마크는 자동차 세금이 차량 가격의 180%다. 싱가포르는 자동차 세금이 차량 가격의 3배다. 상하이는 자동차 등록비가 평균 4,500달러다. 제2차 세계대전 때 미국은 시민들의 반응에 개의치 않고 약 4년 동안 자동차 생산을 금지하고, 휘발유, 타이어, 연료유를 배급했다.

전 세계 연구자들은 대체에너지원을 개발하기 위해 경주를 벌이고 있다. 식물에서 얻는 바이오연료는 희망적인 가능성을 보여준다. 옥수수를 비롯한 식용 작물로 연료를 만드는 경우를 제외하고서다. 브라질에서는 사탕수수 섬유로 바이오연료를 만드는데, 이미 자동차 연료 중 25%를 바이오연료를 섞어 쓰도록 의무화했다. 식량 이외의 식물로 바이오연료를 개발하려는 노력이 계속되고 있다. 또 다른 유망한 추세는 풍력 터빈 발전, 태양에너지, 지열 에너지 이용이다.

핵분열을 이용하는 원자력 에너지는 지구온난화에 미치는 영향이 화석연료보다 적으므로 긍정적인 역할을 한다. 원자력발전소는 우라늄 연료봉으로 연쇄반응을 일으켜 열을 발생시키고 물을 증기로 만든 후 증기로 터빈을 돌려 전기를 생산한다. 2012년에 원자력발전소는 세계 발전량의 약 12%를 차지했으며, 66기가 건설 중이었다. 원자력은 여러 문제도 안고 있다. 우라늄 채굴, 정제, 농축에는 엄청나게 많은 에너지가 쓰이고, 땅과 공기를 심하게 오염시킨다. 발전소 사고는 심각한 안전 문제들을 제기해왔고 방사성폐기물을 오래 보관할 해법도 아직 나오지 않았다. 게다가 우라늄 도난과 암시장 거래, 핵폭탄 원료로 정제하는 행위 등 여전히 해결되지 않은 심각한 안전 문제들도 있다. 원자력은 재생에너지로 넘어가는 중간 단계의 전략으로 보는 것이 최선이다.

산소 원자 2개로 이루어진 정상적 산소 분자가 아니라 산소 원자 3개로 이루어진 오존(O_3)은 온실가스로서 지구온난화를 촉진하지만 너무 많은 자외선(UV)에 생물이 손상되지 않게 보호해주기도 한다. 3장에서 말했듯이, 약 6억 년 전에 오존층이 자외선을 충분히 막을 만큼 형성되어 다세포생물이 번성하기 시작했음을 기억하자.

1980년대에 냉장고와 에어컨에 쓰이는 화합물인 염화불화탄소가 오존층을 파괴한다는 과학적 증거가 쌓였다. 그리하여 듀폰케미컬이 비슷한 비용으로 대체할 수 있는 화합물을 찾아내자 염화불화탄소를 퇴출하자는 국제협약이 체결되었다. 이 희망적인 이야기는 전 세계 사람들이 협력하여 환경 문제를 해결할 수 있음을 보여준다(12장 참고).

기술적 해법을 믿는 이들은 화석연료가 낳은 결과에 대처할 다양한 방법을 고안하는 있다. 대기에 이산화황을 살포하여 태양복사선을 우주로 반사시키기(대기공학), 지하의 빈 대수층에 이산화탄소 주입하기, 생명공학적으로 변형한 세균으로 연료 생산하기 등이다. 화석연료 연소를 줄일 방법이나 대체에너지원을 찾아내면 지구온난화를 완화할 수 있을지도 모른다.

■ 생태계 회복

인류는 점점 커지는 생태 발자국에 대처하기 위해 이 현상을 관찰하며 추적하고 있다. 예컨대 세계자연기금(World Wildlife Fund)의 살아 있는 행성

지수(Living Planet Index)는 숲, 민물, 해양 생태계의 변화를 추적한다. 레스터 R. 브라운과 그가 이끄는 지구정책연구소는 해마다 사람 발자국을 줄일 계획을 내놓는다. 이 기관들의 보고서는 유용한 추세들을 정확히 요약하고 있다. 이 절의 내용은 브라운의 2009년 보고서 『우리는 미래를 훔쳐 쓰고 있다(Plan B 4.0: Mobilizing to Save Civilization)』에 많이 기대고 있다.

환경 회복은 물과 토양에서 시작된다. '물 한 방울로 더 많은 작물'을 키우는 일은 구멍을 뚫은 고무관으로 점적 관개(drip irrigation)를 함으로써 시작된다. 물을 재순환하고, 빗물을 연못과 통에 모은다. 물을 덜 쓰는 유전자 변형 작물을 개발할 수도 있다. 바닷물에서 민물을 추출하는 탈염에는 많은 에너지가 필요하다. 풍력과 태양력을 이용하면 대규모로 탈염할 수 있지만, 해안 근처나 주요 에너지원이 있는 곳에서만 경제성이 있을 것이다. 토양은 갈지 않은 밭에 구멍을 내어 씨를 심고, 나무를 심어 벽을 만들고, 떼 지어 다니는 염소와 양을 줄이고, 숲 개간을 금지하는 조치들로 보전할 수 있다.

바다와 숲을 되살리기 위해서도 다양한 방식이 시도되고 있다. 바다는 이산화탄소 배출량 감소, 해양 보호 구역 설정, 어업 보조금 삭감, 비료와 하수와 유독한 화학물질 유출 억제, 텍사스주만 한 면적의 대양을 뒤덮고 있는 플라스틱 봉지를 금지하는 조치 등으로 되살릴 수 있다. 숲을 회복시키려면 삼림 파괴를 제한하고 새 숲을 조성해야 한다. 케냐의 그린벨트 운동을 창시한 **왕가리 마타이**(Wangari Maathai)의 활동에 자극받은 UN환경계획은 10억 그루 나무 심기 운동(Billion Tree Campaign)을 후원했다. 2009년 6월까지 41억 그루를 심었고, 21억 그루를 더 심기로 약속했다. 에티오피아, 튀르키예, 멕시코, 케냐, 쿠바, 인도네시아 등 각국에 이 사업을 이끄는 이들이 있었다. 현재 연간 사라지는 숲 면적의 절반만이 삼림 회복을 통해 복구되고 있다. 나무는 살아 있는 한 탄소를 격리한다. 죽은 후 깊이 묻혀 화석이 되거나 건축재로 쓰여 부패가 지연될 때를 제외하면 썩으면서 탄소가 다시 이산화탄소로 전환된다.

멸종 속도를 늦추려면 인류는 다른 동식물들과 자원을 공유해야 한다. 그래서 보전 구역이 지정되어왔고 현재 육지의 약 3%가 공원이나 자연 보전 구역으로 지정되어 있다. 생태 통로와 보전 구역을 더 많이 지정할 필요가 있다. 육지 표면의 약 8~10%는 되어야 하겠지만, 인구와 기후가 안정되어야 효과가 있을 것이다.

21세기의 첫 10년 사이에 물 부족과 토양 침식 때문에 일부 국가에서 식량 생산량이 감소하기 시작했다. 대안 중 하나는 살충제 성분을 스스로 생산하고 질병 내성을 띠는 작물을 만드는 유전자 변형일 것이다. 이모작, 농업 보조금 정책, 텃밭도 생산 잠재력을 높일 수 있다. 그러나 투입이 없으면 산출도 가능하지 않을 것이다. 식물은 그저 가용 화학물질들을 재편성할 뿐이다.

■ 소비 감소와 도시 재설계

많은 나라가 에너지를 절약하고 물질을 재활용하여 소비를 줄이는 조치들을 취해왔다. 발광다이오드(LED)는 백열전구보다 전기를 85% 적게 쓰며 수명이 50배 길다. 전 세계에서 전등을 LED로 바꾸면 조명에 쓰는 전기의 비율이 19%에서 7% 이하로 줄어들 것이다. 브라질은 이미 전구의 절반을 교체했다. 오스트레일리아, 캐나다, 유럽은 2009년부터 백열전구 판매를 중단했다. 냉장고를 비롯한 많은 가전제품의 에너지 효율도 증가해왔다. 녹색 건물, 운송 체계 전기화, 지능형 전력망을 이용한 전력 관리도 에너지 효율을 대폭 높였다.

또한 새 원료의 이용량을 줄이는 재활용이 한 번 쓰고 버리는 경제를 대체하고 있다. 강철과 알루미늄은 무한정 재활용할 수 있다. 미국에서는 차량 대부분이 재활용되며, 가전제품도 약 90%가 재활용된다. 건설 분야에서도 재활용률을 높일 여지가 많다. 일본이나 독일처럼 인구가 안정적인 고도 산업 경제국가는 기존 물질들로 만드는 제품의 비중이 높아지고 있다. 2009년 미국 도시의 쓰레기 재활용률은 뉴욕시의 34%에서 시카고의 55%, 로스앤젤레스의 60%, 샌프란시스코의 72%까지 다양했다. 미국에서 고형 폐기물 중 33.4%는 재활용되거나 퇴비가 되고, 12.6%는 소각되고, 54%는 매립된다. 1980년에는 89%가 매립지로 갔다.

2008년부터 도시에 사는 사람이 세계 인구의 절반을 넘었다. 가장 큰 도시는 도쿄 대도시권으로 캐나다 인구보다 많은 3600만 명이 살며, 그다음이 뉴욕 대도시권으로 오스트레일리아 인구와 비슷한 1900만 명이 산다. 인구가 1000만 명을 넘는 거대도시 19곳의 주민들은 오염된 공기를 마시며 산다. 세계의 모든 도시를 자동차가 아니라 사람에게 맞추어 재설계할 필요가 있다. 1974년에 교통 체계를 재편함으로써 20년 동안 인구가 2배로 늘었지만 자동차 이용량은 30%가 줄어든 브라질 쿠리치바, 교통량 중 자전거의 비율이 40%에 달하는 암스테르담이 대표적인 성공 사례다. 감자 한 알의 열량으로 11km 탈 수 있다고 브라운이 주장하는 자전거가 중요한 교통수단으로 복귀하고 있다. 예컨대 파리는 자전거 대여를 시행하고 있으며, 미국 경찰서나 대학에서도 자전거 이용이 늘고 있다. 미국에는 집에 자동차를 두고 오겠다고 약속하는 신입생에게 자전거를 제공하는 대학교가 적어도 2곳 있다. 세계 최고의 녹색 도시로 꼽히는 아이슬란드 레이캬비크는 열과 전기를 모두 재생 가능한 에너지원인 지열과 수력에서 얻는다. 대중교통수단인 버스는 수소로 달린다. 이 도시는 2050년까지 화석연료 사용을 완전히 중단할 계획이다.

도시 텃밭과 주말 농장도 꽤 많은 식량을 생산한다. 캐나다 브리티시컬럼비아의 밴쿠버는 주민 중 44%가 자신이 먹을 식량 중 일부를 생산한다. 상하이에서는 돼지와 가금류의 절반, 채소의 60%, 우유와 달걀의 90%가 도시 안과 그 주변에서 생산된다. 베네수엘라 카라카스에는 면적이 1m 미만인 작은 텃밭이 8,000곳 있다. 텃밭을 계속 재배하면 연간 상추 330포기, 토마토 18kg, 양배추 16kg을 생산할 수 있다. 이 사례들은 소비를 줄이고 도시를 재설계하는 다양한 방식들을 보여준다. 전 세계 사람들이 생태적 도전 과제들에 직면한 가운데, 가전제품 효율이 높아지고, 원료가 재활용되는 비율이 높아지며, 자전거 이용과 도시 텃밭이 상당한 효과를 보이고 있다.

■ 새로운 유형의 민주주의 발전

탄소에 기반한 산업혁명은 군주국과 제국을 현대 국민국가로 바꿨다. 국민국가에서는 정부가 시민의 삶 구석구석까지 관여하며, 정부나 정부의 대표자를 뽑는 일에 시민들이 더 많이 참여한다. 이 나라를 민주주의 국가라고 한다. 20세기 후반에 전 세계에서 민주주의 국가가 상당히 많아졌다. 포용적인 시민들이 정기적으로 자유·공정·경쟁 선거를 한다는 최소 기준으로 판단하면 그렇다. 1950년에는 이 기준에 들어맞는 민주주의 국가가 22개국에 불과했고 세계 인구의 14.3%를 차지했다. 2002년에는 세계 192개 주권 국가 중 121개국, 세계 인구의 64.6%로 늘어났다.

화석연료에서 지속 가능성으로의 전환은 새로운 정치 형태를 열 수도 있다. 어떤 모습일까?

국제 개발 분야에서 30년 동안 일한 경제학자 데이비드 코튼(David Korten)은 저서 『대전환: 제국에서 지구 공동체로(The Great Turning: From Empire to Earth Community)』(2006)에서 기업의 세계화를 비판하며 하나의 사례를 제시했다. 그는 우리가 제국과 지구 공동체를 놓고 선택해야 한다고 본다. 5,000년 동안 이어진 지배에 토대한 인간관계의 계층적 질서 체계(앞에서 공납 사회라고 부른 체계)가 '제국'이다. '지구 공동체'는 협력에 토대한 인간관계의 평등하고 민주적인 질서 체계다. 그에 따르면 **대전환(great turning)**은 예언이 아니라 하나의 가능성이다. 민주주의가 더 강력하고, 시민들이 적극적으로 참여하고, 서로 도움이 되도록 협력하는 모든 곳에서 사람들이 선택할 수 있는 가능성이다. 다른 선택지인 환경 시스템 붕괴, 폭력적인 자원 쟁탈 경쟁, 죽음, 잔혹한 토호 세력이 판치는 세상은 '대해체(great unraveling)'다.

참여민주주의로 더 나아가는 변화의 사례도 있다. 럿거스대학교 정치학 명예교수 벤저민 바버(Benjamin Barber)는 참여민주주의가 지난 200년 동안의 '얄팍한' 자유민주주의라는 토대 위에 건설될 '강한 민주주의'라고 주장한다. 그가 제시하는 강한 민주주의는 지역 공동체들이 형성한 전국적 체계, 평범한 사람들의 정의에 토대한 실험, (군사적인 것도 포함한) 보편적인 시민 서비스를 포함한다.

민주주의 진화를 연구하는 매트 라이닝어(Matt Leighninger)는 지역과 광역 수준에서 이루어지는 공유 지배 구조의 사례를 꾸준히 발표했다. 물리학자였다가 지금은 환경운동가로 일하는 델리의 반다나 시바(Vandana Shiva)는 인도의 여성, 소농, 소규모 생산자의 활동을 세상에 알려왔다. 이들은 물을 고갈시키고 오염시키는 코카콜라 공장을 문 닫게 만들고, 종자와 작물에 관한 특허를 받으려는 기업의 시도를 중단시키고, 수돗물 공급을 민영화하려는 시도를 저지했다. 시바는 이렇게 말한다.

다국적기업의 지배 계획은 수많은 사람과 생물 종의 생활 조건 자체를 없애려고 위협하고 있다. 독재 체제는 더 이상 일부 영역에 국한되지 않는다. 모든 사회와 나라의 경제, 정치, 문화의 모든 영역을 집어삼키고 있다. 우리는 스스로의 변화와 해방의 잠재력을 이제야 겨우 알아차리기 시작했다. 우리는 역사의 종말이 아니라 역사가 다시금 시작되는 시점에 와 있다.[2]

현재 예전보다 많은 사람이 민주국가에 살고 있으므로 의사 결정에 적극 참여할 방법을 개발할 여지도 많다. 축적된 집단 학습의 힘을 해결책을 찾는 쪽으로 돌린다면, 새로운 정치 형태가 등장할 수도 있다.

■ 세계적 협력과 소통

강한 국제 협력은 제2차 세계대전 이후 UN이 창설되면서 시작되었다. 20세기 말에는 세계의 협력을 강화할 틀이 보강되었다. 1992년 리우데자네이루에서 열린 지구정상회담, 1994년 카이로에서 열린 국제인구개발회의, 2000년 8대 목표를 천명한 UN새천년선언을 통해 나온 UN의 3가지 환경 협약 등이었다. 반면 2009년 코펜하겐에서 열린 기후정상회의의 결과는 실망스러웠다. 많은 나라가 자체 목표를 제시했지만 이산화탄소 배출을 규제하는 문제에 의견이 일치하지 않아서 아무 협약도 나오지 못했다.

정부뿐 아니라 많은 비정부기구(NGO)도 어떤 대안이 효과적인지 탐구하면서 지구 문제에 수천억 달러를 쏟아붓고 있다. 전직 미국 대통령 지미 카터(Jimmy Carter)가 세운 카터센터를 비롯하여 사회적·정치적 발전에 힘쓰는 단체들도 많다. 국경없는의사회는 가장 빈곤한 지역에서 보건 의료 활동을 하고 있으며, 국제앰네스티는 전 세계에서 인권을 지키는 활동을 하고 있다. 아소카재단과 스콜재단은 각 지역에서 변화를 이끄는 사회적 기업가를 지원한다. 세계야생생물기금과 자연보전협회는 생물다양성을 보전하는 데 몰두한다. 존 D. 록펠러, 조지 소로스, 데이비드 패커드, 윌리엄 휴렛, 빌 게이츠와 멀린다 게이츠, 워런 버핏 등의 자선사업가들도 세상을 변화시키는 데 중요한 역할을 하고 있다. 2007년에는 미래 세대를 위해 국제적 압력단체로 활동하는 세계미래위원회 같은 새로운 단체도 등장했다. 스웨덴 작가 야코브 본 우엑스후엘이 설립한 세계미래위원회는 함부르크, 런던, 브뤼셀, 워싱턴, 아디스아바바에 지부를 두고 있다.

1991년 스위스 제네바의 물리학 연구 센터인 유럽입자물리연구소에서 일하던 수학자 팀 버너스리(Tim Berners-Lee)가 월드와이드웹을 만든 이후 많은 사람이 수많은 차원에서 세계적 협력을 강화해왔다. 현재 전 세계 사람들은 수십억 개의 웹페이지에 있는 지식을 접하며, 전 세계와 접촉할 수 있다. 화폐도 디지털화하고 있다. 미국에서 통용되는 4조 달러 중 실제 지폐와 동전을 주고받는 사례는 10%에 불과하다. 디지털화와 컴퓨터화는 앞으로도 이어질 것이다.

이 사례들은 세계적 협력과 집단 학습의 힘을 보여주는 희망적인 징후지만, 머릿속에서 계속 의문들이 어른거린다. 경제성장에 토대를 둔 상업주의와 지속 가능성은 본질적으로 상충될까? 사람들은 정치적 의지력을 발휘하여 변화를 촉진할까, 아니면 위기가 닥칠 때까지 미적거릴까? 경제적 유인이 시장을 통해 바람직한 결과를 낳을 수 있을까, 아니면 정부가 배급 같은 수단을 강요해야 할까? 부자는 빈자를 도울까, 아니면 자기 일에만 신경 쓸까? 현재 대규모로 서양(미국과 유럽)에서 동양(중국과 인도)으로 이동하는 부는 무엇을 뜻할까?

앞으로의 100년에 대비하기 위해 전 세계 사람들이 긍정적 추세를 장려하고 가장 유망한 활동들을 중심으로 삶을 설계하거나 재설계할 수 있다. 가능한 한 에너지를 절약하고, 자녀를 적게 낳고, 자전거 이용을 늘리고, 텃밭을 가꾸는 것 등이다. 그러나 개인의 생활습관을 바꾸는 것만으로는 부족할 가능성이 높다. 큰 변화를 일으키기 위해서는 정치적 행동에 적극적으로 참여해야 할 것이다. 두말할 나위가 없지만 빠르게 변하는 세계에서도 중심을 잡으려면 명료함, 창의성, 연민, 용기를 간직해야 한다. 빅히스토리 관점은 그 문제들을 명확히 파악하기에 무척 좋은 방법이다.

인류는 이 행성에서 복작거리며 살아가는 공동 운명체다. 다양한 문화를 실험하고 집단 학습함으로써 인류는 운명을 좌우할 수 있는 많은 능력을 얻었다. 우리가 처한 세계적 문제들의 해결책이 있다면, 서로 연결된 인류가 분명히 찾아낼 것이다. 미래를 위한 전투는 이제 막 시작되었다. 앞으로 100년 동안 어떤 일이 벌어지든 놀라운 일이 될 것이다.

가까운 미래 너머

먼 미래에 대한 생각은 앞으로의 100년을 생각하는 것과 다른 일이다. 우리가 가까운 미래에 신경 쓰는 이유는 그 미래가 자녀와 손주를 포함한 사람들의 삶에 영향을 미치기 때문이다. 그 미래에 우리가 얼마간 영향을 미칠 수도 있으므로, 그 영향력을 어떻게 행사할 것인지 깊이 생각해볼 필요가 있다. 확신할 수는 없지만 머지않은 미래이기에 우리의 예측이 심하게 어긋나지는 않을 것이다.

그런데 2100년을 넘어서 한참 뒤를 살펴보기 시작하면 예측이 더 힘들어진다. 100년을 넘어서 더 멀리 나아갈수록 우리의 관심이 적어진다. 손주나 증손주의 운명에는 신경 쓰겠지만 6대 후손의 운명에까지 깊은 관심을 갖기는 어려울 것이다(그들도 우리에게 관심 없을 가능성이 높다). 문제는 덜 개인적이고 더 추상적이다. 예측이 과연 중요한지 여부도 불분명하다. 500년 뒤의 세계에 우리가 영향을 미칠 수 있을까? 현재 세계가 놀라운 속도로 변화하고 있다는 점을 고려하면 불가능하지 않을까?

게다가 현재로부터 멀어질수록 변화 속도가 빨라져서 가능성이 더 많아지므로 예측이 환상에 가까워질 가능성이 높다. 미래 2(앞으로 수천 년)는 더욱더 그렇다. 인류 사회는 극도로 복잡한 실체이기 때문이다.

미래 3, 즉 수백만 년 또는 수십억 년 뒤로 나아가면 인류 사회를 이야기한다는 것 자체가 무의미해질 것이므로, 지구나 우주의 역사를 이야기할 수밖에 없다. 지각판 운동, 행성이나 우주 전체의 진화 같은 단순하고 느린 과정으로 돌아가므로 변수가 줄어서 현실성 있게 예측할 가능성도 커진다. 미래 예측 중 가장 어려운 쪽은 미래 2고, 미래 3은 꽤 확신하며 추정할 수 있다.

미래 2: 다음 수천 년

앞으로 500년 뒤나 1,000년 또는 2,000년 후 세계는 어떻게 될까? 인류 사회는 우리가 아는 실체 중 가장 복잡하므로 예측하기가 불가능해 보인다.

미래 2는 미래를 생각하는 우리의 능력이 무력해지는 구간이다.

몇 가지 흥미로운 추측과 많은 과학소설을 살펴볼 수도 있다. 흥미롭게 읽을 수 있는 '미래 역사'들도 있다. 진지한 예측이라고 볼 수는 없지만, 작가들은 황폐한 디스토피아부터 희망적인 유토피아까지 다양한 미래를 상상한다.

20세기 전반에 조지 오웰(George Orwell)과 올더스 헉슬리(Aldous Huxley)는 황폐한 미래를 그린 '디스토피아' 소설을 썼다. 오웰의 『1984』는 세계의 독재자들이 노골적인 선전, 고문, 폭력으로 권력을 지키는 전체주의적 미래를 그린다. 국제정치란, 뚜렷한 도덕적 목표 없이 그저 소수 특권층의 권력을 유지하기 위해 계속 전쟁하는 행위다.

헉슬리의 『멋진 신세계』는 인류가 닭장 같은 곳에서 부화하고 약물로 계속 행복한 상태를 유지하는 세계를 묘사했다. 어느 면에서는 유전자를 조작하고 난자를 실험실에서 수정시키는 지금의 세상과 비슷하다. 통증, 고통, 일상생활의 문제들로부터 해방되는 것을 비롯하여 사람들이 열망하는 것들을 대변하는 한편 복잡하고 예측 불가능하지만 때로 뜻깊은 행복과 고통이 있는 보통 사람들의 세계에 비해 무척 퇴행한 삶을 보여주므로 신기한 디스토피아다. 고통을 최소화하는 우리의 능력은 정서적, 심리적, 지적으로 빈곤하고 자유라는 개념이 의미를 잃은 세계를 창조하게 될까?

월터 밀러(Walter Miller)의 과학소설 『리보위츠를 위한 찬송』은 유럽의 암흑기처럼 기이한 세계로 시작한다. 기술과 능력을 대부분 잃고 과거 문명에 대한 단편적 기억만을 지닌 세계다. 몇 세기에 걸쳐 펼쳐지는 이야기의 중심에는 화염의 범람이라는 핵전쟁을 거친 후의 공간과 인물들이 등장한다. 소설에서 벌어지는 일은 도시, 상업, 그리고 현대 과학의 부활로 이어진다. 현대 세계 역사에서 볼 수 있는 친숙한 이야기의 반복이다. 과학자들은 다시금 핵무기를 발명하고, 슬프게도 무기가 전쟁에 쓰이면서 인류 사회를 2,000년 전으로 되돌려놓는다. 소설은 인류가 결코 핵무기 발견 너머로는 발전할 수 없는 세계를 이야기한다. 일단 핵무기를 발견하면 언젠가 사용할 것이기 때문이다. 외계지성체탐사(SETI)를 통해 수십 년째 외계 문명의 신호를 찾지만 아무것도 발견하지 못하는 이유를 이렇게 설명하고 있다고 보면 더 흥미롭다. 집단 학습하는 인류 같은 종이 일단 출현하면, 수십만 년 후 필연적으로 자멸을 초래할 강력한 기술을 발명하지 않을까? 결국 사회는 기술을 통해 아무도 승리할 수 없는 전쟁을 계속 벌임으로써 특정 수준 이상으로 나아갈 수 없다는 이 시나리오는 모든 미래 예측 중 가장 황폐한 세계를 보여준다.

제임스 러브록(James Lovelock)도 가이아를 연구하며 비슷한 개념을 제시했다. 러브록에 따르면 지구의 모든 생물은 협력하며 거대한 초유기체를 형성하고 있다. 그는 초유기체에 친구인 소설가 윌리엄 골딩(William Golding)이 제시한 가이아라는 이름을 붙였다. 그리스 신화에 나오는 대지의 여신의 이름이다. 러브록은 어떤 의미에서는 가이아가 지구를 생물들이 살기 알맞은 상태로 유지한다고 주장한다. 이 이론을 과학으로 볼 수 있느냐는 학자들의 논쟁거리다. 러브록의 놀라운 주장 중 하나는 지구 표면이 골디락스 범위 내에서 유지되어왔다는 것이다. 45억 년에 걸쳐 태양에서 오는 열이 꾸준히 증가했음에도 물이 액체 상태로 존재하는 범위다. 대기와 생물권 사이의 복잡한 되먹임 체계가 작용하여 액체 물이 바다를 채울 수 있는 좁은 온도 범위 내에서 유지되어 지구 표면이 생명 친화적 상태인 듯하다. 지구 표면의 색깔과 반사율, 대기의 조성이 적절히 바뀐 결과였다. 중요한 되먹임 체계가 (많은 과학자들이 주장하듯이 침식과 이산화탄소가 암석에 갇히는 과정에 토대한) 지질학적 현상일까, 아니면 러브록의 주장처럼 가이아가 관리하는 것일까?

러브록은 더 나아가 우리 종이 너무 많은 자원을 채취하여 이 고대 메커니즘을 뒤엎으려 위협하고 있다고 주장한다. 인류가 자신이 사는 초유기체를 훼손하려 할 정도로 너무 빨리 불어나 암세포처럼 행동하기 시작했다는 것이다. 이제 2가지 가능성만 남는다. 인간이라면 양쪽 다 마음에 들지 않을 것이다. 하나는 인간이 병독성이 강한 바이러스처럼 정말로 자신의 생물권(가이아)을 죽임으로써 자기 자신까지 죽이는 것이다. 또 하나는 가이아가 말썽을 부리는 생물을 제거함으로써 자신을 치유할 방법을 찾는 것이다. 끔찍한 감염병을 퍼뜨리거나, 인류가 핵전쟁을 벌여 스스로를 파괴할 때까지 기다리거나 해서다.

브라이언 스테이블포드(Brian Stableford)와 데이비드 랭퍼드(David Langford)의 『제3천년기(The Third Millennium)』와 워런 웨이거(Warren Wagar)

의 『미래 역사(History of the Future)』는 먼 미래에 저술된 역사책처럼 느껴진다. 둘 다 핵무기 사용을 포함한 크나큰 위기를 겪는 미래를 담았다. 위기를 겪은 인류는 사회와 국제 관계를 조직하는 새로운 방법들을 배울 것이다. H. G. 웰스(H. G. Wells)의 작품으로부터 영감을 받은 웨이거가 1989년에 발표한 『미래 역사』에서는 사람들이 잇달아 사회주의, 자본주의, 무정부주의를 통해 사회를 조직하는 미래를 상상한다. 두 책에서 기술이 중요한 역할을 하지만, 실제로 탐구하는 것은 대부분의 미래 소설들처럼 현대 세계의 정치적·윤리적 문제다.

디스토피아 소설은 읽는 재미를 안겨주지만 유토피아 소설은 지루한 경향이 있기에(사람들은 행복보다 불행에 관심을 가질 때가 많은 듯하다) 진정한 유토피아 미래 소설은 무척 적다. 유토피아 소설은 인간이 더 오래 더 건강하게 살거나 에너지와 자원을 거의 공짜로 무한정 공급받을 것이라고 예측하는 해당 기술 분야의 전문가가 쓰곤 한다. 또 많은 신체 질환을 없애고, 식량을 비롯한 자원을 지속 가능하게 공급하고, 플라스틱을 먹는 세균 같은 생물을 만들어 우리가 생물권에 입힌 피해 중 대부분을 복구하는 새로운 유전공학과 **나노기술(nanotechnologies)**(세균 크기의 기계를 이용하는 기술)을 다룬 작품도 많다. 레이 커즈와일 같은 몇몇 사람은 인류가 컴퓨터와 융합하여 사실상 불멸의 존재가 되는 미래를 상상한다.

유토피아적 미래를 크게 2가지로 나누어 생각하면 유용하다. 첫 번째 유형은 먼 미래까지 성장하며 기술을 통해 현재의 생태적 문제들의 해결책을 찾을 것이라고 내다본다. 두 번째 유형은 성장이 느려지다가 성장과 소비 증가가 멈춘다고 내다보면서 바람직한 삶의 기본 정의를 제시하는 것이다. 이 유토피아 작품들은 미래를 지속적인 변화나 '성장'이 아니라 행복하게 살아가는 세계로 상상한다. 유토피아에서 변화의 속도가 느려지고 인구가 지금보다 훨씬 적어질 수 있고 사회가 끝없이 많은 자원을 추구하지 않으면서도 행복한 삶을 유지하는 데 만족한다고 가정한다.

다른 행성으로의 이주는 디스토피아 미래나 유토피아 미래의 일부일 수도 있다. 어쨌거나 이주하는 종인 우리의 우주 이주는 태평양 항해자들이 라파누이 같은 오지까지 나아갔던 경이로운 이주와 비슷할 것이다. 태평양 항해자들은 결코 돌아오지 못하리라는 것을 알고 떠났을 것이다. 소행성에서 광물을 캐고 달이나 화성, 나아가 우주를 떠다니는 기지를 만드는 기술들은 어느 정도 개발되었다. 중력을 일으키는 동시에 내부의 다양한 지역, 즉 '대륙'에 낮과 밤이 번갈아 나타나도록 천천히 회전하는 우주 거주지도 건설할 수 있을 것이다.

화성 같은 행성을 **테라포밍(terraforming)**하여 인간을 비롯한 지구의 종들이 살기 적합하게 만들자는 더 야심찬 구상은 소설가이자 과학자 아서 C. 클라크(Arthur C. Clarke)가 내놓은 여러 미래 구상 중 하나다. 화성에 대규모 핵폭발을 일으켜 지하에 있는 얼음을 녹여 대양과 대기를 만들자는 테라포밍 방식도 제시되었다. 화성에서 살아남을 수 있는 세균을 뿌리거나, 궤도에 거대한 거울을 띄워 태양의 열과 빛을 모아 비추자는 구상도 있다. 물론 이 구상들은 성공 여부를 확신하지 못한 채 아마도 수백 년 동안 실행해야 할 대규모 공학 사업이다!

태양계 바깥은 거리가 너무나 멀기 때문에 이주를 상상하기가 더 어렵다. 어떤 시나리오를 상상하든 간에, 가장 가까운 별까지 이주하려면 세대를 이으며 바깥 우주를 하염없이 나아가야 한다. 문제가 생겨도 재보급이나 수리가 불가능하고, 목적지에서 거주 가능한 행성을 발견하리라는 보장도 없다. 물론 훨씬 빨리 여행할 방법이 발명될 가능성도 있지만, 현재로서는 방법의 개념조차 떠올릴 수 없다. 아무튼 태평양 섬들로 이주하던 것과 비슷하게 인류가 은하 전역으로 퍼져 나간다고 상상해보자. 거리와 시간이 엄청나다는 점을 감안하면 각 항성계에 고립된 인류 집단이 진화하면서 환경에 맞게 변할 것이다. 그리고 우리 종은 수많은 아종으로 나뉠 것이다. 물론 3만 년 전만 해도 지구에는 인류가 몇 종 살고 있었으므로, 이 시나리오도 충분히 설득력이 있다.

이러한 추측들은 우리 종이 다른 종과 마찬가지로 진화한다는 사실을 새삼 상기시킨다. 유전자 조작으로 우리의 진화 방향을 조절하든 그렇지 않든 우리는 변할 것이고 결국 우리 후손들이 인간인지 여부가 더 이상 명확하지 않을(지금 시대로부터 날아간 시간 여행자가 볼 때) 시점이 올 것이다. 그때가 바로 지금 우리가 알고 있는 인류 역사가 끝나는 시점일 것이다.

미래 3: 먼 미래

앞의 추정들을 떠나 더 먼 미래, 인류가 더 이상 존재하지 않는 미래를 살펴보자. 일단 수억 년, 심지어 수십억 년 뒤의 미래를 생각하려면 큰 규모에서 진화하는 천체로 시선을 돌려야 한다. 행성 지구, 은하, 우주 전체다. 이런 규모에서 보면 대부분의 변화가 더 느리고 단순하다. 이 말은 우리가 다시금 강한 확신을 품고 예측할 수 있다는 의미다. 사실 수백 년 후의 역사보다는 아주 먼 미래를 더 확신하며 예측할 수 있다.

지각판 운동이 좋은 사례다. 우리는 주요 지각판들의 운동 속도와 방향을 대강 알고 지난 수억 년 동안 어떻게 움직였는지도 알기 때문에 5000만 년이나 1억 년 후, 더 나아가 2억 년 후 지구의 모습을 꽤 합리적으로 예측할 수 있다. 대서양은 넓어지는 반면 태평양은 좁아질 것이고, 아프리카는 동아프리카 지구대를 따라 갈라져서 나뉠 것이다. 지구의 대륙들이 북극점을 중심으로 다시 모여서 아마시아(Amasia)라는 새로운 초대륙을 형성할 것이라는 예측도 있다(〈지도 13.2〉).

지구 전체의 미래도 예측할 수 있다. 태양 같은 별이 어떻게 진화하는지 알기 때문이다. 아마 30억~40억 년 후에 태양은 연료가 고갈될 것이다. 그러면 바깥층이 떨어져 나가고 중심핵은 붕괴할 것이다. 그리고 헬륨이 연료가 되어 다시 타오르면서 다시 한번 팽창할 것이다. 적색거성으로 변하여 지금보다 훨씬 크게 부풀 것이다. 그 단계에 태양의 바깥층이 지구궤도까지 밀려 나와서 지구를 집어삼킬 것이다. 따라서 지구와 모든 지구 생물은 종말을 맞이할 것이다. 결국 태양은 붕괴하여 왜성이 되고, 자신이 활동했던 90억 년이라는 기간보다 훨씬 긴 시간 동안 서서히 식어갈 것이다. 우리 태양은 초신성을 형성할 만큼 크지 않다.

태양이 죽을 무렵 우리 은하수는 이웃 은하인 안드로메다와 충돌할 것이다. 충돌은 다소 조용히 일어날 것이다. 서로 무척 가까이 다가가는 별은 거의 없겠지만 중력 때문에 행성계들이 뒤틀릴 것이고, 두 은하의 전체적 모양도 일그러지면서 국소적 혼돈이 발생할 것이다. 이 충돌을 지켜볼 인류는 없을 것이다. 그러나 생명이 사는 수백만 개의 행성들에서 누군가가 지켜볼 수도 있다. 지구에서 이주한 이들의 후손도 있을지 모른다.

지도 13.2 아마시아. 1억 년 뒤 지구의 대륙들이 다시 합쳐져 아마시아라는 초대륙을 형성할 수도 있다.

　　그렇다면 우주 전체는 어떻게 될까? 기이하게도 우주는 인류 사회의 진화보다 훨씬 단순하게 진화한다. 그래서 우주론자는 우주의 미래에 관해 합리적으로 말할 수 있다고 확신한다.

　　앞서 살펴보았듯이, 빅뱅우주론은 팽창하는 우주를 상정한다. 그러나 우주론자는 우주를 팽창시키는 힘과 모든 것을 잡아당기는 경향이 있는 중력이라는 기본 힘 사이에 늘 긴장이 존재했음을 잘 안다. 장기적으로 어느 힘이 이길까?

　　20세기 말에 우주론자들은 우주의 팽창 속도와 우주에 있는 모든 물질의 인력을 추정하여 이 질문에 답하고자 애썼다. 우주에 물질이 충분히 많다면 중력이 팽창 속도를 늦추어 멈추게 할 것이고, 약 2000억 년 뒤에는 우주가 수축하기 시작한다는 개념이다. 붕괴는 점점 빨라질 것이고, 빅뱅으로부터 약 4000억 년 후 우주 전체는 에너지/물질이 빽빽하게 들어찬 무척 작은 공으로 압축될 것이다. 물질의 압력이 너무나 세기에 이 공은 다시금 폭발하여 새로운 빅뱅을 일으킬 수 있고, 우주 전체가 새롭게 한살이를 시작할 수도 있을 것이다. 이 이야기에는 본질적으로 흡족한 점이 있다.

불행히도 현재 대다수의 우주론자들은 이 순환론적 미래 이야기가 틀렸다고 믿는다. 1990년대 말에 발견된 한 가지 흥미로운 현상 때문이다. 극도로 멀리 있는 초신성을 관측하여 우주의 팽창 속도를 추정하니, 시간이 흐를수록 팽창 속도가 느려지기는커녕 빨라지는 듯했다! 대다수의 우주론자들이 예상한 것과 정반대였다. 이 뜻밖의 현상을 설명하려는 노력들은 대부분 예전에 아인슈타인이 제기한 개념에 토대한다. 중력과 반대 방향으로 작용하는 기본 힘, 물질들을 서로 밀어내는 경향을 지닌 힘이 있다는 개념이다. 이들은 이 힘이 우주 자체에서 생성되기에, 우주가 팽창할수록 더욱 세지는 경향이 있다고 주장한다. 또한 태양과 지구가 형성될 무렵 이 팽창력이 중력을 이기며 팽창 속도가 빨라지기 시작했다고 본다.

그것이 우주의 미래에 어떤 의미가 있을까? 한 가지는 명백하다. 앞으로 수십억, 수백억, 수천억 년이 흐른 뒤인 머나먼 미래로 갈수록 우주는 더 지루해질 것이다. 은하 사이의 거리가 점점 멀어지면서 관측자가 하늘에서 보는 천체의 수가 줄어들고, 각 은하는 고립된 자기만의 우주처럼 보일 것이다. 별은 더 이상 생겨나지 않고 숫자도 줄어들기 시작해서 하늘에서 아예 없어질 것이다. 또는 어떤 별에도 행성, 생물권, 생물이 없을 것이다. 우주는 다시금 죽은 곳이 되고, 모든 복잡한 구조는 서서히 분해될 것이다, 생물이 사라지고, 이어서 행성이 사라지고, 결국 별조차 사라질 것이다. 행성과 생명을 탄생시킨 골디락스 조건은 더 이상 존재하지 않을 것이다. 우주는 거대한 쇳덩어리와 화학물질들이 구름처럼 흩어진 곳이 될 것이다. 물질들이 뭉쳐 있는 곳에서 블랙홀이 생기거나 블랙홀이 모든 것을 집어삼키면서 텅 빈 우주만 남을 것이다. 까마득히 긴 세월이 흐른 후 결국 우주의 블랙홀조차 에너지를 잃으며 증발하기 시작할 것이다. 우주는 영구히 커지면서 단순해질 것이다. 영원히.

이야기의 끝과 우주의 인간

마음에 들든 안 들든 이 결론이 현재 우주의 궁극적 운명에 관해 할 수 있는 최선의 묘사다. 어떤 면에서는 그 황량한 모습에서 벗어나 현재의 우주를 생각하면 마음이 편해진다. 이 예측에 비추어보면, 인간은 늙은 우주가 아니라(물론 138억 년이라는 나이 때문에 극도로 늙었다고 볼 수도 있지만) 우주의 봄을 살고 있다. 우리는 우주가 많은 에너지, 많은 기울기 등 별과 행성과 생물과 더 나아가 인간 같은 복잡한 것들을 만드는 데 필요한 모든 것을 지닌 시기에 산다. 현재 별, 행성, 생명, 인간이 만들어질 수 있는 골디락스 조건이 존재한다! 우리는 우주가 경이로운 세계를 생성하는 데 필요한 역동성을 지니고 있던 시절의 산물이다.

| 요약 |
미래 1, '가까운 미래'는 예측하기 어렵지만 어쨌든 할 수밖에 없다. 우리는 불길한 추세와 희망적인 추세를 파악하고, 가장 희망적인 추세에 어떻게 영향을 미칠 수 있을지 상상해야 한다.
미래 2, 수천 년에 걸친 미래는 예측하기가 훨씬 어려우므로 과학소설 작가들의 풍부한 상상력을 토대로 삼았다.
미래 3, 먼 미래는 좀 더 단순하고 느리게 변화한다. 따라서 확신을 갖고 예측할 수 있다. 태양은 적색거성이 되었다가 붕괴하여 왜성이 될 것이다. 우리 은하는 안드로메다은하와 충돌할 것이다. 우주는 계속 커지면서 식고, 영구히 단순해질 것이다. 우리는 운 좋게도 우주의 봄에 살고 있다.

| 용어 설명 |

- **강압적 권력**(coercive power): 강압에 토대한 권력으로 위로부터의 권력, 하향식 권력이라고도 한다. 필요에 따라 지도자가 힘으로 사람과 자원을 통제할 능력을 획득하는 과정이다.
- **강착**(accretion): 새 별의 주위를 도는 물질들이 서로 충돌하여 달라붙으면서 커져 미행성과 행성을 형성하는 과정.
- **거대 동물상 멸종**(megafaunal extinction): 구석기시대에 대형 동물 종들이 멸종한 사건. 인류의 사냥이 큰 역할을 했을 것이다. 거대 동물상 멸종은 오스트랄라시아와 아메리카 세계 지대처럼 인류가 새롭게 정착한 땅에서 특히 심하게 일어났다. 그 때문에 이 지역들의 대형 포유동물 종이 적었고, 동물을 길들일 가능성이 더 낮아졌다.
- **고지자기학**(paleomagnetism): 자성을 띤 광물로 지구자기장의 역사와 지각판의 운동을 연구하는 학문.
- **골디락스 조건**(Goldilocks condition): 더 복잡한 것이 출현하기에 알맞은 조건을 지닌 환경. 너무 뜨겁지도, 너무 차갑지도, 너무 크지도, 너무 작지도 않은 조건이다.
- **공납**(tribute): 국가나 관리나 정부의 대리자가 강압적 위협을 가해 걷는 물품, 노역, 현금, 사람 등의 자원.
- **공산주의**(communism): 반자본주의 사회를 건설하는 데 몰두하는 이념으로, 대개 마르크스주의에 토대했다. 20세기에는 소련, 중국, 동유럽, 동아시아와 동남아시아 공산주의 사회의 인구가 세계 인구의 약 절반에 달하기도 했다.
- **공생**(symbiosis): 인류와 길들인 동식물처럼 서로 다른 종이 의존하는 관계. 정도는 다르지만 서로에게 혜택을 준다. 공생 관계는 자연에 매우 흔하다.
- **공장제**(factory system): 증기기관이나 다른 원동기로 여러 기계를 작동시키는 공장에 노동자들을 모아 감독하면서 일하게 하는 방식.
- **과학**(science): 현대 세계의 주된 지식 형태. 과학은 17세기에 과학혁명이 일어나면서 번성하기 시작했다. 과학 지식은 세계적이며, 세심하게 검증한 증거를 엄밀하게 사용하는 데 토대를 둔다.
- **광년**(light-year): 빛은 전자기 에너지의 한 형태다. 1초에 30만km를 나아가는 빛보다 빨리 움직일 수 있는 것은 없다. 1광년은 빛이 1년 동안 나아가는 거리로, 9.6조km다.
- **광합성**(photosynthesis): 식물 및 식물성 생물이 햇빛을 이용하여 에너지를 생산하는 활동. 광합성에 관한 증거는 35억 년 전에 처음 나타났다. 생물권에서 생물들이 살아가는 에너지의 대부분과 대기 산소의 대부분이 광합성에서 나온다.

- **교통**(transportation): 짐꾼이나 말이 끄는 마차나 배, 비행기나 컨테이너 차량으로 사람과 상품을 옮기는 기술.
- **교환망**(exchange network): 정보, 물품, 사람을 교환함으로써 사람, 사회, 지역을 연결하는 망. 모든 형태의 집단 학습은 교환망을 통해 작동한다.
- **구석기시대**(Paleolithic era): 약 20만 년 전 호모사피엔스가 출현한 후부터 약 1만 2000년 전 농경이 시작될 때까지의 시기. 현생 인류 역사의 첫 시대. 구석기시대는 중석기시대(약 20만 ~5만 년 전)와 후기 구석기시대(약 5만~1만 2000년 전)로 나뉘기도 한다.
- **국가**(state): 필요할 때 힘으로 스스로의 의지를 강요할 수 있고, 한 지역의 도시와 환경에 기반하며, 수만 명에서 수백만 명의 인구를 지닌 조직화한 사회.
- **국가 종교**(state religion): 통치자가 사회를 통합하고 권위를 정당화하기 위해 공식적으로 채택한 종교. 각지의 다양한 종교를 도외시하곤 하지만, 그럼에도 국지적 종교가 성행하기도 한다.
- **국내총생산**(GDP): 주어진 기간에 한 나라가 생산한 모든 상품과 용역의 시장 가치를 따진 경제학 용어. 총생산량의 근사적 척도로 유용하지만, 임금을 받지 않는 가사 노동과 삼림 파괴, 탄소 배출 등 많은 주요 경제활동 유형을 무시한다.
- **권력**(power): 인류 사회의 권력 관계는 2가지 기본 형태로 나누어 분석하는 것이 유용하다. 아래로부터의 권력(합의적 권력, 상향식 권력)은 스포츠 팀의 주장을 뽑는 것처럼 집단 과제를 성공적으로 해내기 위해 구성원들이 지도자에게 권력을 위임하는 것이다. 위로부터의 권력(강압적 권력, 하향식 권력)은 통치자가 힘으로 자신의 의지를 강요하는 능력에 의존한다. 인류 사회의 역사에서는 아래로부터의 권력이 위로부터의 권력보다 먼저 나타났다. 그 이유는 사람들에게 힘으로 자신의 의지를 강요할 수 있으려면 먼저 중요한 자원을 동원할 능력을 갖추어야 하기 때문이다.
- **근대 혁명**(modern revolution): 근대 세계를 빚어낸 혁명적 변화를 가리키는 약간 모호한 꼬리표. 근대 혁명은 인류 역사를 근대로 이끌었다.
- **기념 건축물**(monumetal architecture): 피라미드, 신전, 공용 공간, 거대 조각상 등 강력한 지도자가 등장할 때마다 나타나는 거대 구조물. 모든 농경 문명의 특징이다.
- **기원 이야기**(origin stories): 어느 사회에나 있는 만물의 기원 이야기. 사람, 동물, 환경, 지구, 별, 우주 전체 등이 소재다. 기원 이야기는 모든 것의 역사를 살펴볼 때 지도 역할을 한다.
- **기호 언어**(symbolic language): 많은 정보를 정확하게 전달할 수 있기 때문에 다른 동물의 의사소통 수단보다 훨씬 효과적인 의사소통 수단. 인류는 강력한 기호 언어로 엄청난 정보를 공유하고 대대로 쌓을 수 있었다. 기호 언어는 집단 학습을 가능하게 했다. 변화할 수 있고 누적되는 집단 학습은 인류 역사의 특성을 이해하는 열쇠다.
- **『길가메시 서사시**(Epic of Gilgamesh)』: 문자로 기록된 세계 최초의 문학. 남아 있는 가장 오래된 문헌은 BCE 2100년경의 것이다. 우루크의 왕이자 영웅 길가메시의 이야기로 인류의 보편적 관심사인 도시 생활과 구석기 생활, 죽음을 둘러싼 슬픔, 신들의 외면, 환경 파괴 등을 담고 있다.
- **길들임**(domestication): 유순하고 생산적이며 통제에 잘 따르도록 인류가 종을 유전적으로 변형하는 행위. 공생의 일종으로서, 길든 종은 인간의 보호라는 혜택을 받는다. 농경에 필요한 길들임 과정은 개별 동식물 종뿐 아니라 경관 전체에도 적용된다. 오늘날 세계 지표면의 약

50%는 목축과 경작에 적합하게 길들여져 있으며, 그 과정에서 세계 숲의 절반 이상이 사라졌다.

- **나노기술**(nanotechnologies): 분자 크기의 작은 기계를 사용하는 기술.
- **나우아틀어**(Nahuatl): 아즈텍인의 언어로 지금도 멕시코에서 수십만 명이 쓰고 있다. 영어의 오실롯, 코요테, 토마토, 초콜릿, 타말이 나우아틀어에서 왔다.
- **남방화**(southernization): 1994년 세계사학자 린다 섀퍼가 아프리카와 인도 북부에서 유라시아 중부, 동부, 서부로 물질과 비물질 산물들이 이동한 역사를 기술하기 위해 만든 용어.
- **냉전**(Cold War): 자본주의 사회와 공산주의 사회의 적대 관계가 지속된 시기. 양쪽이 핵으로 무장했기에 '열전(hot war)'의 위험도 가까이 있었다.
- **네안데르탈인**(Neandertal): 호모사피엔스와 유연관계가 무척 가까운 사람아과 종. 두 계통은 적어도 50만 년 전에 갈라진 듯하다. 네안데르탈인은 3만 5000~3만 년 전에 멸종했다. 유라시아계 사람들의 DNA 중 1~4%는 네안데르탈인에게서 왔다.
- **농경**(agriculture): 인류에게 가장 유익한 동식물 종의 생산성을 높여 환경을 이용하는 방식. 공생의 일종인 농경은 시간이 흐르면서 '길든' 종을 유전적으로 변화시킨다. 수렵채집 기술보다 훨씬 생산적인 농경이 출현함으로써 인류 역사가 혁명적으로 바뀌었다.
- **농경 문명**(agrarian civilizations): 주변 경작지들과 도시 및 국가를 합쳐 수십만 명 또는 수백만 명이 살아가는 대규모 공동체. 강압적 공납, 전문직, 계층구조, 국가 종교, 왕, 군대, 문자와 숫자 체계, 기념 건축물 등이 특징이다.
- **농경 문명 시대**(Era of Agrarian Civilizations): BCE 3000년경부터 CE 1000년경까지 이어졌다. 인류 역사에서 농경 문명이 모든 공동체에 가장 크고 복잡하며 강한 힘을 발휘한 시대다.
- **누비아**(Nubia): 나일강을 따라 제1 급류 지대에서 제6 급류 지대까지 뻗은 지역. 현재의 수단 북부를 포함한다. 4세기부터 누비아라고 불렸고, 그전에는 쿠시라고 불렸다.

- **대기**(atmosphere): 천체, 특히 지구를 둘러싸고 있는 기체 물질.
- **대륙이동**(continental drift): 대륙이 이동하여 다른 모습을 형성한 후 다시 새로운 모습을 형성하는 과정.
- **대승불교**(Mahayana Buddhism): 두 주요 불교 종파 중 하나로, 대중을 해탈로 이끄는 길을 제시한다.
- **대전환**(the great turning): 기업의 세계화를 비판하는 경제학자 데이비드 코튼(David Korten)이 제시한 개념으로, 사람들이 자신의 장기적 이익을 지키기 위해 적극 참여하며 강한 민주주의를 발전시키는 현상.
- **도시**(city): 분화한 전문 직업을 지닌 사람들 수만 명 이상이 조밀하게 모여 바깥에서 들어오는 자원으로 살아가는 지역.
- **도플러효과**(Doppler effect): 두 천체의 상대 운동 때문에 파장의 길이가 늘어나거나 줄어드는

현상. 구급차가 멀어질 때보다 다가올 때 사이렌 소리가 더 커지는 듯한 이유를 설명해준다. 또 먼 은하가 우리에게서 멀어지고 있으면 그 은하의 빛이 스펙트럼의 빨간색 쪽으로 치우치는 이유도 설명한다. 이 이동은 우리 우주가 팽창하고 있다는 개념을 뒷받침하는 증거다.

- **독점**(monopoly): 특정 상품의 공급자가 하나뿐인 상황. 경제 이론에 따르면 독점은 혁신을 질식시킨다. 독점자는 내부 시장을 장악하고 있으므로 상품 가격을 낮추거나 질을 개선해야 한다는 걱정을 할 필요가 없기 때문이다.
- **동위원소**(isotopes): 같은 원소지만 원자핵에 든 중성자의 수가 달라서 원자량이 다른 원자. 탄소 연대 측정법은 탄소-14(탄소의 유일한 방사성동위원소)가 시간이 흐르면서 붕괴함에 따라 달라지는 탄소 동위원소들의 비를 이용한다.
- **디아스포라**(diaspora): '흩어지다'라는 뜻의 그리스어. 고대 유대인을 비롯한 여러 민족이 흩어진 사건을 가리킨다.
- **DNA**: 데옥시리보핵산. 살아 있는 모든 세포에 들어 있는 이중 가닥 분자. 세포를 만들고 유지하는 데 쓰이는 유전정보를 담고 있으며, 정보를 다음 세대의 세포에 전달하는 데도 쓰인다.

- **라파누이**(Rapa Nui): 이스터섬. 칠레 영토인 태평양의 섬으로 약 1,000년 전 폴리네시아 항해자들이 처음 정착했다. 여러 거대한 석상으로 유명하다.
- **라피타 문화**(Lapita culture): 파푸아뉴기니에서 사모아에 이르는 지역에서 발견된 문화. 독특한 기하학 문양의 토기가 특징이다. 인류가 초기에 태평양에서 이주한 양상을 고고학자들이 추적하는 데 쓰인다.

- **마니교**(Manichaeism): 선한 영적 세계인 빛과 악한 물질세계인 어둠이 인류 역사 내내 끝없이 싸워왔다는 우주론에 토대한 중앙아시아의 고대 종교.
- **마르크스주의**(Marxism): 카를 마르크스(1818~1883)의 저술에 토대한 이념. 마르크스는 자본주의가 현대 세계의 핵심 특징이지만, 심한 불평등을 빚어내기 때문에 결국 무너지고 사회주의 사회가 건설될 것이라고 주장했다.
- **맬서스 주기**(Malthusian cycle): 경제, 인구, 문화, 정치 등이 팽창하다가 위기와 전쟁, 인구와 문화와 정치의 쇠퇴를 겪는 긴 주기. 농경 문명 시대 내내 뚜렷했던 이 주기는 대체로 수 세기 동안 이어진다. 혁신이 나타나지만(상승기에 출현) 그 속도가 인구 증가 속도를 따라갈 수 없어 결국 붕괴한다. 영국의 목사이자 경제학자 토머스 맬서스(1766~1834)의 이름에서 따왔다.
- **메소아메리카**(Mesoamerica): 멕시코 중부에서 파나마, 과테말라, 벨리즈, 엘살바도르 전역과 온두라스, 코스타리카, 니카라과 일부 지역까지 포괄하는 문화 지역.
- **명왕누대**(Hadean eon): 45억 년 전부터 38억 년 전까지 이어진 지질시대. 영혼이 거주한다는 고대 그리스 신화의 지하 세계 이름에서 따왔다. 당시의 지구가 뜨겁고 '지옥 같은' 곳이었기 때문이다.
- **모든 생명의 공통 조상**(LUCA): 현재 지구에 사는 모든 생물의 최근 공통 조상인 생물 또는

생물 집단으로, 약 38억 년 전에 살았다고 여겨진다.
- **물질**(matter): 질량을 지니고 공간을 차지할 수 있는 실체. 아인슈타인은 유명한 공식인 E(에너지)=m(질량)×c(광속)^{2}에 따라 물질과 에너지가 상호 교환될 수 있음을 보여주었다. 따라서 물질은 에너지가 뭉쳐 있는 형태라고 할 수 있다. 빅뱅으로부터 약 1초가 지나기 전까지는 물질과 에너지가 교환될 수 있었다.
- **밀란코비치 주기**(Milankovitch cycle): 지구 공전궤도의 3가지 측면에서 일어나는 규칙적 변화. 이 주기를 처음으로 제시한 세르비아 천문학자 밀루틴 밀란코비치(1879~1958)의 이름에서 따왔다. 한 주기는 지구의 자전축인 지축이 가리키는 방향이 흔들려서 생긴다. 이 변화는 약 2만 1000년의 주기를 보인다. 두 번째 주기는 지축의 기울기와 관련 있다. 약 4만 1000년을 주기로 22.1°에서 24.5°까지 변한다. 세 번째 주기는 지구의 공전궤도 변화와 관련 있다. 주변 행성들의 중력 때문에 궤도는 완벽한 원을 이루지 못하고 타원형을 형성한다. 타원은 10만 년과 40만 년을 주기로 변한다.

- **반감기**(half-life): 주어진 방사성원소의 질량 중 절반이 다른 원소로 변하는 데 걸리는 시간.
- **반정착 생활**(semisedentary): 농경을 하지만 수렵과 채집으로 식량을 보충할 필요가 있는 생활 방식. 온전한 정착 사회에 비해 많은 인구를 지탱할 수 없었다.
- **방사성붕괴**(radioactivity decay): 우라늄 등의 불안정한 원자가 아원자 입자를 방출하고 붕괴하는 성질.
- **방사성 연대 측정법**(radiometric dating): 방사성붕괴 속도를 측정하여 뼈와 암석 같은 물질의 연대를 알아내는 방법.
- **방화 농법**(fire-stick farming): 경작의 유형이 아니라 수렵채집 전략 중 하나다. 수렵채집인은 땅에 불을 놓은 뒤, 그 자리에 새싹이 자랄 때 뜯어먹기 위해 오는 동물들을 사냥하곤 했다. 방화 농법은 수렵채집 방식의 일종이지만, 환경을 조작하여 유용한 자원의 생산성을 높이는 방식이기도 하므로 경작으로 나아가는 단계로 볼 수도 있다.
- **보호주의**(protectionism): 국가 경제를 보호하는 최선의 방법은 자유무역이 아니라 관세 혹은 힘으로 경쟁국들을 배제하는 교역 지대를 조성하는 것이라는 개념.
- **복잡성**(complexity): 정밀하게 연결된 내부 요소들과 새로운 창발적 특성들을 많이 지닌 실체. 자유 에너지의 흐름에 생존이 달려 있다.
- **복잡성 증가의 문턱**(thresholds of increasing complexity): 새롭고 더 복잡한 무언가가 출현하는 순간. 이 책에서는 복잡성 증가의 주요 문턱 8가지에 초점을 맞추었다.
- **분광기**(spectroscope): 프리즘처럼 빛을 다양한 진동수로 나눌 수 있는 기기. 원소마다 진동수가 다른 빛을 흡수하므로, 별과 은하에 어떤 원소가 얼마나 있는지 알아내는 데 쓸 수 있다. 별의 특성과 진화를 연구하는 데 근본적으로 중요한 도구다.
- **분류 체계**(taxonomy): 공통의 특징을 토대로 이름 붙이고 분류하는 체계. 생물학자들은 분류학으로 종들을 점점 더 큰 집단으로 묶음으로써 계층구조적으로 관계를 정리한다. 큰 범주부터 역, 계, 문, 강, 목, 과, 속, 종이라는 명칭이 붙는다.
- **분자**(molecules): 둘 이상의 원자가 몇 가지 유형의 화학 결합으로 연결된 물질.

- **블랙홀**(black hole): 밀도가 무척 높아서 빛조차 빠져나가지 못할 만큼 중력이 센 우주 공간. 무척 큰 별 같은 거대한 천체가 붕괴할 때 생길 수 있다.
- **비단길**(Silk Roads): 농경 문명 시대에 중앙아시아를 통해 아프로·유라시아의 많은 지역을 연결한 교역과 교환의 연결망.
- **빅뱅**(big bang): 원래 천문학자 프레드 호일이 농담 삼아 표현한 용어다. 현재 빅뱅우주론에 따라 우주가 출현한 순간을 가리키는 말로 널리 쓰인다.
- **빅뱅우주론**(big bang cosmology): 우주의 기원을 설명하는 현대 이론. 1930년대에 처음 제기되었고, 1960년대부터 현대 우주론의 핵심 사상(패러다임)이 되었다.
- **빅 히스토리**(big history): 우주의 탄생부터 인류 문명의 발전에 이르는 모든 규모의 역사를 단일한 체계로 설명하려는 시도. 전통적 기원 우주의 탄생부터 인류 문명의 발전에 적인 과학적 판본에 해당한다.

- **사람 발자국**(human footprint): 지구의 재생 능력인 환경 용량에 가하는 인류 전체의 수요.
- **사람속**(genus Homo): 300만~200만 년 전 아프리카에서 출현했으며, 유인원보다는 인간을 닮은 종들의 집단. 호모하빌리스, 호모루돌펜시스, 호모에르가스테르를 포함한다. 이 종들의 특징은 단순한 도구 이용, 나무에 얽매이지 않은 삶, 빠른 뇌 성장 등이다.
- **사람아과**(hominine): 침팬지와의 공통 조상에서 갈라진 이후 나타난 인류 계통의 모든 종. 800만~500만 년 전에 출현했다. 현생 인류 호모사피엔스는 이 계통에서 유일하게 살아남은 종이다.
- **사회주의**(socialism): 자본주의가 야기하는 극도의 불평등이 없는 사회를 건설하자는 이념.
- **사훌**(Sahul): 빙하기에 오스트레일리아, 파푸아뉴기니, 태즈메이니아를 포함하여 형성된 대륙의 이름. 빙하기 말에 해수면이 상승하면서 쪼개졌다.
- **산업혁명**(Industrial Revolution): 제조, 통신, 교통에 사람이나 동물의 힘 대신 화석연료를 체계적으로 적용함으로써 나타난 다양한 변화.
- **산업화의 세 번째 물결**(three waves of industrialization): 첫 번째 물결은 18세기 후반 영국에서 시작되었다. 두 번째 물결은 약 1820~40년에 시작되어 19세기 말까지 벨기에, 스위스, 프랑스, 독일, 미국으로 확산되었다. 세 번째 물결은 1870년경 산업화가 러시아와 일본으로 확산되면서 시작되었다.
- **350ppm**: 인류 문명이 안전한 수준의 기후를 유지할 수 있다고 세계의 과학자들이 추정하는 대기 이산화탄소 농도의 상한선이다.
- **생명**(life): 널리 받아들여지고 있는 생명의 속성 중 3가지는 먹거나 호흡하거나 광합성하여 환경으로부터 에너지를 얻어 사용하며(대사), 자신의 사본을 만들며(번식), 세대를 거치며 환경 변화에 적응하기 위해 형질들이 바뀔 수 있는 속성(적응)이다.
- **생물다양성**(biodiversity): 특정 시기의 특정 지역에, 또는 지구 전체에 존재하는 종의 수.
- **석유수출국기구**(OPEC): 산유국들이 공동의 이익을 지키기 위해 만든 국제기구. 이처럼 경쟁을 줄여 구성원들의 이익을 높이려 하는 집단을 카르텔이라고 한다.
- **세계 지대**(world zone): 마지막 빙하기 말에 해수면이 상승하면서 나타난 4가지 지리 지대.

① 아프로·유라시아(아프리카와 유라시아 대륙, 영국과 일본 등 주변 섬), ② 아메리카(북·중앙·남아메리카와 주변 섬), ③ 오스트랄라시아(오스트레일리아, 파푸아뉴기니, 이웃 섬), ④ 태평양의 섬들(뉴질랜드, 미크로네시아, 멜라네시아, 하와이).

- **세계체제론**(world-systems theory): 이매뉴얼 월러스틴의 이론으로, 교역이나 교환을 통해 형성된 대규모 국가 간 상호작용망을 탐구한다.
- **세계화**(globalization): 전 세계로 뻗어나가기 시작한 교환망이 팽창하는 과정.
- **세페이드 변광성**(Cepheid variable): 규칙적으로 밝기가 변하는 별. 북극성이 한 예다. 헨리에타 레빗은 밝기 변화로 변광성의 크기와 밝기를 알아낼 수 있고, 그 별까지의 실제 거리를 추정할 수 있음을 깨달았다. 세페이드 변광성은 다른 별 및 은하와의 거리를 측정하는 데 유용한 도구로 기능했다. 레빗은 인근 은하의 세페이드 변광성을 찾아내면서, 우주에 은하가 하나만 존재하지 않는다는 사실을 처음으로 입증했다.
- **소비자본주의**(consumer capitalism): 자본주의 역사의 최근 단계. 생산 수준이 무척 높아서, 상품을 생산하는 임금노동자에게도 상품을 판매해야 이익을 실현할 수 있는 자본주의다. 소비자본주의는 노동자가 상품을 살 수 있도록 임금을 충분히 많이 지불함으로써 평균 소비 수준을 꾸준히 늘리도록 장려해야 한다. 20세기 초에 기원했으며, 현재 가장 부유한 자본주의 국가들에서 전형적으로 나타난다.
- **소빙하기**(Little Ice Age, LIA): 1250~1900년경 세계 여러 지역의 기온이 낮아진 시기. 화산이 곳곳에서 폭발하고 대기의 이산화탄소와 메탄 농도가 낮았던 현상이 원인인 듯하다.
- **수렴 진화**(convergent evolution): 유연관계가 없는 계통들에서 동일한 생물학적 형질(예컨대 눈)이 진화하는 현상.
- **수렵채집**(foraging): 되도록 천연자원을 자연 상태 그대로 이용하는 기술. 사냥과 채집을 뜻하는 수렵채집은 구석기시대의 주요 기술 유형이었다.
- **시차**(parallax): 관찰자가 움직여서 나타나는 두 고정된 물체 사이의 겉보기 관계 변화. 눈앞에 손가락 하나를 치켜든 후 머리를 움직이면, 손가락이 배경 앞에서 움직이는 듯 보일 것이다. 시차 측정은 가장 가까운 별까지의 거리를 측정하는 데 사용할 수 있다.
- **신성문자**(hieroglyph): 이집트 문자. 이집트인들이 신전 등의 건물에 이 글자를 새겨 장식했기에 그리스인들이 신성한 금석문이라는 의미로 붙인 명칭이다. 그림문자와 기호로 소리와 생각을 표현했으며, 4세기에 아랍인에게 정복당할 때까지 널리 쓰였다.
- **실패 국가**(failed state): 정부가 영토의 일부 또는 전부에 대한 통제력을 상실하여 세금을 거두거나 국민에게 기본적 안전을 제공하지 못하는 국가.
- **쐐기문자**(cuneiform): 메소포타미아인들이 점토판에 갈대로 찍어 적은 세계 최초의 문자. BCE 2100년경의 문서도 발견되었다.

- **RNA**: 리보핵산. DNA와 비슷하지만 한 가닥으로 이루어져 있고 화학적 특성도 약간 다르다. DNA 분자로부터 받은 단백질 합성에 관한 명령을 운반한다. RNA는 먼 과거에 유전정보를 지니고 대사에도 참여하는 능력 모두를 지녀 지구 생명의 초기 진화에 중요한 역할을 했을 수도 있다.

- **아즈텍인**(Aztecs): CE 1325년경 멕시코고원 텍스코코호의 한 섬에 정착하여 CE 1519년 스페인인이 올 때까지 존속한 농경 문명을 건설한 반유목민 집단. 아스테카 문명은 전사를 기리는 관습에 토대를 두었으며, 문자를 비롯한 농경 문명의 일반적 특징을 모두 갖추고 있었다.
- **암흑 물질과 암흑 에너지**(dark matter and dark energy): 별과 은하의 운동에 관한 과학자들의 연구에 따르면 현재 인간이 관측할 수 있는 것보다 훨씬 많은 에너지와 물질이 존재하는 것이 틀림없다. 그러나 암흑 에너지나 암흑 물질이 무엇으로 이루어졌는지는 명확히 밝혀지지 않았는데, 이는 현대 천문학의 가장 큰 수수께끼 중 하나다.
- **에너지**(energy): 일하거나 어떤 일이 일어나도록 할 수 있는 우주의 다양한 힘. 현재 물리학은 주된 에너지가 4가지라고 본다. 중력, 전자기력, (원자 수준에서 작용해서 우리가 거의 알아차리지 못하는) 강력과 약력이다. 또 일종의 반중력으로 작용하는 듯하지만 우리가 제대로 이해하지 못하고 있는 암흑 에너지라는 형태의 에너지도 있다. 아인슈타인이 보여주었듯이, 에너지와 물질은 무척 높은 온도에서 상호 교환될 수 있다.
- **오스트랄로피테신**(Australopithecines): 뇌가 침팬지 크기인 초기 인류 종 집단. 400만~100만 년 전 아프리카에서 번성했다.
- **오스트로네시아어**(Austronesian): 중국에서 기원한 듯하며, 약 4,000년 전 시작된 해상 이주를 통해 동남아시아를 거쳐 서쪽 마다가스카르까지 퍼진 어군. 오늘날에는 약 4억 명이 쓰고 있다.
- **오존**(ozone): 산소 원자 2개로 이루어진 일반적 산소 분자와 달리 산소 원자 3개로 이루어진 분자. 수십억 년에 걸쳐 형성된 대기의 얇은 오존층은 해로운 자외선이 지표면에 다다르지 못하도록 막는다. 1980년대에 염화불화탄소(CFC)가 널리 쓰이면서 오존층이 파괴되었다. 그 결과 많은 나라가 대부분의 염화불화탄소 생산과 사용을 금지하는 국제조약을 체결했다.
- **온실효과**(greenhouse effect): 지구에 들어왔다가 반사되어 우주로 빠져나가는 태양열을 지구 대기의 특정 기체들이 가두어 지표면 온도를 온실처럼 높이는 현상.
- **왕가리 마타이**(Wangari Maathai): 자국의 삼림을 복원하자는 그린벨트 운동을 창시한 케냐 여성(1940~2011).
- **우루크**(Uruk): BCE 3000년보다 이전에 수메르에서 출현한 최초의 도시국가. 세계 최초의 도시였을 것이다.
- **우이칠로포치틀리**(Huitzilopochtli): 아스테카의 전쟁·태양·인신공양의 신. 테노치티틀란의 수호신이다.
- **우주론**(cosmology): 우주의 역사와 진화를 설명하는 이론.
- **우주배경복사**(cosmic background radiation, CBR): 빅뱅으로부터 약 38만 년 후 방출되어 우주 전체에 퍼져 있는 저에너지 복사. 에너지와 물질이 분리될 수 있을 정도로 우주가 충분히 식어서 중성 원자가 형성되었을 때 방출되었다. 1964년 우주배경복사가 발견되자 대다수의 우주론자가 빅뱅이론을 받아들였다.
- **원예**(horticulture): 나무 손잡이에 끼운 돌도끼로 벌채하고 발 쟁기와 괭이로 밭을 갈고 곡물을 심으며, 나무 손잡이에 끼운 돌칼로 수확하고 돌로 곡물을 빻는 등 사람의 에너지와 전통적 기술, 기법을 사용하는 농사법.

- **원자 물질**(atomic matter): 원자와 별과 사람을 이루는 물질. 암흑 물질을 제외한 모든 유형의 물질이다.
- **원주민**(indigenous peoples): 한 지역에 이전부터 살던 사람들.
- **원핵생물**(prokaryotes): 유전물질이 세포핵 안에 들어 있지 않은 단순한 단세포 미생물.
- **이슬람의 땅**(Dar al-Islam): 무슬림 전사와 행정가들이 건설했으며, CE 제1천년기 후반에 가장 중요한 경제적·지적·문화적 구조물에 속했다.
- **인구 변천**(demographic transition): 출생률 감소로 전 세계에서 인구 증가율이 낮아지는 현상.
- **인류세**(Anthropocene): 인류가 생물권 변화의 주요 힘이 된 새로운 지질시대. 지질학계는 아직 이 명칭을 공식적으로 받아들이지 않았다. 기후학자 파울 크뤼천이 2000년에 처음으로 제시했다. 그는 지난 200년 사이에 우리가 새로운 지질시대에 들어섰으며, 약 200년 전 산업혁명이 시작되면서 홀로세가 사실상 끝났다고 주장했다.
- **잉카**(Inca): 페루 쿠스코를 중심으로 번성한 민족 집단. 15세기에 남아메리카 서쪽 가장자리를 따라 대규모 농경 문명을 건설했다. 감자와 퀴노아를 주식으로 삼고, 털을 얻거나 짐을 옮기기 위해 라마를 길렀다. 뛰어난 석조 건축과 직물, 태양신 숭배가 특징이다. 대다수 농경 문명과 달리 문자 대신 매듭을 묶은 끈(키푸)을 이용하는 독특한 기록 방식을 개발했다.

- **자본주의 사회**(capitalist society): 상품과 자원을 주로 시장에서 교환하고, 상업으로 부를 얻고 유지하는 엘리트와 정부가 상업 활동을 지원하고 장려하는 사회.
- **자연선택**(nature selection): 찰스 다윈이 19세기에 발전시킨 개념으로, 생물 진화 과정의 핵심이다. 다윈은 개체들 사이의 작고 무작위적인 변이들이 생존 기회를 늘리거나 줄일 수 있다고 주장했다. 기회를 늘리는 변이를 지닌 개체는 유전자를 자식에게 물려줄 가능성이 더 높고, 시간이 흐르면 그 성공적인 변이를 물려받은 개체들의 비율이 늘어날 것이다. 긴 시간이 흐르면 작은 변화가 신종의 출현으로 이어진다. 자연선택은 현대 생물학의 핵심 개념(패러다임)이다.
- **재생에너지**(renewable energy): 태양력, 풍력, 수력처럼 쉽게 재생할 수 있는 원천에서 얻을 수 있는 에너지.
- **적색거성**(red giants): 생애의 끝에 이르러 크게 팽창하고 표면 온도가 상대적으로 낮은 거대한 별. 오리온자리의 베텔게우스가 일례다.
- **적색이동**(red shift): 1920년대에 에드윈 허블은 먼 은하에서 오는 빛이 스펙트럼의 빨간색 쪽으로 치우쳐 있다는 것을 발견했다. 그는 이 현상이 도플러효과의 결과라고 해석했다. 즉, 그 빛을 뿜어내는 은하가 우리에게서 빠르게 멀어지고 있다는 것이었다. 이 현상은 우리 은하가 팽창하고 있음을 보여준 최초의 증거였다.
- **전쟁**(warfare): 농경 문명에서 공납을 거두는 통치자가 영토, 자원, 공물을 늘리기 위해 더욱 체계적이고 분화된 형태로 벌인 싸움의 형태. 농경 문명의 흔한 특징 중 하나다.
- **정착 생활**(sedentism): 한 해의 대부분을 한곳에서 살아가는 생활. 정착 생활은 수렵채집 사회에는 드물지만 농경이 채택되면서 널리 퍼졌다. 농경으로 한 지역에서 많은 자원을 생산할 수 있었고, 농민들이 작물을 지키기 위해 계속 머물러야 했기 때문이다.

- **제국주의**(imperialism): 산업국가가 팽창하면서 아프리카, 라틴아메리카, 아시아 사회를 정복하고 식민화한 정책과 경향.
- **주기율표**(periodic table): 공통 특징에 따라 화학원소들을 분류한 표. 1869년 위대한 러시아 과학자 드미트리 멘델례예프가 처음 작성했다.
- **증기기관**(steam engine): 석탄을 태우고 증기를 만들어 역학적 일을 수행하는 기계. 제임스 와트가 미국독립혁명이 일어날 무렵 최초로 이익이 남는 증기기관을 제작했다. 증기기관을 사용함으로써 인류 사회는 하나의 문턱을 넘었고, 해마다 유입되는 태양에너지의 흐름에만 의존하지 않을 수 있었다.
- **지하수**(groundwater): 대수층이라는 갈라진 지층 틈새에 있는 물. 채워지는 데 수천 년이 걸리므로 현재의 지하수 이용 양상은 지속 불가능해 보인다.
- **진보의 물결 모형**(wave of advance model): 경작 공동체 주변부의 인구 증가가 국지적 이주 양상과 결합하여 환경적으로 적합한 모든 방향으로 사람들이 퍼져 나가 거주 범위의 팽창을 불러온다는 개념.
- **진핵생물**(eukaryotes): 원핵생물보다 복잡한 세포. 미토콘드리아 같은 '세포소기관'을 지니고, 유전물질이 세포핵 안에 따로 있어서 보호받는다. 모든 다세포생물은 진핵생물이며, 단세포생물 중에도 진핵생물이 많다. 린 마굴리스는 원핵세포들이 융합하여 공생함으로써 최초의 진핵생물이 등장했다고 주장했다.
- **집단 학습**(Collective Learning): 개인이 배운 것을 기호 언어를 통해 상세하고 정확하게 전달함으로써 집단 기억 속에 정보를 보존하고 세대가 흘러도 축적할 수 있는 인류 고유의 능력. 집단 학습은 우리 종 특유의 기술 창의성의 원천일 수 있다.
- **집약화**(intensification): 농경시대와 현대의 특징인 성장과 혁신의 유형. 혁신 덕분에 주어진 지역에서 더 많은 사람이 살 수 있으므로 더 크고 조밀한 인류 공동체를 조성할 수 있다. 정반대인 팽창화 참조.

- **차익 거래**(arbitrage): 특정 상품의 가치가 저평가된 지역에서 값싸게 사고, 가치가 높고 비싼 지역에서 높은 가격에 팔아 수익을 올리는 거래.
- **창발성**(emergent property): 구성 요소들에는 없지만 구성 요소들이 특정하게 배치되어 하나로 연결되면 출현하는 복잡한 실체의 특성. 예컨대 자동차는 부품들에 없는 창발성을 지닌다.
- **천명**(Mandate of Heaven): 지도자가 양심적이고 윤리적으로 통치하고, 질서 유지에 필요한 모든 의례와 제사를 지키는 한 하늘의 지지를 계속 받을 것이라는 중국인의 믿음.
- **초기 농경시대**(Early Agrarian era): BCE 10000년경부터 BCE 3000년경까지 약 7,000년 동안 이어진 시대. 농경의 증거가 처음 나타난 시기부터 최초의 도시와 국가가 출현한 시기까지다.
- **치남파 농법**(chinampa agriculture): 목재로 짠 틀에 흙을 채우고 호수에 띄워 작물을 재배하는 방법. 초기 메소아메리카 농민들이 창안했다.

- **카스트제도**(caste system): 혈통으로 정해지는 엄격한 계급 집단들로 사회를 조직하는 체계. 원래 인도인들은 카스트제도에 색깔을 가리키는 용어를 사용했다. 침입자인 아리아인의 피부색이 원주민인 드라비다인보다 훨씬 옅었기 때문이다.
- **캄브리아기 대폭발**(Cambrian explosion): 캄브리아기(5억 4200만~4억 8800만 년 전)에 동물들이 놀라울 만큼 크고 다양한 형태로 발전한 현상. 이 시기에 생명이 처음 출현했다는 것이 한때 학계의 중론이었지만, 그보다 앞서 수십억 년 동안 단세포생물이 존재했다는 사실이 밝혀졌다.
- **케찰코아틀**(Quetzalcoatl): 톨텍인의 자애로운 신. 과일과 견과만 제물로 원하며, 사제, 그리고 학습과 지식의 수호신이다. 아즈텍인은 악신이 케찰코아틀을 속여서 언젠가 돌아온다는 약속을 남기고 동쪽으로 사라지게 했다고 믿었다.
- **케추아어**(Quechua): 잉카인의 언어를 스페인어로 부르는 말. 잉카인은 루나시미라고 했다. 케추아어는 지금도 에콰도르에서 칠레에 이르는 지역의 수백만 명이 쓰며, 페루의 두 번째 공용어다.

- **테라포밍**(terraforming): 표면 아래의 얼음을 녹이거나 세균을 뿌리는 등의 방법으로 화성 같은 행성을 인류가 살기 적합하게 만드는 것.
- **통신**(communication): 말하기에서 글쓰기, 인쇄, 인터넷에 이르기까지 사람들이 정보와 생각을 교환하는 데 쓰는 기술.

- **파시즘**(fascism): 이탈리아에서 출현한 이념으로, 세계가 서로 충돌하는 인종 집단으로 나뉘어 있다고 본다. 히틀러 치하 독일 나치당의 이념이 대표적이다.
- **판게아**(Pangaea): 2억여 년 전에 대부분의 대륙 지각판이 합쳐져 생긴 거대한 초대륙. 지구 역사에서 이러한 초대륙이 주기적으로 생겼을 가능성이 높다. 하나의 거대한 땅덩어리가 형성된 시기에는 생물다양성이 줄어들었을 것이다.
- **판구조론**(plate tectonics): 1960년대 이후 지구과학의 핵심 개념(패러다임)이 되었다. 지각을 형성하는 여러 지각판이 지구 내부의 열 흐름에 따라 끊임없이 움직인다는 이론이다.
- **팽창화**(extensification): 개별 인류 공동체의 크기가 증가하지 않은 상태에서 혁신과 성장을 통해 광범위하게 정착하는 과정. 팽창화는 구석기시대 특유의 성장 유형이었다. 정반대인 집약화도 참고하라.
- **『포폴 부흐**(Popol Vuh)』: 과테말라 키체마야인의 신화와 역사를 모은 문헌. '사람들의 책'이라는 뜻이다. 이 기원 이야기에 따르면 신들이 옥수수와 물로 인간을 만들었다. 16세기 중반 도미니코회 수사가 엮은 문헌 하나만 남아 있다.
- **폴리스**(polis): '도시국가'를 뜻하는 그리스어.
- **플라스마**(plasma): 양성자와 전자가 결합하지 않은 물질 상태. 빅뱅 이후 약 38만 년이 흐를 때까지는 우주 전체가 이 상태였고 지금도 별 내부는 대부분 플라스마 상태다.

- **합의적 권력**(consensual power): 합의에 토대한 권력으로, 아래로부터의 권력 또는 상향식 권력이라고도 한다. 사람들이 개인과 가족의 자치권을 얼마간 내놓음으로써 자신들의 삶과 자원을 지도자가 통제할 수 있도록 하는 과정이다.
- **해저 확장**(seafloor spreading): 지구 맨틀에서 녹은 물질이 지각판 가장자리에서 솟아오르고 굳어서 새로운 해저가 생기는 과정.
- **핵무기**(nuclear weapons): 우라늄이나 플루토늄 같은 커다란 원자의 분열이나 수소 원자의 융합을 이용한 무기. 위력이 무척 강력하므로 대량으로 사용하면 생물권의 대부분을 파괴할 수도 있다. 1945년 미국이 일본 히로시마와 나가사키에 최초로 투하했다.
- **핵융합**(fusion): 별은 생애의 대부분 동안 수소 원자핵들이 융합하여 헬륨 핵이 될 때 방출하는 엄청난 에너지를 이용한다. 수소폭탄의 힘의 원천이기도 하다.
- **헤르츠스프룽─러셀 다이어그램**(Hertzprung – Russell diagram): 별의 생애 단계를 절대밝기와 표면 온도 같은 특징을 통해 그래프로 나타낸 것.
- **혁신의 원동력**(driver of innovation): 혁신과 집단 학습을 장려하는 경향을 지닌 주요 요인들. 혁신의 가장 중요한 원동력은 정부 활동, 인구 증가, 교환망 확대, 통신과 교통 기술 개선, 경쟁 시장과 상업화 확대였다. 이 원동력들은 겹치면서 새로운 상승작용을 일으킬 때 더욱 강력했다.
- **혁신의 유인**(incentive to innovate): 사회에서 혁신을 부추기거나 막는 요인들. 수익을 얻거나 정부 기관에서 승진하거나 특권을 얻거나 단순히 자신이나 남의 삶을 개선할 기회 등이 포함된다.
- **현대 국가**(modern state): 상비군, 경찰, 관료제, 성직자, 사법부 등 국가기관의 권력 팽창이 특징인 새로운 정치권력 구조. 현대 국가는 조세를 늘리고, 토지 이용을 규제하고, 화폐와 신용 공급을 통제하고, 의 무교육을 실시하고, 공통의 언어와 역사에 토대한 국가 이념을 개발했다. 또 서비스를 제공하여 국민들의 충성심을 확보함으로써 강압적 권력과 합의적 권력 모두를 증진한다.
- **호모사피엔스**(*Homo sapiens*): 우리 종인 현생 인류의 학명. 약 20만 년 전 아프리카에서 출현한 듯하다. 이 책에서 우리 종의 출현은 지구 역사상 최초로 집단 학습을 할 수 있는 종이 출현한 문턱을 가리킨다.
- **호모에렉투스 또는 호모에르가스테르**(*Homo erectus, Homo ergaster*): 약 200만 년 전 아프리카에서 출현한 사람아과 종. 현생 인류와 키가 비슷했고, 호모하빌리스보다 뇌가 컸으며, 불을 길들였고, 짝 결속을 맺었으며, 복잡한 석기를 만들었다. 일부 호모에렉투스는 유라시아로 이주했고, 멀리 중국까지 들어갔다.
- **호흡(호기성)**[respiration(aerobic)]: 광합성의 반대 과정. 호흡하는 세포는 흡수한 산소로 탄수화물을 분해하여 필요한 에너지를 얻는 동시에 이산화탄소와 물을 노폐물로 내보낸다. 광합성은 이산화탄소를 이용하고 산소를 내보내는 반면, 호흡은 광합성과 반대로 산소를 이용하고 이산화탄소를 내보낸다.
- **홀로세**(Holocene epoch): 약 1만 3000년 전 마지막 빙하기가 끝난 뒤 약 200년 전 인류세가 시작될 때까지 이어진 지질시대(인류세 참조).
- **화석**(fossil): 죽은 생물이 광물화한 흔적. 동식물의 단단한 부위는 지층에 보존되는 경향이

있다.

- **화석연료**(fossil fuel): 석탄, 천연가스, 석유. 수억 년 전 생물에 포획되어 묻힌 태양에너지를 담고 있는 연료.

- **화전 농법**(swidden agriculture): 숲을 불태운 뒤 재가 쌓인 흙에 작물을 심는 경작 방식. 새로 개간한 밭의 토질이 척박해지면 숲의 다른 곳을 불태운다. 반떠돌이 생활 방식이기에, 아마존 유역처럼 인구밀도가 낮은 지역에서만 가능하다.

- **화학적 진화론**(theory of chemical evolution): 자연선택과 비슷하게 작동하며 복잡하지만 살아 있지 않은 화학물질들이 느리게 변화하여 최초의 진정한 생물이 출현했다는 이론.

- **화학적 층화**(chemical differentiation): 중력 때문에 무거운 금속의 액체 방울이 지구 중심으로 가라앉아 철로 된 밀도 높은 중심핵을 형성한 과정.

- **훼손된 생태계**(damaged ecosystems): 인류는 생태계의 여러 측면을 다양한 방식으로 심각하게 훼손하고 있다. 물, 토양, 바다, 숲, 생물다양성 등이 그렇다. 생태계는 핵 방사선과 인류의 소비에도 위협받고 있다.

- **흡수선**(absorption line): 별이나 은하의 빛을 분광기에 통과시키면 파장별로 나뉘는데, 이때 빛 에너지의 일부를 흡수한 특정 원소의 존재를 나타내곤 하는 검은 선을 흡수선이라고 한다. 이 선은 그 파장의 빛을 흡수하는 특정 원소가 별이나 은하에 있음을 시사한다. 흡수선은 먼 천체에서 오는 빛이 전자기 스펙트럼의 파란색이나 빨간색 쪽으로 이동했는지 여부를 판단하는 데도 쓸 수 있다.

| 주 |

서문

1. Pascal, Blaise. *Pensées* (1670), no. 72.
2. Boswell, James. *Life of Johnson*, J. W. Croker, edit., 1831, vol. 1, 453. Originally published 1763.

1장

1. Angier, Natalie. *The Canon: A Whirligig Tour of the Beautiful Basics of Science* (New York: Houghton Mifflin, 2007), 86.
2. Emiliani, Cesare. *The Scientific Companion: Exploring the Physical World with Facts, Figures, and Formulas*, 2nd ed. (New York: Wiley, 1995), 61.

2장

1. Swimme, Brian. "The Fire of Creation," from *The Sacred Balance* (TV documentary series), 2002.

3장

1. Browne, Janet. *Charles Darwin: The Power of Place*, vol. 2 (New York: Knopf, 2002), 392.
2. Bryson, Bill. *A Short History of Nearly Everything* (New York: Broadway Books, 2003), 377 – 378.
3. Ibid., 347.

4장

1. Christian, David. *Maps of Time: An Introduction to Big History*, 2nd ed. (Berkeley: University of California Press, 2011), 146.
2. Pinker, Steven. *The Blank Slate: The Modern Denial of Human Nature* (New York: Penguin, 2003), 63.
3. *The Human Past: World Prehistory and the Development of Human Societies*, Chris Scarre, edit. (London: Thames & Hudson, 2005), 132.
4. McBrearty, Sally and Alison S. Brooks. "The Revolution That Wasn't: A New Interpretation of the Origin of Modern Human Behaviour," *Journal of Human*

Evolution 39 (2000): 453 – 563.

5. Christian, David. *Maps of Time*, 190.

6. Lee, Richard. *The Dobe! Kung* (New York: Holt, Rinehart and Winston, 1984), 75.

5장

1. Kareiva, Peter, Sean Watts, Robert McDonald and Tim Boucher. "Domesticated Nature: Shaping Landscapes and Ecosystems for Human Welfare," *Science* 29 (June 2007): 1866 – 1869. doi:10.1126/science.1140170.

2. Christian, David. *Maps of Time*, 229.

3. *The Human Past*, Chris Scarre, edit., 209.

4. Ristvet, Lauren. *In the Beginning: World History from Human Evolution to the First States* (New York: McGraw-Hill, 2007), 41.

5. *The Human Past*, Chris Scarre, edit., 235 – 243.

6. Ibid., 313 – 347.

7. Schulz, Matthias. "Neolithic Immigration: How Middle Eastern Milk Drinkers Conquered Europe," *Spiegel Online International*, October 15, 2010.

8. Robinson, R. "Ancient DNA Indicates Farmers, Not Just Farming, Spread West," *PLoS Biology* 8, no. 11 (2010): e1000535, doi:10.1371/journal.pbio.1000535.

9. Haaland, Randi. "Sedentism, Cultivation, and Plant Domestication in the Holocene Middle Nile Region," *Journal of Field Archaeology* 22, no. 2 (Summer 1995): 157 – 174.

10. Ristvet, Lauren. *In the Beginning*, 78.

11. *The Human Past*, Chris Scarre, edit., 718.

12. Ruddiman, William. *Plows, Plagues, and Petroleum: How Humans Took Control of Climate* (Princeton, NJ: Princeton University Press, 2005).

7장

1. *Epic of Gilgamesh*, Stephen Mitchell, trans. (New York: Free Press, 2004), 198 – 199.

2. Andrea, Alfred J. and James H. Overfield, *The Human Record: Sources of Global History*, vol. 1 to 1700, 4th ed. (Boston, MA: Wadsworth, 2008), 23 – 24.

3. Biraben, J. R. "Essai sur l'evolution du nombre des hommes," *Population* 34 (1979).

4. Taagepera, Rein. "Size and Duration of Empires: Growth-Decline Curves, 3000 to 600 BC," *Social Science Research* 7 (1978): 180 – 196.

5. Jaspers, Karl. *The Way to Wisdom: An Introduction to Philosophy* (New Haven, CT: Yale University Press, 2003).

9장

1. Brotherson, Gordon. *Book of the Fourth World: Reading the Native Americas Through Their Literature* (Cambridge, UK: Cambridge University Press, 1992), 81.

10장

1. Clossey, Luke. "Merchants, Migrants, Missionaries and Globalization in the Early-Modern Pacific," *Journal of Global History* 1 (2006): 58.

2. Elliott, J. H. *The Old World and the New 1492–1650* (Cambridge, UK: Cambridge University Press, 1970), 39–40.

3. Mokyr, Joel. *The Lever of Riches: Technological Creativity and Economic Progress* (New York: Oxford University Press, 1990), 70.

11장

1. Cho, Ji-Hyung. "The Little Ice Age and the Coming of the Anthropocene," *From the Big Bang to Global Civilization: A Big History Anthology*, Barry Rodrigue, Leonid Grinin and Andrey Korotaev, edit. (Berkeley: University of California Press, forthcoming).

2. Marks, Robert B. *The Origins of the Modern World: A Global and Ecological Narrative*, 2nd ed. (Lanham, MD: Rowman & Littlefield, 2002), 127–128.

3. Strayer, Robert W. *Ways of the World: A Brief Global History*, vol. 2 (Boston and New York: Bedford/St. Martin's, 2009), 562.

4. Marx, Karl and Friedrich Engels. *The Communist Manifesto* (New York: Washington Square Press, 1964), 57–59, 78–79.

12장

1. Ferguson, Niall. *Empire: The Rise and Demise of the British World Order and the Lessons for Global Power* (New York: Basic Books, 2004), 210.

2. McNeill, John. *Something New under the Sun: An Environmental History of the Twentieth-Century World* (New York: Norton, 2000), 25.

3. Hobsbawm, Eric. *Age of Extremes: The Short Twentieth Century: 1914–1991* (London: Little, Brown, 1994), 289.

4. McNeill, John. *Something New under the Sun*, 4.

13장

1. Brown, Lester R. *Plan B 4.0: Mobilizing to Save Civilization* (New York and London: Norton, 2009).

2. Shiva, Vandana. *Earth Democracy: Justice, Sustainability and Peace* (Cambridge, MA: South End Press, 2005), 185–186.

| 더 읽을거리 |

서문

[빅 히스토리]

- Bighistoryproject.com
- Brown, Cynthia Stokes. *Big History: From the Big Bang to the Present*, 2nd ed. (New York: New Press, 2012). First published in 2007.
  신시아 브라운 지음, 이근영 옮김, 『빅히스토리』, 바다출판사, 2017.
- Chaisson, Eric J. *Cosmic Evolution: The Rise of Complexity in Nature* (Cambridge, MA: Harvard University Press, 2001).
- Christian, David. "Big History: The Big Bang, Life on Earth, and the Rise of Humanity," *The Teaching Company*, course no. 8050 (2008). www.thegreatcourses.com/tgc/courses/course_detail.aspx?cid=8050 [April 4, 2012].
- Christian, David. *Maps of Time: An Introduction to Big History*, 2nd ed. (Berkeley: University of California Press, 2011).
  데이비드 크리스천 지음, 이근영 옮김, 『시간의 지도』, 심산, 2013.
- Spier, Fred. *Big History and the Future of Humanity* (Chichester, West Sussex, UK: Malden, MA: Wiley-Blackwell, 2010).

[일반 과학]

- Angier, Natalie. *The Canon: A Whirligig Tour of the Beautiful Basics of Science* (New York: Houghton Mifflin, 2007).
  나탈리 앤지어 지음, 김소정 옮김, 『원더풀 사이언스』, 지호, 2010.
- Hazen, Robert M. and James Trefil. *Science Matters: Achieving Scientific Literacy*, 2nd ed. (New York: Anchor Books, 2009).
  로버트 M. 헤이즌, 제임스 트레필 지음, 이창희 옮김, 『과학의 열쇠』, 교양인, 2015.

[세계사]

- Christian, David. *This Fleeting World: A Short History of Humanity* (Great Barrington, MA: Berkshire Publishing Group, 2008).
  데이비드 크리스천 지음, 김서형, 김용우 옮김, 『세계사의 새로운 대안, 거대사』, 서해문집, 2009.
- McNeill, William H. and J. R. McNeill. *The Human Web: A Bird's-Eye View of World History* (New York: Norton, 2003).
  윌리엄 H. 맥닐, J. R. 맥닐 지음, 유정희, 김우영 옮김, 『휴먼 웹』, 이산, 2007.

1장

- Angier, Natalie. *The Canon* (2007). (특히 눈금, 물리학, 천문학 장들.)
  나탈리 앤지어, 『원더풀 사이언스』, 2010.
- Bryson, Bill. *A Short History of Nearly Everything* (New York: Broadway Books, 2003).
  빌 브라이슨 지음, 이덕환 옮김, 『거의 모든 것의 역사』, 까치, 2003.
- Delsemme, Armande. *Our Cosmic Origins: From the Big Bang to the Emergence of Life and Intelligence* (Cambridge, UK: Cambridge University Press, 1998).
- Duncan, Todd and Craig Tyler. *Your Cosmic Context: An Introduction to Modern Cosmology* (San Francisco: Pearson Addison-Wesley, 2007).
- Emiliani, Cesare. *The Scientific Companion: Exploring the Physical World with Facts, Figures, and Formulas*, 2nd ed. (New York: Wiley, 1995).
- Greene, Brian. *The Fabric of the Cosmos: Space, Time and the Texture of Reality* (London: Penguin Books, 2005).
  브라이언 그린 지음, 박병철 옮김, 『우주의 구조』, 승산, 2005.
- Primack, Joel and Nancy Abrams. *The View from the Center of the Universe: Discovering Our Extraordinary Place in the Cosmos* (New York: Penguin, 2006).
- Sproul, Barbara. *Primal Myths: Creation Myths around the World* (San Francisco: Harper, 1991).

2장

- Bally, J. and B. Reipurth. *The Birth of Stars and Planets* (Cambridge, UK: Cambridge University Press, 2006).
- Bryson, Bill. *A Short History of Nearly Everything* (2003).
  빌 브라이슨, 『거의 모든 것의 역사』, 2003.
- Cloud, P. *Oasis in Space: Earth History from the Beginning* (New York: Norton, 1988).
- Condie, K. C. *Earth: An Evolving System* (Amsterdam: Elsevier, 2005).
- Delsemme, Armande. *Our Cosmic Origins* (1998).
- Fortey, R. A. *Earth: An Intimate History* (New York: Knopf, 2004).
  리처드 포티 지음, 이한음 옮김, 『살아 있는 지구의 역사』, 까치, 2005.
- Hazen, Robert M. *The Story of Earth: The First 4.5 Billion Years, from Stardust to Living Planet* (New York: Viking, 2012).
  로버트 M. 헤이즌 지음, 김미선 옮김, 『지구 이야기』, 뿌리와이파리, 2014.
- Lunine, J. I. *Earth: Evolution of a Habitable World* (Cambridge, UK: Cambridge University Press, 1999).
- McSween, H. Y. *Stardust to Planets* (New York: St. Martin's Press, 1993).
- Morrison, D. and T. Owen. *The Planetary System* (New York: Addison-Wesley, 1988).
- Sasselov, D. M. and D. Valencia. "Planets We Could Call Home," *Scientific American*, August 2010, 8–45.
- Swimme, B. "The Fire of Creation," from *The Sacred Balance* (TV documentary series), 2002. www.sacredbalance.com/web/portal/.
- Tarbuck, E. J. and F. K. Lutgens. *Earth: An Introduction to Physical Geology* (Upper Saddle River, NJ: Pearson Prentice Hall, 2005).

- Taylor, S. R. *Solar System Evolution* (Cambridge, UK: Cambridge University Press, 1992).
- Ussher, J. *The Annals of the World* (London: E. Tyler, for F. Crook and G. Bedell, 1658).
- Ward, Peter and Donald Brownlee. *The Life and Death of Planet Earth* (New York: Henry Holt, 2002).
  피터 워드, 도널드 브라운리 지음, 이창희 옮김, 『지구의 삶과 죽음』, 지식의숲, 2006.

3장

- Alvarez, Walter. *T. rex and the Crater of Doom* (Princeton, NJ: Princeton University Press, 1997).
- Browne, Janet. *Charles Darwin: The Power of Place*, vol. 2 (New York: Knopf, 2002).
  재닛 브라운 지음, 이경아 옮김, 『찰스 다윈 평전 2』, 김영사, 2010.
- Bryson, Bill. *A Short History of Nearly Everything* (2003).
  빌 브라이슨, 『거의 모든 것의 역사』, 2003.
- Chaisson, Eric. *Epic of Evolution: Seven Ages of the Cosmos* (New York: Columbia University Press, 2006).
- Dawkins, Richard. *The Greatest Show on Earth: The Evidence for Evolution* (New York: Free Press, 2009).
  리처드 도킨스 지음, 김명남 옮김, 『지상 최대의 쇼』, 김영사, 2009.
- Erwin, Douglas H. *Extinction: How Life on Earth Nearly Ended 250 Million Years Ago* (Princeton and Oxford: Princeton University Press, 2006).
- Goodenough, Ursula. *The Sacred Depths of Nature* (New York and Oxford: Oxford University Press, 1998).
  어슐러 구디너프 지음, 김현성 옮김, 『자연의 신성한 깊이』, 수수꽃다리, 2000.
- Hazen, Robert M. *Genesis: The Scientific Quest for Life's Origin* (Washington, DC: Joseph Henry Press, 2005).
  로버트 M. 헤이즌 지음, 고문주 옮김, 『제너시스』, 한승, 2008.
- Margulis, Lynn and Dorion Sagan. *Microcosmos: Four Billion Years of Evolution from Our Microbial Ancestors* (Berkeley: University of California Press, 1986).
  린 마굴리스, 도리언 세이건 지음, 홍욱희 옮김, 『마이크로 코스모스』, 김영사, 2011.
- Smith, Cameron M. and Charles Sullivan. *The Top Ten Myths about Evolution* (Amherst, NY: Prometheus Books, 2007).
  캐머런 스미스, 찰스 설리번 지음, 이한음 옮김, 『진화에 관한 10가지 신화』, 한승, 2011.
- Weiner, Jonathan. *The Beak of the Finch: A Story of Evolution for Our Time* (New York: Knopf, 1994).
  조너던 와이너 지음, 양병찬 옮김, 『핀치의 부리』, 동아시아, 2017.
- Wilson, Edward O. *The Social Conquest of Earth* (New York and London: Liveright Publishing, 2012).
  에드워드 O. 윌슨 지음, 이한음 옮김, 『지구의 정복자』, 사이언스북스, 2013.

4장

- Brantingham, P. J., S. L. Kuhn and K. W. Kerry. *The Early Upper Paleolithic beyond Western Europe* (Berkeley: University of California Press, 2004).
- Deacon, Terrence W. *The Symbolic Species: The Co-evolution of Language and the Brain* (Harmondsworth, UK: Penguin, 1997; New York: Norton, 1998).
- Dunbar, Robin. *The Human Story: A New History of Mankind's Evolution* (London: Faber and Faber, 2004).
- Gazzaniga, Michael S. *Human: The Science behind What Makes Us Unique* (New York: Ecco/HarperCollins, 2008).
  마이클 가자니가 지음, 박인균 옮김, 『왜 인간인가?』, 추수밭, 2009.
- Goodall, Jane. *Through a Window: My Thirty Years with the Chimpanzees of Gombe* (Boston: Houghton Mifflin, 1990).
- Green, R. E., et al. "A Draft Sequence of the Neandertal Genome," *Science* 328, no. 5979 (May 2010): 710–722.
- Hardy, Sarah Blaffer. *Mother Nature: A History of Mothers, Infants and Natural Selection* (New York: Pantheon, 1999).
  세라 블래퍼 허디 지음, 황희선 옮김, 『어머니의 탄생』, 사이언스북스, 2010.
- Klein, Richard. *The Dawn of Human Culture* (New York: Wiley, 2002).
- Lee, Richard. *The Dobe! Kung* (New York: Holt, Rinehart and Winston, 1984).
- Lewis-Williams, D. *The Mind in the Cave: Consciousness and the Origin of Art* (London: Thames & Hudson, 2002).
- Markale, Jean. *The Great Goddess: Reverence of the Divine Feminine from the Paleolithic to the Present* (Rochester, VT: Inner Traditions, 1999).
- McBrearty, Sally and Alison S. Brooks. "The Revolution That Wasn't: A New Interpretation of the Origin of Modern Human Behavior," *Journal of Human Evolution* 39 (2000): 453–563.
- Pinker, Steven. *The Blank Slate: The Modern Denial of Human Nature* (New York: Penguin, 2003).
  스티븐 핑커 지음, 김한영 옮김, 『빈 서판』, 사이언스북스, 2004.
- Ristvet, Lauren. *In the Beginning: World History from Human Evolution to the First States* (New York: McGraw-Hill, 2007).
- Stix, Gary. "Human Origins. Traces of a Distant Past," *Scientific American*, July 2008, 56–63.
- Tattersall, Ian. *Becoming Human: Evolution and Human Uniqueness* (New York: Harcourt Brace, 1998).
  이언 태터솔 지음, 전성수 옮김, 『인간되기』, 해나무, 2007.
- *The Human Past: World Prehistory and the Development of Human Societies*, Chris Scarre, edit. (London: Thames & Hudson, 2005).
- Wrangham, Richard. *Catching Fire: How Cooking Made Us Human* (New York: Basic Books, 2009).
  리처드 랭엄 지음, 조현욱 옮김, 『요리 본능』, 사이언스북스, 2011.

5장

- Ammerman, A. J. and L. L. Cavalli-Sforza. *The Neolithic Transition and the Genetics of Populations in Europe* (Princeton, NJ: Princeton University Press, 1984).
- Bellwood, Peter. *First Farmers: The Origins of Agricultural Societies* (Oxford/Malden, MA: Blackwell, 2005).
- Bellwood, Peter and Colin Renfrew. *Examining the Language/Farming Dispersal Hypothesis* (Cambridge, UK: McDonald Institute for Archaeological Research, 2002).
- Carneiro, R. L. "A Theory on the Origin of the State," *Science* 169 (1970): 733–738.
- Catalhoyuk Research Project, Institute of Archaeology, University College London (2008). www.catalhoyuk.com/.
- Diamond, Jared. *Guns, Germs and Steel: The Fates of Human Societies* (New York: Norton, 1997).
  재레드 다이아몬드 지음, 김진준 옮김, 『총, 균, 쇠』, 문학사상, 1998.
- Hodder, I. "Women and Men at Catalhoyuk," *Scientific American* 290, no. 1 (2004): 76–83.
- Johnson, A. W. and T. Earle. *The Evolution of Human Societies: From Foraging Group to Agrarian State*, 2nd ed. (Stanford, CA: Stanford University Press, 2000).
- Kenyon, Kathleen M. *Digging up Jericho* (London: Ernest Benn, 1957).
- Kitch, Patrick V. *The Evolution of the Polynesian Chiefdoms* (Cambridge, UK: Cambridge University Press, 1984).
- Lewis-Williams, D. "Constructing a Cosmos—Architecture, Power and Domestication at Catalhoyuk," *Journal of Social Archaeology* 4, no. 1 (2004): 28–59.
- Richerson, P., R. Boyd and R. L. Bettinger. "Was Agriculture Impossible during the Pleistocene but Mandatory during the Holocene? A Climate Change Hypothesis," *American Antiquity* 66, no. 3 (July 2001): 387–411.
- Ristvet, Lauren. *In the Beginning* (2007).
- Robinson, R. "Ancient DNA Indicates Farmers, Not Just Farming, Spread West," *PLoS Biology* 8, no. 11 (2010): e1000535. doi:10.1371/journal.pbio.1000535.
- Ruddiman, William. *Plows, Plagues and Petroleum: How Humans Took Control of Climate* (Princeton, NJ: Princeton University Press, 2005).
  윌리엄 러디먼 지음, 김홍옥 옮김, 『인류는 어떻게 기후에 영향을 미치게 되었는가』, 에코리브르, 2017.
- Smith, Bruce D. *The Emergence of Agriculture* (New York: Scientific American Library, 1995).
- *The Human Past*, Chris Scarre, edit. (2005).

6장

- Barber, Elizabeth Wayland. *Women's Work: The First 20,000 Years: Women, Cloth and Society in Early Times* (New York: Norton, 1994).
- Brown, Judith K. "Note on the Division of Labor by Sex," *American Anthropologist* 72 (1970): 1075–1076.
- Burroughs, William James. *Climate Change in Prehistory: The End of the Reign of Chaos*

(Cambridge, UK: Cambridge University Press, 2005).

- Coningham, Robin. "South Asia: From Early Villages to Buddhism," *The Human Past*, Chris Scarre, edit. (2005).
- Johnson, A. W. and T. Earle. *The Evolution of Human Societies*, 2nd ed. (2000).
- Kemp, Barry J. *Ancient Egypt: Anatomy of a Civilization*, 2nd ed. (London and New York: Routledge, 2006).
- Leick, Gwendolyn. *Mesopotamia: The Invention of the City* (London: Penguin, 2001).
- McIntosh, Jane R. *A Peaceful Realm: The Rise and Fall of Indus Civilization* (New York: Westview, 2002).
- Mitchell, Stephen. *Gilgamesh: A New English Version* (New York: Free Press, 2004).
- Nemet-Nejat, Karen Rhea. *Daily Life in Ancient Mesopotamia* (Westport, CT: Greenwood Press, 1998).
- Ristvet, Lauren. *In the Beginning* (2007).
- Schmandt-Besserat, Denise. *How Writing Came About: Handbook to Life in Ancient Mesopotamia* (Austin: University of Texas Press, 1996).
- Sherratt, Andrew. *Economy and Society in Prehistoric Europe: Changing Perspectives* (Princeton, NJ: Princeton University Press, 1997).
- Wolf, Eric. *Europe and the People without History* (Berkeley: University of California Press, 1982).
  에릭 울프 지음, 박광식 옮김, 『유럽과 역사 없는 사람들』, 뿌리와이파리, 2015.

7장

- Andrea, Alfred J. and James H. Overfield. *The Human Record: Sources of Global History*, vol. 1 to 1700, 4th ed. (Boston, MA: Wadsworth, 2008).
- Bentley, Jerry H. and Herbert F. Zeigler. *Traditions and Encounters: A Global Perspective on the Past*, 5th ed. (New York: McGraw-Hill, 2010).
- Biraben, J. R. "Essai sur l'evolution du nombre des hommes," *Population* 34 (1979).
- *Epic of Gilgamesh*, Stephen Mitchell, trans. (New York: Free Press, 2004).
- Fernandez-Armesto, Felipe. *The World: A History* (Upper Saddle River, NJ: Pearson Prentice Hall, 2007).
- Jaspers, Karl. *The Way to Wisdom: An Introduction to Philosophy* (New Haven, CT: Yale University Press, 2003).
- Strayer, Robert. *Ways of the World: A Global History* (Boston: Bedford/St. Martin's Press, 2009).
- Taagepera, Rein. "Size and Duration of Empires: Growth-Decline Curves, 3000 to 600 BC.," *Social Science Research* 7 (1978): 180–196.
- *The Cambridge Ancient History*, vol. 14, 2nd ed. (Cambridge, UK: Cambridge University Press, 1970).

8장

- Anderson, Bonnie S. and Judith P. Zinsser. *A History of Their Own: Women in Europe from Prehistory to the Present* (New York: Harper and Row, 1988).
- Anthony, David W. *The Horse, the Wheel and Language: How Bronze Age Riders from the Eurasian Steppes Shaped the Modern World* (Princeton and Oxford: Princeton University Press, 2007).
  데이비드 W. 앤서니 지음, 공원국 옮김, 『말, 바퀴, 언어』, 에코리브르, 2015.
- Benjamin, Craig. "Hungry for Han Goods? Zhang Qian and the Origins of the Silk Roads," In M. Gervers and G. Long, *Toronto Studies in Central and Inner Asia*, vol. 8 (Toronto: University of Toronto Press, 2007), 3–30.
- Bentley, Jerry H. and Herbert F. Ziegler. *Traditions and Encounters: A Global Perspective on the Past*, 4th ed. (New York: McGraw-Hill, 2008).
- Brown, Chip. "The King Herself," *National Geographic*, April 2009, 88ff.
- Christian, David. *A History of Russia, Central Asia and Mongolia*, vol. 1 (Oxford: Blackwell, 2004).
- Garnsey, Peter. *Famine and Food Supply in the Greco-Roman World* (Cambridge, UK: Cambridge University Press, 1988).
- Juvenal. *Satires*, Ancient History Sourcebook, G. G. Ramsay, Trans. www.fordham.edu/halsall/ancient/juv-sat1eng.html.
- *Laws of Manu*. Indian History Sourcebook. G. Buhler, Trans. http://hinduism.about.com/library/weekly/extra/bllawsofmanu10.htm.
  이재숙, 이광수 옮김, 『마누법전』, 한길사, 1999.
- McNeill, William H. and J. R. McNeill. *The Human Web* (2003).
  윌리엄 H. 맥닐, J. R. 맥닐, 『휴먼 웹』, 2007.
- Shaffer, Lynda. "Southernization," *Journal of World History* 5, no. 1 (1994): 1–21.
- Stearns, Peter N., Stephen S. Gosch, and Erwin P. Grieshaber. *Documents in World History*, vol. 1, 4th ed. (Upper Saddle River, NJ: Prentice Hall, 2006).
- *The Ballad of Mulan*, Asia for Educators, Columbia University. http://afe.easia.columbia.edu/ps/china/mulan.pdf.
- Toner, Jerry. *Popular Culture in Ancient Rome* (Cambridge, UK: Polity, 2009).
- Wallerstein, Immanuel. "The Timespace of World-Systems Analysis: A Philosophical Essay," *Historical Geography* 23, nos. 1 and 2 (1995).
- Weisner-Hanks, Merry E. *Gender in History: New Perspectives on the Past* (Oxford: Blackwell, 2001).
  메리 E. 위스너-행크스 지음, 노영순 옮김, 『젠더의 역사』, 역사비평사, 2006.
- Worrall, Simon. "Made in China," *National Geographic*, June 2003, 112ff.

9장

- Bellwood, Peter. *First Farmers* (2005).
- Bellwood, Peter and Peter Hiscock. "Australians and Austronesians," *The Human Past*, Chris Scarre, edit. (2005), 264–305.
- Brotherson, Gordon. *Book of the Fourth World: Reading the Native Americas Through Their Literature* (Cambridge, UK: Cambridge University Press, 1992).

- D'Altroy, Terence N. *The Incas* (Malden, MA: Blackwell, 2002).
- Davies, Nigel. *Human Sacrifice in History and Today* (New York: William Morrow, 1981).
- Diamond, Jared. *Guns, Germs and Steel* (1997).
  재레드 다이아몬드, 『총, 균, 쇠』, 문학사상, 1998.
- Fernandez-Armesto, Felipe. *Pathfinders: A Global History of Exploration* (New York: Norton, 2007).
- Gately, Iain. *Tobacco: The Story of How Tobacco Seduced the World* (New York: Grove Press, 2001).
  이언 게이틀리 지음, 정석묵 옮김, 『담배와 문명』, 몸과마음, 2003.
- Gillmor, Frances. *Flute of the Smoking Mirror: A Portrait of Nezahualcoyotl, Poet-King of the Aztecs* (Salt Lake City: University of Utah Press, 1983).
- Leon-Portilla, Miguel. *Fifteen Poets of the Aztec World* (Norman: University of Oklahoma Press, 1992).
- Mann, Charles C. *1491: New Revelations of the Americas before Columbus* (New York: Knopf, 2006).
  찰스 C. 만 지음, 전지나 옮김, 『인디언』, 오래된미래, 2005.
- Marcus, Joyce. *Mesoamerican Writing Systems: Propaganda, Myth and History in Four Ancient Civilizations* (Princeton, NJ: Princeton University Press, 1992).
- Milner, George R. and W. H. Wills. "Complex Societies of North America," *The Human Past*, Chris Scarre, edit. (2005), 678–715.
- Moseley, Michael E. and Michael J. Hechenberger. "From Village to Empire in South America," *The Human Past*, Chris Scarre, edit. (2005), 640–677.
- Smith, Michael E. *The Aztecs*, 2nd ed. (Malden, MA: Blackwell, 2003).
- *The Human Past*, Chris Scarre, edit. (2005).
- Webster, David and Susan Toby Evans. "Mesoamerican Civilization," *The Human Past*, Chris Scarre, edit. (2005), 594–639.

10장

- Bentley, Jerry H. and Herbert F. Ziegler. *Traditions and Encounters: A Global Perspective on the Past*, 2 vols., 2nd ed. (Boston: McGraw-Hill, 2003).
- Clossey, Luke. "Merchants, Migrants, Missionaries and Globalization in the Early-Modern Pacific," *Journal of Global History* 1 (2006): 41–58.
- Crosby, Alfred W. *Ecological Imperialism: The Biological Expansion of Europe, 900–1900* (Cambridge, UK: Cambridge University Press, 1986).
  앨프리드 W. 크로스비 지음, 안효상, 정범진 옮김, 『생태제국주의』, 지식의풍경. 2000.
- Crosby, Alfred W. *The Columbian Exchange: Biological and Cultural Consequences of 1492* (Westport, CT: Greenwood Press, 1972).
  앨프리드 W. 크로스비 지음, 김기윤 옮김, 『콜럼버스가 바꾼 세계』, 지식의숲, 2006.
- Fernandez-Armesto, Felipe. *Pathfinders* (2007).
- Headrick, Daniel. *Technology: A World History* (Oxford, UK: Oxford University Press, 2009).
  다니엘 R. 헤드릭 지음, 김영태 옮김, 『테크놀로지』, 다른세상, 2016.

- Man, John. *Atlas of the Year 1000* (Cambridge, MA: Harvard University Press, 1999).
- Marks, Robert. *The Origins of the Modern World: A Global and Ecological Narrative from the Fifteenth to the Twenty-First Century*, 2nd ed. (Lanham, MD: Rowman & Littlefield, 2007).
  로버트 마르크스 지음, 윤영호 옮김, 『어떻게 세계는 서양이 주도하게 되었는가』, 사이, 2014.
- Northrup, David. "Globalization and the Great Convergence," *Journal of World History* 16, no. 3 (September 2005): 249–267.
- Pomeranz, Kenneth and Steven Topik. *The World That Trade Created: Society, Culture and the World Economy: 1400 to the Present*, 2nd ed. (Armonk, ME: Sharpe, 2006).
  케네스 포머런츠, 스티브 토픽 지음, 박광식, 김정아 옮김, 『설탕, 커피 그리고 폭력』, 심산, 2021.
- Richards, John. *The Unending Frontier: An Environmental History of the Early Modern World* (Berkeley: University of California Press, 2003).
- Ringrose, David. *Expansion and Global Interaction: 1200–1700* (New York: Longman, 2001).
- Ruddiman, William. *Plows, Plagues and Petroleum* (2005).
  윌리엄 러디먼, 『인류는 어떻게 기후에 영향을 미치게 되었는가』, 2017.
- Tignor, Robert, et al. *Worlds Together: Worlds Apart*, vol. 1, 2nd ed. (New York: Norton, 2008).

11장

- Allen, Robert C. *The British Industrial Revolution in Global Perspective* (Cambridge and New York: Cambridge University Press, 2009).
- Ansary, Tamin. *Destiny Disrupted: A History of the World through Islamic Eyes* (New York: Public Affairs, 2009).
  타밈 안사리 지음, 류한원 옮김, 『이슬람의 눈으로 본 세계사』, 뿌리와이파리, 2011.
- Bayly, C. A. *Birth of the Modern World, 1780–1914: Global Connections and Comparisons* (Malden, MA: Blackwell, 2004).
- Bin Wong, Robert. *China Transformed: Historical Change and the Limits of European Experience* (Ithaca and London: Cornell University Press, 1997).
- Cho, Ji-Hyung. "The Little Ice Age and the Coming of the Anthropocene," *From the Big Bang to Global Civilization: A Big History Anthology*, Barry Rodrigue, Leonid Grinin and Andrey Korotaev, eds. (Berkeley: University of California Press, forthcoming).
- Davis, Mike. *Late Victorian Holocausts: El Nino Famines and the Making of the Third World* (London: Verso, 2001).
  마이크 데이비스 지음, 정병선 옮김, 『엘니뇨와 제국주의로 본 빈곤의 역사』, 이후, 2008.
- Headrick, Daniel R. *The Tools of Empire: Technology and European Imperialism in the Nineteenth Century* (New York: Oxford University Press, 1981).
  다니엘 R. 헤드릭 지음, 김우민 옮김, 『과학기술과 제국주의』, 모티브북, 2013.
- Hunt, Lynn. *Inventing Human Rights: A History* (New York: Norton, 2007).

린 헌트 지음, 전진성 옮김, 『인권의 발명』, 돌베개, 2009.
- Marks, Robert. *The Origins of the Modern World*, 2nd ed. (2007).
  로버트 마르크스, 『어떻게 세계는 서양이 주도하게 되었는가』, 2014.
- McNeill, William H. *The Shape of European History* (New York: Oxford University Press, 1974).
- Pomeranz, Kenneth. *The Great Divergence: Europe, China and the Making of the Modern World Economy* (Princeton, NJ: Princeton University Press, 2000).
  케네스 포머런츠 지음, 김규태, 이남희, 심은경 옮김, 『대분기』, 에코리브르, 2016.
- Ruddiman, William. *Plows, Plagues and Petroleum* (2005).
  윌리엄 러디먼, 『인류는 어떻게 기후에 영향을 미치게 되었는가』, 2017.
- Smail, Daniel Lord. *On Deep History and the Brain* (Berkeley: University of California Press, 2008).
- Strayer, Robert W. *Ways of the World: A Brief Global History*, 2 vols. (Boston and New York: Bedford/St. Martin's, 2009).
- Uglow, Jenny. *The Lunar Men: Five Friends Whose Curiosity Changed the World* (New York: Farrar, Straus and Giroux, 2002).

12장

- *Berkshire Encyclopedia of World History*. W. H. McNeill, et al., edit., 5 vols. (Great Barrington, MA: Berkshire, 2004).
- Bulliet, Richard, et al. *The Earth and Its Peoples: A Global History*, 2nd ed. (Boston: Houghton Mifflin, 2003).
- Christian, David. *Maps of Time*, 2nd ed. (Berkeley: University of California Press, 2011).
  데이비드 크리스천, 『시간의 지도』, 심산, 2013.
- Crosby, Alfred W. *Children of the Sun: A History of Humanity's Unappeasable Appetite for Energy* (New York: Norton, 2006).
  앨프리드 W. 크로스비 지음, 이창희 옮김, 『태양의 아이들』, 세종서적, 2009.
- Crutzen, Paul. "The Geology of Mankind," *Nature* 415 (January 3, 2002): 23.
- Diamond, J. M. "Human Use of World Resources," *Nature* 6 (August 1987): 479–480.
- Ferguson, Niall. *Empire: The Rise and Demise of the British World Order and the Lessons for Global Power* (New York: Basic Books, 2004).
  니얼 퍼거슨 지음, 김종원 옮김, 『제국』, 민음사, 2006.
- Headrick, Daniel. *Technology* (2009).
  다니엘 R. 헤드릭, 『테크놀로지』, 2016.
- Hobsbawm, Eric. *Age of Extremes: The Short Twentieth Century: 1914–1991* (London: Little, Brown, 1994).
  에릭 홉스봄 지음, 이용우 옮김, 『극단의 시대: 20세기 역사 상, 하』, 까치, 1997.
- Maddison, Angus. *The World Economy: A Millennial Perspective* (Paris: OECD, 2001).
- McNeill, John. *Something New under the Sun: An Environmental History of the Twentieth-Century World* (New York: Norton, 2000).
  존 맥닐 지음, 홍욱희 옮김, 『20세기 환경의 역사』, 에코리브르, 2008.
- Tignor, Robert, et al. *Worlds Together: Worlds Apart*, vol. 2, 2nd ed. (New York: Norton, 2008).

13장

- Brown, Lester R. *Plan B 4.0: Mobilizing to Save Civilization* (New York and London: Norton, 2009).
  레스터 브라운 지음, 이종욱 옮김, 『우리는 미래를 훔쳐 쓰고 있다』, 도요새, 2011.
- Davidson, Eric A. *You Can't Eat GNP: Economics as If Ecology Mattered* (Cambridge, MA: Perseus, 2000).
- Diamond, Jared. *Collapse: How Societies Choose to Fail or Succeed* (New York: Viking, 2005).
  재레드 다이아몬드 지음, 강주헌 옮김, 『문명의 붕괴』, 김영사, 2005.
- Huxley, Aldous. *Brave New World*. Originally published 1932.
  올더스 헉슬리 지음, 『멋진 신세계』.
- Kaku, Michio. *Visions: How Science Will Revolutionize the Twenty-First Century* (Oxford, New York and Melbourne: Oxford University Press, 1998).
  미치오 카쿠 지음, 김승욱 옮김, 『비전 2003』, 작가정신, 2000.
- Korten, David. *The Great Turning: From Empire to Earth Community* (San Francisco: Berrett-Koehler, 2006).
- Kurzweill, Ray. *The Singularity Is Near: When Humans Transcend Biology* (New York: Penguin, 2006).
  레이 커즈와일 지음, 김명남, 장시형 옮김, 『특이점이 온다』, 김영사, 2007.
- Lovelock, James. *The Vanishing Face of Gaia: A Final Warning* (New York: Basic Books, 2009).
- McAnany, Patricia A. and Norman Yoffee. *Questioning Collapse: Human Resilience, Ecological Vulnerability and the Aftermath of Empire* (Cambridge, UK: Cambridge University Press, 2010).
- Miller, Walter M. *A Canticle for Leibowitz* (New York: Bantam, 1997). Originally published 1959.
  월터 M. 밀러 지음, 박태섭 옮김, 『리보위츠를 위한 찬송 1-2』, 시공사, 2000.
- Mueller, Richard A. *Physics for Future Presidents: The Science behind the Headlines* (New York and London: Norton, 2008).
  리처드 A. 뮬러 지음, 장종훈 옮김, 『대통령을 위한 물리학』, 살림출판사, 2011.
- Orwell, George. *1984*. Originally published 1949.
  조지 오웰 지음, 『1984』.
- Prantzos, Nikos. *Our Cosmic Future: Humanity's Fate in the Universe* (Cambridge, UK: Cambridge University Press, 2000).
- Roberts, Paul. *The End of Oil: On the Edge of a Perilous New World* (Boston: Houghton Mifflin, 2004).
  폴 로버츠 지음, 송신화 옮김, 『석유의 종말』, 서해문집, 2004.
- Roston, Eric. *The Carbon Age: How Life's Core Element Has Become Civilization's Greatest Threat* (New York: Walker, 2008).
  에릭 로스턴 지음, 문미정, 오윤성 옮김, 『탄소의 시대』, 21세기북스, 2011.
- Sachs, Jeffrey D. *Common Wealth: Economics for a Crowded Planet* (New York: Penguin, 2008).
  제프리 D. 삭스 지음, 이무열 옮김, 『커먼 웰스』, 21세기북스, 2009.
- Shiva, Vandana. *Earth Democracy: Justice, Sustainability and Peace* (Cambridge, MA: South End Press, 2005).

- Smil, Vaclav. *Energy in World History* (Boulder, CO: Westview Press, 1994).
- Stableford, Brian and David Langford. *The Third Millennium: A History of the World, AD 2000–3000* (London: Sidgwick and Jackson, 1985).
- Wagar, W. Warren. *A Short History of the Future*, 3rd ed. (Chicago: University of Chicago Press, 1999).
  W. 워런 와거 지음, 이순호 옮김, 『인류의 미래사』, 교양인, 2006.

빅 히스토리는 빠르게 성장하는 분야여서 관련 웹 사이트도 빠르게 많아지고 있다. 그중 독자에게 가장 중요한 3곳을 추천한다.

- 국제빅히스토리학회(International Big History Association, IBHA)
  http://ibhanet.org

- 빅히스토리프로젝트(Big History Project, BHP)
  www.bighistoryproject.com/Home

- 크로노줌(ChronoZoom, 빅 히스토리 연표)
  www.chronozoomproject.org

─── 인명 ───

기타

데이비드 크리스천David Christian

빅 히스토리(Big History, 거대사) 연구의 창시자, "21세기 새로운 세계사"로 불리는 지구사(global history) 분야의 세계적인 석학.

영국 옥스퍼드대학교에서 러시아사를 전공했고, 동 대학원에서 철학으로 박사 학위를 받았다. 현재 오스트레일리아 매쿼리대학교 교수로 재직 중이다. 우주론, 지구물리학, 생물학, 역사학 등 다양한 학문 분야를 통합해, 우주의 탄생에서부터 현재까지의 역사를 포괄하는 '빅 히스토리' 학문 분야를 창시했다. 2011년 빌 게이츠의 전폭적인 후원에 힘입어 빅 히스토리 온라인 교육과정을 개발하는 '빅 히스토리 프로젝트'를 주도했다. 국제빅히스토리학회를 창립했고 회장을 역임하고 있다. 오스트레일리아인문학술원과 네덜란드왕립과학인문학회 회원이기도 하다.

빅 히스토리에 관한 그의 TED 강연 영상은 2011년 'TED에서 꼭 봐야 하는 11가지 강의'로 선정되며 누적 조회수 1300만 뷰를 기록했다. 그 밖에도 세계경제포럼(Davos Forum), 온라인 교육 플랫폼 코세라(Coursera) 등 세계 곳곳의 온·오프라인을 넘나들며 활발한 강연 활동을 펼치고 있다.

2004년에 『시간의 지도』로 세계사학회에서 선정한 최고도서상을 수상했다. 국내에 번역된 저서로는 『시간의 지도』(심산, 2018), 『세계사의 새로운 대안, 거대사』(서해문집, 2009), 『옥스퍼드 세계사(공저)』(교유서가, 2020), 『빅 히스토리(공저)』(해나무, 2013) 등이 있다.

신시아 브라운Cynthia Brown

미국 듀크대학교에서 역사학을 전공했고, 존스홉킨스대학교에서 교육학 박사 학위를 받았다. 캘리포니아 도미니칸대학교에서 역사학과 교육학을 가르쳤으며, 현재 모든 신입생이 필수로 듣는 빅 히스토리 프로그램을 도입하는 데 기여했다. 빅 히스토리 연구 창시자인 데이비드 크리스천과 함께 국제빅히스토리협회를 설립했고 빅 히스토리의 대중화에 많은 노력을 기울였다.

첫 저서인 『내부로부터의 준비(Ready From Within)』로 1987년 미국도서상(American Book

Award)을 수상했다. 국내에 번역된 저서로는 『세상이 궁금할 때 빅 히스토리』(해나무, 2020), 『빅히스토리』(바다출판사, 2017) 등이 있다.

크레이그 벤저민Craig Benjamin

오스트레일리아 매쿼리대학교에서 철학 박사 학위를 받았다. 미국 미시건 그랜드 밸리주립대학교 마이어아너스대학 역사학과 교수로, 빅 히스토리와 고대 세계사를 가르치고 있다. 전 세계 학술대회에서 강연하고 고대 중앙아시아사, 빅 히스토리, 세계사에 관해 많은 글을 썼다. 세계사학회 회장과 국제빅히스토리협회 집행 이사를 역임했으며, 빌 게이츠의 빅 히스토리 프로젝트 자문 위원으로 활동하고 있다.

옮긴이 이한음

서울대학교에서 생물학을 전공했고, 깊이 있는 과학 지식과 인문적 사유가 조화된 번역으로 우리나라를 대표하는 과학 전문 번역가로 인정받고 있다. 리처드 도킨스, 에드워드 윌슨, 리처드 포티, 제임스 왓슨 등 저명한 과학자의 대표작이 그의 손을 거쳤다. 과학의 현재적 흐름을 발 빠르게 전달하기 위해 과학 전문 저술가로도 활동 중이며, 청소년 문학을 쓰기도 했다. 지은 책으로 『바스커빌가의 개와 추리 좀 하는 친구들』, 『생명의 마법사 유전자』 등이 있으며, 옮긴 책으로 『마법의 비행』, 『지구의 짧은 역사』, 『생명이란 무엇인가』, 『노화의 종말』, 『바다: 우리 몸 안내서』, 『지구의 정복자』, 『인간 본성에 대하여』 등이 있다.

빅 히스토리
우주와 지구, 인간을 하나로 잇는 새로운 역사

초판 1쇄 발행 2022년 12월 23일
초판 3쇄 발행 2023년 1월 23일

지은이 데이비드 크리스천, 신시아 브라운, 크레이그 벤저민
옮긴이 이한음

발행인 이재진 **단행본사업본부장** 신동해 **편집장** 김경림
책임편집 송현주 **교정교열** 강진홍 **디자인** 김덕오
마케팅 최혜진, 백미숙 **홍보** 최새롬, 반여진, 정지연
국제업무 김은정, 김지민 **제작** 정석훈

브랜드 웅진지식하우스
주소 경기도 파주시 회동길 20 ㈜웅진씽크빅
문의전화 031-956-7066(편집) 031-956-7129(마케팅)
홈페이지 www.wjbooks.co.kr
페이스북 www.facebook.com/wjbook
포스트 post.naver.com/wj_booking

발행처 ㈜웅진씽크빅
출판신고 1980년 3월 29일 제406-2007-000046호

한국어판 출판권 ⓒ(주)웅진씽크빅, 2022
ISBN 978-89-01-26726-5 (03900)